文化冷战与中央情报局

[英]弗朗西丝·斯托纳·桑德斯／著
曹大鹏／译

国际文化出版公司
·北京·

图书在版编目（CIP）数据

文化冷战与中央情报局 /（英）弗朗西丝·斯托纳·桑德斯著 ；曹大鹏译 . -- 北京 ：国际文化出版公司 ,2020.11
ISBN 978-7-5125-1260-3

Ⅰ . ①文… Ⅱ . ①弗… ②曹… Ⅲ . ①西方文化－文化传播－研究 Ⅳ . ① G11

中国版本图书馆 CIP 数据核字 (2020) 第 195043 号

北京市版权局著作权合同登记号 图字 01-2020-6133 号

文化冷战与中央情报局

作 者	〔英〕弗朗西丝·斯托纳·桑德斯
译 者	曹大鹏
责任编辑	王逸明
统筹监制	林绿波 鲁良洪
策划编辑	杨婷婷
出版发行	国际文化出版公司
经 销	国文润华文化传媒（北京）有限责任公司
印 刷	三河市华晨印务有限公司
开 本	710 毫米 ×1000 毫米 16 开
	32 印张 450 千字
版 次	2020 年 11 月第 1 版
	2020 年 11 月第 1 次印刷
书 号	ISBN 978-7-5125-1260-3
定 价	98.00 元

国际文化出版公司
北京朝阳区东土城路乙 9 号 邮编：100013
总编室：（010）64271551 传真：（010）64271578
销售热线：（010）64271187
传真：（010）64271187-800
E-mail：icpc@95777.sina.net

出版说明

本书原名为《谁承担后果——中央情报局与文化冷战》，其实也可视为美国文化冷战史，因其所描述的时间跨度起自二战结束直至苏联解体，史料丰富翔实，从正文后所附的注释和资料来源即可见一斑。作者弗朗西丝·斯托纳·桑德斯（Frances Stonor Saunders），是一位居住在伦敦的文献纪录片独立制片人。她从开始研究到成书，历时七八年，辗转各地，查阅大量资料，遍访尚在人世的当事人，可见其态度之认真。由一个外国人来写美国，大概较少偏见与局限，犹如法国人托克维尔所著《美国的民主》和英国人詹姆斯·布赖斯之《美国政体》（*The American Commonwealth*，此书似尚无中译本），反倒被世人视为研究美国的经典读物，本书从总体上说也较为客观、理性，观察敏锐而细致，可信度也较高。

第二次世界大战后，西方世界（主要是西欧，也包括美国）的知识界普遍减少了对苏联的偏见，思想上明显左倾，共产党力量壮大，甚至盛传意大利共产党可能执政。美国为了遏制苏联向西"扩张"，抵制共产主义对西方的影响，发动了长达数十年的冷战，这已是大家都熟知的史实。不过，一般的论述都偏重于政治、军事领域，较少涉及文化艺术领域，而本书恰恰将注意力集中在这个领域。通过作者的详尽论述，读者会看到美国为进行这场特殊的战争，耗费了多少金钱，网罗了多少人才，费了多少心计进行策划和组织，涉及多少不同的文化艺术种类，又有多少世界名流卷入其中。透过这些触目惊心的论述，读者不难体会到意识形态的对立和冲突确实根深蒂固，并可以进一步认清当今一些美国人，尤其是决策者和政客仍摆脱不掉冷战思维的本质。

尽管从总体上说，本书还算客观，但作者毕竟是西方人，在书中援引事件、资料和进行评论时显然还是出自西方人的立场和观点，这是难以避免的，也是我们不必苛求于作者的。相信我国读者自能分辨，毋庸编者赘言。

本书正文部分，页下注均为译者注，原文（包括《前言》《后记》）中的注释，一律放在书后。原书后附有资料来源及采访记录，我们只选译了部分资料来源，采访记录，以其多人名、地名，未译。

在本书出版过程中，我们进行了认真的编辑加工，力求译文的完整、准确，但仍难免有不当之处，敬请指正。

再版序

完成这本书花费了我五年时间，回想起这段岁月真是百感交集。由于某种不便说明的原因，我主要在每年春季和夏季的几个月里做档案研究，这期间我要长时间封闭在冷光灯和恒温空调构成的空间里。在堪萨斯州的阿比林，当我从艾森豪威尔图书馆驱车赶回汽车旅馆时，正好看到太阳从地平线上徐徐落下，映衬着旁边座位上一堆摇摇晃晃的复印件——这就是我今天的收获，全是宝藏（魔法器？）和只有我能找到的运势图。在得克萨斯州奥斯汀市，从哈里·兰塞姆人文学科研究中心*通往我在闹市区的阴暗住所的立交桥上，尘土飞扬、车流不息的路边，我是黄昏暮色中唯一步行的路人。在这家汽车旅馆中，所有浴塞都被拔掉了，以防止有人在洗澡水里接入吐司炉或其他电器而自杀。当然，我从来没有想过要自杀，但是由于长期远离尘世，有时确实能感到，从深远时空中发出的对我事业的谴责。

也有心情愉快的时候，比如一张本来只是匆匆一瞥就放下的纸片，忽然从中意外发现了什么宝藏，让我高兴得直拍桌子。这些偶然的发现有力地证明了基础研究比在线搜索更重要。如果说，当整个世界似乎都在享受户外日光浴时，沉浸在满桌子档案资料中的我也能体会到什么乐

---

*哈里·兰塞姆人文学科研究中心（Harry Ransom Humanities Research Center）是得克萨斯大学奥斯汀分校的一个档案馆、图书馆和博物馆，专门收集与美国、拉丁美洲和欧洲的文学和文化艺术相关的档案、书籍和文物。

本书页下注均为译者注，在行文中表示为*。原作者注一律排在书后，在行文中以[1 2 3……]表示。

趣的话，那就是：在错综复杂的关系线索中不断发现的乐趣。这些线索不会越来越疏离分散，或形成难解的死结，而是越来越紧密关联，形成清晰的“证据链”。

随之而来的是担心。当我把成捆的文献资料打包邮寄回家时（实在是太多了，无法随身携带），我常常担心它们误入歧途。因为航空邮件太贵了，只好选择普通邮寄，这让我总是比它们早几个月到家。最终，每个包裹都按时送到了。这些资料越积越多，在我床底下的箱子里保存了许多年，直到伯明翰大学美国和加拿大研究部的斯科特•卢卡斯（Scott Lucas）教授好心地同意取走它们。相比以前的情形，在他那里翻检这些资料要方便得多。

还有恐惧。但不是我母亲感到的那种（她确信我会被中央情报局绑架，而我觉得他们应该还无暇顾及）。我的恐惧是害怕被操纵或玩弄而带来的欺骗。有些欺骗是明目张胆的，以至于使人无法相信；另一些则易于理解。我采访过的许多人都是职业的说服者，他们接受过（“必要的”“崇高的”“爱国的”或者其他的）说谎技术的训练，因此对他们所谓的真话很难评估。除了类似爱国主义、保密协议和荣誉守则等常见的借口外，有些谎言和假象编造得很随意：比如某某人不知道自己是谁，在世界上处于什么位置；某某人坐立不安；某某女士与总统有染，然后被谋杀了。还有无处不在的办公室的飞短流长……但是，偶尔会遇到用心险恶的招数，貌似不经意的一个举动就可能像火焰喷射器那样一举毁掉一个人的声誉。

相反，那些因自己天性纯真而轻信，且未经过任何正规培训的人，通常是糟糕的说谎者。这种情况多吗？我该让谁担任审查官？如何恰当地描述自己从未经历过的这段历史？如何理解战后世界紧张而可怕的现实？如何理解文化、政治及其错综复杂、相互矛盾又相互影响的关系？

本书出版后，欧文•克里斯托尔*写信给我，认为我的“整个政治思想观点”是“伪善的”。另一位通信者则欣喜地报告说：“沃尔特•拉

* 欧文·克里斯托尔（Irving Kristol，1920—2009），美国共和党人，著名学者、编辑、出版人，新保守主义教父。

奎尔*讨厌（这本书）并怀疑它是由一位天主教神父写的。”

我不确定自己能否胜任这个角色。我赞同伏尔泰的主张，任何一个被定罪的人都应该获得辩护**。我信奉米兰·昆德拉的“不确定性的智慧”***是所有理性分析的准则。《文化冷战与中央情报局》可以被描述为关于定罪的辩论（这可以区别于信仰、信念或价值观），运用的是以一种定罪反驳另一种定罪的分析方法。在文化冷战高度政治化的背景下，这种拒绝偏袒任何一方的做法被贬义地认定为相对主义或中立主义。它不能为任何一方的立场或情感所容忍——苏联和美国都致力于破坏中立主义，而本书所关注的重点——西欧，也采取了非常相似的战术。

本书并非是要在双方之间找出一个道德上的平衡点。我不同意一些评论家对本书的看法，他们认为这本书对共产主义态度软弱，低估了苏联及其卫星国在文化领域缺乏自由、长期高压和令人沮丧的钳制措施。肖斯塔科维奇应该感到沮丧吗？他完全有理由沮丧。但是，当苏联艺术委员会要求制作一幅他的半身肖像时，委员会主席却下令：“我们需要的是乐观的肖斯塔科维奇。”（私下里，作曲家对这种矛盾的说法感到庆幸。）我关注的是思想自由，而极权国家无法容忍肖斯塔科维奇对死亡的沉思和对虚妄愿景的嘲讽。极权国家只能有官方规范的正统思想（事实如此），不需要民主。从本质上说，民主对所有思想都是开放的，因此它也不可避免地会包含某种程度的极权思想。

对立意识形态的民主辩论，和由极权机构控制的民主辩论混杂在一起，但两者是不同的。麦卡锡和那些为宣传攻势提供理论辩护的反共产主义者们，对这种区别视而不见。正如1994年休·特雷弗－罗珀****接受我采访时所说的那样：“任何不支持我们说法的就是反对我们，我们

---

* 沃尔特·拉奎尔（Walter Laqueur，1921—2018），美国历史学家、新闻记者和政治评论家，他在恐怖主义和政治暴力问题研究方面是有影响力的学者。

** 伏尔泰曾为许多被定罪的无辜者辩护，最著名的是为已被处死的卡拉斯的辩护。参见伏尔泰著《论宽容》。

*** 出自米兰·昆德拉《受到诋毁的塞万提斯遗产》一文，其上下文是：“塞万提斯认为世界是暧昧的，需要面对的不是一个唯一的、绝对的真理，而是一大堆互相矛盾的相对真理……所以人所拥有的、唯一可以确定的，是一种不确定性的智慧。”

**** 休·特雷弗－罗珀（Hugh Trevor-Roper，1914—2003），英国历史学家，以研究希特勒成名，后因1983年误证伪造的《希特勒日记》而名誉扫地。

要把任何一个明确反对共产主义的人当盟友，并且必须把反对共产主义的程度和深度作为衡量人们政治美德的标准。那样的话，希特勒岂不成了盟友。”“麦卡锡主义”打着民主的旗号，却在运用极权主义的伎俩。如果说这是美国人良心上的污点，那么它是虔诚的还是高尚的？毕竟，美国没有集中营。或者说，这是“次邪恶主义”的辩护。作为一种观点，我认为它起源于艾赛亚·伯林所说的“反启蒙”，即非理性的思想。为什么一个民主国家会庆幸自己没有集中营呢？

反事实的想象在冷战时期大行其道。乔治·奥威尔的“双重思想”概念（现在已是陈词滥调，但在原著中非常贴切）揭示了理论家篡改事实的机制。* 双重思想即是“知道全部真实情况，却扯一些滴水不漏的谎话……用逻辑来反逻辑，一边表示拥护道德一边又否定道德。”当然，这是奥威尔在向极权国家维护其自身利益的这种方式发出危险的警告。然而，正是这种“双重思想”给我们带来了“文化自由代表大会”，它由支持和建立右翼独裁政权的中情局赞助、管理（并最终解散）；正是这种“双重思想”为一场名为“战斗的自由”的运动赢得了声誉；正是这种“双重思想”坚持为自由不惜付出任何代价，使反共事业陷入了越南的丛林；正是这种“双重思想”使亨利·基辛格赢得 1973 年的诺贝尔和平奖（这促使汤姆·莱勒 ** 说他将从喜剧事业退休，因为他没有办法不去讽刺斯德哥尔摩的诺奖评审委员会）。

冷战真正令人恐惧的，不在于对某一个商店橱窗的旷日持久的争论，而在于它制造了虚假的现实。《文化冷战与中央情报局》一书想问的是，知识分子在多大程度上卷入了造假，还不可思议地夸大它们。与其说这是一部思想史，不如说是知识分子的历史，尤其是纽约知识分子的历史，那些强大饱满的男女组合，源源不断地投身到文化冷战的最前线。他们在意识形态和文学辩论的温室中，培育出许多重要的作品（如丹尼尔·贝尔的《意识形态的终结》，汉娜·阿伦特的《极权主义的起源》，大卫·里

---

* 双重思想（doublethink），奥威尔在小说《1984》中创造的名词，下面的引文即出自这部小说。

** 汤姆·莱勒（Tom Lehrer，1928 年生），美国幽默歌手、讽刺作家和数学家。毕业于哈佛大学，曾在麻省理工学院讲授数学和音乐剧。

斯曼的《孤独的人群》，仅举几例）。起初，他们的观点仅出现在不起眼的《党派评论》《评论》和其他“小杂志”上。然后，作为中情局组建的文化联盟的一部分（不管其知情与否），他们突然间吸引了国际观众。

这些冷酷的斗士，无法摆脱极端不满的习惯（和知识分子的风格），不愿意超越这个身份，并没有因为共产主义的崩溃而变得成熟起来。与他们见面总有一种令人兴奋的经历，但有时也会令人生厌。他们争执的对象已不复存在，到了老年，他们因为失去这个对手而更加沮丧。现在，他们在马鞍上吱吱作响，将生锈的长矛对准了新的目标——妇女运动、新左派、黑人权力、单身母亲、移民，以及奏国歌时未能站起来的人。这种“解放”的浪潮并不是他们所希望的自由，他们对此感到崩溃而束手无策。我记得在华盛顿的一家餐馆里，科德·迈耶*嚼着（我用最后几美元买来的）菲力牛排，停下来只是为了吐出一句尖刻的话，说，多元文化主义的唯一成就，是让人找不到一个会说地道英语的侍者。几天后，欧文·克里斯托尔为美国企业研究所食堂提供的“乏味的”菜单——“墨西哥周”向我道歉，然后特意点了一份汉堡包。

“民主”已经变得过于民主了，它不再听从智者的建议。新一代不需要智者。他们在世界中争吵，迷失了自己。当我想到他们时，就想起了格特鲁德·斯坦因**的评论：“美国是世界上最古老的国家，因为它是第一个进入 20 世纪的国家。”

《文化冷战与中央情报局》也有它自己的冒险经历。1999 年在英国出版，当时开播了一个时事广播节目，来宾是著名的大律师亨利·基辛格和我。我因为紧张而变得沉默，竟为基辛格的指甲所吸引，发现这些指甲被咬得好快啊。他中途离开演播室，显然对轰炸柬埔寨和推翻萨尔瓦多·阿连德是非法的说法感到不满。在美国，本书在最后的定稿阶段被原出版商拒绝了，他们认为我没有充分重视“美国的事业是正义的”

---

* 科德·迈耶（Cord Meyer，1920—2001），美国中央情报局官员。在第二次世界大战中担任海军陆战队军官，期间受伤并整容，战争结束后的几年里他领导了世界联邦主义者联合会。大约 1949 年开始在中央情报局工作，1977 年退休。

** 格特鲁德·斯坦因（Gertrude Stein，1874—1946），美籍犹太作家、理论家和收藏家，对 20 世纪西方文学产生过重要的影响。

和“中情局等是站在天使一边”的观点。因此，本书最终未能被自由出版社（又一个矛盾的修辞？）所接受，而是在新出版社（New Press）的安德烈·希夫林（André Schiffrin）的大力支持下才得以出版。在罗马的一次新书介绍会上，我被夹在两个演讲者中间，他们非常生气，相互冲来撞去。幸好，在我的衬衫领子被撕破之前，出版商进行了干预。2007 年在伦敦的一次招待会上，我被介绍给时任英国首相的戈登·布朗（Gordon Brown），他说怀着极大的兴趣阅读了本书，他认为在目前的情况下，文化战是一件好事。读者们会明白，那不是我最骄傲的时刻。我不喜欢本书可能被某个政府（或任何政府）用来作为“软实力”行为的指导手册。但是，正如有人曾经说过的那样，最具讽刺意味的就是讽刺作家正生活在他的讽刺作品之中。

自从 1999 年以英文首次出版以来，《文化冷战与中央情报局》曾以法文、德文、意大利文、阿拉伯文、土耳其文、保加利亚文、中文、葡萄牙文、希腊文和西班牙文出版。目前正在准备俄文版。我衷心感谢所有的编辑和翻译，他们促成了本书的出版。

弗朗西丝·斯托纳·桑德斯
2013 年 4 月于伦敦
（管永前　译）

志谢

本书的写作是个漫长的过程，因为我总是带着我的累赘而又不起眼的行李——一大堆破烂纸箱四处奔波。我能够带回整整一个商队的战利品，都是因为有许多好心人帮助我，他们接待了我，为我提供资料，还让我不受干扰地工作。为此，我要感谢伊丽莎白·卡特赖特-希格尼特（Elizabeth Cartwright-Hignett）、弗兰克·达贝尔（Frank Dabell）、尼克·休尔（Nick Hewer）、厄萨·基特（Eartha Kitt）、赫缪恩·拉布隆-约翰逊（Hermione Labron-Johnson）、克劳迪娅和马塞洛·萨洛姆（Claudia and Mareello Salom）。安·帕斯特奈克-斯拉特（Ann Pasternak-Slater）和克雷格·雷恩（Craig Raine）不断地鼓励我，增强我的信心，对他们，我怀有特殊的感激之情。通过他们，我得以在纽约会见了本·索南伯格（Ben Sonnenberg），他既博学又热情，我对他也是深怀感激。安·帕斯特奈克-斯拉特为我写了推荐信，并不吝为我那不够严谨的初稿修改润色，从而使之顺利地获得通过。在写作此书的过程中，我得到卡门·考利尔（Carmen Callil）的支持时虽然写作已进入后期，但那时我信心不足，正是他的支持启发了我，帮助我找回了已丧失的信心。杰伊·韦斯伯格对我的帮助无可估量，我作为一个电影史学家，在他面前，无论在学术水平上还是知识面的广博上，我都自愧弗如。此外，我还要感谢那些成为此书合伙人的人们与我一道分担了种种艰辛，他们都承受了，而且还不失幽默。他们是我这本书的编辑尼尔·贝尔顿（Neil Belton）、我的代理人费利西蒂·罗宾斯坦（Felicity Robinstein）、格兰塔图书公司（Granta Books）的全体工作人员、新出版社的杰里米·巴格勒（Jeremy Bugler）、托尼·卡什（Tony Cash）、托尼·卡鲁（Tony

Carew）、劳伦斯·西马诺维茨（Lawrence Simanowitz）和安德烈·希夫林、贝尔多克，莱文和霍夫曼公司（Beldock, Levine & Hoffman）的梅尔文·伍尔夫（Melvin Wulf）。我还要为麦当娜·本杰明（Madonna Benjamin）、佐薇·赫勒（Zoë Heller）、康拉德·罗伯（Conrad Roeber）、多米蒂拉·鲁弗（Domitilla Ruffo）、罗杰·索纳姆（Roger Thornam）和迈克尔·怀里德（Michael Wylde）的友谊和耐心向他们表示感谢。如果没有我的母亲朱莉娅·斯托纳（Julia Stonor）和我的兄弟亚历山大·斯托纳·桑德斯（Alexander Stonor Saunders），那么我写作以外的生活就走入绝境了。对于他们给予我的鼓励，充满爱心的支持，始终不渝地为我鼓劲，在此，我虽然不免感到羞愧，我还是要向他们致以最深切的感谢，并将此书献给他们。

我开始研究文化冷战时，原指望能够大大受益于美国的新闻自由法。根据此法，原来许多政府密级文件解密向研究者开放，其结果之一就是对联邦调查局的研究取得了丰硕成果，情况确实如此。但是有关中央情报局的文件就完全是另一回事了。我最初请求利用中央情报局的文件是在 1992 年，我的请求至今尚未得到答复。后来我又提出申请，这次总算接受了，但是又提醒我，为我提供档案资料的全部费用大约是 3 万美元，紧接着，中央情报局的信息与保密协调员又告诉我，我的申请付诸实施的机会几乎等于零。不过我也不必为此发愁。英国的历史学家把美国的新闻自由法吹得天花乱坠，但是他们要想在这个领域里获得研究资料还要经受巨大的挑战。总之，就中央情报局而言，申请的遭遇是悲惨的。好在私人收藏的文献资料非常丰富，足以弥补这一缺憾。从历史上看，美国历届行政当局一直是扩展到各种私有部门的，冷战时期则尤其如此，当时参与美国外交政策的既有政府各部门，也有某些混杂的临时联合组织，还有一些半官方的人物和机构。正是由于这种巴尔干化*（即使涉及秘密或隐蔽行动也不例外）使我有可能详尽地查阅有关各种行动的资料。对于那些有意在大海里捞鱼的人来说，美国全国各地的档案馆

---

* 巴尔干化（balkanization），指一个整体分裂为许多各自为政的小团体，有“割据”之意。

收藏的私人文件就是一个可供捕鱼的辽阔海洋。

任何依赖大量档案资料的研究工作，都需要许多档案工作者和图书馆员的帮助，他们凭着专门知识，引导着研究人员走进其浩瀚的收藏之中，然后又领他们走出来。这些工作人员为我提供了无数的搁架，上面堆着的就是历史。这里我要立刻补充一句：如果在资料的组织和结构中有什么疏漏和缺陷，责任都在作者。对这种帮助和建议，我要感谢以下各单位的工作人员，他们是：纽约的塔米蒙特图书馆（Tamiment Library）、芝加哥的约瑟夫·里根斯坦图书馆（Joseph Regenstein Library）、阿比林的德怀特·艾森豪威尔图书馆、华盛顿的国家档案馆、哥伦比亚大学的巴特勒图书馆（Batler Library）、华盛顿的乔治·米尼中心（George Meany Center）、得克萨斯州奥斯丁市的哈里·兰塞姆人文学科研究中心和林登·贝恩斯·约翰逊图书馆、波士顿的约翰·F. 肯尼迪图书馆和独立城（Independence）的哈里·林鲁门图书馆。我还要向伦敦的公共档案馆、里丁大学图书馆（Reading University Library）和伦敦图书馆的档案员们致以谢忱。

许多人为这本书都愿意接受我的采访，对我不断的访问、电话、传真和信件都表现出善解人意的耐心。所有接受采访者的名字都列入了书后的“注释和资料来源”部分，在此，我谨向他们表示感谢。其中我特别要提到的是戴安娜·乔斯尔森（Diana Josselson），她不吝为我花费了大量的时间，她那令人叹服的记忆力，她坚定不移的支持（其中当然也不乏批评）和她私人收藏的照片都使本书作者从中获益良多。

目录

前言

好的宣传就是要做得不像宣传。

——理查德·克罗斯曼

在冷战高潮中，美国政府投入巨资在西欧执行一次秘密的文化宣传计划，其目的就是“无中生有”。这项计划是美国的情报间谍机构中央情报局在极端秘密的状态下执行的。执行这项计划的主体是文化自由代表大会（Congress for Cultural Freedom），自 1950 至 1967 年，负责人是中央情报局特工迈克尔·乔斯尔森（Michael Josselson）。该计划取得了不俗的成绩，其持续时间也不可谓不长。在最辉煌的时候，文化自由代表大会在 35 个国家设有办事处，雇用员工数十人，出版二十多种名声颇大的刊物，举办各种艺术展览，拥有一家提供新闻纪录片和故事片的服务公司，组织高水平的国际会议，并为音乐家和画家颁奖，为他们提供公演和展览的机会，以此作为对他们的鼓励，其任务就是让西欧的知识分子不再热衷于马克思主义和共产主义，转而从思想倾向上接受有利于“美国方式”的观点。中央情报局于 1947 年成立，就立即开始从极有影响力的社会力量中广泛网罗人员，组成一支由各类人物构成的混合部队，其中包括情报人员、政治战略家、大公司和常春藤联盟*各大学的校友，他们身负双重任务，既为世界注射防疫针，以防感染共产主义，同时又为美国外交政策在海外获得利益铺平道路。结果是结成一张高度严密的大网，网络中的成员与中央情报局合作，为推行其理念

---

*常春藤联盟（the Ivy League），指美国东北部一批著名大学，包括哈佛大学、耶鲁大学、宾夕法尼亚大学、普林斯顿大学、哥伦比亚大学、布朗大学、达特茅斯学院和康奈尔大学。

并肩战斗。这个理念就是世界需要美国和一个新的启蒙时代，这个时代可称为“美国世纪”。

中央情报局建立的这支队伍，按亨利·基辛格的说法，是“一个为国家效忠的贵族阶层，遵循的是超党派原则”。这支队伍是美国进行冷战的秘密武器，广泛地散布在文化领域之中。在战后的欧洲，作家、诗人、艺术家、历史学家、科学家、评论家，无论他们喜欢不喜欢，知情不知情，其中绝大多数人都多多少少与这一隐蔽事业有着某种联系。美国间谍情报机构在长达20年的时间里，一直以可观的财力支持着西方高层文化领域，名义上是维护言论自由。这种做法在20年中一直没有受到挑战，人们也不知其内情，大家都认为这是为西方做好事。如果我们把冷战界定为思想战，那么这支队伍就储备了一个庞大的文化武器库，武器包括刊物、图书、会议、研讨会、美术展览、音乐会、授奖等。

这支队伍由各色人等构成，其中有一批原来的激进派知识分子，但是斯大林的极权主义粉碎了他们对马克思主义和共产主义的信仰。这批人是从30年代“粉红色的十年”* 走过来的。亚瑟·凯斯特勒（Arthur Koestler）哀叹称，这是一场流产的精神革命，一次毫无结果的文艺复兴，一种虚幻的历史曙光。[1] 这种幻灭感使他们获得一种新的共识，一种对新秩序的肯定，并以此来取代以往那种日渐衰落的力量。持不同政见的激进知识分子有一种传统，他们一直是以破解神话、质疑已形成制度的特权和打破掌权者的自鸣得意为己任的。但是这种传统已经中断了。这种状况对于拥护美国的观点自然是有利的。这个非共产主义的群体受到强大机构的钟爱，在其金钱的支持下，就像几年前的共产主义那样，这群人（其实，其中许多人是同一批人）已经形成一种卡特尔 ** 式的西方知识分子联合体了。

查利·西特林（Charlie Citrine）是索尔·贝洛（Saul Bellow）*** 的《洪堡的礼物》中讲故事的人物。书中他讲过这样一段话：“有那么一个时期，

---

* “粉红色的十年”（The Pink Decade），指20世纪30年代知识分子中普遍的左倾。“粉红色”有左倾政治观点的意思，但不一定是共产党员，也可译为“左倾的十年”。

** 卡特尔（cartel），同业联盟，原意为同业的企业联合经营以避免相互竞争。

*** 索尔·贝洛（1915—2005），美籍犹太作家的代表。《洪堡的礼物》出版于1975年，翌年获普利策奖。作品的主人公同贝洛其他作品中的一样，都是犹太知识分子，才华横溢又幼稚可笑，既有远见卓识，又荒谬绝伦。

生活失去了自我调节的能力，但生活又必须调节，于是知识分子就以此为己任。比如说，从马基雅维利时代起，直到我们所处的这个时代，这一调节生活的工程总是那样宏伟壮观，同时却又可望而不可即，而且这还是一项带有误导性和灾难性的工程。像洪堡这样一个人，满怀雄心壮志，为人既精明又疯狂，他因发现人类工程竟如此宏大并变幻莫测而感到兴奋不已。他发现这样一项伟大事业必须交给出类拔萃的人物来承担，而他本人就是一个有资格掌握大权的人选。是啊，这有什么不对呢？”[2] 那些知识分子就是无数的洪堡式人物。他们一度被共产主义这个虚假的偶像所出卖。现在他们终于发现。有可能建立一个新魏玛*，一个美国式的魏玛。

现在，这批左翼人物应当由中央情报局把他们集合起来，从事他们原有的事业，看来这并不是没有可能的。这批人受雇于中央情报局，与中央情报局有着真正的共同利益和信念，即使此时他们对自己的所作所为并不明底细，他们也已经加入了冷战行列。美国杰出的自由派历史学家亚瑟·施莱辛格（Arthur Schlesinger）写道：“中央情报局这股势力并不总是或通常是反动的、邪恶的。”[3]“根据我的亲身体验，中央情报局的领导层在政治上是开明的，也是十分老练成熟的。”[4] 他认为中央情报局是自由主义者的一个栖身之所。仅仅出于这种观点就足以诱使一些人同它合作，至少对于这个机构怀有良好动机的神话是默认的。但是同时中央情报局又被视为美国进行冷战的工具，一个对他国进行无情干预、行为极不负责任的工具。这种坏名声与上述观点是很不协调的。1953 年推翻伊朗总理莫萨德（Mossadegh），1954 年颠覆危地马拉的阿本兹（Arbenz）政府，1961 年灾难性的猪湾事件和 1961 年在越南执行臭名昭著的凤凰计划，这一切都是这个机构在幕后策划的。同是这个机构，对成千上万的美国公民进行监控；在国外对其他国家经民主选举产生的领导人进行骚扰，策划暗杀行动；在国会里矢口否认进行过这类活动，而且在不断抵赖的过程中使其撒谎的技巧越来越高超，达到了前

---

* 魏玛（weimar），此处应指 1918—1919 年革命后建立的魏玛共和国，即德意志共和国。1919 年 2 月，共和国国民议会在魏玛召开，制定了宪法，根据新宪法建立的政府被认为是民主政府的象征。

所未有的水平。既然如此，那么中央情报局通过什么高明的手段，竟然使亚瑟·施莱辛格这样思想境界颇高的知识分子也认为它是一艘满载他们所钟爱的自由主义的金船呢？

美国间谍机构的触角触及的范围极广，伸展到了西方盟国的各种文化事业之中。虽然从不承认，但实际上它是在支持范围广泛的创造性活动，把知识分子和他们的工作当成一盘棋赛中的棋子摆放在棋盘上的各个位置，这已成为冷战中最具争议性的传统手法之一。那个时期维护这一传统的人辩解说，中央情报局将大量的财力投入其中并没有附带任何条件，不过关于这一点还有待认真地追究是否属实。在美国和西欧的知识界，总有人认为中央情报局关切的确实只是扩大文化的自由和民主。“我们只不过是支持人们把原想表达的意思表达出来而已。”“空白支票”论者就是这样辩解的。这种论点接着还说，如果从中央情报局的经费中受益的人对此毫不知情，而且他们的所作所为也并不因为接受了中央情报局的资助而有所改变，那么他们作为富有批判精神的思想者，其独立性就并未因此而受到影响。

但是，有关冷战的官方文件却系统地否定了这种利他主义的神话。凡是接受中央情报局津贴的个人和机构，都被要求成为这场范围广泛的宣传运动的一个组成部分，成为宣传运动中的一分子。在这里，“宣传”一词的定义是，“任何以影响特定群体的思想和行动为目的的新闻、专题讨论或有组织的努力和运动”[5]，均可称为宣传工作。这种努力中一个重要组成部分是“心理战”。这里，“心理战”的定义是这样的：“一个国家有计划地利用宣传或‘非战’的活动来沟通思想、交流情况，以求影响外国群体的观点、感情和行为，其目的是有助于国家达到其既定目标，”均可称为心理战。进一步又为“最有效的宣传”下了这样一个定义：“宣传对象按照你所指定的方向走，而他却以为这个方向是他自己选定的。”[6]这些定义在政府文件中随处可见，白纸黑字，是无可争辩的。这就是美国战后文化外交的基本理论。

显然，中央情报局将其投入的资金加以伪装是基于这样的认识：如果直言不讳，那么他们的甜言蜜语和慷慨解囊就可能遭到拒绝。这种带有欺骗性的做法又能带来什么样的自由呢？在苏联的议事日程上，肯定没有列入任何形式的自由这一项。在苏联，那些被送入集中营的作家和知识分子都像牛马一般被套上笼头，强迫他们为政权的利益服务。反对这种不自由当然是正确的。但是，问题是采用什么样的手段。如果认为战后的欧洲依靠自身内部的某种机制就能够复兴西方的民主原则，这种假设站得住吗？或者认为只要称颂美国的自由主义就能实行民主，难道民主就如此简单易行吗？在思想的有机发展、自由争论和自由交流的过程中，一个国家能够在多大程度上允许外来的秘密干预？在他国秘密干预下，那个国家的人民以为他们可以自由思想和自由行动，实际上他们却受到自己无法左右的力量的控制，这样做是否有以假民主充当真民主的危险？

中央情报局介入文化界又引出了另一个令人困惑的问题。接受经济上的援助会不会使知识分子提出自己观点的过程遭到扭曲？在选择哪些人可以受益时，是不是仅仅考虑他们所持的立场而置他们在学术上的优秀素质于不顾？亚瑟·凯斯特勒把知识界的会议和研讨会讥讽为“国际学术界应召女郎的电话召唤网络”，他的话真正的含义是什么？一个人成为中央情报局的文化队伍中的一员是否能保住并提高他的声誉呢？在国际上拥有读者，其实只是一些二流角色，只是一些昙花一现的宣传家，他们的作品只配堆在书店的地下室里，这样的作家和思想家究竟有多少？

1966 年，《纽约时报》发表了一系列文章，揭露美国情报机构进行了范围广泛的私密行动。由于在报纸的头版上刊载了许多策划政变和政治暗杀（大部分因为手段笨拙而声名狼藉）的故事，中央情报局的形象就成了一头闯进国际政治这片矮小树丛的离群野象，任何责任感都挡不住这头野象横冲直撞，在这些揭露“匕首加大氅”* 的惊险故事中，也有一些文章详细描述了美国政府如何依靠西方文化界的“婆罗门”**，借他们的光从而使其行动也带有一些文化色彩。

有这样的说法，说知识分子之所以尚有活力，这都是美国政策制定

---

* 匕首加大氅（cloak-and-dagger），故事或电影中的间谍形象，用来指诸如暗杀之类的隐蔽阴谋和间谍活动。

** 婆罗门（brahmins），印度社会种姓制度中的最高阶层。

者所赐，并不是源于他们自身的独立性。这种说法引起了普遍的反感。知识界在冷战高潮时期享有的精神权威现已丧失殆尽，而且还常受人揶揄。原来的那种“舆论一致性”正在分崩离析，其核心部分也难以幸存了。由于知识阶层的分化瓦解，有关这个阶层的议论也就莫衷一是、偏颇并不断改调换辙，有时竟达到极其严重的程度。这都是因为来自右的或左的势力为了自身的目的故意歪曲真实情况所致。具有讽刺意味的是，本来导致事情败露的原因是意味深长而意义重大的，但是当时的情形现在却反而变得模糊起来了。由于美国过于热衷地投入它在越南的反共产主义运动，把自己推到了社会崩溃的边缘，接着又发生五角大楼秘密文件外泄和水门事件丑闻，与此相比，对于文化方面的所作所为，无论是兴头十足还是义愤填膺，此时都已相形见绌了。

阿奇博尔德·麦克利什（Archibald MacLeish）写道：“历史就像一座建造得不好的音乐厅，里面总有一些听不清音乐的死角。”[7]本书就是打算把这些死角记录下来，通过这本书找到一些不同于官方音乐大师们演奏的曲调。这是一部秘而不宣的历史，这部历史信奉的是个人间关系的力量、“软性”联系和勾结、沙龙外交和闺房政治的重要性。戈尔·维达尔（Gore Vidal）说过，历史就是“官方杜撰出来的故事，据说任何历史都是无数利害相关的方面一致同意的，而每个有关方面都煞费苦心来为自己建造让人产生误解的金字塔和纪念碑，以得出不真实的结论。”任何历史，只要是对那些“一致同意的事实”提出质疑，用兹维坦·托多罗夫（Tzvetan Todorov）的话说，那就一定会被认为是某种亵渎行为。不过这样的历史倒是不会助长个人崇拜和圣贤崇拜，因为它力图符合历史的真实。这样的历史与马克斯·韦伯（Max Weber）所说的“破除世界上的幻想”是一致的；它恰恰同偶像崇拜相对立而存在。这样的历史是为了求实而重新对真实性加以评估，而不是按照当前的利用价值拼凑出的图像。

第一章 一具优雅的尸体

有一个与世隔绝的地方
无论过去还是未来
都是阳光照射不到的地方

——T. S. 艾略特[*]：《焚毁的诺顿》

欧洲在战后一个严寒的黎明醒来。1947 年的冬天是气候最恶劣的季节。从 1 月到 3 月，一股冷风横扫德国、意大利、法国和英国。圣特罗佩降了大雪，狂风呼啸，积雪如山，交通断绝，浮冰堵塞了泰晤士河口；运载着食品给养的火车转眼之间就冻在铁轨上；驶往巴黎的运煤船被冰块堵在水上航行不得。哲学家艾赛亚·伯林（Isaiah Berlin）[**] 对这座城市之寒冷"胆战心惊"，他写道："空旷、寥无人迹，就像一具优雅的尸体。"

整个欧洲，供水系统、下水道排污以及其他大部分生活设施瘫痪；食物供应日减，煤的储备不断减少，因为煤矿工人要费很大力气才能开动被冻得结结实实的风钻，冰雪稍微融化紧接着又冻结起来，厚厚的冰层封死了运河和道路。英国的失业人口在两个月之内增加了 100 万。政府和工业都在冰雪中停止运作了。生命似乎已被冻僵：400 万头羊、3 万

---

* T. S. 艾略特（Thomas Steams Eliot，1888—1965），对 20 世纪文化影响极大的英国诗人，同时又是剧作家、文学评论家和编辑。生于美国密苏里州，就读于哈佛大学，二战期间发表的《四个四重奏》使他获得 1948 年的诺贝尔文学奖。1927 年皈依英国天主教，并入英国籍。

** 艾赛亚·伯林（Isaiah Berlin，1909—1997），英国哲学家、历史学家和作家。1920 年由苏联移居英国。作为学者，在文学批评和政治哲学方面均有卓越建树。二战期间进入外交界，曾任英驻美使馆一秘，并在英驻苏使馆工作。因战时的贡献获大不列颠勋章和爵士称号。

头牛冻饿而死。

在柏林，后来担任西德总理的威利·勃兰特（Willy Brandt）* 发现这座城市“面临新的恐怖”，似乎预兆着全欧洲的崩溃。严寒就像“一头狂怒的野兽，向人类袭来，把他们都赶回家去闭门不出。但是他们发现家也并不是安全的避难之所。窗户没有玻璃，他们不得不用板条和灰泥板钉在窗户上。墙壁和天花板也是千疮百孔，人们只好用纸和破布来封堵那些洞孔和缝隙。他们把公园里的木椅劈成木条拿回家来取暖……成百上千的老人和病人冻死在床上。”[1] 作为应急措施，每户德国家庭分配到一棵树作为取暖之用。1946 年初，铁尔加滕公园里的树木已被砍伐光了，留下一片树桩，公园里的雕塑矗立在光秃秃的冰冻泥地上；到了 1947 年的冬天已经不得不砍伐著名的格伦沃尔德的树林了。大雪虽然覆盖了这座被炸成废墟的城市，却掩盖不住希特勒对德国的狂人痴梦带来的灾难性后果。柏林就像变成废墟的迦太基 ** 一样，成为一座死气沉沉、寒冷刺骨、阴森可怖的城市，已经被打败、征服和占领了。

恶劣的天气无情地宣告冷战已是看得见摸得着的现实，长驱直入地进入了雅尔塔协定之后的欧洲新地理格局。领土的疆界多边化，人口结构分裂。驻法国、德国、奥地利和意大利的盟国占领政府不得不费尽心思来应付多达 1300 万离开故土、无家可归的退伍军人。盟国人员纷纷涌入被占区，人数大大膨胀，使问题更加严重。越来越多的人被迫离开家园，加入了已经居住在公共建筑物的厅堂里、火车站、地下掩体和已被炸毁的市区的人群之中。克拉丽莎·丘吉尔（Clarissa Churchill）曾作为英国军事管制委员会的客人前来柏林访问，“在居住地点和物质供给上都受到了照顾，使我免遭当时的骚乱和苦难的影响。我被安置在前纳粹人员的住房里，可以在温暖的卧室里踱步，抚摸着镶有花边的床单，浏览前主人留在书架上的书籍，这样的经历使我感到征服者一丝淡淡的、

* 威利·勃兰特（1913 年生），德国社会民主党政治家。1964 年任党主席，三度任联邦德国总理，主张欧洲联合，缓解东西方冲突。1971 年获诺贝尔和平奖。

** 迦太基（Carthage），古代名城，相传为腓尼基人于公元前 814 年所建，现位于突尼斯。罗马时代盛极一时，公元 439 年遭汪达尔人的蹂躏，705 年又被阿拉伯人占领，此后一蹶不振。

温暖的喜悦；但是在我走过短短的一段街道，或者造访一处德国人居住的没有暖气的公寓之后，这种喜悦的心情立刻就烟消云散了。”[2]

胜利者确实有过一段春风得意的日子。1947 年，一条美国卷烟在美国军事基地只需花 50 美分就能买到，而在黑市上却要卖 1800 第三帝国马克，按官方汇率折合 180 美元。按这一汇率，只要用 4 条烟卷的钱就可以雇用一支德国乐队来为晚会演奏助兴，用 24 条香烟就能换来一辆 1939 年生产的奔驰汽车。青霉素和“白色证书”（证明持证者与纳粹没有牵连）是索价最高的东西。在这种经济状况下，来自爱荷达州的劳工阶级出身的大兵在这里可以过上现代沙皇般的生活。

在巴黎，维克多・罗斯柴尔德（Victor Rothschild）* 中校作为拆除未爆炸炸弹专家的英国军人，在解放日当天就来到了这座城市。他和家人在马里尼大道接收了一幢房子，这所房子原来是纳粹人员征用的。他在这所房子里款待年轻的情报官员马尔科姆・马格里奇（Malcolm Muggeridge），喝的是陈年香槟。男管家原本是为德国人服务的，据他说，一切都还保持着原样。身为百万富翁的情报官员约翰・海・惠特尼（John Hay Whitney）征用了里兹饭店，他在那里接待过斯科特・菲茨杰拉尔德（Scott Fitzgerald）在普林斯顿大学的同窗好友大卫・布鲁斯（David Bruce），他还带来了厄内斯特・海明威（Ernest Hemingway）和一批解放者。为了这次招待客人，主人向饭店经理订了 50 瓶马丁尼鸡尾酒。同大卫・布鲁斯一样，海明威也在美国战时秘密情报机构战略情报局工作过。他那次就在里兹饭店里拥着他的威士忌酒瓶住下了，在微醺的状态中接待了神经质的埃里克・布莱尔（Eric Blar），即乔治・奥威尔（George Orwell）**，还有性格豪爽的西蒙・德・波伏娃（Simone de Beauvoir）***

---

* 维克多・罗斯柴尔德为欧洲大银行家的后代，罗斯柴尔德家族创业者发迹于法国大革命和拿破仑战争时期，其后代享有世袭男爵勋位。

** 乔治・奥威尔（1903—1950），英国小说家，以政治寓言小说《动物农场》（*Animal Farm*）和《*1984*》闻名于世，两书均以苏联为批评对象。

*** 德・波伏娃（1908—1986），法国作家，哲学家。萨特的终身伴侣。以论文《第二性》闻名。曾来华访问。

和她的情人让－保罗·萨特（Jean-Paul Satre）*。那一天他喝得烂醉如泥，第二天，宿醉给他带来有生以来最厉害的一次头痛。

《语言、真理与逻辑》一书的作者、哲学家加情报官员 A. J. "弗雷迪"·艾尔（"Freddie" Ayer），乘坐着由司机驾驶并配有军用无线电的大型布加迪轿车招摇过市，一时成为巴黎人所共知的人物。亚瑟·凯斯特勒带着他的情人玛梅因·佩吉特（Mamaine Paget）和安德烈·马尔罗（André Malraux）一起用餐，喝伏特加酒，吃薄饼夹鱼子酱和西伯利亚蛋白奶油甜点，喝得醉醺醺的。还是在巴黎，一位美国外交官的夫人苏珊·玛丽·艾尔索普（Susan Mary Alsop）在她"铺满奥布森地毯和备有美国名牌香皂的住宅里"举行一系列的社交聚会，但是当她跨出她家门槛，她就看到"人们面容阴沉憔悴，一眼就能看出他们生活艰难。确实没有食品，只有那些花得起钱到黑市上去买东西的人能买到，即使是这些人也买不到多少。面包房里空空如也，即使是伦普利马耶这样的店家，橱窗里和茶室里也只能见到一块用硬纸板做成的精致'蛋糕'，或者一只装巧克力的空盒子，上面还标有'模型'字样，除此之外就再也没有别的东西了。在巴黎市郊圣翁内区的鞋店橱窗里，炫耀地陈列着一双鞋子，上面标着'真皮'或'样品'字样，在这双鞋的周围摆放的则是一些粗糙丑陋的草制商品。在里兹饭店门外我扔了一个烟蒂，这时一位穿着讲究的老先生立即扑过去捡了起来。"[3]

大约也在这个时期，小说家弗拉基米尔的堂（表）兄弟、年轻的作曲家尼古拉斯·纳勃科夫（Nicolas Nabokov）也在柏林的苏联占领区扔了一个烟蒂，"当我转身往回走时，看见一个身影从黑暗处跃出，把我扔下的烟蒂捡了起来。"[4] 当这个优等民族的人在垃圾堆里寻觅烟蒂、柴火或食物时，元首的地下掩体的废墟却连一个标志都没有留下，柏林的居民此时也没有心绪去关心这样的事。倒是每逢星期六，在军事占领政府工作的美国人手持电筒，在被炸毁的希特勒第三帝国政府大

* 让－保罗·萨特（1905—1980），法国哲学家、剧作家、小说家。国际文化名人，法国存在主义倡导者。二战后热衷于政治运动。公开赞颂苏联。主张"用行动来承担义务而不是言词"。

楼的地下室里搜寻各种异国情调的物件：罗马尼亚手枪，大卷大卷的半烧毁的货币，铁十字勋章以及其他各种装饰品。一名劫掠者找到了一些女士衣帽间，从那里拿走了一些黄铜衣帽挂钩，上面镌刻着纳粹的老鹰标识和“德国制造”字样。曾经是曼·雷（Man Ray）* 的灵感源泉的时尚摄影家李·米勒（Lee Miller）在希特勒的地下掩体浴室里穿戴整齐，摆出照相的姿势。

这种有趣的事情很快就成为过去。柏林被分割为 4 个占领区，整个城市则被苏联占领地所包围，就像一只乌鸦困在巢中似的。从此柏林成了“冷战痛楚的象征”[5]。表面上，4 个占领国是在盟军指挥部里同心协力使德国去纳粹化，并“重新为其确定发展方向”，实际上这 4 个大国是在惨淡的国际形势下进行着一场意识形态的斗争。爱沙尼亚－俄罗斯血统的美国军官迈克尔·乔斯尔森写道：“我并不仇恨苏联人。说实话，那时我并不关心政治，所以我较容易同我认识的苏联军官保持良好的个人关系。”[6] 在苏联势力范围内建立了 4 个“友好”政府之后，苏联国内进行了大规模的审判，集中营里人满为患，这 4 个“友好”政府之间的合作受到了严峻的考验。到了 1947 年冬天，也就是美苏两国的军人在易北河会师热烈拥抱不到两年的时间，拥抱就转化为相互攻击了。“直到苏联的政策明显地表现出侵略性，苏占区的暴行每天都见诸报端……苏联的宣传也露骨地反对西方，这时才唤醒了我的政治良知。”[7] 乔斯尔森对自己的转变过程就是这样说的。

美国军事政府办事处总部的缩写是“OMGUS”**，最初德国人都认为这个词的意思是英语的“公共汽车”，因为美国人征用的双层公共汽车车身两侧都印有 OMGUS 字样。当 OMGUS 的军官们不再监视其他三国的行动时，他们就坐在办公桌前，桌上堆满了到处散发的“个人情况调查表”，每个德国人在求职时都必须填写这种表格，内容包括国籍、宗教信仰、有无犯罪记录、教育程度、专业资格、就业和服务状况、

* 曼·雷，美国达达派和超现实主义摄影家、画家、电影摄影师。
** OMGUS 是“Office of Military Government U.S.”的缩写，出现在公共汽车或大轿车上，英语不好的德国人就把它同 OMNIBUS（公共汽车）一词混淆了。

著述和演讲、收入和资产、出国旅行经历等等，其中当然还有政府归属和派别。把所有的德国人都过一遍筛子，不放过一丝一毫“纳粹主义和军国主义”痕迹，确实是一项要命的案头工作，常常令人心烦。即使是一个在第三帝国政府大楼里清扫过道的勤杂工也不免要列入黑名单，但是希特勒时期的许多工业家、科学家、管理人员，甚至高级军官却悄悄地被留用。为了保证德国不致就此崩溃，真是想尽了办法。

对于一名情报人员来说，无休止地填写个人情况调查表绝对不是处理纳粹政权遗留下来的复杂问题的好办法，于是乔斯尔森采用了不同的方法。哲学家、当时为伦敦的军事情报六处工作的斯图尔特·汉普夏尔（Stuart Hampshire）回忆道：“当时我并不认识乔斯尔森，不过我听说过此人。他在整个情报圈里名气很大。他是一个全才，不管什么事他都能做成。确实是任何事都难不倒他。如果你想越过俄国边界，这本来是不可能的事，但是乔斯尔森能帮你办到。如果你想请一支交响乐队，乔斯尔森也能帮你如愿以偿。”[8]

乔斯尔森能流利地说 4 国语言，而且不带任何口音。他确实是美国占领军军官中的一笔宝贵财富。再说，他对柏林了如指掌。他于 1908 年出生在爱沙尼亚的塔尔图，父亲是一位犹太裔木材商。乔斯尔森于 20 世纪 20 年代初首次来到柏林，混迹于苏联十月革命后移居外国的巴尔干侨民之中。他的亲人被布尔什维克杀害，再要回到塔尔图已不可能，这样他就成了亚瑟·凯斯特勒称之为“人渣”的男男女女中的一员。这些人的生活在 20 世纪破碎了，他们不再为他们的故土所接受。乔斯尔森进了柏林大学，但他没等拿到学位就离校到一家叫作金伯尔斯·萨克斯的百货公司当了采购员，后来又成了这家公司派驻巴黎的代表。1936 年他移民到美国，不久就加入了美国国籍。

乔斯尔森于 1943 年应征入伍，他的欧洲背景显然使他成为谍报工作或从事心理战的理想人选。他真的受命加入驻德国的心理战处（PWD）的情报科。他成为由 7 人组成的审查小组的一员（这个小组的代号叫罗森堡小组，因为组长是艾伯特·G. 罗森堡，即 Albert G. Rosenberg 上尉）。小组的任务是每周审讯数百名德国囚犯，目的是“尽快将坚定的纳粹分子和非纳粹分子加以甄别，将他们分开；甄别哪些人说了谎话，哪些人吐露了真情；哪些生来话多，哪些人天生守口如瓶。”[9]乔斯尔森于1946年去职，但他继续留在柏林，在美国军事政府中担任文化官员，后来又在国务院和美国高级专员公署任公共事务官员。他的职责是审查德国新闻界、广播和娱乐媒体人员的工作，所有这些被审查者在清除纳粹分子的行动中全部停职接受审查。

在同一个处工作的还有尼古拉斯·纳勃科夫。他是一个白俄，在1933年移居美国之前曾作为侨民居住在柏林。纳勃科夫身材高大，相貌英俊，能言善辩。此人以其自身的魅力就可以轻而易举地和别人交上朋友（自然也就有不少妻子）。在20世纪20年代，他在柏林的公寓成了移民们文化生活的中心，汇聚了许多知识界人物，有作家、学者、艺术家、政客和新闻记者。在这个放逐在外的国际群体中就有迈克尔·乔斯尔森。在30年代中期，纳勃科夫去了美国。他后来颇为谦逊地说，他在美国与阿奇博尔德·麦克利什合作写出了“第一部美国芭蕾舞剧《美满姻缘》（*Union Pacific*）”。有一段时间，他与亨利·卡蒂埃-布雷森（Henri Cartier-Bresson）两人在纽约共有一间工作室，那时他们都是穷光蛋。后来纳勃科夫写道：“在卡蒂埃-布雷森看来，共产主义运动肩负历史使命，是人类的未来……他的许多观点我都是同意的，但是，尽管我眷恋我的祖国俄罗斯，我却无法接受或赞同如此众多的西欧和美国知识分子热爱共产主义的态度。他们只关注大萧条开始后在欧洲兴起的法西斯潮流，对俄国的共产主义现实却熟视无睹，真是不可思议。在某种程度上，我觉得30年代中期的共产主义热潮只不过是一种瞬间即逝的时髦，而苏联的宣传机器又十分巧妙地编造了一个有关俄国布尔什维克革命的神话，这也助长了热衷于共产主义的思潮。”[10]

1945年，纳勃科夫同W. H. 奥登（Auden）和J. K. 加尔布雷思（Galbraith）一起加入了驻德国的美国战略轰炸调查部队的风纪处，在那里结识了从事心理战的人员，结果他自己也在新闻管制处谋得了一个职位，与他的故交迈克尔·乔斯尔森成了同事。纳勃科夫是作曲家，因而被分配在音乐科，他的任务是“利用心理和文化武器摧毁纳粹主义，促进一种真诚地建设民主德国的愿望”。[11]他的工作是“把纳粹分子从音乐界驱逐出去，给那些我们认为‘清白的’德国人颁发许可证（即让他们享有从事音乐专业的权利）”，“监控德国音乐会的节目，以确保这些节目不能变成宣扬国家主义的方式”。在一次聚会上，一位美国将军介绍纳勃科夫说：“他是内行，他会告诉德国人该怎么做。”[12]

乔斯尔森和纳勃科夫成了意气相投的伙伴，虽然有些出人意料，因为纳勃科夫感情丰富，喜怒必形于色，而且不守纪律，总是迟到；乔斯尔森则含蓄，思想境界很高，做起事来一丝不苟。但是他们两人同是流亡者，确实有着共同语言，而且两人都仰慕美国这个新世界，相信只有在这块土地上，旧世界才能确保其未来。战后的柏林极富刺激性，充满着计谋和斗争，对他们两人都有某种吸引力，因为这个地方为他们发挥创新才能和有所作为开辟了广阔天地。纳勃科夫后来写道，他们两人一起在搜寻纳粹分子方面“做了许多卓有成效的工作，为音乐事业未来的发展保护了少数指挥家、钢琴家、歌唱家和一些乐队演奏家（他们之中的大多数是理应受到保护的，其中有些人至今尚健在）。”[13]他们经常违反当时官方的旨意，在肃清纳粹分子的工作中采取了务实的态度。他们认为，艺术家与其他人并无多少差别，过去在纳粹的统治下，不能要求他们始终做到出淤泥而不染。有一位同事后来是这样解释的：“乔斯尔森真心诚意地认为，在十分艰难的形势下，对于知识分子的所作所为，就不能按一时一事来加以判断和评价。他懂得德国的纳粹主义是一种复杂而矛盾的怪异现象。美国人不了解这一点，他们只是半路上插进来指手画脚。”[14]

1947 年，指挥家威廉·富特文格勒*经历了一场特殊的灾难。尽管这位指挥家曾公开反对纳粹当局将保罗·兴德米特称为变节分子，但是后来他还是与纳粹当局达成了某种互利的和解和妥协，因而得以担任普鲁士州的议员及纳粹当局任命的其他高级职务，同时在整个第三帝国时期继续担任柏林爱乐乐团和柏林国家歌剧院的指挥。到了 1946 年，也就是他的案子首次引起盟国管制委员会重视的一年半之后，这位指挥家

* 富特文格勒（Welhelm Frutwängler，1886—1954），德国指挥家，以指挥贝多芬和瓦格纳的作品闻名。

在柏林举行的艺术家特别法庭审判中受审，案子审理了两天，结果判决却含糊其词。审理团对他的案卷研究了好几个月，忽然喜从天降，盟国管制委员会为他洗清了罪名，这才使他 1947 年 5 月 25 日能在美国征用的泰坦尼亚宫指挥了柏林爱乐乐团的演出。在乔斯尔森留下的文件中有一份备忘录，其中提到他在这个案件中所起的作用，局内人将其称为富特文格勒的"突变"。他写道："富特文格勒逃过此难，免遭肃清纳粹分子程序的羞辱，在处理这个案件中，我是起了重大作用的。其实富特文格勒从来就没有加入过纳粹党。"[15] 在做这件事的过程中，他得到了纳勃科夫的帮助，不过，多年之后他们两个对此案的详情都言辞含糊。1977 年，纳勃科夫曾问乔斯尔森："我不知道你是否记得富特文格勒是大约哪一天跑到了东柏林举行了一次记者会，在会上扬言说，如果我们不立即还他一个清白，他就去莫斯科？我记得把他从苏占区弄出来，到了我住的地方，这件事好像同你还有关系，是不是这样？我记得麦克卢尔（McClure）将军当时对富特文格勒的行为有点生气……"[16]

一位美国官员发现富特文格勒这样的人物一个个地被宣布为清白无辜而感到十分愤慨。1947 年 4 月，巴登 • 符腾堡 * 的美国军政府主管戏剧和音乐的负责人纽厄尔 • 詹金斯（Newell Jenkins）愤怒地要求解释清楚，"许多音乐界知名的纳粹分子至今仍极为活跃，究竟是怎么回事"。同富特文格勒一样，赫伯特 • 卡拉扬（Herbert Karajan）和伊丽莎白 • 施瓦茨科夫（Elizabeth Schwartzkopf）也被盟国管制委员会宣布为清白无辜，虽然在他们的履历中不乏可疑之处。在卡拉扬一案中，他的经历暧昧确是无可争辩的事实。他在 1933 年就是党员 **，从来都毫不犹豫地在音乐会演奏纳粹钟爱的《霍尔斯特 • 韦塞尔之歌》***。他的敌人称他为

---

* 巴登 · 符腾堡（Württemberg-Buden），1949 年前应为符腾堡，在纳粹时期直属中央，二战后被分割为美占区和法占区。1949 年德意志联邦共和国将符腾堡地区划为三个州，巴登 · 符腾堡为其中之一，至 1952 年才将这三个州合而为一，称巴登 – 符腾堡州。此处作者所指为符腾堡。

** 此处的"党员"应为德国国家社会党，即纳粹党的党员。纳粹（Nazi）为德文的"国家社会"的缩写。

*** 霍尔斯特 · 韦塞尔（Horst Wessel，1907—1930），1926 年入纳粹党，1930 年被政敌打死。戈培尔封他为烈士，是纳粹运动的殉道者。《霍尔斯特 · 韦塞尔之歌》的歌词作者，这首歌被纳粹德国用为国歌。

“党卫军上校冯卡拉扬”。但是，尽管他拥护纳粹政权，他还是以柏林爱乐乐团无可争辩的“国王”身份复出。柏林爱乐乐团在战后的年代里被树立为反对苏联极权主义象征性的堡垒。[17]

伊丽莎白·施瓦茨科夫曾为东部前线的党卫军举行音乐会，在戈培尔主持的宣传性电影中扮演角色，被戈培尔列入“上帝赐福”的艺术家行列。她的德国国家社会党党员编号是7548960。为她伴奏的半犹太血统的彼得·盖尔霍恩（Peter Gellhorn）问道：“一个面包师傅如果不喜欢政府，是不是就应该不再做面包了？”显然不可能是这样的。话虽如此，这个人在30年代还是逃离了德国。尽管伊丽莎白·施瓦茨科夫有这样的经历，盟国管制委员会同样宣布她是清白的，此后她声名鹊起，在职业生涯中扶摇直上。大英帝国授予她“女爵士”* 的称号。

艺术家在他们一生中的某个时期卷入政治之中，他们对此应该如何作出交代，这个问题无法通过一项容易出错的肃清纳粹分子的计划就能解决。乔斯尔森和纳勃科夫对这样一项计划的局限性是一清二楚的。鉴于此，他们不按程序办事，应该是符合人道主义的，甚至可以说是勇敢的行动。但是同时他们又是道德混乱的受害者：为了反共之需，就要有一个把人们动员起来的振奋点，这就必须肃清那些涉嫌服务于纳粹政权的分子。这一任务紧迫而秘密，其结果是凡可用来反对共产主义却又有亲法西斯嫌疑的人都获得了宽容，前提是他们必须能够挥舞大棒，击向苏联。1977年纳勃科夫致乔斯尔森函表明，当时他们实在是不得不把富特文格勒从苏联人手中夺过来（苏联人已经与他接触，并答应接纳他），而富特文格勒本人也在利用美苏双方的较量。1947年5月他在泰坦尼亚宫露面显然表明在“争夺柏林爱乐乐团的斗争”中，盟国决不让苏联人“抢戏”**。1949年，在美国赞助的文化计划中，有一批德国艺术家获准出国访问，

* “女爵士”，即Dame，英国专用。在英国，只有被授予爵位的女人名字前面才能带有Dame的称号。

** “抢戏”，原文为upstage，指一个演员在舞台上向后部移动，让同台的演员不能面对观众，有占上风和出风头的意思。

其中就有富特文格勒。1951年恢复举办拜罗伊特音乐节*，由富特文格勒担任指挥，尽管官方禁止演奏瓦格纳的作品（出于反"国家主义"的原因），这个音乐节的主办权还是交还给了瓦格纳家族。

威廉·多诺万（William J. Donovan）**，美国战时情报机关的首脑，曾讲过一句名言："如果斯大林愿意帮助我们打败希特勒，我就愿意雇用他，给他发工资。"[18]现在来了个一百八十度大转弯，德国人显然"已经成了我们的新朋友，而救星俄国人却成了敌人"。在亚瑟·米勒看来，这是一件"非常可鄙的事。在我看来，在此后的年代里，把善恶标志从一个国家身上撕下来，贴到另一个国家身上，道德这个概念已被从世界上抹去了，哪怕这仅仅是理论上的道德。上个月还是朋友，这个月却突然成为敌人，这还有什么善恶是非标准可言？在希特勒死后的8—10年间，世界上各国分化改组，重结同盟，这期间对道德这个概念采取了一种虚无主义的、甚至是一种无聊的玩笑态度，这已成为国际文化的标志。"[19]

当然，反对苏联是有着充分理由的，因为它正从寒冷的天气中以极快的速度步步逼近。1月份在波兰，共产党人上台执政；在意大利和法国，传言共产党人要发动政变。苏联的战略家们利用战后欧洲普遍的不稳定局面，抓紧时机向西推进。斯大林政权干劲十足，而且富于计谋。这个政权的不可动摇的决心和顽强精神，以及其丰富的想象力，都是西方各国政府难以望其项背的。苏联部署了一支以非常规武器装备起来的部队，渗入欧洲人的意识，软化他们的思想，促使他们倒向苏联。苏联开辟了广泛的战线，有些是新的，有些则是威利·芒曾伯格（Willi Munzenberg，克里姆林宫战前秘密宣战的高手）1940年去世后中断现在又恢复起来的。工会、妇女运动、青年组织、文化机构、新闻出版界等等都成为他们进攻的对象。

苏联在利用文化作为政治攻心战的工具方面可谓行家里手。在冷战

---

* 拜罗伊特（Bayreuth），德国西部城市，作曲家瓦格纳晚年站在极端国家主义和反犹太主义立场，定居于此，李斯特也葬于此。每年7—8月在此举行音乐节，二战期间中断。

** 威廉·多诺万（1883—1959），律师出身，一战时在法国服役，后回到司法界服务。1942年6月出任新成立的战略情报局（OSS）局长，但拒绝在中情局任职。

开始后的最初几年里，他们把文化作为政治工具的主要形式，曾在这方面做过不少工作。由于苏联缺乏美国那样的雄厚经济实力，更重要的是它又不具备核力量，于是斯大林政权就集中力量，要在“争取人心”的斗争中打一个胜仗。尽管美国在新政时期在文化上取得了重大成就，但是在进行国际文化战方面却毫无经验。早在 1945 年，一位情报官员就预见到这种非常规的战术，而苏联现在正在采用这种战术。这位情报官员曾给战略情报局局长多诺万写过一份报告，其中有这样的话：“在国际上施加压力，既有‘和平方式’，也有‘好战的方式’。原子弹的发明使两者之间的平衡状态发生变化，重点将有所转移。我们应该预见到‘和平方式’的分量显然将会加重。我们的敌人将更加放手地进行攻心战，对我们进行颠覆、破坏和施加……压力，而我们也只好甘心地承受他们的侮辱。我们极力想避免战争悲剧重演，所以我们自己也要充分利用和平方式。在战争爆发之前瓦解敌人意志的时期、在战争已经爆发的时期以及战后控制局势的时期，‘和平方式’都变得越来越重要了。”[20]

这份报告极富预见性。它为冷战下了一个定义：冷战就是心理战，就是用“和平方式”屈敌，也就是用宣传的武器来瓦解敌方的立场。在柏林发轫的几次出击就充分表明，行动的武器就是文化。文化冷战已在进行中了。

在冷战中，文化堕落了，这种文化生活是经过精心乔装打扮而堕落的。正是这种文化被各占领国用来争个高下，以求在宣传上得分。早在 1945 年，“当废墟的周围还散发着腐烂尸体的臭味时，俄国人即以格鲁克的《奥尔甫斯》* 为苏联国家大剧院揭开了帷幕。身材粗短健壮的俄国校官们，头发用头油梳理得平整光亮，带着踌躇满志的微笑，在灯光辉煌、豪华壮观的将军宫里，同美国军事人员一起欣赏《叶甫盖尼・奥涅金》** 的演

*《奥尔甫斯》（*Orpheus*），又译“俄耳甫斯”，是德国歌剧作曲家克里斯托弗・格鲁克（Christoph Gulak，1714—1787）为歌颂希腊传说中的英雄奥尔甫斯而创作的歌剧，传说奥尔甫斯具有非凡的音乐天赋。

**《叶甫盖尼・奥涅金》（*Eugéne Ornegin*），原为普希金的韵文小说，后改编为歌剧，柴可夫斯基作曲。

出，或与他们一起欣赏《利歌莱托》*，不过此剧显然已被赋予反法西斯的新解。演出场所里音乐与勋章齐鸣。”[21]

乔斯尔森最初接受的任务之一，就是去找到德国国家歌剧院（德国歌剧院演出公司，这是唯一能与俄国国家歌剧院一争高下的歌剧院）的几千套演出服装。这些服装被纳粹分子完好地保存在柏林市郊美国占领区内一个盐矿下面。这是一个阴雨凄苦的日子。乔斯尔森同纳勃科夫一道出发去寻找这些演出服装。在他们赶回柏林的路上，乔斯尔森的吉普车走在纳勃科夫征用的奔驰轿车前面，在高速行驶中撞上了苏联人设置的路障。乔斯尔森昏迷不醒，身上多处创伤，被送到俄国人的军医院急救。几个苏联女军医为他缝合了伤口。当他稍稍好转之后，就被送回他在美占区的营舍，他在那里与一个名叫彼得・范艾克（Peter van Eyck）的渴望成名的演员住在一起。如果那天没有苏联军医为他治疗护理，乔斯尔森可能活不到今天，当然也不会成为佳吉列夫**式的美国反苏文化宣传运动的人物。苏联人救活的这个人，在后来的20年中要做许多事情来破坏他们在文化上称霸的意图。

1947年，苏联设在柏林菩提树下（Unter den Linden）大街的文化会堂隆重揭幕，这无异于发射了另一枚重磅炸弹。这一别开生面的举措使一位英国文化事务官员惊叹不已，他带着艳羡的口气报告说，“这个机构超过了其他盟国所做的一切，我们这一点小小的作为与之相比真有天壤之别……它装饰豪华，家具质地优良，不少是属于古玩级的，每个房间满铺地毯，灯光异彩缤纷，室内温度达到让人感到热的程度，一切都是新油漆的……俄国人几乎征用了一切他们想拥有的东西……里面设有酒吧和吸烟室……真叫人流连忘返。厚软的地毯，枝形水晶吊灯，其奢豪不亚于瑞士人开的里兹大饭店……（这真是一个）精美绝伦的文化机构。它面向广大群众开放，打破了这里许多人认为俄国人不文明的观念。对于我们来说，苏联人新近大胆的创举确实令我们感到沮丧——我

---

*《利哥莱托》（*Rigoletto*），原为雨果的戏剧《给国王取乐的人》，后改编为歌剧，威尔第作曲。此剧更为人所熟知的译名为《弄臣》。

** 佳吉列夫，可能指俄罗斯艺术的促进者佳吉列夫（Sergey Dyagilev，1872—1929），艺术修养全面，是一个不断探索的理想主义者。

们的贡献实在太微不足道了，只有一个新闻中心，几间阅览室，就是这些阅览室也因为缺煤而行将关闭！……我们应当振作起来，采取同样大胆的行动，把英国的成就也在柏林展示出来。”[22]

正当英国人办的阅览室缺煤取暖时，美国已经鼓起勇气开办了“美国会堂”，向苏联人发起反击了。作为一个“美国文化据点”，这个机构在寒冷的气候中提供了舒适的阅览室，放映电影，举办音乐会、报告会和艺术展览，“一切活动的首要重点就是宣传美国”。教育与文化关系处主任向美国会堂的工作人员发表了一篇题为《走出瓦砾》的演讲，强调他们肩负着历史性的使命：“至今很少有人有此殊荣来担当如此重要、如此富有挑战性的使命。你们被挑选出来，来改变这个被打败、被征服、被占领的德国的思想、道德、精神和文化方向，这条艰难的道路上满布陷阱，为此你们应当感到光荣。”但是他又提到，“尽管美国在文化领域已经做出了伟大贡献，但是德国或世界上其他地方却并不都了解这一点。我们的文化被认为是物质主义，人们经常听到这样的评论，说‘我们拥有的是技术，是思想，而你们拥有的只是金钱。’”[23]

美国这个国家，普遍被认为是一片文化荒漠，美国人则是一批嚼口香糖，开雪佛兰车，被杜邦包装起来的市侩。这主要是俄国人宣传的结果。美国会堂做了许多工作来扭转人们对美国持有的固有负面观点。一位美国会堂热心的管理人员写道：“毫无疑问，从美国运来的印刷品……给德国某些圈子里的人物留下了深刻的印象。几代这样的人群一直以为美国在文化上是落后的，他们只看到一些局部，就此否定了整体。”一些历史造成的“有关美国文化落后的陈词滥调”，通过“读好书计划”已经没有市场了，这些圈子里的人曾经相信过这类诬蔑之词，据说，这些人已经“悄悄地表示美国给他们留下了深刻的印象”。[24]

有些先入为主的看法则较难消除。一位在美国会堂演讲的人谈到“今天黑人在美国的地位”，听讲者向他提出了问题，“其中有些就不是善意的”。演讲者与提问者进行了交锋。提问者可能是共产党人，也可能并不是共产党人。幸亏组织者在讲演后安排了“黑人演唱四重唱节目。这些黑人在会堂正常关门时间之后还唱了很久。当时的气氛如此融洽，以致后来决定邀请这个黑人演唱组再举行一次演出”。[25]美国存在的种族问题是苏联可资利用的一个大题目，这个问题使许多欧洲人怀疑美国是否真能实现它将给世界带来民主的许诺。由此推断，把非洲裔的美国人出口到欧洲，让他们在那里演出，可以化解这种具有破坏性的看法。1947 年 3 月，美国军事占领政府的一份报告透露了“让美国顶级黑人歌唱家到德国举行音乐会”的计划，“玛丽安·安德森（Marian Anderson）或多萝西·梅诺（Dorothy Maynor）在德国听众面前亮相具有重大意义”。[26]推销美国黑人艺术家成为美国冷战斗士们的紧急首要任务。

美国对苏联文化攻击进行的反击加快了步伐。当时，美国的成就一股脑地运往欧洲，在柏林展示出来。从美国最崇高的艺术院校如朱利亚德（Juilliard）、柯蒂斯（Curtis）、伊斯特曼（Eastman）和皮博迪（Peabody）请来了歌剧新秀。军事占领政府接管了 18 个德国交响乐团，歌剧院也不少于此数。当时许多当地的作曲家遭禁，对美国作曲家的市场需求大大增加，派上了大用场。塞缪尔·巴伯（Samuel Barber）、伦纳德·伯恩斯坦（Leonard Bernstein）、埃利奥特·卡特（Elliott Carter）、艾伦·考普兰（Aaron Copland）、乔治·格什温（George Gershwin）、贾恩·卡罗·米诺蒂（Gian Carlo Minotti）、弗吉尔·汤姆森（Virgil Thomson）以及其他许多美国作曲家的新作都由政府出资在欧洲举行首演。

经与美国的大专院校的教师、剧作家和导演商议后，制定了庞大的戏剧演出计划。莉莲·赫尔曼（Lillian Hellman）、尤金·奥尼尔（Eugene O'Neill）、桑顿·怀尔德（Thornton Wilder）、坦内西·威廉姆斯（Tennessee Williams）、威廉·萨罗扬（William Saroyan）、克利福德·奥德茨（Clifford Odets）以及约翰·斯坦贝克（John Steinbeck）* 的剧作都拿出来上演，天花板上还挂着冰柱的寒冷刺骨的剧院里坐满了热情的观众。美国有关当局遵照席勒关于戏剧要“陶冶精神”的原则，设计了一个有针对性的精神教育剧目单。于是在“自由、民主”的主题下，上演了易卜生的《彼尔·英特》、萧伯纳的《魔鬼的信徒》和罗伯特·舍伍德（Robert Sherwood）的

* 约翰·斯坦贝克（1902—1968），美国作家，《愤怒的葡萄》为其代表作。反映大萧条时期的苦难，对流离失所的农业工人寄予极大同情。1962 年获诺贝尔文学奖。

《亚伯·林肯在伊林诺伊》。*福斯特（Forster）、歌德（Goethe）、斯特林伯格（Strindberg）的作品则是表现“信念的力量”。高尔基的《在底层》和弗兰兹·格里尔帕策（Franz Grillparzer）的《金羊毛》（又译为《美狄亚》）的教育意义则是为了宣扬“人生而平等”的思想。在“战争与和平”的主题下，上演了阿里斯托芬（Aristophane）的《吕西斯特拉忒》，R. C. 谢里夫（Sherriff）的《旅程的终点》，桑顿·怀尔德的《千钧一发》和约翰·赫西（John Hersey）的《给阿达诺镇的钟》。关于“腐败与正义”的主题，有莎士比亚的《哈姆雷特》，果戈理的《钦差大臣》，博马舍（Beaumarchais）的《费加罗的婚礼》以及易卜生的大部分剧作。其他主题还有“犯罪将自食其果”“道德、品味和举止”“追求幸福”直到比较阴暗的主题“揭露纳粹主义”。“对于德国人目前的精神和心理状态不相宜”的是一切鼓吹盲从和听任命运摆布的剧作，因为这只能导致毁灭和自我毁灭，比如希腊的经典剧作。列入黑名单的还有莎士比亚的《恺撒大帝》和《科里奥拉努斯》（美化独裁统治）、普林兹·冯·洪堡（Prinz Von Homburg）和克莱斯特（Kleist）的作品（宣扬沙文主义）、托尔斯泰的《行尸走肉》（对社会的正直批评会导致与世隔离）、所有汉姆生（Hamsun）的作品（露骨地宣扬纳粹思想）以及所有投入纳粹主义怀抱并为之服务的剧作家作品。[27]**

---

*《彼尔·英特》，讽刺一个名叫彼尔·英特的、没有原则、性格柔弱、满足于为自己而生存的人。《魔鬼的信徒》，写一个清教徒家庭的逆子后来转变为殉道者。《亚伯·林肯在伊林诺伊》，主人公是一个决定起来进行战斗的和平主义者。这些剧目是经过精心选择、贯彻“陶冶精神”原则的。

** 这段文字中提及一系列剧作家和他们的作品，表明美国为在欧洲进行文化宣传费尽心思，指导思想明确，且十分专业。这里仅对这些作家和作品作简单注释：

阿里斯托芬（约公元前450—前380年），古希腊剧作家，和平主义者，反对黩武政治。

谢里夫（1896—1975），英国剧作家，《旅程的终点》写第一次世界大战的一个侧面，具反战倾向。

桑顿·怀尔德（1897—1975），美国作家。《千钧一发》中以同一角色出现在不同历史时期的手法说明人类经验历久如新，告诫人们重视历史教训。

约翰·赫西（1919年生），美国记者、作家，其作品以人类生存为主题，突出表现了与法西斯主义相对的人文主义思想。

博马舍（1732—1799），法国喜剧家，其名著《塞尔维亚理发师》和《费加罗的婚礼》都富有平民主义思想，反对等级制度。

洪堡和克莱斯特均为德国剧作家，其作品宣扬民族主义。

汉姆生（1859—1952），挪威戏剧大师，1920年获诺贝尔文学奖。挪威在二战中被德国占领后，他支持纳粹，战后以叛国罪被判刑，因其年迈而免刑。

迪斯雷里*对书籍的力量十分敬畏，他在一项禁令中曾写道："一本书的重要性可能并不亚于一个战役。"基于同样的认识，美国制定了一个庞大的图书出版计划，主要目的就是用最有效的方式向德国读者介绍美国。美国军事占领政府求助于商业出版公司，以确保"普通书籍"能够源源不断地运往德国。这类所谓的普通书籍被认为"比政府资助出版的书籍更容易为读者所接受，因为它们不带有宣传色彩"。[28]但是这些书籍又确实是用于宣传目的的。仅美国军事占领政府心理战处委托翻译的作品就达数百种之多，从霍华德·法斯特（Howard Fast）的《公民潘恩》到小亚瑟·施莱辛格（Arthur Schlesinger, Jr.）的《新政在行动中》，直到纽约现代艺术博物馆的《美国的人体艺术》，此外还有专门为"最易受感化年龄的儿童"准备的德文版读物，如纳撒尼尔·霍索恩（Nathaniel Howthome）的《奇妙的故事》、马克·吐温（Mark Twain）的《来自康涅狄格州的美国佬在亚瑟王的朝廷上》以及劳拉·英戈尔斯（Laura Ingalles）的《草原上的小镇》。

在战后的德国及其他被占领土上，美国人的声誉从出版计划中得益匪浅，美国文化受到的赞许扶摇直上。这都要归功于发行了一系列的图书，如路易莎·梅·奥尔科特（Louisa May Alcott）、赛珍珠（Pearl Buck）、雅克·巴曾（Jacques Barzen）、詹姆斯·伯纳姆（James Burnham）、威拉·卡瑟（Willa Cather）、诺曼·卡曾斯（Norman Cousins）、威廉·福克纳（William Faulkner）、埃伦·格拉斯哥（Ellen Glasgow）、厄内斯特·海明威、F. O. 马西森（Matthiessen）、莱因霍尔德·尼布尔（Reinhold Niebuhr）**、卡尔·桑德伯格（Carl Sandburg）、詹姆斯·瑟伯（James Thurber）、伊迪丝·沃顿（Edith Wharton）和托马斯·沃尔夫（Thomas Wolfe）等人的作品。

凡是作为明确的"反共计划"一个组成部分的欧洲作家，也都被推

---

*迪斯雷里（Benjamin Disraeli，1804—1881），英国政治家，也是小说家，保守主义者，曾任英国财政大臣并两度任首相。

**莱因霍尔德·尼布尔（1892—1971），他本着自己的信仰从事政治运动，参加过社会党、反共的左翼民主党和自由党。二战后对美国外交决策有着重大影响，强烈支持冷战，以抵制苏联在欧洲的扩张。

荐给读者，“任何对苏联外交政策的批评，任何对以政权形式出现的共产主义的批评，只要我们认为是客观的，具有说服力而且又合时宜，都是适宜的读物。”[29]符合上述标准的有：安德烈·纪德（André Gide）的《从苏联归来》。这部著作叙述了作者本人如何从亲身经历中产生了对苏联的幻灭；还有亚瑟·凯斯特勒的《正午的黑暗》和《瑜伽信徒和人民委员》*，伊格纳齐奥·西洛尼（Igonazio silone）的《面包与酒》。这里凯斯特勒和西洛尼在美国的庇护下第一次亮相，此后两人还一再露面。有些书则未获准出版。最早被枪毙的一本书是约翰·福斯特·杜勒（John Foster Dulles）的《俄国和美国：两个热爱和平的近邻》，此书被认为在这个时候出版是不合时宜的。

在艺术方面，莫霍伊－纳吉的夫人为德国听众做了演讲，介绍她已故的丈夫莫霍伊－纳吉的作品以及设于芝加哥的新包豪斯学校**令人振奋的发展方向。一位持相同观点的记者这样写道，她的演讲“为纠正我们对美国文化艺术不全面的认识提供了大量情况，这是很了不起的贡献”。[30]古根海姆博物馆***的“抽象派绘画”藏品展进一步加强了这种看法。这是纽约画派，或称之为“抽象表现主义”的画作首次由政府赞助公开展出。观众一方面对这些抽象派艺术作品感到新奇和惊异，同时也从论述“现代艺术的基本思想”的讲演中获益良多，他们通过作品和演讲了解到现代艺术纯熟地利用人们熟知的中世纪绘画来表明“艺术的抽象表现是可能的”。

纳粹时期那些毫无生命力的展览，以及纳粹上台后许多艺术家亡命美国的痛苦经历，都表明，欧洲文化已经被法西斯浪潮的肆虐击成碎片，

---

* 此书的英文书名为“The Yogi and Commissar”。Commissar 一词既有军队中的政治委员的意思，也是苏联政府中早期相当于部长的人民委员。这里姑取后者之意。

** 包豪斯学校是 1919 年至 1933 年设于德国的设计学校，其校名包豪斯（Bauhaus）是德文“房屋建造”（hausbau）的颠倒形式。莫霍伊－纳吉（Moholy-Nagy, Laszlo，1895—1946），匈牙利画家和美术教育家，是包豪斯著名教师。1935 年逃离德国，1937 年在芝加哥建立新包豪斯学校，后改名伊利诺伊理工学院设计学院。

*** 古根海姆博物馆（Guggenheim Museum），创办于 1937 年，总部在纽约，陈列古根海姆收藏的现代艺术品。

最终被冲刷到新的拜占庭帝国*、也就是美国的海岸上去了。据报道，有一天晚上，一位演讲者在露天“为那些曾经历纽伦堡群众集会的听众大讲交响音乐，听众人数之多，可与到体育场观看难得一逢的体育比赛的人数相比。”[31]

不过也并不是所有的努力都收到最佳效果，在德国发行埃勒里·奎因**的《探案杂志》德文版就使迈克尔·乔斯尔森这样的人有冷水浇头之感。本以为耶鲁大学的格利合唱俱乐部（The Yale Glee Club）一定会证明在大学课程设置中列入艺术教育“极为重要，这是一服解毒剂，可以解集体主义的毒素”。[32]但是并非所有的人都对此深信不疑，甚至一开始在达姆斯塔德学院行不通。美国军事占领政府提出了一个大胆的创意，在达姆斯塔德学院举办“暑期新音乐课程”，结果，在新音乐问题上观点分歧，其激烈程度几乎导致暴乱，形成了公开的对抗。一份官方的评价得出了如下的结论：“普遍认为激进的新音乐大都一文不值，最好不要演奏，并对过分强调十二音音乐***表示遗憾。一位评论家把这种音乐称之为‘业余音乐的胜利’……只有法国学生与众不同。他们势利地不懂装懂，而他们的老师莱博维茨（Leibowitz）更表示，他认为只有最激进的音乐才是好音乐，对任何持不同观点的人都公开表示鄙视。他的态度影响了他的学生们，学生于是就仿效他们的老师。这里普遍认为明年的课程必须改变方向，使之能为广大学生所接受。”[33]不言而喻，达姆斯塔德学院在今后的几年中将成为音乐的先进试验田。

但是，这些交响音乐会、戏剧和展览都掩盖不住1947年漫长的寒冬一个明摆着的事实：欧洲正在走向崩溃。黑市猖獗，社会动荡，罢工频频发生（大多数是共产党控制的工会组织的），这一切带来的匮乏和贫困绝不逊于最阴暗的战争年代。在德国，金钱失去了价值，买不到药品和衣服；一家一家的人还住在地下掩体里，没有水，没有电灯；年轻

* 拜占庭（Byzantium），指东罗马帝国时代的拜占庭帝国。拜占庭曾为多民族的强大帝国，其文明对欧、亚均有重大影响。

** 埃勒里·奎因（Ellery Queen），两个美国表兄弟（Frederic Danny 和 Manfred Lee）侦探小说家的合用笔名，其著名探案小说有《希腊棺材之谜》《罗马帽子之谜》等。

*** 十二音音乐（twelve-tone music），一种新调性体系音乐，一般认为其创始人是作曲家勋伯格。他于1912—1922年探索这种新作曲法以取代旧的调性基础。

的姑娘和小伙子为了换来一块巧克力就可以同美国大兵做性交易。

1947 年 6 月 5 日，战时美军参谋长、现任杜鲁门政府国务卿的乔治·马歇尔将军宣布了一项应付这一危机的计划。那一天是哈佛大学第 296 届学位授予典礼。马歇尔将军在典礼上发表了 10 分钟的讲话。这次讲话可被视为战后欧洲命运转变的催化剂。参加这天典礼的还有原子物理学家罗伯特·奥本海默（Robert Oppenheimer）、美军在西欧开始反攻的指挥官奥马尔·布莱德利（Omar Bradley）以及 T. S. 艾略特。这三个人都将与马歇尔一道接受哈佛大学的荣誉学位。马歇尔在讲话中警告说，“全世界（以及）……我们所熟悉的生活方式正处于紧要关头”，他要求“新世界”当仁不让地采取应急措施，向“旧世界”提供贷款和大规模的物质援助，以防止旧世界的崩溃。“现在形势普遍不稳。整个欧洲的状况，正如我们所看到的，同自由人类和自由文明的利益背道而驰。我们正齐心协力地改变欧洲目前的状况。”马歇尔宣告，“如果仅仅依靠他们自身的财力物力，紧张的经济形势，激烈的社会不满情绪和普遍的政治混乱将是不可避免的。我们所坚信并继承的西方文明的历史基础将被另一种东西所取代，那种东西就是一种新形式的暴政统治。我们进行战斗的目的就是为了在德国摧毁这种暴政统治。”[34]

当马歇尔将军说这番话时，他的目光扫过那些集合在春日阳光下青年学生的脸庞，他看到像约翰·克劳·兰塞姆*这样的年轻人，“这些哈佛大学的年轻学士们，就像一把把火炬，即将分散开去，像一些没有目标的火把，渐渐地熄灭，让人感到可悲可叹。”[35]他决定在哈佛大学而不是在某种政府的讲坛上发表演说并非偶然，他是有着深刻用意的。正是这些人应该认识到“天降大任”**于美国，正是这批精英分子要担负起一项历史使命，那就是将全世界团结在共产主义企图湮没的价值观周围。后来大家都看到，执行并完成马歇尔计划的就是这批人。

---

* 兰塞姆（John Crowe Ransom，1888—1975），美国诗人、评论家，曾就读于南方田纳西州的范德比尔特大学，并留校任教，是第一次世界大战后南方文艺复兴的重要理论家，属于“新批判派”中的重农派。他创办了在美国文学界影响极大的《凯尼恩评论》。作者在此提到他的名字，似以他作为有才华却无方向的青年知识分子代表。

** “天降大任”，原文为 manifest destiny，史学上称“命定扩张论”，是为美国 19 世纪对外扩张辩解的唯心史观。

几个月之前，杜鲁门总统号召（美国人）武装起来，这一思想很快就被冠以“杜鲁门主义”的称号。马歇尔的讲话就是要强化这一思想。1947 年，希腊存在着共产党接管政权的危险，是年 3 月，杜鲁门在国会发表讲话，他用《圣经》启示录的语言，呼吁一个美国进行干预的时代的到来：“在世界历史行进到当前这个时刻，几乎每个民族都必须对其生活方式作出抉择。这种选择往往不是随心所欲的。一种生活方式是以大多数人的意志为基础的……另一种则是以少数人强加于大多数人的意志为基础。我认为，美国的外交政策必须支持自由的民族起来反抗握有武装的少数人或外来力量逼迫他们俯首听命。我认为，我们必须帮助自由的民族用他们自己的方式选择自己的前途。”[36]

在杜鲁门讲话后，国务卿艾奇逊（D. Acheson）对议员们说：“我们面临的局势是史无前例的。自罗马和迦太基时代以来，世界上还从来没有出现过现在这样的权力两极化，而且这两个大国还存在着不可弥合的意识形态鸿沟。”[37] 为杜鲁门起草向国会的呼吁书的国务院官员约瑟夫·琼斯（Joseph Jones）完全懂得总统以下这句话的重大影响：“一切采取果断行动的障碍已经消除。”在政策制定者听来，他们会理解为“已经揭开了世界历史的新篇章，而他们则是一批得天独厚的人，他们即将参与一场即使在一个伟大国家的悠久历史上也难得一见的戏剧。”[38]

杜鲁门的讲话加强了美国在战后应起伟大作用的使命感。这是马歇尔讲话的基调，虽然他的讲话不像杜鲁门讲话那样具有露骨的反共色彩。两者结合起来，就成了既有经济援助又有意识形态斗争的重大使命的一揽子计划，这就给人们传达了一个明确无误的信号：西欧的未来（如果西欧还有未来的话），现在只能是美国统治下的和平。

6 月 17 日，苏联《真理报》抨击马歇尔的建议，说他的建议只不过“是杜鲁门主义的延伸，即试图以金钱来施加压力，干涉他国的内政。”[39] 虽然美国邀请苏联参加全欧复兴计划，乔治·坎南（George Kennan）* 却

---

* 乔治·坎南（George Frost Kennan，1904 年生），英国外交家和历史学家。普林斯顿大学出身，进入外交界，后入柏林大学攻俄罗斯思想史，数度在苏联工作，主张对苏进行遏制。1952 年出任驻苏大使，次年被宣布为不受欢迎的人而回国。

说这一邀请“毫无诚意，原本就准备让苏联人拒绝的”。[40] 果然不出所料，苏联拒绝参与。尽管苏联的反对理由可能言过其实，不过他们看到在人道主义的意图背后暗藏着不太明显的政治意图还是正确的。此项计划远非打算与苏联合作，相反，它的出笼倒是想在苏联和它的附庸国之间打进一根楔子，其基本框架就是冷战。[41] 马歇尔计划的设计者丹尼斯·费兹杰拉尔德（Dennis Fitzgerald）后来写道：“从一开始就十分明确，我们不让共产党插手这些地方具有重大意义。如果我们对这些难以预料的因素没有充分的认识，共产主义者就会利用这种局面来扩大他们的利益。”[42] 这项计划的“副导演”理查德·比斯尔（Richard Bissel）同意这一观点，他说：“即使在朝鲜战争爆发前，我们也已经十分清楚，马歇尔计划从来就不是完全利他性质的。我们希望，加强作为大西洋联盟成员国的西欧国家的经济实力，最终能使他们负起防务责任，以支持冷战。”[43] 其实美国还希望这些国家承担一些其他的责任，为此目的，马歇尔计划的资金很快就被用来支持西方打一场文化战。

1947 年 10 月 5 日，共产党情报局在贝尔格莱德举行第一次会议。共产党情报局是上一年 9 月在莫斯科成立的。这个机构是斯大林进行政治战的行动大本营，以此来取代原来的共产国际。贝尔格莱德会议被用来向杜鲁门主义和马歇尔计划公开提出挑战，指责两者都是“富有侵略性”的计谋，目的是实现“美国称霸世界的妄想”。[44] 斯大林残酷无情的文化政策的设计师日丹诺夫（Zhdanov）告诫西欧共产党人说，“如果他们有意负起领导责任，领导那些愿意保卫自己国家的荣誉和独立的力量，来同企图从经济上和政治上压服他们的国家作斗争，那么，任何企图压服欧洲的图谋就都不能得逞。”[45] 同马歇尔选择美国知识界的中心来发表讲话一样，日丹诺夫也号召全世界的知识界在共产主义的旗帜下挥动他们手中的笔杆子，用墨水来反对美国霸权。“（欧洲的）共产党在知识界开展工作，已经取得不小的成绩。在这些国家里，科学、艺术、文学各界的优秀分子是属于共产党的。他们正在知识分子中带头推进进步斗争运动，通过他们创造性的和不懈的斗争，正在把越来越多的知识分子争取到共产主义事业中来。这就是证明。”[46]

那个月内稍晚些时候，共产党情报局的意识形态突击队聚集在东柏林坎默斯皮尔剧院举行的作家大会上。当辩论（其实根本谈不上是什么辩论）正在进行之中，一个蓄着列宁式外翘胡须的美国青年跃上讲台，一把抓过麦克风，用一口纯正的德语，一口气足足讲了 35 分钟。他赞扬那些敢于说话、反对希特勒的作家，同时又揭露说，纳粹政权和新出现的共产主义警察国家不过是一丘之貉。他打断了会议的正常进程，抨击共产主义宣传，要不是疯子就是此人有着大无畏的勇气，要不两者兼而有之。这是梅尔文·拉斯基（Melvin Larsky）登场了。

梅尔文·拉斯基 1920 年出生于纽约布朗克斯区，祖父是讲依地语 * 的犹太人。梅尔文成长于祖父时运不济的年代。他的祖父蓄须，博学，他用犹太传说的章句培养梅尔文。拉斯基是纽约市立大学最聪慧的毕业生之一，在大学时代就善于思考，在辩论中显现出他是一个坚定的反斯大林分子。他以同别人发生思想冲突为乐事，偶尔甚至发展到拳脚相加。毕业后他加入了公务员的行列，担任自由女神像景点的导游，后来又为索尔·莱维塔斯（Sol Levitas）主办的反斯大林主义的《新领袖》杂志工作。战争爆发后应征入伍，以战争史学家的身份在驻法国和德国的美军第七军服役。嗣后在柏林退役，成为一名德国记者，同时还为《新领袖》（*New Leader*）和《党派评论》** 工作。

拉斯基身材矮小粗壮，所以就老喜欢把两膀往后拉抻，挺起胸脯，就像要跟人打架似的。他长着一双东方人的眼睛，还老用一种恶毒的目光斜着眼看人。他始终也改不了市立学院粗鲁环境中带来的恶俗举止。至于他的反共立场，可以用他对别人的说法，是“直布罗陀海峡中的一块礁石”——坚定不移。在冷战的文化战场上，一路厮杀过去，既凶狠又坚韧不拔，拉斯基必定会成为一员不可忽视的骁将。在东德作家大会上发表爆炸性的抗议，为他赢得了“柏林冷战之父”的称号。他的行动甚至使美国当局也感到不安，威胁说要把他撵走。他的上司如此胆小怕事令他沮丧。

* 依地语（Yiddiah），也译为意第绪语，是一种德语、希伯来语和斯拉夫语混合起来的语言，人称犹太国际语，通行于散居在世界各地的犹太人之间。

**《党派评论》（*Partisan Review*）。Partisan 一词既有党派、帮派主义，又有游击队员的意思。

他打了个比喻，说“柏林就像美国19世纪的边境小镇*，前面就是印第安人，你必须时刻不离来复枪，否则你就要脑袋搬家了。但是，在那个时候，边境小镇上满是印第安武装分子……在这里却很少有人有这个胆子，如果这里真有人敢拿起枪，他们连朝谁开火都弄不清。”[47]

但是拉斯基与这个小镇的治安官**熟识，他不但没有离开小镇远走他乡，反倒受到军事占领政府卢修斯·克莱（Lucius Clay）将军的庇护。拉斯基向他抗议说，现在苏联的谎言已经以闪电的速度在全世界散布开了，但真相却还在为自己穿靴子，一步也没有迈出门去。1947年12月7日，他向克莱将军的办公室呈递了一份用词激烈的文件，陈述自己的观点，要求从根本上改造美国的宣传工作。这份文件被称为“梅尔文·拉斯基建议”，这是一张拉斯基为个人从事文化冷战设计的蓝图。他宣称，“和平与国际合作蒙住了我们的双眼，使我们看不到一场蓄谋的反美政治战已经准备就绪并正在进行之中，最活跃的场所莫过于德国了。历史悠久的反美、反民主公式（原文如此）一直在哺育着几代欧洲人，而戈培尔领导的纳粹宣传机器将其发展到了顶峰，现在又要启用了。具体说，就是指责美国在经济上自私自利（山姆大叔无异于夏洛克***），政治上极为反动（如‘受资本家雇用的报纸’等等），文化上缺乏教养（‘狂躁的爵士乐和摇摆舞’，广播电台充满了商业广告，好莱坞电影‘无聊低俗’‘充满了肉感女人和大腿舞’），道德上虚伪（黑人问题、南部的佃农和流动雇农），如此这般，不一而足……”[48]

拉斯基继续用不寻常的语言来界定这一挑战：“美国长期以来遵奉的格言是‘为他人照亮，他们就会为自己找到道路’，这种想法夸大了德国（以及欧洲）不费力气就可自行转变的可能性……指望通过传播现代科学医药知识就能让原始野蛮人不再迷信神秘的草药是愚蠢的……对于各种因素，如政治、心理、文化等因素被用来反对美国的外交政策，

---

* 边境小镇，指19世纪美国待开发地区。在白人向西扩张的过程中，在这类地区常遇印第安人抵抗，冲突不断。

** 这里作者继续将柏林比作美国边境小镇，那里维持地方治安的是佩枪的治安官（sheriff），民选产生，是实际的镇长。

*** 夏洛克（Shylock），莎士比亚戏剧《威尼斯商人》中贪婪的放高利贷者。

我们的斗争未见成效，尤其是对付破坏马歇尔计划在欧洲取得成功所进行的斗争无所建树。”那么我们现在需要做什么呢？拉斯基迫不及待地接着往下说，我们需要的是“主动地”说出真相，真理在手就会有勇气“参与到比赛中去”，而不要“做一个高傲的旁观者”。他警告说，“冷战的主体就在文化领域，这一点千万不要搞错。在这个领域里，美国有一个重大的漏洞，美国外交政策的敌人正在利用这个漏洞大捞好处……这个漏洞……确实存在，而且十分严重。”[49]

拉斯基提到的这个“确实存在而且还十分严重”的漏洞，指的是美国未能将受过良好教育的文化阶级争取到美国这一边来，而从长远看，将来在精神上和政治上领导社会的就是这批精英人物。他强调，出版一本新的刊物可以弥补这个缺陷。这本刊物一方面既能在德国和欧洲的思想界起着激励的作用，另一方面也可显示在美国民主制度下进步的文化也取得了伟大的进步，在文学、艺术、哲学以及其他一切文化领域中，美国都已取得了丰硕的成果。美国文化是欧洲的自由传统和美国的自由传统相结合的产物。[50]

两天后，拉斯基又提交了一份《关于出版〈美国评论〉（*American Review*）的意见书》，说明这本刊物的宗旨是“支持美国对德政策和对欧洲政策的总体目标，其方式是形象地向读者阐明美国的理念，以及其精神活动、文化和思想方面取得成就的背景，而这些正是美国民主制度获得启示的源泉。”他认为，这本刊物要显示“在新旧两个世界共同的人类精神各个方面，美国和美国人都已取得全面的胜利……我们要把德国知识界大部分人从共产主义的影响下争取过来，这是我们认真地花费力气做这件事的第一步。”[51]

结果就是出版了《月刊》（*Der Monat*），每月一期，其宗旨就是要在德国的和美国的知识分子之间架起一座桥梁，而且，正如拉斯基明确表达的，通过“对美国的对德政策和对欧洲政策总体目标的支持”，为美国外交政策利益打开一条顺畅的通道。这本刊物在克莱将军的支持下，于 1948 年 10 月 1 日组建起来了，主编就是拉斯基。该刊最初在慕尼黑印刷，由盟军的运输机空运柏林。当时柏林还处于封锁之下，这个城市的运输全靠盟军的运输机。《月刊》的经费先是来自马歇尔计划的“秘密经费”，后来则取自中央情报局的金库，再后来又用福特基金会的钱，最后又回到由中央情报局资助。仅从其经费来源看，这本刊物纯粹是美国的文化领域冷战战略的产物，而且堪称典型。

该刊的信念是，受过良好教育的精英阶层能够把战后世界从自我消亡中拯救出来。这一信念再加上与美国军事占领政府的从属关系，就把拉斯基、乔斯尔森和纳勃科夫联结在一起了。过了不久，让·科克托（Jean Cocteau）*就向美国提出了告诫：“武器救不了你们，金钱也无法拯救你们，只有一批善于思考的少数人才能做到这一点，因为世界正在走向死亡。这是因为世界再也不会思考了，它只会花钱。”[52]拉斯基、乔斯尔森和纳勃科夫同科克托一样，他们懂得仅仅依靠马歇尔计划提供美元是不够的，经济援助必须辅以一项文化战计划。他们三人中，一个是政治上的好战分子，一个是前百货公司采购员，一个是作曲家，这个奇特的三人组合都摆好了架势，并肩站在一起，形成了一把刀的利刃，在他们的指导下，发动了冷战中最为雄心勃勃的秘密行动之一，那就是把西方的知识界争取到美国立场上来。

---

* 让·科克托（1889—1963），法国天才艺术家，多才多艺，兼擅诗歌、小说、戏剧、电影、小品文、芭蕾舞剧和绘画，生前受到不同评价，毁誉参半。比利时、法国和英国都曾授予他荣誉称号。

第二章 命运的选择

世界上没有完全清白的东西。沾上一点儿污点的清白就算是不错的了。

——麦克·哈默，引自米基·斯皮兰《致命的吻》

杜鲁门主义和马歇尔计划已经把美国的立场讲得很清楚了。现在中央情报局的建立又让冷战发展到一个新的阶段。中央情报局是根据1947年7月26日通过的国家安全法建立的，原来是想通过它协调外交和军方的情报工作。关键是该法又用极为含混的文字授权中央情报局去执行一些未经明确规定的共同关注的任务以及其他的一些职能和工作，与国家安全委员会（这个委员会也是根据国家安全法设立的）的任务和职务类似。后来有一份政府报告是这样说的："1947年的国家安全法没有任何一条明确授权中央情报局去搜集情报和秘密干预他国事务。但是历届总统都利用'其他此类职能'这一弹性极大的提法让中央情报局从事间谍活动、秘密行动、准军事行动以及搜集技术情报的活动。"[1]

中央情报局的建立标志着对美国传统政治规范进行了一次彻底大翻修。中央情报局借以建立的那些法律条文将"必要的谎言"和"说得过去的矢口否认"的概念制度化，确认其为合法的和平时期战略，从长远来看，形成了一个无形的政府层次，使任何责任感都无法阻止它在国内和国外滥用权力。诺曼·梅勒（Norman Mailer）的一部不朽之作《哈洛特的幽灵》（*Harlot's Ghost*）中有一个真名实姓的主人公，这个人物典型地说明了这种无所不在的影响力。哈洛特说道："我们打探一切方面的消息。如果说好的外交官是外交政策的工具，那么我们的任务就是要知道明年的天气如何。凡是我们能接触到的地方，我们都有这个任务：

金融、媒体、劳工关系、经济生产、电视产生的主要后果，等等，无所不包，我们合法地予以关注的问题无穷无尽。没有人能说得清我们有多少信息渠道。不知道有多少五角大楼里的家伙、海军里的人物、国会议员、各种思想库里的教授、土壤侵蚀专家、学生领袖、外交官、公司的律师，凡是说得出来的，我们都有！他们都为我们提供情况。”[2]

中央情报局拥有航空公司、无线电台、报纸、保险公司和房地产，在过去几十年内，它在世界事务中的存在规模如此之大，以致人们疑心在每片灌木丛后面都有中央情报局存在。一位中央情报局人员后来抱怨说：“就像多萝西·派克（Dorothy Parker）其人和她所说的那样，对于中央情报局所作所为乃至一些它从来没有想到过要做的事，历来是毁誉参半。”[3] 灾难性的猪湾事件根本没有改善中央情报局在公众中的形象。中央情报局的人员都是冷酷无情、虚伪狡诈，这批“丑陋的美国人”都是透过表面不平的镜子看世界，看到的是被扭曲了的世界。这就是人们心目中固定的中央情报局的负面形象。

毫无疑问，历史不断证实了这种看法。杜鲁门主义以及由此而来的国家安全法认可了美国的对外侵略和干预。不过，中央情报局进行的超级海盗行径掩盖了有关该局那些不那么明显具有灾难性的真相。最初中央情报局的人员在某种使命感的激励下，一心要从共产主义的黑暗中拯救自由。一名中央情报局官员将这种使命感喻为“十二骑士团”*精神。[4] 早期的中央情报局主要是受东海岸和常春藤联盟势力的影响，这批人亲英，出类拔萃，他们觉得他们的行动是符合启蒙运动的传统和独立宣言的原则的，因而也是完全正当的。

就这一点而言，中央情报局是继承了其战时的前身战略情报局的特征的。战略情报局成立于 1941 年珍珠港事件之后，1945 年 9 月被杜鲁门解散，因他当时说过在和平时期他不想同“盖世太保”打交道。这种本能的恐惧并不反映战略情报局的实际情况。鉴于战略情报局具有一种俱乐部和大学同学会的特性，人们给它取了一个诨名叫作“社交性团

---

* 十二骑士团（Knights Templars），12 世纪十字军的一个军事宗教团体，其成员认为十字军东征并非侵略而是为了保卫“圣墓”，即耶稣基督的埋葬地，也是他复活的地方。

体”*。专栏作家德鲁·皮尔逊（Drew Pearson）则称之为“华盛顿少见的最奇特的群体，里面有偶尔涉足这个行当的外交官，华尔街的银行家，还有业余侦探。”[5]“每个战略情报局的军官都携带一个背包，里面有卡宾枪一支，手榴弹数枚，金币若干，还有一颗立即致命的毒药丸。”以上是与战略情报局局长威尔（疯狂的比尔）·多诺万将军工作关系密切的汤姆·布雷顿（Tom Braden）的回忆。他还回忆说：“多诺万有一次外出时把他的毒药丸忘在多切斯特饭店的抽屉里，他让大卫·布鲁斯（David Bruce）从法国打电报给这家饭店女服务员，叫她把这颗药丸寄给他。比尔·多诺万真是他那个时代的传奇式的人物。有一次他对我说：‘布雷顿，如果有一天身陷险境，你就拔出刀来，扎进他的睾丸。’”[6]

与战略情报局有关的立法基本上不禁止他们做哪些事，实际上他们做什么事都是准许的。战略情报局的成员就像现在的代理领事，他们在战时的欧洲东荡西闯，第一位 OSS 成员在 1944 年秋天德国人撤退后来到布加勒斯特，他在罗马尼亚成了内阁会议必到的客人。他对同事们吹嘘说：“在他们投票表决前，先要问一问我是怎么想的……我提出的一些法律都是一致通过。我从来不知道管理一个国家原来是这么容易。”[7]其实，大多数战略情报局的人员生来就是要管理国家的。多诺万从美国重要的公司、政治、学术和文化机构中招募了一批精英分子，这些人来自美国最有权势的机构和家庭。梅隆家族的成员在马德里、伦敦、日内瓦和巴黎做间谍，保罗·梅隆（Paul Mellon）在伦敦为特别行动首脑工作。他的一个姐妹艾尔萨（Ailsa）一度以世界上最富有的女人而闻名。她就嫁给了战略情报局驻伦敦的首脑大卫·布鲁斯，而布鲁斯也是一位美国参议员的儿子，是一个名副其实的百万富翁。J. P. 摩根的两个儿子都加入了战略情报局。范德比尔特、杜邦、阿奇博尔德（美孚石油公司）、赖恩（公平人寿保险）、韦尔（梅西百货公司）、惠特尼等家族都有人

* 战略情报局的英文全称为 Office of Strategic Service，简称为 OSS，这个简称也可以扩写为“Oh, so social”，意思是“啊，多么具有社交性”。

参加了多诺万这支秘密部队。*

其他被战略情报局招募来的名人还有：导游书籍出版商尤金·福多尔（Eugene Fodor）、纽约的记者马赛洛·吉罗西（Marcello Girosi），他后来成为意大利和美国电影制片人，其影片由索菲亚·罗兰（Sophia Loren）主演；伊利亚·托尔斯泰（Ilia Tolstoy），移居美国的著名小说家托尔斯泰的孙子，他作为战略情报局的一员在拉萨执行任务；朱莉娅·麦克·威廉姆斯·查尔德（Julia McWilliams Child），后来成为著名的厨师，当时在重庆保管战略情报局的档案。此外还有雷蒙德·盖斯特（Raymond Guest），善于打马球的社会名流，温斯顿·丘吉尔的表兄弟，在法国和斯堪的纳维亚国家广泛开展行动。安东尼·德·圣埃克苏佩里（Antoine de Saint-Exupéry），他是多诺万的密友和合作者，厄内斯特·海明威也是其中之一，他的儿子约翰也参加了战略情报局。

虽然有一位批评家对这批人颇有微词，说战略情报局人员中有许多人似乎就是一批典型大学生气质的年轻人，他们加入战略情报局也许只是为逃避常规的服兵役义务，对他们来说，只是玩玩而已。[8]但是也有人认为他们从事这种既不合法又不正统的活动是甘冒风险，甚至有可能牺牲了他们成为银行家、企业管理人员、高级从政者的地位。[9]战略情报局解散后，他们当中许多人又过起普通人的生活。多诺万杰出的副手艾伦·杜勒斯（Allen Dulles）曾负责战略情报局在欧洲的行动，这时又回到纽约法律界重操旧业，成为呼吁建立常设美国情报机构的核心人物。这批人的绰号叫作“派克大道的牛仔”，其中有克米特·（金）·罗斯福（Kermit “Kim” Roosevelt），美国总统西奥多·罗斯福的孙子；特蕾西·巴恩斯（Tracy Barnes），她曾帮助艾伦·杜勒斯从齐亚诺伯爵夫人那里找到著名的齐亚诺（Ciano）**日记；理查德·赫尔姆斯

---

* 这里所举美国权势家族，除已注明其经营范围的以外，还有范德比尔特家族（Vanderbilt），为美国铁路巨头；杜邦家族（DuPont），以火药业和纺织业起家，后扩展到各行业，以杜邦财团闻名；惠特尼家族（Whitney），经营美通用电气公司。

** 齐亚诺（1903—1944），意大利政治家和外交家，墨索里尼的女婿，是意大利法西斯政权的重要人物，曾任驻中国上海公使，后因贪污巨款潜逃，被法西斯党徒和德国人捕获并处死。

（Richard Helms）* 和弗兰克·威斯纳（Frank Wisner）则从被占领的德国带来军事情报的小道消息；还有罗亚尔·泰勒（Royall Tyler），他不久即担任了世界银行驻巴黎办事处主任。

这些人在战略情报局工作的经历根本没有使他们的前程受损，相反这段经历倒使他们名声卓著，并且因为同属一批名校学生，使他们聚集在一起，结成一张新的网络。上述这些情况再加上他们早期都有参与非法性和非正统活动的经历，使他们成为中央情报局的丰富人力资源。正是这批历史性的精英人物，这批常春藤联盟的校友，对美国的公司董事会、学术机构、各大报纸和传媒、律师事务所和政府产生了重大影响，现在这批人又挺身而出，加入了羽毛未丰的中央情报局。他们当中的许多人出身于集中在华盛顿的百十来个富豪家族，被人们称之为“穴居人”**。他们主张继承并保持他们的祖先所遵循的圣公会教派和长老会教派 *** 的价值观。他们是在超群的智力、高超的体育技能和优雅的贵族气质的原则以及基督教的伦理观念下培育成长起来的。他们奉为楷模的是恩迪科特·皮博迪牧师这样的人物。皮博迪创办了格罗顿学校，这所学校是按照伊顿公学、哈罗学院和温彻斯特学院 **** 的模式办的。这所学校是许多国家领导人的母校。由于他们受到基督教品德的教育，认定享有权力必尽义务，因此他们信奉民主，但警惕产生无限度的平均主义。威利·勃兰特有句名言：“我们是人民选举出来的，不是上帝恩宠的天之骄子。”对于这批人来说，这句话应当反过来说：我们是天之骄子，而不是人民选举出来的人。

---

* 理查德·赫尔姆斯，从战略情报局至中央情报局，一直从事秘密情报工作，最后任局长。其经历参见《守口如瓶的人》，群众出版社，1985。

** “穴居人”（caved weller），原以此喻野蛮而粗鲁的人。这里指这些人缩守传统的价值观。

*** 圣公会（Episcopalian Church）和长老会（Brebyterian Church）均为 16 世纪产生于英国的基督教新教重要教派，属加尔文宗，是清教徒的派别。美国最初的移民即为英国移居美东北部的清教徒。清教徒的信仰对资本主义的发展起了重大作用。上文所称的“穴居人”遵循的就是他们的传统。

**** 格罗顿学校（Croton School），位于美麻省格罗顿，为大学的预科学校。创办人皮博迪（Reverend Endicott Peabody），学校以伊顿（Eton）、哈罗（Harrow）和温彻斯特（Winchester）的模式办学，这些都是英国名牌学校，名为公学，实为私人捐款的私立学校，其毕业生大都进入牛津、剑桥等名大学，故有培养政要之摇篮的美称。

那些没有加入战略情报局的人，在战争时期则在国务院和外交部门出道。他们聚集在查尔斯·（奇普）·波伦（Charles “Chip” Bohlen）这类人的周围。波伦后来曾出任驻法大使。在20世纪40年代的最初几年，波伦在乔治敦邓巴顿大道的寓所成为知识界聚会的中心，其座上客中有乔治·坎南和艾赛亚·伯林。他们在华盛顿圈内享有“先知”* 的称号。一位观察家把坎南、波伦和伯林称为“意气相投、志同道合的三人小组”。波伦是新兴学科“克里姆林宫学”的创始人之一。他曾在苏联生活，认识苏联的领导人和官员，研究过苏联意识形态方面的文献，并能引用其中的一些经典。他在苏联亲历了30年代后期的清洗和审判，对日丹诺夫的文化政策产生的影响有着亲身体会。波伦说过这样一句话:“有两句名言，其一是‘酒精对我不起作用’，其二是‘我了解俄国人’。”为了加深对苏联的了解，他求教于艾赛亚·伯林和尼古拉斯·纳勃科夫，后者当时在司法部工作。波伦常恭维纳勃科夫是一笔“宝贵精神财富”，而纳勃科夫也恭维波伦，称他为“我的榜样，给我出主意的源泉”。

纳勃科夫后来写道：“这些新结交的朋友对‘约大叔’** 不抱幻想，即使还有一点点，那也是微乎其微。在那一年代，这批人在许多方面都是华盛顿的一群不合时宜的人，也许在全美国也是如此。当时的美国沉浸于一种亲苏的气氛之中，这一点在邓巴顿大道的寓所里的人中间是没有一个人苟同的。美国的主流公众舆论对俄国的态度在三年内有两次大变化。先是反对苏联。这是在波兰被分割和‘邪恶’的芬兰战争之后。在报纸上，斯大林的漫画形象是一个既像狼又像熊的怪物。后来突然间舆论又倒向苏联。那是纳粹于1941年入侵苏联之后。一夜之间斯大林又被美化了。漫画中斯大林的形象摇身一变成为全身披挂的骑士与蜂拥而来的条顿人*** 作战，保卫克里姆林宫，或者按玛格丽特·柏克－怀特（Margaret Bourke-White）特有的细长而偶像化的侧面摄影来再现斯

*先知(propher)，在犹太教和基督教中指传达上帝启示或预言未来的人，喻博学多才、有预见性的人物。
** “约大叔”，原文为“Uncle Joe”，指斯大林。斯大林全名英译为Joeph Vissarionovich Stalin，即约瑟夫·维萨里奥诺维奇·斯大林。
*** 条顿人（Teuton），指德国人，又称日耳曼人。

大林的形象。在此后的1943年，斯大林格勒一战又强化了亲苏情绪。轻信的美国人争辩说：'你看，先前那种共产主义再也不会回到俄国来了。战争结束后，苏联将会变成一个完全不同的国家。斯大林不是已经把东正教大主教从流放中召回了吗？还有那些作家和诗人不也都回来了吗？还有，斯大林不是已经恢复了军衔制，而且还重新确认了历史上的民族英雄吗？其中甚至还有一些沙皇和圣徒，像亚历山大·涅夫斯基*和彼得大帝？'邓巴顿大道的那些怀疑论者却不这样认为。正如坎南有一次说的，他们知道斯大林主义是不可逆转的。"[10]

邓巴顿大道的怀疑论者队伍又增添了新生力量：大卫·布鲁斯、埃夫里尔·哈里曼（Averell Harriman）**、约翰·麦克洛伊（John McCloy）、沃尔特·李普曼（Walter Lippmann），还有邦迪兄弟（Bundy brothers），都加入进来。经过长时间的交换意见，又经过知识分子的热情和酒精的加热，他们对新世界秩序的看法开始成型了。这些人是国际主义者，不怕得罪人而且逞强好胜，对自己的价值观体系具有十分坚定的信念，把这种价值观让他人接受是他们义不容辞的责任。他们是当代的贵族，是维护民主的骑士，而且还觉得这两者之间并无相悖之处。就是这批精英分子在管着美国的外交政策，在国内则制定法律。从思想库到各种基金会，从公司董事会到乡绅俱乐部成员，一批官僚和要人通过他们在各种机构的隶属关系盘根错节地联系在一起，而且都共同深信他们高人一等。他们的使命就是要确立战后美国的统治权，并证明这是天经地义的。所以他们坚定地支持中央情报局，而中央情报局很快就从他们在学校、企业和已解散的战略情报局的朋友中配备了人员。

在那些具有共同信念的美国精英阶层中，最重要的发言人是乔治·坎南。他是个学者型的外交官，马歇尔计划的设计者，国务院政策计划处主任，也是中央情报局的创始人之一。1947年，他认为意大利濒临一场由

* 亚历山大·涅夫斯基（Alexander Nevsky，1220—1263），俄罗斯人的领袖。1236年当选为诺夫奇罗德城王公。1240年抗击瑞典人入侵俄罗斯，在涅瓦河击败入侵者。"涅夫斯基"这个名字即有"涅瓦河的英雄"的意思。1942年德军侵入苏腹地时，斯大林宣布他为民族英雄。

** 埃夫里尔·哈里曼（Averell Harriman，1891—1986），美政治家，二战后为处理美苏关系的主要人物。1946年任驻英大使，推动美对英政策。

共产党人支持的内战，他主张美国进行直接军事干预。他告知国务院，“这将导致暴力冲突，很可能使意大利陷入军事割据的局面”，但是“也可能在不流血的情况下取得选举的胜利。如果我们对此袖手旁观，那么就是让共产党在一次政变中夺取整个半岛，从而波及周边地区，造成恐慌。”[11] 幸亏杜鲁门没有采纳这一建议，不过他确实授权秘密干预意大利的选举。到了 1947 年 8 月，坎南的观点有所变化，不过他并未改变他对苏联威胁的本质的看法，只是用什么手段来对付它，他有新的见解。他曾在《外交事务》上发表了一篇著名的文章《 X 》，在文中他提出了早期冷战中一直占主导地位的主题。他宣称，克里姆林宫竭力用其狂热的意识形态来占领它能够达到的“世界每个角落”。他提出了一项对策，那就是美国要建立一支永久性的抗衡力量，对苏联“保持警惕，坚定地对它进行遏制”。他提出的政策建议中包括“最大限度地提高宣传和政治战的技巧”。[12] 作为政策计划处（这个机构就是为对欧洲进行思想上和政治上的遏制而设立的）主任，由他来执行这项政策是名正言顺的。关于他主管的这个机构，他后来这样写道：“世界就是我们嘴边的一只牡蛎。”

正是坎南 1947 年在国立战争学院的一次讲演中提出了“必要的谎言是美国战后外交的重要组成部分”这个概念。他说，共产主义者在欧洲已经占有强有力的地位，对我们保持着巨大的优势。他们的手段就是“无耻而又巧妙地利用谎言。他们用虚构和非理性主义来对付我们。”他问道：“难道我们用事实、诚实、理性主义和善意的经济援助就能成功地对付他们的虚构吗？”[13] 答案是否定的。美国需要开创一个秘密战争的新时代，目的是实现它的民主目标以对付苏联。

1947 年 12 月 19 日，杜鲁门总统的国家安全委员会颁布了 NSC-4* 指令，这一指令使坎南的政治哲学从法律上得到认可。这一指令还附有一份绝密的附件 NSC-4A，指示中央情报局局长负责“秘密心理战活动”，以支持美国的反共政策。这份附件是战后第一次发布的授权进行秘密行动的正式文件，但其中对于协调和批准此类行动究竟要经过哪些程序却

---

*NSC-4 是国家安全委员会文件的编号。NSC 代表国家安全委会，为 National Security Council 的缩写。

是惊人的含糊。此后，在 1948 年 6 月又发布了另一个较为明确的指令 NSC-10/2。这份指令就是由坎南草拟的。这些文件为今后数十年内美国情报机构卷入秘密政治战的浑水开了先河。

这些在极端秘密的情况下拟定的文件“采纳了（美国）‘国家安全需要’这样一个泛泛的概念，其中包括要按照美国自己的模式来塑造世界”。[14] 这份 NSC-10/2 指令所依据的前提是，“苏联和它的卫星国已经开始执行一项进行‘恶毒的’秘密行动计划，旨在‘诋毁并击败美国和其他西方国家的目标和行动’，在此前提下，批准了政府进行范围极为广泛的秘密行动：宣传，经济战，包括破坏、反破坏、拆台和挖空等措施在内的直接预防行动；颠覆敌对国家的政权，其中包括援助地下反抗运动、游击队和难民解放组织”[15] 等等。用 NSC-10/2 指令中的话说，这类行动“在策划和实施过程中，凡未经授权的人，都不得明确了解美国政府对此负有责任，万一泄露出去，美国政府就可以堂而皇之地宣告，政府对他们的行动不负任何责任。”[16]

根据 NSC-10/2 指令，中央情报局建立了一支特别行动队伍，但其政策和人事归国务院政策计划处负责（换句话说，就是由坎南控制）。这个机构最后确定的正式名称是“政策协调处”（Office of Policy Coordination，简称 OPC）。这个名称不带任何特殊色彩，这样就可以“确保其正当性，基本上不泄露任何真实意图”。[17] 秘密行动的定义是，“任何美国政府不明确介入的、为美国外交政策服务的、旨在影响外国政府、事件、组织或个人的秘密行动”。[18] 实际上，OPC 无论是活动的范围还是保密性都不受任何限制，这在和平时期的美国还是史无前例的。艾伦·杜勒斯和派克大道的牛仔们极力为之奔走呼号的就是这样一个专搞阴谋诡计的机构。从一般人员上升到这一新行动的首脑的是弗兰克·威斯纳，此人是从坎南拟定的候选人名单中遴选出来的。

弗兰克·威斯纳原来是华尔街的一名律师，说话带有浓重鼻音的密西西比口音，在弗吉尼亚大学上学时获得过低栏冠军，因而具有不寻常的运动员优秀品质。他是战略情报局的老兵，负责该局在全欧洲的各种行动。当时他是该局秘密情报部门的负责人。战后他继续留在军事情报部门，任务是同德国陆军情报部门盖伦组织（Gehlen Organization）保持联络。这个德国军事情报部门被美国人原封不动地保留了下来，用它来对苏联人进行秘密监视。威斯纳可不是一个因有道德上的争论就能让他按兵不动的人。原先在战略情报局、后来又在中央情报局与他同事的哈里·罗西茨基（Harry Rositzke）解释说："只要他继续反共，那么他就不惜使用任何坏蛋，这已成为一种本能。"[19] 艾伦·杜勒斯在评论威斯纳与德国党卫军莱因哈德·盖伦将军（General Reinhard Gehlen）的关系时说："这两个人真可谓一拍即合。"[20]

威斯纳曾要求他的上司给他的军官们多配备几辆自行车，就连这样一件小事，上司也推三阻四，于是他愤而辞职，离开了军事情报部门，随即加入了国务院，在那里他继续经营实际上属于他个人的情报小组，这个小组有一批窝点，深深地隐藏在政府机关之中。现在这个组并入了中央情报局，名称是政策协调处（OPC）。当威斯纳成为政策协调处的首脑时，他仍然没停止雇用纳粹分子为他工作。他在中央情报局的一个同事说："威斯纳在战后吸收了一大批法西斯分子，其中有些实在是十分恶劣之徒。他能这样做，就是因为他大权在握。"[21]"许多难办的事，他都有办法解决。他是个聪明又有趣的人，富有魅力和想象力。他坚信世界上没有做不到的事，而他就是能办到的人。"[22]

在威斯纳的经营下，政策协调处成为中央情报局内发展最快的一个部门。据中央情报局副督察长埃德加·艾普尔怀特（Edgar Applewhite）称，"政策协调处擅自攫取前所未有的大权。只要'上面'（我们这样称呼总统）不明令禁止，他们就可以为所欲为。他们都是十足的贵族气派，在男女关系上，观念极为狭隘。他们非常浪漫，也十分傲慢。他们身负天降之大任，而且天晓得，他们的机会又多么好。他们都占全了。"[23]

为了给政策协调处的行动提供方便，国会于 1949 年通过"中央情报局法"，这部法律授权中央情报局局长，在经费开支方面无须说明其用途。在此后的几年中，政策协调处的各种活动，包括其行动的范围、人力配置和预算，就像九头蛇 * 一样，成倍地扩展。人员从 1949 年的 302 人增

* 九头蛇（Hydra），希腊神话中的怪蛇，斩去一头会生出两个头来。

加到1952年的2812人，还要加上海外雇用人员3142人。在同一时期，其预算从470万美元猛增到8200万美元。如此迅猛扩展的一个因素是组织结构的调整，这一调整要求增设许多内部的项目。政策协调处的活动不是按财政制度来做预算，而是按项目来确定。这种做法在其内部带来一个重大而有害的结果："在政策协调处内，项目由个人提出并执行，其成效如何，由项目负责人自己作出评价，而别人则根据他提出的项目多少、重要性如何来评价他的业绩。这样一来，政策协调处内部个人之间和部门之间相互竞争，以致无限度增设项目。"[24]

最初，中央情报局总部散布在国会山和华盛顿林荫道周围一些凌乱的临时建筑物中，这些房子被称为"棚屋"。在那些布满灰尘的走廊里，新招募来的人被"战时和紧急动员时期的气氛所感染。各个大厅里挤满了认真而又焦虑的男男女女，他们匆匆忙忙地去参加会议，边走边商谈工作，向跟在他们后面的助手发出简单的指示。新加入的人满怀热情，与战略情报局的老兵掺和在一起，这些战后时代的精英分子刚从常春藤大学的校园里出来，穿着粗毛上衣，口衔烟斗，满脑子都是大胆而新奇的想法。这些年轻人成群结队地涌进中央情报局，把这个机构当成非共产主义的自由主义者向共产主义威胁开战的最佳场所。"[25]

这场战争的前线当然不是在华盛顿而是在欧洲。政策协调处在离柏林半个小时路程的滕佩尔霍夫空军基地设立了办事处，把它的人员源源不断地派往德国。如果加上中央情报局其他各处的人员，中央情报局德国站共有1400名行动人员。

政策协调处在德国招募的首批人员中就有迈克尔·乔斯尔森。在他的回忆录（一直没有写完）中有一条注释。乔斯尔森是这样写的："1948年，我在军队中的任务即将结束。回到平民生活，对于我来说就是重新回到美国的百货公司做采购员的工作。这可不是什么特别有意思的职业。这一点使我充满了绝望的感觉。就在此时，一位在情报部门工作的美国朋友把我介绍给一位驻德外派机构的负责人。后来在华盛顿又进行了两三次面试，填写了列有无数问题的调查问卷，后来又等待很长的时间。在此时期，联邦调查局以一种十分笨拙的方法试图查明在我的人生经历中有没有什么污点。1948年秋天，对我的调查通过了，于是我就加入了这个外派机构，担任其柏林站的秘密行动负责人，秘密行动简称AC，以区别于称为FI的间谍或情报工作。除了‘隐蔽’这一点，实际上还是心理战的延续，只不过此时矛头是针对苏联人和东德的共产党人。这是一种防御性的行动，因为此前苏联人早就开始进行心理冷战了。”[26]

招募乔斯尔森的是劳伦斯·德诺夫维尔（Lawrence de Neufville），他是一名战略情报局的军官，是1944年随着第一批美军来到德国的。1948年初以前，他一直担任柏林市政当局的顾问。那时，第一批驻德中央情报局官员约翰·贝克（John Baker）与他接触。此人后来被宣布为不受欢迎的人，因为他在担任美国驻莫斯科大使馆二等秘书时的“一系列行动违反了外交代表的行为准则”。这是一次很有名的事件。德诺夫维尔说：“我没有申请加入中央情报局或做过其他类似的事。我对我当时的工作很满意。我帮助制定宪法，协助建立阿登纳政府。这是一件令人振奋的工作。可是有一天，约翰·贝克走进我的办公室，问我是不是愿意加入中央情报局。”[27]德诺夫维尔接受了贝克的邀请，被安排在美国高级专员约翰·麦克洛伊的办公室工作，以此作为掩护身份。他的第一个行动是招募乔斯尔森。此人在柏林的工作使他成为情报界的传奇式人物。

那么当时尼古拉斯·纳勃科夫对他的朋友新的工作是否知情呢？迈克尔·乔斯尔森是个守口如瓶的人，是做情报工作十分理想的人选。当一些生活在东柏林的亲戚在1949年找到他的下落时，他断然地把他们打发走，并告诉他们今后不要再同他联系。这些亲戚感到受到了伤害，认为这个“美国化了的”堂（表）兄弟发迹了，看不起他们了。

其实，纳勃科夫也是有人找上门来让他加入中央情报局的。1948年，纳勃科夫递交了一份求职申请，要求到政府部门工作。鉴于他生性不是想当官僚的人，他大概不可能对国务院的工作感兴趣。（许多被中央情报局招募来的人看不起国务院，讥讽地说它就会制定政策，不干实事。）由于艾伦·杜勒斯介入了他求职的事，我们有理由推测他是想在情报部门求得一个职位。但是他的申请遇到了麻烦，因为他没有通过安全审查。他的推荐人乔治·坎南为此深感窘困，写信给他，要求他撤回申请："我向你提出这个建议（这让我感到伤心，也实在为你发愁），完全是因为我未能为你澄清这件事。我对自己也十分不满。如果你还继续申请到政府部门工作，我也不敢担保不会发生这类令你不愉快的事。我只能说，在我看来，政府在处理这件事时，想法不对，目光短浅，不公平，而且同使用敏锐、聪明和宝贵的人才的愿望是不相符的……我想政府已经丧失了利用你提的建议的权利。如果我是你的话，目前我就把这件事搁在一边。"[28]就当时的情况而言，纳勃科夫是被晾在了一边。

那么梅尔文·拉斯基的情况又如何呢？在不断膨胀的中央情报局队伍中，难道他不是一个理想的候选人吗？后来据说拉斯基已经成为一名特工。关于这一点，他本人是始终否认的。就像《洪堡的礼物》中的撒克斯特一样，种种谣传"大大增强此人的神秘性"。在此后的20年中，他频频出现在中央情报局发动的文化冷战第一线，人们对此是不会注意不到的。

第三章 沃尔多夫饭店里的马克思主义者

所以我说，无论是法西斯主义还是共产主义，总之我是主张博爱的。我觉得人们的观念是荒唐可笑的。

——艾奈丝 · 尼恩 *

纽约。1949 年 3 月 25 日，星期二。阴冷而潮湿，冰雪融化，街道泥泞。位于派克大道和 50 街交叉处的沃尔多夫 · 埃斯托里亚饭店外，一支人数不多的纠察队在来回走动，在人行道上形成一个缓慢移动的圈子。饭店里却是一片繁忙景象，人声鼎沸，人头攒动。在一年中这样一个季节里，这是罕见的现象。特别是在一间预定的房间里，更是让人感到头痛。

饭店的 10 层 1042 房间是一间豪华新婚套房。一整天，从这个套房开出的服务订单像雪片一样飞来，已经有厚厚的一摞。要求安装额外的电话，接着就是一个接一个的电话传到了饭店的电话总机房。需要更多的台灯，每一样东西都不够用，需要增添。要求客房服务的电话连珠炮似的打来，让服务员送汉堡包、沙拉、鞑靼式生拌牛肉末、零点小菜、干红葡萄酒、瓶装啤酒，再送几桶冰块来。这可不像是平常的度蜜月。

当服务员跌跌撞撞地冲进套房时，他们看到的是一个奇特的场面。房间地板上的电话线就像蜘蛛网似的拉开，在电话线的终端，打电话的人弯着腰激动地对着听筒喊叫。每一块可资利用的面积不是被人占用就是堆放着一摞摞杂乱的纸张。套房里烟雾弥漫。两个秘书正根据口授做着记录。浴室里已经放上一台油印机，一名助手在机旁操作，浴室的地

---

* 艾奈丝 · 尼恩（Anais Nin，1903—1977），法裔美国女作家。

面也堆放着散发着油墨气味的纸张。来访者在人堆里进进出出，络绎不绝。

在一片嘈杂声中，参加聚会者当中有几个人神情紧张地看着服务员把大托盘在床沿上放稳，一边伸手索取小费。付账的是谁呢？是纽约大学的哲学教授悉尼·胡克（Sidney Hook），订下这套房间的正是此人。他对花费猛增似乎毫不在意。与胡克同在新婚套房里的有玛丽·麦卡锡（Mary McCarthy）和她的第三任丈夫，记者鲍登·布罗德沃特（Bowden Broadwater），小说家伊丽莎白·哈德维克（Elizabeth Hardwick）和她的丈夫诗人罗伯特·洛厄尔（Robert Lowell），尼古拉斯·纳勃科夫，记者评论家德怀特·麦克唐纳（Dwight Macdonald），意大利记者、前蒙曾伯格组织的盟友尼古拉·恰罗蒙特（Nicola Chiaromonte），亚瑟·施莱辛格，《党派评论》的两位编辑威廉·菲利普斯（William Phillips）和菲利普·拉夫（Philip Rahv），与反共工会领袖关系友好的劳工问题记者阿诺德·贝奇曼（Arnold Beichmann），另一位劳工问题专家梅尔·皮策利（Mel Pitzele），还有女装业工会的大卫·杜宾斯基（David Dubinsky）。尽管杜宾斯基与在场的那些人在职业上大相径庭，他在这群乱糟糟的知识分子的集会上却显得很安详。

在沃尔多夫·埃斯托里亚饭店楼下舞厅里，疲劳的饭店员工正在这间改为会议室的大厅里做最后的检查。房间一头有一个半月形的讲坛，周围摆放了花。扩音器已经检查完毕，“喂”“喂”的声音已经停止。在主席台上方已经悬挂起一条横幅，上面写着“争取和平文化科学会议”。上千名出席会议的代表中有些人已经陆续来到，准备参加开幕式招待会。饭店外面的示威者活跃起来了，当来宾通过转门走进大堂时，他们向客人提出责问。当利莲·赫尔曼、克利福德·奥德茨、伦纳德·伯恩斯坦和达希尔·哈米特（Dashiell Hammet）来到时，他们对这些人喊道：“你们这些懦夫！”更难听的轻蔑之辞是留给常春藤联盟的百万富翁科利斯·拉蒙特（Corliss Lamont）的，他是这次会议的赞助人。拉蒙特是J. P. 摩根公司投资银行董事长的儿子，就读于菲利普斯学院和哈佛大学。当时他调动了足够的贵族涵养，对愤怒的纠察队投向他的侮辱置之不理。

这次抗议是美国军团、一些天主教和爱国团体组成的右翼联盟组织的。抗议者不满的是，这次大会虽然是由全国艺术、科学和专业工作者理事会主办的，其实只是由苏联人在幕后操纵的。他们声称，这些共产分子在这里聚会并不是为了美国和苏联之间进行友善的思想交流，而是通过宣传丑化美国。实际上他们还是说对了。这次大会是共产党情报局倡议举办的，是一次在美国后院里操纵舆论的大胆举措。苏联代表团团长是苏联作家协会主席法捷耶夫，团员中有作曲家德米特里·肖斯塔科维奇（Shostakovitch），这是这个代表团的骄傲。他们都被安置在沃尔多夫饭店的客房里。随同代表团的克格勃“保姆”和党的干部可以为这次“剧院政变”弹冠相庆了。饭店外面的示威者说得有理：赤色分子并不都是躲在床底下的，他们已经上了床了。

亚瑟·米勒（Arthur Miller）* 也接到了邀请，请他主持大会的一个小组讨论会。米勒写道：“沃尔多夫饭店的每个入口处都被排成一列的修女堵住了。她们是在为与会者的灵魂祈祷，因为这些人受到魔鬼的引诱失去了灵性。这件事成了报纸上一条大新闻。”“开会的那天早晨，当我走到饭店门口时，我不得不从两个跪在人行道上的修女之间穿行过去。当时的情形令人困惑不解。这个世界上的行为和言论似乎都具有某种象征意义，确实发人深思。”[1]

悉尼·胡克和新婚套间里那群人同饭店外面的示威毫无关联，他们认为，“把揭露共产党外围组织的任务交给反动分子去完成是很危险的”，尽管如此，他们来到这家饭店却是出于同样的用意。前马克思主义者和托洛茨基分子曾经同现在的美国知识分子和艺术家一样围着共产党的轨迹转，此时他们却一道来到饭店楼下参加苏联人操纵的会议。20世纪30年代的纽约确实被称为“令人最感兴趣的苏联的一部分”。不过，1939年的俄德互不侵犯条约又“把一个深感痛楚和沮丧的纽约从苏联怀抱里拉了出来，重新回到了美国”。[2] 胡克和他的朋友们已经放弃马克思主义的激进主张，政治上站在了中间或右的立场。即使在此时，他的其他同僚却还对共产主义抱有同情。编辑和评论家贾森·爱泼斯坦

* 亚瑟·米勒（1915—2005），美国剧作家，其剧作《推销员之死》曾在我国上演。其剧作《炼狱》（1953年）影射了1950年初麦卡锡掀起的调查所谓颠覆活动。

(Jason Epstein)后来说道:“斯大林分子仍然是很有实力的一帮。现在他们这一帮人似乎在政治上是正确的。因此我们完全有理由怀疑斯大林分子是否有参与文化的权利。”[3] 人数可观的共产党同路人出现在沃尔多夫饭店似乎证明许多美国思想家担心共产主义诱惑性符咒尚未被除是有道理的。他们担心,尽管有着斯大林的暴行,共产主义的美梦仍然挥之不去,也是有道理的。后来亚瑟·米勒写道:“举行这次会议是想把正在受到威胁的良好传统保持下去。从 1917 年苏联十月革命起,长期存在着一种敌对状态,只是在共同对付轴心国的 4 年中,敌对状态中断了一个时期,希特勒的军队被消灭之后,又恢复了原来的敌对状态。有一点是确定无疑的:如果没有苏联的抵抗,纳粹主义就会征服全欧洲,英国也不能幸免,美国被迫陷于孤立就算是最好的结果了,往坏里说,美国甚至可能与法西斯达成一笔交易,起初也许不太情愿,后来也就怡然自得了。我就是这样想的。所以,战后如此激烈地反苏,同时却又维护一个纳粹分子没有得到清除的德国,不仅显得不可思议,而且还可能导致一场战争。这场战争不仅将摧毁苏联,西方的民主也将同归于尽。”[4]

在楼上的新婚套房里,气氛紧张起来了。自从 3 个星期前作出决定要破坏这次会议以来,这群刚刚集合在一起的人就想方设法来建立一个自己的“宣传机器”;“敌方”的准备工作受到监控;破坏工作在这个奇特的委员会成员中进行了分工。他们列了个名单,组成了一个国际性的“反行动委员会”,其中包括贝内代托·克罗齐(Benedetto Croce),T. S. 艾略特,卡尔·贾斯帕斯(Karl Jaspers),安德烈·马尔罗,雅克·马利丹(Jacques Maritain),伯特兰·罗素(Bertrand Russel)和伊戈尔·斯特拉文斯基(Igor Strauinsky),甚至诺贝尔奖获得者艾伯特·施韦策(Albert Schweitzer)博士*也在名单之中,倒也没有因为他也是敌方阵营的会议赞助人而受影响。这批对抗分子利用他们在沃尔多夫饭店里安置的一匹特洛伊木马的有利条件,截取会议组织者的邮件,假造官方声明和发布新闻来破坏对方争取新闻界所作的努力。

* 施韦策(1875—1965),德国神学家、哲学家,主张“四海一家”。曾与其受过护士训练的妻子同往赤道非洲传教行医,建立医院和麻风村。1952 年获诺贝尔和平奖。

这个国际反行动委员会向新闻界发布大量的消息，向会议的发言者和赞助人发起挑战，要他们承认是共产党员或共产党的同路人。对于那些良知未泯的人，胡克和他的伙伴们就加快步伐，公开揭露“沃尔多夫会议的领导人的真实身份”。于是在发布新闻时就揭露 F. O. 马西森参加了一大堆“共产党外围组织”（其中包括“保护淡水湖泊委员会”），霍华德·法西特是一个为共产党做宣传的小说作家，还揭露克利福德·奥德茨也是共产党员（这一点缺乏科学性，因为其依据仅仅是一名前《工人日报》的工作人员曾经这样说过）。

会议开幕的日子日益临近。对于如何破坏会议进程，这批人众说纷纭，分歧很大（后来也是如此）。胡克自封为这个“小小的反共套房”的陆军元帅。他简要地向他的“战友”们布置了如何应付被撵出会场的措施。他们都要随身带一把雨伞，可以用它来敲地板以引起人们对他们的注意。他们还要把自己捆绑在座椅上，这样，轰他们出场就要耽误一点时间。如果不让他们发言，胡克的助手贝奇曼和皮策利就把油印件散发给记者。

后来，实际情况表明，这些游击战略从来就没有付诸实施（尽管还是使用了敲地板这个好办法）。这些颠覆分子没有想到会议竟给他们每人两分钟的发言时间，条件是他们必须等到第一位发言者、犹他州的退休主教讲完他那篇冗长的发言之后，玛丽·麦卡锡把她的问题留给了杰出的哈佛学者、《美国的文艺复兴》一书的作者马西森。他曾经说过拉尔夫·瓦尔多·爱默生*是美国共产党的祖师爷。玛丽·麦卡锡向他提出的问题是：“假如爱默生活到现在，你认为他能在苏联生活并进行写作吗？”马西森在回答时承认这是不可能的，不过他又补充说，这个问题从年代上讲不符合逻辑推理，照这个逻辑，那么列宁也不会被准许在美国生活。德怀特·麦克唐纳向法捷耶夫提问，他为什么接受了（苏共）政治局对他的小说《青年近卫军》的批评性“建议”，改写了这部小说？

---

*爱默生（Ralph Waldo Emerson，1830—1882），美国散文家、思想家、诗人、演说家。神学院毕业，并曾布道。妻子死后，对其信仰和宗教职业产生怀疑，赴欧洲寻找思想出路，深受浪漫主义影响，是美国文艺复兴的领袖。信奉人文主义，南北战争时期反对奴隶制。

法捷耶夫回答道："政治局的批评对我的写作帮助很大。"

尼古拉斯·纳勃科夫决定参加肖斯塔科维奇将要发言的那个小组讨论会。坐在主席台上的那些音乐家都是纳勃科夫认识的，有的甚至还是朋友。他向他们挥手打招呼，他们也不自然地向他报以微笑。正如预料的那样，讨论会枯燥无味。在一个单元即将结束时，纳勃科夫才得到了发言的机会。"在某一天某一期的《真理报》上刊载了一篇未署名的文章。这篇文章无论从哪方面看都像是一篇社论。文中提到三位西方作曲家，他们是保罗·兴德米特（Paul Hindemith）*、阿诺德·勋伯格（Arnold Schoenberg）和伊戈尔·斯特拉文斯基，他们都被贴上了'蒙昧主义者'、'腐朽的资产阶级形式主义者'和'帝国资本主义走狗'的标签。""因此，他们的作品'不准在苏联演奏'。请问肖斯塔科维奇先生，你个人是否同意《真理报》上的这些官方观点？"[5]

那些打下手的俄国人用俄语大叫："这是挑衅！"这时克格勃派来的"保姆"在与肖斯塔科维奇咬耳朵，向他授意。然后这位作曲家站了起来，接过递给他的麦克风，脸色灰白，眼睛朝下看着台下，用俄语含混不清地回答说："我完全同意《真理报》上的观点。"

这真是一个令人痛心的插曲。有谣传说，肖斯塔科维奇这次是奉斯大林本人之命前来参加会议的，谣言也传到了纽约的这次聚会上。一位观察家说："他被当成一头牺牲的羔羊。他脸色苍白，瘦小、敏感、佝偻、紧张、胆小，紧绷着脸，真是一个悲剧性的令人痛心的形象。"亚瑟·米勒是这样描述的："他身材矮小瘦弱，眼睛近视。他僵硬笔直地站在那里，像一具木偶。"对于他来说，哪怕表现出一丁点独立精神都是生死攸关的；而纳勃科夫则是一个白俄移民，1939 年加入了美国籍，他是安全的。那时纳勃科夫是重拳击向一个胳膊被绑在背后的人。

这场冲突发生在艺术小组会上。作为小组会的主席，亚瑟·米勒为此深感痛苦。"至今，肖斯塔科维奇那天的样子一直萦绕脑际，挥之不

* 保罗·兴德米特（1895—1961），德国重要作曲家，其优秀作品《画家马西斯》1934 年由富特文格勒指挥的柏林爱乐乐团演出。作曲家和指挥均被纳粹文化当局斥之为文化上的布尔什维克和精神上的非雅利安人。

去……一副口是心非、有口难言的样子……天晓得那天他在会议室里心里到底是怎样想的，他的精神产生过多大的分裂，想把真实想法说出来的冲动是多么强烈，把自己的声音压下去又需要多么大的自制力。他唯恐他的话对美国友善从而再次开罪他的国家，然而正是这个国家让他生活在地狱里。”[6]

30年后，西方出版了肖斯塔科维奇的回忆录，其中他讲述了在沃尔多夫饭店里发生的那件事。“想起我第一次访问美国至今心有余悸。我受到上至斯大林下至各级行政机构形形色色的人物施加的强大压力。如果没有这种压力，我本来是不会去的。人们有时会说，这次旅行必定十分有趣，看他在照片上笑得多么开心。其实这是一个死囚的微笑。我觉得我已经是个死人了。我不知所云地回答着那些愚蠢透顶的问题。我想我回去后，一切就都结束了。斯大林喜欢用这种方式牵着美国人的鼻子走。他向美国人展示一个人，活着，而且还活得很好，然后再把他杀掉。为什么说牵着美国人的鼻子走呢？这样说，用词也许太尖刻了些。他只是愚弄那些心甘情愿被愚弄的人。美国人根本不把我们放在心上。他们只要能活得舒心，睡得香甜，就什么都相信。”[7]

会议一连开了好几天。T. S. 艾略特发来一份电报反对这次会议。约翰·多斯·帕索斯（John Dos Passos）也发来电报，敦促美国的自由主义者起来揭露苏联的暴政，这样就会使暴政自食其果而消亡。托马斯·曼（Thomas Mann）曾谴责说，反共是20世纪最大的蠢事，同样，这次也来电支持这次会议。这些所谓的辩论只是例行公事，枯燥无味。只是当一个年轻人诺曼·梅勒横插一杠起来发言时，才在辩论中加了一点佐料，有了一点味道（一位当时的人把他叫作预科学校的学生弗兰克·西纳特拉，Frank Sinatra）。他指责美苏两国都执行侵略性外交政策。他的观点是两方都没有料到的。他说这种外交政策使和平共处的可能性减少到最低限度。“只要有资本主义存在，就会发生战争，只有建立完善的平等的社会主义，才会有和平。”然后他得出结论：“作家唯一能做到的就是把他看到的真相告诉大家，就要不断地写作。”[8]梅勒的发言产生魔法般的效果，使对立的双方在一片混乱的争吵中联合了起来。

此时饭店外面的纠察队伍越聚越多，达到上千人，手中挥舞着标语牌。一位观察家对于极右派居然能够调动这么多吵吵嚷嚷又不好对付的死硬分子感到大惑不解。胡克精明而狡猾，按他的说法，沃尔多夫饭店里面的共产主义和外面人行道上好斗的反共产主义是一对孪生兄弟。他让皮策利实施的咄咄逼人的公关活动现在开始起作用了。报界巨头、反共偏执狂人威廉·伦道尔夫·赫斯特向他手下的编辑们下令，要他们跟着胡克的鼓点子紧密配合，谴责“共产党情报局”组织的这次会议及其美国的同路人。

4月份，《时代》和《生活》杂志王国的业主和编辑亨利·鲁斯（Henry Luce）亲自过问《生活》杂志的整整两个版面。这两个版面对克里姆林宫的堕落和美国的上当受骗者大肆攻击。这一期的《生活》杂志上刊印了50张护照相大小的照片，对这些人进行人身攻击，这无异于给麦卡锡参议员事先提供一张非正式的黑名单。多萝西·派克、诺曼·梅勒、伦纳德·伯恩斯坦、莉莲·赫尔曼、艾伦·考普兰、兰斯顿·休斯（Langston Hughes），克利福德·奥德茨，亚瑟·米勒，艾尔伯特·爱因斯坦（Albert Einstein），查理·卓别林（Charlie Chaplin）、弗兰克·洛伊德·赖特（Frank Lloyd Wright），马龙·白兰度（Marlon Brando），亨利·华莱士（Henry Wallace），这些人全都被指责加入了共产主义游戏。同是这本《生活》杂志，1943年曾出过一期苏联专刊，封面是斯大林画像，对苏联人民和红军则是一片溢美之词。

亚瑟·米勒回忆道：“当时冷战的压力日益增强。面对这种局势，要参与救援那些战时苏联的盟友是十分危险的，因为这确是事关生死。关于这一点，大家当时都是明白的。交战的气氛是越来越浓了。在会议开幕临近之时，不可否认，对参加会议的人进行惩处是完全可能的，而且事实也确实如此。几个月过去之后，‘支持沃尔多夫会议或参加这次会议’成了（对国家）不忠诚的重要标志……一次作家和艺术家的会议在公众中居然引起如此广泛的怀疑和愤怒，在战后的世界上还真是一件新鲜事。”[9]

危险确实存在。沃尔多夫饭店在战前是一家为少女初入社交界举办舞会而闻名的饭店，如今从沃尔多夫饭店走出来的人都成了联邦调查局局长埃德加·胡佛注意的人物。他领导下的联邦调查局派出特工渗入会议，并汇报代表们的情况。联邦调查局为小伙子诺曼·梅勒建立了档案。朗斯顿·休斯、亚瑟·米勒、F.O. 马西森、莉莲·赫尔曼、达希尔·哈米特和多萝西·派克等人早在20世纪30年代就都在联邦调查局存有档案，身份各不相同，分别被标为“秘密共产党员”“公开的共产党员”或“共产党说客”等，他们新近的反常行动现在又被记录在案。

有几件事说明联邦调查局对于沃尔多夫饭店里的共产党员不仅仅是监控而已。会议结束后不久，一名联邦调查局特工造访利特尔－布朗（Little-Brown）出版公司，向他们转告埃德加·胡佛的意思，不准出版霍华德·法西特的小说新作《斯巴达克斯》。[10] 于是，利特尔－布朗公司就把书稿退还给作者。这本书稿还遭到另外7家出版社的拒绝。阿尔弗雷德·诺夫（Alfred Knopf）甚至连书稿的包装都没有打开就退了回去，还说，一个叛徒的著作，他连一眼也不愿看。这本书最终是1950年由法斯特自己出资出版的。“斯大林分子”无疑被剥夺了文化方面的权利。

由于《生活》杂志的报道，沃尔多夫饭店里共产党人和前共产党人奇特的双人舞在公众中已成为一件令人瞩目的重大事件。胡克为自己当了这精彩一幕的编舞而感到庆幸。他说：“我们终于挫败了克里姆林宫最为野心勃勃的举措之一。”

胡克1902年12月生于纽约的威廉斯堡，当年这是布鲁克林区最贫困的贫民窟，而这正是孕育共产主义最肥沃的土壤。于是胡克就成了一个年轻的共产主义信徒。胡克身材短小，小小的脸庞上架着一副圆形眼镜，看上去像是一个朴实的圣哲。但是他智力超群，在思想上他就像一名拳击手，随时准备投入战斗。纽约共产主义那种肌肉发达、伤痕累累的形象对他颇有吸引力。他周旋于共产主义各派之间，从斯大林派到托洛茨基派，再到布哈林派，来去自如。他协助美国共产党翻译出版了列宁的《唯物主义和经验批判主义》。他还一度在莫斯科的马列学院工作。他发表过一系列阐述马克思主义的文章，其中最有名的一篇题为《我为什么成为一名共产党人》。这篇文章引发了赫斯特领导的运动，终于使纽约大学把他开除了。

同纽约的许多知识分子一样，在（苏联的）一系列背叛行为发生之后，胡克对共产主义的信仰开始动摇了：1936到1937年以叛国罪审判托洛茨基，1939年苏联与纳粹之间签订了互不侵犯条约，以及斯大林作出了一系列灾难性的错误判断、提出了一系列错误理论和错误政策。胡克公然成为共产党的敌人，被指责为“反革命小爬虫”，他的支持者也都成了“胡克蛀虫”而被清洗出去。1942年胡克向联邦调查局告密，出卖了作者兼编辑马尔科姆·考利（Malcolm Cowley）。威廉斯堡出身的革命者胡克成了保守主义者的宠儿胡克。[11]

1949年3月27日星期二将近黄昏时分，警察把第五大道和第六大道之间位于第四十街上的一个街区用绳子圈了起来。在命名十分贴切的自由大厦的阳台上，胡克同他那支私人部队向拥挤地聚集在布赖恩特广场的人群挥手致意，充满了胜利的喜悦。纳勃科夫写道：“他那个推销员小组……宣传工作做得十分漂亮。”其实，纳勃科夫才是享受水银灯照射的最佳人选。纳勃科夫利用会议结束后的这次聚会发表了一篇关于“苏联作曲家的苦难和党的宣传机关暴政”的演说。他谴责苏联在这次“和平大会”上利用了肖斯塔科维奇。听众报以雷鸣般的掌声。讲完后，纳勃科夫看见“一个熟识的面孔从后排站起朝他走了过来。他是我在柏林的一个熟人。我和他同在美国军事占领政府工作。他热情地向我祝贺，他说：‘这件事你和你的朋友们干得极为出色。我们在柏林也应该做一点这样的事。’”[12]

这位朝他走过来的“朋友”不是别人，就是迈克尔·乔斯尔森。他出现在沃尔多夫·埃斯托里亚饭店的会议上，后来又出席自由大厦的集会，绝不像纳勃科夫所说的“纯属偶然”。乔斯尔森的出现是因为他接到了他的上司、中央情报局隐蔽行动奇才弗兰克·威斯纳的紧急指示。这次“干得漂亮的活动”是从威斯纳的特殊经费中拿出钱来资助的，而乔斯尔森到那里去是监管这笔“投资”是怎样使用的。在大卫·杜宾斯基的机智合作下（杜宾斯基究竟为什么出现在沃尔多夫饭店的那个新婚套间里始终是一个谜），中央情报局买下了胡克设在沃尔多夫饭店的那个据点（杜宾斯基威胁饭店的管理部门说，如果不接待这批知识分子的话，他就叫有关的工会让这家饭店关门），支付了账单（纳勃科夫从杜宾斯基手里接过了巨款带回新婚套房），还确保报纸广泛地刊载有利的报道。

梅尔文·拉斯基也从柏林赶来看胡克是如何把这次文化宣传活动搞起来的（上一年胡克曾在美国占领区担任过“教育顾问”，那时他们两人有过接触）。拉斯基对于沃尔多夫饭店会议上那种剑拔弩张的架势不胜惊讶，也十分兴奋。至于对肖斯塔科维奇的蔑视和讽嘲，他倒有不同的看法。他后来这样说：“他胆小怕事到了极点。他不想挺身而出支持任何事情。有人说，肖斯塔科维奇，有些事比你重要，甚至高于你的音乐。为了更高的目标，不管你愿意与否，你要进门，就必须付入场费。”[13]

胡克和他那帮沃尔多夫饭店里的朋友们都是付了入场费的。但是其中大多数人对于为什么会发生对抗，是不了解内情的。尼古拉·恰罗蒙特对胡克的各种关系是心存疑问的。他曾警告玛丽·麦卡锡，对胡克和他的那些副手们要多加警惕，尽管他的话说得相当隐晦，意思是说在这段乱糟糟的时间里，他们向新闻界发布的言论中包含着对美国外交政策的支持：“总之，胡克同他那帮人的所作所为虽然并不表明他们对国务院十分满意，但是最终他们对美国出于政治需要而执行反对俄国人的政策是打算屈从的。”恰罗蒙特接着说道：“采取赞同的立场是命中注定、无法更改的，虽然准确地说，从民主的观点看，这种赞同绝非建设性的。”[14]

早期就能敏感地察觉到这一点是发人深省的。真不愧为蒙曾伯格托拉斯的政治代理人。他的这份工作锻炼了他的敏锐观察力。尽管恰罗蒙特当时还不明确地知道个中底细，但他的看法已经很接近真相了。如果再进一步，他就会发现，对胡克感兴趣的不仅是国务院，而且还有美国的谍报机构。

亚瑟·米勒本能地感觉到，沃尔多夫会议最终将导致历史倒退，“就像在路上拐了一个U字形的弯”。40年后他写道：“回忆起那次会议，至今还留下了一些黑暗而可怕的谜……人们坐在那里，就像索尔·斯坦因伯格（Saul Steinberg）的漫画，每个画中的人物头顶上方都有一个圆圈，圆圈里画着一些莫名其妙的符号。* 我们聚集在那里，满屋子都是一些了不起的人才，少数还是名副其实的天才。回想起来，两个对立的方面都不是绝对正确，无论是替苏联人说话的人还是对赤色分子恨之入骨的人都是如此。简单地说，政治就是需要作出选择，但事实上却无可选择，这种情况并不罕见。棋盘上已经没有地方可以走棋子了。”[15]

但是，对于中央情报局而言，沃尔多夫会议却提供了一个机会，使他们可以在这场“伟大的棋赛”中有了一些新招可走。中央情报局特工唐纳德·詹姆森（Donald Jameson）回忆道：“这（次会议）暗示着，在政治层面上维护意识形态的影响力方面，西方发动了一场大规模的运动。”会议向当政的人发出了一个强大的信号。这些人懂得，对于共产主义的幻想不可能通过常规的方法就可以驱散的。“现在我们已经明白，我们必须采取行动，但不是镇压那些人。这些人当中有许多是贵族型的人物。我们要做的是把这件事当成总纲领中的一个组成部分，这个总纲领最终给我们带来了今天所说的冷战。”[16]

* 漫画中的人物对话往往表现为在说话人头顶上画一个圆圈，圈中是说的话。米勒的意思是，这次会议上人们说的话都是乱码，不知所云。

第四章　民主国家的“民主情报局”*

每当我是一名闪亮的武士，
我就全身披挂；
然后我环顾四周寻找目标，
从恶龙栖身之处营救生命，
在那里与一切恶龙厮杀。

——A. A. 米尔恩：《全身披挂的武士》

沃尔多夫·埃斯托里亚饭店会议确实使其幕后支持者共产党蒙受了一场羞辱。一位观察家写道：“对于宣传家来说，这次会议无异于一场噩梦，一次惨败，证明斯大林统治下的俄国在意识形态领域的优势可以转化为美国进步传统的优势这一想法取得了最后的胜利。”[1] 此时，美国共产党败退了。党员情绪低落，党的威信不可逆转地一落千丈。可是，正当美国人声称共产党正在加紧其阴谋活动时，斯大林的战略家们却对美国置之不理了，反而转过身去集中力量到欧洲去扩大影响，做起反敌为友的工作来了。

共产党和工人党情报局发起了一场运动，企图说服欧洲的知识分子，苏联寻求扩展势力是为了“和平”，但是 1949 年发生的两件大事严重地破坏了他们的打算。第一件事是斯大林无情地对待南斯拉夫的领袖铁

---

* 民主情报局（Deminform）一词应为作者根据共产党和工人党情报局的英文缩写 Cominform 杜撰的。英文的“民主”一词为 democracy，缩写 dem 加上 inform 即成此词。实际上并不存在这样的机构，只是说西方也要团结起来与 Cominform 对抗。

托元帅，因为他不愿牺牲国家利益来支持苏联在巴尔干建立霸权，结果是莫斯科和贝尔格莱德之间发生了激烈的争吵。斯大林从南斯拉夫撤走了苏联的经济和军事顾问。这是苏联为软化南斯拉夫的独立立场而发动的消耗战的一个组成部分。铁托则报之以同西方进行谈判，准备接受马歇尔计划的贷款，以此来恢复其残破的经济。斯大林对“国际共产主义”那种蛮不讲理的解释伤害了欧洲同路人的善良愿望，于是他们现在转而集中力量保卫铁托。第二件事是 1949 年 8 月苏联爆炸了原子弹，进一步损害了苏联发出的有关和平共处的呼吁。

英国对苏联的虚假宣传作出反应是比较晚的。1948 年 2 月，克莱蒙特·艾德礼政府为反共而建立了情报研究局（Information Research Department，简称 IRD）。这是外交部里发展得最快的一个部门。IRD 的设计师、外交大臣欧内斯特·贝文解释说：“我们不能指望仅仅在物质上蔑视共产主义就能击败它。我们还必须牢记基督教感情在欧洲的力量，积极地求助于民主和基督教原则。我们必须提出一种与共产主义相对抗的意识形态。”[2] 这确实是一项艰巨的任务：西方政府不能仅仅依赖于贬低苏联进行的试验，它们有责任从资本民主制度内部提出一种可供选择的前途，西方民主制度往往是吹嘘大大超过了它实际取得的成就。外交间谍罗伯特·布鲁斯·洛克哈特（Robert Bruce Lockhart）强调说：“斯大林一伙已经把共产党转化为变相的斯拉夫扩张主义的工具，其手段和方式连列宁都会感到吃惊。所以，世界出了问题并非由于共产主义力量之强大，而出在非共产主义世界在道德和精神上的脆弱。”[3]

在战时结成同盟关系的情况下，英国政府曾经为斯大林树立了不令人讨厌的形象。忽略了这一点就会忽视冷战的一个重要方面：在反纳粹时期人们对于共产主义政治上的纯洁抱有幻想，而这时自由世界同俄国结盟似乎是对这一幻想的默认。二战后英国政府面临的问题就是如何消除它在几年前系统地建立并捍卫过的假象。一位被招募进 IRD 并担任第二把手的年轻外交官亚当·沃森（Adam Watson）解释说：“在战争期间，我们把这个人树立起来，虽然这是个可怕的人物，仅仅是因为他是我们的盟友。现在的问题是‘我们如何消除我们在战争期间建立的有关这位善良的约瑟夫大叔的神话'。"[4] 许多知识分子和作家在战时曾为政府的宣传部门工作，现在则要号召他们起来告诉英国公众不要相信他们曾经创造性地维系过的谎言。

情报研究局尽管起了一个温和的名称，实际上却是一个秘密的"冷战部"。它的预算来自秘密拨给的经费（为的是避免对它可能采取的秘密或半秘密的行动进行不利于保密的检查），用 1953 年来该局任职的一名间谍克里斯托弗·蒙蒂·伍德豪斯（Christopher Monty Woodhouse）的话说，其目的就是"制造、散布找不到归属的宣传"。情报研究局按照"滴入论"* 的原则，编写涉及一切问题的有事实依据的报告，散发给英国的知识界，希望他们在著作中不断地引用这些事实。"无归属性"是这种做法的一大突出的特点。不知道这件事是谁做的，可以使两个本质上相互矛盾的要求调和起来：既要使 IRD 编写的材料在尽可能大的范围内传播，又不让公众知道这些反共的宣传是得到官方批准并在暗中资助的。IRD 的第一把手拉尔夫·默里（Ralph Murray）写道："在英国国内或海外，都不应该使公众产生一种印象，觉得外交部在组织一场反共运动，这一点十分重要。有些人是愿意为我们提供可贵的支持的。如果让公众获悉外交部中有这样一个邪恶的机构从事反苏的宣传活动，而这些人就是从这个机构获得反共材料，他们就会指责这些人，那么这些支持我们的人就会感到十分尴尬。"[5]

亚当·沃森后来解释说："如果你不是提供纯属宣传性的材料而是建立在提供事实的基础上，那么你就不会轻易地被人驳倒。你的工作就是只披露那些对你有利的真实情况。"[6] 在具体做法上，则要求能够做到 IRD 既要攻击"共产主义的理论和实践，同时也要抨击不加制约的资本主义存在着效率低下、社会不公和精神上的弱点"，但是不许"攻击或看上去是在攻击英国或美国的任何人。"[7] 真相可以按各取所需的原则加以利用。诺埃尔·科沃德（Noel Coward）曾短时期在情报部门

---

* 滴入论（trickle-down theory），一种经济理论，主张政府将资金投入大企业而不直接投入福利事业。大企业获利，其收益会自动流入小企业或消费者手中。这里显然是指官方炮制宣传材料发给知识界，由知识分子通过自己的作品传播给公众。

任职。他早就觉得上述看法十分可笑，他对盖有“高度机密”印章的文件上再加上“高度真实”的印章感到很有趣。

IRD 早期最重要的顾问之一是匈牙利出生的作家亚瑟·凯斯特勒。在他的指导下，情报研究局认识到，把那些带有左翼政治传统、自认为是权力中心对立面的人和机构吸收进来是有好处的。吸收这些人和机构有双重用意：一是能够接近那些“进步”群体，这样就可以监视他们的活动；二是在他们内部扩大影响，从内部化解这些群体的影响力，或者把其中的成员吸引过来，让他们加入中性的或者不那么激进的论坛中来。

凯斯特勒不久就从 IRD 的宣传运动中为自己捞到了好处。他那本描绘残忍的苏维埃制度的著作《正午的黑暗》（*Darkness at Noon*）为他赢得了反共的名声。这本著作在 IRD 的资助下在德国广为流传。哈米什·汉密尔顿是那家出版社的名字，也是出版社经理的名字，经理本人也与情报机关关系密切。1948 年外交部与他做成了一笔交易：由外交部出钱购买并发行 5 万册《正午的黑暗》。具有讽刺意味的是，就在这个时候，“法国共产党受命立即买断这本书，每册书都被买走了，既然如此，就没有理由不再重印。就这样，凯（斯特勒）靠共产党的经费发了大财。”[8]

凯斯特勒不仅为外交部的宣传运动担任顾问。1948 年 2 月，他开始在美国讲学。3 月，他在威廉·多诺万将军位于纽约萨顿广场的宅邸与这位将军会面。多诺万既是美国战时情报机构的首脑，又是新近建立的中央情报局的设计师，是美国情报和外交精英中的核心人物。他一生反共，直到 1959 年临死前弥留之际，他还报告说他看到俄国军队正从他家的窗下跨过第五十九街大桥向曼哈顿行进。凯斯特勒从前曾是苏联战前外围机构网络的智囊之一。这个网络叫作“蒙曾伯格托拉斯”，是以其董事长威利·蒙曾伯格的名字命名的。因此，凯斯特勒比当时大多数还活着的人更了解苏联宣传机器运作的内情。就在他离开英国赴美之前不久，凯斯特勒会见了安德烈·马尔罗和新近任命为驻法大使的奇普·波伦，与他们研究如何最有效地对付共产党和工人党情报局的“和平”攻势。在他赴美的轮船上，他偶然有机会会晤了后来担任国务卿的艾伦·杜勒斯的兄弟约翰·福斯特·杜勒斯。他们两人讨论了相同的问题。现在凯斯特勒又与威廉·多诺万坐在一起谈论如何对付苏联的宣传。凯斯特勒在他日记中写道“讨论了进行心理战的必要性”，还记有多诺万具有“第一流的头脑”这样的话。这次会晤的重大意义不可小觑。

亚瑟·凯斯特勒 1905 年出生在布达佩斯的一个中产阶级家庭。但他的思想发生了根本性的转变，于 30 年代初期加入了共产党。他后来写道，在读了马克思和恩格斯的著作之后，他获得一种突然得到解放的令人陶醉的感觉。1932 年他到了俄国，在共产国际的资助下写了一本宣传性的著作《白色黑夜与红色白昼》。在俄国，他疯狂地爱上一位名叫娜黛什达·斯米诺娃的职员。他与这个女人共同生活了一两个星期，为了一件小事他向苏联的秘密警察告发了她，从此以后这个女人就销声匿迹了。在希特勒上台之后，他在巴黎加入了德国流亡者的队伍，在那里他同威利·蒙曾伯格一道工作。他一度作为政治犯遭到监禁，在他的第一个妻子多萝西·阿谢尔（Dorothy Ascher）的竭力活动下，英国政府出面干预，才将他营救出狱。1938 年凯斯特勒因对斯大林的大规模逮捕和装模作样的审判感到厌恶而退出共产党，但他仍然相信布尔什维克的乌托邦能够实现。当莫斯科机场上为迎接里本特罗普（Ribbentrop）前来签订希特勒－斯大林条约挂起了曲十字形纳粹党徽、红军军乐队奏起德国国歌时，他就彻底放弃了他的信仰。战争期间被拘留在法国时，他写了《正午的黑暗》，记录下了以思想罪滥用权力的恶行。这本书很快就成为这一时期最有影响的著作之一。他被释放后前往英国（通过法国的外籍军团）生活了一段时间。在那里，他报名参加了“先锋队”（Pioneer Corps），后来又以反纳粹宣传家的身份加入了情报部，这份工作为他取得了英国国籍。

1948 年他赴美国讲学的目的是为了纠正“庸俗的左派人物”* [9] 当时思想上的错误和混乱。他力图劝告美国的知识分子放弃他们那种幼稚的激进主义，投身于成熟的与政府合作的事业中：“贵国进步的知识界的任务是帮助其他国民面对国家赋予的重任。在抽象的激进主义这块两

* 原文为“the Babbitts of the Left”。Babbitt 是美国作家辛克莱·刘易斯同名小说中的主人公，是一个庸俗的市侩。

军之间的无人地带进行宗派主义的争吵已经过时了。现在已经到了美国激进派成熟起来的时候了。”[10]由此可见，凯斯特勒为之呼号的是一个“介入”的新时代，在这样一个时代，知识分子应以国家的任务为己任，再也不要留恋那种不合时宜的知识分子特权，坚持他们有权与国家的任务保持距离，甚至脱离国家的任务。让－保罗·萨特很快就宣称：“由于作家已无法逃避现实，我们希望他们牢牢地把握这个时代，这是他们唯一的机会。这是他们的时代，他们也必须为这个时代承担自己的责任。我们要同心协力来改变我们所处的社会。”[11]萨特和凯斯特勒的主要区别不在于有关“介入”的实质，而是在目标上有所不同。萨特仍然反对政府充当真理或理智的调解人，而凯斯特勒则劝告他的同行协助权力精英去执行其统治的使命。

凯斯特勒在纽约会见多诺万之后不久就去了华盛顿，在那里连轴转似的参加了一系列新闻发布会、午餐会、鸡尾酒会和宴会。有一位名叫詹姆斯·伯纳姆的，是纽约知识分子中从激进派转变为“体制内派”速度最快的一个人。凯斯特勒通过他的介绍，结识了数十位国务院官员、总统助理、记者和工会官员。中央情报局对凯斯特勒尤其感兴趣，认为这是能够为他们提供一些情况的人。

究竟什么样的人才能比那些脱党分子更有效地与共产党作斗争？中央情报局对这个问题已经考虑了一段时间了。当他们就此向凯斯特勒咨询时，一个想法开始形成了。凯斯特勒强调，为打破共产主义的神话，进行说服工作时，必须把非共产党员的左倾人物动员起来。凯斯特勒提到的这些人，已经作为“非党左派”这样一个特殊群体在国务院和情报部门任职了。政府中的人已经越来越认识到，依靠那些已对共产主义产生幻灭感但仍坚持社会主义理想的知识分子的想法是正确的，并予以支持。亚瑟·施莱辛格把这一过程称之为“悄悄的革命”。

对于中央情报局而言，重用“非党左派”的战略将成为“此后20年内中央情报局反共政治行动的理论基础”。[12]在这一战略上，中央情报局已经同一批左倾知识分子达成相近的看法，甚至达成了共识。施莱辛格在其著作《至关重要的中心》（*Vital Center*）一书中论述了这一战略思想的合理性。这是 1949 年出版的 3 本重要著作之一，其他两本是《上帝的失败》（*The God That Failed*）和奥威尔的《1984》。施莱辛格追述了自从错误的 1917 年革命以来左派的衰落及其最终在精神上的瘫痪，并且追溯了“非党左派”的演进过程，认为“非党左派”是团结那些争取自由天地的人们的一面旗帜。只有在这一群体中才能使“基本核心得以复兴”，“使共产党人看不到一点前途”。施莱辛格强调，这一新的抵抗运动“需要一个行动的独立基础，它需要一片不受干扰的个人天地、资金、时间、新闻纸张、汽油、言论自由、集会自由以及不担受惊怕的自由。”[13]

施莱辛格后来回忆道：“这个论点激活了动员非党左派的工作。奇普·波伦、艾赛亚·伯林、尼古拉斯·纳勃科夫、埃夫里尔·哈里曼和乔治·坎南都表示拥护这一论点。我们都认为民主的社会主义是抵御极权主义的最有效的堡垒。这一论点成为这个时期美国外交政策潜藏的或秘而不宣的主题。”[14] 非党左派这个词简化为 NCI*，这个简称很快成为华盛顿官僚机构中通用的用语。一位历史学家曾这样说：“这批人几乎是持卡上岗的。”[15]

这批“持卡上岗”者第一次在《上帝的失败》一书中集合在一起。这本书是以现身说法的形式论证共产主义理念已经失败的文集。凯斯特勒是促成这本书的精神支柱。此时他已回到伦敦。凯斯特勒在与威廉·多诺万和其他美国情报战略家商谈之后十分振奋。《上帝的失败》出版后的一段历史可称为“非党左派”和美国政府中的“黑天使”订立契约的样板。到了 1948 年夏天，凯斯特勒已经同心理战执行部（Psychological Warfare Executive，简称 PWE）的战时德国处负责人理查德·克罗斯曼（Richard Crossman）讨论过这个想法。克罗斯曼觉得“他可以运动广大人民群众，而且他恰好手头有足够数量的知识界高手来协助他成为一名杰出的职业宣传家。”[16] 克罗斯曼在新学院（New College）曾与艾赛亚·伯林同事，一度被人称为“既无原则又野心勃勃”，“这个人只要能往上爬一步，即使用自己母亲的尸体当台阶也干得出来。”[17] 克

---

* 非党左派，英文为 Non-Communist Left，按其第一个字母简化为 NCL。下面所说“持卡上岗”，意为带着明显的标识。

罗斯曼的评述者在1937年出版的《今日的柏拉图》中曾怀疑代议制民主国家是不是“一块遮羞的颜色鲜艳的大广告牌，在它的后面掩藏着政府和国家机器”。对于《上帝的失败》这本书，可能也是适用的。

1948年8月27日，克罗斯曼又网罗了另一名心理战老手美国人C. D. 杰克逊（Jackson）来参与这个项目。“我写信给你是想听听你的意见。哈泼斯出版社卡斯·坎菲尔德（Cass Canfield）和我在这里的出版商哈米什·汉密尔顿建议明年春天出版一本书，书名是《失去的幻想》（*Lost Illusion*），由我担任编辑。书的内容将包括一些知名知识分子的简略自传，讲一讲他们怎样成为共产党员或共产党的同路人，是什么使他们认为共产主义是世界的希望所在，又是什么使他们的幻想破灭的。”[18]C. D. 杰克逊建议他邀请前共产党员、作家路易斯·费希尔（Louis Fischer）来谈在美国幻想是如何破灭的。

然后，克罗斯曼又与梅尔文·拉斯基接触。拉斯基现在是美国在德国的正式的非官方文化宣传者，也是最早主张把知识分子组织起来抵制共产主义的人物之一。当克罗斯曼收到为该书提供的来稿时，他立即将稿件送交拉斯基，拉斯基则让别人在《月刊》的编辑部里将稿件翻译成德文。据1950年美国高级专员公署的一份评价报告称，“除了一篇稿件外，《上帝的失败》一书中所有其他文章最初都是投给《月刊》杂志的，或是该刊经谈判获得了版权的。当《月刊》出到25期时，这些文章的汇编出版工作已准备就绪了。”[19]英文版的编辑是克罗斯曼，1950年由凯斯特勒的出版商哈米什·汉密尔顿出版。克罗斯曼在战时新闻局的密友凯斯·坎菲尔德（后来是艾伦·杜勒斯的出版商）负责美国版。《上帝的失败》这种特殊的背景说明它既是知识界的一本著作，也可以说是情报部门的产物。

《上帝的失败》的撰稿人有伊格纳齐奥·西洛尼、安德烈·纪德、理查德·赖特、亚瑟·凯斯特勒、路易斯·费希尔和斯蒂芬·斯彭德（Stephen Spender）。克罗斯曼在前言中写道：“我既不愿为反共宣传推波助澜，也无意借此机会表达自己的悔恨。”[20]但是这本书在这两个方面都达到了目的。虽然这本书是集体证实马克思主义的乌托邦已经失败，但文章都是讲个人的经历，个人在政治上的悔恨变成了他们的醒悟，同时也表达了一种被出卖的感觉。这本书是集体的自我悔过，同时也是在许多人还认为这种行为无异于背叛的时候敢于抗争的声明。该书是对战后时代的一种暴露，看上去又像是一张进入即将来临的20年世界官方文化的通行证。

《上帝的失败》的6位撰稿人中，有3人曾为威利•蒙曾伯格工作过。凯斯特勒曾经说过，信仰会产生奇迹，不仅能移山倒海，“而且还能使人指鹿为马”*。他本人就曾经是蒙曾伯格的狂热信徒。记者路易斯•费希尔在20世纪30年代在美国是个家喻户晓的人物，如同50年代的埃德•默罗**，他的职业生涯也与他作为一名共产党员为蒙曾伯格工作的经历有着密切关系。伊格纳齐奥•西洛尼1921年加入意大利共产党。他同凯斯特勒一样，是一个真正转变了信仰的人（他曾把党看成是家、是学校、是教会，又是兵营）。他在共产国际中的地位不断上升，后来又投入蒙曾伯格的怀抱。1927年后悄悄地脱离了党的活动，但仍保持着“浪费了的青年时代的灰色情调”。西洛尼与共产主义最后的决裂发生在1931年，当时共产党要求他发表一份公开声明谴责托洛茨基，他拒绝了，于是共产党把他开除出党，“以儆效尤”。有一次他在对一批同他一样的战时被流放到瑞士的前德国共产党员讲话时说：“我们的过去，包括过去的经历在我们身上留下的伤痕，不应该成为我们软弱的根源。我们的错误，不慎，以及我们说过的和写下的蠢话，不应使我们精神上一蹶不振。我们现在需要一种意志，这种意志是如此纯真，以至我们可以从失足中获取新的力量。”[21]

在《上帝的失败》这本书里出现的这几名过去为苏联做宣传的撰稿人已经洗尽共产主义的污渍，被回收利用，受到政府里战略家的欢迎。这些战略家意识到他们的转变为他们提供了一个绝好机会来破坏他们曾经为之添加润滑油的苏联宣传机器。“上帝失败帮”已被中央情报局用作

---

* 原文是“把海里的鲱鱼当成一匹赛马”，按译者的理解，意思是“颠倒是非”，接近中国成语“指鹿为马”。

** 埃德•默罗（Ed Murrow，1908—1965），美国著名广播记者，1935年加入哥伦比亚广播公司并任要职。1947年重做新闻广播，每周播出一次。

一个专门名词，按一位官员的解释，这个名词指的是“一群幻灭的知识分子，或者是一群可以使之幻灭的知识分子，或者是一群还没有一定立场的但是在其同辈的某种程度的影响下会自主选择立场的知识分子。”[22]

《上帝的失败》一书由美国政府机构在全欧洲发行，特别是在德国，这是大力推销的一本书。情报研究局也很卖力地推销，凯斯特勒非常高兴。他的计划是对于苏联的威胁要作出战略性的、有组织的反应，现在他的计划在协同努力下进展良好。正当这本书付梓时，他会见了梅尔文·拉斯基，同他商讨一个更加雄心勃勃、更具长期性的计划。

如果说《上帝的失败》受到那些想改换门庭的人热烈欢迎的话，倒也并非每个人都愿意从有组织地反共这个祭坛领受圣餐，这也是实际情况。共产党和工人党情报局很快就抓住这种沉默加以利用。在灾难性的沃尔多夫·埃斯托里亚饭店会议之后，情报局在准备下一次会议，既计划在巴黎举行的世界和平大会时，就格外地警惕。那一年 3 月份，IRD 的一份绝密的重要文件预测，“这次大会的组织和一切可使用的技巧都表明，他们在想尽一切办法使大会贯彻苏联的意图，使大会成为一枚橡皮图章。”[23] 共产党和工人党情报局的主题显然是“美国和西方民主国家是一批战争贩子和法西斯分子，而克里姆林宫及其卫星国则是爱好和平的民主国家。”所有驻外的外交机构都受指示“摸清一切可能降低这次大会的宣传价值的行动”。[24]

但是，中央情报局里的美国“表兄弟”已经出席了巴黎的秘密会议。沃尔多夫会议结束后的第二天，弗兰克·威斯纳的助手卡梅尔·奥菲（Carmel Offie）就问过国务院关于巴黎和平大会有何意图。奥菲是威斯纳的劳工和移民事务特别助理，亲自过问政策协调处（OPC）最重要的外围组织“争取自由欧洲全国委员会”以及其他涉及欧洲反共组织的行动。奥菲经常与美国劳动者联合会（AFL）驻欧洲代表欧文·布朗（Irving Brown）打交道。此人并不起眼的头衔是为了掩盖他在战后欧洲承担的重大政治任务。通过布朗，大笔来自美国纳税人的钱和马歇尔计划对应机构的经费正被大把大把地花在秘密行动上。

奥菲是个职业外交官，是个不折不扣的邪恶人物。他相貌丑陋，又是个同性恋者，居然在工作人员的会议上拧别的男人的乳头，以此嘲弄他们。有一次他在拉斐特公园的公共厕所周围游荡，遭到拘捕，这件偶然的事件为他带来一个中央情报局的代号叫作“修道士”（Monk），这个名字实在不恰当，令人可笑。战后他曾利用外交邮袋非法倒卖外汇，被外交部开除（他除了倒卖外汇，还做钻石和红宝石买卖，有一次他居然还托运了300只芬兰龙虾）。但是他有一些很有势力的朋友。奇普·波伦和乔治·坎南在莫斯科大使馆工作期间就与他相识，说服威斯纳起用此人的正是奇普·波伦。在为政策协调处工作时期，据说奥菲是最后看到一张尚未送达威斯纳的纸条的人，也是最后看到200万美元的人，后来这笔钱就不知去向了。[25]

奥菲和威斯纳着手拟定一个精心策划的计划来对付巴黎会议。关于巴黎会议，国务院悲观地预计，许多不明真相的人将会被说服接受（克里姆林宫的）路线，被收买过去加入这个假冒的和平运动。[26]威斯纳打电报给经济合作局（主管马歇尔计划）的埃夫里尔·哈里曼，要他拿出500万法郎（约1.6万美元）来搞一次对抗示威。哈里曼大力支持宣传战和心理战，是美国政治官僚中最先了解苏联已在意识形态领域向西方宣战的人之一，他意识到必须想出一些办法反击来自莫斯科的进攻。[27]他自然十分愿意把马歇尔计划的资金——威斯纳称之为“糖果”——拿来用于隐蔽行动。

通过欧文·布朗，政策协调处与法国的社会主义者大卫·鲁塞（David Rousset）和他在分裂出去的左派报纸《义勇军》（*Franc-Tireur*）的朋友们取得联系。鲁塞曾写过几本关于集中营的著作，如《我们死亡的日子》（*Les Joursde Notre Mort*）。鲁塞同意由《义勇军》出面接受一笔钱，作为中央情报局支持的“反抗日”的赞助单位。

苏联方面，伊利亚·爱伦堡和亚历山大·法捷耶夫出席了大会。同他们一起到会的还有保罗·罗宾逊（Paul Robinson）、霍华德·法斯特、休利特·约翰逊（Hewlett Johnson）、法国原子能委员会委员约里奥·居里、丹麦作家马丁·安德森·纳克索（Martin Anderson Nexo）和意大利社会党人皮埃特罗·南尼（Pietro Nenni）。查理·卓别林发来信函对会议表示支持。一名俄国东正教神父为大会祈祷，保罗·罗宾逊演唱了《老人河》。毕加索发表了他那著名的和平鸽画作，在此后几十年中，这只和平鸽被用来作为共产党和平运动的权威性象征。会议的组织者之一、诗人和坚定的共产主义者路易斯·阿拉贡（Louis Aragon）在毕加索的画室翻阅一摞画家的近作，发现了一幅石版画，是一只普通的肉鸽，* 这只鸽子的白色羽毛一直覆盖到爪子，像打了一副绑腿似的。阿拉贡觉得它像和平鸽，在征得毕加索同意后，这幅画就成了举世闻名的“和平鸽”了。不久，中央情报局支持的“和平与自由”运动发表了一幅讽刺性漫画，题为“鸽子繁盛期”，这幅漫画被美国政府机构用小册子、传单和招贴画的形式在全世界广为传播。

鲁塞组织的反抗会议“反对专制和战争国际日”于1949年4月30日举行。伊莲娜·罗斯福、厄普顿·辛克莱、约翰·多斯·帕索斯（他正在转变成一名坚定的共和党人，而且据德怀特·麦克唐纳说，已经神经质地惧怕俄国和共产主义）、朱利安·赫克斯利（Julian Huxley）和理查德·克罗斯曼都发来支持这次会议的电函。由政策协调处负担旅费前来出席会议的代表有伊格纳齐奥·西洛尼、卡罗·利维（Carlo Levi）、《*Studs Lonigan*》的作者詹姆斯·法雷尔（James Farrell）、弗兰兹·博肯诺（Franz Borkenau）和芬纳·布罗克韦（Fenner Brockway），当然也少不了无处不在的悉尼·胡克。但是，尽管经过周密策划，这个“国际日”仍然是一次失败。胡克报道说：“自从我30年前儿时在麦迪逊广场听街头演说以来，还没有听到过这样无聊和空洞的废话。”[28] 有一天晚上，一批无政府主义者在聚会上抢过麦克风谴责这次聚会，由此胡克总结说，精神病院里放出来一批疯子，整个会议都是在“左侧是精神病房”的场合进行的。

这次会议也宣告了美国文化界的第一名阵亡者，此人就是理查德·赖特。据胡克说：这是因为“萨特恭维他是反美国文化的一根大棒，同共产党利用罗伯逊如出一辙。”[29] 赖特虽然是《上帝的失败》的撰稿人之一，

---

* 英文中和平鸽一词为 dove，象征和平。但 pigeon 也是鸽子的意思，此处为 pigeon。一般来说，pigeon 的体型胖大，贪吃。

现在却被反共院外集团视为一个可疑分子，因为“他与斯大林主义决裂，更多的是出于个人的原因而不是政治立场”，他对“斯大林主义的真实本质并不了解”。[30]赖特是“上帝的失败帮”里唯一失去其成员资格的人。在此后的10年中，他在巴黎的生活和活动受到中央情报局和联邦调查局的监视，这种情况一直延续到他1960年神秘地去世。

威斯纳和他在国务院的盟友对于巴黎这次“反行动会议”感到失望。这次会议虽然吸引了一些知名的反斯大林分子，并引起法国共产党的攻击，但是会议的基调却“过于激烈或过于中立主义”。[31]更糟的是法国弥漫着反美气氛。胡克写道：“总的来说，法国公众对于美国的生活和文化无知得令人吃惊。他们阅读的是反映抗议和动乱的小说（约翰·斯坦贝克的《愤怒的葡萄》*就被认为既真实又有代表性）和揭露美国颓废堕落（福克纳）与空虚无聊（辛克莱·刘易斯）的文学作品和电影，读的报纸则是揭露共产党不断渗入非共产党报纸的文章。在他们心目中，美国的形象就是从中得来的大杂烩。在我看来，美国对法政策中最重要、也是最紧迫的任务就是通过介绍情况对法国公众进行再教育，而在这方面，美国几乎毫无作为。”[32]

胡克认为，只要把欧洲人头脑里被美国知名小说家灌输的僵化看法清除掉，反美情绪即可消除。他的这种念头似乎有些出格。实际上，他是主张肃清那些他认为与政府在海外执行的“民主政策”相抵触的对美国生活的描述。这是对言论自由原则的严重歪曲，与美国提倡的自由民主是不相容的。

不过有一点胡克还是正确的：“改变巴黎那些受萨特影响极深的善良人的看法将是一场艰苦的斗争。布莱希特**现在定居在东德，在那里他过着享有特权的舒适生活，他还在赞扬斯大林是为人民的正义剑

---

*《愤怒的葡萄》（*The Grapes of Wrath*，1939），美作家斯坦贝克（前已注）的著名小说，通过破产佃农的苦难遭遇，对美国的政治、经济进行了有力抨击，引起轰动。

**布莱希特（Berlolt Brecht，1898—1956），奥地利籍诗人，戏剧家和戏剧改革家。1938年纳粹上台后离开德国，辗转流亡于丹麦、奥地利、芬兰、苏联、瑞士。1941年离苏赴美，因不满非美活动委员会要求他调查美电影界的共产党同情者离美赴瑞士，最后定居于东柏林。1955年获列宁和平奖。

子手。”左岸*的知识分子还无法理解他们现在已不再是“真理的追求者，而是在保卫那种遭到围攻并且正在土崩瓦解的正统理论”。[33]萨特还在赞美俄国，说它是自由卫士，而他眼中的圣徒让·热内**则否认俄国存在什么集中营之说。亚瑟·凯斯特勒说过，巴黎是世界上共产党同路人的首都，充斥着创作力十分活跃而天赋有限的文艺家如毕加索和加缪***。许多欧洲知识分子对他们敬若神灵。按凯斯特勒的诊断，这些人都患了“法国流行性感冒”。凯斯特勒开玩笑地说，法国共产党只要从巴黎打个电话，就能掌管全法国。

威斯纳心中明白，他还没有为在法国推动反共运动找到合适的人物。威斯纳说过，他正在考虑为这个运动建立一个永久性的基地。这番话表示他担心“以这样的方式来领导一个永久性的组织，会使整个计划（即建立一个小规模的‘民主情报局’）降格为一群山羊和猴子组成的乌合之众，他们的古怪行径将使严肃而负责任的自由主义者所做的工作和发表的言论威信扫地。是否支持这样一场表演，我们应当认真地考虑。”[34]

苏联的宣传机器似乎是铁板一块，难以渗入，使一批从前为蒙曾伯格托拉斯工作的德国知识分子不免感到沮丧，于是他们坐下来开始酝酿一个计划。1949年8月，露丝·费希尔（Ruth Fischer）和弗兰兹·博肯诺（曾是共产党和工人党情报局的御用历史学家）在法兰克福的一家饭店里与梅尔文·拉斯基见面，着手为建立一个专门从事知识分子有组织的抵抗运动的永久性机构进行策划。费希尔是格哈特·艾斯勒（Gerhart Eisler）的妹妹。艾斯勒是一个苏联间谍，1946年时被称为“美国的天字第一号共产党人”，次年因伪造签证申请而被判有罪。此后，格哈特得到提升，主管东德的宣传局，因此就由他负责苏方对露丝的计划作出反应。露丝本人也曾是法国共产党的一名领导人，后来她的这一派按莫斯科的

* 左岸，指巴黎塞纳河左岸，为知识分子聚居和经常光顾的地区。

** 让·热内（Jean Genet，1910—1986），法国作家，一生坎坷，为荒诞派和先锋派主将，无政府主义和存在主义者。萨特在《热内全集》的序言中将他追求苦行和自我菲薄比作圣徒行为。

*** 加缪（Albert Camus，1913—1960），法国小说家、剧作家、伦理学和政治学家，其哲学著作涉及人的异化，反映了战后知识分子思想上的迷惘和幻灭。1957年获诺贝尔文学奖。

指示被开除出党，导致他们与斯大林的破裂（同时也是与她的兄长决裂）。现在她把她的计划交给了一名美国的外交官："我想我在巴黎逗留时已经同你们讨论过这个计划，不过现在这个计划更具体化了。我指的自然是在柏林也组织一个大规模的'反沃尔多夫·埃斯托里亚大会'。这应是一个所有前共产党员外加美国、英国、欧洲反斯大林的知识分子的聚会，宣布大会同情铁托和南斯拉夫以及俄国和它的卫星国内的沉默的反对派，在政治局自己制造的地狱大门口给予痛击。所有我的朋友们一致认为，如果组织得好，这将产生巨大的效果并放射到莫斯科去。"[35]

那么迈克尔·乔斯尔森是否参加了这次法兰克福的会晤呢？他是最先听到这个计划的人，这一点是确定无疑的。很快他就同劳伦斯·德诺夫维尔进行了讨论，9月中他就将这个计划的提纲交给了卡梅尔·奥菲。德诺夫维尔后来解释说："这个主意来自拉斯基、乔斯尔森和凯斯特勒，而我则为他们获得了华盛顿的支持。这正是他们所需要的。我向弗兰克·林赛（Frank Lindsay，威斯纳的副手）做了汇报，我估计他一定把这份计划交给了威斯纳。我们必须得到批准。当时中央情报局在每处使用的钱都来自马歇尔计划，所以经费是从来不缺的。唯一花力气的事就是争取批准。"[36]

被称为"乔斯尔森建议"的计划于1950年1月送到了威斯纳的办公桌上。那时，拉斯基已经等不及批复，开始行动了。他招募了西柏林市长厄恩斯特·路透（Ernst Reuter）和德国学术界的名人，这些人都赞成这个想法并答应给予支持。他们一起组成了一个常设委员会，并开始向"自由世界的一些知识分子发出邀请，请他们到柏林来参加会议。不过，拉斯基擅作主张，自行启动这一计划没有起好作用。"作为美国占领政府的雇用人员，他代表大会所进行的活动引起了一些观察家怀疑，认为他的出面"证明这件事的背后是美国政府"。[37]

政策协调处的官员们加紧推行乔斯尔森的计划，搞出了一个预算为5万美元的正式项目提纲，4月7日获得威斯纳的批准。威斯纳加上了一个条件：拉斯基和詹姆斯·伯纳姆两人可能被认为由于职务关系才对此计划有兴趣，"担心他们出现在柏林会议上会给共产党的批评家提供弹药”，所以他们两人必须排除在外。当乔斯尔森获悉威斯纳的保留意见后，他为拉斯基说话，打了份电报称：“在这里，没有人，更没有德国人像他那样取得如此的成功。”[38]此时，拉斯基已经走得太远，难以挽回了。他已经公开宣布他是即将召开的会议的秘书长（姑且称它为“文化自由代表大会”吧），邀请是由他和路透市长联名发出的，计划也是以他们的名义安排的。在公共关系方面则由阿诺德·贝奇曼协助拉斯基来做。此人曾经十分适时地出现在沃尔多夫会议上。

在美国，詹姆斯·伯纳姆和悉尼·胡克在积极为美国代表作安排。他们两人都十分清楚政策协调处介入其事（虽然胡克在他的回忆录中忽略了这一点，没有提及，也许是因为他觉得这一点并不重要）。美国与会者的旅费是由政策协调处承担的，它用了“好几个中介机构”作为旅行社来办这件事。负责公共事务的助理国务卿杰西·麦克奈特（Jesse MacKnight）被这件事深深地打动，以致他敦促中央情报局要连续地主办这个代表大会，在柏林举行的秘密会议之前他就作出了指示。[39]唯有这一次，乐观主义才没有落空。

第五章 十字军征讨的理念

鬼魂告诉我的事真新鲜
原来我在开赴朝鲜；
到那里去做什么我不知道，
啊，美国人，要记牢
我们的理念是十字军征讨。

——罗伯特·洛厄尔，1952 年

1950 年 6 月 23 日深夜，亚瑟·凯斯特勒和他的妻子玛梅因来到巴黎东站，乘夜车前往法兰克福，再从那里转车去柏林。在他们寻找他们的车厢时，巧遇让-保罗·萨特，他也是搭乘同一次列车，不过他是去参加另一个会议。这一次同往常不一样，萨特是单身一人。凯斯特勒夫妇发现西蒙·德·波伏娃（他们给她取了个绰号叫“海狸”）没有与萨特同行，感到如释重负。他们一起吃了一顿自带的晚餐，同他们一起吃饭的还有一名法国秘密警察为凯斯特勒派的保镖，因为共产党威胁说要暗杀他（共产党的日报《人道报》甚至刊登一幅地图，指明凯斯特勒在巴黎附近的海湾喷泉别墅所在地“绿色堤岸”，Verte Rive，以致派了保镖）。虽然近几年他们之间的友谊不断恶化，但是这些意识形态上的敌手相互之间仍有着惺惺相惜的感情。当火车在夏天的夜色里起动时，他们还能在一起开开玩笑。萨特和加缪一道公开表示不承认凯斯特勒的代表大会，而且拒绝参加。尽管如此，那天夜里在火车上，当萨特承认他与波伏娃的友谊因为政治上摩擦的高温已经蒸发殆尽，凯斯特勒还是为萨特感到难过。

在凯斯特勒登上火车的时候，美国的与会代表们正在登上横跨大西洋的航班，这班飞机飞抵德国需要24个小时。虽然最近苏联对柏林的封锁已经撤销，还是只能乘军用飞机才能进入西柏林，这就是说代表们不得不在这次凯斯特勒后来称之为“知识分子空运”的最后一段航程中在法兰克福换乘C-47军用运输飞机。在美国代表团中有詹姆斯•法雷尔，坦内西•威廉姆斯，演员罗伯特•蒙哥马利（Robert Montgomary）、美国原子能委员会主席大卫•利连撒尔（David Lilienthal），《新领袖》杂志的编辑索尔•莱维塔斯，卡尔森•麦卡勒斯（Carson McCullers），《匹茨堡邮报》的黑人编辑乔治•斯凯勒（George Schuyler）和黑人记者马克斯•耶根（Max Yergan）。诺贝尔奖获得者、遗传学家赫尔曼•马勒（Herman Muller）带了一个奇特的箱子，里面装着5000只果蝇，作为礼物送给德国的科学家，他们的果蝇种系在战争期间丢失了。

小亚瑟•施莱辛格和悉尼•胡克同在波士顿启程。胡克显然因为觉得去柏林是多么危险而兴奋不已。施莱辛格回忆道：“不知他从哪里得来的怪念头，觉得共产党会从四面八方袭击他。对于这一点他感到异常兴奋。我想他们当中有许多人都是这样。他们以为他们是在开赴战场。特别是那些从来没有经历过战争的人。”[1] 胡克在沃尔多夫•埃斯托里亚饭店首次尝到短兵相接的滋味之后，现在正在摩拳擦掌准备参加一次正规的战斗。他大声喊道：“给我1亿美元和1000名具有献身精神的人，我保证会在斯大林的王国里，在群众甚至在士兵中掀起一股民主的浪潮，这样，斯大林在很长一段时间内就只能顾及他国内的问题了。”[2] 现在他正飞往一个受共产党人四面围困的城市，他幻想出这样一幅景象：俄国人冲入城内，那时，在几个小时内，“所有的代表都成为（东德宪兵的）阶下囚了”。[3]

尼古拉斯•纳勃科夫在5月份就抵达柏林协助会议的筹备工作，与他同机抵达的还有他的妻子帕特里夏•布莱克（Patricia Blake）。他们乘坐的是一架名叫“青年阿果西公司”的租赁飞机，这家公司是中央情报局利用的所谓中介机构之一。奇普•波伦催促纳勃科夫尽早赶到柏林，因为有“一批艺术家既替苏联人也替纳粹受过，他们来参加会尚有障碍。

他希望纳勃科夫为这批艺术家清除障碍。”[4]詹姆斯·伯纳姆紧随着纳勃科夫也赶到了。他们与乔斯尔森、拉斯基、凯斯特勒、布朗和西洛尼会合，建立了会议的指挥机构，其总部就设在拉斯基的家里。

在一次这批人的晚餐碰头会上，西洛尼说，在战争期间，只要他发现在他的抵抗运动中有英国或美国情报人员，他一律将其清除出去，因为他要凭自己的良心“打一场自己的战争”。[5]乔斯尔森、伯纳姆和拉斯基对于他这番话有什么感受，不得而知，只能靠我们去想象了。他们都明白西洛尼现在参与这场战争恰恰是别人在那里操控的，不过西洛尼本人也许并不清楚。在那个年代，人们纯洁的理想都遭到蹂躏，而西洛尼的经历恰恰构成了对这一时代的讽刺。在20世纪20年代，他为苏联人经营一个地下网络，后来他就后悔了。从1928年到1930年，他曾与墨索里尼的秘密情报间谍机构（OVRA）合作（当时这是一种痛苦的处境，因为他的同胞兄弟遭法西斯逮捕，在意大利的一所监狱里苦度岁月，直至在狱中死去）。1930年4月，他写信表示要断绝与OVRA联系人的关系，他解释说他已经决心要在他的生活中“消除一切虚假、口是心非、暧昧不清和神秘的东西”[6]。1942年他写道，“当今我们在精神上最重要的任务是要获得精神的解放，从炮火、宣传战和新闻界的胡说八道中摆脱出来。”[7]战争期间流亡于瑞士时，西洛尼曾经是美国派驻欧洲的间谍头目艾伦·杜勒斯的特情人员；1944年10月，战略情报局的特工塞拉菲诺·罗莫奥蒂（Serafino Romualdi）被派往法瑞边界，据说带去由两架飞机运送的武器和弹药供法国抵抗运动使用。但是他真正的使命却是经过特别安排的渠道秘密地将西洛尼送到意大利。现在，到了1950年，西洛尼又再次被卷入一个秘密的世界。为他辩解的人强调，西洛尼对于文化自由代表大会幕后的主办人是一无所知的。但是他的孀妻后来回忆说，他最初不愿参加这次会议，因为他怀疑这是“美国国务院的一次行动”。凯斯特勒一直不太喜欢西洛尼这个人。会议开了几天之后，凯斯特勒对一位朋友说他“一直对西洛尼是否诚实表示怀疑。现在我知道他是一个不诚实的人”。[8]

接受秘密经费的还有英国的代表们：休·特雷弗-罗珀（Hugh

Trevor-Roper）、朱利安·艾默里（Julian Amery）、A. J. 艾尔、赫伯特·里德（Herbert Read）、哈罗德·戴维斯（Harold Davis）、克里斯托弗·霍利斯（Christopher Hollis）和彼得·德·门德尔松（Peter de Mendelssohn）。他们这次赴柏林是外交部通过情报研究局秘密资助的。来自法国的代表有雷蒙德·阿隆（Raymond Aron）、大卫·鲁赛、里米·鲁瑞（Rémy Roure）、安德烈·菲利普（André Philip）、克劳德·莫里亚克（Claude Mauriac）、安德烈·马尔罗、儒勒·罗曼（Jules Romains）、乔治·奥尔特曼（George Altman）；来自意大利的有伊格拉齐奥·西洛尼、吉多·皮奥韦内（Guido Piovene）、阿尔蒂罗·斯皮纳利（Altiero Spineili）、弗朗哥·隆巴蒂（Franco Lombardi）、默齐奥·马佐齐（Muzzio Mazzochi）和波纳文图拉·泰克奇（Bonaventura Tecchi）。6 月 25 日晚，这些人和其他 200 名代表中的大多数人都到了。他们被安排在美国占领区的民房或旅店里，大多数人因旅途劳顿，那天晚上都早早安歇了。

第二天早晨醒来，他们都获悉共产党支持的北朝鲜军队跨过 38°线向南方发动了大规模的进攻。6 月 26 日下午，当他们在泰坦尼亚宫集合参加文化自由代表大会的开幕式时，柏林爱乐乐团为他们演奏了阴沉的《埃格蒙特序曲》，这首乐曲是精心挑选的，对于这批自认为来参加一场阴沉的英雄戏剧的听众来说十分适宜。

柏林市市长厄恩斯特·路透（他本人也曾经是一名共产党员，与列宁有过密切的工作关系）请代表们和 4000 名听众起立，为那些为自由而战的牺牲者和至今仍在集中营受难的人默哀。在他的开幕词中，他强调了柏林这次大会的重大意义："自由这个词似乎已经失去了它强大的威力，但对于认识到它的价值而又失去了自由的人来说，仍然有着不可比拟的意义。"[9]

此后的 4 天，代表们参加完一个小组讨论会又去参加下一个小组会，由导游陪同参观勃兰登堡门、波茨坦广场和东西柏林的分界线，接着又参加记者会、鸡尾酒会和专场音乐会。会议过程中有 5 场主要的辩论会，围绕以下几个主题进行："科学与极权主义"，"艺术、艺术家和自由"，

“自由社会的公民”，“保卫和平与自由”和“自由世界的自由文化”。在如何最好地反对共产主义这个问题上，认识上出现了两极化，集中表现在亚瑟·凯斯特勒和伊格拉齐奥·西洛尼两人的演讲中。凯斯特勒要求把西方的知识界组织起来，成立一个坚定不移的战斗队，来推翻共产主义。劳伦斯·德诺夫维尔一直在替中央情报局密切监控会议的进展状况。据他回忆说：“施莱辛格参加了会议，他作了一个极为枯燥又冷冰冰的发言。在他发言之后是凯斯特勒发言，他讲得十分动感情，感动了许多人。听上去简直像十字军对异教徒的讨伐。凯斯特勒改变了（讨论会的）基调。”[10]

詹姆斯·伯纳姆的发言将原子弹分为“好的”和坏的。冷战战士咄咄逼人的调子在他的发言中得到了集中的表现。一个月前在一次晚餐时，他曾就这个主题和凯斯特勒夫妇讨论过，试探他们对此的观点。在餐桌上，伯纳姆曾说过，只要美国向苏联所有的大城市投下原子弹，就可以在一天之内使苏联彻底瘫痪。凯斯特勒的妻子评论说：“他看上去对这个念头很有一点得意。”她还说，“伯纳姆的样子温文尔雅，挺可爱的……但在使用什么手段上却不像凯（斯特勒）那样小心谨慎。他还说，在某种情况下，他倒不一定反对用刑。”[11]这种语言确实令人目瞪口呆，而这种语言也正是造成冷战的因素之一（冷战的双方都是如此）。现在伯纳姆就是用这种语言宣称，他“反对那些储存在西伯利亚或高加索的原子弹，因为它们就是造出来毁灭巴黎、伦敦、罗马、布鲁塞尔、斯德哥尔摩、纽约、芝加哥……柏林以及整个西方文明的。但是我拥护在洛斯阿拉莫斯、汉福德和橡树岭制造出来的原子弹，我不知道它们储存在哪儿，洛基山还是美国的沙漠地带，但它们5年来保卫了西欧的自由，而且是唯一能够保卫西欧自由的武器。”[12]对于他的这番话，安德烈·菲利普回答道，当原子弹掉下来的时候，“它们可分不清谁是敌人谁是朋友，是反对者还是自由战士。”

有人质问美国谴责苏联在道德上是否采取对等的原则。伯纳姆和胡克就把火力对准他们。胡克说道：“萨特和梅洛－庞蒂拒绝参加代表大会，甚至不想在会上捍卫自己的观点。他们支持过反希特勒的抵抗运动，那时他们也知道法国和美国对黑人是不公平的，但是现在却因为黑人尚未受到公平待遇，他们就能觉得西方防止共产党的侵略是不公平的。”[13]据乔治·斯凯勒说，美国白人和黑人的平等已为期不远了。他向与会代表们散发了一份报告，列举了许多数据，说明美国黑人的状况一直在改善，而这完全是由于资本主义制度一直有能力适应情况的变化。黑人记者马克斯·耶根列举罗斯福时代以来非裔美国人状况的改善，用这段历史来支持斯凯勒的报告。

伯纳姆从一个社会主义者转变为右派，干脆从温和的中间派上面一跃而过，连一个过渡都没有。像他这样的人，对于没有脊梁骨的左派是不会有好感的。“我们自己说的话使我们落入了陷阱，把我们困住了。左倾的诱饵已证明是给我们准备的一剂毒药。共产党已经抢占了我们的语言武器库，用我们提出的口号捆住了我们的手脚。‘非党左派’中的进步分子在货真价实的共产党人面前总是有一种负罪感，吓得浑身发抖。共产党人现在使用同样的语汇，但是他们在行动上却是大胆而坚定，在‘非党左派’眼里他们是孤胆英雄。”[14]当伯纳姆站在那里痛斥非党左派时，有些代表不禁自问：“右派把世界说成不是黑就是白（用凯斯特勒那种《圣经》祷词式的语言，就是‘汝言是则是，汝言否则否’），也许他们同极左派一样，也是对自由民主的一种威胁。”

对于凯斯特勒定的、其他发言者接过去的挑衅性调子，休·特雷弗-罗珀惊骇不已。他回忆道：“会上简直没有什么严肃的讨论。在我看来，根本不是什么理智的讨论。我发现这是用同样的方式来回击（苏联的和平大会），连使用的语言都是一样的。我原来指望在会上可以听到与会者提出并捍卫西方的观点，为的是提供一个更好的、更持久的选择。但是我们听到的是一片辱骂声。除了‘揍死他们！’这样的话，我们就没有别的可说似的，给人留下了非常不好的印象。弗兰兹·博克诺的发言非常激烈，几乎达到歇斯底里的程度。他用的是德语，我不得不遗憾地说，在我听他讲话时，我听到众多的听众中发出狼嚎般的赞同声。这么说吧，我的感觉是，7 年前戈培尔博士在体育宫用德语谴责共产主义时也许也有这种狼嚎般的赞许声，难道现在的听众就是那批人？另外，我还觉得我们是不是把自己与那种人等同起来了？我感到我受到了前所未有的最大震动。在大会进行过程中，有一刹那我觉得我们被邀请来是为了‘招来魔王驱撒旦’。”[15]

悉尼·胡克极力为凯斯特勒辩护，但他也不得不承认，他的朋友“像背诵九九乘法表似的列举了一些铁的事实，这种方式难免使一些人对他生气。”何况他还有个不好的习惯，每当说到得意之处，总是像“柴郡猫似的咧嘴露齿地嘻嘻笑”。西洛尼则要灵活得多。他强调说，西方按基督教精神进行社会和政治改革，本来就要从共产主义这个上帝那里偷火种的。安德烈·菲利普也代表了这种温和的观点，在俄国和美国之间走中间道路：“现在欧洲是大病初愈，十分虚弱。美国人为我们送来了治病的青霉素，而苏联人给我们送来了细菌。任何一个医生当然是希望两者都要有。但是作为欧洲人，我们的责任是尽快地处理细菌问题，这样我们就不再需要药物了。”[16]

对于那些强硬派来说，拥护“等距离”观点无异于某种异端邪说。梅尔文·拉斯基宣称：“中立主义是苏联人提出的一种思想或运动。”[17]这番话是他接着罗伯特·蒙哥马利的话说的，蒙哥马利在拉斯基之前曾高声叫道：“自由这间屋子里没有中立主义立足之地。”英国代表团不愿加入这场十字军式的口舌讨伐，都支持塔利兰德（Talleyrand）的劝告——他让大家“不要激动”。休·特雷弗-罗珀总结说：“我不明白为什么必须在世界上烧起一把火来，为博克诺和凯斯特勒这样的人开脱罪责”。[18]

政治上变节是否有理成了柏林代表大会的重大问题，悉尼·胡克报道说：“后来一位德国人格里姆先生（Herr Grimme）站起来讲话了。他是一名牧师，说起话来嗓音就像雾角*的声音。他强调说，这些具体的问题基本上是宗教性的。他的发言固然振振有词，实际上空洞无物，直到最后读到品格问题才有了一点具体内容。他以某种蔑视的口吻说凯斯特勒是一个政治上的变节者，他现在狂热地反对的正是他过去狂热地

*雾角（fog horn），船上用的一种鸣笛。当海上大雾时，船只拉响雾角示警，其声音大而刺耳。

拥护的，这倒是表明他从来没有背弃他的辩证唯物主义。”[19]

凯斯特勒已经发现那些从来没有加入过共产党的人对于像他这样的改变政治信仰的人心里有一股怒气。在重述了这些论点之后，凯斯特勒写道：“这批前共产党员不仅是一些令人生厌的卡桑德拉*，就像过去那些反纳粹的难民一样，而且他们还是一批失去飞翔能力而降落人间的天使，他们无聊地揭露天堂并非人们想象的那么美好。世界上的人对于天主教或共产主义的改变信仰者是尊重的，但是憎恶那些脱去法衣的牧师，不管他们信仰什么。这种态度说明讨厌叛教者是合理的。但是改变信仰也是对以往的信仰或不信仰的背叛，他们也随时准备迫害那些至今坚持不变的信仰者。这种人却可以得到原谅，因为他们还有信仰，而那些前共产党或脱去法衣的牧师则已丧失了信仰，因而构成对于幻想的威胁，或者使人想起那种令人憎恶的、具有危险性的空虚。”[20]

这个令人生厌的卡桑德拉们的问题使官方也颇感棘手。负责国际新闻**的助理国务卿爱德华·巴雷特（Edward Barret）觉得他有责任对利用这批人是否妥当提出质疑。“目前的趋势是把这些前共产党员抬到名人的地位，让他们在崇高的讲坛上对公民现身说法，使他们保持足够的清醒，永远不要加入共产党。”此举是否明智值得怀疑。“我们有些人对于典型的前共产党员，尤其是新近脱党者在提供情况和情报方面极有价值这一点是有怀疑的，但是几乎没有人怀疑他们确实提醒我们世上并无永恒的真理。”[21]

乔斯尔森始终没有露面，但是对于发生的每一件事都是了解的。休·特雷弗－罗珀对于那种十字军般的调子所作的热烈反应感到吃惊，而且越来越强烈。特雷弗－罗珀和英国代表团的其他成员，只要有机会，都明确表达了他们的不同意见。但是他们表达不同意越来越困难了，因为高坐在讲台上的那批“指挥者”（其中最主要的是拉斯基）在会议进

* 卡桑德拉（Cassandra），希腊神话中特洛伊最后一位国王和其妻所生的女儿。为阿波罗所爱而被赐予预测凶吉的本领。但因不肯委身阿波罗神受到诅咒，以致无人相信她的预言，这里指无人相信的预言家。

** “国际新闻”原文为 international information。似指美国国家安全委员会下属的国际新闻署（IIA）。曾任国务院公共事务助理国务卿的巴雷特，后任哥伦比亚大学新闻学院院长。

行过程中十分小心地避免给那些“拍桌子的人”发言的机会。拉斯基无处不在，他做组织工作，进行劝诱，起草新闻稿，还导演了一场写过《斯大林格勒》、躲在斯图加特的前共产党员、德国作家西奥多·普赖维厄（Theodor Pleivier）戏剧性地出现的场面。原来他只向大会发来过函电。但是当他得到北朝鲜发动攻势的消息后，竟不顾他在访问柏林时被苏联人或东德人绑架的危险，毅然飞抵柏林（虽然美国人安排全天候保卫工作已使这种可能性大大减少）。

对于拉斯基的张狂表现，远在美国政策协调处的威斯纳十分震怒。他为此担忧是完全有道理的。6 月 24 日代表大会开幕前夕，东德政府的宣传部部长格哈特·艾斯勒的办公室发表了一项声明，声称东柏林的共产党文化宫着火是“美国秘密警察和间谍梅尔文·拉斯基一伙所为”。艾斯勒的声明在美国的报纸上进行了报道。声明称，放火焚毁共产党的俱乐部是文化自由代表大会的序幕（艾斯勒将这次大会称为“帝国主义知识分子的”为期 6 天的自行车赛）。不过这一阴谋未能得逞，火很快就被扑灭了。当有人向拉斯基问起此事时，他还是以惯常的讽嘲口吻回答说：“是的，说得不错。我们是用直升机把伪装成马铃薯害虫的萤火虫扔下去放火焚烧这所房子的。”[22] 但是威斯纳可没有觉得那么有趣，他打电报向柏林发出指示，指令今后不要再让人看到拉斯基与这次代表大会有任何关系。

但是，要根除围绕着大会的各种谣言，仅仅调走拉斯基是远远不够的。有些代表猜测经费是谁出的。在欧洲已经残破不全的时候，这次代表大会居然开成这样大的规模，似乎证实了一种谣传，说这次大会并非会议的组织者声称的那样，是一次自发的，“独立的”大会。劳伦斯·德诺夫维尔有这么多的钱以致他不知道如何处置这笔钱：“我不知道钱是从哪里来的。我从来没有支票之类的东西，我拿到的钱似乎都是马克现钞。我们所有的人都是这样的。”[23] 这一点也没有逃过特雷弗－罗珀的注意，他闻到一股老鼠的味道。“我一到柏林就发现整个这次活动的规模宏大……我已经意识到一定是一个强大的政府机构资助的。所以从一开始我就想当然地认为这是美国政府通过某种方式组织的。这一点，从一开始对我来说就是十分明确的。”[24] 几年之后，中央情报局的汤姆·布雷顿回忆说，只要有一点常识就能看出大会的幕后是谁在主使：“我必须记住，那些年我们一直在谈论欧洲已经崩溃了。如果说当时谁还有一点钱的话，那很可能就是某些犯罪组织。根本就没有钱。因此，他们当然要向美国要钱。”[25]

会议于6月29日结束。当天，1.5万人聚集在芬克顿体育馆前炎炎烈日下，凯斯特勒作了一篇极不寻常的演讲，他带着胜利的喜悦大声疾呼：“朋友们，自由已经发起进攻了！”然后他宣读《自由宣言》，这份共有14点的宣言为文化自由确立了一个新的章程。在设于查洛顿伯格的斯坦因广场饭店里的拉斯基的据点里，凯斯特勒在开了一整夜会议之后起草的这份宣言，是在他本人、伯纳姆、布朗、胡克和拉斯基的强大进攻战术下通过的，据凯斯特勒的妻子说，实际上没有遭到任何反对。但是其中有一条声称不能容忍马克思主义观点，却遭到英国代表团的强烈抗争，他们要求删去这一触犯法律的条文。从本质上讲，英国人反对在一次会议上提出一种臆断来引导那些好斗的反共分子，使他们认为马克思和列宁的著作算不得是“政治哲学，只不过是苏联战略的操作手册”。[26] 这也是美国许多外交政策制定者常用的手法。在采纳了英国人提出的修正意见之后，这份宣言即被作为文化自由代表大会的精神和哲学基础获得通过。针对“一切决心要争回他们失去的自由权利、决心维护并扩大他们享有的自由权利的人”，宣言声称，“我们认为，思想自由是人类不可剥夺的权利之一……这一自由首先也是最主要的应界定为人人都有坚持和表达个人意见的权利，尤其是与其统治者不相同的意见。人如果被剥夺了说‘不’的权利，那么他就成为奴隶了。”[27] 宣言宣称，自由与和平是“不可分割的”，同时警告说，“只有在每个政府将其行动交给其治下的人民来监督和检查，和平才能得到维护。”其他的条文则强调，“容忍不同意见是自由必不可少的前提条件。遵守宽容的原则从逻辑上讲就是不允许采取不宽容的做法。”任何“种族、国家、阶级或宗教都不得自称为自由这个概念的唯一代表，也不得在所谓最终理想或崇高目标的名义下剥夺其他人群或信徒的自由。我们认为，判断任何社会是否对历史做出了贡献，只能根据这个社会的成员实际享有自由的程度和质量。”宣言接着谴责极权主义国家强行限制其人民的自由，其“手段远远超过了以往人类历史上一切暴政。”宣言接着宣称，“面对这种挑战而采取冷漠或中立态度，就是对人类的背叛，就是放弃思想自由。”宣言表示要承担起保卫现有的自由权利和重新争得已失去的自由权利的责任，在休·特雷弗－罗珀的坚持下，又加上了“创造新的自由权利……并对我们这个时代存在的问题提出新的、建设性的解决办法的义务。”[28]

这确实是一个应该在巷战的路障中宣读的宣言。凯斯特勒，当代的罗伯斯庇尔*（虽然身旁有两名美国保镖护卫）面对这种场面激奋不已。这份宣言是判断个人和机构是否献身于完全的言论自由和思想与意见的自由传播的框架。如果共产党人或法西斯分子彻底地违反人身保护权，那么这份宣言就是坚决反抗破坏人身权利的誓言。这个文件是自由权利的试金石，但是文化自由代表大会自身可能屹立不倒，却也可能声名狼藉。

会议结束了，华盛顿的主办人弹冠相庆。威斯纳向全体参与人员致“衷心的祝贺”，而政界的庇护者又向威斯纳致贺。国防部的代表约翰·马格鲁德（John Magrude）称赞这次大会是一个微妙的高智力水平的秘密行动，一场最出色的非常规战争。据报道，杜鲁门本人“感到非常高兴”。美国在柏林的占领政府官员感到“明显地提高西柏林人员的士气，他们相信这次胜利最重要的结果将体现在1945年以来政治上动摇不定的西方知识分子身上。”有一篇报道称，文化自由代表大会“实际上激励了一些著名的文化界领袖人物放弃了他们那种谙于世故、善于思考的冷漠态度，转而采取一种反对极权主义立场。”[29]

上面所引的这个结论也许有些夸大其词，目的是向政府中的高级战略家兜售这次代表大会。无疑，休·特雷弗－罗珀和英国那批人还没有

---

*罗伯斯庇尔（Robespiere，1758—1794），法国资产阶级革命时期雅各宾派领袖，曾领导雅各宾派政府，平定反革命叛乱，镇压反对派。上文中“巷战的路障”似指1789年法国大革命时期在巴黎街头所设路障。

信服。回到英国以后，特雷弗－罗珀立即获悉美国国务院的官员向英国外交部的国僚们抱怨说，“你们派去的这批人破坏了代表大会”。这就证实了特雷弗－罗珀怀疑美国政府参与了柏林会议是正确的。但这同时揭示了官方对于特雷弗－罗珀的行为是恼怒的。乔斯尔森和他在中央情报局的上司们明白了，要争取英国知识分子加入他们的计划，还需要作出新的努力。

第六章　“代表大会”行动

在一场为真理而战的伟大战役中，我们必须让全世界都听到我们的声音。这项任务同我们外交政策的其他方面是不可分割的。

——哈里·杜鲁门总统，1950 年

尽管有些英国代表难以驾驭，但是威斯纳还是觉得他在柏林会议上的投资获得了丰厚的回报，对此他是满意的。虽然下一步怎么走现在还难以确定，但是现在中央情报局的“宣传资产清单”上，可以依赖的渠道和个人的数量越来越多了。这笔资产有一个绰号叫作“威斯纳的乐队”，表明中央情报局对这些资产的期望：只要威斯纳登上指挥台，这个乐队就可以演奏任何他想演奏的乐曲。

威斯纳又回过头来处理梅尔文·拉斯基的问题。在柏林会议期间，拉斯基就像孔雀开屏似的炫耀自己，使威斯纳十分光火。他原先指示要拉斯基退出舞台的中心，遭到毫不掩饰的忽视，于是他又起草了一份怒气冲冲的内部指令，上写“柏林文化自由代表大会：关于梅尔文·拉斯基的活动”，声称拉斯基出现在会上“是一个重大的失误，我们在国务院的最好的朋友也是这样认为的……有些人禁不起贪图方便（不费力气地做事）的诱惑，置极端重要安全问题和技术细节于不顾。这种情况反映了一种十分不幸的倾向，而这种倾向的根深蒂固远远超出了我的预料。”[1] 威斯纳一言九鼎：除非拉斯基被清除出文化自由代表大会，否则中央情报局将不再继续支持这个组织。

威斯纳的这个内部指令通过电报发到了柏林。“接到这份电报的政策协调处官员火冒三丈，回复了一份电报，虚张声势地提出了抗议，但是实际上是一点办法也没有。拉斯基必须离开。政策协调处为拉斯基脱离这个项目作出了安排。”[2]对于这件事，有两种可能的解释：其一是拉斯基和政策协调处有某种关系，因此，他拒绝采取隐姓埋名的姿态，确实危及安全；要不就是他确实如他自己所称，是一个没有背景的单干户，如果是这样，那么让他离开就反映了中央情报局此后多次采用的强制性策略。受命处理清除拉斯基的政策协调处官员是迈克尔·乔斯尔森。此人如被激怒就会暴跳如雷，这个倾向将使他付出高昂的代价。拉斯基和乔斯尔森之间已经建立起一种紧密的关系，观察家们后来说这是一种牢不可破的关系。这种关系的心理因素深不可测：乔斯尔森无论从哪方面讲都是拉斯基的上级，但拉斯基对乔斯尔森的影响力却是无可比拟的。一个代表大会的局内人写道：“乔斯尔森对于拉斯基的任性和听不进意见有时感到十分烦恼。拉斯基对自己的言行将会产生什么后果，根本不加考虑，这一点也有时使乔斯尔森恼怒，但是同时他对拉斯基怀着一种纵容、欣赏甚至惊喜的态度。”[3]在有些人看来，拉斯基带着一种恋母情结依靠乔斯尔森。“乔斯尔森没有儿子。把拉斯基当成儿子看待，他始终维护着拉斯基。”[4]以上是娜塔莎·斯彭德（Natasha Spender）的回忆。拉斯基不同意这种比拟，他称他们之间是一种“兄弟般的”关系。[5]不管怎么说，乔斯尔森很快就发觉他超乎寻常地维护拉斯基是一种不可取的战略，所以他接受了威斯纳的要求，拉斯基被正式地调离了这个项目。但私下里，拉斯基仍然是乔斯尔森在经营代表大会的全过程中的最密切的顾问。后来还有其他的奖赏。

拉斯基显然已经不再是一大障碍了，现在威斯纳开始采取行动，把文化自由代表大会建成一个永久性的实体。1950年初，政策协调处的项目审查委员会批准了继续经营代表大会的计划，并为之确定一个代号叫作QKOPERA[6]。威斯纳最初作出的决定之一是把代表大会的活动基地从柏林迁往巴黎。把全班人马留在柏林是具有强有力的象征性理由的，但是又认为留在那里安全上的风险太大，也太容易受到对方的渗透。

威斯纳向乔斯尔森提出，要他为中央情报局经营代表大会，受劳伦斯·德诺夫维尔领导，而后者则从中央情报局的法国劳工科的角度对代表大会的工作进行监督。两人都接受了威斯纳的委任，辞去了他们在美国占领政府中掩护身份的工作，使用假名，乔斯尔森叫乔纳森·萨巴（Jonathan Saba），而德诺夫维尔则用乔纳森·吉林（Jonathan Gearing）。接下来威斯纳把欧文·布朗安排在柏林会议后不久建立的指导委员会中担任要职。“凯斯特勒夫妇和西洛尼夫妇加在一起也抵不上一个布朗。”布朗一度被人誉为“一个人的战略情报局”，“一个菲利普斯·奥本海姆*小说里的人物”。他曾为杰伊·洛夫斯通（Jay Lovestone）工作。洛夫斯通以前曾担任共产党和工人党情报局的代表，现在领导中央情报局与美国劳工运动的联络工作。布朗在通过秘密渠道完成工作任务中极为机敏，1948 年乔治·坎南曾提名布朗为领导政策协调处的候选人，这个职位最终落在弗兰克·威斯纳身上。[7] 汤姆·布雷顿回忆道：“我相信欧文（布朗）的每分钱都是来自中央情报局。他总是说他的钱是工会给的。这倒是一个很适当的掩护。他是个管财务的出纳员，而他却喜欢参与行动策划。他非常聪明，而且交游极广。”[8] 汤姆·布雷顿不久就接管了 QKOPERA。

被任命在指导委员会任职的还有詹姆斯·勃纳姆。勃纳姆经常参与制定政策和情报圈的工作，是代表大会取得成功不可或缺的人物，也是知识界与威斯纳的机构之间重要的联络员。霍华德·亨特（Howard Hunt）写道：“实际上，政策协调处感兴趣的每项工作，勃纳姆都充当顾问。他在欧洲有着广泛的联系。由于他具有托洛茨基派的背景，无论在国内还是国外的共产党及其外围组织方面，他都堪称权威人物。”[9] 亨特是中央情报局的一名臭名远扬的狡诈之徒，后来成为水门事件中的管子工之一。

不过，并非每个人都满意勃纳姆的“托洛茨基派”背景。据中央情报局的官员迈尔斯·科普兰（Miles Copeland）说，最初“有些流言蜚语，说勃纳姆同‘极左派’眉来眼去，（他是不是同悉尼·胡克、欧文·克里斯托尔和丹尼尔·贝尔，Daniel Beil，是一伙的？）但是有人记得有

---

* 奥本海姆（Phillips Oppenheim，1866—1946），英国享有国际声誉的小说家，作品多以国际间谍和阴谋为主题。

一种说法，意思是如果吉姆*真是一个严肃的共产主义者的话，他早就该加入共产党了，而不会仅仅是一名托派分子。有了这句话，一切也就烟消云散了。另外，勃纳姆曾是极左人物，后来又转向极右，因此他与中央情报局的一批呼之即来的顾问们过从甚密。”迈尔斯·科普兰称勃纳姆是一个“信仰金钱、苹果馅饼、棒球、街头杂货店……以及美国式民主，一个十足的资本主义者和帝国主义者”。科普兰还说，他从勃纳姆身上学到了下列原则：“统治集团的首要任务就是保持权力。”[10] 一名冷战战士在提到他时，说他是“那个肮脏的、专搞阴谋的部门中一位口才极好的辩护士。”[11] 1953 年初，他在中央情报局的 AJAX 行动中扮演了一个重要角色，这次行动在德黑兰把莫萨德博士搞下台，让国王取而代之。威斯纳曾认定这个计划过于直露，需要使之带有一点马基雅维利的色彩，他的意思是请勃纳姆来讲一堂历史课。在他所著的《马基雅维利式的权谋家》（*The Machiarellians*）一书中（此书已成中央情报局的战略家们的必读书），除了论述马基雅维利外，还应用了当代欧洲主要的思想家莫斯卡、帕累托、米歇尔斯、索雷尔**等人的观点，用他们的理论向平等主义政治理论提出挑战，表明他认为即使在平等的时代，“精英统治还要持续下去，而且是不可避免的。”勃纳姆的一位老相识曾说过，勃纳姆在谈论起马基雅维利时，才显现出真正的思想上的激情，这是她见到的唯一的一次。[12]

勃纳姆同欧文·布朗、乔斯尔森、德诺夫维尔以及拉斯基（早先将他免任并未阻止他参与）一起，为文化自由代表大会建立一个永久性的基础而工作。指导委员会 1950 年 11 月在布鲁塞尔开会，根据拉斯基于当年 7 月草拟的文件，为这组织设计了一个运作机构。参加这次指导委

---

* 吉姆（Jim）为詹姆斯（James）的昵称。

** 这里提到的是四位现代思想家：莫斯卡（Gaetano Mosca，1858—1941），意大利政治理论家、法学家，认为任何社会都存在少数人统治的概念，既反对纳粹的优等民族统治论，也反对马克思的社会底层人民统治论。帕累托（Vilfredo Pareto，1848—1923），意大利经济学和社会学家，以阐述群众和上层社会精英相互作用和转化的理论而闻名，主张精英统治。米歇尔斯（Robert Michels，1876—1936），德国社会学和经济学家，提出“寡头政治铁律”，认为少数人统治不可避免。索雷尔（Georges Eugene Sorel，1847—1922），法国哲学家，工团主义革命派理论家。

员会会议的有伊格纳齐奥·西洛尼、卡罗·施密德（Carlo Schmid，德国议会中社会党领袖），犹太社会学家尤金·科贡（Eugene Kogon）、哈孔·赖伊（Haakon Lie，挪威工人党领袖）、朱利安·艾默里（英国议员）、约瑟夫·查普斯基（Josef Czapski，波兰作家、艺术家）、大卫·鲁塞、欧文·布朗和尼古拉斯·纳勃科夫。

拉斯基草拟的结构和最终采用的基本上是一样的：提名组成一个由25人组成的国际委员会，设5名名誉主席。其活动接受由5名成员组成的执行委员会的指导，这5名执行委员分别是常务主任、编辑主任、研究主任、巴黎局主任和柏林局主任，他们又都受秘书长的制约。按照拉斯基设定的组织结构，简直就是共产党和工人党情报局组织结构的翻版。一位历史学家评论说："它们的名称也与共产党一样。中央情报局建立的这些文化基金会就像共产党的影子机构，包括其核心是保密的。它们之间实在是没有什么两样。"[13]尼古拉斯·纳勃科夫有一次开玩笑地把代表大会的领导机构说成是"我们的政治局。"

在11月会议上还讨论了亚瑟·凯斯特勒的一份题为《过渡时期的紧迫任务》的报告。在报告中，凯斯特勒概括地提出了继柏林会议之后需要完成的"技术性任务"。在"西方的政治战役"这一标题下，在柏林会议上不断遭到中立主义者冷眼的凯斯特勒写道："我们的目标是把尚在犹豫不决的人争取到我们这边来，一方面让他们摆脱约里奥一居里的影响，另一方面也摆脱类似《当今时代》（*Les Temps modernes*）那种文化中立分子的影响。"[14]

美国的冷战政策的主要目标之一是向中立主义的思想基础提出挑战，而现在已成为代表大会的官方"路线"了。中央情报局的唐纳德·詹姆森解释说："我们特别关注那些口称'好吧，东方也罢，西方也罢，你们都见鬼去吧'的人。（我们试图）把他们争取到西方这一边来，哪怕稍微移动过来一些也是好的。许多人认为中立立场是双方妥协的产物。人们希望持这种看法的人越少越好。但是另一方面大家又都普遍认识到，你总不能冲着中立分子吼叫'你也不是什么好东西，你同共产党一模一样'，因为这样一来就会把他们推向左面，而这绝对是不可取的。但是，总而言之，中间分子无疑是我们要争取的对象。”[15]

凯斯特勒也成为一个目标。指导委员会在他不在场的情况下讨论了他拟定的文件。他甚至也不是指导委员会的成员。凯斯特勒不能容忍分歧意见，毫无道理的发怒，而且傲慢地认定自己是个天才。他的这些表现已使华盛顿感到他更多地是一个障碍而不是一笔财富。从6月会议以来，凯斯特勒一直在他的绿色池塘的家里定期同勃纳姆、布朗、雷蒙德•阿伦、拉斯基以及其他所谓圈内人开会。他的妻子玛梅因说，他“满脑子都是代表大会”，“想得难以入眠”。他家里的这些聚会也难逃他人的注意。1950年8月，法国共产党的周刊《行动》（*L'Action*）得出了一个异想天开的结论，说凯斯特勒在他家里同勃纳姆和布朗一起在策划建立一支恐怖主义的民兵部队。

如果文化自由代表大会要完成其主要任务之一，即争取动摇分子，那么，采取温和的调子就是极端重要的。现在乔斯尔森已被说服，同意这种观点了。总部据此作出的反应是批准将凯斯特勒从这个组织的领导中心中排除出去。于是，这个曾经拟定“文化自由宣言”的人就退出了。宣言的第三段声称：“只有在每个政府将其行动交给其治下的人民来监督和检查，和平才能得到维护。”[16]中央情报局付出了代价制定了这个宣言，现在又使凯斯特勒成为一个无足轻重的角色，而且还暗中控制这个即将成为团结知识分子和“自由思想家”的最大的组织，这一切实际上是违反了宣言中宣告的自由权利。为了促进言论自由，中央情报局先是把它买下来，然后再横加限制。思想这个市场并不是人们想象的那样自由。对凯斯特勒而言，这是难以承受的出卖行为。他为此陷于某种“精神崩溃的状态”，于是他飞回美国，怀着痛苦的心情看着文化自由代表大会背离了自己的理念。

亚瑟•施莱辛格是代表大会另一个极有价值的关系。他是斯图尔特•汉普夏尔、艾赛亚•伯林和史蒂芬•斯彭德戏称为“机关或领导集体”中的一分子。柏林会议后，施莱辛格写信向欧文•布朗表示祝贺，他热情洋溢地写道：“我想我们已经有了一个进行政治和思想战的庞大而有力的工具了。”[17]施莱辛格战时曾在战略情报局工作过，他被分配到研究和分析部，这个部门因为具有穿粗花呢服装的氛围而获得“大学校园”的绰号。由于他有这样一段经历，所以对于这样的事情，心里是有一点数的。

施莱辛格曾与排外的战略情报局老战士“俱乐部”保持着密切联系，这些老战士（包括他本人）后来成为重要政治人物和总统顾问。他认识艾伦·杜勒斯。杜勒斯1950年曾邀请他担任自由欧洲电台的执行委员会委员。这个电台是由中央情报局建立的，它用外围组织“自由欧洲全国委员会”（National Committee for a Free Europe）的名义开展业务，遮蔽公众耳目。在施莱辛格为欧洲马歇尔计划的首脑埃夫里尔·哈里曼担任助理时，也曾参与过秘密行动。施莱辛格回忆道：“人们普遍认为苏联花费大量的金钱把知识分子组织起来，我们也必须做点相应的工作。”[18] 在哈里曼的领导下，他参与了秘密向欧洲的工会组织提供经费的工作，就在那时，他经常与欧文·布朗打交道。

由于有着共同的秘密工作关系，施莱辛格与布朗现在就紧密地联系在一起了。只有少数中央情报局人员从一开始就知道文化自由代表大会的老底，施莱辛格就是其中之一。施莱辛格后来承认：“我知道底细，因为我在情报界的关系告诉我，柏林大会是中央情报局出的钱。为了帮助我方的人，这样做似乎也不无道理。在所有中央情报局的开支中，文化自由代表大会似乎是最有价值的，也是最成功的。”[19]

施莱辛格最初接受的一个任务，是说服代表大会的荣誉赞助人之一伯特兰·罗素不要辞职。休·特雷弗-罗珀在《曼彻斯特卫报》上发表了一些报道，把柏林发生的事说成类似一次纳粹的群众聚会，使人感到很不舒服。这位英国哲学家在读了这些“恶语中伤的报道”之后，曾威胁说他要辞职不干了。施莱辛格于1950年9月20日同凯斯特勒一道去伦敦拜访罗素。罗素讲到他如何对特雷弗-罗珀的报道（得到A. J. 艾尔的支持）感到震惊，后来就作出了退出的决定。施莱辛格耐心地听着。罗素对凯斯特勒似乎很冷淡（这位哲学家曾向玛梅因·凯斯特勒调情，这两个男人之间因异性而残留的嫉妒心一直妨碍他们建立友谊），不过最后还是接受了凯斯特勒和施莱辛格讲的一番道理。

世界闻名的数学家和哲学家伯特兰·罗素在1950年是个风云人物，到处可见他的身影。那年他荣获英国勋章和诺贝尔奖。他曾经与列宁会晤。他不喜欢列宁：“说起那些被屠杀的人时，他放声大笑，使我浑身的血都凉了。我对他最生动的回忆就是他的偏狭和蒙古人式的残酷。”1948年，他在被炸坏的威斯敏斯特学校的主楼大厅里发表的一篇演说，使他的崇拜者惊恐万状。在演说中，他建议用原子弹对斯大林进行威胁。[20] 在这一时期，罗素“狂热地反共，坚持说我们这方面压倒一切的任务是重整军备，加强军事实力。”[21] 罗素还得到国际研究和开发公司的奖励，不时从那里得到一点好处，对此他倒是欣然接受的。不过，如果说罗素当时是个“鹰派”人物的话，那么到了50年代中期，他又敦促实现核裁军了。（一位诗人写道：他那高贵的贵族屁股 / 在伦敦的铺街石上 / 同女王和共产党人坐在一起。）[22] 他的政治立场似乎是随风倒，在他担任荣誉赞助人这几年中，使文化自由代表大会及其美国幕后支持者十分头痛，直到他1956年终于辞去了这一职务。但是现在，他的名字为代表大会添光增彩，满足了乔斯尔森对名人的崇敬感。有人说，把名人奉为至宝正是乔斯尔森的弱点。

其他几位荣誉主席与罗素一样，都是一些哲学家，全部是新生的“欧美思想”的代表。[23] 贝内代托·克罗齐，政治上保守，拥护君主制，他讨厌社会主义或有组织的宗教（他的著作被梵蒂冈列为禁书）。此时他已年过八十，在意大利，被尊为雄辩的反法西斯之父。他公开反对墨索里尼的专制主义，被认为是抵抗运动的精神领袖。在盟军登陆意大利前夕，他也是威廉·多诺万一个有价值的关系。克罗齐于1952年去世，取代他的是唐·萨尔瓦多·德马达里亚加（Don Salvador de Madariaga）。他通过欧洲运动，也同多诺万保持着密切联系。约翰·杜威（John Dewey）曾经领导过“保卫托洛茨基委员会”，是实用主义的美国自由主义代表人物。卡尔·贾斯帕斯是德国的存在主义者，曾经坚持不懈地批评第三帝国。作为一名基督徒，他一度公开向萨特提出挑战，要他说明他是否接受十诫。雅·马利丹，一位开明的天主教人道主义者，法国抵抗运动的英雄，也是尼古拉斯·纳勃科夫的一位密友。艾赛亚·伯林，也有人与他接触，邀他加入这批哲学家赞助人的行列，但他拒绝了，理由是如果他公开支持这一反共运动，他在东欧的亲属会处于危险的境地。尽管如此，他还是答应尽其可能以低调的方式支持代表大会。据劳伦斯·德诺夫维尔回忆，伯林之所以采取这种态度，是因为他知道，代表大会是由中央情报局暗中提供经费的。德诺夫维尔说："他知道我们参与其事。我不知道是谁告诉他的，但我猜想一定是他在华盛顿的一位朋友。"[24]

同一切专业性团体一样，起始阶段的特点总是队伍像洗纸牌一样来回变动，原因是其成员都想在其中谋求一个职务。丹尼斯·德卢奇芒（Denis de Rougemont）担任了执行委员会的主席。此人从来没有加入过共产党。他来自中立的瑞士，是《爱情与欧洲》（*L'Amouret L'Occident*）一书的作者，属于非马克思主义的反法西斯左派。战后，德卢奇芒曾在"美国之音"担任广播员，在"欧洲联邦党人联盟"（European Union of Federalists）中与弗朗索瓦·邦迪（François Bondy）有着密切的工作关系，后来他在中央情报局暗中支援下继续追求该组织的目标（关于中央情报局的支持一事，他后来说他并不知道）。那时他是在设于日内瓦的"文化中欧"（Centre Européen de la Culture）工作，这个组织至今还存在。

至于秘书长这个职务，乔斯尔森心目中的理想人选是尼古拉斯·纳勃科夫，并极力为他争取这一职务进行游说活动。即使纳勃科夫对此并不知道，但他在柏林发表演说时已经在试探他是否能担任一个领导职务了。当时他说："在这次大会后，我们必须建立一个组织来进行战斗。我们必须成立一个常务委员会。我们必须确保这个常务委员会能够号召所有的知名人物，所有的战斗组织，使用一切战斗手段，目的就是行动起来。如果我们不这样做，我们迟早总有一天会被绞死。紧急关头早已来临。"[25]纳勃科夫顺理成章地当选为秘书长。

除了老朋友乔斯尔森外，尼古拉斯·纳勃科夫还有强有力的支持者。其中有奇普·波伦。波伦是个"纯种的美国人"，是他在40年代初使美国成为纳勃科夫"真正的家园"，纳勃科夫曾说，他将继续是"我学习的楷模，是我听取意见的源泉，我也经常从他那里得到安慰。"其中还有乔治·坎南。早先纳勃科夫申请在政府中获得一个职务未成，坎南就曾为此感到十分歉疚。在被推荐为心理战人员并担任敏感职务的绝密名单中就有纳勃科夫的名字，这份名单曾于1950年发给了陆军部长的办公室。[26] 在政治上有如此强大的多方后台，这次纳勃科夫就没有像前几年那样在安全审查中受阻，很快就通过了审查。

主管财务的欧文·布朗为纳勃科夫提供了6000美元。纳勃科夫有两个儿子要上学，当时他在皮博迪音乐学院和萨拉·劳伦斯学院任教，薪金为8000美元。纳勃科夫说这点钱不够用："请记住，担任这个职务，就要演好这个角色，这是需要一笔支出的。我并不打算举行什么社交聚会，但是我要见许多人，笼络他们，请他们吃饭，等等，等等。"[27] 其实，纳勃科夫很喜欢举行社交聚会，在此后的16年中，他用中央情报局的钱举办过许多奢华的聚会。不过在当时，纳勃科夫的薪金问题没有得到解决。欧文·布朗手里掌握着巨额特殊经费，但是还有许多其他用途。尽管他积极支持代表大会，但他自然还是倾向于把钱花在资助中央情报局支持的法国工人组方面，以此来分化马赛的共产党码头工会，因为当时美国按马歇尔计划提供的物资和军火每天都在马赛港遭到封锁。1951年1月，詹姆斯·勃纳姆出面答应提高纳勃科夫的薪金，这件事才得到解决。"另外作了一些安排来补偿我在收入上相当大的损失。这些钱不记入欧洲行动的账上。"[28] 纳勃科夫向布朗说的这番话，说明他对勃纳姆在财务问题上的灵活态度感到满意。在最初的一两年，是勃纳姆在"经营"纳勃科夫。

决定拉斯基留在柏林编辑《月刊》，编辑部成为代表大会德国分支机构的总部。乔斯尔森和德诺夫维尔调至巴黎，主持巴黎的总部，并与欧文·布朗保持联系。布朗奉命租赁办公地点并配备适当的设施。正当他们准备离开德国时，乔斯尔森和德诺夫维尔获悉中央情报局在华盛顿的总部发生了令人振奋的人员变动：艾伦·杜勒斯加入中央情报局，他随身带去一名助手名叫汤姆·布雷顿。情况即将发生变化。

艾伦·杜勒斯是1950年12月加入中央情报局的，任行动部副主任。这个职位管辖范围极广，赋予杜勒斯以搜集情报和监督弗兰克·威斯纳主管的政策协调处的权力。他首先采取的行动之一就是招聘他的一个最出色的战略情报局军官汤姆·布雷顿。此人自从转入文职以来，曾培养了许多高层关系。布雷顿身材瘦削而结实，一头沙色头发，一张棱角分明而英俊的脸，看上去具有约翰·韦恩、加里·库珀和弗兰克·西纳特拉*三人的综合美。布雷顿1918年生于艾奥瓦州的迪比克（Dubuque），父亲是一名保险业代理商，母亲写爱情小说。在他母亲的教育下，爱读林·拉德纳、罗伯特·弗罗斯特**和厄内斯特·海明威的作品。他攻读于达特茅斯学院政治学系，1940年毕业。后来战争爆发，奋起加入了英国陆军。他被分配在第八军第七装甲师，即著名的沙漠之鼠。在军中他成为斯图尔特·艾尔索普（Stewart Alsop）最好的朋友。他们两人一起加入了战略情报局，被空降到德国占领的法国，同以共产党为主的抵抗运动一起在丛林中战斗。战后布雷顿和艾尔索普合写了一本书《战略情报局与美国的谍报活动》，书中称，战略情报局为其成员提供了“自亚瑟王战争以来最惊险的冒险活动的机会”。

离开军旅生涯之后的几年里，布雷顿一直谋求在一个永久性情报机构任职。1950年岁末，艾伦·杜勒斯打电话给他，请他到中央情报局来担任他的助理。布雷顿接受了。他用霍默·D. 霍斯金斯的假名开始在中央情报局工作，起初只是个无具体职务的工作人员，名义上是被分配在威斯纳的政策协调处，实际上是直接为杜勒斯工作。在几个月之内，他就熟悉了共产党的宣传攻势，对美国作出的回应却不大欣赏。“当我密切注视事态发展时，我心里想，共产主义者除了参加共产党之外，对于参加任何组织都心怀戒备，而我们美国人什么组织都敢参加。（结果）共产党人通过组织工作赢得了广泛的盟友，而我们却坐在那里一语不发。真是怪事。”[29]

后来担任中央情报局局长的威廉·科尔比（William Colby）也得出

---

* 韦恩（John Wayne）、库珀（Gary Cooper）和西纳特拉（Frank Sinatra），均为老牌英俊电影明星。

** 林·拉德纳（Ring Lardner，1888—1933），美国天才的和无比尖刻的讽刺作家，既写幽默专栏和小说，也写剧本。罗伯特·弗罗斯特（Robert Frost，1874—1963）美国浪漫派抒情诗人，最初在英国成名。

了同样的结论：“共产党人对于他们称之为‘组织工作’这个武器深信不疑，而且对此他们从不讳言，”组织一个政党来充当指挥中心，然后又组织起各种外围机构：妇女团体、文化团体、工会、农民组织、合作社，“把全体人民都纳入组织之中，而这些组织都在共产党的领导下，甚至受共产党纪律的约束。”[30]

布雷顿的理由是：“如果对方能把一些想法伪装成土生土长的而不是受苏联支持或操纵的想法并加以利用，那么我也应该能把一些想法伪装成当地提出来的。”[31]对威斯纳的政策协调处做了全面考察之后，布雷顿深信这个机构承担了太多项目，却缺乏重点。一位中央情报局官员称之为“一堆各种行动的垃圾”。布雷顿回忆道：“设立了一个‘国际组织处’，不过这是一个中央情报局各种任务的大杂烩，琐碎而无重点。这个机构毫无重要性。于是我去找艾尔（艾伦·杜勒斯），对他说：‘为什么不把所有这些东西都归并到一个部门去呢？’也许艾尔正等着我提出这样一个建议。”[32]

虽然杜勒斯积极支持这个建议，布雷顿的提议却使中央情报局内部一些人惊愕不已。这些人认为，隐蔽行为就是策划推翻像雅各布·阿本兹这样“对我们不友好的”外国领导人。如果说刚建立的中央情报局里有一半人是大学教师（这个机构早有“大学校园”之称），那么另一半就是警察加强盗。布雷顿说，同口衔烟斗的耶鲁人在一起的还有一批人，他们根本不明白战争已经结束了。危险的是他们的思想僵化，在他们的头脑里还是麦克阿瑟将军或者海军部长的那一套想法。这位将军1950年的时候想通过轰炸中国的东北来扩大朝鲜战争，而那位海军部长极力怂恿全世界做好准备再打一次世界大战。“我感兴趣的是那些受到共产党人攻击的理念而不是搞垮危地马拉。我更多地是一个知识分子，而不是‘工合’组织*的那种人。”[33]

布雷顿所属的那个部门的首脑试图抵制他提出的建议，认为这个建

* “工合”组织，原文为gungho，是汉语“工业合作社”的简称“工合”的音译。这个词在二战中成为美军中的俚语。“工合”属工团主义组织，主张工人直接采取行动推翻资本主义制度，以暴力手段为主，具有破坏性。此处似指那些以暴力推翻政权的过激行动。

议“超越部门间的界限”，这是一种极端狭隘的官僚主义观念。随之而来的是一场“艰难的、令人不愉快的斗争”，结果是布雷顿败北。他立刻去见杜勒斯，提出辞呈。杜勒斯火冒三丈，抓起电话给威斯纳打电话质问他：“见鬼，你们在搞什么名堂？”布雷顿回忆道：“艾伦对威斯纳大发脾气。他完全站在我这一边。就这样，我建立了这个国际组织处。这个处归主管计划的副局长领导，而此人正是威斯纳。我不怎么理睬威斯纳，而是越过他直接找艾伦。不过我必须谨慎从事，不管怎么说，弗兰克表面上还是我的上司。”[34]

这个新设立的处（简称 IOD*）的成立及其从事的活动碰巧是根据一项新的国家安全委员会指令批准的。指令的代号为 NSC-68，是 1950 年 3 月由接替坎南的政策计划参谋部（Policy Planning Staff）新任部长保罗·尼采（Paul Nitze）拟定的。这项指令成为“冷战的最高指导文件的象征”，其依据是假定共产党是铁板一块，指导精神均来自克里姆林宫。[35] 指令的内容包括：“无论从实践上还是意识形态上考虑，都让我们得出如下结论：我们别无选择，唯一的办法就是通过建设性地实施‘自由’这个理念来证明其优越性。”哲学家卡尔·贾斯帕斯最近宣称：“真理也需要宣传。”这项指令授权美国的冷战战士，一定要确保真理战胜谎言。指令中有关预算的条文反映了这项任务的重要性：在今后两年中，供心理战使用的经费将在 1950 年 3400 万美元的基础上增加 4 倍。

国务卿爱德华·巴雷特宣称：“在争取人的思想的竞赛中，真理是美国特殊的武器。这种武器不是孤立的，因为只有同具体的行动和政策联系在一起，真理的宣传才具有强大的力量……技巧高明又有实质内容的真理宣传战，如同一支空军，是不可缺少的。”[36] 真理和这个世纪都是属于美国的。如果欺骗可以用来推广真理，那么就用欺骗也无妨。这就是凯斯特勒所说的，“用一半真话来揭露一个彻头彻尾的谎言”。

“国际组织处的宗旨是把知识分子团结起来反对苏联现在正在做的事。有一种观点认为，世界将会屈从于一种法西斯的或斯大林主义的艺术、文学和音乐观念，这是一种十分可怕的前景。我们需要团结所有的

*IOD 是国际组织处（International Organizations Division）的缩写。

艺术家、作家、音乐家以及一切追随他们的人，向他们表明西方和美国致力于言论自由和思想上的成就，对于他们想写什么，想说什么，想做什么，想画什么，都不设任何刻板的障碍，而目前在苏联发生的情况恰恰与此相反。我认为我们在这方面做得非常出色。”[37] 这番话是布雷顿讲的，重点也是他勾画的。

国际组织处遵循的原则正是威斯纳用以指导对非党左派工作的原则。支持左派团体的目的并不是要消灭它们或者控制它们，而是小心谨慎地与它们保持一种亲近的关系，对于这些人群的思想状况进行严密地观察，为他们提供一个发牢骚的出气孔。如果它们走到了极端，变得过于激进，最后的一手才是不让他们宣传，也可能限制它们的行动。布雷顿向他在欧洲新设立的据点发出明确的指示：“对于民间组织必须花费的钱要有限度；要掩饰美国的利益；要保护这些组织的独立性，不要求它们在所有方面都支持美国官方的政策。”[38]

布雷顿新建立的这个处要为文化自由代表大会这样的实体提供一个更好的组织基础，经营这些实体的人从现在起只对他本人负责。代表大会的真正目的明确了：它不应该成为一个兴风作浪的中心，而是一个设在欧洲的桥头堡，以此来阻止共产主义思想的进犯；它应当发动一场广泛而具有凝聚力的运动，对它的知识分子同行们施加一种压力，使他们脱离共产党的外围组织或一些同路人的组织；它应当鼓励知识界提出理论和观点，其对象不是广大群众，而是压力集团（pressure groups）和从政的少量精英分子，这些人反过来会影响制定政策；它不是一个搜集情报的机构，中央情报局其他部门都被告知，不要把它当作情报源来利用；它应当从独立的角度支持美国外交政策目标，即通过大西洋公约组织成员国和“欧洲运动”（此运动接受中央情报局的大量资助）来促进一个统一的欧洲，其中包括德国的统一；它应当成为传播美国文化成就的使者，其任务是打破欧洲、特别是法国盛行的认为美国是一片文化荒漠的负面看法；它还应当对有关美国民主的某些方面，包括美国的人权纪录所作的批评作出反应。

代表大会指导委员会遴选一些人来增强新近得到加强的代表大会的

活力。这些人都必须接受安全审查，这与密切介入主管“机关”的人是一样的，将来被聘为代表大会雇员的也要照此办理。就中央情报局而言，那就是迈克尔·乔斯尔林和劳伦斯·德诺夫维尔。他们的基本需求由一名特别任命的项目官员提供，这名项目官员在3年任期内都与华盛顿的一名级别相同官员联络，而华盛顿的这名官员则对国际组织处的第三分支负责。第三分支是管理代表大会的一个机构，其首脑又对国际组织处的副处长和处长（布雷顿）负责。由于代表大会扩展了，中央情报局又增派了不同的人员来管理代表大会的财务和活动。早已不是凯斯特勒最初设想的一个“威利·蒙曾伯格经营的小规模机构”，“经费很少，人员不多，也没有共产党和工人党情报局在幕后支持我们。”[39] 现在的代表大会鸟枪换炮，已成为中央情报局内迅速壮大起来的部门之一，一笔“巨大资产”。[40]

布雷顿决定他将以“非常规方式”经营QKOPERA行动。使之与其形式相匹配。为此目的，他指示德诺夫维尔，他的一切活动，都不能让威斯纳手下的、主管法国科的罗伯特·塞耶（Robert Thayer）知道。艾伦·杜勒斯又越过布雷顿，私下通知德诺夫维尔密切注意欧文·布朗，了解他在干些什么。不过不久德诺夫维尔就向杜勒斯汇报，这几乎是不可能的，因为布朗做他那份工作就同办他自己的私事一样，从来不说他在干什么。[41] 杜勒斯也好，威斯纳和布雷顿也好，三个人从来都没有获得“出色管理人才”的名声。

乔斯尔森和德诺夫维尔很快就动手建立巴黎办事处，整顿“内务”。所谓“内务”是中央情报局内部的行话，指的是一切外围组织所共有的内部各种安排。正当他们两人在安排内部装修和配备设施时，纳勃科夫走马上任，来担起秘书长的职务了。他和帕特里夏·布莱克一道来到巴黎，住在达萨斯街一座俯瞰卢森堡公园的小公寓里，他在写到这个他代表的组织时说道：“在现代西方世界，还不曾有过这样的组织，更没有过这样的范例。以往还没有人试图在全世界范围内把知识分子和艺术家动员起来，进行一场反对思想压制的意识形态战争，或者用一个陈腐的说法，进行一场保卫‘我们的文化遗产’的战争。到目前为止，这类的意识形态战争一直是斯大林分子和纳粹的专有领地……要领导一场理性而冷静的反斯大林主义的思想战，又不堕入摩尼教*式的假充正直的陷阱，这一点看来对我十分重要，在美国国内正在达到歇斯底里和十字军式的偏执狂程度时，尤其如此。”[42]

纳勃科夫一贯精力充沛，热情洋溢。他现在以同样的精力和热情，像一位歌剧的舞台总监**一样，投入他新的职业生涯，进行一场文化冷战。5月，代表大会在一次记者会上向一名叛逃的知识分子授奖。此人是波兰大使馆的文化随员，诗人，翻译过捷斯洛·米沃什（Czesław Milosz）***的《荒芜的土地》（*The Waste Land*）。米沃什1949年曾作为波兰的代表参加沃尔多夫会议，据玛丽·麦卡锡称，在他“第一次接触民主左派之后，他就与我们堕入情网”。在纳勃科夫这位出色的舞台总监的安排下，米沃什与天使们为伍，在舞台上现身，成为代表大会早期发动的一次成功政变。

不久以后，纳勃科夫在丹尼斯·德卢奇芒的陪同下，前往布鲁塞尔，在《综合》杂志（*Syntheses*）主办的一次宴会上发表讲话，然后赶回巴黎来推动“自由之友”（Amisdela Liberte）的工作。“自由之友”是代表大会的一个扶轮社****式的俱乐部，在法国全国和巴黎的“自由之友”青年宫组织法国学生团体的聚会。6月中，纳勃科夫又上路了，这一次是去柏林发表《极权制度下的艺术》的演讲。他在写给詹姆斯·伯纳姆的信中说：“对于我来说，这当然不能算是一次出访讲学，而是我第一次与行动的德国前沿取得联系。”[43]这是代表大会领导人进行的许多侦察性远征的第一次，通过这些侦察性远征，隶属于代表大会的组织犹如

---

* 摩尼教（Manichaeism），伊朗人摩尼（Mani）于3世纪创建的宗教。鼓吹二元论，谓精神为善，物质为恶，二者合一成为世界。认为光明与黑暗水火不相容，一直相互斗争，互为消长。光明战胜黑暗，或善战胜恶，人类才能得到拯救。

** 原文为意大利文 impresario。此词也有演出经理或指挥之义。

*** 捷斯洛·米沃什（1911—2004，又译为切斯瓦夫·米沃什），波兰裔美籍作家。纳粹入侵波兰后加入抵抗运动，成为战斗英雄。共产党执政后，是首批发表作品的作家之一。政府还派他从事外交工作，先后在美、法任文化参赞和一秘。1951年在法国寻求政治避难，后移居美国。1980年获诺贝尔文学奖。

**** 扶轮社（rotary club），国际性组织。成员涉及各行各业，提倡服务精神与高尚道德标准，并为留学生和访问学者设奖学金。因其活动轮流在成员国举行，故名。

雨后春笋大批涌现，不仅在欧洲（在欧洲有西德、英国、瑞典、丹麦、冰岛），而且还有其他各洲，如日本、印度、阿根廷、智利、澳大利亚、黎巴嫩、墨西哥、秘鲁、乌拉圭、哥伦比亚、巴西和巴基斯坦。

回到巴黎，纳勃科夫在代表大会首次出版《证据》（*Preuves*）杂志这项工作中发挥了重大作用。按照法国出版评论性杂志的伟大传统，代表大会提出了创办一份文化－政治性的杂志。这一主张在凡尔赛举行的执行委员会上首次进行了讨论。大家觉得需要有一份刊物与《当今时代》抗衡，鼓励法国知识分子脱离萨特的营垒。一位历史学家后来问道："究竟谁是真正的对手呢？不是苏联或莫斯科。他们真正放在心上的是萨特和德・波伏娃。这就是他们所说的'对方'。"[44]代表大会内部一位人士证实了这一点。他说："左岸的知识分子是我们的目标，或者也许可以说这些知识分子的追随者是我们的目标。"[45]但是要物色一个编辑，其身份地位足以诱导那些同路人加入中间路线行列，却十分困难。到了1951年6月，纳勃科夫已处于无计可施的境地，他写信给伯纳姆说："这本法文杂志已使我连日彻夜难眠。要找到一个像阿隆或加缪这样有身份又愿意担任编辑的人实在是太困难了……在巴黎，困难在于空谈承担责任的人太多，而没有人愿意自己挑起担子。这里弥漫着一种无精打采、冷漠甚至厌倦的氛围。天天都得同这种气氛作斗争。"[46]

由于找不到一位法国编辑，执行委员会只好决定把这项工作交给弗朗索瓦・邦迪。他是一位瑞士作家，母语是德文，在1939年希特勒和斯大林签署苏德条约前曾经是共产党的积极分子。1950年，邦迪在代表大会秘书处担任重要职务（出版主任），曾与拉斯基的《月刊》有过合作关系。梅尔文・拉斯基称他为"我们这个时代最优秀的编辑顾问"。在邦迪领导下，第一期《证据》终于在1951年10月问世了。《证据》的宗旨是在大西洋主义、反中立主义和亲美的基础上取得一致观点，此刊物可当之无愧地称为代表大会的机关刊物，充当它的喉舌，同时也为其活动和各种项目做广告。这样一来这本刊物就引起了马奈・斯珀伯（Manès Sperber）所说的敌视。但是，邦迪面对来自左右两个方面的攻击却毫不动摇。[47]

代表大会成立伊始就受到普遍的怀疑。支持代表大会的积极分子力图说服自己，这种疑心只不过是当时盛行的反美主义的一种赘生物。说服不了自己的人，其疑心就上升为忧虑。但是，那些诋毁代表大会者就不放过任何机会质问这个所谓“自由”和“独立”的机构是否合法。这个组织面对这般攻击居然能够生存下去，说明它内部和外部的人坚定不移地对其宗旨深信不疑。1950 年底，《义勇军》杂志的编辑乔治·阿尔芒（George Alman）和弗朗索瓦·邦迪奉命到意大利去争取其附属机构的支持。他们在那里受到种种质问，比如“你们办这些事的钱都是从哪里来的？”“你们所说的自由是不是指美国的资本主义？”他们说，在他们举行的大多数会议上，似乎都有共产党观察员在场，而许多知识分子对于“极权主义的诱惑”这种提法显然是怀疑的。其他人，比如阿尔贝托·莫拉维亚（Alberto Moravia），据说与共产主义相比，他们更担心的是法西斯主义。他们给乔斯尔森写的报告中强调，意大利的知识分子眼光狭窄，存在着反美主义情绪。代表大会在意大利“有着广阔的前景”，但是要等到时机成熟还必须采取“缓慢的、间接的、多样的和极为谨慎的行动”。[48]

意大利文化自由协会在伊格拉齐奥·西洛尼的领导下于 1951 年底成立，成为大约 100 个独立的文化团体的中心联合会。这些文化团体为文自协会提供演讲人、图书、宣传小册子、电影以及一种国际主义的精神。协会出版一份名叫《文化自由》（*Libertà della Cultura*）的刊物，后来又出了《当代》，编辑是西洛尼和尼古拉·恰罗蒙特。但是，意大利的分支机构刚一组建就开始分裂了。纳勃科夫被派往罗马，试图贯彻代表大会的意图。但是同先前去罗马的邦迪和阿尔芒一样，他发现那里的知识分子十分冷漠，倒是很容易听信有关代表大会的种种“奇谈怪论”。纳勃科夫向欧文·布朗抱怨“我们在意大利的分支机构像西洛尼一样无精打采”，他说，必须采取根本性的措施向这个意大利的机构输送新鲜血液。“西洛尼像坐在国王宝座（原文如此）上一样高高在上，不让办事处的年轻人做他们应做的工作。我写了两封信给他，我在电报里（原文如此）让他暂停夏天的休假，只要用一天时间下来同我见面……结果是石沉大海，毫无反应。我每天要同十几个人会晤。大多数人都欣然同意参加进来，为我们工作，帮我们的忙（其中包括莫拉维亚），但是他们异口同声地说，只要还是由西洛尼在这里独立为王，那就什么事也做不成。”[49] 这个机构像堂吉诃德似的不切实际，对教会采取一种好斗而傲慢的态度，使纳勃科夫吃惊不小，于是他也写了一封信给雅克·马利丹，请他“给梵蒂冈当局写一封长信”，解释清楚自由文化代表大会和意大利协会执行的“政策是不同的”。[50]

纳勃科夫还前往伦敦去争取英国的附属机构英国文化自由学会的支持。这个学会于 1951 年 1 月在作家协会的所在地怀特豪尔宫成立。纳勃科夫会见了 T. S. 艾略特、艾赛亚·伯林，大卫·塞西尔（David Cecil）勋爵（他们是英国文化委员和英国广播公司三台的几位负责人）和工党的现任秘书长理查德·克罗斯曼。事后纳勃科夫向巴黎总部汇报说，在英国有着强大的盟友，同时他又告诉伯纳姆，“（英国知识界的）许多人认为，代表大会是一个由你控制的美国某种半秘密性质的组织……我认为我们必须不断地做出努力，让英国知识分子相信，文化自由代表大会不是美国的秘密组织。”[51] 纳勃科夫请伯纳姆向“我们的美国朋友通报，我们在这里的处境极为矛盾，我们的时间可能有限，但是我们却要像全世界的时间都在我们手里那样地工作。把‘代表大会行动’转化为一个广泛而巩固的外围组织来对付极权主义，可能是一个漫长的过程，而且我恐怕还要花很多钱。”[52] 在这里，纳勃科夫用的完全是一个情报机关“知情的”合作者所善用的语言。

第七章　“糖果”

我们不能把钱都花光。我还记得有一次与威斯纳和会计主任碰头。我说，天哪，我们怎么能这么花钱！简直是挥金如土，而且没有人必须报账。真是令人吃惊。

——中央情报局吉尔伯特·格林韦

为了在冷战这个竞争激烈的市场上树立自己的品牌，文化领域需要投入大量的资金。最初，管财务的是欧文·布朗。汤姆·布雷顿回忆道：“我会在预算外一次拨给布朗 15000 美元、10000 美元、5000 美元不等，但是我从来都不知道他用这些钱做了些什么事。”[1] 在布朗可支配的经费总额中，这只不过是一点零碎钱。劳伦斯·德诺夫维尔透露：“关键问题在于对应资金。在国会里，人们不能明说‘瞧，我们用纳税人的钱做了些什么’，因为这不是我们的钱，这只是马歇尔计划的副产品。”[2] 在执行马歇尔计划的最初几年里，有一项创造性的举措。马歇尔计划建议，为了使资金发挥成倍的作用，每个接受马歇尔计划的国家都应当将一笔与该计划提供的外援资金数目相等的资金存入中央银行，作为对应资金。根据接受国与美国之间签订的双边协议，美国允许这些资金由两国共同使用，这笔资金的绝大部分（95%）留为该国合法的财产，而这笔存款的 5% 成为美国政府的资产。这些对应资金大约有 2 亿美元，属秘密经费，进入了中央情报局的腰包，作为冷战之用。

1950 年 12 月，30 年代曾在耶鲁和麻省理工学院讲授经济学的理查德·比斯尔是马歇尔计划的副行政长官。某日，威斯纳到比斯尔在华盛顿的办公处找他。比斯尔在乔治敦区*那帮人的社交场合与威斯纳有过泛泛之交。据他的描述，威斯纳是一个属于圈内的人物，高级文官，和我们接管的许多政府企业都有关系。比斯尔回忆道，威斯纳对他说："他需要钱，让我从百分之五的对应资金中抽出一小部分解决政策协调处的经费问题，用于该处的秘密活动……至于是否有人想到这些钱都用于秘密活动，就很难说了。不过这是个灰色领域则是无疑的。他的请求使我有些为难，因为我对秘密活动知之甚少。威斯纳告诉我，这一行动是哈里曼批准的，这使我稍为宽心，至少减轻了我的一些担心。当我追问他究竟要用多少钱时，他向我说明他不能告诉我……我们这些管理马歇尔计划的人同不少人直接或间接地打过交道，中央情报局早期的隐蔽活动从马歇尔计划中受益的不在少数。"[3]

在哈里曼主管下，对应资金曾被用来补助政策协调处 1949 年 4 月的"反独裁和战争国际日"的对抗行动。在 1948 年意大利的选举中，对应资金也起了举足轻重的作用。现在，欧文·布朗为了充实中央情报局秘密经费的金库，又能从马歇尔计划这块"糖果"尝到甜头了。通过布朗的手资助隐蔽活动的经费总数中，大约有 20 万美元（相当于 1999 年的 150 万美元）用于 1951 年文化自由代表大会的行政基本开支。这笔钱被用来支付弗朗索瓦·邦迪、丹尼斯·德卢奇芒、皮埃尔·博洛梅（Pierre Bolomey，此人是奥尔特曼的门生，被任命为司库）、一名行政管理人员和几名秘书的薪金。邦迪和德卢奇芒的薪金是用美元支付的，由布朗通过美国运通公司（American Express）转入洛桑的瑞士银行账户。其他人则用法郎支付。当时，秘书处每月的开支总数大约是 500 万法郎。布朗为"自由之友"提供的经费大约也是此数。他为代表大会驻德国办事处在德国的一个私人账户里存入了 4 万德国马克，作为薪金和办公费用。意大利办事处通过《新意大利》杂志的编辑科迪诺拉·特里斯塔（Codignola Trista）的账户每月收入几千美元。英国文化自由学会的书记迈克尔·古德温（Michael Goodwin）每月接受 700 英镑的补贴，这笔钱通过设于詹姆斯公园的威斯特敏斯特银行存入他的账户。

---

* 乔治敦区（Georgetown），这里指华盛顿特区西部的住宅区。

布朗为代表大会在豪斯曼林荫道找到一处永久性会址之前，他在克勒伯大街巴尔的摩饭店的几间房间就临时作为代表大会的总部。一天晚上，一位在马歇尔计划劳工处工作的年轻妇女未经约定随意走进来喝点什么，在布朗的电话机旁发现一张名单，名字旁边有美元的数字。那时布朗离开了房间为这位不速之客准备饮料去了。她当时觉得，在这个套房里，除了布朗之外还有一个人。结果，乔斯尔森从浴室里走出来，大概是在里面藏不住了，可是又怕被人瞧见，于是又退了回去。两年以后成为乔斯尔森妻子的戴安娜·道奇（Diana Dodge）觉得当时这个场面非常有趣，而乔斯尔森却为此窘迫不堪。

巴尔的摩饭店里的这一幕表明，文化自由代表大会成立之初时还是临时凑合，全无章法。德诺夫维尔说：“起初大家都积极工作，我们按自己认为最好的方式做事。”[4]但是后来中央情报局提出了一套官僚机构的行事方式来“指导”他们的工作，使他们受到牵制。唐纳德·詹姆森回忆说：“代表大会最高层中的一些人，包括拉斯基和其他人，和中央情报局的人之间经常举行各种会议。”[5]“大多数会议的参加者在10—15人之间。我们围坐在一起，议论应该做什么，在何处进行。一般来说，会上都是畅所欲言地交换意见。基调是中央情报局指挥系统定的。我认为这种工作方法是非常明智的。说实话，如果不是按照这种方式行事，另一方，即代表大会这一方的人就会拂袖而去，我想至少有一大批人会这样做，因为这些人究竟不是那种依附权势的人，仅仅为了领取一张支票就对中央报局俯首帖耳的。”[6]

所谓坐在会议桌另一侧的人，詹姆森指的是乔斯尔森、纳勃科夫、拉斯基、邦迪，偶尔还包括马尔科姆·马格里奇，此人曾为代表大会打通与英国情报研究局的关系。这就是代表大会的“机关”了。这批人被选来参与中央情报局的指导工作。这种指导尽管十分温和，但实际上是确定华盛顿方面希望代表大会遵循的路线。正如詹姆森所述，这是一种对等的关系：中央情报局传达美国外交政策的一些目标，同时他们又倾听另一部分人的意见，因为只有这些人才了解西欧知识分子的思想动态，他们能使形成这些外交政策目标的论点变得温和，而且他们甚至还能作出一些改动。

乔斯尔森固然明显的是属于中央情报局指挥系统里的人，但是他的任务是要认真地反映代表大会的利益。这是一种十分难处理的地位，要做到令人信服的地步更是难上加难。严格地讲，乔斯尔森是德诺夫维尔的下级，但是，如果说德诺夫维尔确实曾经否定过他的意见的话，那也是绝无仅有的情况。德诺夫维尔说："我每天都要与乔斯尔森见面，如果不是每天的话，至少也是每周必见。我也会赴华盛顿出差，每次都是去完成他交代的任务。如果我同意（一般来说我都是同意的），我就会想方设法尽力去做。按我的理解，我的任务就是听从乔斯尔森这些人的意见，因为他们比我更了解情况，而我就是按照他们的意图，为拓展代表大会的工作创造条件。他的工作做得十分出色。"[7]

汤姆·布雷顿后来说："乔斯尔森堪称世界性的无名英雄之一。他满怀激情忘我地开展对欧洲知识分子的工作。对于他们超出对自由的基本信念之外的东西，他不一定非得同意。他穿梭般地一个接一个地参加会议，一个接一个地与人交谈，一个接一个地与各种团体接触，为了做成一件事，把他们团结起来，组织起来，共同努力。要说他在历史上应占有一席之地，也是当之无愧的。"[8]亚瑟·施莱辛格在回忆中对乔斯尔森也有类似的评价，说他是"一个非常杰出的人"，"他是乐队里的一个多面手，什么乐器都能拿得起来"。但是，在乔斯尔森英雄的品质里面也是有阴暗面的。他一方面具有倾听他人讲话的出色才能，但是当别的有讲话天才的人不善于倾听他人讲话时，他就受不了。他的一位同事回忆说："对于这样一个滔滔不绝的讲话者，迈克有时会失去耐性，有时他觉得这些人过于矫揉造作而又太像一个犹太传经说法者，他就用双手捂住两耳说，'到此为止吧！我已经听够了。让我们就这样干下去吧。'他这个人很直。如果将他比作一壶水，那么这壶水沸点很低，很快就烧干冒烟了。"[9]另一位代表大会内部人士觉得乔斯尔森"几乎总是处于感情爆发的边缘"。[10]乔斯尔森有一次透露他的母亲曾经是一个"锋芒毕露"的女人。他确实尽了最大的努力让自己不发脾气。但是，就是为了避免与人发生冲突，他经常会造成一种"十分沉重的气氛"，强压心中怒火，三缄其口，用锋利的目光瞧着别人。40 年后，一位曾经与中央情报局有过很短一段暗中调情关系的作家本·索南伯格回忆起乔斯尔森那种阴暗心灵时还不禁浑身发抖：“一听到乔斯尔森这个名字，至今仍使我充满恐惧。”[11]

乔斯尔森对于游移不定、磨磨蹭蹭无法容忍，因为他认为他手头的这件工作十分紧迫。因此，当欧文·布朗报告说英国的文化自由学会内部分崩离析、明争暗斗，只会“做接待工作和举行雪利酒会”（一名成员说这个学会的主要活动就是邀请著名知识界人士到索霍*的豪华餐厅筵宴）时，乔斯尔森决心要对英国这个附属机构行使他的权力。英国文化自由学会成立于 1951 年 1 月，一开始就摇摇欲坠。学会主席史蒂芬·斯彭德和荣誉干事迈克尔·古德温不和，到了 1951 年，执行委员会已到了土崩瓦解的地步。古德温是创刊于 1877 年的著名月刊《十九世纪和世纪后》，后改名为《二十世纪》（*Twentieth Century*）的编辑，是巴黎总部的一个重要关系。巴黎方面在 1951 年初该刊因亏损即将倒闭时，向这家刊物的房主付清了房租，又出资让它搬迁到位于亨利埃塔街的新址，从而挽救了这份刊物，而这个新址也就成为文化自由学会的总部。此后又向《二十世纪》提供了两笔应急补助，一笔是 2000 美元，另一笔是 700 英镑，为刊物支付了 1951 年 8 月的印刷和纸张款，外加每月补助 150 英镑以弥补杂志的月度亏空。后来成为英国广播公司故事片和话剧部主任的古德温，不仅让乔斯尔森利用《二十世纪》杂志作为打入英格兰的载体，还为他与英国秘密文化宣传工作建立了可资利用的联系，因为古德温本人就是英国的情报研究局的一位外聘雇员。

乔斯尔森向古德温的刊物提供补助是因为他们之间达成了一项特殊的谅解：《二十世纪》杂志应以攻击《新政治家》（*New Statesman*）和《国家》（*Nation*）的观点为己任。1952 年 1 月，古德温在一封信中证实了这场运动势头正旺，他报告说《二十世纪》“正在连续发表评论，向（《新政治家》的）一系列论题发起攻击，这场连珠炮式的攻击意味着通过系统的批评，从总体上摧毁他们的地位。”他还说，《二十世纪》还外加

* 即 Soho，伦敦繁华的商业、娱乐区，以先锋艺术和时装著称。又译为苏豪区。

了一项任务。它准备打击并削弱格拉斯哥的一份季刊《苏联研究》，“这本季刊很可能是本国为苏联辩解的主要源头”。[12]

但是乔斯尔森对《二十世纪》始终并不完全满意。迈克尔·乔斯尔森的妻子戴安娜说：“这本杂志不够生动活泼。作为一个工具，它并不理想。”[13] 古德温对《新政治家》的攻击进展尚好，但是，这本刊物却未能作出足够的努力来解决1951年12月纳勃科夫在一封信中提出的问题。纳勃科夫在信中报告说，国际执行委员会对该刊物“普遍感到不满。”纳勃科夫措辞严厉地写道：“斯彭德先生将向你和你的编辑委员会提出进行紧迫而重大的改革建议。欧文·布朗、德卢奇芒和我本人完全赞成这一建议。”[14] 他还补充说，这些改革应当立即实施，否则代表大会将不再予以支持。对此，古德温于1951年12月31日作出了尖锐的回复：“除非这本刊物维持并继续保持其独立性，否则对谁都没有好处……刊物进行评论的观点不应该被人‘牵着鼻子走’。”[15]

对于古德温来说，情况真是每况愈下。1952年1月，以斯彭德为中心，发动了一场“政变”，向古德温发出一封用词粗暴的解职函，由他本人取代古德温担任了英国文化自由学会的总干事。几个星期以前，斯彭德本人也曾带着一股怒气辞去了这个职务，与他同时辞职的还有伍德罗·怀亚特（Woodrow Wyatt）和朱利安·艾默里。他告诉纳勃科夫，他将亲赴巴黎说明他辞职的原因。在巴黎，他向代表大会的圈内人物解释说，英国的附属机构如果让古德温掌舵，就无法运转，他说服了这些领导人，并从他们那里拿到了一封辞退古德温的信件，现在他把这封解聘函交给了古德温。古德温又转而指责斯彭德要为怀亚特的辞职负责，并要求纳勃科夫让斯彭德“收敛一点”。但是，古德温还是被迫辞职。斯彭德再度进入执行委员会。从那时起，控制执委会的是马格里奇和弗雷德里克·沃伯格（Fredric Warburg），执委会的三驾马车还有第三个人托斯科·法夫尔（Tosco Fyvel），此人“只不过是条尾巴而已”。斯彭德一贯无能而愚蠢，此时他却决心利用这种局势得到他想要的东西。[16]W. H. 奥登称他为“陀思妥耶夫斯基笔下的圣人笨伯”，是“一部瓦格纳的歌剧《帕西法尔》（*Parsifal*）的拙劣模仿”。伊舍伍德则称他为“本质上的喜剧人物”，通过闹剧来揭示真理。其他人则发现“他脸上总是带着一种尴尬的困惑”，（伊恩·汉密尔顿，Ian Hamilton），要不就是“思想混乱、一头雾水、头脑不清”，在他头脑里，什么事情都“没有一个清晰的轮廓”（弗吉尼亚·伍尔夫，Virginia Woolf）。一生陷于矛盾和模棱两可之中，彭斯德已经养成一种退而生活在这些名声不好的光环后面的才能。

古德温辞职对乔斯尔森是一个打击。因为他的离去，乔斯尔森也失去了与情报研究局的直接联系。但是情报研究局很快就弥补了空缺，安插他们自己的人约翰·克鲁斯（John Clews）进入英国文化自由学会，担任了总干事。很快克鲁斯就利用他的职务，把学会作为散发情报研究局材料的一个据点。1952年6月，他写信给纳勃科夫，告诉他，他曾经“同汉纳·阿伦特（Hannah Arendt）长谈过一次，并把她介绍给一两位外交部的专家，通过这样的安排，我正在为她提供许多她的新作所需的素材……如果你知道有什么人到这里来，又希望同阿伦特博士的关系建立联系，请尽管告诉我，我可以为他们作出安排。”[17]克鲁斯也把材料送给乔斯尔森，提醒他（似乎他有这样的需要）这些文件可以随意使用，“但是不要说出材料的来源”。

克鲁斯被任命为总干事之后，英国学会的麻烦似乎暂时得到解决。《论坛》（*Tribune*）的编辑托斯科·法夫尔作为代表大会指导委员会的重要成员，同意对伦敦的安排密切观察，并简要地记录下来。但是乔斯尔森仍然不满意。休·特雷弗-罗珀在代表大会初创于柏林时曾公开批评代表大会，这些批评遗留下的对代表大会的怀疑并未消除，许多英国知识分子不愿认同这个组织，认为它的老根究竟在哪里仍然暧昧不清。麻烦在于许多英国知识分子看到美国政府正在把手伸向他们这块馅饼。英国文化自由学会的一名官员说：“我们当时常开玩笑。我们请朋友出去用午餐，当他们要付账时，我们就说：‘不，别操心，这顿饭由美国纳税人买单。’”[18]不过，要让他们信服，受到这样的待遇是值得的，还必须对许多人做说服工作。

第八章　美国节

这是艾森豪威尔在炫耀……

——伊丽莎白·毕晓普

1951年初，纳勒科夫给欧文·布朗发出一份机密备忘录，提出了一个举办大型艺术节的计划大纲。这份计划大纲文辞拙劣（这是纳勒科夫的一大特点。与乔斯尔森不同，他的书面英语从来都是文字不通顺，语法也不完全正确），他在计划中说明了这次艺术节的宗旨是要策动"美国第一流艺术团体在欧洲与欧洲的艺术团体第一次密切合作，同时也使美国的艺术品与欧洲的艺术品完全平起平坐地展示给观众。由此，通过展示欧美文明在文化上的团结和相互依存，必将取得全方位的有益效果。如果这次艺术节取得成功，那么将有助于打破欧洲盛行的关于美国文化低劣的神话，而这一神话正是斯大林主义者成功地培植起来的。艺术节将使自由世界的文化向极权主义世界的非文化提出挑战，同时也将成为提高勇气和振奋精神的力量源泉，对于法国知识分子来说尤其如此。因为法国和大部分欧洲的文化生活处于错位和瓦解的状态，而这次活动将向那里的文化生活注入某种判断力和自觉性。"[1]

布朗对这个主意的反应是犹豫不决，乔斯尔森、德诺夫维尔和拉斯基也同样如此。纳勒科夫不得不使出浑身解数来做说服工作，以求获得批准，还要争取到巨额资金来圆他的"艺术节之梦"。拉斯基对纳勒科夫始终没有什么好感，他以不屑的神情把纳勒科夫称为"革命的纨绔子弟。尼基（尼古拉斯）这样的人对于烟花、女人的裙子和五光十色的场面简直是神往入迷。"拉斯基原本是个市立大学的空想理论家，对于纳勃科夫那独有的贵族式波希米亚生活方式*，他是接受不了的。即使如此，他也不得不承认，纳勃科夫的计划“对我们是一种启示：华丽多彩的焰火、好看的广告、狂欢节高潮的气氛，外加宣传，一定会吸引更多的观众，告诉人们，你不光是一个心情阴暗、戴着深度近视眼镜的知识分子，整日辛辛苦苦地过日子，你还是一个审美学家，喜欢热闹有趣的东西，”这样肯定会产生“积极的效果”。[2]

在华盛顿的国际组织处，汤姆·布雷顿却是十分赞赏。纳勃科夫声称，“文化产品本身就说明了我们的文化具有的品质和意义，而意识形态的论争是无法与之匹敌的”[3]，这一点确实立即打动了布雷顿的心。布雷顿不久前在华沙观赏了一场国务院主办的戏剧，他发现这个戏“令人生厌，同国务院搞的大部分东西一样，没给人留下任何印象，在明尼苏达已遭遇滑铁卢，更何况在巴黎。国务院愚蠢到在自己的村子里都找不到自己的那头驴，这已是不争的事实。他们不在行，不懂得如何利用他们拥有的资本，他们搞出来的东西都是三四流的。”[4]除了几件事例外（比如 1951—1952 年弗兰克·劳埃德·赖特**的作品欧洲巡回展），这个关于美国国务院在文化创意方面的论断是完全言之有据的。宣扬美国生活方式，却向观众展示“美国的尼龙制造业”，对于这类橱窗式的展览，谁会有兴趣？反过来说，“史密斯学院的室内歌唱演员，身着白色长袍，清新迷人的形象，纯洁而充满魅力”，是不是足以使法国的观众相信“文化的中心已经转移到了美国”？[5]汤姆·布雷顿问道：“谁会去参观一个展示美国光荣的摄影展览？我对这样的梦呓般的胡言乱语不屑一顾。如果你要办，就拿出最好的东西来。艾尔（艾伦·杜勒斯）和我，只有我们更内行。听上去似乎是狂妄自大，但是我们就是这样认为的。我们懂行。我们懂得一点艺术和音乐。国务院不懂。”[6]

布雷顿还剪下了《纽约时报》上的一篇文章，该文批评美国愚蠢，

---

* 波希米亚生活方式（Bohemianism），原指捷克等地吉卜赛人的流浪生活方式，后扩展为放荡不羁，藐视传统、常规和习惯的行为，尤其是狂放的艺术家生活方式。

** 弗兰克·劳埃德·赖特（Frank Lioyd Wright，1867—1959），美国著名建筑师，致力于探索适合中西部的住宅建筑风格，创立“草原学派”，其设计和成品成为 20 世纪初期美国文化的代表。

对于“文化进攻”的重要性视而不见，指出苏联仅仅在法国的文化宣传上花的钱比美国在全世界花的钱还要多。美国需要办一些大型的、光彩夺目的活动，果断地干预文化领域。纳勒科夫的计划恰恰就是这个意思。到了 1951 年 4 月底，布雷顿在中央情报局的项目审批委员会上批准了举办艺术节这个项目。

1951 年 5 月 15 日，文化自由代表大会的执行委员会指示身为国际秘书处秘书长的纳勒科夫推行这个计划。纳勒科夫立即买了头等舱的飞机票飞往美国，第一站先到好莱坞去见他的“老朋友”伊戈尔・斯特拉文斯基。斯特拉文斯基（就像舍恩伯格、托马斯・曼，在一个短时期还有布莱希特一样）是“高雅文化之神”之一，从欧洲移居此地，几乎是隐姓埋名，居住在南加州的柠檬树、海滩小子、新建的包豪斯学校建筑群和汉堡包的环境中。[7]就在这种极不协调的环境中，斯特拉文斯基接待了他的白俄朋友，而且答应将在艺术节上露面。纳勒科夫在丁塞尔镇住了相当长的时间，为的是等机会与乔斯・费雷尔（Jose Ferrer）见面，费雷尔听到纳勒科夫的计划，兴奋异常，后来他写信给纳勒科夫，要他再回好莱坞，因为那里有大量的钱可以充实他的金库，费雷尔还说他将尽全力助他一臂之力。

在美国旋风般地游历一番之后，纳勒科夫回到了欧洲，手里攥着一大把合同，还有许多人答应参加艺术节的允诺。艺术节定于 1952 年 4 月举行。伊戈尔・斯特拉文斯基、利昂泰因・普赖斯、艾伦・考普兰、塞缪尔・巴伯、纽约芭蕾舞团，波士顿交响乐团、纽约现代艺术博物馆、F. 法雷尔、W. H. 奥登、格特鲁德・斯坦因、弗吉尔・汤姆森、艾伦・塔特、格伦韦・韦斯科特，他们的作品或本人将出现在艺术节上，这些都列入了纳勒科夫的计划之中。回到欧洲之后不久，他又宣布让・科克托、克劳德・德彪西、威廉・沃尔顿、劳伦斯・奥列弗、本杰明・布里顿、捷斯洛・米沃什、伊格拉齐奥・西洛尼、丹尼斯・德卢奇芒、安德烈・马尔罗、萨尔瓦多・德马达里亚加、吉多・皮奥韦内、科文特加登歌剧院*、维也纳歌剧院、巴

* 科文特加登歌剧院，全名为伦敦科文特加登皇家歌剧院，于 1732 年成立，亨德尔曾任音乐指导。1884 年倒闭，4 年后由皇家歌剧院取代。两次世界大战期间均停演，分别于 1919 和 1946 年复业，为享有世界声誉的歌剧院。

兰钦舞剧团*也都在他的计划之内。

纳勃科夫本人是作曲家，音乐成为艺术节的重要部分是毫不足怪的。在艺术节上，纳勃科夫打算以一个一个音乐家来对付艺术界的斯大林主义。他在计划书中强调："艺术节的政治、文化、精神道德上的用意何在，甚至艺术节的计划，都不应公之于世，应让公众自然地得出逻辑性的结论。艺术节上演出的作品几乎都是被斯大林分子和苏联的美学家贬为'形式主义''颓废'和'腐朽'的作品，其中包括俄国作曲家普罗科菲耶夫、肖斯塔科维奇（原文如此）、斯克里亚宾和斯特拉文斯基（原文如此）。"[8] 在沃尔多夫饭店，纳勃科夫曾向肖斯塔科维奇发难，要他批驳斯大林主义对音乐的攻击，在艺术节上，那个场面将达到高潮**。

纳勃科夫制订的各种宏伟计划，反映了中央情报局新近成立的文化宣传机器首次认真地提出了挑战。布雷顿那个羽毛尚未丰满的国际组织处，在这次艺术节上，无论是它的组织工作还是财力都将受到一次真正的考验。在纽约开了一个"艺术节账户"，为中央情报局和国务院暗中提供的经费做洗钱工作的，是美国文化自由委员会。中央情报局紧急成立了一个法菲尔德基金会，作为一个外围组织，或者说是为艺术节提供经费开辟一条"通道"。后来由于这个基金会很有用，就保留了下来，作为中央情报局向代表大会提供补助的主要出纳部门。至于英国为参加艺术节所需的财政支援，中央情报局是通过与情报研究局和伍德罗·怀亚特协商来解决的。伍德罗·怀亚特作为英国财政大臣盖茨克尔先生的私交，允诺筹备更多的经费。

布雷顿的国际组织处也直接参与了与波士顿交响乐团的协商。纳勃科夫已经使他的老友、交响乐团的艺术指导查尔斯·明希（Charles Munch）对艺术节发生了兴趣。据纳勃科夫说，单是乐团的旅费这一项开支就"十分庞大"。而且艺术节举办的时间又与收益颇高的大众音乐

---

* 巴兰钦舞剧团，以巴兰钦命名的舞蹈团。乔治·巴兰钦（George Balanchine，1904—1983），苏联芭蕾舞蹈家，后赴法，是俄国革命后第一批移居外国的舞蹈家。1933年赴美，1948年建立纽约市芭蕾舞团，是美国芭蕾舞的创始人之一。

** 原文为 crescendo，意大利文，音乐术语，意为"渐强"。

季演出*的时间相冲突，这意味着乐团可能损失一大笔收入；但是纳勃科夫不想失去这一支美国普遍认为是最好的交响乐团。于是他求助于查尔斯·道格拉斯·杰克逊（Charles Douglas Jackson）。此人为一名坚定的冷战斗士，当时他已脱离《时代》杂志和《生活》杂志集团，参加了艾森豪威尔的竞选班子。这位被简称为 C. D. 的杰克逊是波士顿交响乐团管理班子的成员，他与法菲尔德基金会的主席、艺术节的"天使"朱利叶斯·弗莱希曼（Julius Fleischmann）一起，正式"邀请"乐团在艺术节上演出。名义上他们是代表文化自由代表大会。其实他们是暗中代表中央情报局。该局已保证提供 13 万美元作为这次出访经费（名义是著名人士和机构的捐款）。交响乐团赴艺术节演出这件事就这样敲定了。

1952 年 4 月 1 日，"二十世纪杰作"艺术节于巴黎拉开帷幕。开幕式中，波士顿交响乐团在皮埃尔·蒙特（Pierre Monteux）的指挥下演奏了《春之祭》**（*The Rite of Spring*），39 年前，这位著名指挥家就指挥过这部乐曲。法国总统樊尚·阿里奥尔和夫人出席，坐在斯特拉文斯基的旁边，真是大放异彩的盛举。在此后的 30 天里，文化自由代表大会为巴黎献上了 20 世纪 70 位作曲家上百部交响乐、协奏曲、歌剧和芭蕾舞。参加演出的有 9 个交响乐团，其中包括波士顿交响乐团，维也纳交响乐团，西柏林里亚斯乐团***（由马歇尔计划的对应资金出资），日内瓦的瑞士罗曼德乐团（the Suisse Romande of Geneva）、罗马的桑塔·西西利亚乐团（the Santa Cecilia orchestra of Rome）、法国国家电台乐团（the National Radiodiffusion Française）。主角是那些被希特勒或斯大林放逐过的作曲家（有些作曲家如奥尔本·伯格****，更因其作

---

* 原文为 pops season，指波士顿交响乐团的夏季演出，即以波士顿通俗乐团名义为大众演出古典音乐或音乐剧中的通俗小品。

**《春之祭》，法文名为 *Le Sacre du Printemps*，著名芭蕾舞剧，斯特拉文斯基作曲。1913 年 5 月由佳吉列夫俄罗斯芭蕾舞团首演于巴黎，具有先锋派特征，担任指挥的也是蒙特。

*** 里亚斯（RIAS），美国（西柏林）占领区无线电台的缩写，其全称为 Radio Station of American Sector。

**** 奥尔本·伯格（Alban Berg，1885—1935），奥地利作曲家，勋伯格弟子，促使 20 世纪无调性音乐风格成熟的主要人物之一。1933 年，纳粹政权称其作品为"堕落的艺术"并禁演，其作品在苏联也被禁演。

品遭希特勒和斯大林两人所禁而享有殊荣）。艺术节上演出的乐曲的作曲家中还有奥地利出生的阿诺德·勋伯格，由于他是犹太人，又是“堕落音乐”的作曲家，1933年被纳粹逐出德国；俄国的音乐“评论家”也批评他的作品是“反美学，反悦耳和声，混乱，空虚”音乐的代表；保罗·兴德米特是另一位逃离纳粹德国的流亡音乐家，现在又遭斯大林主义者的批评，说他开创了“图解式、线性伪旋律对位”学派，这时欧洲和美国的许多伪现代主义者正追随这一学派；此外还有克劳德·德彪西，据《苏联音乐》杂志说，“正是在他的印象主义庇护下，一批现代主义的毒草被允许滋意生长。”

塞缪尔·巴伯、威廉·沃尔顿、古斯塔夫·马勒（Gustav Mahler）、埃里克·萨蒂（Eric Satie）、贝拉·巴托克（Béla Bartók）、海特·维拉-洛博斯（Heitor Villa-Lobos）、伊尔德博兰多·皮泽蒂（Ildebrando Pizzetti）、维托里奥·列蒂（Vittorio Reiti）、贾恩弗兰科·马利皮埃罗（Gianfranco Malipiero）、乔治·奥里克（George Auric）等人的作品也被选来反映“我国创作的正统地位”。（这些人连同达里乌斯·米约，Darius Milhaud，在《苏联音乐》杂志上都被列为资本主义城市里一批势利的、迎合资产阶级趣味的奴性帮闲。）此外还有亚瑟·奥涅格（Arthur Honegger）、让·弗朗塞（Jean Françaix）、亨利·索格特（Henri Sauguet）、弗朗西斯·普朗克（Francis Poulenc）种艾伦·科普兰（此人与心理分析学家弗洛伊德和博奈、哲学家柏格森以及“恶棍”雷蒙德·莫蒂默和罗素等人放在一起，这些人都是苏联音乐学家和评论家不屑一提的）。斯特拉文斯基1939年逃离巴黎，这次他亲自指挥了自己的作品《俄狄浦斯王》，由让·科克托设计舞台和编舞。（在最后时刻，美国文化自由委员会要求在艺术节的节目单中删去科克托的名字，于1952年4月9日打电报给纳勃科夫说，他们刚刚获悉“在共产党主使的对苏联间谍在希腊被处决的抗议书上，科克托签了名。这次抗议显然是共产党指使的，我们这里觉得他的名字应从节目单中被删除。”但是没有照办。）

国务院出资请弗吉尔·汤姆森改编格特鲁德·斯坦因的三幕剧《四

圣徒》，由利昂泰因·普赖斯主演。纳勃科夫后来向亚瑟·施莱辛格吹嘘说："她是由我提携才走上演艺生涯的。因为这个缘故，她愿意帮我做任何事，要是换了别人，不管是谁，她都不会去做。"奇怪的是，弗兰克·威斯纳的妹妹伊丽莎白也说，是她发现了普赖斯并举荐了她，普赖斯自称她是威斯纳的"巧克力妹妹"*，普赖斯是她那个时代最伟大的女高音之一，此外她还有一个有利条件，至少对于她的赞助人来说是如此，因为她是一个黑人。1951年11月15日，艾尔伯特·唐纳利（Albert Donnelly，此人在艺术节结束后忽然消失得无影无踪）写信给朱利叶斯·弗莱希曼："这里关心艺术节的朋友们当中，有人提到一位黑人歌唱家利昂蒂妮·普赖斯（名字拼写有误），我想此人大概是受纳勃科夫保荐的。她应该是十分出色的歌唱家。你能否向纳勃科夫说一声，我们应当起用她来主演《四圣徒》？我尚未与弗吉尔·汤姆森讨论有关她出演的事。此地还强烈地认为，出于心理原因，《四圣徒》的全部演员都应该是美国黑人，以此来反击所谓的'种族压迫'宣传，这种批评实际是说我们不得不起用外国黑人。我们要先发制人，因为我们不能让人指着鼻子痛骂。"[9]

艺术和雕塑展是由詹姆斯·约翰逊·斯威尼（James Johnson Sweeney）协助组织的。斯威尼是一位评论家，担任过现代艺术博物馆馆长。这家博物馆根据签订的合同负责组织这个展览。展品都是从美国各家收藏中精选出来的马蒂斯（Matisse）、德兰（Derain）、塞尚（Cézanne）、修拉（Seurat）、查格尔（Chagall）、康定斯基（Kandinsky）以及其他20世纪初期的现代主义大师的作品。展品经海运于4月18日抵达欧洲。运展品的轮船名字十分贴切地叫作"自由号"。斯威尼在新闻发布会上直言不讳地讲到这次展览的宣传价值：由于这些来自不同国家的作品都是在自由世界的环境下创作的，作品本身就说明"当代艺术家在自由氛围下生活和工作正是他们所向往的。展品均为杰作，这些作品的创作和展示，在纳粹德国和现今的苏联及其卫星国的极权主义政权下是不允许的。其中许多绘画和雕塑被这些政府贴上了'堕落的''资

* "巧克力妹妹"（chocolate sister），因普赖斯的肤色像巧克力。

产阶级的'标签就足以证明这一点。"[10] 这是一种反证法，反过来证明自由世界的主流艺术正是极权主义国家所仇视的。而且，尽管展出的都是欧洲的杰作，却都被美国的收藏家和博物馆所收藏。这一事实又明确无误地表达了另一层意思，那就是现代主义的存在和前途都要归功于美国。艺术展大受欢迎，取得了极大的成功（只有赫伯特·里德批评说，展览过于强调回顾性，而且把20世纪的艺术仅囿于一个封闭的时期），据现代艺术博物馆馆长阿尔弗雷德·巴尔（Alfred Barr）称，参观人数之多是二战以来绝无仅有的。

朱利叶斯·弗莱希曼是一位以吝啬闻名的百万富翁。从他的本性出发，他把中央情报局的钱捞来装入自己的腰包，所有的好声誉也都揽为己有。"他"捐款7000美元，使艺术展得以转到塔特，为此大不列颠艺术委员会还殷殷向他致谢。该委员会报告说，这是"一次成功，受到广泛的赞扬。迄今已有25000人参观了展览，报界的反映也极佳。"

文学领域的辩论是个大杂烩。在主席台就座的有艾伦·塔特、罗杰·凯卢瓦（Roger Caillois）、格伦韦·韦斯科特、威廉·福克纳、W. H. 奥登、捷斯洛·米沃什、伊格纳齐奥·西洛尼、丹尼斯·德卢奇芒、安德烈·马尔罗、萨尔瓦多·德马达里亚加和斯蒂芬·斯彭德。报界对文学界的辩论反应也不热烈。评论家发现一流的名作家和二流作家之间有所不同，但他们对会上冗长的发言都感到腻烦。《十字路口》（*Carrefour*）杂志（一本属于左翼的反斯大林主义的刊物）的记者听了斯蒂芬·斯彭德的发言，但是他注意到的只是斯彭德的"褐红色皮肤和一头冲冠怒发"。丹尼斯·德卢奇芒则被认为"表现最佳，他极为冷静，头脑清楚，十分巧妙地提出了一个作家与社会之间的关系问题"。但是吉多·皮奥韦内的发言"却僵硬得如同他的衬衫领子。他说的话叫人听不懂，于是刹那之间，你会觉得你根本没有在听……这位意大利记者在门口告诉我，他之所以离开会场是因为他已厌烦透了。他说：'作家的任务就是写作。'我倒觉得这是另一条真理。"[11] 另一位评论家对加缪和萨特没有出席感到遗憾。他指出，出席文学讨论会的其他法国作家，如雷蒙德·阿隆、安德烈·马尔罗、热内·塔弗尼埃（René Tavernier）、儒勒·莫纳瑞（Jules

Monneret）、罗杰·尼米埃（Roger Nimier）、克劳德·莫里亚克、让·昂鲁什（Jean Amrouche），他们的“政治观点”十分一致，这意味着一个局外人来听他们讲话，就会对于“我们的美学观点和道德观念”得出一个与实际情况不相符的结论。

萨特拒绝参加这次艺术节。他干巴巴地说他反共“还没有反到这个程度”。如果他真的出席了，他很可能像他自己写的小说《恶心》* 中的主人公一样，“在这一群说话得体而理性的人中间显得不合群。这一群人把时间都用在表态上了，而且对他们之间意见如此一致感到十分自得。”西蒙妮·波伏娃在其著作《真人真事小说：达官贵人》** 中也描述了同样的无聊和厌倦：“总是同样的面孔、同样的环境、同样的对话、同样的问题。越变越重复自己，到头来你就觉得成了活死人。”

原先有一个“失败的上帝”，现在，这次大聚会上显然找到了一个不能失败的上帝，这个上帝就是反对共产主义。“萨特牌”的存在主义既只顾自己，又缺乏集体主义精神，无疑是拿不出什么来贡献给这些已经领受了圣餐的人们。这些人看到了一种进步的文化，就其实质而言，这种文化就是思想统一，并早就为知识分子与社会上政界和“私人”之间确立了一种良好的关系。萨特成了敌人，这不仅因为他对共产主义采取的立场，而且还因为他鼓吹的个人主义理论与美国极力主张的联邦主义“人类大家庭”是抵触的。美国现在正通过文化自由代表大会这类组织来促进“人类大家庭”的实现。（顺便提一句，苏联也不喜欢萨特，他们把存在主义视为“一道令人恶心的、腐烂变味的菜肴”。）

美国人在巴黎过得很开心。伊丽莎白·哈德威克和罗伯特·洛厄尔此时正在欧洲旅行，“经不起艺术节的诱惑”，也来巴黎凑热闹。他们报道说，“看来大家都在欢度一段美妙的时光。”珍妮特·弗兰纳（Janet Flanner）用吉内特（Genet）的笔名为《纽约客》（*The New Yorker*）撰文，她把1952年5月整整一个月都用来撰写有关艺术节的

---

*《恶心》（*La Nausea*），萨特于1938年出版的日记体小说，主人公是作家罗康丹，对物质世界感到厌恶，在幻想中找到完美的世界。

**《真人真事小说：达官贵人》（*Romana chef: the Mandarins*），反映二战后知讽分子从政的史实。

《巴黎来鸿》。她写道："吹毛求疵的法国报纸为艺术节不知耗费了几加仑的墨水，为法美关系争论不休又不知浪费了多少精力。总之，说大饱了眼福、耳福大概是错不了的。赞赏之余，结果却是一个大得人心的惨败。"[12]她同大多数观察家一样，也觉得有关文学的讨论会"枯燥乏味"。福克纳嘟嘟囔囔地说了些语句都不连贯的话，对于代表大会指导委员会提出的一些"荒谬的讨论题，比如'孤立与交往''叛离还是和睦相处'等，他也没有提出任何有见地的看法，实在令人失望"。唯一答应参加的"有文化素质的"法国人是"时任戴高乐将军的政治副手安德烈·马尔罗，而他（仅仅）说'现在美国已成为欧洲的一部分。'"[13]

Cette fête américaine（美国的节日）成为法国人餐桌上的热门话题。不属于共产党的左翼报纸《战斗报》（*Combat*）刊载了盖伊·杜慕（Guy Dumur）的系列文章，他的结论是："令人困惑的是，这些文化娱乐活动却与签订一项建立欧洲军队的条约相关联，而且还关系到海军上将费克特勒（Admiral Fechteler）的报告（这是一条他对一份报告所作的附注，也许是捏造的，据说这位海军上将在这条附注中就 1960 年不可避免要发生的战争向国家安全委员会提出了建议）。无论是真是假，这些都丰富了反对美国神话的内容，再次引起了欧洲人的恐惧。在有关美国这个问题上，既存在着令人不舒服的沙文主义，又夹杂着自卑感（法国人自己对此并没有意识到），此时却恰好找到了一个迸发出来的口子，那就是贬低这次欧洲艺术展的价值。说起来有点古怪，但实际上却表现得十分明显。美国倒是希望对欧洲的艺术表示敬重之意，不过在做法上有些笨拙而已。"[14]

但是，《战斗报》上另一篇文章却嘲弄这次"大西洋公约组织的节日"（NATO's Festival），文章抱怨说，艺术节倒是十分热闹，但是"法国的音乐家同样也是最优秀的，却被人遗忘了。这也许是因为他们从未听说过有一个亚拉巴马州或者爱达荷州的缘故吧……如果说整个活动后面没有什么被掩盖起来的目标的话，我们倒是完全可以克制我们的民族自尊心的。自由文化是什么，这并不需要文化自由代表大会来下定义。自由和文化的特征就是既不受约束也不带有偏见，更不用别人拿钱出来资助……就我们而言，在这份报纸上出现的‘自由’和‘文化’这两个词的含义，从来就是十分明确的，并不需要在观点上作出什么妥协。我们倒不必把这两个词与艺术节联系起来才能理解它们的含义。对这些活动的价值的理解和关注，并不需要一个‘获得灵感的’巴纳姆*来帮忙，也不需要借助一面‘大西洋’的旗帜。”[15]

纳勃科夫原来是打算把艺术节的宣传价值掩饰起来，但是他失败了。珍妮特·弗兰纳说，这是“战后一次规模最大的文化宣传**，无论是政府组织的还是私人举办的，没有一次能出其右者……宣传的重点当然是反共。”法国厌恶艺术活动接受某一方面的资助或补贴，因此，代表大会企图把20世纪的大师级杰作同政治意图拉在一起就引起了普遍的愤慨。巴黎歌剧院的芭蕾舞团团长瑟奇·利法（Serge Lifar）以其言行肆无忌惮而闻名。他在一封致艺术节组织者的公开信中愤怒地指责代表大会在法国发动一场“毫无意义的”十字军运动，以此来反对“虽有可能但目前尚不可预见的”（共产主义）文化征服。显然利法已经忘记了“维希年代”***，断言“要让法国在精神上屈从于他人是不可思议的事。任何人只要了解法国长期为思想自由和个人独立而斗争的历史，他就弄不明白你怎么还敢跑到这里来奢谈自由，对我们思想界的活动指手画脚。先生们，你们是大错而特错了。在精神、文明和文化问题上，法国无须听取任何人的意见。法国是向别人提出忠告的国家。”[16]

左翼日报《义勇军》对利法是否有资格以法兰西战士的身份讲话提出了质疑。“他没有资格来为这样一项事业说话。艺术的作用与献身于争取自由和人类尊严在性质上并不是一回事。在德国占领法国时期，这一伟大事业受到压制，这时两者就更加显得不协调了。要知道当时德国人并没有不让利法先生跳舞。”Touché（一针见血）！这篇文章接着写

* 巴纳姆（Phines Taylor Barnum，1810—1891），美国游艺节目演出的经理人，以主办耸人听闻的游艺节目和奇人怪物的展览而闻名，此处指巴黎艺术节的后台美国。

** 宣传（propaganda）一词在英语多用于贬义，一般指为某种政治利益服务的宣传。含有不顾事实，甚至含有谎言和欺骗的意思。

*** “维希年代”，指二战时期法国中部城市维希傀儡政府执政的年代（1940—1944）。1940年贝当向德军求和，在维希成立政府，自任“元首”。这里代指法国屈从于德国纳粹的这段历史。

道："我们千万不要忘记政治和宣传。艺术界或科学界从事创造性活动的人物被用来为政权或首脑服务，这种令人困惑不解的阴暗行为并非来自自由世界。自由世界允许精神这个东西在世界上任何地方自由飞翔。自由的翅膀现在还没有被折断呢。"[17]

《义勇军》全力以赴地支持这次艺术节。几年前这家报纸并不完全掩饰其反美主义倾向，现在似乎醒悟过来了。其时任该报编辑的乔治•奥尔特曼是代表大会指导委员会的成员。支持艺术节的还有《费加罗文学报》（*Figaro Litteraire*），该报赞扬艺术节是"不带偏见的艺术活动的一大证明"。这也并不奇怪，因为这家报纸的主编莫里斯•诺埃尔（Maurice Noel）是雷蒙德•阿隆的朋友，是他把阿隆介绍给代表大会的。法国的一家大报《费加罗报》（*Le Figaro*）也是通过其主编伯里森（Brisson）先生与代表大会建立密切关系的。伯里森是纳勃科夫做了艰苦的工作，通过多次马拉松式的午餐培植起来的关系。

在共产党的报纸上，代表大会被攻击得体无完肤。《人道报》攻击代表大会是一个险恶的阴谋，它的建立就是"要让美国在意识形态上占领法国，就是要使法国思想界充满好斗的法西斯思想，接受这种思想就会使法国知识分子被招募去参加一支'文化部队'，从而加强欧洲军……于是，文化交流就变成了美国强化其渗透、间谍和宣传计划的工具。这些计划是勃纳姆制定并得到代表大会批准的……亨利•鲁斯先生有一句名言说，'20世纪在某种意义上是美国的世纪。'这句话一语道破这个称为'20世纪艺术节'的真正含义。"[18]《战斗报》上的一篇文章说："现今美国正在扮演的角色正是罗马帝国曾在希腊扮演过的角色，不过新一代的哈德良*们不再是皇帝了（甚至也不是总统），他们是一批银行家和汽车制造商。"

戴安娜•乔斯尔森还记得这个时期的巴黎反美主义盛行一时，到处都是"美国佬滚回去"的情绪："你遇到的人不见得都带有这种情绪，但他们确实认为典型的美国人是粗鄙的。"许多美国人对于美国慷慨赠

---

* 哈德良（Hadrian，76—138），罗马帝国皇帝，对外采取加强帝国边境政策，对内则强化极权统治，曾在不列颠境内筑起"哈德良长城"（Hadrian Wall）。

予却好心得不到好报感到愤愤不平。C. D. 杰克逊承认："如果我不控制自己的话，我对这些欧洲人会非常不耐烦。欧洲人怎么能一边喊着'美国佬滚回去'，一边又觉得每个美军师离开了欧洲就是世界末日来临呢？也许是我太笨，我实在搞不明白欧洲人有名的逻辑思维是怎么回事。"[19]

总的来说，纳勃科夫的艺术节"最终的结果还是在原本已经疙疙瘩瘩的法美宣传关系上加上了一个痛苦的新结。"[20] 德诺夫维尔从来就没有相信过举办艺术节是个好主意。他后来说，这个艺术节"似乎仅仅是一篇耗资巨大的封面故事*。但是，当时的华盛顿却抓住不放，给我们投入了巨额资金，因为美国政府以为这是个绝妙的主意，实际上只不过产生了雪球效应。我们能称之为成功吗？好吧，让我们试问两个问题：艺术节的目的究竟是什么？它真是广泛地宣扬了文化自由吗？我不敢作出肯定的回答。我觉得它只是起了封面报道的作用。我的意思是，艺术节推出一个弗莱希曼，把他捧成这件大事的赞助人。花如此大的力气到底得到了什么，是一笔糊涂账。窃以为，艺术节只是设了一个大橱窗，把美国货拿来展示了一番，让别人看看美国货是可以同欧洲文化一比高下的，而华盛顿却对此倾注了极大的热情。"[21]

梅尔文·拉斯基也不为所动。他抱怨说，"波士顿交响乐团参加艺术节耗资实在太大了。"（准确地说，把这个乐团弄到欧洲来，总共花费了 166359.84 美元。）拉斯基接着说："我认为（艺术节）没有多大价值。外国人是否知道美国人也会搞音乐并不重要。整个艺术节并不是一个捞钱的项目。正如人们所言，这个项目并没有多大油水可捞。这么多钱也还是紧巴巴的，勉强够用而已。所以，把大把大把的钱花在这样一个华而不实的项目上，确实没有道理。"[22] 戴安娜·乔斯尔森总结说："当时法国的反美情绪十分强烈，纳勃科夫举办艺术节的用意就是要抵制一下这种反美情绪。但是艺术节却让人更加相信，代表大会的背后是美国在撑腰。"[23]

尽管如此，艺术节还是取得了两个看得见、摸得着的成果。第一，艺术节推出了波士顿交响乐团，使之成为美国高超交响音乐的一块金字

* "cover story"，将标题安排在封面醒目位置的长篇报道。

招牌。在它出现在巴黎艺术节上并取得成功之后，这个交响乐团走遍了欧洲的各大城市，在海牙、阿姆斯特丹、布鲁塞尔、法兰克福、柏林、斯特拉斯堡、里昂、波尔多和伦敦巡回演出。显示美国文化雄厚的实力，成为中央情报局对付老式宣传车的一种手段。

C. D. 杰克逊撰文激动地声称，波士顿交响乐团欧洲之行取得了“压倒一切的成功……这可不是一件轻易能办成的事。但是，从一项伟大事业的角度来看，显然具有重大意义，而且证明前期为之付出的汗水和血泪是值得的。在欧洲，为人们所接受的美国货只是可口可乐、浴缸和坦克，别无他物。鉴于此，波士顿交响乐团来到欧洲为我们带来了机会，如果还不能说是唯一最佳机会的话，那么也称得上是最佳机会之一。该乐团在思想文化领域所做的贡献固然不可以量计，但其贡献是无比巨大的。”[24] 布雷顿同样激动不已。他后来回忆说：“波士顿交响乐团在巴黎为美国赢得的声誉超过了约翰·福斯特·杜勒斯和德怀特·艾森豪威尔的上百次演说，为此我感到非常高兴。”[25]

艺术节的第二个成果是建立了法菲尔德基金会这个代表大会可靠的后援组织。也就是说，欧文·布朗无须再从他的秘密经费里拿出钱来，现在他可以退居幕后了。1952 年 12 月 30 日，法菲尔德基金会正式登记注册，成为一个“非营利性的”法人组织。据该基金会出的小册子介绍，“基金会是由一些美国个人组建成立的。这些人致力于维护自由世界的文化传统，并鼓励不断扩大艺术、文学和科学领域的交流。为此目的，基金会向一切介绍和宣传最新文化成果的团体和机构以及一切致力于文学、艺术和科学事业的团体提供资助，从而可能对文化的进步作出有价值的贡献。基金会为一切机构提供帮助，只要这些机构进行的项目有助于加强世界各国间的文化关系，并向具有同样自由文化传统的各国人民揭示极权主义对思想和文化进步所具有的固有威胁。”[26]

法菲尔德基金会的第一任会长是弗莱希曼。他居住在辛辛那提市郊的印第安山（Indian Hill），是中央情报局的一名最重要的外国人员，又是继承了酵母厂和杜松子酒厂的大笔遗产的一个百万富翁。他曾资助过《纽约客》杂志，还吹嘘自己是一大堆艺术单位的赞助人：他是纽约大都会歌剧院的董事，伦敦皇家艺术学会的研究员，耶鲁大学戏剧学院的顾问委员会成员，蒙特卡罗俄国佳吉列夫芭蕾舞团的董事，同时还是纽约芭蕾舞基金会的董事，另外还资助过许多百老汇的演出剧目。乔斯尔森称他为“美国支持世界文化事业的梅塞纳斯”*。他个人的财富和各种艺术团体赞助人身份，都使他成为中央情报局资助文化自由代表大会最理想的天使。

布雷顿后来称弗莱希曼是许多“富人中愿为政府效力的人物之一。由于他们被允许加入反共秘密斗争的行列，他们便觉得自己成了重要人物。”[27] 弗莱希曼早在威斯纳的政策协调处成立之初，就是该处的一名铁杆成员，那时他便是华盛顿林荫道上库房里布满灰尘的走廊上的常客。他为自己成为隐蔽活动的外围人物角色深感自豪（最初是通过弗莱希曼基金会成为秘密工作的掩护人员）。但是，国际组织处成立后，政策协调处的地位有所动摇，弗莱希曼随即也受到连累。布雷顿说：“这是因为他扮演这个角色过于认真。他开始认为自己是这些外围掩护机构的‘老板’。其实这些机构只是利用他的名义，但是他却当真了。我还记得他开始向我提要求了。他会对我说，他的基金会想做这件事，不想做那件事，而这正是我最不希望发生的情况……最后我提议他去法菲尔德基金会，也算作为一种补偿吧。但是这个基金会永远只能是一个掩护机构。谁来担任会长只不过是个名义，那些从纽约来的老家伙坐在董事会里只是帮我们的忙而已。”[28]

布雷顿接着解释说：“法菲尔德基金会是中央情报局的一个基金会，此外还有许多类似的基金会。我们利用各种基金会的名义做许多事，这个基金会只是空中楼阁，实际上并不存在。我们会到纽约去找某位知名的富豪，对他说‘我们想成立一个基金会’，我们会告诉他我们打算做什么，但要求他保密，他就会说，‘我当然愿意效力。’然后我们就去印信纸，笺头上署上他的名字，于是一个基金会就成立了。这实在是一件十分简单的小事。”[29] 弗莱希曼作为法菲尔德基金会的会长，在外人

* 梅塞纳斯（Maecenas，约公元前 70—前 8 年），罗马帝国的大富豪，曾任奥古斯都皇帝的外交官和顾问，著名的文学赞助人。

面前，他要表现得像文化自由代表大会的一位来自非官方的天使。戴安娜·乔斯尔森评论说："有一位保护人出面是件好事，而他也愿意扮演这样一个角色。不过，这种关系变得既累人也烦人，因为当迈克尔在这位大庇护人面前装模作样地表现出一副谦恭的模样时，往往让他没法去做实实在在的事。"[30]

法菲尔德基金会的董事们每两个月在纽约举行一次会议，每次都有一名文化自由代表大会的"来宾"参加，比如纳勃科夫、乔斯尔森或马格里奇。董事们的任务就是批准各种支出，不提任何问题，用马格里奇的话来说，他们是在履行爱国主义的义务，在"喜剧"中扮演一个角色。董事会还要举行年会。戴安娜·乔斯尔森把这种年会比作"典型的闹剧。迈克尔会去参加年会，弗莱希曼当然也要出席。在某种程度上讲，董事会中的关系十分滑稽可笑，因为我们已把一切安排停当，董事们就按事先安排好的程序一项项地依次往下做。"[31]

作为代表大会的秘书长，纳勃科夫当然知道，对于为巴黎盛大艺术节慷慨解囊，他应当向哪个政府机构表示感谢。几年之后，他向乔斯尔森承认，"奎恩·朱利安那·弗莱希曼"从来就是一个值得称道的人物。他一直认为"这个吸毒的阔佬"并"不是一个好的渠道"。但是表面上纳勃科夫表现得一无所知，仍然说"真怪，我脑子里从来没有考虑过钱的问题。也许这确实应该是个问题，因为很难想象美国的工会组织会如此慷慨地拿钱出来资助一个耗资如此巨大的现代艺术节，而且还不是在美国举办，偏偏在所有地方中选中了巴黎……我的梦再离奇也不会想到竟是美国的间谍机关帮我圆了我的梦，我不曾料到，我心情愉快地坐着头等舱飞机飞往巴黎的机票，居然是中央情报局通过其驻欧洲的工会组织代表——那位乐呵呵的布朗先生为我支付的。后来不久，应该说很快，同一个间谍机关又通过各基金会'转手'，像水泵似的把钱注入我们的文化委员会、美国的一些学院、出逃的交响乐团等等这类的团体。"[32]

纳勃科夫能那么无知吗？他竟然会不知道他已经被卷进了一个精心设计的骗局？或者，他就像他那些同时代的人一样，成为格雷厄姆·格林*笔下的另一个沉静的美国人奥乐登·派乐（Alden Pyle）。“他甚至没有听见我说什么，他已经完全沉浸在民主和西方的使命这个两难的问题之中，我很快就获知他已决心不为任何个人而是为一个国家、一个大陆、一个世界去做一点有益的事。啊，是了，现在他要在自己的活动范围内把整个世界变得更加美好。”[33]

* 格雷厄姆·格林（Graham Green，1904—1991），英国小说家，以写惊险小说成名，后来又写了一些间谍小说和电影剧本。1955年他发表了著名长篇小说《沉静的美国人》（*The Quiet American*），含蓄地预言美国可能卷入越南战争。奥尔登·派乐是小说的主人公。

第九章 联合部队

"陛下，哪些东西在您治下？"

"一切都在我的治下。"国王的回答出奇的简单干脆。

——安东尼·德·圣埃克苏佩里：《小王子》

不付出代价是得不到文化的自由的。此后的17年中，中央情报局向文化自由代表大会及其有关项目投入了几千万美元。身负如此重大责任，中央情报局实际上是在起着一个文化部的作用。

中央情报局极力把文化变成冷战武器的一大特点就是把"非官方"团体或"朋友"有系统地组织起来，成为一个网络，形成一支非官方的联合部队。这就是慈善性质的基金会、公司企业以及其他机构和个人创造性的联合。这些机构和个人与中央情报局密切合作，提供掩护，并为该局在西欧的秘密活动提供经费来源的渠道。此外还可以依靠这些"朋友"在国内外为美国政府的利益讲话，但是又表现得他们讲这些话纯粹出于自发。这些个人和机构保持着"非官方的"身份，实际上却是中央情报局委任的从事冷战风险投资的资本家。

组建这样一支联合部队的灵感来自艾伦·杜勒斯。在他同他的兄长约翰·福斯特·杜勒斯合伙开办萨利文－克伦威尔律师事务所时，他就开始在战后筹建基金会了。1949年5月，在他的主持下成立了自由欧洲全国委员会，表面上是"一批非官方的美国公民"发起的，但实际上却是中央情报局野心勃勃的外围组织之一。1949年5月11日在纽约登记注册成为法人组织后，自由欧洲全国委员会宣布其宗旨是"利用逃亡的东欧人多种多样的专长来开展各种项目，以此积极地与苏联的统治地位作斗争。"[1]委员会坚信，这场斗争的胜利不仅要依靠物质手段，也要依靠思想的力量。不久该委员会就打进了文化冷战的所有领域。国务卿艾奇逊宣称："国务院对于建立这样一个组织感到非常高兴。国务院认为这个组织的宗旨非常好，欢迎它加入这个行列并予以全力的支持。"[2]国务院对委员会公开表示祝贺，其用意就是掩盖它的官方背景，同时也掩饰它完全是在中央情报局的操纵下运作的事实。该委员会百分之九十的经费是由中央情报局从无须任何凭证的特殊经费中提供的。在艾奇逊的支持背后还有一个被掩盖起来的情况。虽然委员会的章程中有一条说"本法人组织的任何活动均不得用于宣传"，但是恰恰相反，这个机构的建立就是为了做这件事的。[3]

1950 年 12 月，艾伦·杜勒斯转入中央情报局，从此他就成为自由欧洲全国委员会"不挂衔的后台老板"，同卡梅尔·奥菲一道工作。奥菲在该委员会一年前成立之时起，就一直替威斯纳的政策协调处监管这个机构。现在由杜勒斯来负责组织其下属各委员会、确保预算拨款、制定战略。杜勒斯作为建立自治机构*的创始人之一，他懂得美国的冷战计划的成功要看它"能否在表面上独立于政府之外，看上去是反映热爱自由的个人自发的信念。"[4]单从这方面来看，冷战时期自由欧洲全国委员会（有限公司）在中央情报局的领导下将外交政策机构"公司化"这一点上堪称楷模。

自由欧洲全国委员会下面分设了各种委员会和小组，许多董事会和管理委员会。读读这些委员会成员名单犹如在读《美国名人录》一般。相互密切联系至关重要。保罗·法莱里（Paul Valéry）曾经开玩笑地评论说，欧洲人的雄心壮志要由一个美国的委员会来管理。这种相互联系又给这句玩笑话增添了新意。在德国任高级专员的卢修斯·克莱，曾经为创办《月刊》杂志大开绿灯；考尔斯出版集团的总裁加德纳·考尔斯（Gardner Cowles），同时也是法菲尔德基金会的管理班子成员之一；此外还有通用汽车公司的总裁亨利·福特二世；现代艺术博物馆的托管人卡尔普·霍比（Culp Hobby）曾允许中央情报局利用几个家庭基金会

---

* 自治机构，QANGO，由 Quasi-Autonomous Non-Governmental Organization 第一个字母缩写而来，全译应为"准自治性质的非政府组织"，实际上由政府资助。

作为管道；弗朗西丝·斯佩尔曼（Francis Spellman）是冷战骨干分子；时代－生活杂志的经理 C. D. 杰克逊是心理战老手；约翰·休斯（John Hughes）任美国驻大西洋公约组织的大使；另外还有朱利叶斯·弗莱希曼，亚瑟·施莱辛格，塞西尔·B. 德米尔（Cecil B. DeMille），斯皮罗·斯库拉斯（Spyros P. Skouras），达瑞尔·扎努克（Darryl Zanuck）和德怀特·D. 艾森豪威尔。其中有企业家、律师、外交官和马歇尔计划的行政官员、广告业经理、媒体大亨、电影导演、记者、工会工作者，当然还有中央情报局的特工，这部分人数量不少。

这些人都是“知情者”（witting）。这是中央情报局的行话，所谓“知情者”指的是“本行中的内行”。他们懂得当地的语言，识得密码，熟悉习俗，辨认各种标识。凡是“知情者”都可以加入俱乐部，说特殊语言，懂得各种暗号，知道交朋友的重要性。那些“不知情者”则被排斥在俱乐部之外，这样的人“对他周围发生的事情没有知觉，对于指导封闭的情报圈的各种高级概念一无所知。”[5] 中央情报局特工唐纳德·詹姆森可以放手去接触那些有能力参与隐蔽项目的美国同胞，把他们网罗进来。他回忆说：“在那段时间里，凡是美国人，我都可以跑去找他，对他说‘我是中央情报局的，我想向你了解这个那个’，最不济的我也能受到有礼貌的接待，并同他们讨论一些问题。”[6] 中央情报局的特工到哪儿去都不用敲门，门总是为他们敞开着。

杜勒斯的自由欧洲委员会（大家熟知的就是这个名称）成立整整 12 个月后，这个“非官方”行动的核心组织已经从“试验性的起始阶段转入一项广泛的、目标明确的计划，以相当大的规模开展了各种行动”。手中掌握这样一件工具，正逢其时，而且可以充分利用起来以争取“思想上的胜利”了。此时，自由欧洲委员会已拥有 413 名工作人员，其中 201 名是美国人，许多人是欧裔，委员会拥有 212 名具有专长的东欧流亡者。[7] 第一年的预算就高达 1703266 美元。另外还有 1000 万美元的预算专用于委员会于 1950 年在柏林建立的自由欧洲电台。在短短的几年中，自由欧洲电台就建立了 29 个播送站，用 16 种语言进行广播。任何人只要他支持斯大林政权，电台就“用德摩斯梯尼或西塞罗在《斥菲利浦篇》中*惯用的一切伎俩加以痛斥。”[8] 自由欧洲电台还从铁幕后面招募通风报信者，监听共产党方面的广播，搜集西方知识分子的反共讲演和文章，将其“研究”成果在国际上散发给学者和记者（包括隶属于文化自由代表大会的学者和记者）。

自由欧洲委员会的筹款机构叫作自由十字军，该组织的重要发言人和宣传者是一名叫罗纳德·里根的年轻演员。自由十字军被用作洗钱机构，把洗干净的钱用于支持后来担任中央情报局局长的比尔·凯西主持的一个计划，即纽约的国际难民委员会，据说这个难民委员会还参与协调工作，帮助纳粹分子从德国偷越国境前往美国，美国则指望这些纳粹分子能帮助政府进行反对共产主义的斗争。

杜勒斯把中央情报局的官员安插在重要岗位，通过他们牢牢地控制着自由欧洲委员会。如果发生了问题需要通过“非正常渠道”加以解决，杜勒斯只需召集委员会的主要负责人到纽约的一个俱乐部或一家饭店开个会就行了。绝密文件中记录了一系列杜勒斯在尼克博克俱乐部**和德雷克饭店主持的会议，（在这家饭店举行会议，就在那里租一间房。究竟有多少冷战战役是在饭店的房间里发动的呢？）另一些会议则就在中央情报局总部里杜勒斯或威斯纳的办公室里举行。

《洪堡的礼物》中讲故事的人曾说:“美利坚合众国就是一次大行动，一次非常大的行动。”在评论美国精英分子自愿充当“武装民船***船员”的忘我精神时，亨利·基辛格写道：“那一代美国人的光荣在于他们精力充沛、富有想象力并具有高超的技巧，勇于承担起他们的责任。通过重建欧洲、鼓励欧洲团结起来、建立经济合作机构、保护我们的盟友，他们拯救了自由。这种迸发出来的创造力堪称美国历史上光荣的一页。”[9]

---

* 这里提到的德摩斯梯尼（Demosthenes）和西塞罗（Cicero），分别为公元前384—前322年的古希腊政治家和公元前102—前43年古罗马的政治家，两人均以雄辩著称。但是《斥菲利浦篇》为德摩斯梯尼痛斥马其顿国王菲利浦二世的著名演说，西塞罗的著名演说为《斥安东尼篇》，疑原作引用有误。

** 尼克博克（knickerbocker），原意为纽约的荷兰籍移民，这个俱乐部大概是荷籍纽约人组织的。

*** 武装民船（privateer），原意为私人武装船，用于攻击或劫掠其他船只。这里指精英分子以民间身份参与反共和“捍卫自由”的斗争。

中央情报局的一名项目官员、格罗顿学院的校友亨利·布雷克（Henry Breck）则用另一种说法来表达："当然，如果你参加的是一场真正的战争，你就必须战斗，而上层阶级在战斗中是最奋勇向前的，他们之所以这样做是因为他们遭受的损失是最大的。"

当他们不是在俱乐部里或饭店里聚集在一起的时候，布雷克所称的上层阶级照样热衷于寻欢作乐。威斯纳和他的同僚们精力旺盛，充满自信而且口若悬河，此时他们全身心地投入社交聚会，享受人生，其程度并不减于他们致力于把世界从共产主义威胁下拯救出来。威斯纳十分喜爱跳一种叫作螃蟹横行步的舞。传奇式的马丁尼酒消费者（有时不论什么酒，只要他能买到，他都狂热地购买）。安格尔顿总是随着埃尔维斯·普雷斯利（Elvis Presley）的乐曲在舞会上不拘一格地自由起舞，常常是不用舞伴，一个人跳得非常起劲。英国军情局六处代号叫"C"的莫里斯·奥德费尔德（Maurice Oldfield）也极爱跳舞。珍妮特·巴恩斯（Janet Barnes）回忆道："莫里斯经常到长岛来拜访我们，晚上就在树下翩翩起舞。"[10] 当世界变得越来越古怪时，"各种现象也越来越复杂"，这批人的"一生每时每刻都像一把火一样熊熊燃烧。"

这批人疯狂地宴饮，白天却照样尽职尽责地工作，似乎令人难以置信。这些世界新秩序的经纪人之所以能够继续燃烧下去，精力没有很快耗尽，就是因为他们可能获得的利益实在无比巨大。狂欢后的第二天，他们又忙于保住他们的投资，增加他们的资产。秘密行动特工威廉·科尔比说："有些美国人会愿意有人把钱转入他们的账户上，然后用不同的方式把这些钱捐献出去。我们就跑出去四处去物色这类美国人。如果你去任何一个美国的机构、公司或其他什么单位，对他们说，'为了国家利益，你愿意把这笔钱转作他用吗？'他们会对我们表示敬意并说，'绝对没有问题，我十分高兴为你们效劳。'把钱转到世界各地用于我们想达到的目标是很容易办到的事。这可能并不是巨额资金，但是小笔的钱都能按照我们的方向支付出去。这种资金一路转过去，最后就是不加掩饰地交给使用者。我就干过这样的事。一般是把一捆捆的当地货币放进我的汽车后备厢里，把车开出去，然后把钞票放进另一个人的汽车里。"[11]

凡是同意用这种方式同中央情报局合作的公司和个人被称为“无声的渠道”（quiet channels）。这种渠道也能通过反方向的接触建立起来。项目官员李·威廉姆斯（Lee Williams）回忆道：“美国某些私人团体找上门来，这是常有的事。我们并不总是去找他们。我们所做的事，在道德上讲，总是觉得说不过去，但是因为两方面在意图上存在着共同点，我们在道德上的不安也就烟消云散了。”[12]

1956 年匈牙利暴动刚刚过去，韦尔奇葡萄汁公司的总裁、卡普兰基金会会长兼司库（该基金会的资产共 1400 万美元）的 J. M. 卡普兰写信给艾伦·杜勒斯，主动提出要把他“无穷的精力和智慧贡献给当前最重要的粉碎共产党阴谋的任务，愿意为这一事业寻找并创造任何可资利用的机会。”[13] 嗣后，杜勒斯就安排一名中央情报局的“代表”约见卡普兰。很快，卡普兰基金会就被视为一笔资产，一条为中央情报局项目提供秘密经费的可靠渠道，这些项目中就包括文化自由代表大会，以及以老牌社会主义者诺曼·托马斯（Norman Thomas）为首的美国文化自由委员会。

要把大宗的资金投入中央情报局项目而又不至于引起接受者对资金的来源产生怀疑，利用慈善性基金会是最便利的了。20 世纪 50 年代中期，中央情报局大规模地打入基金会领域。虽然拿不到这个时期的具体数字，但是 1952 年国会一个委员会的首席法律顾问奉命对美国各基金会进行调查后得出的结论是：“一个盘根错节而又能自我维持着长期存在的集团手中集中了无可比拟的巨大权力。它不同于公司的管理层，其权力不受持股人的约束；不同于政府，其权力不受人民的制约；它也不同于教会，其权力也不受有着牢固基础的教规的约束。”[14] 1976 年一个特别委员会奉命调查中央情报局的活动，就该局 60 年代中期渗入基金会领域的问题提出了报告：1963—1966 年期间，共有 164 个基金会为多达 700 个项目提供了 1 万美元以上的资助，其中至少有 108 个基金会的资金部分或全部来自中央情报局的资金。更重要的是，这 164 个基金会在这个时期资助的国际活动，几乎有二分之一用的是中央情报局的资金。

“货真价实的”基金会，如福特、洛克菲勒和卡内基等基金会，是“最好的也是最不令人怀疑的资助掩护机构。”[15] 1966 年中央情报局的一份研究报告强调，这种方式“尤其适合用于实行民主管理的会员制组织，因为这类组织必须向那些不知情的会员和合作者以及对他们怀着敌视态度的批评者保证，基金会的资金来自真正的、值得尊敬的私人来源。”毫无疑问，这样一来，中央情报局能够资助的隐蔽行动计划，其范围就可以不受任何限制。比如从 50 年代初以来，该局就通过这些基金会资助过青年组织、工会、大学、出版社以及其他机构。[16]

“中央情报局还有一个专管掩护机构的部门。这个部门的任务就是帮助我们提供借以掩护我们的行动的机构，比如基金会。”布雷顿接着解释说：“对于细节问题，我是不过问的。财务处会处理这些问题，由他们去同掩护部门的官员商量。这只是我们使用的一种工作机制。法菲尔德基金会就是其中之一。我说不出所有这类机构的名字，我记不住。不过这只是一个把这个口袋里的钱放到另一个口袋里的过程。中央情报局从来不缺钱。”[17]

钱的来来往往的过滤要经过一大批基金会，有的是负责主办的外围组织，有的只是管道。为人所知的知道内情而为中央情报局“输送”资金提供方便的有 170 多个基金会，包括霍布利泽尔基金会（Hoblizelle Foundation，向法菲尔德基金会输送资金）、利陶尔基金会（Littauet Foundation，向法菲尔德捐款）、普赖斯基金（Price Fundation，中央情报局的门面机构）、拉布慈善基金会（Rabb Charitable Foundation，从冒牌的普赖斯基金会那里拿中央情报局的钱）、弗农基金（Vernon Fund，同法菲尔德一样，也是一个冒牌基金会，其董事会只是一方橡皮图章），还有惠特尼信托公司（Whitney Trust）。这些机构的董事会成员都是一些美国的社会、金融和政治各界的顶尖人物。这些基金会宣称它们都是“私人”基金会，是有用意的。后来这成为一个笑柄：凡是美国的慈善机构或文化机构，只要它们的文件上常有“自由的”或“私人的”字样，那必定是中央情报局的外围机构。这就是运作中的联合部队，参与者来自大学校友网络、前战略情报局网络、董事会网络。

仅举法菲尔德基金会的董事会为例，就可以看到一张错综复杂的联络图。董事长是琼基（即朱利叶斯）·弗莱希曼。他是威斯纳的政策协调处的一名签约顾问，后来又成为文化自由代表大会的深知内情的掩护者。弗莱希曼的表兄弟杰伊·霍尔姆斯是1953年注册成立的霍尔姆斯基金会的董事长。霍尔姆斯1957年开始向自由文化代表大会捐赠小量的资金。从1962年起，霍尔姆斯基金会正式成为中央情报局向代表大会提供经费的渠道。以琼基为董事长的弗莱希曼基金会也是法菲尔德基金会的捐款人。弗莱希曼基金会的董事会成员中还有琼基的侄子查尔斯·弗莱希曼，在60年代初他被吸收进来担任法菲尔德基金会的董事。

另一名法菲尔德基金会的理事是美国最杰出的出版商卡斯·坎菲尔德，他是格罗西特和邓拉普·班塔姆图书出版公司（Grossetand Dunlap, Bantam Books）的董事，同时又是哈珀兄弟出版公司（Harper Brothers）的董事兼编辑委员会主席。坎菲尔德是《上帝的失败》一书的美国出版人，他同情报界有着不加掩饰的联系，他既是前心理战官员，又是艾伦·杜勒斯的私人密友，1963年他为杜勒斯出版了他的著作《情报术》。在40年代末期，他还是世界联邦主义者联合会的积极分子和筹款人。当时这个组织的主席是科德·迈耶，后来成为汤姆·布雷顿的副手，是他揭露说，“我们使用的一种手段就是让我们的成员中那些在专业组织、行业联合会或工会中有影响的人去做游说工作，使这些组织在年会上通过有利于我们的决议。”[18]1954年，他成为一个叫作艺术民主委员会的领导人，后来他作为创始人之一建立了ANTA，* 这个组织在1945年（原文如此）作为美国戏剧界的对外事务机构恢复活动，坎菲尔德与乔克·惠特尼（Jock Whitney）并肩协作。惠特尼也是中央情报局另一条“不声不响的”渠道。坎菲尔德又是法菲尔德基金会另一名董事弗兰克·普拉特（Frank Platt）的朋友，此人就是中央情报局的特工。在60年代末期，普拉特为乔斯尔森在坎菲尔德的哈珀出版公司谋到一个职务。坎菲尔德还是法国－美国协会（法美协会）的托管人，与他一道工作的有C. D. 杰克逊、格雷森·柯克（Grayson Kirk，哥伦比亚大学校长）、大卫·洛克菲勒和威廉·伯登（William Burden，法美协会会长）。

---

*ANTA为American National Theatre and Academy的简称，可译为美国全国戏剧协会，或（美国）全国戏剧研究院。

威廉·阿米斯特德·莫埃尔·伯登（William Armistead Moale Burden）既是法美协会的会长，同时也是法菲尔德基金会的董事。伯登是康莫多尔·范德比尔特*的曾孙，在美国权势集团中是一位响当当的人物。他是外交委员会的理事，外交委员会是个民间的思想库，其成员均为美国企业和社会的精英分子，起着影子外交政策制定机构的作用（其他成员还包括艾伦·杜勒斯、约翰·麦克洛伊和大卫·洛克菲勒）。战争期间，伯登为纳尔逊·洛克菲勒（Nelson Rockefeller）的情报机构工作，是纽约现代艺术博物馆的顾问委员会主席。1956年他成为该博物馆的董事长。那一年，他还是国务院"海外图书"顾问委员会的成员。他从前曾经担任过负责航空事务的助理国务卿，因而他又是一个在航空方面投资有着特殊利益的资本家。他在纽约与布朗兄弟公司、哈里曼公司和斯卡德、斯蒂芬和克拉克公司都有合作关系，同时还在无数的公司里担任董事，其中包括美国金属有限公司、硫黄与石油联合公司、西罗·德帕斯科公司和哈诺佛银行。他还是哈佛大学和麻省理工学院教职工委员会的特邀成员，政府赞助的"向法兰西致敬"（Salute to France，1955年春成立于巴黎）的联合主席，1960年还担任过美国驻布鲁塞尔大使。

法菲尔德基金会另一名主管加德纳·考尔斯，是设于艾奥瓦州的加德纳·考尔斯基金会的捐款人，他的大量免税资产来自考尔斯杂志和广播公司的巨额利润。他还是自由十字军组织的法人，《历史》期刊的赞助人，该刊由美国历史学家协会出版，据说资金也来自"私人捐款"。这本刊物同自由十字军一样，也是冷战的产物，其"赞助人"中包括威廉·多诺万，德怀特·艾森豪威尔、艾伦·杜勒斯和亨利·鲁斯。

在法菲尔德基金会担任主管时间最长的要算约翰·"杰克"·汤普森（John "Jack" Thompson）了。从1956年至1965年，他担任此职长达10年之久。汤普森被科德·迈耶招募，参加了中央情报局。1945年，美国派代表团赴旧金山参加成立新的联合国组织，他们两人都是美国代表团的助理，从那时起就互相认识。汤普森早年就读于哥伦比亚大学，

---

*康莫多尔·范德比尔特（Commodore Vanderbilt），美国航运和铁路巨子，其家族为美国豪族之一。

受业于莱昂内尔·特里林（Lionel Trilling），在纽约文化圈里颇有名气。乔斯尔森的女儿珍妮弗叫他“杰克叔叔”。

法菲尔德基金会的其他董事中有威廉·范登·霍伊维尔（William Vanden Heuvel），纽约的一名律师，与约翰·肯尼迪和罗伯特·肯尼迪两兄弟以及亚瑟·施莱辛格关系密切，他还是紧急援救委员会的委员，同他一起工作的有威廉·多诺万和卡斯·坎菲尔德，约瑟夫·弗纳·里德（Joseph Verner Reed），特里顿出版公司总裁和佛罗里达州霍布·桑德公司的副总裁，ANTA国际交流项目的戏剧顾问小组成员；小弗雷德·拉扎勒斯（Fred Lazarus, Jr.），弗雷德拉扎勒斯基金会的主要捐款人（该基金会于1956年向法菲尔德基金会捐赠了一大笔钱），后又任全国艺术捐赠基金（National Endowment for Arts）的顾问委员会成员；唐纳德·斯特拉勒姆（Donald Stralem），联合社区保卫服务有限公司总裁，与其妻珍妮都是谢尔特·罗克基金会（Shelter Rock Foundation）的捐款人（中央情报局1962年通过这家基金会把资金“输入”法菲尔德基金会的金库，然后支付给文化自由代表大会。当年，斯特拉勒姆接替弗莱希曼任法菲尔德基金会董事长）；怀特洛·里德（Whitelaw Reid），前《纽约先驱论坛报》编辑；拉尔夫·P. 黑尼斯（Ralph P. Hanes），黑尼斯基金会董事（该基金会设于南卡罗来纳州）。黑尼斯和他的妻子芭芭拉是弗莱希曼和威斯纳的好友，他们夫妇二人曾与弗莱希曼夫妇和威斯纳夫妇一同乘船前往巴哈马群岛旅游。最后当然还有迈克尔·乔斯尔森，他在法菲尔德基金会的信笺上的头衔是国际部主任，并从基金会领取中央情报局付给他的薪金。

当时美国的权力结构具有一种类似“乱伦”的性质。法菲尔德基金会也免不了带着这种性质。这种私人机构握有大权的制度成为一种非常重要的模式，许多规模不大而性质相同的团体在这种制度下负担起捍卫美国（也可以界定它们自己）的利益的责任。履行这种责任的最上层人物就是那些自以为高人一等而又野心勃勃的WASP*，给他们的奖赏就

*WASP 为 White Anglo-Saxon Protestant 的缩写，指祖先为盎格鲁–撒克逊族的白人新教徒的美国人，后也用来指享有特殊社会地位的美国人。

是让他们进入福特基金会或者洛克菲勒基金会的董事会。这两个基金会自觉自愿地充当美国外交政策的工具，基金会的董事、官员和美国的情报机构有着密切的关系，或干脆就是情报机构的人员。

福特基金会成为社团法人是在1936年，至50年代末，基金会的资产已高达30亿美元，是福特财团的庞大财富中最大的一个免税机构。德怀特·麦克唐纳描述福特基金会的情况时说："这是一个用钱堆起来的机构，那些想从中分得一杯羹的人把它围得水泄不通。"第二次世界大战后，福特基金会的文化政策设计师们完全是依据政治上的重要任务来制定其文化政策的，而这些当务之急正是美国在全世界地位上升的支柱。在某些时期，福特基金会简直就是政府在国际主义宣传领域里的延伸。基金会与马歇尔计划和中央情报局在某些具体项目中密切合作，参与在欧洲的隐蔽行动，这是有据可查的。威斯纳可以使用马歇尔计划的对应资金，这是经其策划人理查德·比斯尔签字同意的。比斯尔于1952年到福特基金会任职，当时他就准确地预言，"在私人基金会工作的个人可以施加的影响力绝不亚于他在政府任职的影响力，没有人能阻止他施加这种影响。"[19]比斯尔在福特基金会的任期内经常与艾伦·杜勒斯和其他中央情报局官员会晤，其中包括他在格罗顿学院的同班同学特蕾西·巴恩斯，就一些新的想法"相互交换意见"。1954年1月，他突然离开基金会加入中央情报局，担任艾伦·杜勒斯的特别助理。在此之前，他已经使福特基金会变成冷战思维的先锋了。

比斯尔曾在保罗·霍夫曼（Paul Hoffman）直接领导下工作。霍夫曼从1950年开始担任福特基金会的董事长。他是从马歇尔计划的主管人岗位直接转到福特基金会的，因此他满脑子都是欧洲存在的各种问题，并一直思考着如何解决这些问题，他对心理战的一套语言十分熟悉。他大谈什么要"发动和平攻势"，与亚瑟·凯斯特勒相呼应。（1950年，凯斯特勒大声疾呼："朋友们，自由已经发起了攻势。"）福特基金会的发言人罗伯特·梅纳德·哈金斯（Robert Maynard Hatchins）指出：国务院"受到国内政策的多种干扰，以致它再也不能够为美国文化制定一个全面的蓝图。"比斯尔对于这一论点也是同意的。

1952年，在詹姆斯·劳克林（James Laughlin）的主持下，启动了一项国际出版计划。这是福特基金会在战后首批为国际文化外交提供资助的项目之一。劳克林是“新方向”（*New Directions*）丛书的出版人，出版过乔治·奥威尔和亨利·米勒*的作品，是受尊重的先锋派利益的保护人。最初，劳克林动用50万美元赠款创办了《展望》杂志（*Perspectives*），对象是法国、英国、意大利和德国的“非党左派”（该刊以法、英、意、德四种文字刊行）。劳克林强调，该刊物的宗旨并不侧重于从美学和理性角度通过辩论说服“非党左派”人物背离他们的立场，从而“打垮”左倾知识分子，更重要的是通过提高“国外知识分子对美国非物质领域的成就的尊重来促进和平。”[20]

国际文化出版计划委员会中集中了一批冷战斗士，其对象也包括美国的知识分子。这些知识分子感到“美国正盛行对商业化大众文化的崇拜，以致他们的创作遭到损毁。”马尔科姆·考利从开始就支持《展望》，认为该刊展现的美国远不是仅仅会制作“电影、侦探小说、连环漫画以及广告压倒内容的杂志”。一位学术界人士佩里·米勒（Perry Miller）强调说：“任何有关美国方式的宣传都应摒弃在外，清除这样的货色本身就是最重要的宣传要素，其意义是无可比拟的。”[21]但是，《展望》从来就没有达到期望的标准。欧文·克里斯托尔在谈到这本刊物时称它是“福特基金会一份可悲的刊物”。[22]在这本刊物失败后，福特基金会立即毫不费力地说服了拉斯基，接手赞助他创办的《月刊》。1948年10月在卢修斯·克莱的支持下创办的这份刊物，最初是由美国高级专员公署的秘密经费出资，接受官方资助使这份刊物的独立性受到玷污。拉斯基早就极想用其他方面财源来取代原来的官方补贴。福特基金会执行官谢泼德·斯通（Shepard Stone）之前在德国，曾在克莱领导下工作，由于他的帮助，拉斯基终于获得了福特基金会的一笔赠款，1954年10月份的《月刊》正式宣布，“从现在起，我们已成为一家绝对自由和独立的刊物了。”

1953年1月21日，艾伦·杜勒斯因为感到在新任总统艾森豪威尔

---

* 亨利·米勒（Henry Miller，1891—1980），美国作家，其作品因对性的露骨描写在英美一度成为禁书。

执政的情况下，他在中央情报局的地位将来可能并不稳固，于是他约他的朋友大卫·洛克菲勒共进午餐。洛克菲勒相当明显地暗示，如果杜勒斯决定离开中央情报局，他完全有理由指望应邀担任福特基金会的董事长。杜勒斯无须为他的前途担忧。这次午餐后过了两天，《纽约时报》发表消息说艾伦·杜勒斯将被任命为中央情报局局长。

福特基金会的新任董事长很快也宣布了。他就是20世纪美国权势集团的代表人物约翰·麦克洛伊。他在进福特基金会之前曾任助理陆军部长、世界银行总裁和驻德国高级专员，1953年他还担任了洛克菲勒家族的大通曼哈顿银行的董事长（Chairman of Chase Manhattan Bank）和外交委员会主席。在约翰·肯尼迪遇刺身亡后，他又被指定参加沃伦委员会。* 自始至终，他一直保留着七家大石油公司律师的职务，同时还担任无数公司的董事。

作为美国驻德高级专员，麦克洛伊曾答应为数十名中央情报局特工提供掩护身份，其中就有劳伦斯·德诺夫维尔。虽然他们都是专员公署的正式雇员，私下却只对他们在华盛顿的上司负责，只有在极少数情况下有义务向麦克洛伊说明他们的任务是什么。麦克洛伊在政治上深谙世故，在他担任福特基金会理事长之后，对于中央情报局不可避免地会对基金会发生兴趣采取务实的态度。基金会有些执行官担心中央情报局渗入基金会将有损其正直与独立的声誉，为解除他们的忧虑，麦克洛伊强调说，如果基金会不与他们合作，中央情报局会悄悄地在基金会基层招募人员或安插他们的人进来，通过这种手段渗入基金会。为了解决这个问题，麦克洛伊的办法是建立一个管理部门，专门处理中央情报局的问题。这是一个以麦克洛伊为首和另两名基金会官员组成的三人委员会。中央情报局每次要利用基金会时，都必须同这个委员会商议，无论是利用基金会作为管道还是掩护，都要征得基金会同意。麦克洛伊的传记撰写人凯·伯德（Kai Bird）曾对此加以说明："这些要求将经过三人委

---

* 沃伦委员会（Warren Commission），美国总统约翰逊指定的一个特别委员会，负责调查肯尼迪被刺真相，主席为最高法院大法官沃伦，故名。但麦克洛伊在任此职前应为国际复兴开发银行的总裁，与本书所说的大通曼哈顿银行董事长不符。

员会审核，如果委员会认为这一要求合情合理，而且不违背基金会的长远利益，这个项目建议将会传达给内部成员和其他基金会官员，但不让他们知道这个建议来自何处。”[23]

作出上述安排之后，福特基金会就正式成为中央情报局能够用来对共产主义进行政治战的机构之一了。福特基金会的档案中存有一大批合作项目的记录。东欧基金（East European Fundation）是中央情报局的一个外围机构，乔治·坎南在其中起着重大作用。这个基金从福特基金会获得大量的资助，它与契诃夫出版社建立了密切的联系，该社从福特基金会那里拿到52.3万美元用于购买在俄国禁止出版的图书，并将西方的经典作品译成俄文。基金会还向比尔·凯西的国际紧急救援委员会捐赠50万美元，还向中央情报局的另一个外围机构世界青年大会捐赠大笔款项。基金会还是外交委员会*唯一的捐款人，这个委员会是一个独立的思想库，对美国外交政策有着巨大的影响，其运作有严格的保密制度，规定档案解密期为25年。

1947年成立于华盛顿的当代艺术研究所在接受福特基金会的巨额捐款后于1958年扩大了国际项目计划。在中央情报局指定的托管委员会成员中包括威廉·邦迪（William Bundy），他是前国务卿艾奇逊的女婿、中央情报局的全国评估委员会（Board of National Estimates）成员之一。他的兄弟麦乔治·邦迪于1966年任福特基金会董事长（他是从总统国家安全特别助理的岗位上直接到福特基金会任职的，这就是说在他担任特别顾问的各项职责中负有监管中央情报局的责任）。从福特基金会得到好处的还有赫伯特·里德、萨尔瓦多·马达里奇、斯蒂芬·斯彭德、艾伦·科普兰、艾萨克·丹森（Isak Dinesen）、瑙姆·加伯（Naum Gabo），马撒·格雷厄姆（Martha Graham）、罗伯特·洛厄尔、罗伯特·佩恩·沃伦（Robert Penn Warren）和罗伯特·里奇曼（Robert Richman），这些人都是中央情报局的文化名人代表大会（Congress of

---

*外交委员会（Council on Foreign Relations），设于纽约，也可译为对外关系委员会（理事会），以区别于国会参议院的外交委员会（Foreign Relations Committee）和众议院的外交委员会（Foreign Affairs Committee）。

Cultural Leaders）的成员。这实际上是文化自由代表大会的衍生物，而文化自由代表大会本身也是福特基金会的最大资助单位之一，在60年代初期接受了基金会高达700万美元的捐赠。

中央情报局最初支持文化自由代表大会的人之一是弗兰克·林赛，从其筹建之始直到柏林秘密会议，德诺夫维尔一直向他汇报工作。林赛是战略情报局的一名退役人员，1947年他是第一个提交书面备忘录建议美国成立一支冷战隐蔽力量的人。这份文件引起了弗兰克·威斯纳的重视，于是邀请他参加政策协调处，负责欧洲方面的行动。1949年至1951年，林赛担任了政策协调处的副处长，负责在西欧组建“留守”小组。1953年林赛加入福特基金会，却仍保持着与情报界的密切联系。

后来，沃尔德马·尼尔森（Waldemar Nielsen）加入福特基金会与林赛一道工作，担任人事部主任。尼尔森在基金会工作期间一直是中央情报局的特工。1960年他升任理事长领导下的海外情报活动委员会的执行主任。在各种身份掩护下，尼尔森一直与C. D. 杰克逊密切配合，同杰克逊一样，“对于许多高级官员根本不重视心理因素，是很看不起的”，尼尔森也是文化自由代表大会的一位密友，对于代表大会的各种努力都是全心全意地支持的。

文化代表大会与福特基金会之间的主要联络人是谢泼德·斯通，此人是美国政府和民间机构参与世界事务的体制与程序方面的专家，颇有名气。他战前曾任《纽约时报》编辑，战后在德国的约翰·麦克洛伊手下任公共事务主任，后来为G-Z（陆军情报部门）工作。在此期间，他以掩护身份向《月刊》杂志提供政府资助。作为心理战的老手，约翰·麦克洛伊对他甚为赏识，1951年推荐他接替即将卸任的心理战略委员会主任。但是斯通并没有得到这个职务，而是去了福特基金会。在他整个职业生涯中，他始终与中央情报局关系密切，以致许多人认定他是中央情报局的人。一名特工含糊其词地说：“谢泼德不是中央情报局的人，虽然他很可能在这个池塘里钓过鱼。”[24]1953年，他应乔斯尔森之邀，在欧洲逗留一个月，会见过文化自由代表大会的主要领导人。从1954年起，他担任福特基金会国际事务部主任，因此他在代表大会的作用自然身价百倍。

洛克菲勒基金会并不亚于福特基金会，同样也是美国冷战机器中的一个组成部分。洛克菲勒基金会成立于1913年，其主要捐款是传奇式的人物约翰·洛克菲勒三世（John Rockefeller Ⅲ）。基金会的资产超过5亿美元，还不包括洛克菲勒兄弟基金的1.5亿美元。洛克菲勒兄弟基金1940年成立于纽约。是美国一家重要思想库。1957年，该基金物色了一批当时最有影响力的学者进行一个特别研究项目，其任务是试图对美国的外交政策作出明确的界定。第二小组接受的任务是研究“国际安全目标和战略”，小组成员包括亨利和克莱尔·布斯·鲁斯（Henry and Clare Booth Luce）、劳伦斯·洛克菲勒（Laurence Rockefeller）、汤森·胡普斯（Townsend Hoopes，代表乔克·惠特尼的公司）、纳尔逊·洛克菲勒、亨利·基辛格、弗兰克·林赛和中央情报局的威廉·邦迪。

洛克菲勒基金会和美国政府之间相互交汇的程度甚至超过了福特基金会。约翰·福斯特、杜勒和迪安·腊斯克都是从洛克菲勒基金会首脑的岗位上转到国务院担任国务卿的。其他冷战骁将如约翰·麦克洛伊和罗伯特·A.洛维特也都是洛克菲勒基金会理事中的显赫人物。纳尔逊·洛克菲勒在基金会的重要地位确保他能够与美国情报界保持密切关系。在第二次世界大战期间，他曾经负责拉丁美洲的所有情报活动。后来他在巴西的伙伴J.C.金（King）上校则成为中央情报局负责西半球隐蔽活动的首脑。1954年，纳尔逊·洛克菲勒经艾森豪威尔总统任命到国家安全委员会任职，其任务就是审批各种隐蔽行动。如果他需要了解有关中央情报局的某些特殊情况，他只需请他的老朋友艾伦·杜勒斯直接向他介绍就可以了。这些活动中最具争议的一项是50年代代号为中央情报局MK-ULTRA（或称为“满洲里候选人”，Manchurian Candidate）的思想控制研究，这个研究项目就是洛克菲勒基金会资助的。

在战争期间，纳尔逊·洛克菲勒经营他自己的情报部门，不属于战略情报局，为此他与威廉·多诺万一生不和，但是他对战略情报局的旧部并不歧视，还是成批地把他们招募进洛克菲勒基金会。1950年，战略情报局的查尔斯·B.法斯（Charles B. Fahs）担任了基金会的人文部主任。他的助手也是另一名战略情报局的退役人员，名叫查德伯恩·吉尔帕特里克（Chadbourne Gilpatric），他是直接从中央情报局过来的。这两个人是同文化自由代表大会的主要联络人，负责向乔斯尔森的机构提供洛克菲勒基金会的巨额补贴。

与纳尔逊·洛克菲勒同样重要的是他的兄弟大卫·洛克菲勒，他掌管大通曼哈顿银行基金会的捐赠委员会，同时又是该银行的副总裁，后来又担任总裁。他还是外交委员会的负责人之一，国际公寓（International House）*执行委员会主席，又是艾伦·杜勒斯和汤姆·布雷顿的亲密私交。布雷顿回忆说："在艾伦允许的情况下，我经常以半官方的身份向大卫通报我们正在进行的工作。他与我们的想法完全一致，我们所做的每一件事，他都是非常赞成的。他与我同样感到，只能通过我们的方式才能赢得冷战的胜利。有时大卫还会给我钱去做未列入预算的工作。为了在法国开展工作，他给了我许多钱。我记得有一个人在推动欧洲青年组织统一起来的活动中十分活跃，大卫就给了我5万美元交给此人。这个年轻人带了他的计划来见我，我把这个计划告诉了大卫，他就立刻开了一张5万美元的支票。中央情报局从来没有给过这么多钱。"[25]

在冷战年代，这类不要任何代价的免费交易助长了政府的种种冒险行为，也是外交政策半私人化的一种副产品。不过，这种习惯做法后来就引发了奥利弗·诺思式的灾难。**这个比喻是恰当的，因为正像伊朗门事件的这位设计师那样，早期的中央情报局的朋友们也是"带着坚毅的目光，怀着坚定的使命感和不可动摇的信念，深信只要目的是正确的，就可以不择手段。"[26]他们从来没有因为对他们自己和他们的任务产生怀疑而感到内疚。

---

*International House，也译为"国际学舍"或"国际学生公寓"。1924年约翰·洛克菲勒三世开始资助的面向各国大学生和学者的非营利项目。

** 奥利弗·诺思（Oliver North），即1987年揭露伊朗门丑闻的美军海军陆战队中校。

第十章 真理运动

仅仅用依地语写作是不够的，凡是人总有一些话要说。

——Y. Z. 佩雷茨

尼古拉斯·纳勃科夫1952年举办规模宏大的艺术节，为考验美国秘密宣传工作的能量提供了一个机会。但是在我们这个时代，马歇尔·麦克卢汉*的格言“媒介即信息”究竟有什么含义，这句格言中的“信息”究竟指的是什么，政府的战略家们一直没弄明白。或者，正如前战略情报局人员、艾森豪威尔的特别顾问沃尔特·罗斯托（Walt Rostow）后来所言：“我们搞的鬼把戏之所以老出问题，就是因为我们不知道该说什么话。”[1]要给“信息”下一个定义，还有谁能比一位广告经理更合适呢？

20世纪50年代初期，有一个人为美国的文化战拟定了一个进程表。这个人独自做的工作超过了任何人，此人就是C. D. 杰克逊。杰克逊是自由欧洲全国委员会的主席，后来又担任艾森豪威尔的心理战特别顾问，堪称美国最有影响的隐蔽战战略家之一。杰克逊1902年出生于纽约，其父从事由欧洲进口大理石和岩石，是一个实业家。杰克逊1924年毕业于普林斯顿大学后，进入自家的公司，跑遍了欧洲，在欧洲建立了广泛的联系，在后来的岁月里，这些关系成为他的宝贵财富。1931年他加入亨利·鲁斯的时代－生活杂志王国，任广告部经理。战争期间，他成为美国重要的心理战专家，出任海外战况处（Office of War Information Overseas）的副处长（负责北非和中东），后来又担任心理

---

* 麦克卢汉（Marshall McLuhan，1911—1980），加拿大通讯理论家，后来他以这句格言为名，出版了《媒介即信息》（*The Medium is the Message*，1967）。

战处的副处长和盟国远征军最高司令部的副职，属艾森豪威尔将军麾下。

战后，C. D. 杰克逊又回到时代-生活杂志股份有限公司，担任《时代》杂志的副总裁。他是艾伦·杜勒斯的“纽约帮”的早期积极分子，是派克大道牛仔帮*的一分子。1951年他应邀参加一个由中央情报局出资的研究项目，目的是为美国情报机构的重组提出建议。参加这项工作使他成为中央情报局通过“真理运动”和自由欧洲全国委员会进行的隐蔽行动的“外聘”负责人，当时他是该委员会的主席。在这个岗位上，他汇集了一大批包括艾森豪威尔将军在内的美国名人，这些人非常乐意让委员会借用他们的名字。他还是自由欧洲电台执行委员会委员，同是委员的还有杰伊·洛夫斯通，亚瑟·施莱辛格也不时参与其事。他同时还担任黑人团体联合基金（United Negro College Fundation）的董事、波士顿交响乐团托管班子的成员，同事中还有冷战斗士亨利·卡博特·洛奇（Henry Cabot Lodge）、雅各布·卡普兰和爱德华·塔夫特（Edward Taft）；他还是林肯艺术规划中心、大都会歌剧院协会（与科尼利厄斯·范德比尔特·惠特尼，Cornelius Vandebilt Whitney，一道）以及纽约卡内基公司等机构的董事。

艾森豪威尔在指挥欧洲和非洲各战役时就与杰克逊熟识，并在怎样调动观众方面受教于他。正是在杰克逊的说服下，艾森豪威尔在竞选总统时同意雇用一家公共关系公司，开总统候选人雇用公关公司之先河（此举导致一位作家开玩笑地用香烟广告词写了一首“我爱艾克”的顺口溜）。不久，艾森豪威尔作为美国第34届总统入主白宫。在他任命他的工作班子时，他作出了一项重要决定，任命C. D. 杰克逊为他的心理战特别顾问。这一地位使杰克逊成为非正式的宣传部部长，拥有几乎无限的大权。

杰克逊的第一个任务就是加强美国进行隐蔽战的能力。这个时期的心理战和宣传行动分散在国务院、经济合作管理局（主管马歇尔计划）、军事情报机构、中央情报局各部门，而中情局内部，威斯纳的政策协调

* 派克大道牛仔帮（Park Avenue Cowboys），指时尚富家子弟团伙。派克大道是纽约市的一条街道，街上多豪华大公寓，为奢华时尚的象征。

处又常具有相当大的独立性。鉴于这些政府部门之间在组织上时常争论不休，部门之间又相互竞争、明争暗斗，杰克逊认为它们的所作所为简直就像是“专业的业余者”，他抱怨说，“华盛顿在这方面根本没有统一的政策，是一个真空地带”。他强调说，这个领域“既存在着机遇，又是一个难题。机遇就是为美国在世界上重新获得活力，但这并不是仅仅依靠金钱就能赢得的，我们要依靠思想。迄今，我们的原动力就是自我保护和金钱，我们必须代之以美国早期那种执着追求理想的动力。在我们面前存在着使美国的主张在全世界恢复活力的机会……问题在于如何才能做到维持我们的影响力而不必事事退缩。”简言之，需要为美国的心理战制定一个“全面的政策框架和具体计划，其目标就是在第三次世界大战发生时能够不战而胜。”[2]

艾森豪威尔在一次记者会上解释说：“冷战的目的不是占领他国领土或以武力征服他国。我们的目标更为微妙，更为广泛，更为彻底。我们是试图以和平的手段使全世界都相信真理。这个真理就是美国需要一个和平的世界，在这个世界上，所有的人都有机会争取个人最大限度的发展。为普及这个真理，我们将要使用的方法通常称为‘心理战’。不必纠结于这是一张 5 美元的钞票，还是一个 5 个音节构成的单词*。所谓的‘心理战’就是争取人的思想，争取人的意志的一场斗争。”[3]

为了克服政府各部门之间在隐蔽行动上的分散和相互竞争状态，国防部和中央情报局曾建议组建一个独立的委员会来协调心理战行动。尽管国务院对此持反对意见，乔治·坎南还是极力支持这个想法，并说服杜鲁门总统签署了一项秘密指令，于是，1951 年 4 月 4 日心理战略委员会宣告成立，就是这个委员会（不久该委员会的名称就简化为 PSB**）奉命来制定杰克逊建议的“政策框架”。

PSB 的“教义性”或“意识形态性”计划，最早是在一份代号为 PSBD-33/2 的战略文件中提出来的。这份文件至今尚未解密，但

---

* 心理战的英文是 psychological warfare。其中 psychological 一词有 5 个音节。这句的意思是，不用把心理战想得太复杂。或译为，这个 5 个音节单词的含义跟 5 美元一样简明。

** PSB 是心理战略委员会 Psychological Strategy Board 的缩写。

是一名心怀焦虑的PSB官员查尔斯·伯顿·马歇尔（Charles Burton Marshall）曾写过一份很长的内部备忘录，无所顾忌地引用了这份文件中最令他感到忧虑的段落。他在备忘录中问道："如果一个政府专断地制定一个内容广泛的教义体系，这个政府怎能不带有极权主义色彩呢？"他接着评论说："这份文件对于这一点只字未提。文件主张以统一取代多样性。文件企图提出一种体系来证明'某种类型的社会信仰和社会结构'是正确的，其中提出了'一整套有关人类愿望的准则'，涉及人类思想的所有领域，从人类学和艺术创造直到社会学和科学方法论，无所不包。"马歇尔（他成为PSB的一名坚定的反对者）接着批评了文件要求"制造一部'机器'来生产思想，'系统地、科学地为美国生活方式塑造形象。'"马歇尔说："文件预期能在协调机制下'生产学说'，文件鼓励'从速采取行动来激励思想的创造与传播'……它预言，通过这种努力，会带来一个'长期的思想运动'，其目的不仅是反对共产主义，而且还要在全世界范围内打破另一种学说体系，因为这种思想体系为'敌视美国的目标'提供了思想基础。"他得出的结论是直截了当的："这与极权主义别无二致。"[4]

马歇尔还反对PSB仰仗"非理性的社会理论"来强调精英阶层的作用，"这不禁让人想起帕累托*、索雷尔**和墨索里尼这些人"。这些人不正是詹姆斯·伯纳姆在其《马基雅维利》一书中提到的典型人物吗？也许，在PSBD-33/2文件起草过程中，这本书就在手头作为参考，更可能的是伯纳姆本人就在一旁助一臂之力。马歇尔责难的正是伯纳姆的精英统治论。马歇尔接着说："个人的作用被降到了第三等。据称精英阶层是唯一发挥作用的社会群体。精英阶层被界定为一个'人数不多的群体，但是他们有能力也有兴趣来左右有关教义的事情'。这些见识超群的人物从思想上操纵着人们的态度和观点的形成，至少也使这些人易于接受某些态度和观点，反过来，这些受到操纵的人又引导着公众舆

---

* 帕累托，前已注。其社会学理论是一种社会精英论，认为社会必然要受上层社会精英分子的统治。有人认为，法西斯主义受这种精英论的影响很大。

** 索雷尔在俄国革命后宣布支持布尔什维克，认为它能促使人类在道德上再生。

论。”[5]按照马歇尔的诠释，PSB打算在世界各地区对精英分子开展工作，希冀精英阶层接受“策划人的哲学”。利用当地精英分子可以掩盖此种努力源于美国的事实，从而使之看起来像是自发于当地。但是，这一计划不仅仅是针对外国人的。文件虽然不承认也有向美国人宣传的意图，但是美国确实在军队中实施一项思想灌输计划，向军人灌输所谓的正确思想，其手段是把这种思想注入向军人发行的连环画书籍，并通过随军牧师向他们作宣传。[6]

马歇尔先生对美国秘密文化战计划的基本内容提出的批评确实是一针见血。PSB文件的思想基础就是精英统治理论，同中央情报局开展对“非共产党左派”的工作、支持文化自由代表大会的模式如出一辙。在评论利用知识界精英来传播“策划人的哲学”时，中央情报局的特工唐纳德·詹姆森并非讽刺地说过这样的话：“至于说到中央情报局企图通过这些活动来影响人们的思想和态度，他们的用意显然是造就出一批人来，这些人出于自己的思考和信念，坚信美国所做的一切都是正确的。”[7]

但是心理战的策划人对马歇尔的批评置若罔闻。心理战略委员会（PSB）的主席雷蒙德·艾伦（Raymond Allen）庄严宣告：“独立宣言和美国宪法中体现的原则和理想是要输出的……全世界的人都应予继承。我们应当唤醒所有的人对自身基本需求的认识。我相信，从堪萨斯州的农人到旁遮普的农人，这种基本需求都是同样的。”[8]1952年5月，新近得以强化的PSB正式受命监督中央情报局代号为“Packet”的心理战计划执行的进度和时机，并监督中央情报局对海外“舆论引导者”施加压力的行动。这些舆论引导者包括深受共产主义影响的新闻记者和评论员、艺术家、教授和科学家。把这些人争取过来，让他们回到争取“自主和自由”*的事业上来，需要制定具有“学术性的行动计划，包括举办讲座、研讨会，出版专著和学术性刊物，建立图书馆，进行人员交流，资助教授，等等。”根据这道指令，PSB现在负责监督“道德重振行动”、“自由

* 自主和自由（liberty and freedom），汉语都可译为“自由”，但其含义稍有区别。Liberty侧重在“不受奴役”，有“解放”之意，而freedom则侧重于政治权利，如言论、思想、宗教信仰自由。

十字军”、自由欧洲电台、“和平与自由”（Paixet Liberte）组织、美国文化自由委员会，甚至对船只海上广播、“三维电影”以及民歌、民俗、民间故事和巡回故事员都管了起来。时至1953年6月，Packet计划还只是PSB的“教义宣传计划”的一部分，在一份新的文件中，其心理战的目标被界定为“借用知识分子、学者、舆论制造者的力量”，在全世界范围内“瓦解那些为共产主义和其他敌视美国和西方世界的信念提供思想基础的学说和思维模式”。按逻辑推断，这场说服教育运动将会在信念坚定的共产主义者和被共产主义俘虏的专业人员中制造思想混乱、产生怀疑乃至失去信心。[9]中央情报局接到命令，要它对一切支持这个计划的目标的活动予以高度和持久的重视。在建立后不到两年的时间里，PSB“终于稳固地确立了自身的地位，成为制定和执行外交政策的一个不可或缺的组成部分。”[10]

由于C. D. 杰克逊可以毫无阻碍地接触PSB及其所包含的政府各部门的秘密策划，他就成了这个小圈子里最吃香的人物。这个小圈子被认为是一个“无形的政府”。杰克逊的地位犹如一个东方君主或德尔菲神谕所的女祭司*，要接见源源不断的来访者。来访者就范围广泛的各种问题向他求教。从他记录下来的有关这些来访的详尽材料中，我们可以窥视到一个秘密世界的真相。PSB官员带来他们拟定的各种心理战计划，其中包括把各种宣传印刷品用氦气球飘送到铁幕的那一边。英国情报研究局的亚当•沃森也来找杰克逊，带来一份有关英国心理战政策的备忘录，“沃森郑重其事地告诉我，对于英国政府来讲，这绝对是唯一的史无前例的行动。这时他提出了要求与我们分享几乎所有的秘密情报的问题，而我们过去从来没有做过。我告诉他，我们的情报部门对这一情况是十分清楚的，不久即将加速分享情报，我觉得是有希望的。”沃森成为C. D. 杰克逊的一名重要关系。杰克逊最初认识沃森是1951年在英国驻华盛顿大使馆．当时沃森负责与中央情报局的联络工作。此后，

---

* 原文为Delphic oracle，直译为海豚神谕所，起源于古希腊神话中阿波罗神的故事。传说阿波罗化作海豚来到皮托。将该地改名的海豚，即德尔菲（Delphi）。并在那里设立神谕所，由一名女祭司在他的启示下传达神谕。因其名气大，人们不断来这里祈求神谕，而神谕往往含糊而费解。

杰克逊与他密切合作，并把他推荐给纳尔逊·洛克菲勒（1954 年，洛克菲勒接替了杰克逊在白宫的职务），并说沃森“非常愿意（与美方）建立一种有效的、非官方的、无拘无束的互利关系”。[11] 有证据表明，在此后的多年里，沃森也是文化自由代表大会的一名强有力的（不过也是十分谨慎的）盟友。文化自由代表大会则派来了朱利叶斯·弗莱希曼，他来与杰克逊商讨代表大会“赞助大都会歌剧院访欧的可能性”，后来又派丹尼尔·贝尔“来谈有关米沃什*（原文如此）以及在文化代表大会资助下即将召开科学界会议的问题。”[12]

由于 C. D. 杰克逊在白宫任职，文化自由代表大会在华盛顿也就有了强大的盟友。汤姆·布雷顿很快与杰克逊建立了关系，两人定期举行会晤，商讨一些“积攒起来的问题”。他们在波士顿交响乐团 1952 年赴欧洲巡回演出问题上的合作，使杰克逊深信文化自由代表大会的作用十分重要，他赞扬代表大会说，这是“我所知的在欧亚两洲团结知识分子反对共产主义和中立主义方面取得重大进展的唯一外围组织”。[13] 而且他对代表大会的许多活动分子评价甚高，并将其中的几个人推荐为参与政府工作的候选人，其中包括悉尼·胡克、詹姆斯·勃纳姆（“一个‘玩阴谋诡计部门’的雄辩的发言人”）、《新领袖》的编辑索尔·莱维塔斯（“毫无疑问是站在天使们这一边的”）以及丹尼尔·贝尔。贝尔曾为鲁斯的《幸福》杂志工作，据 C. D. 杰克逊说，此人“熟谙共产党的冷战技巧”[14]，他还是尼古拉斯·纳勃科夫长期的崇拜者。推荐纳勃科夫加入心理战行列的正是 C. D. 杰克逊，他认为纳勃科夫适合在敏感岗位上工作，这份推荐书于 1950 年呈送到陆军部长的办公室。

C. D. 与代表大会的联盟关系延续了许多年，（1954 年他担任美国委员会的理事），为代表大会谋求了无数的利益，更不用说他对代表大会关怀备至的支持大大提高了代表大会的威望。如果文化代表大会需要报道，C. D. 就在鲁斯杂志工作，可以保证做到。如果它要与自由欧洲委员会和自由欧洲电台协作，C. D. 就可以充当联络人，如果它需要“私

* 指捷斯洛·米沃什。此处作者加上“原文如此”，似表示作者对此存有疑问。当时米沃什应仍在法国，也并非科学界人士。

人”捐款，C. D. 就可以拜访他在企业界广泛的关系，请他们提供经费。但是，最重要的是，对于一个在首都没有几个支撑者的组织来说，C. D. 可以为它带来政治上的声望。劳伦斯·德诺夫维尔曾说：“在华盛顿，没有人因为支持这样一个组织而赢得声望，也没有人想通过支持这个组织为自己赢得声誉。大多数人觉得这个组织十分神秘。我们创建了这个组织，但是我们在华盛顿却没有任何真正有力的机构来支持它。”[15]

在遭到如此怀疑的境况下，文化自由代表大会不仅生存下来，而且还兴旺发达起来，这一点不得不归功于迈克尔·乔斯尔森付出的巨大努力。

在过去几年中，迈克尔·乔斯尔森的工作负担十分繁重。在狂热的工作过后，乔斯尔森从争取人的思想和意志的斗争中退下来作一短暂的休整。1953 年 2 月 14 日，他与戴安娜·道奇以世俗的婚礼结婚，证婚人是劳伦斯·德诺夫维尔。两人都是再婚。乔斯尔森曾于 1940 年与科利特·朱伯特（Colette Joubert）在哈瓦那结婚，但他们离婚了，也断绝了联系。乔斯尔森对此总是守口如瓶，从来没有向任何人提到过她。但是他却保留了《纽约时报》的一张颜色已经发黄的剪报，是一篇关于科利特在她的寓所惨遭杀害的报道，说她被捆绑，封住了嘴，窒息而死，死前曾遭性侵犯。

迈克尔和戴安娜在牙买加度蜜月。回到巴黎后，迈克尔向他新婚妻子“坦白”，说他受雇于中央情报局，文化自由代表大会是该局下属的组织。从乔斯尔森与代表大会的关系中，戴安娜早就察觉他所做的并非仅仅是他名片上印着的进出口生意人，曾经以为他是为俄国人做事。听了他的“坦白”，她松了一口气，因为她已经知道他是站在“正确的”一边。戴安娜也被取了一个假名，叫琼·恩辛格（Jean Ensinger）。从此时起，他们结成了某种合作伙伴的关系。

戴安娜·乔斯尔森很适合担任这份工作。戴安娜曾经是富布赖特奖学金的获得者*，对劳工事务具有丰富的知识。起初她为一家劳工报纸

* 富布赖特奖学金获得者（Fulbrighter），该奖学金是根据阿肯色州参议员富布赖特于 1946 年提出并通过的法案成立的。其基金大部分靠美国向国外推销剩余物资而来。美国政府用这笔基金作为对外交换学者、教师的奖学金，在为美国培养中国问题专家中也发挥过重要作用。

当文摘编辑，后来又转入马歇尔计划的劳工处，该处归杰伊·洛夫斯通和欧文·布朗管辖。戴安娜心情愉快地回忆说："那时我年轻，一脸青春气息，在所有劳工领袖中间非常吃得开。"她在劳工处的工作是编写有关欧洲共产党工会组织的报告，因而得以接触截取的绝密材料。因为工作的敏感性，担任这项工作需要通过中央情报局的安全审查。戴安娜后来得知，她的薪金是从中央情报局手中掌握的马歇尔计划对应资金中支付的。

"琼·恩辛格"和"乔纳森·F. 萨巴"两人一起编写电报和备忘录，编成密码，然后发往华盛顿。这些电报会在乔斯尔森的寓所里，马丁尼鸡尾酒觥筹交错间递交给中央情报局的交通员。戴安娜回忆道："所有这样的官员都带有清一色的设有活底的公文包，电报就放入这样的公文包里。因为他们的包都是一个式样，一里之外就可以认出他们来，这确实有点滑稽，就像演戏一样。我们也阅读发过来的电报，然后我就把它们扯碎放到抽水马桶里冲掉。"[16] 戴安娜生来就是干这一行的。她知道如何保守机密，甚至对她的母亲也是守口如瓶。有一次，一名交通员出去为她的初生儿买食品，这个名叫詹尼弗的初生儿是乔斯尔森夫妇第一个也是唯一的一个孩子。当交通员回来时，戴安娜不得不将他介绍给从美国赶来照顾孩子的她的母亲。戴安娜看到桌上放着一本《简·爱》，于是她就结结巴巴地介绍说："呃，这是罗彻斯特先生。"她母亲说："真巧，罗彻斯特先生，跟《简·爱》里的名字一样。"她母亲一点也没有起疑心。戴安娜没有直截了当地用交通员的真名李·威廉姆斯，其实用了也不会暴露什么，倒是说明在这场大游戏中，她已沉迷于复杂的想象。当戴安娜的母亲最终了解真相后，同样"十分兴奋"。[17]

戴安娜现在已经完全适应了乔斯尔森干的这个行当，她对丈夫非凡的专业知识的钦佩也与日俱增。华盛顿方面布置的任务往往十分紧急，而代表大会那些知识分子的脾气又常常变化无常。乔斯尔森居间协调的能力如此高超使戴安娜惊叹不已。后来她说："如果没有他，代表大会什么事也做不成。代表大会全盛时期的气氛，根据我的想象，真可以同肯尼迪执政最初的一百天相比，那真叫激动人心。你觉得每一处发生的每件事都跟你有关。一切都是欣欣向荣，充满活力。迈克尔对每件事都了如指掌。早晨，他可能在谈玻利维亚剧作家的事，下午可能又在谈亚洲的作家问题，晚上他又会同尼古拉斯通电话，用四种不同的语言交谈，简直令人眼花缭乱。我还记得我们和斯特拉文斯基坐在巴黎的咖啡馆里，他的妻子教给我怎样烤薄饼。这真是一段非同寻常的日子。冷战，文化自由代表大会，一切就像是法国革命或牛津运动*。当时的感觉就是这样。”[18]

乔斯尔森夫妇经常与汤姆·布雷顿见面。他定期到欧洲来视察工作。他们一道到餐馆去吃饭，或者到罗兰－加罗去看网球赛，他们也会带布雷顿去维洛冬季运动场看自行车比赛。“这个运动场引起人们恐怖的回忆”，在维希政府时期，大批犹太人就在这个运动场被包围并遭逮捕。乔斯尔森夫妇同欧文·布朗也保持定期的联系，有时是在一家叫作“冷漠”（L'Indifférent）的同性恋夜总会的餐桌上。有一次他们到达那家夜总会时，看到布朗把一大把现钞交给一个“从马赛来的打手”。[19]那时，布朗正在组建“地中海委员会”，这是一个由暴徒组成的组织。当时马歇尔计划提供的物资和美国向大西洋公约组织供应的军火，正源源不断地运往法国，码头工人卸货时，就出钱雇用这些暴徒，到法国各港口去执行保卫任务。

布朗在他的活动中扮演各种不同角色。对于他这种能力，布雷顿面带苦笑地评论说：“一个人能抛头露面，雇用打手在马赛的港口暴打共产党暴徒，同时又对文化自由代表大会感兴趣，真是少见。”[20]

戴安娜解释说：“美国劳工联合会才是真正体验过共产主义的组织，显然这才是打架的好地方。布朗就喜欢这种暴力行为，诸如在马赛破坏罢工之类。到一个夜总会去同一个工会组织的痞子见面，看着布朗给他们钱，我和迈克尔觉得十分有趣，我敢肯定欧文对他与知识分子打交道一定也同样觉得有趣。欧文既不懂毕加索的画，也不会欣赏波德莱尔**

* 牛津运动（Oxford Movement），发生于1833年牛津大学，是一场在英国教会中恢复天主教教义仪式的运动。

** 波德莱尔（Charles Baudelaire，1821—1867），法国现代派诗人。

的诗。我猜想，代表大会的这群人对欧文之所以有吸引力仅仅是因为他觉得它有魅力，同这批人接触感觉颇好。”[21]

周末，迈克尔和戴安娜就去逛古玩店和左岸的画廊，放松一下。午餐时他们就在街头吃三明治，喝阿瓜维特酒*，然后到弗洛尔咖啡馆（萨特爱去的地方）喝茶，或者去“两个丑八怪”**喝茶。星期日，他们就去枫丹白露***野餐，或荡舟于塞纳河上。有时他们约请德诺夫维尔，组成意气相投的三人组。他们之间既有友情，同时也因为共同的秘密结合在一起。有一次德诺夫维尔与乔斯尔森同去购物，买回两幅布拉克的画，非常自豪。许多年后，乔斯尔森的女儿詹尼弗成了现代画派的专家，她无奈地告诉他，这两幅是赝品。

经乔斯尔森认可，巴黎的自由文化代表大会正在赢得一种名气，被认为是一个组织健全的知识分子抵抗共产主义的中心。通过《证言》杂志，代表大会也对政治问题发表意见，其中也议论当时一些重大艺术和文化问题。虽然代表大会在德国的下属机构经历一个接一个的危机，但是乔斯尔森还是可以依靠梅尔文·拉斯基（还有《月刊》杂志，代表大会 1954 年已将该刊从福特基金会手中接管过来）在那里为代表大会的利益工作。设于其他国家的附属机构也都经历过初创时期的种种困难，共同的难题都是能不能在近期把知识分子团结起来一道工作而不要陷于口舌之争。但是这些机构的问题与美国委员会掀起的风暴相比，只不过是茶杯中的波澜而已。

---

* 阿瓜维特酒（aquavit），北欧产，常用作开胃酒。
** 两个丑八怪（Les Deux Magots），巴黎圣日耳曼大街一家著名咖啡馆，因店里有两个古怪人偶得名。毕加索、海明威、萨特都是这里的常客。
*** 枫丹白露（Fontainebleau），巴黎东南近郊的小镇，美丽浪漫。直译为蓝色喷泉。

第十一章 重新统一思想

一位艺术家必定是反动的，他不得不挺身而出反对他那个时代的常规而不是随波逐流；他必须进行一点反抗。

——伊夫林·沃

我选择西方。

——德怀特·麦克唐纳

美国文化自由委员会1951年成立于纽约。委员会背后强大的支持者是悉尼·胡克，他成为委员会的第一任主席。据劳伦斯·德诺夫维尔说，他也是中央情报局的一位“外聘顾问”。另一名纽约市立学院的毕业生欧文·克里斯托尔担任执行理事，从而获得年薪6500美元。1954年索尔·斯坦因接替他的职务，其时年薪提高到8500美元。他是直接从美国新闻署来此任职的，在新闻署，他工作的单位专门从事意识形态分析。美国自由文化委员会作为代表大会正式的下属机构，也要反映其总部的自由主义者与中左派广泛的联合。但是，虽然代表大会能做到将凯斯特勒这样的强硬路线积极分子排斥在外，却对美国委员会无能为力。结果美国委员会很快就分裂成温和分子和好战分子两大派。贾森·爱泼斯坦（Jason Epstein）解释说：“在那个年代，你对待共产主义不是强硬，便是‘软弱’，两者必居其一。”爱泼斯坦还记得戴安娜·特里林（Diana Trilling）一副欲火中烧的神情，“在一次饭局上，站在利奥奈尔（Leonel Trilling）的座椅后面说：‘你们这些男人，我都嫌你们不够硬！’这些人实在可笑，真是一批井底之蛙。”[1]

同特里林夫妇一道生活在这个井里的是一个保守派知识分子的强大组合，其中有詹姆斯·伯纳姆、阿诺德·贝奇曼、彼得·维雷克（Peter Viereck，其父曾是一个臭名昭著的法西斯同情者）、艺术评论家克莱蒙特·格林伯格（Clement Greenberg）以及《评论》（*Commentary*）杂志的编辑、有关共产主义的非正式顾问埃里奥特·科恩（Eliott Cohen）。这批人被称为“上西区（Upper West Side）的基布兹”*，另外再加上鲁斯出版集团的一些经理们。不论从形式还是内容上讲，他们都是一批傲慢的反共分子。欧文·克里斯托尔回顾道：“像贝奇曼和特里林夫妇这样的一些人都是狂热的亲美派，戴安娜·特里林尤甚。他们认为我们这些人没有尽到责任，没把事情办好。戴安娜攻击起来尤其尖酸刻薄。”[2] 另一位局内人回忆道：“在许多美国人中间，有一种狂热的优越感。他们觉得，我们打赢了这场战争，现在我们要按我们的方式来重组欧洲。这批人大都是来自纽约身佩手枪的人，他们总以为在道德上高人一等，不愿与我们同流合污，而我们这些人则是格调甚低的绥靖主义者。有几个人甚至认为代表大会已经遭到共产主义者的渗透。”[3]

美国委员会中代表温和派的是亚瑟·施莱辛格，冷战研究者莱恩霍尔德·尼布尔、詹姆斯·法雷尔、《纽约客》的理查德·罗维尔（Richard Rovere）、6次被提名为总统候选人的前社会党主席诺曼·托马斯、《党派评论》的编辑威廉·菲利普斯和悉尼·胡克。特别是胡克，他愿意同两派都保持和睦友好关系。此时，他正在靠拢中央情报局局长沃尔特·比德尔·史密斯（Walter Bedell Smith，1953年艾伦·杜勒斯接替了他的职务）和心理战略委员会（PSB）的第一任主任戈登·格雷（Gordon Gray），以此来为美国委员会争取利益（在胡克的自传中，他一字未提他与这两个人的接触）。[4] 他与高层情报界人士的这些接触证实，他已经深深地卷入了秘密文化战之中，而这一点胡克是不想承认的。胡克在《纽约时报杂志》上发表过一篇文章，标题是《揭露瞒天大谎：一项基本战略》。

---

* 上西区，纽约市曼哈顿岛西北部的高档艺术社区。基布兹（Kibbutz），以色列的公社性质的集体居民点，主要从事农业，现也有部分工业，生产资料集体所有，实行“按需分配”，是以色列资本主义大环境中特殊的社会组织。

这篇文章被 PSB、C. D. 杰克逊和中央情报局剪报存档。胡克在这篇文章中讲到国际共产主义对民主构成的威胁，要求“尽一切可能以有效的政治战来保卫民主的生存……民主国家在政治战中采取攻势来对付极权主义政权，并将攻势保持下去……这场政治战能在多大程度上取得胜利，现在尚难预料。但是，用五六架轰炸机的钱来发动这场战争肯定是值得的。”[5]在胡克看来，美国委员会是美国政治战的武器库中的反坦克火箭炮，而他还是以他惯有的热情为加强这一武器而努力工作。

乔斯尔森正是依靠这批温和派尽力使美国委员会在政治上与文化自由代表大会协调一致。但是施莱辛格和他的盟友却无力制约这批难以驾驭的强硬派。美国委员会和巴黎的代表大会之间的分歧很快就表面化了。美国人对纳勃科夫在巴黎举办的大型艺术节嗤之以鼻，指责代表大会浅薄无聊。埃利奥特·科恩在政治上的极端性只不过稍逊于詹姆斯·伯纳姆。他问道：“这种热闹喧嚣会不会使我们看不到我们应有的作用和目标？如果我们双目失明，我们还会看得见围困我们的人吗？”[6]另一位批评者嘲笑代表大会吸引的只是一批附庸风雅之徒和唯美主义者，破坏了代表大会作为一种严肃的知识界力量的名声。[7]

美国委员会中迷恋于权力的倾向日益明显，在 1952 年《党派评论》主办的研讨会上达到了顶峰。这次研讨会明确了知识分子与民族国家之间的一种新的积极的关系。一期接着一期，该杂志将这次研讨会称为“我们的国家和我们的文化”。编辑们写道：“美国的知识分子现在已经用一种新的角度来看待美国和美国的制度，这已是明摆着的事实。这次研讨会的目的就是要对这一事实进行考察。就在 10 年多以前，美国还通常被认为是一个敌视文化和艺术的国家。从那时起，潮流已经变了，许多作家和知识分子现在觉得他们与国家及其文化靠得更近了……从政治上看，这就意味着他们认识到美国的民主有着真正的积极价值：美国的民主不仅是一个资本主义的神话而是一个现实，我们必须通过反对俄国的极权主义来捍卫这个现实……欧洲已不再是文化的神圣殿堂，它再也不能确保它那丰富的文化传统可以用来激发对美国生活方式的批评并证明这种批评是有根据的了。历史的车轮已经转了一个圈，现在已经轮到美国来保卫西方文明了。”[8]

20 世纪 30 年代，纽约的知识界几乎毫无例外地一律倾向于莫斯科，其代言人便是纽约市的一批托洛茨基分子创办的刊物《党派评论》。这本刊物最初是共产党领导的约翰·里德*俱乐部（John Reed Club）的机关刊物，它创造了一种高深精妙的语言来宣传马克思主义思想。但是 1939 至 1940 年之间发生的事件摧毁了它的根基。随着德苏互不侵犯条约的签订，许多知识分子开始背离列宁主义的正统共产主义，转向持不同意见的托洛茨基激进主义。有些则干脆脱离了左翼，向政治上的中间派、甚至是右派靠拢。这时，《党派评论》又创造了一种截然相反的语言，为反斯大林主义说话，并根据非共产党的概念重新解释激进主义。

就像许多回头浪子一样，知识分子从 30 年代那个“黑暗时期”走了出来，又回到了美国这个概念上来了。他们“兴奋异常地发现新的可能性突然以排山倒海之势涌现在他们面前，无论是生活上还是思想意识上，都有新生之感。过去他们对于一个客观存在的世界似乎都不屑于去看它一眼，而现在每个人都摘掉了马克思主义的有色眼镜，蜂拥向前去看看这个被他们鄙弃的世界。”[9]这些“获得新生的”知识分子曾经追求过某种东西来取代出卖过他们的历史绝对真理，现在他们在“美国”找到了答案，或者说得巧妙一点的话，是从“美国主义”中找到了答案。《党派评论》主办的这次研讨会同科普兰的“向大众欢呼”一样，给人的感觉是人们第一次发现了美国的存在。威廉·菲利普斯写道：“美国的艺术家和知识分子已经获得一种新的意识，感到他们是属于自己的故土的，而且普遍地开始觉得他们的命运与他们的国家命运是密不可分的。”[10]由于知识分子在思想感情上产生了一种密不可分的联系，于是美国也就开始用一种新的目光来看待他们。利奥奈尔·特里林评论说：“才智已经和权力不可分了，这也许是历史上从未有过的现象，现在才智本身已被视为一种权力。”[11]

---

*约翰·里德（1887—1920），美国诗人、冒险家。他短暂的革命作家和活动家生涯使他成为一代激进知识分子的英雄。作为美国共产党的创建人之一，他是列宁的密友，亲历了俄国十月革命，写出了名著《震撼世界的十日》。后因叛国罪被起诉，逃往苏联，死后葬于克里姆林宫宫墙旁。

历史学家卡罗尔·布赖特曼（Carol Brightman）写道："自从法国大革命以来，知识界的重要人物大概是第一次确认现在的知识分子不必非要站在对立面不可了。拥护国家并不降低知识分子和艺术家的品格。"[12]《时代》杂志刊载了一篇标题印在封面上的重要文章，题为《文学界：从此岸到彼岸》，这篇文章证实了知识分子的这种新观念。文章的结论是："抗议者已转变为认同者。当一个崭新的国家出现在面前时，知识分子就应该扮演这样的角色。"[13] 正是在这一时刻，已经背离马克思主义的那些人开始从"否定派"转变为"肯定派"；这时，纽约市的左派理论家们同他们那些浑身长刺的战友们，如德怀特·麦克唐纳，已经厌倦了阶级斗争，而且那些胸怀大志的学生们也不大可能再去要求他们写推荐信了。德怀特·麦克唐纳后来写道："我从一个自由主义者转变为一个激进派，后来又从一个温和的共产主义同情者转变为一个坚定的反斯大林主义者，转变速度之快，连我自己也感到吃惊。"[14] 他的传记作者在描述他的转变时写道："德怀特具有强烈的独立性，他自称是一个怀疑论者，他还拒绝接受任何民族主义的忠诚，所有这一切都标志着他的政治观点，并以此维系着他的政治生命。他的转变并不是背叛他的信念。他之所以发生这样的变化是他自己经过痛苦的自我解剖后发现，除非他'变得不那么邪恶'，否则他已经没有赖以生存的政治立足点。对于他来说，这是一种令人沮丧的两难境地。即使他继续赞同激进主义的传统，或者至少持有不同政见，他仍然感到自己同那些反对美国的民族主义、帝国主义和大众文化的精英们格格不入。他还是支持美国在海外拥有权力并维护国内的各种制度的。"[15] 菲利普·拉夫看到这种事态发展感到十分惊恐，他警告说："反斯大林主义几乎已经成为一种谋求生存的立场。这种立场如此之重要，以致所有其他应予关注的问题都可以置之度外，结果就是他们企图把反斯大林主义变成一种人生观，甚至变成一种历史哲学，而这是永远不可能做到的。"[16]

"专门从事"反斯大林主义的总部就是美国文化自由委员会以及一些其编辑在委员会担任理事的杂志，具体说就是《评论》《新领袖》和《党派评论》。但是正当这个反斯大林主义的中心即将接管并利用这家杂志之时，《党派评论》却处于濒临歇业的境况，部分原因是美国财政部威胁要取消其免税待遇。悉尼·胡克于是在1952年10月10日向助理国务卿豪兰·萨金特（Howland Sargeant）递交了一份戏剧性的请愿书，为《党派评论》辩护，说这本刊物在海外，特别在知识分子与共产主义意识形态做斗争中是一个非常得力的载体。丹尼尔·贝尔在与亨利·鲁斯协商中主动地充当了调解人。鲁斯捐赠了10000美元，挽救了这本刊物（同时，鲁斯还向美国委员会捐赠了70股时代股份有限公司的股票）。丹尼尔·贝尔后来写道："据我所知，这笔赠款从来没有公开宣布过，甚至该刊的撰稿人和一些主笔对此也不知情。"[17] 鲁斯的这笔投资得到了什么回报，却谁都不清楚。贾森·爱泼斯坦后来说，"《党派评论》上刊载过的内容很快就在《时代》和《生活》上详加阐述。"[18] 鲁斯向一份原来是美国共产党喉舌的刊物给予慷慨的财政支援，无疑对冷战期间议论甚多的所谓"非激进化"进程增添了新的一笔。

中央情报局通过欧文·布朗获悉《党派评论》面临财政困难，起初对此甚为关注。在鲁斯捐款的一年前，悉尼·胡克为争取《党派评论》和《新领袖》继续办下去，曾写信给欧文·布朗，要求给予援助。胡克写道："我们在欧洲的朋友向我们提出忠告，说西欧的反美情绪和'中立倾向'正在加强。就在这个时刻，出色的反中立的民主喉舌《新领袖》却因成本提高面临消失的危险。这本刊物的消失将会是一场文化灾难。"[19] 对于《党派评论》，他也说过同样的话，请求布朗保证这两份刊物在海外发行四五千份。布朗把这个问题转告了国际组织处的布雷顿。不久之后，《新领袖》的编辑索尔·莱维塔斯就亲自来到汤姆·布雷顿的办公室。布雷顿回忆道："天哪，我还记得这个家伙坐在我的办公桌对面，请求我掏腰包。"[20]

莱维塔斯是一个俄国移民，曾与托洛茨基和布哈林一道工作，在美国情报界有着强有力的支持者。C. D. 杰克逊称赞他的工作做得十分出色。因为他提供唯一在大西洋两岸都有的文献，其特点是客观、不偏不倚、亲美、高质量，同时又是左倾的。杰克逊还说他无疑是站在天使们这一边的。[21] 艾伦·杜勒斯肯定也是这样认为的。1949年，莱维塔斯刊载了杜勒斯的一篇文章，主张建立一个“国内安全委员会”来调查国内的种种颠覆势力，并用“民主的制度推毁它们”。艾伦·杜勒斯协助白宫重组了美国的情报机构，在这一点上，“与英国的军情五处首脑为《新政治家》撰文十分相似”。[22]也就是在这个时候，虽然《新领袖》拼命要求财政援助，以偿还它欠下的4万美元债务，但是从1950年4月份起，《新领袖》却以崭新的面貌出现，其装帧之华美可与《时代》杂志相匹敌。一两年后，当莱维塔斯坐在布雷顿对面时，他又找到一个可以为他解困的天使。布雷顿同意向《新领袖》提供补贴，并作出了具体安排。在布雷顿的办公室里，至少有三次把现金交到莱维塔斯手中。布雷顿说：“数目不大，每次大约10000美元。尽管如此，也足以使杂志不至于破产。”[23]

就在此时，布雷顿的副手科德·迈耶也接手处理《党派评论》的问题。除了鲁斯捐赠的10000美元之外，1953年初，该杂志从美国委员会的“艺术节账户”上拿到一笔2500美元的补贴。“艺术节账户”上还有纳勃科夫上一年举办艺术节留下的一些剩余经费，别忘了，这个账户就是中央情报局通过虚假的法菲尔德基金会输送经费的管道。当《党派评论》接受这笔补贴时，其联合编辑之一威廉·菲利普斯是美国委员会的文化秘书。菲利普斯后来说他不记得有过这么一笔赠款，而且总是一口咬定他的杂志从来就没有接受过中央情报局的赞助。

中央情报局补助美国期刊是违反自己的法规的。根据其章程，中央情报局不得支持国内的组织。在《党派评论》和《新领袖》这件事情上中央情报局违反规定有两点极有说服力的理由：第一，这两份期刊为美国和欧洲一道反共的知识分子提供了一个思想上的桥头堡，而这两部分知识分子却因地缘政治和文化差异是相互隔离的；第二，当《党派评论》和《新领袖》的立场在意识形态市场上遭到严肃的责难时（他们很快就会遇到这种挑战的），预计这两家杂志都会“怒发冲冠”，按乔斯尔森的说法，给他们财政支持等于准备了一面盾牌，可以抵消他们的愤怒。

第十二章 “X”杂志

那么我们今后做什么呢？只要有可能，那就坚持业已证实的事实——千万不要忘记，如果有人要改变观察问题的方法，这些事实是可以改变的。

——奥尔德斯·赫克斯：《加沙的盲点》

《邂逅》（*Encounter*）杂志（1953 年至 1990 年印行）在战后的思想史上占有重要地位。该刊之活跃、热闹，堪称文坛上的一次鸡尾酒会。南希·米特福德（Nancy Mitford）在该刊发表了她的著名文章《英国贵族》，尖锐而又妙趣横生地分析了英国上层阶级和非英国上层阶级之间在道德观念上的区别。该刊还发表艾赛亚·伯林的《非凡的十年》，4 篇有分量的论俄国文学的文章，弗拉基米尔·纳勃科夫论普希金，欧文·豪论伊迪丝·沃顿，大卫·马昆德（David Marquand）的《自由的复苏》，豪尔赫·路易斯·博尔格斯（Jorge Luis Borges）的短篇小说，理查德·埃尔曼（Richard Ellmann）、贾拉普拉卡什·纳拉扬（Jayaprakash Narayan）、W. H. 奥登、阿诺德·汤因比（Arnold Toynbee）、伯特兰·罗素、赫伯特·里德、修·特雷弗-罗珀等人的评论文章。这些人都是《邂逅》杂志刊行的几十年中最出色的思想家。这本刊物在英国、美国、亚洲和非洲都享有读者群。它关注的文化问题无所不包，但是奇怪的是在许多政治问题上却缄口不言或观点暧昧。该刊讨论的所有问题显然具有强烈的意识形态色彩，可以说是清一色的反共冷战思维。该刊从来没有做到收支平衡，一直有着巨额赤字，如果要消灭赤字，非增加一倍发行量不可。这本刊物充满智慧，但其肆意挥霍却与情报界保持密切联系有关。迈克尔·乔斯尔森称之为"我们的一笔巨大财富"。

战后经济紧缩导致西里尔·康诺利(Cyril Connolly)的《地平线》(*Horizon*)于1950年停刊,随后就是约翰·莱曼(John Lehmann)的《企鹅新作》(*Penguin New Writing*),《伦敦杂志》(*London Magazine*)则财政状况拮据,而F. R. 利维斯(Leavis)的《观察》(*Serntiney*)尽管得到洛克菲勒的慷慨捐赠,也差一点停刊。只有《新政治家与国家》兴旺发达,每周发行量高达85000册,虽然有人企图搞垮它,但这本刊物明显地恢复了其强大生命力。乔斯尔森向《二十世纪》提供补助就是破坏活动的一个组成部分。这家刊物与英国文化自由学会一道,既拿到了钱也接到了指示,要它们"同《新政治家与国家》进行一场长期的争论"。[1]中央情报局对1950年英国在柏林大会上不光彩的表现一直耿耿于怀,急切地想冲破英国中立主义的雾障,因为正是这种雾障迷住了英国知识分子的眼睛,以致不能作出正确的判断,那些靠近《新政治家》的人尤甚。金斯利·马丁(Kinsley Martin)的杂志对彻底背离莫斯科的社会主义观点表示不敢苟同,这深深地刺痛了美国的冷战斗士们。

英国情报机构也希望能有一份刊物代他们发言,驳斥《新政治家》那种爱憎交错的矛盾政策,反对它那种毫无主见又极端简单化的立场。于是情报研究局就支持《论坛》,将该刊的内容摘录下来,通过外交部的官员在国际上散发。这一举措反映了情报研究局的这种行动方向。马尔科姆·马格里奇和伍德罗·怀亚特(这两人都与情报研究局有着密切联系)1950年4月同《论坛》的编辑托斯科·法夫尔讨论了该刊的前途问题,但是马格里奇发现"他们现在显然财政极为拮据,我对他们说,为了冷战的利益,必须对《新政治家》进行反击,为此他们必须把刊物继续办下去。我的看法是,《新政治家》作为宣传工具之所以能够取得卓著的业绩是因为他们很聪明地确定了一个前提,那就是表面上是左倾,骨子里实际上却是相反。"[2]尽管情报研究局支持《论坛》,但法夫尔还是不相信仅仅依靠这种支持就足以确保该刊长远的前途,于是在1951年岁末,他就开始议论要创办一份"盎格鲁-美利坚中间偏左的出版物”。法夫尔写信给欧文·布朗，信中提到创办这样一份刊物的计划“已经取得进展。有几个人催促我立即开始行动，我已经直接或通过信件与丹尼斯·希利（Denis Healey）、莫里斯·埃德尔曼（Maurice Edelman）、狄克·克罗斯曼（Dick Crossman）、亚瑟·施莱辛格、大卫·威廉姆斯（David Williams）讨论过这个想法——这本刊物不应同代表大会掺和在一起，其理由是不言自明的。”[3]让这份刊物不要同代表大会发生联系，其理由显然是因为美国政府曾同意不在英国进行宣传活动。中央情报局“实际上已宣布暂时停止将（中央情报局的）钱用于这个特定的国家。这是有关这件事的某种君子协定。”[4]但是不久，这种情况就要发生变化了。

英国情报机构和中央情报局是相互独立的，但是创办一家新刊物来弥补英国知识界反共力度之不足，在这个问题上，两家却进行了反复磋商。1951 年初，根据弗兰克·威斯纳的提议，在伦敦举行了一系列会议，双方的合作才开始透露出来。威斯纳在军情六处（MI-6）和中央情报局之间的联络官金·费尔比（Kim Philby）的陪同下（费尔比的朋友伯吉斯，Burgess，和麦克莱恩，Maclean，几个月后叛逃到苏联），来到伦敦同英国情报机构商讨“共同感兴趣的问题”。据费尔比称，在军情六处和外交部人员参加的一系列会议上，威斯纳详尽地阐明了他情有独钟的一个问题：凡是对我们感兴趣又显然受人尊重的团体给予政府资助，其秘密经费的来源必须加以伪装。威斯纳以他惯常的随意风格说："必须确保公开与我们合作的人必须有合情合理的经费来源，要符合他们的身份，这一点极为重要。”在他谈到这一点时，费尔比注意到外交部的一位官员信手写了一张纸条，上面写的是“财源合情合理又符合身份的人 = 有钱人”，[5]他觉得十分有趣。

在威斯纳赴伦敦“执行使命”期间，创办一家高水平刊物的问题才首次明确地提了出来。两国的有关部门看到他们的想法是一致的。威斯纳和他的英国同行秘密情报局（Secret Intelligence Service，简称 SIS）一致认为，进行这个项目需要花很多钱，因此他们决定联合行动。1951 年岁末，这个联合行动计划获得双方高层的批准，并交给各自的下属机构贯彻执行。费尔比把这个任务交给了他在华盛顿的助手约翰·布鲁斯·洛克哈特（John Bruce Lockhart）。他是罗伯特·布鲁斯·洛克哈特的侄子。老洛克哈特曾是两次世界大战中情报工作的首脑，因从事间谍活动，1917 年曾遭苏联逮捕，被监禁在克里姆林宫。在他的叔父、情报界的明星级演出之后，年轻一代的洛克哈特作为一个模范情报人员就脱颖而出了。战时他曾领导 SIS 在意大利的军事 C 组，是在欧洲向共产党内部渗透的专家。洛克哈特在华盛顿也相当受尊重。他在华盛顿与威斯纳建立了密切关系。威斯纳有意让他的儿子小弗兰克进拉格比学院（Rugby College），曾就读于该校的洛克哈特就热情地替他安排。威斯纳信任洛克哈特，而费尔比却不信任他，反倒因为他们之间的密切关系而不喜欢威斯纳。他形容威斯纳“年纪轻轻已经谢顶，而且还开始发福，让他担任这样重要的工作，似乎显得太嫩了些。”[6]

约翰·布鲁斯·洛克哈特与劳伦斯·德诺夫维尔的关系也很好。他们是在战后的德国建立联系的，安排德诺夫维尔和乔斯尔森与英国情报研究局的克里斯托弗·蒙蒂·伍德豪斯在伦敦举行会晤的正是洛克哈特。伍德豪斯才华横溢，11 岁时就阅读欧里比德斯和卢克莱修*的著作。战后就读于牛津大学新学院，师从理查德·克罗斯曼和艾赛亚·伯林（伯林在为学生辅导时用低沉的嗓音滔滔不绝，在牛津大学，他是唯一能将认识论 Epistemological 这个词像一个单音节词那样一口气念出的人，并以此而闻名牛津）。[7]1939 年，伍德豪斯以两门功课均达优秀的成绩毕业，当时他梦想能够开始他的学术生涯，同时讲授柏拉图和亚里士多德，但是战争爆发了。此后他接受的完全是另一种教育：军营操练场上列队、射击、跳伞、游击战、破坏、情报等都是他的必修课，最终导致他在希腊进行英勇的游击战。[8]

伍德豪斯是一名老派的孤胆间谍，在策划推翻伊朗总理穆罕默德·莫萨德的行动中扮演过重要角色，他同金·罗斯福一起参加了 SIS 和中央

* 欧里比德斯（Euripides，公元前 484—前 406 年），古希腊三大悲剧作家之一。卢克莱修（Lucretius，约公元前 93—前 50 年），拉丁诗人，其六卷长诗《物性论》是了解这位诗人的唯一作品，44 岁时自杀身亡。

情报局策划的政变，扶植伊朗皇帝、极右的君主政权上台。[9]从德黑兰回到英国后，伍德豪斯受指派在情报研究局担任高度机密的工作。他拥有SIS提供的位于圣詹姆斯公园地铁站对面单独的办公处，办公处的工作人员是一批级别较低的外交部官员，名义上是情报研究局的人，实际上却是伍德豪斯掌管的半自主小组的成员。

伍德豪斯不愿在他自己所属的俱乐部，即改革俱乐部（Reform Club）里谈“业务”，他同意在皇家汽车俱乐部与德诺夫维尔和乔斯尔森会晤。德诺夫维尔是该俱乐部的海外会员，他为这次见面特地与乔斯尔森从巴黎赶到伦敦。就在这家俱乐部里，1952年暮春时节，英美两国的情报部门对战后知识界的历史进程进行了重大干预。在皇家汽车俱乐部餐厅里举行的午餐会上，他们为创办并秘密赞助一份新的知识分子刊物制定了一个计划。伍德豪斯奉命来执行这个项目，他十分痛快地承担了下来。伍德豪斯曾为外交部的各地区司工作过，由他来执行这个项目，算是一件事务性的工作。不过他是心理战的热心倡导者，这件事倒是完全属于这一工作范围。皇家汽车俱乐部里的那次对话使他深信，创办这家杂志肯定将是对隐蔽宣传战的一种微妙的贡献。

伍德豪斯提出的唯一要求是英国人必须了解情况。双方同意，文化自由代表大会将通过中央情报局指定的联络官员就有关该刊物的“行动”程序与伍德豪斯进行磋商。此外，SIS希望英国方面经情报研究局同意向这个项目提供一小笔捐款。伍德豪斯建议用这笔钱来支付英方编辑及其秘书的薪金，认为这样做可以防止发生中央情报局操纵英国公民这种不妥当的情况。他进一步说明，英国外交部对这个项目的兴趣主要在于获得一个载体，依靠它向亚洲，比如印度和远东的知识分子传播反共思想。为了确保这份刊物在英国势力范围内发行，外交部准备出资购买一定数量的刊物，通过英国文化委员会运往这些地区并在当地发行。除了上述经费之外，这份刊物的财政由文化自由代表大会负责。乔斯尔森确认，资金将通过法菲尔德基金会提供。当然这家杂志应该被当成一家企业来办，以免引起怀疑。最后，乔斯尔森告诉伍德豪斯，这份刊物需要配备两名联合编辑。这两名编辑的候选人需通过两国情报机构的审查。

双方同意，这两个人选由文化自由代表大会负责物色并与之接触。在工作机制安排妥当之后，会议结束时达成一项协议：这件事将由乔斯尔森和德诺夫维尔来推动，然后再与伍德豪斯见面协商。与此同时，伍德豪斯开始物色“出面人物”，即威斯纳所说的“有钱人”，通过他们把情报研究局的钱转给这家杂志。

美国方面的联合编辑人选是美国文化自由委员会的执行理事欧文•克里斯托尔。克里斯托尔生于1920年，其父为服装转包商。1936年入纽约市立学院，在那里他结识了欧文•豪（Irving Howe）、丹尼尔•贝尔和梅尔文•拉斯基。在市立学院求学时，参加了托洛茨基派的反共左倾组织社会主义青年团（Young People's Socialist League）。克里斯托尔身材矮小，于是他就在政治上练成一身发达的肌肉来弥补他在生理上的缺陷。这在市立学院的本科生中是有代表性的。他随时准备扑向他的对手，这种好斗的特性为他赢得了知识分子拳击手的称号。1940年，以优异的成绩毕业后，他就去芝加哥当了一名货运管理人员，同时协助编辑前托洛茨基派的刊物《调查》（*Inquiry*）直到他应征入伍。1944年入伍为步兵，经历了在法国和德国的战斗，1946年退役。退役后他去了英国，为《评论》杂志工作，1947年回到纽约，担任该杂志的编辑主任。

英国方面的联合编辑人选是斯蒂芬•斯彭德。斯彭德1909年生于一个开明的名门家庭，童年时，父母对他呵护备至（“我的父母不让我接近那些粗野的孩子”）[10]，养成了不太活跃却又随和可亲的性格，对乌托邦甚为向往。在牛津大学求学时期，受到W. H. 奥登的影响。斯彭德出版了第一部著作《诗集》（*Poems*）后名声大噪，这本著作在两次世界大战之间的年代里影响了人们对性和政治的观念。很快他就与奥登、塞西尔•戴•刘易斯（Cecil Day Lewis）和路易斯•麦克尼斯（Louis MacNeice）齐名，号称“三十年代诗人”。在30年代的10年中，政治渗透到文学殿堂的深处，在这种环境下，斯彭德加入了共产党，虽然几个星期后就退出了。他只不过是那种“英国式的时髦布尔什维克”，用这句话形容斯彭德这种政治上朝三暮四的人，是十分准确的。后来他在谈到自己改变信仰的原因时说，这“完全是我生性既脆弱又开放”。[11]

老亨利·詹姆斯（Henry James, Sr.）在谈到爱默生时有一句名言，说他就像"并无迷宫的线索"，安尼塔·克莫德（Anita Kermode）把这句名言颠倒过来形容斯彭德是"没有线索的迷宫"。[12] 詹姆斯还有一句名言用于斯彭德也十分贴切："他是一个把握不住的人。"

斯彭德后来推测，他之所以被选为代表大会这份新创办的杂志联合编辑之一"是因为我写的一篇文章《失败的上帝》"。其实个中原因是他同美国的友好关系，这可能比他不赞成共产主义更为重要。1948年，斯彭德写了一曲美国赞歌，题为《我们在欧洲的思想战必胜》，在这篇文章中他声称："虽然美国的政策面前有一些半信半疑的盟国和一些三心二意的朋友，但是美国在言论自由方面取得的伟大成就，完全可以在欧洲赢得思想界重要人物的人心……如果美国愿意，她一定能够在当今的欧洲起到教育者的作用。她本身就会使成千上万的学生了解美国文明和美国自由观念的精髓……现在我们必须面对现实，不要指望宣传和政治大棒能起什么作用，而是要向欧洲人显示美国的文明、教育和文化在当代取得的最伟大的成就。"[13] 斯彭德以难以抑制的激情接着写道："只要美国和英国有学识的人说一句"，欧洲的学生就会"将之奉若圣明"。还说："马歇尔计划固然很好，这并不错，但是还需要在欧洲强化西方的传统文明，用美国的信心、经验和知识来创造一个新欧洲"。[14] 这种观点在欧洲许多知识分子中间得到响应。雷蒙德·阿隆宣告，他"完全相信，对于一个反斯大林主义者来说，除了接受美国的领导，别无选择。"[15] 我们不能说美国对文化界的干预在当地就没有支持者。斯彭德和阿隆这样的人就认为欧洲的生存必须依靠美国这个救世主。

斯彭德还有一些品格得到他未来的雇主们的青睐。作为"麦斯奥戴帮"* 的一员，他是与伦敦文学界贵族联系的重要环节。这批文学贵族是至今仍然势利地迷恋布卢姆斯伯里 ** 时代的残渣余孽，但是这群人立

* "麦斯奥戴帮"，原文为 MacSpaunDay，是麦克尼斯，斯彭德、奥登和戴·刘易斯（Mac Niece，Spender，Auden，Day Lewis）四人名字简化后组成的一个词。

** 布卢姆斯伯里（Bloomsbury），伦敦的一个教区，大英博物馆所在地，曾是贵族们居住的高级住宅区，现为文人、学者集中的一个教区。这里指一些英国文人仍摆脱不了对贵族的崇拜。

即对斯彭德的魅力崇拜得五体投地。

文化自由代表大会在柏林成立之初，乔斯尔森就亲身体验过英国代表那种桀骜不驯的特点，许多美国的战略家对英国知识阶层那种优越感十分厌烦。斯图尔特·汉普夏尔解释说：“这里面有着一些重要的背景。我的看法是，1949 年福特基金会派人来到伦敦，在一家饭店里举行了一个规模盛大的聚会，把知识界的重要人物都召集来了。那时，福特基金会的资产甚至超过了整个英镑区的资本储备，所以知识界的要人都到场了。福特基金会承诺为他们提供一切，但他们却说，‘不必了，我们过得很好，谢谢你们。我们有的是精神，对我们来说，这就足够了。’英国人实在令人扫兴，不过他们也确实要了几样东西，但数量很少，以致美国人认为这些英国人神经不正常。其实这里面隐藏着深奥的背景，一种弗洛伊德式的反美主义。这有点像温彻斯特学院式的势利眼碰到了中国的左派那样格格不入，集中反映在恩普森（Empson）和福斯特*这样的人身上，我记得福斯特曾在纽约与利奥奈内·特里林同住。特里林（他曾写过一本评论福斯特的著作，是一个情绪化的亲英派，那时他还没有去过英国）心情十分紧张。福斯特为出席某个场合提出要买一件衬衫，特里林就陪他去了布鲁克斯兄弟商店。福斯特到了那里之后，看了一眼就说：‘天哪，这里的东西，我大概一样也不想买。’这就是我要说的总结性看法。”[16]

斯彭德曾在战后德国的英占区专员公署工作，对于政府在文化政治领域的需要是配合得很好的。此后他在美国多年，受到约翰·克劳·兰塞姆、艾伦·塔特以及两个保守分子本·塔特（Ben Tate）和爱德华·塔夫特参议员的庇护。斯彭德的魅力同样感染了他的英国同事。这样一个人自然是美国求之不得的。美国人需要利用这样一座桥梁来争取那些不听话的盟友。他的妻子娜塔莎曾说，他最杰出的才能就是很容易受骗。她说：“当然，斯蒂芬具备一切条件被选中来做一个出面人物：他是背离了（共产主义）信仰的名人之一，而且他还那么单纯以致非常容易受

---

* 指 E. M. 福斯特（E.M. Forster，1879—1970），英国小说家、散文家，生于伦敦，毕业于剑桥大学。美国文学评论家特里林曾著有评论福斯特的论著。

人愚弄。他的父亲就曾受过劳埃德·乔治（Lolyd George）的欺骗。他们一家人都对别人深信不疑。他们家的人从来想不到别人会对他们撒谎。”[17] 后来的情况表明他为自己的天真幼稚付出了多么惨重的代价。

1953 年，斯彭德在辛辛那提教书。2 月份他接到乔斯尔森来信，邀他去巴黎讨论出版《证言》的英文版问题。斯彭德从克里斯托尔处获悉，“一两个星期以前，我匆匆地去了一趟巴黎，花了很多时间同乔斯尔森、弗朗索瓦、邦迪和梅尔文·拉斯基讨论了这件事，我与乔斯尔森同去伦敦。一天，与沃伯格、马格里奇和法夫尔商量过这件事。”[18]

在这次伦敦会晤前不久，德诺夫维尔和乔斯尔森再次与伍德豪斯见面。他们之间做成了一笔有关出版问题的“交易”。根据所作安排，奥威尔书籍的出版商弗莱德里克·沃伯格同意这本新刊物使用他的出版公司的名字。在一封乔斯尔森致沃伯格的信函中，他确认文化自由代表大会“将立即支付所有与出版和发行《邂逅》杂志相关的费用，并对一切可能的指责承担责任。”乔斯尔森向沃伯格讲明一点：“他和他的公司都不要过问该刊物的一切编辑事务。”[19]

伍德豪斯与德诺夫维尔第二次见面时，两人之间就建立了良好的关系，德诺夫维尔的资历绝不比伍德豪斯逊色。德诺夫维尔出生于伦敦。在他担任路透社记者之前曾就读于市立学院和哈佛大学并获得学位。伍德豪斯回忆道：“我们相处得极好，观点一致。”他还说，“我同我的美国同行们的关系总是十分融洽，只要他们不太愚蠢的话。”他说这番话的语气却暗示他们当中确实有些人十分愚蠢。“拉里*到伦敦来，我们每次都要见见面，而我去华盛顿时，我就同我在华盛顿的工作人员亚当·沃森一道去看他。”[20] 在此后的几年中，他们经常见面，直到德诺夫维尔回到美国而伍德豪斯继续留在英国担任皇家国际问题研究所所长。由于他们在工作方面仅仅在这个领域是相同的，因此当他们在皇家汽车俱乐部喝酒时，谈论的总是有关《邂逅》杂志的运作和方法以及“英国方面一般的行动情况”。

所谓“运作和方法”，据伍德豪斯说，主要是指“经费的注入和联

---

*拉里（Larry）为 Laurence 的昵称，此处指劳伦斯·德诺夫维尔。

络方法”。德诺夫维尔后来解释说：“不要以为那时做事情都有章可循。在那个时期，一切都是全无章法。”[21] 为了弥补这种杂乱无章，马尔科姆·马格里奇就作为英国军情六处和文化自由代表大会之间的联络人参与其事。马格里奇从儿时在克罗依登与他父亲一起在工党的竞选活动中高唱《红旗》歌起，走过了一段漫长的人生苦旅。他在 1933 年出版的著作《莫斯科的冬天》中描述了他的俄国乌托邦之梦是如何破灭的。这是一本从左的立场揭露苏联神话的首批著作之一。他的这本著作标志着他在政治上开始转变，直到他成为军情六处的一名特工。作为文化自由代表大会指导委员会的成员之一，他也是反对中立主义的中坚分子。他站在亲美的立场上分析说：“如果说我同千百万西欧人一样，同意美国必然成为 20 世纪中叶自由事业的支柱，这并不说明美国一切制度都是完美无缺的，也不是说美国人无一例外的都是正人君子，或者说美国生活没有半点瑕疵。这只不过是说明，在人类历史上发生最可怕的冲突的这个时期，我对自己的立场作出了抉择。其他人迟早也都会作出他们的抉择，而且我准备始终不渝地站在我选择的立场上，希望自己有足够的勇气来支撑自己而不感到沮丧，有足够的信念使自己不至于陷于混乱而走上歧途，有足够的信心来维护我所归属的文明和以这种文明为基础的宗教，遵从班扬 * 的忠告，忍受人生旅途中经历的危险和羞辱，因为为了达到目的，这样做是值得的。”[22]

马格里奇在《魔鬼的小树林》（*Infernal Grove*）中写道：“对于情报工作来说，秘密犹如做弥撒时的法袍和供香，或者降神会的黑暗环境一样，是不可或缺的，因而必须不惜一切代价保守秘密，至于这样做有无特定的目的则无关宏旨。”[23] 尽管马格里奇怀疑秘密的必要性，但他仍然为那种匕首加大氅式的秘密活动感到激动不已。马格里奇对于自己跻身代表大会新的出版冒险活动感到十分高兴。他的第一个任务是一定要找到一些“有钱人”作为这本新杂志的私人赞助者。在舰队街 ** 一

---

* 约翰·班扬（John Bunyan，1628—1688），英国清教牧师和传教士。班扬的忠告，指班扬所著《丰盛的恩典》一书中《适时的劝勉：给受苦之人的忠告》。

** 舰队街（Fleet Street），弗利特街的另一译名，伦敦几家大报馆的集中地，此处借指伦敦报界。这个俱乐部应为新闻界人士聚会地。

个俱乐部的一次会议上，马格里奇终于能够向伍德豪斯报告，他已经物色到两名人选，他们表示愿意充当输送经费的渠道。

第一位是移民电影导演亚历山大·科尔达（Alexander Korda）。科尔达是伊恩·弗莱明*的朋友，罗伯特·布鲁斯·洛克哈特的一名前雇员（他曾担任洛克哈特的电影海外发行顾问）。他对于同英国情报机构建立密切联系很感兴趣。在与马格里奇接触中，他表示同意情报研究局利用他的账户作为向新杂志提供补助的渠道。马格里奇物色到的另一条渠道是他的老友维克多·罗斯柴尔德勋爵。罗斯柴尔德在60年代中期以前一直与这家刊物保持着密切关系，但他始终隐藏在幕后，从来都是隐姓埋名。

此外还有一些实际问题需要解决。马格里奇和沃伯格（中央情报局的专案官员称他们为“表兄弟”）1953年2月同赴巴黎落实一些问题，当时担任英国文化自由学会秘书的贾斯珀·里德利（Jasper Ridley）奉命为他们两人购买机票，预订饭店住房。回来后，沃伯格要求里德利开一张英国学会账户的100英镑支票支付他在巴黎的“开支”。那时里德利每周的薪金是10英镑，看到这一大笔开支吃惊不小。他后来回忆说：“我想沃伯格领取的那100英镑不是装进了自己的腰包就是为他那楚楚动人的妻子帕梅拉·德贝约（Pamela de Bayou）买了首饰。”[24]

1953年3月5日，迈克尔·乔斯尔森写信给斯蒂芬·斯彭德，简要地讲了马格里奇、沃伯格、法夫尔、纳勃科夫、邦迪和他本人见面商谈的情况：“我们需要创办一份影响力超过《地平线》的杂志，类似《月刊》。你和克里斯托尔可以组成理想的编辑小组。此外还需成立一个编辑委员会，也许可以吸收马格里奇和胡克参加。他们表示愿从1953年7月起在欧洲工作一整年。马格里奇和沃伯格愿意将马格里奇新近成功地为英国学会筹集到的经费投入这份杂志。”[25]斯彭德在写给克里斯托尔的信中提到过这一安排。他写道：“看来我们两人都要受聘于英国委员会了。”[26]这句话他只说对了一半。美国人克里斯托尔的薪金是从中央情报局的法菲尔德基金会的基金中支付的，而斯彭德的薪金则来自英

* 弗莱明（Ian Lancaster Fleming，1908—1964），国际知名的惊险间谍小说作家，代号007的英国谍报人员詹姆斯·邦德的形象就是他创造的。

国财政部拨给的秘密经费。

1953年3月份，克里斯托尔已经到了巴黎，忙着为这本杂志出样本。巴黎办事处心目中的新杂志应该是代表大会的喉舌。在乔斯尔森的指导下设计了4种不同的封面。杂志的刊名叫《展望》。克里斯托尔和斯彭德（他当时还在美国）都不同意用这个刊名，觉得“展望”一词过于平庸。于是他们绞尽脑汁，翻遍辞书，在许多同类词中反复推敲，提出的刊名有《研讨》《文化与政治》《群言》《视野》《见证》《写作与自由》（克里斯托尔想避免使用“自由”这样的词，因为它带有一股令人生厌的味道）《信使》《四海》《东西方评论》《指南针》《纽带》《交流》《当代》《转折点》《环视》，等等。一时克里斯托尔干脆称它为“X”杂志，[27] 也许这倒是这本杂志最恰当的刊名，因为它的背后隐藏着某种神秘感。《邂逅》这个刊名最初出现在1953年4月27日克里斯托尔致沃伯格的一封信中，克里斯托尔却并不喜欢这个刊名。

1953年4月30日，亚历山大·科尔达签署了第一张金额为250英镑的支票，由此可以推想维克多·罗斯柴尔德也在这时做过同样的事，不过没有任何记录可以证实他究竟何时开始“捐款”的。在他们的掩护下，从这份刊物创办时起，英国情报机构就向《邂逅》提供经费了。钱越来越多，通常都是定期地装入一个褐色信封送到《邂逅》的办事处来。负责此事的交通员是伍德豪斯办公处的一名工作人员。杂志的办公室主任玛戈特·沃姆斯利（Margot Walmsley）也来自伍德豪斯办事处。她直接从情报研究局职员的岗位上来到《邂逅》杂志，在此后的20年中一直充当该杂志与英国外交部的“联系渠道”。沃姆斯利后来对喝得醉醺醺的弗兰克·克莫德说，如果他想了解有关《邂逅》杂志的任何情况，只管问她，她是“无所不知”。沃姆斯利于1977年去世，死前从未透露过她是外交部的工作人员。

后来，先由情报研究局把钱存入出版商塞克尔和沃伯格的私人账户，沃伯格就会开出一张金额相等的支票付给英国文化自由学会。沃伯格同时也是该学会的司库。然后再由英国文化自由学会把相同数额的经费转给《邂逅》杂志。此时该学会仅仅是情报研究局向《邂逅》杂志输送资金的出面机关，别无其他功能。用情报界的术语来说，这种提供经费的机制叫作“三级递送”。英国女王政府就是通过这种资金流通办法向斯蒂芬·斯彭德支付薪金的。伍德豪斯本人从来没有向斯彭德讲过这种安排，尽管他有许多机会向他说明情况。伍德豪斯回忆道：“他的孩子同我的孩子同在一所幼儿园，我们常常在那里相遇。我估计他是了解这一情况的，所以并没有觉得有必要特地向他把情况挑明。干我们这一行的人在这方面是训练有素的。”[28] 后来斯彭德一口咬定从来没有人告诉过他有这种安排。

1953 年 6 月，《邂逅》杂志开始启动并运作，办公地点就设在牛津街 119 号 B 座的英国文化自由学会外边，9 月份才迁入位于海马克特（Haymarket）的新址。最初，十二期杂志的印刷费和其他开支是用法菲尔德基金会“捐赠”的 4 万英镑支付的，根据乔斯尔森的意见，克里斯托尔和斯彭德对这笔钱的具体数目“秘而不宣”。克里斯托尔自 5 月份起一直在伦敦。他的妻子、历史学家格特鲁德·希梅尔法布（Gertrude Himmelfarb）和他们的孩子威廉也都来伦敦和他团聚。不久，斯彭德从辛辛那提来到伦敦。他们两人都算是《邂逅》股份有限公司的股东。这家公司于 12 月登记注册，大部分股份属于法菲尔德基金会董事长弗莱希曼和文化自由代表大会的司库皮埃尔·博洛梅。

如果能对历史作重大改写的话，那么记载斯彭德和克里斯托尔的关系时，应将他们这段密切合作称为度蜜月。克里斯托尔说：“斯蒂芬和我完全是两种不同的人，我们在一起相处得这样好是想不到的事。”[29] 斯彭德也说：“我同欧文·克里斯托尔一道工作感到十分愉快。”[30] 他们确实彼此以朋友相待，那时如此，后来也是这样，但是他们在业务关系上从一开始就很成问题。斯彭德为人就像柳条一样柔软，能屈能伸，十分重感情，为了避免与他人发生冲突，甚至到了畏首畏尾的地步，而作为一个编辑，他对业务可说是“一窍不通”。[31] 克里斯托尔则恰恰相反。他非常执拗，永不妥协，多年来习惯于布鲁克林区那种好争论、情绪化的知识分子行为。他同拉斯基和胡克一样都身材矮小，与他们有着共同的特点，脾气不好。一名中央情报局的特工说：“出身于布鲁克林的前托洛茨基分子欧文·克里斯托尔居然能跑到英国去同那里的知识分子打交道，为他们修改文章，实在是难以想象的怪事。”[32]不仅是斯彭德和他的英国朋友需要对克里斯托尔保持戒备，乔斯尔森也早就发现此人难以驾驭。娜塔莎·斯彭德说：“欧文是最不怕同巴黎办事处争吵的一个人。”[33]娜塔莎记得斯蒂芬曾告诉她，克里斯托尔在电话里对乔斯尔森大喊大叫，说他如果想办一份“御用杂志”的话，那就另请高明吧。

7月，克里斯托尔给乔斯尔森送去了第一期目录：丹尼尔·德卢奇芒《论印度》；阿伯特·加缪短文《死亡冥想录》；弗吉尼亚·伍尔夫笔记摘录；两篇日本短篇小说；克里斯托弗·伊舍伍德（Christopher Isherwood）回忆厄恩斯特·托勒（Ernst Toller）的文章；莱斯利·菲德勒（Leslie Fiedler）关于罗森堡夫妇*的文章；尼古拉斯·纳勃科夫论苏联音乐；约瑟夫·查普斯基对安德烈·马尔罗《沉寂的声音》的评论；欧文·克里斯托尔对文化自由代表大会主办“科学与自由大会”的评论；赫伯特·吕蒂（Herbert Lüthy）论近期东欧和捷克斯洛伐克发生的暴乱和伊迪丝·西特韦尔（Edith Sitwell）关于好莱坞的文章。马格里奇、斯彭德、休·赛顿-沃森（Hugh Seton-Watson）、J. K. 加尔布雷思和内森·格莱泽（Nathan Glazer）答应撰写一些书评。原来第一期上也准备刊载凯斯特勒和阿隆的文章，但由于纳勃科夫警告说这两人反共过激，他们的文章就从目录上被删除了。乔斯尔森阅后担心第一期上政治性不够强，就把他的意见写信告诉了克里斯托尔。克里斯托尔在回信中直言不讳地说：“你用晦涩难懂的语言讲到‘政治内容’的问题，我不敢肯定你的意见是否符合我们预期的效果。这本杂志无疑应该是一本‘文化性’的刊物，在议论文学、艺术、哲学问题时，政治已经融于其中了。就每一期的内容而言，政治和文学文章的比率自然是不同的。在第一期中，政治内容相对地属于次要地位，因为我们的目标是尽可能多地争取

* 罗森堡夫妇（the Rosenbergs），即朱利叶斯和埃塞尔·罗森堡（Julius and Ethel Rosenberg），朱利叶斯为美共党员，美陆军通讯兵工程师，埃塞尔的兄弟格林格拉曾参与美国原子弹的研制，向罗森堡提供了原子弹的资料，罗氏将情报送给了苏联驻纽约副总领事。事发后罗森堡夫妇被捕。1951年3月6日以叛国罪判处死刑，1953年6月执行。

读者。至于文化自由代表大会想达到什么目的以及如何达到这些目的，我心中自是十分明白。但是，巴黎办事处对我们说三道四，施加压力，对我们的编辑工作发指示，那样我就无法有效地工作了。”[34]

在另一封措辞激烈的信中，克里斯托尔再次与乔斯尔森争辩，对他说：“我们这些在伦敦工作的人并不都是低能儿。我深信我们比你们这些在巴黎的人更了解情况。你和你在巴黎的同事们认为杂志的封面设计得很糟，是不是？好吧，也许你们是对的。但你们也可能错了，因为封面设计毕竟不是你的专长。我认为封面很好，当然也不无可改进之处。马格里奇认为封面非常好……你认为第一期的内容政治性不够强，是不是？……这说明你显然没有仔细研究那份目录……你认为第一期的文学性太强了，是不是？那你就错了……也许我的理由是错的，不过我确实认为，《邂逅》杂志对于代表大会有着更重要的意义，这一点连你也没有充分地认识到。显然，如果我们能够达到《证言》这样的地位，你就满意了。我的天哪，伙计，我们其实已经超过了它（也许我又自以为是了）。我们这份杂志具有一种潜力，在几个月之内，它就能成为一本英语的文化期刊，其影响所及远不止于英国，还会扩展到亚洲。给我们几个月时间，我们就会成为知识界崇拜的偶像，不论是西方的还是东方的，亚洲的还是欧洲的，甚至于美国的作家，都将为能在这份杂志上发表文章感到光荣。我说这些话是严肃的。如果我错了，那时你就去另找一位编辑。但是要达到这个目标，你必须给我们时间，让我们放手去做编辑工作……你对销售量的看法让我困惑不解：你说你对‘影响力’的重视超过了销售量，难道销售量不是衡量影响力的标准吗？”[35] 如果克里斯托尔了解是谁在财政上支持《邂逅》杂志的，那么他最后提到的有关销售量的问题就是多余的了。

克里斯托尔显然不想充当乔斯尔森用来垫脚的肥皂箱*。斯彭德发明了一个词，叫作“克里斯托尔大国主义”，用来形容他这位同事的一意孤行。在接二连三的以换人相威胁之后，乔斯尔森（有可能）真的会

*肥皂箱（soap-box），西方一些人常在街头或公园演说，进行煽动，演说者往往为了站得高一些，就用肥皂箱垫在脚下。

去物色另一名编辑来取代克里斯托尔。但是当时《邂逅》杂志创办伊始，需要稳定，乔斯尔森只好继续用克里斯托尔，别无选择。

巴黎办事处在第一期上撤销了凯斯特勒和阿隆的文章，在这场斗争中赢了克里斯托尔。但是他们却又必须承认，莱斯利·菲德勒的那篇文章确实使他们感到深深的不安。起初，克里斯托尔只是约请菲德勒提供一篇论卡尔·马克思的稿件，但菲德勒对此不感兴趣，交来的是一篇关于罗森堡夫妇的文章。如果克里斯托尔真的需要一篇“挑衅性”的文章的话，那么这篇文章应该算是正中下怀。

朱利叶斯和埃塞尔·罗森堡夫妇，在被处决的那个早晨，在辛辛那提监狱里坐下，给他们的两个年幼的孩子罗伯特和迈克尔写信：“永远记住你们的父母是清白的，我们不能违背我们的良心。”这是那封信的结尾。1953 年 6 月 19 日晚，刚过 8 点，太阳落山前几分钟，犹太教安息日宣布开始。那天正是罗森堡夫妇结婚 14 周年的前夕，他们在电椅上被执刑。先是朱利叶斯，然后是埃塞尔。埃塞尔在被绑在电椅上之前，她转向监狱的女看守，伸出手来把她拉近，吻了吻她的脸颊。

罗森堡夫妇被指控向苏联提供了美国原子弹秘密，于 1951 年 3 月被判定有罪。考夫曼（Kaufman）法官在犹太会堂慎重考虑了对他们的判决之后，回到法庭宣判罗森堡夫妇死刑，根据是“他们进行了邪恶的阴谋活动，目的是毁灭一个虔诚地信仰上帝的国家”。[36] 在和平时期对一个人因从事间谍活动而判处极刑，在美国还是第一次。自发动冷战以来，国际上对此的反响如此强烈，这是对美国宣传机器提出的挑战，美国必须立即作出反应。罗森堡夫妇有罪与否（他们有罪这一点并无疑问）不是主要问题，对于大多数观察家来说，这案件本身是无可置疑的。但是美国的战略家们的任务不仅要使全世界都相信判决是不可争议的，而且还要证明量刑也是恰当的。

萨特宣称：“两个无辜的人被处死，事关全世界。”他对法西斯主义的界定不是“他们杀了多少人，而是他们杀人的方式”。他补充说，对罗森堡执行死刑意味着“一种合法的屠杀，此例一开必将使一个国家血流成河”。[37] 为了使全世界都认识到这是一件事关世界的大事，共产党人发起了一场大规模的争取仁慈宽厚的运动，在共产党控制的报纸上组织了广泛的报道，动员共产党的外围组织到美国驻外使馆去请愿。英国政府接到了有数千人签名的请愿书和抗议信。巴黎宣布法国政府每天平均收到50份电报、函件和请愿书。

在法国，罗森堡事件成为团结一切与美国有过节的人的焦点象征。全法国都举行了抗议活动，其中有一些激化为反美暴动。在协和广场举行的一次"释放罗森堡"的群众聚会上有一人死于非命。[38]梅尔文·拉斯基虽然对和平时期判处极刑也感到"不安"，但是他却嘲笑这些抗议活动，说这都是"时髦的反美情绪"的产物。[39]但是，就在巴黎成立"法国保卫罗森堡委员会"的那一天，11名捷克前共产党领导人在布拉格被处决，所有共产党支持的保卫罗森堡夫妇的游说集团却没有一个张扬这件事；他们也闭口不谈斯大林枪毙了更多的共产党员；在苏联，工人只要两次迟到5分钟就被送往强制劳动营，对这样的事件，他们也是三缄其口；苏联艺术家奉命参加一个为纪念普希金百年诞辰举办的雕塑竞赛，一等奖得主的作品是一尊斯大林阅读普希金作品的雕像，对此他们也是一字不提。

尽管如此，梅尔文·拉斯基的分析仍不免显得过于简单化了。美国驻巴黎大使道格拉斯·狄龙（Douglas Dillon）1953年5月15日致电国务院，敏锐地提醒说，法国大多数人都认为（对罗森堡夫妇）判处死刑是"没有道理的"，并警告说，"人们要求对他们宽大处理也并非都是不自觉地接受了共产党的欺骗。"[40]

显然，争取宽大的运动不能简单地被视为共产党的阴谋。美国情报机关的一份报告声称，在西欧，"要求仁厚宽大的舆论近来已出现在社会党和独立的报纸上，这种要求来自社会党的官方团体；在英国，工党的舆论也表示支持。这些来自非共产党方面的要求是基于他们对罗森堡夫妇究竟是否有罪存在着某些疑问，而且他们也较少认为这场运动是出于共产党之手的宣传，更多的是对死刑不满和对烈士的崇拜。"[41]

整个美国心理战机器面临着严峻的挑战。在此后的6个月里，直到6月份罗氏夫妇被处决，心理战机构使出了浑身解数来说服非共产党世界相信美国的司法是公正的。心理战战略委员会（PSB）奉命负责协调这场运动，其目的是要把罗森堡夫妇归入共产主义反面典型人物中去，把共产主义描绘成一个怪物，要制服它就需要献出“血淋淋的牺牲”。PSB根据美国驻外使馆的电报和中央情报局的报告，撰写材料呈报总统和他手下的人，向美国各种驻外机构发出了大量的指示。但是，一方面是PSB炮制的报告在欧洲报界得到传播，另一方面许多美国的驻外代表却继续要求宽大处理。驻法大使狄龙仍然对“执行死刑在欧洲产生的反面效应”深为关切，强烈要求“为了更高的国家利益”重新评价这一判决。[42]

由于对罗森堡夫妇的死刑判决产生了全方位的影响，特别是对外国心理上带来的冲击以及对美国的威望和美国领导层造成的影响，PSB不得不对此进行检讨。[43] C. D. 杰克逊也在稍稍改变他的立场。虽然他坚信罗森堡夫妇为他们的所作所为“受一百次惩罚也是罪有应得”，他同时却又在想尽办法要获得他们自己所作的坦白交代。如果能拿到他们的坦白交代，那么整个案情就可能发生变化。1953年2月23日他写了一封信给司法部部长赫伯特·布劳内尔（Herbert Brownell）：“从罗森堡夫妇（至少其中的一人）那里再作一次努力，打破一个缺口，是值得一试的……”他接着写道：“突破罗氏夫妇并非无足轻重的‘三等’问题，这是一个应该由心理医生来解决的问题。比如，能不能找到一名技术高超的犹太裔的精神病医生，如卡尔·班热（Karl Binger）大夫，在未来的30天内取得罗氏夫妇的信任，如果他们表现出愿意合作的迹象，那么可将行刑时间推迟30天或60天，以便把工作继续做下去。”[44]

5月，C. D. 杰克逊又想出一个主意。在一份“仅供白宫存档用”的备忘录中，他写道：“与布劳内尔谈过，敦请他在罗森堡夫妇身上试用一下神经战，如有必要，可包括由总统下令暂且推迟处决日期。布劳内尔建议由监狱男女看守向他们表示善意，使他们抱有某种希望。敦促布劳内尔让监狱男女看守、监狱医生以及一切有关人员都来制造一种印象，使罗氏夫妇感觉到情况有些微妙之处，但不要使他们感到这是一种离间之计。这就不是警察所能做到的了。布劳内尔答应按照这个思路做些工作。”[45] 监狱女看守是如何去讨好他们的，至今也只能是一种揣测，但是从埃塞尔临刑前的举动中可以推断，女看守确实做得不错了。

1953年6月19日已确定为行刑日。在那天举行的内阁会议上，心神不定的艾森豪威尔承认，他对他收到的邮件中（关于罗森堡案件的判决）表达的“那种真诚的怀疑感到震动”。他说，这样一个确凿的案件，“我们的司法部门居然受到如此强烈的抨击，实在是件怪事。”[46]赫伯特·布劳内尔向艾森豪威尔保证说：案件本身“并无疑问……仅仅是个按法律规定办事的问题。”艾森豪威尔厉声反驳说：“公众并不懂什么法律规定。”对于这一点，布劳内尔的说法是，“判决应该由谁来决定，是压力集团还是司法部门？共产党的目的是要显示艾森豪威尔也是可以被压力制服的。”[47]这时C. D. 杰克逊插话说，他承认确实有些人对这次死刑判决很不理解，因为富克斯*这样的间谍也并没有被判极刑。对于这一点，杰克逊的朋友亨利·卡伯特（此人新近被任命为艾森豪威尔的有关共产主义的策略专家）信心十足地回答说：“一切都很容易讲清楚。”艾森豪威尔却不耐烦地嘟囔说：“对我来说并不容易。”[48]

对宽大处理所寄予的一切希望都开始破灭了。甚至连迈克尔·乔斯尔森也动了感情，曾要求对罗氏夫妇实行宽大。戴安娜回忆说：“迈克尔认为他们是有罪的，但是不应当处决他们，因为这样做，就公共关系而言，影响确实是恶劣的。他曾以个人名义给艾森豪威尔发过一份电报，要求从宽发落。”[49]此外，乔斯尔森还安排丹尼斯·德卢奇芒于1953年6月13日给白宫发出一份请愿电报，这份以西方联盟（Western Union）的名义发的电文是这样写的：“文化自由国际代表大会的作家、艺术家和科学家协会恳请您宽大处理罗森堡夫妇。我们相信，对您来说，宽厚是符合西方民主的人道传统的，这必将有助于在世界范围内推动争取自由的事业。”[50]甚至教皇派厄斯十二世（Pope Pius Ⅻ）也进行了干预，请求艾森豪威尔把正义和仁慈结合起来，但是毫无效果。戴安娜·乔斯尔森说：“为执行死刑，我们那时真是感到心力交瘁。真是愚蠢哪！”[51]

---

* 富克斯（Klaus Fucks，1911—1988），德国物理学家，间谍。1942年入英国籍，1944年被派往美国从事原子弹研制工作。1950年被捕后供认，自1943年起向苏联提供情报，被判处14年徒刑。1959年提前释放。

7月底，欧文·克里斯托尔收到莱斯利·菲德勒的文章，题目是《罗森堡案件的附言》。菲德勒原先是共产主义青年团团员，社会主义工人党党员，40年代早期脱离左翼，现在正撰写许多“恶毒攻击共产主义的文章，其中充满令人生疑的心理学分析，他要求所有的左派都来赎罪，以致哈罗德·罗森堡（Harold Rosenberg）在忍无可忍的情况下发表了一篇长文进行批驳，文章的题目是《偷闲的自由主义和罪恶的过去》。”[52] 正是在这一背景下，菲德勒写下了他对罗森堡案的思考。

菲德勒注意到，起初，甚至共产党人也不想与这对夫妇为伍，承认他们是共产党，因为这两个人“对于他们全盘间谍活动至关重要，而且其罪行又昭然若揭”。他在文章中把罗森堡案件分为两种不同的性质，一是“实际的案情”，二是“传奇式的案情”。至于后者，由于一个精心策划的神话，罗森堡夫妇被塑造成受冤屈的烈士，把案件说成是德雷福斯式的冤案*。于是，古老的光辉事业的旗帜就迎风招展，而世界各地思想开明的人们就成了“道德上被人讹诈的牺牲品”。[53] 接下去他谴责共产党人，说罗森堡夫妇的苦难遭遇是他们一手造成的，后来又按照共产党的旨意制造舆论，并且在里面添油加醋，美国歧视黑人的每个事件也都被他们用来作为证据，进一步证明他们是正确的。菲德勒说，欧洲掀起反美主义浪潮时他正在那里，目睹了共产党组织的群众聚会，人头攒动，聚集在美国驻罗马大使馆外面高喊“处死杀害罗森堡夫妇的凶手”，但是他看到的不是愤怒而是欢乐，示威过后，“他们便去喝上一瓶酒，对这一天的工作感到心满意足”。至于罗森堡夫妇，他们“并不可爱，他们有的只是满腔仇恨”，不过还“富有人情味”，他们“关爱他们的两个孩子，关心他们的扁桃体手术，在家里也会发生口角”。但是这对夫妇的表现又推翻了菲德勒的说法，以致他实在难以编写一个充满人情味的故事，于是他只好接着写道，实际上他们的“人性已经泯灭”，他们说的都是“陈词滥调”，直到他们被处决的时刻也没有改变。他写道：“他们的殉道显得那么荒唐，以致无法称之为真

* 德雷福斯（Albert Dreyfus，1859—1935），犹太裔法国军官，法兰西第三共和国时期著名冤案的当事人。1882年进入军界，1894年调入国防部，被控向德国提供军事秘密，同年12月被判处终身监禁，由于证据不足而引起抗议，斗争十分激烈。1899年军事法庭复审后减刑为10年监禁，两年后宣布无罪释放。

正的悲剧。”菲德勒在谈到罗森堡夫妇在辛辛那提监狱分别被拘禁在各自的牢房里相互通信时，他更感兴趣的似乎是埃塞尔的文笔（或者说缺乏文采），说朱利叶斯对妻子表现得不够亲密，把她当成同谋犯则又愤愤不平。“我们一生中看到的共产党间谍，在法庭上都不说真话，都装成坚信自己是受害者，新近的一例就是阿尔杰·希斯*。仅此一例就足以说明问题了。不过我们总是希望他们在同配偶私下说悄悄话时总该说真话。”[54]但是他们除了用密语交谈外，不能说什么别的，于是菲德勒问道：“既然他们算不得烈士，也称不上什么英雄，甚至连人都谈不上……那么这样的人除了死以外还有什么别的选择呢？”[55]

悉尼·胡克看到这篇文章的校样时吃惊不小。詹姆斯·法雷尔在谈到胡克时曾说，他总是“用逻辑的机器对复杂的、活生生的史实进行断章取义的分析。他使用的这种‘选择重点’的分析法无异于ledgerdemaine**……各式各样的问题和矛盾……都会纠缠在一起，他应该把它们理理清楚。”[56]胡克可以立刻找到别人的漏洞（对自己则可能并不如此），他确信菲德勒的文章会给文化自由代表大会带来麻烦。他写信给克里斯托尔（校样是克里斯托尔先前寄给他的），建议此文在发表时加上致歉的附言：“文中所言不应理解为对死者的攻击。死者作为人，理应受到我们的尊重，但在罗森堡夫妇的政治生命中，他们放弃了做人的原则，使自己成为政治的象征。因此，我们在这里所作的分析不涉及人的品格而是在剖析一个政治神话。”[57]胡克还含混地提出了一个看法，认为菲德勒的文章另有含义，但是因为这篇文章对人的卑劣本性进行了抨击，以致文章的言外之意消失了。

有关菲德勒文章的消息不胫而走，在一周之内，《邂逅》杂志的第一期一万份很快销售一空（其中有多少份是外交部“预购”的则不详。

---

* 阿尔杰·希斯（Alger Hiss，1904—1996），毕业于哈佛法学院，美国共产党员。1936年进入美国国务院，曾任联合国（旧金山会议）临时秘书长、卡内基基金会主席和《时代》杂志编辑，并作为罗斯福的顾问出席雅尔塔会议。1948年，《工人日报》和《时代》的编辑、共产党员钱伯斯指控希斯为共产党间谍，被判刑5年。希斯在法庭上否认并作伪证。此案为麦卡锡关于共产党员已渗入国务院的说法提供了依据，参与调查此案的尼克松参议员（后来的美国总统）也因此一举成名。

** 原文括注“原文如此”。疑为“戏法”（legerdemaine）的错拼。

据汤姆·布雷顿说，中央情报局为这期杂志的发行也提供了经费）。由于英国缺乏高水平的期刊，《邂逅》杂志首次亮相本来也不会遭到冷遇。现在《邂逅》杂志已是家喻户晓，人人都在谈论这本刊物。如果哪次晚宴上没热烈讨论《邂逅》，那就不能称其为一次真正的晚宴。克里斯托弗·伊舍伍德称赞该刊的创刊号“生动活泼，令人振奋”。伦纳德·沃尔夫的文章称，他发现创刊号上的每篇文章都“超过了一般水平”，说菲德勒的那一篇“尤其出色”。

远在异地的梅尔文·拉斯基推断，菲德勒的文章肯定会使《邂逅》杂志经历一场艰苦的斗争。1953 年 10 月 22 日斯彭德收到的三封论点相同的信件已露端倪。斯彭德写信给乔斯尔森，其中引用了 E. M. 福斯特的一封信，信中福斯特对那篇关于罗森堡的文章表示极为愤慨，“这倒并不是因为文中所举的事实（这些事实大概是真实的），而是因为文章对罗氏夫妇生命的最后几天表现出的蔑视和冷酷。最令人愤慨的是文章那个所谓‘充满同情心的’结尾部分。作者用一种神秘的笔调断言，这是一个有人性的人，只是采取了非人性方式的行动。这个有人性的作者本意是可以赦免这个人的。我想知道如果把文章的作者也判处死刑，他会采取什么方式的行动？”[58]

斯彭德告诉乔斯尔森，米约什也不喜欢这篇关于罗森堡夫妇的文章。T. S. 艾略特则更甚，他在回复斯彭德约请他撰文的信件中说，他对《邂逅》杂志将产生的效果表示怀疑，因为这本刊物“显然是在美国的主使下出版的”。如果他想写点什么来影响美国舆论的话，发表在美国出版并在美国销售的报纸上是不是更合适呢？斯彭德解释说：“关键是艾略特的这番话道出了个中底细，即我们试图将这本杂志办成表面上是英国的文化刊物，以此来掩盖为美国做宣传的真面目。”[59]休·盖茨克尔曾评论说：“我们通过一些有美国背景的人来发表政治见解必然会遭到人们的怀疑。”斯彭德同意这一观点，他得出的结论是，“任何直言不讳的反共情绪只会是搬起石头砸自己的脚”。他接着对乔斯尔森说，他觉得这些信件“令人十分不安”，还说，“就我个人的观点而言，信件中暗含着批评我写的文章是为美国的意图服务，这当然使我感到很痛苦。”[60] 娜塔莎·斯彭德说，“当时英国存在着一种幼稚的反美主义。享有盛名又受到尊敬的人士满口都是反美的陈词滥调，说美国是一个处于青春期的国家等等。斯蒂芬经常受到这些人的批评，还说他们家里一本《邂逅》杂志也不要，因为它的美国味道过于明显。这使他非常生气，因为该杂志的投稿人都是他在美国时敬佩的人物，他要为他们辩护。”[61]

但是，菲德勒显然不是斯彭德想为之辩护的人。蒙蒂·伍德豪斯还记得斯彭德“多少有点发脾气，说他再也不想参与这场宣传战了”，听到此话，伍德豪斯“吃惊不小”。“我还以为他同我和所有其他的人有着一致的观点，同意在思想界对共产党人作出反应是可取的。我认为他陷入了悲观沮丧的状态，对于他这样一个人来说，这种看法未免过于简单了。”[62] 斯彭德确实也承认关于罗森堡夫妇的那篇文章并没有得罪什么人，而且他还曾为之辩护，说这根本不是一篇宣传性的文章，但是人们还是认为这篇文章表明《邂逅》杂志内部藏着一匹特洛伊木马，这使他深深地感到忧虑。[63]

安东尼·哈特利（Anthony Hartley）在《旁观者》上发表的看法也含有这层意思，甚至说得更明白。他宣称，在这本刊物的创刊号中他已经嗅到了“傲慢的官方文化的味道”。他说：“《邂逅》如果变成纯粹的冷战武器的话，那是令人十分遗憾的。”[64] 剑桥大学的导师、评论家格雷厄姆·霍夫（Graham Hough）把《邂逅》杂志比作“英美共同扶养的畸形儿”，它并不像它自己宣称的那样自由，“它摆脱不了‘固执己见’和‘定式思维’，”他还说“它对文化的概念也是十分奇特的”。他笔锋一转，直指《邂逅》杂志的赞助人说，“这种文化自由的概念居然允许（菲德勒）写出或发表这样的文章。对于这样的概念，我是不想为它多费脑子的。”[65]

《星期日泰晤士报》上“阿提库斯”专栏*的一篇文章用词更为尖刻。该文称《邂逅》杂志反映的是“美国占领国家的警察观点”。A. J. P. 泰

* 阿提库斯（Atticus）专栏，似也可以译成“文艺专栏”。阿提库斯（公元前 109—前 32 年）是罗马骑士，原名提图斯·庞波尼乌斯（Titus Pomponius），因长期居住在雅典城（Attica），又对希腊文学和语言有深厚造诣，遂改名为 Atticus，是著名的文艺赞助人。

勒（Taylor）在《倾听者》（*Listener*）上发表的文章则根本无视有关罗森堡夫妇的文章所引起的轩然大波，只是抱怨说，“这一期杂志中没有一篇文章会激怒读者，以致该把杂志烧掉或扔进废纸篓里。没有一篇文章含有政治颠覆性……连孩子们都可以放心地读所有的文章。大部分文章都是年长的、学业有成的作者写的。”[66]玛丽·麦卡锡问汉纳·阿伦德：“看到《邂逅》了吗？这无疑是迄今最为乏味的一本杂志，读起来就像是那种早就过时的、陈腐不堪的大学本科生编的学院刊物。”[67]

斯彭德私下对朋友们说，他一直反对刊载菲德勒的文章，但是他觉得“不能在每件事情上都同克里斯托尔唱反调”，而且他也理解克里斯托尔在他新的工作领域里需要显示一点个人的色彩。但是他在私下里也说过，菲德勒的文章能让“英国读者看到某种类型的美国知识分子的丑恶嘴脸，从这一点上看，也未尝不是一件好事。”[68]他的这种看法倒是同哈罗德·罗森堡的观点有异曲同工之妙。哈罗德·罗森堡对菲德勒的浅薄感到失望。他写道，“人们普遍认为所有的美国人都靠广告生活。这篇文章除了印证了这一看法外，别无他物。”

菲德勒的文章在《邂逅》的读者中引起如此有分歧的评价，同时也使两位联合编辑之间产生了无法弥合的分歧。1954 年 3 月，斯彭德致函乔斯尔森，抱怨克里斯托尔从来没有接受过他的任何建议；除非克里斯托尔承认他在某些问题上是“无知的”。否则《邂逅》杂志将有失去其已确立的地位的危险。他进一步指责克里斯托尔在办杂志的问题上无视他的存在（实际上那一年的大部分时间他确实不在，据娜塔莎·斯彭德说，那时乔斯尔森和纳勃科夫让他代表文化自由代表大会去外国访问了）。斯彭德劝告克里斯托尔说：“我写这封信给你，是因为我已经数十次向你口头上提出过意见，但毫无效果。我必须弄明白，有些关于改进杂志的计划是不是由于你不愿同我或其他人商量而被搁置一边？”[69]乔斯尔森站在斯彭德一边，不断写信给克里斯托尔，责备他不听劝告，并警告他一定要改进杂志的外观，“使读者感到这本杂志值得一读，而不是像我们迄今所做的那样，让人感到杂志提供的只是一堆‘垃圾’。这种状况继续下去只能对杂志造成伤害。”[70]

《邂逅》杂志创办后的两年内，斯彭德和克里斯托尔的关系已经恶化到无法弥合的程度。斯彭德告诉乔斯尔森，“我同欧文已无法一道工作，因为我们之间已无合作的基础和办法，因此我觉得再与他合作下去就显得不真诚了。”[71] 正当乔斯尔森殚心竭力地解决这个问题时，另一个更为严峻的问题发生了。

第十三章 极度恐惧

不要让教派纷争败坏了我们的教义问答。

——约翰·克劳·兰塞姆：《我国的两大杰出人物》

罗森堡案件将美国置于痛苦的进退维谷之中。正当麦卡锡的宠儿罗伊·科恩（Roy Cohn）向欧洲人吹嘘他在处置罗森堡夫妇的案件中起了重大作用时，他已经使人们更加怀疑这一审判是同麦卡锡的政治迫害密切相关的了。尽管严格地说这两件事互不相关，但在欧洲，普遍的看法是这两种现象是同出一源的。

麦卡锡崭露头角之时，正是许多欧洲人对发生在美国和苏联的“并行不悖的劣迹”保持高度警惕的时候。一名年轻的美国驻法外交官的妻子在麦卡锡主义大行其道时写道：“毒素随着一阵可怕的大风吹过大西洋上空。”[1]这位来自威斯康星州的参议员智力有限却夸夸其谈，而且一向极不诚实（他说他的跛足是在战争中负伤所致，其实是他从楼梯上摔下来造成的）。玛梅因·凯斯特勒觉得此人十分讨厌，把他描绘成一个“爪子上长毛的恶棍”（虽然她相信他在挖出渗透者的工作中干得很出色）。理查德·罗维尔写道，在当今的政客中，“能够那么有把握、那么迅速地发现美国人思想中的阴暗面，无人能出其右者。”[2]在20世纪50年代初期，麦卡锡振振有词地大谈什么“现在有一个大阴谋，其规模之大，用心之险恶，是人类历史上前所未有的。”在那个时期，阿尔杰·希斯、罗森堡夫妇以及其他美国亲苏的间谍受到审判，这些审判在某种程度上印证了奥威尔的预言。乔·麦卡锡从这些审判中受到鼓舞，居然指控乔治·马歇尔将军也在为苏联的政策效力。参议院下设的非美活动委员会在他主持下进行了一系列审讯，在这种气氛中，一时间指控和黑名单竟然蔚然成风。亚瑟·米勒被判处监禁（后未经上诉被撤销）。莉莲·赫尔曼*被列入黑名单，她将这个时期称之为“邪恶的日子”。

亚瑟·米勒写道：“I. F. 斯通**自费出版篇幅仅为4页的新闻周刊，他坚持不懈对这些问题进行调查研究，不服从每个问题均须符合反共宣言的规定。纵观美国新闻界，没有一个记者能像他那样毫不畏惧地顶住这股风浪。”他还写道：“美国共产党是世界上最小的共产党，而美国的行为却好像美国已处于一场流血革命的边缘。”[3]1950年时，美国共产党拥有3.1万名党员，到了1956年减少到了几千名，其中大多数据说都成了联邦调查局的秘密特工。威廉·科尔比曾说：“联邦调查局用它支付给特工的经费养活美国共产党，对这一句古老的箴言，我始终深信不疑。”[4]而在作家霍华德·法斯特看来：“当时的美国共产党实际上已成为美国司法部的一个分支机构了。”[5]

凯迪拉克汽车发亮的镀铬尾部装饰、时髦的短筒女袜、果冻、呼啦圈、弗里奇戴尔电冰箱和食物搅拌器、高尔夫球、露齿而笑的艾克、梅米式的帽子：欢迎进入“美妙的五十年代”。这就是《生活》杂志里的美国，那里是繁荣的消费经济，一个对自己心安理得的社会。但是在这一切的背后却是另一个美国——阴霾密布、焦躁不安、阴暗无光；在这个美国，拥有一张保罗·罗伯逊的唱片就可能看成是一种颠覆行为，那里有一本一位耶鲁大学的历史学家同其他人共同编写的教科书叫作《美国历史寻踪》，这本教科书对孩子们提出了如下忠告：“联邦调查局敦促每个美国公民，只要他们发现他们的同胞涉嫌参与共产党的活动，应直接向联邦调查局的办事处报告。联邦调查局人员训练有素，他们会根据我们这个自由国家的法律来甄别这些报告的真实性。只要美国公民遵照这种方式来处理他们对他人的怀疑而不是私下乱说和公开宣扬，那么

---

* 莉莲·赫尔曼（Lillian Hellman，1905—1984），美国剧作家。《邪恶的日子》（*Scoundrel Time*）是她的回忆录之一，详述了她及其朋友们遭受迫害的经历。

** 斯通（I. F. Stone，1907—1989），美新闻工作者，编辑出版《斯通周刊》（1952—1967），后改为双周刊。他始终反对冷战和麦卡锡主义，也公开批评苏联的镇压措施。

他们的行为就是符合美国传统的。”[6]另一位历史学家写道：“鼓励年轻人告密是极权社会的一大特征，但是冷战却把告密列入捏造的‘美国传统’。”[7]这种阴暗的精神状态，在詹姆斯·迪安的厌世、马龙·白兰度的冷漠、[*]莱尼·布鲁斯（Lenny Bruce）的语言暴力中均有所反映，预示着后来发生的群众性抗议运动。不过在当时还只是孤立的、彼此间互不关联的现象，在绚丽夺目的“官方文化”中是找不到踪影的，淹没在米基·斯皮兰（Mickey Spillane）腐蚀人心的喋喋不休的说教或炫耀“美国上尉”（Captain America）的丰功伟绩之中。这位美国上尉是《奇人异事》（*Marvels*）中的喜剧性英雄。此人原为反法西斯的英雄，转眼间摇身一变而成为反共斗士，现在他发出了警告：“共产党人、间谍、叛徒和外国的代理人，你们听着！美国上尉身后有着忠诚而自由的人民支持他，他正在搜寻你们，并准备同你们斗争到底，直到把你们这些蛀虫一个不剩地挖出来。”[8]

这是麦卡锡身边的“可怕的哼哈二将”罗伊·科恩和大卫·沙因（David Schine）的美国。一位评论家把科恩说成是一个“不可言状的”恶棍，而沙因则是一个“穿人衣的驯服的猴子”。科恩 19 岁就从哥伦比亚大学取得了法学学位，后来成为一个出色的律师，25 岁时就担任了麦卡锡在非美活动委员会的顾问。科恩这个人野心勃勃，傲慢自大，每当听到《星条旗》这首歌曲时就要热泪盈眶。沙因则是经营旅店业的腰缠万贯的富豪子弟，曾就读于安多弗[**]学校和哈佛大学，是科恩的密友。沙因喜欢泡夜总会，开高速汽车和出风头。1953 年初，科恩为他在麦卡锡的国会小组委员会里谋到一个职务。沙因没有什么资历可言，只写过一本愚蠢的书叫作《共产主义界说》（*Definition of Communism*）。这本书只是在他义父拥有的各大饭店客房里和吉迪恩出版社出版的《圣经》放在一起。[***]1953 年春，因罗森堡夫妇的审判，欧洲人对美国在欧洲

---

* 詹姆斯·迪安（James Dean）和马龙·白兰度均为美国著名的戏剧和电影演员。

** 安多弗（Andover）应为英格兰的安多弗语法学校（Andover Crammar School）。该校建于 1571 年。最初以教拉丁文为主，后来再增设其他自然科学和人文学科课程，为贵族学校。

*** 美国旅店房客的床头柜上常摆有一部《圣经》，由教会提供，住客可以取走。沙因的著作大概并无销路，因而也放在这里由客人自取。

的存在普遍感到愤怒。此时科恩和沙因接受任务去国外视察美国驻外官方新闻机构。3 月 5 日克里姆林宫宣布斯大林逝世，他们是在苏联宣布了这个消息后来到欧洲的。他们下一步采取的行动，是尽可能消除斯大林主义在海外依然存在的精神毒素。在察看了美国新闻署（USIA）设在 7 个国家的图书馆之后，他们宣布，在 200 万册上架图书中，有 3 万册是亲共作家的著作，他们要求将这些书籍下架。美国国务院为谨慎起见，根本不想为它所设的图书馆提供保护，而是下了一道指示，禁止"一切有争议的人物、共产党人、共产党同路人等等的资料，包括绘画。"（要知道，每年这些图书馆要接待 3600 万读者。）就这样，数以百计的美国作家和艺术家的作品，无端因政治问题，遭到丢弃在垃圾箱里的悲惨命运。

接着，禁书行动加速进行，国务院和美国新闻处所有驻外办事处（柏林、不来梅、杜塞尔多夫、法兰克福、汉堡、慕尼黑、汉诺威、斯图加特、弗赖堡、纽伦堡、巴黎）之间，电报来往不绝："萨特的所有著作均须从一切美国机构的藏书中撤下。""下列作者的著作必须清除：达希尔·哈米特、海伦·凯（Kay，Helen）、吉恩·韦尔特菲什（Weltfish，Gene）、兰斯顿·休斯、爱德温·西弗（Seaver，Edwin）、伯恩哈特·斯特恩（Stern，Bernhard）、霍华德·法斯特。""下列个人的所有著作（重述如下）必须清除：约翰·艾布特（Abt，John）、J. 朱利叶斯（Julius，J.）、马库斯·辛格（Singer，Marcus），内森·威特（Witt，Nathan）。""奉命已清除下列作者的所有著作：杜波伊斯（Dubois. W. E. B.）、威廉·福斯特、马克西姆·高尔基（Gorki，Maksim，原文如此）、特罗菲姆·李森科（Lysenko, Trofim）、约翰·里德（Reed，John）、阿格尼丝·史沫特莱（Smedley，Agnes）。"[9] 赫尔曼·梅尔维尔（Herman Melville）也遭禁，连所有配有罗克韦尔·肯特插图的书籍也一并遭禁。1953 年 4 月 20 日，美国驻法大使馆致电国务院："美国新闻处设于巴黎和各省的图书馆已将下列图书撤下：霍华德·法斯特：《傲慢的人和自由的人》（*The Proud and the Free*）、《不可征服的人》（*The Unvanquished*）、《孕育在自由中》（*Conceived in Liberty*）；

达希尔·哈米特：《瘦汉》（*The Thin Man*）；西奥多·哈夫（Theodore Haff）：《查理·卓别林》；兰斯顿·休斯：《疲惫的布鲁斯歌手》（*Weary Blues*）、《白人的行径》（*Ways of White Folk*）、《茫茫大海》（*Big Sea*）、《神奇的旷野》（*Field of Wonder*）、《迟到的梦想蒙太奇》（*Momtage of a Dream Deferred*）、《不是没有笑》（*Not Without Laughter*）、《白人史》（*Histoires des Blancs*）。”[10]

由于政府机构和驻外使团屈从于麦卡锡，美国文化的声望遭到粗暴践踏。1953年，美国新闻署运往海外的书籍从每年平均为119913种骤降为314种。许多从图书馆撤下的书籍曾遭纳粹分子焚毁。再度遭受焚书之灾的有托马斯·曼的《魔山》（*Magic Mountain*）*、《汤姆·佩因选集》、爱因斯坦的《相对论》、弗洛伊德的著作、海伦·凯勒的《为什么我成为社会主义者》，以及约翰·里德的《震撼世界的十天》。梭罗**的《论公民的不服从》（*Civil Disobedience*）也成为美国的禁书。就在此时，此文在毛泽东的中国也遭禁。麦卡锡发动的文化清洗似乎势不可挡，使美国自诩为言论自由的先驱名誉扫地。

诺贝尔奖获得者、著名的反纳粹战士托马斯·曼曾逃脱了极权主义统治来到美国，不想他的美国国籍却并没有给予他所期待的保护。麦卡锡主义分子谴责他对共产主义过于软弱，而《坦言》（*Plain Talk*）杂志又给他戴上了“美国头号同路人”的帽子，因此他极想离美国而去。他将此称为“在有空调的屋子里做的一场噩梦”。[11]达希尔·哈米特又让科恩和沙因立了一功。哈米特因拒绝指认“公民权利保释基金”的捐款人而于1951年被判处6个月徒刑，在监狱里服刑22周。这个基金组织是为向被捕的共产党员提供保释金而建立的。1953年他被传唤到麦卡锡的参议院常设调查小组委员会作证，他再次拒绝提供名单，这一次他可

---

* 托马斯·曼（1875—1955），德国杰出小说家。早期拥护纳粹主义，后转变立场，呼吁资产阶级和工人阶级联合起来反对国家社会党的野蛮行径，并同情社会主义和共产主义。《魔山》即反映了他立场的转变。

** 梭罗（Henry David Thoreau，1817—1862），与爱默生齐名的美国超验主义作家。但《论公民的不服从》一文表明他已逐渐放弃超验，反对奴隶制和美国发动的对墨西哥的战争，主张人必须不顾一切地听凭自己的良知行动。

以求助于美国宪法第五条修正案*了。于是科恩和沙因要求国务院的各图书馆撤下哈米特的所有著作。全国广播公司（NBC）的电台也停播他的《萨姆·斯佩德历险记》，因而哈米特的主要收入来源就被剥夺了。他曾在两次世界大战中为美国作战，最终却于1961年在贫困潦倒中去世。尽管联邦调查局力图阻挠，他还是按他生前的请求被葬于阿林顿国家公墓。[12]

大多数根据国务院的指示遭禁而当时还活着的作家，在埃德加·胡佛的联邦调查局都存有大量无稽可笑的档案。罗伯特·舍伍德、阿奇博尔德·麦克利什、马尔科姆·考利（在他的档案里，悉尼·胡克被称为联邦调查局的线人）、约翰·克劳·兰塞姆、艾伦·塔特、霍华德·法斯特、F.O. 马西森、兰斯顿·休斯等人的活动和行踪都受到监控。其中当然也少不了那些在沃尔多夫饭店会议上表现恶劣的人。当海明威向他的朋友们抱怨说他受到联邦调查局的监视时，朋友们都认为他已逐渐脱离了现实生活。他的长达113页的档案于80年代解密，这份档案证实了海明威的怀疑：他确实被胡佛手下的人跟踪、窃听、袭击，为时达25年以上。在他自杀前不久，精神极度压抑，他用假名住进了明尼苏达的一间诊所。那家诊所的心理医生为此还与联邦调查局联系，问他们是否同意海明威以假名登记入院。[13]

诗人威廉·卡洛斯（William Carlos）的档案材料将他形容为“一个心不在焉的教授型人物，他那种表现主义的风格，则可能被理解为某种‘暗语’。”仅凭这一点，当他在1952年被任命为国会图书馆的诗歌顾问时，就没有通过安全审查，终于未能担任这个职务（这个职位在1956年前一直空缺）。1951年，诗人路易斯·昂特迈耶（Louis Untermeyer）被列入了联邦调查局的“安全索引”（他被归入“危害国家安全的人物”类）。[14]此后不久，由于“极度恐惧”，他在寓所闭门不出达一年半之久。[15]散文家默里·肯普顿（Murray Kempton）认为胡佛是“一个十足的狂人”，他想象胡佛在“睡梦中也怀疑在某地有某

*美国宪法的前十条修正案均涉及公民权利，统称为“权利法案”。权利法案于1791年12月15日成为宪法的一部分。其中第五条的内容中包括“人民不得因同一罪行接受两次生命或肢体之危害”，这就是哈米特可以援用来保护自己不被判罪的依据。

人拒绝对他表示敬畏”。[16]

1953 年 7 月 10 日，艾森豪威尔举行内阁会议讨论文化审查问题，所作的结论显得有些心虚：“我们的审查工作不能做得像一个莽汉或纳粹分子。如果有足够的时间，也不要急于求成，那样我们就可以不动声色地去做。现在必须新选出一些书籍来，使之符合法律。”[17] 美国需要作出合理的反应，而上述的反应却谈不上符合美国的需要。在整个欧洲，信件雪片似的寄到美国的驻外机构，对禁书一事提出了批评。英国人在战后还决定让德国的图书馆继续将希特勒的《我的奋斗》（*Mein Kampf*）留在书架上，直到这一决定成为笑柄才撤下。由此可见英国人对禁书一事的看法很不明朗。部分原因是因为艾森豪威尔不想同麦卡锡一道蹚这股浑水，他想用他自己的反共十字军讨伐战略来压倒麦卡锡，这一战略得到了他的国务卿约翰·福斯特·杜勒斯的支持。此时，麦卡锡甚至对艾森豪威尔也产生了怀疑。一时谣言四起，说战后的欧洲在艾克的最高统帅下，大量的共产党人渗透到美国政府机构中来，尤其是驻德国的美国政府机构。令人惊讶的是，煽动诬告并向艾尔索普兄弟公司提供严重渗透信息的正是尼古拉斯·纳勃科夫，他宣称共产党的第五纵队实际上已经控制了艾森豪威尔的司令部。

受到攻击的还有国务院的美国之音。由于麦卡锡在电视上导演了一些有关共产党已经渗入美国对外广播事业的离奇审讯，那些曾为建立这一事业出力的工作人员一股脑地被开除。1953 年 3 月，美国之音的一名制作人要求音乐图书馆录制《印度之歌》，但是图书馆馆员告诉他不能录制，因为“这首歌的作曲是里姆斯基－科萨科夫，而我们不能用任何俄国人的东西。”

麦卡锡对国务院的攻击真可谓毫不留情，到了艾奇逊也不能幸免时，这些攻击可以说已发展到顶峰了。艾奇逊被说成是“一个穿条纹裤的 * 外交官，说话时装腔作势地学着一口英国口音，傲慢自大，对共产党却是

* 条纹裤（striped pants），原为有身份的人在正式场合穿的礼服，老式的外交官们常穿着这样的裤子。后转为贬义，专门形容那些保守的、假充高贵的或过于注重形式的老派官僚。

关怀备至”。对于杜鲁门主义的设计师艾奇逊的指控，说他对共产主义过于软弱，听起来有点空洞。麦卡锡本人大概也不相信。但是艾奇逊注重外表，用蜡为他的胡须定型，购买服装必去萨维尔区确是事实。同先于他的墨索里尼一样，麦卡锡也是主张自给自足、不仰仗外国的，他要的是“美国制造”。他是为粗人说话的，而粗人是排斥艾奇逊这类人持有的英国化价值观的。麦卡锡主义是一场运动，至少在一个特定时期是一场运动，挑起了一股平民主义对于当权人物的愤怒情绪。反过来他的煽动行为又被当权的精英视为对他们的侮辱。麦卡锡代表的是英格兰的罗斯（Rowse）所蔑视的“愚民”；他厌恶名门贵族的趣味，这些高雅之士对于粗俗的、乡巴佬的或商业性中产阶级的文化是不屑一顾的。政治官僚如艾尔索普兄弟*者把麦卡锡视为“平民主义的中心人物，他煽起一股反对美国外交精英的怒火……他们还认为（麦卡锡）攻击国务院实际上是攻击美国战后外交政策所奉行的世界主义。没有人明确地这样说过，但是看来艾尔索普兄弟十分清楚，如果麦卡锡真的把国务院里的国际主义者搞下了台，那么结果就是一股新的孤立主义浪潮袭来。”[18]

莱曼·柯克帕特里克（Lyman Kirkpatrick）说：“几乎联邦政府中所有的自由派都成了怀疑对象。”柯克帕特里克在麦卡锡时期曾任中央情报局的总监（Inspector General）。“当时的气氛就像法国大革命时期，盛行的指控和审讯都通往断头台。尽管华盛顿并没有断头台，但是个人的职业生涯就此毁灭，潦倒终生，这种命运也许更为可怕。”[19]在麦卡锡使国务院的士气从此一蹶不振之后，他又把目光转向了中央情报局，“这是一个更大也更重要的目标，尤其是这个目标可以为他个人赢得更加辉煌的名声。”[20]

损失最大的莫过于聚集于中央情报局国际组织处的那些“国际主义者”了。时至1952年底，麦卡锡闻知布雷顿的那个机构曾“向亲共组织提供大量补助”，于是这位参议员就怀疑起这个机构来了。[21]这是一

* 原文为 political mandarins like the Alsop brothers，指约瑟夫和斯图尔特·艾尔索普兄弟（Joseph and Stewart Alsop），但他们并非官僚而是报道政府和国际事务的新闻工作者。他们就读于格罗顿预备学校，前者毕业于哈佛，后者毕业于耶鲁，就其出身而言，两兄弟大概均属名门贵族。

个重要时刻：麦卡锡的非官方反共主义即将动手破坏（或摧毁）中央情报局花了最多心血建立起来的、也是最有效果的非共产党左派外围组织网络。亚瑟·施莱辛格解释说，“中央情报局在文化方面的政治活动，本来应该通过美国新闻署或其他类似的机构公开地进行，但是它没有这样做，这也算是中央情报局的一件怪事。原因是如果约瑟夫·麦卡锡知道美国政府在为非共产党的左派杂志、社会主义的和天主教的工会组织提供经费，就会引起很大麻烦。所以中央情报局就采用秘密的方式来做这件事，以免引起麦卡锡注意。”[22]一名中央情报局派驻文化自由代表大会的官员说：“一切都必须在预算外进行，因为只要一纳入预算，国会肯定不会批准，可以想象得到，那时国会中就会出现一片可笑的嚎叫，‘他们都是共产党！他们都是同性恋者’，或者什么别的。”[23]

历史学家凯·伯德解释说：“具有讽刺意味的是，由于有了一个麦卡锡，许多隐蔽行动都承担着风险。麦卡锡一度曾经威胁要揭露这些隐蔽行动，因为在他看来，一个美国政府的独立机构，即中央情报局，居然同左派沆瀣一气。美国素有成熟的民主社会之称，在美国，允许一切理性的政治辩论。一旦揭露出来，美国会感到十分尴尬，就会名誉扫地。但是，还有一些重大的情报活动，有着长远的含义，那就是在政治上取得一致的意见，把西欧留在北大西洋公约组织之内，维持一个西方联盟。如果把这种情报活动也宣扬出去，也是具有很大威胁性的。”[24]

由于麦卡锡的警犬在四处搜寻中央情报局进行的非共产党左派的计划，中央情报局不得不尽可能地退居幕后。但是，就在这个关键时刻，美国文化自由委员会却开口说话了。1952 年 3 月初，委员会举行了一次内部会议，讨论如何应付麦卡锡。当时在委员会内部产生了无法弥合的分歧。詹姆斯·法雷尔和德怀特·麦克唐纳对于麦卡锡主义的危险是毫不怀疑的。法雷尔强调说：“虽然不是在世界范围内，但是在美国，已经挫败了斯大林分子的威胁。可是在我们这里却因此又出现了一批麦卡锡主义的知识分子。”[25]他接着将麦卡锡主义界定为“无知主义”，其目的无疑是要通过施加压力，造成一种顺从和归于正统的局面。麦克唐纳提出两种立场：“一个叫作‘纯立场’，意思就是在公民权利和文化自由问题上不要划分为共产党和非共产党，对两者一视同仁；另一个叫作‘不纯立场’，指的是只保护……那些被诬告为共产党或受到证据不足的指控的人民。”[26]他希望委员会采取前一种立场，但是他认为至少是应该采取后一种立场。伯特伦·沃尔夫（Bertram Wolfe）则提出不同意见，认为“今天美国之所以面临危险，恰恰是因为我们未能揭露斯大林主义者。如果我们不能做好这件事，那么手持大棒的人就会来做这件事。”[27]

另一名成员告诫委员会“要防止一种倾向，不要陷入预设的争论之中，以致最后站到了‘官方’立场上去了……委员会已经在扮演捍卫政府现行路线的角色了。它应当关注的是发现新的难题和悬而未决的问题。至于其他的问题则由一个庞大的宣传机器去处理。”[28]赞成这个观点的有《纽约时报》的副编辑理查德·罗维尔，他说：“显然，我们的任务是让美国和欧洲都明白，同时反对麦卡锡主义和共产党的极权主义是可能做到的。现在主要的问题是文化遭到政治的破坏。”[29]不过，悉尼·胡克、丹尼尔·贝尔、克莱蒙特·格林伯格和威廉·菲利普斯的观点却反映了大多数人的看法，这些人是不赞成从总体上谴责麦卡锡主义的。

玛丽·麦卡锡写信给汉纳·阿伦特，告诉她委员会内部立场分歧。她在信中透露她“已获悉胡克这一派的路线。在胡克等人看来，麦卡锡的所作所为与一个以争取文化自由为宗旨的委员会并不相干。”[30]还有人秘密地告诉她，“委员会认为美国并不存在共产主义威胁，它关注的是筹款，以便能在西欧反对共产主义，或者说与中立主义作斗争。中立主义现已成为头号威胁。此人对我说，这件事只能‘你和我知’。”[31]玛丽·麦卡锡接着写道：“这里普遍认为最大的危险是中立主义的复活。胡克和他那一帮人觉得，如果他们在此时此刻有所懈怠，那么，斯大林主义（此词原件拼写有误，照录）将再度渗入政府和教育领域，最终将在海外实行绥靖主义。我很难说这是不是一种真正的恐惧（听上去是那么不可思议），或者是不是一种合乎逻辑的推理。我不相信这些人真的认为斯大林主义的潜在危险以如此大的规模存在于美国，以致到了振臂一呼立即复活的程度……他们生活在恐惧之中，生怕30年代的情景再现，那时在教育界、出版界和戏剧界等领域中，共产党的同路人的势力十分强大，当时斯大林主义成了一席盛宴而他们却一杯羹也分享不到，反倒成了社会上的另类，经济利益被剥夺，让人说闲话，受人辱骂。这些人满脑子功名利禄，想的都是他们一帮人能飞黄腾达，垄断文化领域，一想到遥远的30年代斯大林主义短暂得势的时期真是不寒而栗……在他们的睡梦中，这种情景也会浮上心头，觉得比今天的现实还'更加真实'。因此，他们几乎无视目前正在恶化的现实，以致觉得麦卡锡参议员无足轻重，同他们没有什么关系。"[32]

此时，美国文化自由委员会内部在麦卡锡主义问题上的分歧尚鲜为人知。但是到了3月29日，委员会主办了一场辩论会，会议的名称叫作"保卫自由文化"，会上公开了委员会的分歧。这一场公开辩论在沃尔多夫•阿斯托里亚饭店的"星光厅"举行，真是再恰当不过了。在上午的会议上，德怀特•麦克唐纳、玛丽•麦卡锡和理查德•罗维尔发言反对麦卡锡参议员。但在下午的会议上，30年代美国左派的宠儿马克斯•伊斯特曼发表了一篇讲话，从中可以看出在与会者中间非激进化的进程是多么的彻底。他不承认当时有什么政治迫害存在，并指责共产党人和他们的同路人无中生有地造出"政治迫害"的说法是他们的"诽谤战术"。伊斯特曼说："作为一个在歇斯底里的30年代被烧得半死的巫师*，我请你们相信，今天美国人所作所为实际上就相当于主日学校的学生们在野餐时做的搜捕女巫的游戏，你们称之为搜捕女巫式的政治迫害。"[33]他接着指责联邦政府的行政系统"未能与自由的敌人的渗透作有效的斗争"，捎带着他也指责了自由协会、美国人争取民主行动组织和美国公民权利联合会（伊斯特曼为该会成员），谴责他们"都是一批思想糊涂的自由主义分子，他们在文化自由的名义下竭力帮助那些武装起来的敌人在全世界范围内摧毁一切自由权利。"[34]

有些报道说听众非常吃惊，有的则说听众欢欣鼓舞。理查德•罗维尔在上午的发言中，责备欧文•克里斯托尔，说他"总是希望别人在谈

---

* 原文中"政治迫害"一词是"Witch-hunt"（搜捕女巫），西方历史上曾发生过搜捕女巫、捕获即烧死的事，后转意为迫害持不同政见者。伊斯特曼在30年代曾遭迫害，死里逃生，故以此喻自己。下文所说主日学校（Sunday School）学生做游戏的内容就是搜捕女巫。

到共产党人时直言不讳，而他却很少在谈论麦卡锡时也能直言真相。”他指责麦卡锡同那些苏联的历史学家一样对事实熟视无睹，他心情沉重地总结说：“当前，无处不存在着恐惧，这是确定无疑的，或许也是不可避免的。”[35]那么现在按照伊斯特曼的说法，这种恐惧感只能说明罗维尔本人也是受了苏联宣传的欺骗。

会后，罗维尔写信给施莱辛格，对伊斯特曼大放厥词感到悲哀，请求他对此采取一点行动。那么施莱辛格又向谁求助呢？施莱辛格后来回忆道，他是向弗兰克·威斯纳求助的，这也许并无多少作用。他虽然知道在柏林发起建立文化自由代表大会，最初中央情报局是投入资金的，但是他后来却“认为出钱的是一些基金会。同所有的人一样，我认为他们是在做好事……我并不知道一切支出都是中央情报局开支的。”半个世纪之后，在这件事情上，施莱辛格对他同中央情报局的任何正式关系，仍然是有保留的：“有时我在乔·艾尔索普家里遇见弗兰克·威斯纳，他会社交性地问问我关于美国委员会的情况，我也会对他讲一些情况。”[36]所以，可以设想，1952年4月4日施莱辛格写信给威斯纳也是“社交性”的，其中也透露了某些事情。威斯纳注意到，他透露的“一切情况为我们描绘了一幅十分值得警惕的景象。”[37]根据施莱辛格的信件，威斯纳草拟了一份内部备忘录，标题是“据报美国文化自由委员会内产生危机”，内容特别说明问题，值得全文加以引用：

中央情报局副局长威斯纳致政策协调处副助理处长的备忘录

内容：据报美国文化自由委员会内部发生危机

1. 随备忘录附上亚瑟·施莱辛格致我本人的函件。此件揭示的一切情况均值得我等警觉。在收到此函前，我对美国文化自由委员会的事态并不知晓。我急于想知道政策协调处对此事的看法。此事也许并非茶杯中的波澜。

2. 我对该委员会内部的混乱的第一个反应是，按照我们的观点，无论是反对麦卡锡还是支持麦卡锡，两种立场均不正确。在这样一批有头脑的人中间发生这样的问题，实在是最不幸的事。在美国，一个完全独立的争取文化自由的委员会，其成员实际上应该是一批致力于争取文化自由的美国公民个人。这样的人对麦卡锡主义持有某种立场，我完全可以理解。但是，据我了解，美国文化自由委员会并不是这种性质的组织。如果说这个组织不是由中央情报局一手建立起来的话，那也是在我们的号召下成立的，其目的是为我们在欧洲的行动提供掩护和后援。如果情况确实如此，那么我们就要对它的行为、行动和公开言论负责。基于此，该委员会提出麦卡锡主义的问题，无论是反对还是支持，都犯了严重错误，理由很简单，因为这样一来，就把我们卷入了一个极为敏感的国内政治问题，从而为我们招来麻烦，批评我们不该干预和我们不相干的事务。

3. 如果你同意上述分析和我的反应，我们就应当立即考虑，对于这种火上浇油的事，我们应当做些什么来挽回局面。假定可以这样做的话，我主张对麦卡锡主义的争论从头到尾的记录，都要一笔抹掉，争论到此为止。我知道这样做两派都会不满，但是也许可以说服两派成员，我们谈论的必须是美国以外的欧洲乃至全世界的事。这一点我们必须坚持到底，否则我们所做的一切都会暴露无遗，而且会由于我们介入了国内政治问题而遭到严厉的谴责。要求他们团结一致，协调合作，使我们所做的一切努力不至于被断送，才可能会有所成效。无论情况如何，这是我能想出的唯一办法。[38]

这份备忘录的意义是多方面的。备忘录表明，施莱辛格提醒了弗兰克·威斯纳注意美国文化自由委员会中那些使他感到烦恼的事态发展（施莱辛格早先就曾向纳勃科夫抱怨这个组织中充斥着一批“神经过敏的”反共分子，这个组织正在演变为“这批杂种的工具”）。[39]备忘录揭示了该委员会的老根。它虽然标榜自己是一个“自由的”和“独立的”组织，其实却是中央情报局在西欧更大行动的后援组织。[40]备忘录还表明，威斯纳明确表示要对美国委员会的行为、行动和公开言论负责。这个机构是中央情报局建立起来的，在威斯纳看来，它做事和说话的自由只限于学术范围。如果它真是一个公民个人组成的独立团体的话，那么它就可以随心所欲，想做什么就做什么了。但是这个委员会是名实不符的：它只是威斯纳的御用工具之一，这样一个机构只能随声附和而不能另弹别调，如果有必要，就必须三缄其口，一言不发。按照法律规定，中央情报局理所当然地无权干预一个国内组织的业务的。这一点，在威斯纳的备忘录中也是得到认可的。

另外，威斯纳可以毫无顾忌地写下“销毁一切记录”这样的话，也使我们对于中央情报局对这类组织的态度感到困扰。中央情报局对它的出面机构的活动拥有否决权，现在威斯纳主张使用这一否决权了。从备忘录也可以清楚地看到，威斯纳知道他有一条直接通往美国委员会的线，现在他要动用这条线去说服该委员会中的两派捐弃他们之间的分歧，把有关麦卡锡主义这个话题一股脑地抛到九霄云外去。

汤姆·布雷顿说：“美国文化自由委员会仅仅是一个出面机构，为的是制造一种美国方面也参与欧洲活动的印象。当他们开始提出麦卡锡问题时，天哪，那不是太让人尴尬了吗？特别是艾伦（杜勒斯）。在艾伦的头脑里，一定会有充分的理由想，真不应该有这么一个美国委员会。如果文化自由代表大会里有某个人公开承认他反对麦卡锡，他一定会吃惊得瞠目结舌。他当然也是恼恨麦卡锡的。但是他知道，你必须十分谨慎而巧妙地来对付他：不要让他发火，也不要让他插手任何事。像伯纳姆或施莱辛格这样有身份的人站出来就麦卡锡争论起来，确实是难以想象的，至少艾伦是这样想的。”[41]

显然，文化自由代表大会及其附属机构把麦卡锡主义甩在一边，这是一个政策性问题。正如一名英国的活动分子后来所回忆的：“我们绝对不能批评美国政府或当时正在风头上的麦卡锡主义，这是完全可以理解的。”[42]这正是德诺夫维尔和伍德豪斯商议他们的“行动和方法”时讨论的问题之一。外交部曾指示情报研究局，它的任何活动都“不得让人感到是在以某种方式攻击美国”。他们两人之间讨论的问题也算是对外交部这条指示的补充吧。《邂逅》杂志对于麦卡锡主义这个问题所做的贡献应该放到这个大环境中去认识。一般来讲，杂志做到了避免谈论这个问题，即使对此做一番考察，其基调也远非谴责性的。在一篇论点极为含糊的文章中，托斯科·法夫尔斗胆提出，“麦卡锡主义得以兴起，是由于美国存在着一种情绪，同 1914 年英国国内的那种情绪是类似的，当时英国享有的百年安全感破碎了。”“对敌人（德国佬）的深切仇恨，对英国的正义事业怀有的强烈信念，对于社会主义者、和平主义者和持不同政见者愤怒的容忍”，据法夫尔说，这一切都是当时的情绪。1945 年和平时代来到之时，“一个新的原子弹时代也同时来到，加之一个强大的对手苏联正在兴起”，“美国一夜之间丧失了（它的）安全感。”这两种情绪确有雷同之处。此后发生的一切就是试图（尽管很“痛苦”）进行调整。虽然麦卡锡的出现令人遗憾，但还是应当把它看成是美国“坚持不懈地追求新形势下的国家安全，追求一个安全而民主的新世界所做出的努力。”法夫尔总结说，“与欧洲人那种厌倦的精神状态，对这方面取得的成就所持的怀疑态度相比，美国的这种追求具有无限的可取性。”[43]

莱斯利·菲德勒的看法是，欧洲人对麦卡锡主义之所以产生的环境没有一个正确的理解。他强调说，全世界有许许多多的人“不分青红皂白地反对资本家”，“我们不能像他们那样，仅仅因为麦卡锡大声疾呼要防止共产党的渗透，就认定他的整个的观念是荒唐的”，这些人先入为主地认为“结社是无罪的”，所以，凡是受到麦卡锡指控的人，他们就挺身而出去保护他们。菲德勒没有讥笑美国人由于惧怕麦卡锡就不断地今天一个说法明天一个说法，议论不休。他的结论是，这位威斯康星州的参议员就像一架风车*对他发动攻击是“白白浪费了力气”，而此时还有“真正的怪物”需要我们去打败它们。[44]

英国年轻的保守派佩里格林·沃索恩（Peregrine Worsthorne）也发表了类似的看法，不过“较为温和”而已。他在 1954 年 11 月份的《邂逅》杂志上宣称，“美国的历史就是光明与黑暗交错，将来也会是光明与黑暗并存。我们越早接受这一现实，就能越早充分利用她所具有的多方面的长处而不必为她的缺点喋喋不休。神话创造了一个美国上帝。这个上帝辜负了人们的期望。但是美国上帝却与共产党上帝不同，后者就

* 这里指攻击麦卡锡的人就像堂·吉诃德大战风车一样，攻击的并非真正的敌人。

近仔细看时，原来是个魔鬼，而美国上帝却化成了人。”[45]《邂逅》杂志能够毫不畏缩地对共产党国家内部的文化压制进行过细的考察，这一点大家都会记得的。但是为麦卡锡主义开脱却显得它的目光并不敏锐：这本杂志把对手的过错看成一根大梁那样粗大，却把自己的过错看成一根小刺那样细小。

人们一定会期望，那些宣称尊重自由事业的人应该有办法，对攻击或诋毁自由事业的人或事进行一番谴责。美国文化自由委员会提出麦卡锡主义的问题显然是正确的。但是中央情报局却错误地企图压制这场辩论。威斯纳这个人是不会认为这仅仅是细节问题而按兵不动的。所以，在他的备忘录中，他建议采取措施向他们呼吁“要团结一致、协调合作，使我们所作的努力不至于被断送，这可能是有效的。”他们的建议很快就成为有组织的行动了。在巴黎“杰作”节准备就绪时，1952 年 4 月，纳勃科夫写信给亚瑟·施莱辛格，以不可思议的精确性响应了威斯纳在其备忘录中提出的看法。他写道：“坦白地说，我要谴责美国委员会内部产生分歧。这种分裂将对代表大会和我们在法国的组织所做的工作带来难以估量的危害。”他警告说：“应该向欧洲人讲清楚，麦卡锡是一个人而不是一场运动[46]……我深信，我们必须打击麦卡锡个人的行动和方法，但是我对反对麦卡锡主义所作出的决议究竟有什么用处，是不是符合逻辑，是抱有怀疑的。作出这样的决议会向人们，至少是向欧洲人暗示麦卡锡代表着美国正在进行的一场真正民众性的运动。我想强烈地表达我的意思，这种分裂最终会对我们在这里的工作带来致命的打击。”[47]

中央情报局的一名官员李·威廉姆斯透露，如果代表大会下属各委员会、分支机构或编辑人员行事过分越轨，出了问题，中央情报局行使否决权而又不露痕迹的一种方法是绕过一切行政程序，让代表大会内部一名高层人员直接通知违犯规定的人。[48]这一任务通常是交给朱利叶斯·弗莱希曼来做。其中有名的一例就是由他出面警告《邂逅》杂志的编辑们，如果他们坚持要发表有争议的文章，他们的经费就可能没有来源。纳勃科夫似乎也承担过类似的任务，美国委员会闯入了麦卡锡问题这片地雷阵以及此后发生的一些情况，他们两人都起过这样的作用。纳勃科夫“被置于这种地位”，在这类事件中居间斡旋，他可能根本不知道这是谁下的命令，或者更可能是他非常机智地完成他的任务。

在麦卡锡的十字军讨伐处于高峰时期，约翰·斯坦贝克写道：“如果我们从一开始就进行反击，而不是退避三舍，那么事情本来是可以不发展到这个地步的。”[49]约翰·亨利·福克（John Henry Faulk）写道：“问题出在许多受害人，以及所有的美国人，都接受了有罪的判决。他们认可了那些所谓治安人员的权利，让他们提出指控，作出裁决，宣布判决，而我们却都保持沉默。我们觉得沉默可以确保我们自己安全。”[50]

苏联迫害作家和艺术家的规模之大，是美国的麦卡锡运动无法比拟的，尽管规模大小有所不同，两者却有着一些共同点。艾尔索普兄弟曾造访“麦卡锡在国会山上的巢穴”，在那里他们看到了苏联那场噩梦中的一切情景，就连麦卡锡本人也有些像苏联的党政官员或秘密警察。艾尔索普兄弟写道：“候见室里通常挤满了鬼鬼祟祟、形迹可疑的人物，从他们的外表看，就像是一些被买通的国务院工作人员。”[51]“麦卡锡本人已逐渐谢顶，加之脑袋不断地微微颤动，使人感到他有一种烦躁不安的心绪。尽管如此，他还是很像好莱坞电影里出现的长着坚强下颚的密探。来访者可能发现他厚实的肩膀向前弓起，一只大手里拿着电话听筒，向通话的对方，某个神秘的伙伴发出隐晦的指令，‘是，是，我在听着呢，不过我不便讲话。什么？想搞我？是吗？把那个家伙的问题弄清楚。’参议员抬起眼望了望来访者，观察一下来访者对这出戏有什么反应。‘是吗？你听我说，你可以漫不经心地向一号提一提这件事，摸清他的反应。行吗？’在这出戏里，还有一点动作使表演增色不少，因为在打电话时，他会用一支铅笔敲击电话听筒。这是华盛顿的一种‘习俗’，据说敲击可以把电话里安装的窃听器的接触点震断。总之，一方面国务院担心麦卡锡参议员的朋友们对他们进行侦查，而麦卡锡参议员显然也害怕国务院的朋友们在暗中监视他。”[52]

威斯纳的备忘录在这一点上是有道理的：他之所以要中止这场争论，是因为麦卡锡正在制造“神经质的恐惧和内部相互猜疑的不良气氛”，就美国在国外的活动而言，这种气氛会从根本上危及中央情报局争取非共产党左派所作的努力。

但是，在美国委员会中保守派内部，却把艾尔索普所讲的一切视为毫无根据的想象而置之不理。悉尼·胡克写道："有些人应该更了解情况，他们断言，美国正在经历有史以来最为严峻的政治恐怖和歇斯底里时期。把美国的现状描绘成如此可怖完全是肆无忌惮地夸大事实。"[53]对于有人说麦卡锡主义"正在制造一种恐怖气氛"，克里斯托尔也嗤之以鼻。亚瑟·米勒声称，由于国会对政治上的异教徒进行调查，百老汇因愚蠢透顶的麦卡锡主义而受害不浅。克里斯托尔在《纽约时报》上撰文批驳说，"米勒犯了'表达荒唐'的错误。"[54]1953年，克里斯托尔说过一句名言："美国人民都知道麦卡锡参议员是一位坚定的反共斗士，而那些自由主义的代言人对此却一无所知。"与此同时，斯蒂芬·斯彭德却得出了一个令人丧气的结论，他说"美国作家不时要历经一种虔诚的反共情绪，以致他会怀疑，当人们口称万福玛利亚*时，他实际上是在称颂万福麦卡锡。"[55]

乔斯尔森从一开始就反对成立美国委员会，在麦卡锡"飞黄腾达"之初，他就觉得他的想法得到了证实。布雷顿也认为成立美国委员会并不明智。他后来说："我认为这是胡克的主意，但我看这是一个错误。在我看来，结果是建立了一个同巴黎的文化自由代表大会对着干的组织。美国委员会中有些人从本质上讲是同麦卡锡一鼻孔出气的。更为严重的是这些人的耳朵可以通到国务院里有影响的人物那里，这就会给中央情报局带来麻烦。"[56]尽管有这些保留意见，弗兰克·威斯纳还是说服了当时还是行动处副处长的艾伦·杜勒斯，使他相信在美国建立文化自由代表大会的分支机构是必要的。后来（也许就在同时？）梅尔文·拉斯基说，这是"隐蔽工作固有的、不可分割的特性的一部分。中央情报局不能参与国内事务，但是你又必须建立一个美国委员会。怎么就不能建立一个美国委员会呢？这确实难以讲通。既然你说你是国际性的，那么美国到哪里去了呢？这好像是一场职业拳击赛，而拳击手却只戴着一只拳击手套。作为隐蔽活动，这可是一大漏洞，可是你只能戴一只手套。

---

* 万福玛利亚（Ave Maria），天主教徒向圣母玛利亚所献祷词的第一句。

这该怎么办呢？”[57]

在支持还是反对麦卡锡的问题上，美国委员会的两派用尖刻的言辞相互公开指责，已呈解体的局面。面对这种形势，乔斯尔森和他的中央情报局上级为此感到担忧是理所当然的。如果美国委员会就此散伙，它还会以原来的名称重建，但势必将施莱辛格、罗维尔以及他们“明白事理的朋友们为代表的温和派”排斥在外，这就是危险所在。乔斯尔森最不愿看到的就是一个执行强硬路线的压力集团同欧洲的工作相对抗。

那些指望美国委员会捍卫文化自由、使之免遭麦卡锡主义蹂躏的人感到失望。乔斯尔森后来说：“美国委员会在这个问题上软弱无力的立场，使代表大会在全世界都处于十分尴尬的境地。”[58]美国委员会也确实出版过一本《麦卡锡与共产党人》（作者为米奇·德克特，Midge Decter，和詹姆斯·罗蒂，James Rorty），但此书攻击的矛头主要是指向麦卡锡那种偷懒的方法，而不是搜寻那些并无确凿证据的共产党员。这本书于1954年出版，既不及时，内容也很含混不清（该书的出版激怒了詹姆斯·伯纳姆，他带着一批保守派退出了美国委员会）。大约也是在这个时候，伯纳姆断绝了同《党派评论》的关系。同《邂逅》杂志一样，美国文化自由委员会也企图否认或尽量弱化麦卡锡对文化的侵蚀和危害。玛丽·麦卡锡对于未能持久地对这个问题进行分析感到十分沮丧，她写信给汉纳·阿伦特谈了她的看法。她认为，“左翼分子、无政府主义者、虚无主义者、机会主义者，一批十足的蠢货集中在一起，凑成了一种奇特的大杂烩，却又都自我标榜为保守派……这个新右翼想尽办法要让人们把他们当成‘正常现象’予以接受。在我看来，这个新右翼必须予以剿灭，如果现在做这件事还不算为时过晚的话。”[59]

正当麦卡锡参议员谋划向中央情报局开刀时，艾伦·杜勒斯接任中央情报局局长。艾伦的兄长约翰·福斯特·杜勒斯是个虔诚的新教徒，同时又是坚定的反共分子，这就使他不可能向麦卡锡提出挑战。但是艾伦·杜勒斯却与他的兄长不同，他决心不让这个“来自威斯康星州的暴发户”毁掉中央情报局。他警告他的雇员，没有得到他本人的批准跑到麦卡锡那里去，不管他是谁，一律开除。有些中央情报局的人员已经开始接到麦卡锡的同伙打来的神秘电话，其中有个巴尔的摩的神秘人物叫尤利厄斯·阿莫斯（Ulius Amoss）。此人是美籍希腊人，曾被战略情报局开除，现在经营着一家私人情报机构名叫“国际情报服务基金会”，麦卡锡暗中与他签订了一个合同，利用他经营这个机构去搜集中央情报局工作人员的丑事。中央情报局的人员接到匿名电话说，“据了解，他们酗酒，和女人有桃色事件。打电话的人对他们说，如果他们过来（向忠于麦卡锡的人）报告他们所知的一切有关中央情报局的情况，他们就不张扬这些丑事。”[60]

不过，阿莫斯证实，他是无权打开信封探究秘密的，更不能对这个间谍机构的成员进行认真的调查。麦卡锡的第一枪是射向威廉·邦迪的，而且是当着邦迪的面打了这一枪。邦迪是中央情报局全国评估委员会（Board of National Estimates）的委员，他曾给阿尔杰·希斯保释基金捐献过400美元。按照麦卡锡的逻辑推理，这意味着邦迪必定是一个共产党员。汤姆·布雷顿回忆道：“这件事发生的时候，我恰巧在艾伦的办公室里，邦迪也在那儿。艾伦对他说：‘你先出去，让我来处理这件事。’邦迪休了几天假，艾伦直接找了艾森豪威尔说，他才不想理睬这个来自威斯康星州的家伙搞的鬼。”[61]其实，杜勒斯告诉总统，如果麦卡锡不停止攻击中央情报局，他就辞职不干了。

看来这才最终促使艾森豪威尔采取了行动。副总统尼克松被派去向麦卡锡施加压力，让他停止执行公开调查的计划，于是这位参议员就突然“深信”对中央情报局“进行公开听证会不符合国家利益，也许可以通过行政程序来处理”。[62]这可算是一种妥协的形式。根据达成的妥协，麦卡锡同意他对中央情报局的指控可以在艾伦·杜勒斯的办公室里秘密进行。他带来一个名单，上面所列的中央情报局雇员，据说是一些“同性恋者”和“阔佬”，他要求在中央情报局内部进行大规模的清洗。如果杜勒斯不同意照办，麦卡锡就以进行公开调查相威胁。“压力造成了损失。安全审查的标准更加严格了。有一件事，中央情报局遭受了损失，而好莱坞却从中获利。有一个年轻的、一口纯正的纽约口音的政治学毕业生名叫彼得·法尔克（Peter Falk），1953年跑来申请参加中央情报局的培训计划，但他的申请遭到拒绝，原因就是他一度参加过一个左翼联盟。”[63]

对布雷顿的国际组织处的雇员的审查尤其严格，因为据说这些人在政治上信奉自由主义。布雷顿手下的工会行动负责人被解雇，因为他在30年代很短的一个时期参加过共产主义青年团。这还不算什么，接下来发生的事就更为严重了。1953年8月底，布雷顿与理查德·比斯尔在缅因州驾舟游弋。那时比斯尔暂时放下了他在福特基金会的工作短期休假，趁此机会他就享受一下他的那艘“海上女巫号”游艇。当游艇泊在佩诺布斯科特湾（Penobscot Bay）时，布雷顿接到一份急电，通知他麦卡锡分子在中央情报局内部发现了一名“赤色分子”。此人就是1951年由艾伦·杜勒斯招募进来的布雷顿的副手小科德·迈耶（Cord Meyer Jr.）。事情发生的时候，杜勒斯和布雷顿都在休假，麦卡锡一脚踢来，迈耶毫无防备。他被停职，停发工资，接受安全审查，只好在家里读卡夫卡（Kafka）的著作《审判》（*The Trial*）。此时重读这本书，迈耶发现自己从来没有像现在这样深刻地理解“那个迷惘的英雄所经历的痛苦，他永远不会知道究竟是谁根据什么使他受到指控”。[64]

科德·迈耶不是赤色分子。他甚至连粉红色也谈不上。指控他的文件长达3页，其中所列举的事实包括他同哈洛·沙普利（Harlow Sharpley）在同一场合发表演讲。沙普利是哈佛大学的一名天文学家，以其左倾的政治观点而闻名。还有一条是他同全国艺术、科学和专业人员理事会的联系。这个理事会曾被众议院的非美活动委员会列为共产党的外围组织。这两项未经证实的罪名可追溯到战后最初的几年，那时迈耶一度是美国退伍军人委员会的一名领导人。美国退伍军人委员会是一个开明的组织，它的建立是为了与极端保守的美国退伍军人协会并立，可供退伍军人选择。迈耶还是世界联邦主义者联合会的创始人，这个组织号召建立世界政府，与其说它是自由主义的组织，还不如说它更接近乌托邦主义。

迈耶后来写道：“我的顶头上司汤姆·布雷顿一直支持并鼓励我，让我相信一定会还我一个清白。”[65]事实也确实如此，麦卡锡对他的指控中没有一项能拿出真凭实据。1953年感恩节的那一天，也就是迈耶被停职两个月之后，迈耶接到艾伦·杜勒斯的电话，告诉他一切有关他不忠诚的指控均已澄清，他可以回到中央情报局工作了。这件事成为迈耶一生的一个污点，也说明冷战时期美国的自相矛盾。一方面中央情报局的人夜以继日地为挫败共产主义而工作，同时却又受到他们的美国同胞的跟踪，而这些人据说也在为同一目标鞠躬尽瘁。如果说尤维纳利斯*不知道由谁来保卫保卫者，那么在美国的问题是谁在屠杀屠龙者**。

麦卡锡最终于1954年底失势，1957年死于酒精中毒。德怀特·麦克唐纳把麦卡锡主义定性为“一首嘲讽性的英雄史诗……是我国政治史中的幕间插曲，将来的考古学家会把它归入神话而不是历史”，[66]他这番话只不过是一种一厢情愿的愿望而已。美国为驱除麦卡锡培养出来的恶魔还需要进行多年的斗争；在当时，麦卡锡“信奉的价值观以及他发动十字军讨伐所依据的假设，大多数都没有受到应有的批驳”。正如一位观察家所言，“麦卡锡受到谴责，而且也倒台了，但不是麦卡锡主义。”[67]对真理的追求，对事物寻根究底的愿望，理性的探索过程，这一切都因为与政治迫害相关联而受到了污染。

或许情况恰恰相反？问题也许可以这样提：如果没有杜鲁门主义，会出现麦卡锡主义吗？背离查明真相的基本规则是否就是冷战思维的本质所在呢？在这种情况下，由于恐惧和敌对情绪，人们难以作出正确判断，或者如默里·肯普顿所言，“由于人们的注意力过分集中于极端情况”，以致分散了他们的注意力，“反倒使他们忽视了常态”。威廉·富布赖特参议员后来强调说：“我们的领导人已经抛弃了取证的常规，以致使他们一遇到有关共产主义的问题，他们就出面干预。毕竟，谁又听说过碰到魔鬼还需要公平对待呢？因为我们已经知道他的脑子里想的是什么，我们还要对他实际所做的事情详加分析，这就不免有迂腐之嫌了……反共意识形态使我们不必承担对具体事实和具体情节进行分析的

* 尤维纳利斯（Juvenal，公元55/60—约127年），罗马最后一位也是最有影响的讽刺诗人，其诗作抨击君主暴政和贵族统治。

** 在西方，龙是邪恶和凶残的化身，此处用以喻共产党人，

任务。就像古代人一样，只要我们有了‘信念’，就不必再讲什么实证思维了。我们就像中世纪的神学家一样，我们的哲学事先就替我们解释了一切，一切不符合这种哲学的东西，立即就被认定为错误的，或者就是谎言，或者只是一种幻觉。（正统的反共意识的）害处不在于其一目了然的谬误性，而是它将现实加以歪曲和简单化，在于把它变成普遍适用的东西，并将之提高到业经证实的真理的地位。”[68]

麦卡锡非但远未击倒中央情报局，反倒提高了它的威望。正是因为有了麦卡锡，中央情报局内集中了一批外交政策“理性主义者”的名声才得到了确认。1954 年 1 月加入中央情报局的理查德·比斯利记得中央情报局“是一个出思想、提出挑战性问题并采取行动的地方，它的发展超过了政府的其他部门”。[69]局长艾伦·杜勒斯的权力比以往的任何一任局长都要大。据汤姆·布雷顿说：“他手中的权力滚滚而来，通过他，也浸入中央情报局。部分原因是因为他的兄长是国务卿；部分原因则是因为他是第二次世界大战中的间谍大师，他头上有一个神秘的光环；还有一部分原因，因为他是声名卓著的纽约萨利文和克罗姆韦尔律师事务所的合伙人，这一背景使国会中小地方来的那些律师们感到难以望其项背。”现在，面对麦卡锡对中央情报局的攻击，艾伦·杜勒斯获胜了，而“这场斗争的伟大胜利使他在人们称之为反共‘事业’中更加受到尊重。艾森豪威尔曾说：不要加入那批‘焚书者’，这是反共斗争的下策，依靠中央情报局才是良策。”[70]

第十四章　音乐与真理，不可过度*

在我看来，培养和维护名人的手段过于物质化，因而不值得称颂。

——菲利普·拉金

美国委员会在一个重大问题上未能采取一致的立场，从而加速了近在眼前的死亡命运。总部设在欧洲的文化自由代表大会则与之形成鲜明的对照。至50年代中期，它的影响所及在地域上得到了扩展。在乔斯尔森的坚强领导下，代表大会名声大振，成为一个严肃的知识分子联盟，这些知识分子致力于揭露虚妄的苏联神话，宣扬西方民主的优越性，只有在西方民主的框架中，才能进行文化和哲学的探讨。尽管内圈——或者"机关"的人员构成没有改变，代表大会现在可以夸口说，其成员中尽是一些知名的知识分子和艺术家。

朱利安·赫克斯利、米尔西亚·伊利亚德、安德烈·马尔罗、吉多·皮奥韦内、赫伯特·里德、艾伦·塔特、利奥内尔·特里林、罗伯特·佩恩·沃伦、W. H. 奥登、桑顿·怀尔德、贾亚普拉卡什·纳拉扬等，还有一些其他知名人物，都在《邂逅》《证言》以及一大批代表大会创办的或属于代表大会的杂志上发表文章，为这些杂志增色不少。此外还有1953年在巴黎创刊的《纪实》（*Cuadernos*），由小说家和剧作家朱利安·戈尔金（Julian Gorkin）主编，其对象为拉丁美洲的知识分子。在维也纳，代表大会于1954年春创办了《论坛》月刊，编辑是小说家

* 原文为拉丁文 ma non troppo，音乐术语。通常用于提示演奏速度，不要过分快或慢。

和评论家弗里德里克·托伯格（Friedrich Torberg）。这位绰号叫“弗雷蒂果仁大蛋糕”（Freddy the Torte）的编辑是个不寻常的人物，他既遭人讨厌又让人喜欢。凯斯特勒不无赞美地写道，他“也许是只存在于我们想象中的古代维也纳最后一个‘多瑙河畔的莫希干人’”*。其他人则觉得他傲慢自大，令人难以容忍。共产党人攻击他是“美国特务……诽谤者……告密者”，对他所办的杂志持有的中立基调不屑一顾，认为这只是美国的阴谋。《论坛》杂志保持着代表大会通常具有的基调，而托伯格本人也同设在巴黎的秘书处保持着良好的工作关系。但乔斯尔森有时也不得不对他施加一点约束，比如，1957年《论坛》有一期转载了右翼刊物《国民评论》（*National Review*）的一篇文章。乔斯尔森说这“有损代表大会主办刊物的尊严”。学乖了的托伯格回答说：“以后不会再发生这样的事了。”

代表大会召开了“科学与自由”大会，是年秋季，与这次会议同名的刊物《科学与自由》创刊。这次会议是1953年7月在汉堡召开的，会议从洛克菲勒基金会获得10000美元的赞助，又从法菲里德基金会获得35000美元的赞助。这本沿用会议名称的刊物由迈克尔·波拉尼（Michael Polanyi）任编辑，同年，波拉尼被任命为执行委员会委员。为了引起读者对美国以及南非的种族隔离的关注，波拉尼的杂志讨论了这些问题，而这些问题总的来说代表大会是缄口不言的。在大多数人对“缓和”（detente）一词的含义还不明白时，这本刊物已经认识到缓和之必要，鼓励知识分子和苏联集团进行交流，缓和西方的冷战立场。但这一刊物每两年才出一册，读者又极少，所以它的声音在冷战的论战中只是沧海之一粟而已。[1]

《苏联研究》于1955年问世。这是一份简讯式的月刊，主编是历史学家沃尔特·拉奎尔（Walter Laqueur），他同时也是代表大会驻以

---

* 莫希干人（Mohican 或 Mohegan），定居在美国今康涅狄格州泰晤士河上游的印第安人的一个分支，后扩展至新英格兰其他地区。莫希干人曾起义而获独立。17世纪早期在对英战争中遭惨败，白人逐渐移居莫希干人的居住区，从此莫希干人四散。现尚有一支混血后裔留在康涅狄格州。凯斯特勒将托伯格比作“多瑙河畔的莫希干人”，有赞美他具有不畏强权、爱好独立之意。

色列的正式代表，乔斯尔森称他为最好的有关苏联研究的国际问题专家之一。拉克以马克·亚历山大（Mark Alexander）的笔名写过大量的有关俄国的文章。在他的主持下，《苏联研究》刊载过许多有关东方集团中思想、艺术和政治生活的调查报告，其洞察力在“西方出版物中堪称独一无二”。[2]说这份刊物读来“充满情趣”[3]固然有些夸大其词，但它确实享有广泛而衷心喜爱的读者群。更加稀奇的是，甚至一些共产党的刊物也觉得从《苏联研究》中援用一些材料对他们也是有用的，以致乔斯尔森为此感到焦虑。他写信给拉克说：“我们不想让亲苏出版物用我们的材料来包装他们的宣传。”[4]

1956年4月，《当代》第一期在意大利出版，由伊格拉齐奥·西洛尼和尼古拉·恰罗蒙特任编辑。这本刊物首次向1954年阿尔贝托·莫拉维亚创办的刊物《新论点》（*Nuovi Argomenti*）提出了严肃的挑战。《新论点》同萨特的《当今时代》极为相似，而《当代》则更为相似，连刊名也故意与之雷同。喜欢挑刺的人后来会认为这无异于思想剽窃，说明中央情报局主要战略之一就是建立或支持一些“类似的”组织，为激进主义提供一个可供选择的出路，因为中央情报局控制不了激进派。《当代》确实“为50年代后期意大利共产党的叛离分子提供了发表意见的园地”，[5]其中包括作家伊塔洛·卡尔维诺（Italo Calvino）、瓦斯科·普拉托利尼（Vasco Pratolini）和利贝罗·德利贝罗（Libero de Libero）。该刊还为苏东集团的持不同政见者提供篇幅，这些人同代表大会豢养的一批撰稿人一道，坚持不懈地攻击共产党的极权主义。

代表大会还将其存在向更遥远的地方延伸，让它的声音能够传到那些对共产主义和中立主义抱有怀疑的地方。代表大会在澳大利亚也有一份刊物，刊名为《象限》（*Quadrant*）*。当时大批澳大利亚知识分子受到共产主义这块磁石的吸引，“达到令人震惊的程度”。这本刊物的宗旨就是要削弱这批知识分子的影响。该刊编辑，天主教诗人詹姆斯·麦考利（James McAuley）认为，“只有当反共观点形成一股反吸引的力量，

---

*象限，是平面直角坐标系横轴和纵轴划分的四个区域，每个区域叫一个象限。《象限》这个刊名寓意澳洲为地球表面的四分之一。

才能把人们的思想争取过来”，在他的领导下，《象限》杂志（至今还存在）成为澳大利亚非共产党左派一个活跃的中心。[6]

代表大会在印度出版了《探索》（*Quest*），创刊于1955年8月。该刊为英语版。在印度，英语为行政管理使用的语言而不是文学语言，因而具有局限性，因此该刊被印度共产党攻击为“用心险恶的”美国宣传，但是它和拉丁美洲的《纪实》一样，至少使代表大会在难以进入的地域建立了一个据点。J. K. 加尔布雷思讥笑说代表大会“在一个沉寂的、不受人注意的文盲地区开辟了一块新天地”，尽管听起来加尔布雷思的讽嘲有些“过誉”了。可以肯定地说，尼赫鲁总理对此是不高兴的，因为他始终对代表大会怀有戒心，认为它是“美国的一个出面机构”。在日本则有《自由》，这是代表大会的杂志中补助最多的一种。创办这本刊物的用意是缓和日本知识分子中间的反美情绪，但是从一开始就显得软弱无力。1960年，代表大会决定彻底与《自由》的原出版者切断关系，在巴黎办事处的控制下重新组织一班人马。据称，日本的意识形态太难以捉摸，以致把杂志交给一些半独立的人士去办都令人不放心。[7]到了60年代后期，代表大会已经将其出版计划扩大到其他具有战略地位的地区，即非洲、阿拉伯世界和中国。

一名中央情报局特工说：“真正令人猜不透的是这些杂志究竟是怎样运作的。这些知识分子连参加鸡尾酒会都不愿意结伙同去的，可是他们却在《证言》《当代》《邂逅》这些杂志聚到了一起。在美国是做不到这一点的。《哈泼斯》办不到，《纽约客》也办不到。他们无法将艾赛亚•伯林和南希•米特福德以及所有其他的人召集在一起。如果欧文•克里斯托尔从伦敦回到美国，他也是无能为力的。据我看答案只有一个，那就是乔斯尔森的作用。”[8]不过，这个答案只对了一半。有迈克尔•乔斯尔森，别忘了还有梅尔文•拉斯基。戴安娜•乔斯尔森是这样讲他们之间的关系的：“迈克尔是出版人和主编。拉斯基则是副总裁，在某种意义上讲，他也是迈克尔的喉舌。迈克尔负责安排各位编辑们定期开会，如果迈克尔不在，那么拉斯基就是公认的主要人物了。他们之间联系密切，观点也基本相同。”[9]

梅尔文·拉斯基后来说，最初，乔斯尔森是想让他与斯彭德一起担任《邂逅》的联合编辑，但是他（即拉斯基）不愿离开柏林，所以他就推荐了欧文·克里斯托尔来担任这个职务。拉斯基之所以没有在代表大会的旗舰刊物掌舵，其原因很可能同1950年威斯纳命令拉斯基离开代表大会在柏林的筹备机构的理由相同：他同美国政府的联系过于密切。到了1953年，拉斯基可以辩称当时的情况已经发生了变化。他主持的刊物《月刊》当时已经由福特基金会出资赞助了。最近福特基金会又出资27.5万美元，供《月刊》出版书籍之用。但是，对于拉斯基，人们仍然有一团疑云难以驱散。乔斯尔森做了他能做的一切。1953年，福特基金会的第一笔捐款到期，乔斯尔森就把《月刊》纳入代表大会主办的各种杂志之中，这样，乔斯尔森就可以将拉斯基与代表大会的关系合法化。作为代表大会的一家杂志的编辑，拉斯基现在可以名正言顺地在决策机构中占据主要地位了。

《邂逅》《月刊》和《证言》三家杂志由一个“三家杂志编辑委员会”来协调编辑方针。作为这个协调委员会的成员，拉斯基已成核心小组的一员，可以参与决定如何弘扬代表大会的宗旨了。乔斯尔森、纳勃科夫、德卢奇芒和拉斯基定期在巴黎参加委员会的会议。分析三家杂志的表现，并就杂志以后的几期要议论的问题取得一致意见。拉斯基总是主张更加深入地讨论美国方面的话题（应该让尤多拉·韦尔蒂*写一篇有关美国消除种族隔离的文章，应该有人写一写美国的“高度繁荣”，吉安·卡洛门诺蒂**应该就“有教养者和缺乏教养者”这个命题写点东西，诸如此类），并加强对苏联事务的评论。另一个代表大会杂志的仇敌、并不断遭到攻击的人物，是让-保罗·萨特。拉斯基说，萨特与梅洛-庞蒂***分道扬镳（梅洛-庞蒂于1955年宣布放弃共产主义信仰）应该在代表大会的杂志上报

---

* 尤多拉·韦尔蒂（Eudora Welty，1909—2001），美国女作家，其小说大多写密西西比州小城镇人们的生活。

** 吉安·卡洛门诺蒂（Gian Carlo Menotti，1911—2007），意大利作曲家，后入美籍。

*** 梅洛-庞蒂（Maurice Merleau-Ponty，1908—1961），法国哲学家。1947年发表一组论文《人道主义与恐怖》，为40年代后期的苏联辩护，而1955年又发表一组论文《辩证法的冒险》，转变了立场，被认为背离马克思主义。

道，标题可以叫《萨特死了》（*Sartre est mort*）。[10]萨特被视为共产主义的走狗，一个可悲的趋炎附势者。他的政治性和文学性的作品，都是为共产主义的欺骗张目，“对暴力津津乐道”，因此他的文章一再遭到《邂逅》和《证言》两家杂志的拒绝。

1956年4月，从一份题为《关于〈邂逅〉〈证言〉和〈月刊〉的几点意见》的报告中可以看出，拉斯基对这份杂志影响之大。在报告中，他总结了这些杂志所取得的成就，并对它们的未来提出了他的计划。他写道，这些杂志“已经融入了当地的社会和环境，创出了牌子，从而站稳了脚跟。在文化生活中，它们已成为两个古老的自由、人道国家的象征，同时也是民主的国际（和跨大西洋）交流的象征。”[11]不过，他提醒他的编辑同事们“在有关美国的材料中，不要一味地说美国一切都是‘好的’，欧洲一切反美的成见必须立即予以清除。”虽然他也承认这些杂志在反美问题上出现一些“疏漏”令人遗憾，今后应该避免，但他仍强调不要损害跨大西洋之间的相互了解，“我们不要在这件事情上操之过急。（我们至今做了哪些事来阻止人们把我们美国人看成野蛮人？）我们和所有的人一样，都存在着太多的问题（包括物质主义、玩世不恭、腐败、暴力），这些问题都淹没在对星条旗的一片欢呼之中。让欧洲的作家们去发牢骚。我们自己也可以发一点牢骚（看来似乎矛盾，其实我们自己发牢骚恰恰表现了我们是通情达理的）。”[12]

实际上，拉斯基是承认人们对亲美倾向有所抱怨，对杂志提出批评基本上是正确的。尤其是《邂逅》杂志，有人指责它是代表美国利益的一匹“特洛伊木马”，说它“存在着一个盲点，在这本杂志中几乎从来不刊载任何批评美国的文章，似乎这是一个‘禁区’，现在，《邂逅》杂志必须解决这个问题。”[13]在最初的几年里，《邂逅》杂志在清除对美国及其制度的任何厌恶情绪方面确实做得过火。对于反美主义有各种不同的说法：“反美主义是许多欧洲人的心理需要”，这种东西能让他们既深深陷入“自我仇恨”之中（美国是他们仇视的一切神化形象的象征），同时也使他们沉湎于“自我欣赏”之中（菲德勒语）；或者说反美主义增强了英国知识分子“自我陶醉”的满足感（爱德华·希尔斯语）；

或者说反美主义使“现代自由主义”得到缓解，这种现代自由主义集中表现在《新政治家和国家》的“致命贫血症”“僵化的反应”和“精神上的自命不凡”（1956年德怀特·麦克唐纳语，当时他正处于他作为冷战战士的高峰时期）。拉斯基的建议只产生部分效果。虽然A. A. 阿尔瓦雷斯（Alvarez）在他的文章中称，在那段时间很少从《邂逅》杂志中看到“纯属宣传性质的偏执论调”，[14]但是其他方面却依然如故，并未被拉斯基说服，还是像康纳·克鲁斯·奥布赖恩（Conor Cruise O'Brien）说的，“《邂逅》杂志首先要忠于美国”。[15]

但是，在华盛顿的中央情报局总部，《邂逅》杂志被自豪地称之为一艘“旗舰”。它提出一个概念，即大西洋把两岸的文化界联系在一起而不是把它们分割开。它甚至成为中央情报局特工的一张名片。50年代中期曾短期为中央情报局工作过的一名年轻而富有的彷徨者本·索南伯格经安排与一名中央情报局的特工见面。这名特工与他约定：“我将手拿一本《邂逅》杂志，你就知道我是谁了。”

中央情报局对代表大会的一些刊物充满信心，从该局给这些刊物的财政支持上也可以看得出来。虽然无法获得详尽的材料，但是有些财政支出的账目还是保存了下来，散落在尘封的档案之中。据一份截至1958年12月31日的财务支出报告，法菲尔德基金会每年给代表大会的“编辑秘书处”支付的工资高达18660美元。这些工资是支付给邦迪、拉斯基（这只是假设）和《邂逅》杂志美方编辑的（读者可能还记得，英方编辑的工资是由英国情报机关负责的）。1959年，《邂逅》杂志从法菲尔德基金会获得了76230.30美元赠款（将近最初每年40000美元的一倍）。同年，《纪实》获得的赞助是48712.99美元。《证言》则获得75765.07美元。此外，代表大会的各刊物还获得行政管理费21251.43美元。向《月刊》提供的赞助款（每年大约是60000美元）是通过不同的渠道支付的。1958年的资金是通过迈阿密地区基金提供的。到了1960年，提供赞助款的渠道就多样化了。当年是通过弗洛伦斯基金会（27000美元）和霍布利泽尔基金会（29176美元），后者为《月刊》提供捐款已不大可能，因为根据《美国基金会指南》，这家基金会的“宗旨和活动”应该是“支持得克萨斯州，特别是达拉斯市的各组织，重点是帮助残疾人”。这两条渠道还用来为《当代》提供资金，该刊在1960年分别从这两条渠道获得了1.8万美元和2万美元。1960年用于代表大会各刊物的总支出为56万美元，至1962年则增加到88万美元。同期，法菲尔德基金会承诺的捐款（换句话说，也就是中央情报局直接支付的工资、行政费和房租等等）每年大约是100万美元（1999年则达到600万美元）。

尽管拉斯基声称这并不是什么肥差，但是开始成为大有油水可捞的差事，却是确定无疑的。据贾森·爱泼斯坦回忆，“突然之间拥有了豪华高级轿车*，可以举行供应熏制三文鱼的阔绰酒会，诸如此类。那些原来买不起到纽瓦克的公共汽车票的人，一夜之间就可以乘坐头等舱飞机到印度去过夏了。”[16]后来，马尔科姆·马格里奇写道：“在最兴旺的日子里，飞机航线上挤满了学术界头面人物和作家，他们携带着带有印记的文化飞往地球的每个角落。”[17]当美国人“从普林斯顿、耶鲁或者哈佛，从华尔街、麦迪逊大道或华盛顿的巢穴直接来到伦敦时”，那时真可谓是“欢快的日子”。马格里奇想起那些日子，对“这一段蜜月时光竟是如此短促”总是觉得出乎意外。“很快，我们英国的机构无论在人员、工作热情、行动规模，特别是可支配的经费方面都大大落在人家的后面了……在全世界都有分支的战略情报局——中央情报局网络一来到英国，我们那个充满传奇色彩的秘密情报机构立刻相形见绌，就如一辆豪华的凯迪拉克汽车一来，老掉牙的双轮双座马车就弃之如敝屣了。”[18]

乘坐这辆凯迪拉克汽车欢快地旅行的是尼古拉斯·纳勃科夫，他不遗余力地做着他的工作：布置一个个令人眼花缭乱的场面。纳勃科夫交游之广、朋友之多就令人眼花缭乱。为代表大会赢得名誉、确立地位，他的这个长处确是无价之宝。他对朋友善用仰慕亲昵之辞，仅此就足以

* 原文为limousine，特指驾驶室与后座间设有自动玻璃隔断，三排座，车内设有带冰箱的酒吧、彩电和电话的高级轿车。

赢得这些朋友的欢心和忠诚。他称施莱辛格为“阿修罗”*，称艾赛亚·伯林为“最受尊敬的、亲爱的博士”，甚至呼他为“叔叔”，娜塔莎·斯彭德是“可心的人儿”，斯彭德是“Milyii Stiva”，乔治·韦登菲尔德（George Weidenfeld）是“亲爱的小柯尼斯金德”（Dear Little Königskind），《大西洋月刊》的编辑爱德华·威克斯（Edward Weeks）被称为“Caro Ted”。洛克菲勒基金会的爱德华·达姆斯（Edward D'Arms）被称为“Chat”。**

纳勃科夫本人虽然只是一个二流作曲家，称不上知识分子，但他在战后年代却是了不起的音乐经理人之一。他善于发现音乐人才和天才作曲家。1953 年冬至 1954 年，他就任设于罗马的美国学院音乐部主任。这就是说在 1952 年的杰作音乐节之后，他担任了一个为代表大会进军音乐界出力的合适职务。赫伯特·里德曾对巴黎举行的杰作音乐节的回顾性质提出批评，并敦促“下次展示不要再回顾过去，而是要充满信心地前瞻未来。”[19] 纳勃科夫现在要准备举办的音乐节，从许多方面来说，都是对赫伯特·里德的批评作出的正式回应。1953 年 2 月，纳勃科夫飞到纽约，举行了一次新闻发布会，声称他接受这个具有挑战性的任务。他说：“自举行了巴黎的那次音乐节之后，我们已经关闭了通往过去的大门。我们说过，这些作品确实是伟大的作品，但它们已不能称之为‘现代’作品，尽管它们都是创作于 20 世纪。它们已经成历史。现在我有一个新的计划……我们要举办一次别开生面的作曲家竞赛，办法与以往的竞赛大不相同。我们打算选出 12 位大有前途但国际上却不知名的年轻作曲家，邀请他们到罗马去，我们负责一切费用。每位作曲家要带来一首乐曲的曲谱，在罗马演出……由参加 20 世纪国际音乐大会的全体代表通过民主选举选出评委，组成一个专门的评委会，最后由这个评委会评出优胜者。奖品极为丰厚：第一是发给奖金；第二，我们许诺将由三个欧洲的和三个美国的重要乐队演奏这首乐曲；第三，出版这首乐曲；

* 阿修罗（Arthuro），疑为梵文 Asura 的英文音译。原为印度教神话中的恶神，好与天神战斗。

** Milyii Stiva、Dear Little Königskind、Caro Ted 和 Chat 均未查到出处。

第四，由一家著名的公司录制这首乐曲。不仅如此，11 名落选的作曲家也不会空手而归。”纳勃科夫就像一个芝加哥的广告商似的接着说：“除了罗马之行免费之外，会议还保证出版他们的作品，并付给稿酬。”他问道：“这算不算奖品呢？”[20]

按计划，20 世纪国际音乐大会定于 1954 年中期在罗马召开，为期两周。代表大会宣布，它将致力于推动先锋派音乐的创作。这一举措使代表大会在先锋派音乐的试验中取得了稳固的地位，由此代表大会就为世界提供了一个支持曾遭斯大林所禁的音乐的出色范例。

意大利政府预定要出资 250 万里拉，存入纳勃科夫在罗马的美国运通信用卡账户，作为对这一盛举的资助。但是这笔钱一直没有到位（证实了纳勃科夫担心这笔钱会在某个环节上消失是有道理的）。不过这并不要紧，因为有法菲尔德基金会的钱不断地汇来。法菲尔德基金会的捐款中，一部分是用于颁发奖金的，总数为 25000 瑞士法郎（6000 美元），奖给最佳小提琴协奏曲、小型交响乐和室内乐的独唱和独奏。新闻发布会宣布，此次音乐节的目的是证明自由国家艺术的繁荣，音乐会是由“美国的杜松子酒和酵母继承人朱利叶斯·弗莱希曼”慷慨资助下举办的。弗莱希曼再度介入，由他来同波士顿交响乐团协商。该乐团同意担任为优胜的作品在美国的第一场演出团体，地点在该团的坦戈尔伍德附属学校（1953 年时，代表大会的国际音乐顾问委员会的 11 名委员中有 8 人与坦戈尔伍德音乐学校，Tanglewood Music School，有来往）。

纳勃科夫按他的惯例，将第一份邀请函发给了他的老友伊戈尔·斯特拉文斯基，答应为这位作曲大师、夫人外加秘书到罗马参加音乐节支付 5000 美元的开销。斯特拉文斯基还答应担任音乐节顾问委员会的主席，委员会中还有塞缪尔·巴伯、鲍里斯·布拉赫尔（Boris Blacher）、本杰明·布里顿、卡洛斯·夏维兹（Carlos Chavez）、卢奇·达拉皮科拉（Luigi Dallapiccola）、亚瑟·奥涅格、弗朗西斯科·马利皮埃罗（Francesco Malipiero）、弗朗克·马丁（Frank Martin）、达里乌斯·米约和弗吉尔·汤姆森。据纳勃科夫说，汤姆森“同洛克菲勒基金会里上上下下、男男女女都认识”。查尔斯·明希建议邀请阿图罗·托斯卡尼尼（Arturo Toscanini）参加顾问委员会，但遭到纳勃科夫的反对，理由是“把托斯卡尼尼的名字同一个当代音乐的项目联系在一起，至少有些不合时宜。这位音乐大师……始终是坚决反对当代音乐的，在许多场合攻击过当代音乐的创导者。”*[21]

1953 年初，承蒙佩西－布伦特伯爵（Count Pecci-Blunt）特许，代表大会在伯爵的豪华宅邸附近建立了音乐节办公处。佩西伯爵尽管地位显赫，却是美国布衣公民纳勃科夫的密友。司库皮埃尔·博洛梅为音乐节与代表大会在巴塞尔的国家大通银行**的账户建立了信用关系，中央情报局就通过这一关系把钱汇过来，佩西－布伦特伯爵本人还为音乐节不合法的资金捐赠了 1300 美元。另外还有 1 万美元，来自丹尼斯·德卢奇芒的欧洲文化中心（Centre Européen de la Culture），反过来这个文化中心又从法菲尔德基金会拿钱。德卢奇芒的这个机构于是在音乐节的节目单上名列前茅。美国抒情女高音歌唱家普赖斯的旅费也作了适当安排，另外还给艾伦·科普兰、迈克尔·蒂波特、约瑟夫·富克斯和本·韦伯送去了全程机票。

到了 1954 年 3 月，纳勃科夫已经准备就绪，可以宣布音乐节的总体安排了。整个音乐节的重心是无调的十二音体系的作品，其美学倾向属于奥尔本·伯格、埃利奥特·卡特、卢奇·达拉皮科拉和卢奇·诺诺（Luigi Nono）。在所谓的新作曲家中，有彼得·拉辛·弗里克（Peter Racine Fricker）、卢·哈里森（Lou Harrison）和马里奥·佩拉加洛（Mario Peragallo）。他们的作品在不同程度上都受到十二音体系作曲法的影响。从总体上说，他们的作品尚受听众欢迎。《美国音乐》（*Musical*

---

* 以斯特拉文斯基为首的顾问委员会成员均为 20 世纪享有国际声望的音乐家：布拉赫尔（1903—1975），法国作曲家，1960 年起即在创作中采用电子音乐。夏维兹（1899—1978），墨西哥指挥家和作曲家。达拉皮科拉（1904—1975），意大利作曲家。奥涅格（1892—1955），法国作曲家。马利皮埃罗（1882—1973），意大利作曲家。马丁（1890—1974），瑞士作曲家。米约（1892—1974），法国作曲家。以上音乐家都是音乐界革新派，支持当代音乐，唯查尔斯·明希（1891—1968），德国指挥家，以指挥拉威尔、勃拉姆斯、德彪西的作品而闻名。所以他才推荐反对当代音乐的意大利指挥家、杰出国际指挥大师托斯卡尼尼（1867—1957）。

** 国家大通银行（Chase National Bank）后来与美国曼哈顿银行合并，现为大通曼哈顿银行（Chase-Manhattan Bank）。

America）写道："在负责这些音乐会的顾问委员会和执行委员会中，大多数成员都是一些作曲家和评论家。过去人们并不知道他们是倾向或支持十二音系作曲法的，因此，这次由他们向听众提供这样一套节目，不仅出乎人们的预料，而且还含有鼓励的意思。"[22] 最近才转向十二音音乐的是斯特拉文斯基。他出现在罗马标志着"传统的序列主义"中现代主义各分支趋向融合的一个重大转折。一种音乐自称与占统治地位的音乐决裂，并从先前的音乐内在逻辑规律中解放出来，对于纳勃科夫来说，推动这种音乐的发展是有着政治意义的。后来的评论家会怀疑，"序列主义"是不是已经背弃了它充任解放者的诺言，把音乐引入了现代主义的死胡同？在这条死胡同里，音乐受到一些霸道的公式的约束，变得十分难懂，以致听众必须越来越专业化才能理解。苏珊·桑塔格（Susan Sontag）写道："在这种大呼小叫、捶胸顿足的音乐面前，我们卑微而谦恭——我们知道我们应当欣赏那种丑恶的音乐。我们虔诚地聆听着托赫、克申内克、兴德米特、韦伯恩、* 舍恩伯格的作品以及诸如此类的东西（我们的胃口极好，而且食量很大）。"[23] 即使是代表大会举办的罗马音乐节上最谦恭的听众，当他们听到一个节目转入"窃窃私语般的独白"时，也忍不住吹了口哨，发出了喊叫。当汉斯·亨策的十二音系歌剧《荒凉的大道》** 首演时，如果听众觉得他们行走在多洛罗萨（Dolorosa）大道上，他们是不应当受到责怪的。

皮埃尔·布莱 *** 也许感到他自己的困难处境受到挑战，就写了一封信给纳勃科夫，信中不时出现一些侮辱性的词句。他说纳勃科夫是在鼓励一种"平庸的民间创作"，扶植者是一批小官僚，这些官僚对"十二"这个数字情有独钟，什么十二人理事会、十二人委员会、十二人评委会

---

* 托赫（Toch，1887—1964），奥地利先锋派作曲家。克申内克（Ernst Krenek，1900—1991），奥地利出生的美国作曲家，十二音音乐的骨干。兴德米特（Paul Hindermith，1895—1963），德国作曲家，早期作品反传统，后反对勋伯格的十二音音乐。韦伯恩（Anton Von Webern，1883—1945），奥地利无调性音乐作曲家。

** 汉斯·沃纳·亨策（Hans Wemer Henze，1926—2012），德国作曲家，早期热衷十二音音乐。《荒凉的大道》（*Boulevard Solitude*）在结构上是传统的，但又融合了爵士乐和布鲁斯，似为一大杂烩。

*** 皮埃尔·布莱（Pierre Boulez，1926—2016），当代法国杰出的作曲家。五六十年代的早期作品深受十二音体系的影响。1954 年曾举办了一系列先锋派音乐会。

等等，但是对创造过程却是一无所知。布莱接着指责代表大会以巨奖操纵年轻的作曲家（优胜者是卢·哈里森；吉赛勒·克利布，Giselher Klebe；让-路易斯·马丁内，Jean-Louis Martinet；马里奥·佩拉加洛和弗拉吉米尔·沃格尔，Vladimir Vogel）。他说，与其借助一位辛辛那提银行家“炫目的公开举动”作伪装，还不如老老实实地发给他们救济品。在信的结尾处他建议，下一次代表大会的活动应该举办一次讨论“20世纪避孕套的作用”的会议，他认为这个论题比起代表大会以往的活动来，“品位还要高一些”。[24]惊得呆若木鸡的纳勃科夫写了一封回信，说他希望布莱的这封信将来不会被人再从抽屉底下翻出来，因为这封信“确实有损于他的智力和判断力”。纳勃科夫既无时间也无精力去纠缠这件事，所以就请布莱克制一下自己，不要再写信给他了。

除了向参加罗马音乐节的作曲家和演奏人员提供补助外，法菲尔德基金会还向其他一些团体和艺术家个人提供补助，大多是乔斯尔森指示他们办的。1月份，该基金会向萨尔斯堡的莫扎特音乐学院乐队提供2000美元，作为开设国际青年乐队课程之用。一位波兰作曲家安德烈·帕努夫尼克（Andrzej Panufnik）惊险地逃离华沙，经苏黎世来到伦敦，乔斯尔森从他的“可任意支配的特殊经费”中给了他一笔奖励金，不带任何条件地将“每年2000美元津贴分12个月支付，从1954年9月算起”。据纳勃科夫说，这位感恩戴德的帕努夫尼克宣布他“将全身心地同我们合作，因为他已决定献身于文化自由代表大会的理想”。[25]

也是在1954年9月，乔斯尔森开始为耶胡迪·梅纽因（Yehudi Menuhin）的老师、逃亡在外的罗马尼亚音乐家乔治·埃奈斯库（Georges Enesco）每月提供300美元的补助。埃奈斯库于1955年逝世。一年后，波士顿交响乐团为他举行了一次纪念音乐会，由法菲尔德基金会出资。该乐团再次在欧洲巡回演出，大部分经费都是中央情报局（通过自由欧洲全国委员会）支付的。[26]C. D. 杰克逊在提到波士顿交响乐团1956年的那次成功的巡回演出时不无激动地宣称：“‘文化’已不再是一个柔弱无力的词汇了。像我们这样的一个国家能够刚强有力。像我们这样的一个国家在经济上能够取得惊人的成功。但是奇怪的是，把一切凝聚在一起的却是这个国家共同理想……理想主义是抽象的，真正可触摸得到、可以看到听到的表现形式就是文化。在文化的一切表现形式中，音乐是最具世界性的，而当今音乐文化的一切表现形式中，波士顿交响乐团是最出色的。”[27]

1956 年到欧洲演出的还有大都会歌剧院。C. D. 杰克逊再度亲自出马，不遗余力地予以支持。他说：“美国为了在海外树立良好的形象从事过许多活动，有些是成功的，有些则并不成功。必须承认，这样的工作本身就难以准确地估计其效果。但是，在所有我们曾经尝试过的领域中，通过文化为美国树立形象是最接近百发百中的，当然，从美国文化的各个组成部分中进行选择必须具有高度的智慧，送到海外去的只能是精品。我相信大都会歌剧院必定会使欧洲观众叹为观止。”[28] 心理战略委员会 1953 年曾请弗莱希曼出面与波士顿交响乐团商谈出国巡回演出事宜。这一次该委员会同意杰克逊的意见，筹集了高达 75 万美元的巨资作为大都会歌剧院出访的经费。这笔钱当中，大多数好像是来自中央情报局的。虽然 C. D. 杰克逊也承认，为了文化上的宣传就花费这么多钱实在可观，但是他还是尽量说服艾伦·杜勒斯不要低估其潜在收获，说这次演出“在西欧各国的首都，包括柏林在内，都会取得惊人的效果。”[29] 弗莱希曼同意此说，并提出了他那高明的机会主义理论：“美国是一个大熔炉。正因为如此，我们向世界各民族表明，不同种族、肤色和信仰的民族都能够和睦相处在一起。我们采用‘大熔炉’或类似的醒目的主题词，就能以大都会歌剧院作为典范，说明欧洲人可以在美国共处，因此建立某种欧洲邦联也是完全可行的。”[30] 由此，美国的冷战战士们就来编织一个纵横交错的网，在这个网上，大都会歌剧院就被用来集结听众，使他们接受自由世界联邦主义的概念。

就在杰克逊按照心理战略委员会的想法着手准备大都会歌剧院出访事宜时，他还在处理该团一件颇有争议的事。1953 年 3 月，他获悉大都会歌剧院的总经理鲁道夫·宾（Rudolf Bing）打算请威尔海姆·富特文格勒于 1953—1954 年来该团担任客座指挥。鲁道夫·宾问他国务院是否会反对这次任命，杰克逊可以回答说“国务院对于富特文格勒这件事是不会皱眉头的”。不过，他也确实警告说，从大都会歌剧院的角度看，其中可能有个“公共关系”问题，但是最后还是鼓励说：“我虽然人微言轻，但我保证到他来的时候，就不会有人再关心他不光彩的过去了。”[31]

美国文化自由委员会显然也有同感，虽然他们应该表达得更含蓄一些。1955 年 2 月，赫伯特·冯·卡拉扬随柏林爱乐乐团来纽约演出，一个叫贝塔尔（Betar）的犹太人团体为此提出了抗议，要求“音乐爱好者不要参加今晚这场血腥的音乐会！”美国委员会向美国音乐家联合会进行游说，要求这个联合会反对这些抗议活动。詹姆斯·法雷尔以“美国文化界 300 名领袖人物”的名义签发了一份电报，在电报中美国委员会谴责贝塔尔的抗议“侵犯了文化的自由”。有趣的是，委员会对于贝塔尔组织声称卡拉扬曾为纳粹党员一事，并未提出异议，相反，承认这是一个“令人痛心的”事实。但是电文指出“柏林爱乐乐团的来访不属于政治性的，因此，就此提出的指控与访问毫不相干”，而且这个犹太人组织无视柏林爱乐乐团“曾为欧洲的文化自由事业做过有益的事，这标志着柏林人民对共产党的极权主义进行了英勇的抵抗，而他们现在就处于共产主义的包围之中”。[32] 电文最后建议该交响乐团巡回演出的部分利润将捐献给纳粹的受害者。

显然美国委员会完全没有意识到它已经远远背离了 1953 年的“原则声明”。该声明宣称，委员会将“十分关注政治问题，因为政治问题将影响文化自由和文化创造性的环境。据此，委员会坚决反对任何形式的极权主义，因为极权主义正是对这种环境的否定。”[33] 同一份声明还称，“时至今日，共产党人或共产党的同情者在思想界和文化界还受到某种尊重，而纳粹或新法西斯分子将永远不会受到这种待遇，这一事实令人深感痛心。”

对于冯·卡拉扬或富特文格勒这样的个人，委员会的态度是如此的自相矛盾并前后不一，而委员会对此竟毫无知觉，令人吃惊。3 个月之后，文化必须服从冷战之需的战略的奠基人之一的乔治·坎南也说他对此同样感到困惑。1955 年 5 月 12 日，坎南在现代艺术博物馆的国际理事会上发表讲话，他说：“近年来，在我们当中滋长了一种很应当受到谴责的习惯，实际上是一种极权主义的习惯，这就是按我们心目中创作者的政治色彩来判断他们在文化上所作的贡献。我真不知道还有什么比这种习惯更愚蠢的了。一幅绘画有无价值竟取决于画家是哪个党派的，其作品是为谁创作的。在我看来，一场交响音乐会的价值如何，倒还没有因为音乐会的指挥在什么性质的政权下工作而受影响……文化活动毕竟不是家畜展览品，竟然也把人的思想纯正与否当成评价他们的标准。”[34]他对这种现象感到悲哀。

美国的文化冷战斗士们处于一种自相矛盾的境地：对纳粹主义豢养出来的妖孽，他们极力主张把艺术和政治区别开来；而一旦涉及共产主义，他们就不愿意把两者分别对待了。这种惊人的不合逻辑，最初在20世纪40年代后期德国的去纳粹化时期就显现出来了。当时，富特文格勒和梅纽因都被允许举行高规格音乐会，以此作为对他们的奖励，而布莱希特却在《月刊》上遭到梅尔文·拉斯基的讥讽。[35]文化冷战的、也是文化自由代表大会的整个前提，就是作家和艺术家都必须置身于意识形态的斗争之中。中央情报局的李·威廉姆斯解释说：“你们不是在谈论著名作家、著名音乐家和画家吗？无论是谁，只要他赞同加缪提出的为文化‘介入’而战斗的理念，那么他就不仅是为写作而写作，而是要为表达某种价值体系而写作。只要是我们需要的，我们就赞同，我们就支持。”[36]对于美国的文化冷战战士们来说，只要他们觉得合适，他们就可为之解脱。这种状况确实令人感到不妥。

对于美国委员会不遗余力地加以揭露的共产党同路人和中立主义者就不那么宽容了。至少在50年代中期，没有人真的认为在美国国内共产主义是文化自由的主要或头号敌人。但是职业反共分子就像其他一切专业人员一样，总是想要保护乃至扩大他们的市场。粗略地统计一下50年代（普遍认为这一时期是第五纵队的最低潮）美国有多少有组织的反共院外集团和压力集团，就可以看出其发展是史无前例的。当时美国并没有真正的共产主义威胁需要人们与之战斗，因此美国的反共分子实际上是在重复丘吉尔说过的话，“被一具死尸缠住脱不了身”。

早在1942年，詹姆斯·T. 法雷尔就曾准确地预言：“慢慢地、渐渐地，你的同事们就会来分析你。我相信我的同事们是这样做的。我也相信他们有能力成为我身边的警察，变成我的灵魂保护神。但是我也深信，有一天他们会为此感到羞耻。我的这个信念是不可动摇的，这是因为我深信他们无法动摇我的信念。这就是我要对你们说的，你们这些守护美国灵魂的小天使们！”[37] 此时美国委员会中的强硬派已为自己赢得了一个不大好的名声，叫作“真理保卫者”。看来委员会已完全失去了分寸，忘记了自己是什么了。它已远远背离了自己宣告的使命，即为文化创造和思想上的自由探索营造一个更好的社会和政治环境。施莱辛格曾在他的文章中说他“对那些仇恨同路人并对之进行折磨的人深感厌恶，似乎在五十年代我们又回到三四十年代，重复着过时的生死搏斗……我们现有更有价值的任务而不是去算旧账。一个致力于文化自由的委员会对他人宽容一点是不会错的。”[38] 索尔·斯坦因在康奈尔大学的一位同事也写过类似的话：“索尔，我的朋友，你需要的是到纽约州的北部，或堪萨斯州，或西雅图，或者除曼哈顿中心以外的任何其他地方去吸一口新鲜空气。你当真那么肯定30年代末期和今天进行的文学界残酷的斗争在美国历史上真的那么重要吗？”[39]

问题的要害就在于此。在美国知识界的历史上，过去的20年就是左派解析右派，然后又是右派解析左派。试想人们相互把彼此的五脏六腑都翻腾出来示众，这种景象实在目不忍睹。学术界分裂成争吵不休的许多领地*，两派都忽略了一条重要的真理：政治上的绝对性，无论是表现为麦卡锡主义、自由派的反共主义还是斯大林主义，其实并非什么左还是右的问题，其本质无非是不让历史道出真相。贾森·爱泼斯坦用坚定的语气说道：“真是腐败透顶，居然毫无知觉。当这些人大谈什么‘反对知识界独立思考’时，他们是在树立一种错误的和腐败的价值体系，目的是维护他们当时主张的意识形态。他们孜孜以求的唯一的东西就是权力，把沙皇和斯大林的战略引入美国政治之中。他们腐败到这种程度以致他们很可能已经对腐败失去了知觉。他们是一批卑微的、谎话连篇的官僚。那些什么都不相信又什么都反对的人没有资格参加十字军

* 原文为“巴尔干化”（balkanized）。巴尔干化，前已注。

讨伐或发动革命。”[40]

自由欧洲电台台长（director）乔治·厄本（George Urban）在谈到许多冷战斗士“与共产主义的对立关系”时，他的结论是，这种关系是对“身不由己的争论、捍卫和斗争”的反应，至于目的是什么，几乎是不加考虑的[41]……他们的对抗过于紧张，猜疑过于不加掩饰，而他们的分析过多地反映了他们自认为已经逝去的那个世界。他们在走向反面，尽管如此，他们还是照样走下去。[42]

此时乔斯尔森刚接受了一次手术，正在康复之中。虽然还被困在躺椅上难以行动，但并没有因此而停歇。他写信给悉尼·胡克说，他比以往任何时候都“更加相信，最好的办法是让现在的（美国委员会）自然死亡，这对一切相关的人都有好处……这个组织现在做什么事都不和谐（原文如此），只会为一些小事争吵不休。”[43] 让委员会自生自灭的一个办法就是取消对它的经济补助，于是 1954 年 10 月乔斯尔森就这样做了。法菲尔德基金会每月支付给美国委员会的钱早在 1953 年初就已经停付了，现在巴黎办事处也撤销了每年 4800 美元的经费，美国委员会立即陷入财政拮据的困境。

委员会是经悉尼·胡克与中央情报局商量建立的，他对代表大会切断财政来源的决定感到十分震惊。胡克不顾乔斯尔森要让委员会自行消亡的决心，直接找到艾伦·杜勒斯，要求他给予更多的经费。索尔·斯坦因（他曾警告说，“如果西欧听不到美国知识分子的声音，那么一些新吉本*就会削好他们的铅笔了。”）被详细告知这一事态发展，除他之外还有社会主义的前美国总统候选人诺曼·托马斯，现在美国委员会中任领导职务。他们两人都分别通过“我们的朋友利利博士”（Dr. Lilly，心理战略委员会官员和中央情报局顾问）向情报界进行游说活动。斯坦因知道诺曼·托马斯是艾伦·杜勒斯的密友和邻居，所以他还建议托马斯给杜勒斯打电话，“提醒他也曾对我们的工作予以关注，建议他尽快援之以手。”[44] 托马斯回答说，“如果没有更紧急的理由，打电话

---

* 吉本（Edward Gibbon，1737—1794），英国历史学家，历史巨著《罗马帝国衰亡史》的作者。

给艾伦·杜勒斯有害而无益”，还说杜勒斯“本周末可能到乡间度假，星期日我找机会与他联络”。[45]这是1955年4月里的事。到了5月份，美国委员会的腰包鼓起来了，它获得了中央情报局的亚洲基金会捐款4000美元和法菲尔德捐款1万美元。乔斯尔森的计划遭到否决。

亚瑟·施莱辛格不无哀伤地写信给科德·迈耶，抱怨说“执委会中某些成员”因为得到中央情报局的慷慨资助，又开始自我膨胀了。迈耶回信说：“我们确实没有打算继续给予大规模的财政援助，最近的一笔捐款是应悉尼·胡克直接提出和诺曼·托马斯间接提出的紧急请求提供的。我们希望这笔财政援助能让你和其他的有识之士有点时间来改组执委会，并拟定一个明智的计划……如果证实改组领导层已无望，那么我想我们只能让委员会无疾而终，尽管我认为其消亡在海外引起的反响会令人不太愉快。”在信的结尾部分，迈耶感谢施莱辛格“坦率而无拘无束地提出意见”，并建议不久后能同他见面，“对整个问题进行详尽的讨论”。[46]

事实证明杜勒斯和迈耶的战略是完全错误的，这也是乔斯尔森所担心的。在财政上向美国委员会输血，推迟了纽约那批身佩枪支的勇士和巴黎那些老谋深算之士之间的冲突。在不到一年的时间里，自纳勃科夫1952年举办巴黎艺术节就开始出现的彼此间的不信任和相互攻击公开化了。1956年3月26日，《曼彻斯特卫报》发表了一封伯特兰·罗素的信，信中提到在罗森堡案件中“联邦调查局犯下的残暴行为”，把美国与“其他的警察国家如纳粹德国和斯大林的俄国”相提并论。乔斯尔森立即采取了应变行动。他向欧文·克里斯托尔建议，由他去找一名伦敦的头脑灵活的记者，安排他去采访罗素，其方式应能“表明罗素并没有看到任何有关罗森堡案件的证据，他发表的观点都是依据一些共产党的宣传，而罗素已年迈力衰，无力分辨真伪了。”[47]

但是正当乔斯尔森准备采取一个谨慎的角度来消除罗素观点的影响时，美国委员会决定趁机发动攻击了。委员会直接向罗素发出了一封抗议信，指责他“超常地背离了客观和正义的准则”，“我们原以为你也加入了对敌斗争的行列，而你的所作所为却是为敌人服务。”“一个文化自由事业的朋友，尤其是文化自由代表大会的一个官员……居然发表错误的、不负责任的言论，否定美国的司法程序。”[48]这种针对罗素本人的指责是不礼貌的，毫不奇怪，罗素对这封抗议的反应是辞去代表大会荣誉主席的职务。

乔斯尔森火冒三丈，主要是因为致罗素的信件是“以一种专断的方式转交给我们的”。代表大会的任何附属机构，在事先没有得到乔斯尔森同意的情况下采用这种沟通方式实在不可思议。在召开了一次巴黎的执行委员会紧急会议之后，乔斯尔森正式向其美国分支机构提出批评，责备美国委员会“在采取可能造成严重国际后果的行动时，居然不与代表大会商量。”[49]此时再要挽留罗素已为时过晚，于是罗素第四次向代表大会辞职，这就算是最后的一次了。1956 年 6 月，罗素的名字在代表大会的信纸上所列的名单中消失了。

麻烦并没有到此为止。两个月后，詹姆斯・法雷尔辞去美国委员会全国委员会主席职务的消息充斥报端。法雷尔是个复杂人物。尽管他自称是反共派，但是他却忍受不了众多纽约知识分子的态度。这些知识分子号称“派克大道先锋派”，只不过是不想坐下来认真工作的借口。法雷尔曾经对政治进行过谴责。1941 年，他写信给迈耶・夏皮罗：“我已经确定，在今天这个世界上我已无所作为了，好在有足够的人充当政治家，所以我要去努力做好我的本职工作。”[50]但是，当讨伐共产主义的诱惑力难以抗拒时，他又拿起了武器。结果他被打败了，不过打败他的不是共产主义而是他自己的十字军战友中的治安团精神*。乔治・奥威尔曾警告说：“偏执狂和害怕传播异端邪说同创造力是不相容的。”法雷尔的辞职信充满了对冷战的厌倦。他抱怨道：“我们从来没有深深地扎根于美国生活之中。在我们自己的国家，我们就没有对反审查制度的斗争作出足够的贡献……对于所有信仰自由精神的人来说，现在已是他们为自由精神的复兴作出新的努力的时候了……我们总是对外交政策和各种问题发表看法，以致我们经常处于成为一个政治性委员会的危险境地。这

* 治安团精神（Vigilantism）。治安团是美国社会中自发组织起来的防止犯罪和骚乱的团体，任务是清除社区中的害群之马。常用作贬义。

样，我们就可能把政治与文化搅在一起。”他还着重讲了他辞职的个人原因，其中并不掩饰他对美国委员会中的作家们的告诫：“如果我想写得更好一些，那么我必须在写作上多花一些时间，而且还要学习。”[51]

麻烦至此也许可以了结了，但是，法雷尔选择了先在《纽约时报》上宣布他的辞职。1956 年 8 月 27 日星期天的深夜，他打电话给《纽约时报》。那天夜里，他显然是喝多了，说话就没有顾忌。他对美国委员会百般挑剔，说它与一个民间组织的身份并不相符，说它未能对美国的审查制度做任何事，对美国的公民权利也缺乏应有的关注，说它在麦卡锡问题上态度暧昧。戴安娜·特里林受董事会的推举来接受法雷尔的辞呈。为此她写了一封信，信中明显地含有冷冰冰的鄙视。

法雷尔辞职的消息传到巴黎，乔斯尔森对此怒不可遏。他愤怒地写道：“从特里林夫人接到电话到法雷尔在报上发表辞职消息，这中间足足有 24 个小时的时间。我们弄不懂委员会为什么就不利用这段时间让法雷尔撤回原来的辞职声明，代之以一篇有关的每个人都能接受的声明。”[52]

到此为止吧，再维持下去就有害无益了。欧文·布朗接到一封信，要他向美国委员会缴纳三年的会费，他干脆来个置之不理。1956年10月，弗莱希曼退出董事会，理由是他处理巴黎的事已经够忙的了。1957 年 1 月 31 日，悉尼·胡克致函纳勃科夫称，美国委员会由于财政拮据，“出于无奈，只好中止其作为一个组织的生命。”

第十五章 兰塞姆的弟子们

我主张中央情报局不能仅限于以抽象的和纯实用的方式从事文化冷战，他们还要有明确的目标，而他们也确实有一个明确的美学上的目标，那就是他们追求的是高雅文化。

——理查德·埃尔曼

1954年9月，汤姆·布雷顿从中央情报局"退休"，[1]迁居加利福尼亚州，到那里去编辑一份纳尔逊·洛克菲勒替他买下的报纸。科德·迈耶接替他掌管国际组织处。这时的中央情报局已经像一条章鱼似的，把它的触须伸向了四面八方，而迈耶接管的这个处则是该局最大的政治和宣传活动的中心。[2]而且在他接手时的氛围最有利于开展隐蔽活动，正如那一年9月一份呈送艾森豪威尔总统的报告所言："既然已确定为国策，那么我们就需要拥有一个强大的秘密的心理、政治和半军事性质的机构，这个机构要比敌方同类机构更有效率，更具特色。而且，如果有必要的话，还要更加残酷无情。谁都不许阻挡它快速、有效并有把握地完成其使命。现在的局势已十分明朗，我们面对的是一个不共戴天的敌人。它已公然宣布其目标是统治全世界，为此将不惜采用任何手段，付出任何代价。在这样一场竞技游戏中是没有游戏规则的。因此，一切人类共同接受的行为准则均不适用。如果美国还要生存下去，那么在美国具有悠久传统的'费厄泼赖'*准则就必须重新予以审视。这个哲学从

---

*"费厄泼赖"（fairplay）一词，鲁迅曾以其音译为一篇名文的标题，可能是因为难于找到贴切的汉语对应词。此词原为体育竞赛用语，意为尊重游戏或比赛规则，公平对待参赛的双方或各方。其引申义甚广，有公正、合理、君子之风、光明正大、不搞阴谋诡计等意。

根本上讲是不得人心的，但是美国人民却不得不逐渐熟悉它，理解它，并予以支持。”[3]

但是，国际组织处的重要性在它的成员中却并不能都得到体现。汤姆·布雷顿曾经想方设法来调动他的助手的积极性，而助手对此却无动于衷。布雷顿说：“此人名叫巴芬顿中校（Lieutenant Colonel Buffington）。他把内部备忘录到处乱扔，却从来不加整理。他完全是在混日子，整天无所事事。他一般上午 9 点来上班，把帽子挂在衣帽钩上，然后开始翻阅《纽约时报》，然后打道回府。”[4] 乔斯尔森和他的亲信们则戏弄地为中央情报局派来巴黎的项目官员排家谱，戏称他们为乔治一世、乔治二世、乔治三世，一直往下排下去。乔治四世名叫李·威廉姆斯，同时也被戏称为五分镍币和一角银币（Nickle and Dime，这是用他的假名开玩笑），有一个很短的时期，他用的假名是“罗彻斯特先生”。同他的大多数前任相比，大家对他的印象较好，因为他敢于在两种不同文化之间采取骑墙姿态，一方面是日益官僚化的中央情报局，另一方面是波希米亚式的文化自由代表大会。威廉斯还记得，“有一天下午，我同科德·迈耶和迈克尔·乔斯尔森一道驱车在巴黎行驶，科德回过头来对我说：‘李，你知道吗，迈克尔确实挺喜欢你的。’这个狗娘养的，他说这话似乎他没有想到会有这样的事。不过，迈克尔喜欢我是因为我从来不想在他面前好为人师地教他如何工作。我总是让他处于尊位，对他恭顺有加。”[5] 但是，乔斯尔森真正的盟友是劳伦斯·德诺夫维尔，而他在欧洲工作了 10 年之后，想回家去了。他的新掩护身份是为自由欧洲电台纽约办事处工作。1953 年底，他离开了巴黎。

德诺夫维尔是个十分难得的人，后来的人都比不上他。在他走后，乔斯尔森越来越把中央情报局派到代表大会来指导工作的项目官员仅仅视为“通讯员”。戴安娜·乔斯尔森说：“最初，中央情报局是很出色的。像劳伦斯·德诺夫维尔这样讨人喜欢的人都是真心实意的。但是后来的人就越来越不讨人喜欢了。迈克尔也越来越不喜欢他们了。不时会有项目官员来到巴黎，我看得出迈克尔总是千方百计地想离他们远一点，但是他们总是缠着不放。迈克尔也从来不同他们谈什么实质性问题。他与这些人只是朋友，同他们谈家庭、谈工作经历，我觉得这些人挺敬佩他，但迈克尔决心与中央情报局保持距离，尽可能不暴露他们之间的关系，以此来保护代表大会。”[6]根据戴安娜的说法，迈克尔和中央情报局的关系日益成为一种荒唐可笑的游戏：“由于他们总想表现得是他们在控制着代表大会，迈克尔很可能希望有机会向他们汇报一下工作进展状况，让这种假象维持下去。”戴安娜尽职尽责地招待这些项目官员。当他们来到乔斯尔森夫妇的住所时，她便尽义务似的用马丁尼鸡尾酒款待他们，然后“像送瘟神似的把他们打发走。对我来说，他们的重要性还抵不上半个我雇用的女佣。”[7]

科德·迈耶的难题之一是很难吸引中央情报局内部的人员到他的这个处来工作，尽管合适的人选并不缺乏。到了60年代中期，中央情报局已经可以夸口说该局拥有的分析专家足可以办起一所学院，其中百分之五十具有高等学历，百分之三十是博士，以致国务院的一名官员说，中央情报局“拥有的自由派知识分子比美国政府中任何一个部都要多”。但这些学院派的人物加入中央情报局并不是来做他们在校园里就可以做的工作。他们到这里来是为了寻求富于刺激性的冒险经历，并不是来充当校长或博士生导师的侍应生。中央情报局的官员唐纳德·詹姆森说：“国际组织处的人员在许多(中情局的)人眼中只是一些装门面的摆设，特别是有些中央情报局的人认为，他们做的才是硬碰硬的情报工作。让我们招募一些真正的间谍去窃取文件，除此之外，其余都毫无意义。”[8]劳伦斯·德诺夫维尔证实了这种说法：“中央情报局内部有些人认为不应当把这么多钱花在那些左派分子身上。”[9]于是，科德·迈耶就不得不另找出路了。

李·威廉姆斯说：“科德深受知识分子称许，真是独一无二。唯独他在美国能接触知识界，而他对文化人也极为尊重。”[10]迈耶1939年入耶鲁大学，研读17世纪玄学派诗人的作品直到现代的叶芝（Yeats）和T. S. 艾略特的诗歌，师从梅纳德·马克（Maynard Mack）教授。这些诗人给我们遗留下的“是对其伟大成就的永恒尊敬，同时也激发了某些人动笔跃跃欲试的雄心。”[11]迈耶就曾试着创作诗歌，并在《耶鲁文学》（*Yale Lit*）上发表过几首“尚可一读”的诗作，并因此而当上这本刊物的编辑。

1942年迈耶以英国文学专业最优异的成绩毕业，但他在文学上的抱负因战争爆发而未能实现。他的孪生兄弟在战争中丧生，而他本人也在关岛因一颗日本人的手榴弹在脚边爆炸而失去一眼（为此，中央情报局内部有人为他起了一个“独眼巨人”的绰号）。后来他还以此为笔名写过几篇文章。1980年，他出版了回忆录，题为《面对现实》。

作为《耶鲁文学》的编辑，他紧跟詹姆斯·杰塞斯·安格尔顿（James Jesus Angleton），此人后来成为中央情报局传奇性的反情报头目。安格尔顿在文学上属于激进派，曾经把埃兹拉·庞德（Ezra Pound）介绍给耶鲁大学，并于1939年创办诗刊《怒吼》（*Furioso*，甚至在他已成为驻罗马的反间谍头子后，他的名字还作为该刊的编辑出现在版权页上）。安格尔顿是中央情报局与所谓的“P圈”* 之间的重要联络人，反映了该局与常春藤联盟的关系。“P圈”里的著名成员有威廉·斯隆·科芬（William Sloane Coffin）。他也是耶鲁的毕业生，被艾伦·杜勒斯招募进入中央情报局。科芬后来在回忆他决定加入中央情报局的情况时说：“我是强烈的反苏派。我带着这样的思想框框，目睹了朝鲜战争的发生和发展过程。但是当时我并没有予以密切的关注，或追究过它的成因。1949年我从耶鲁毕业时，我就想过要加入中央情报局，但是实际上我却进了神学院，在神学院联合会待了一年之后，看到当时美国与苏联之间似乎立即就要爆发一场战争，于是我辞去了原来的工作，加入了中央情报局，希望能在这场战争中出一点力。中央情报局资助非共产党左派，他们给钱并不附带任何条件。在那段时间里，我对美国的政策似乎毫不怀疑，但是回想起来，我还不至于那样单纯和幼稚。”[12] 科芬在常春藤联盟中为中央情报局招募的人包括阿尔奇·罗斯福（Archie Roosevelt）。此人曾在哈佛大学攻读英语专业，师从沃德姆学院（Wadham College）院长诺曼·霍尔姆斯·皮尔逊（Norman Holmes Pearson）教授，

* “P圈”。P代表professor，即教授，狭义地理解，为美国的大学教授社交圈，广义地可理解为文化学术界。

这是一位深受人们敬重的人文主义者，以他和 W. H. 奥登合著的五卷本《8—10 世纪英语诗人》* 而闻名。他还是美国研究协会和现代语言研究协会的官员，布莱赫基金会（Bryher Foundation）的董事会成员，诗人 H. D.（Hilda Doolittle）的资产保管人。皮尔逊还是战略情报局和中央情报局的元老。[13] 战时，他就在战略情报局的反情报机构 X-2 处工作，在伦敦是金·费尔比的手下。费尔比后来在描绘他时曾说他十分“幼稚”。皮尔逊负责积累敌方上百万的特工和间谍机构的档案资料。他“极力主张战后这一工作还应该继续做下去，尽管这一主张违反了杰弗逊有关政府的传统观念 **。”对此有一些很有分量的反对意见，但很快就被压了下去，因为“敌人”这个词的定义“已经变得具有非常大的伸缩性”。[14] 回到耶鲁大学后，他主持了“在国内和海外推动美国研究的工作。如同其他外国地区研究一样，这门新学科显然具有超级重要性，因为这一研究要让我们懂得美国成为战后的世界统治者的必然性，鼓励受我们统治的国家加深理解美国文化的深奥精妙。”[15] 皮尔逊曾为莱因哈特版的梭罗名著《瓦尔登湖》*** 一书写过序言。在这篇序言中，他表述了与上述观点一致的见解，将梭罗这位美国伟大的个人主义者的激进思想淡化到最低限度，有意使梭罗摆脱了与无政府主义的联系，强调他的著作是拥护好政府的，说他是“个人主义的象征，而我们则认为这正是美国生活的基础。”

皮尔逊最有名的门徒就是詹姆斯·杰基斯·安格尔顿。安格尔顿 1917 年出生于爱达荷州，少年时就读于伍斯特郡 **** 的马尔文学院（Malvern College）。在那所学校里，他立志要“比英国人更像英国人”。

---

* 原文为 Viking five-volume “Poets of the English Language”。Viking 意为维京人，也泛指北欧海盗或斯堪的纳维亚人。公元 8—11 世纪，北欧人称雄西欧，曾侵占英国，这里采取意译法。

** 杰弗逊（Jefferson，1743—1829），美国第三任总统，独立宣言的主要起草人，美国政治和政府基本原则的奠基者。概括起来，其关于政府的概念是政府要保护个人的生活、自由和追求幸福的权利。

*** 梭罗（Thoreau，1817—1862），超现实主义作家。1845 年在瓦尔登（Walden）湖畔结庐而居，体验和大自然融为一体的生活，后写成名著《瓦尔登湖》，反映了作者对世界进行的深入思考。

**** 伍斯特郡（Worcestershire），英国英格兰中部的一个郡，其首府为伍斯特市（Worcester）。

他对旧时欧洲的礼仪身体力行，一生从未改变他那种沉稳安详的举止。在英国求学的这些年确实赋予他一个欧洲人的品格（他也在意大利度过几年长假），淡化了他美国人的背景，连他说话都带英国口音。”[16]1937至1941年他就读于耶鲁大学，与后来担任国家安全顾问的麦乔治•邦迪、后来担任《纽约时报》的科学编辑沃尔特・萨利文（Walter Sullivan）和诗人小里德・惠特莫尔（Reed Whittemore Jr.）是同窗学友。1938年，安格尔顿在拉帕洛（Rapallo）与埃兹拉・庞德相识，成为至交。庞德后来称许安格尔顿，说他是“美国文学杂志中最重要的人物，是美国文学刊物的希望所在。”1949年，安格尔顿立下遗嘱，要把“一瓶好酒”遗赠埃兹拉・庞德、英国诗人们和《怒吼》的诗友们。他用以下的警句作为遗嘱的结尾：“现在我可以说了，我坚定地信奉基督精神和永恒的生命，同时也相信我们这个动荡不安的社会制度。这个社会制度有时会盲目地奋战，目的是维护自由权利和表达精神的权利。以耶稣基督的名义，我与你们永别了。”尽管他有着这样的感情，小里德・惠特莫尔还是记得安格尔顿（他的母亲是墨西哥人）一直为他中间的那个名字（Jesus）深感窘困，因为这个名字“表明他并不是属于英国的上层阶级，而他那时渴望为自己树立这样一个形象。”[17]

作为出身于战略情报局的搞阴谋诡计的行家，安格尔顿把他在这方面的才能也带到了中央情报局，在这里，他那种拜占庭式的阴谋诡计*才能似乎发挥到淋漓尽致的程度。他首次获得成功是在1948年意大利大选中，充分发挥了美国策划的隐蔽竞选活动的作用，确保了基督教民主党在选举中获胜。这场选举受到乔治・坎南和艾伦・杜勒斯的密切关注和支持，是美国冷战的首次胜利。据费尔比说，安格尔顿因此于1949年晋升为中央情报局特别行动处处长。他主管该局反情报组CCI长达20年，并从1954年起负责与盟国情报部门的全部联络工作。他还组织了一个“记者－行动人员小组”，担任敏感而且常常是危险的工作。当时的中央情报局人员对此毫不知情。这个小组掩蔽得很好，就像埋藏

*拜占庭式的（Byzantine）阴谋诡计，也译为拜占庭式的宫廷阴谋或上层斗争。拜占庭帝国时期政治斗争的特点就是充满了阴谋诡计。

于深雪中一样。小组的机密材料都锁在安格尔顿办公室的保险箱里，只有他本人可以利用这些材料。

安格尔顿是一个培植野兰花的高手（在阿隆·莱瑟姆，Aaron Latham，的小说《献给母亲的兰花》中，兰花是母亲的象征），他是一个世界级的用假蚊虫诱饵钓鱼的专家，还是发表过作品的摄影家、技艺高超的宝石和皮革技工，还是意大利歌剧、保罗·纽曼（Paul Newman）、罗伯特·雷德福（Robert Redford）、马龙·白兰度、彼得·塞勒斯（Peter Sellers）、雪莉·麦克莱恩（Shirley Maclaine）、* 斗蟋蟀、欧式足球等等的狂热迷恋者。他确实是一个非凡的通才。克莱尔·布思·鲁斯有一次对他说："你无疑是情报界从未有过的最具魅力、最有趣的人物，是一个活生生的传奇人物。"[18] 他身高6英尺，总是身穿一身黑色衣服。一个安格尔顿的崇拜者说他"长着一副精瘦的颚部，看上去活像拜伦。"他是一名典型的诗人型的间谍，许多有关中央情报局的浪漫神话都由他而起，说中央情报局是美国自由主义文学传统的延伸。

科德·迈耶为了与"P圈"人物建立广泛的联系，现在他已把目光投向凯尼恩学院（Kenyon College）。他最喜欢的诗人艾伦·塔特和约翰·克劳·兰塞姆就在该校任教。1938年，兰塞姆在这里筹建了《凯尼恩评论》（*Kenyon Review*），这本刊物构建了整整一代人对文学的鉴赏标准，此刊享有的威望使凯尼恩这个懒散、闭塞的城镇在文化的道琼斯指数上占有很高的地位。同在1938年，这里有一批天才居住在校园中央一座木结构的哥特式建筑物"道格拉斯楼"里，这里是约翰·克劳·兰塞姆那批好学而又古怪的门徒离群索居的理想所在。这批人当中有罗比·麦考利（Robie Macauley）、兰德尔·贾雷尔（Randall Jarrel）、约翰·汤普森（John Thompson）、大卫·麦克道尔（David Macdowell）、彼得·泰勒以及年龄较长的教师罗伯特·洛厄尔，人称兰塞姆的弟子们。[19]

1937年，罗比·麦考利入密歇根州的奥利维特学院。在校时，他上过凯瑟琳·安妮·波特（Katherine Anne Porter）和艾伦·塔特的课，亲眼看到福特·麦多克斯·福特（Ford Madox Ford）像一个"经历过

---

* 这里所举的这些人均为美国著名电影界人士。

已被遗忘的战争、领取退休金的老兵”似的在校园中漫步（麦考利后来为福特 1961 年版的《游行的终结》，*Parade's End*，写过序言）。战争期间，麦考利在美国陆军反情报组织 G-2 服役 4 年，任务是搜索纳粹特工。他后来将这段经历写成小说，出版了一本短篇小说集，题为《怜悯的终结》（*End of Pity*），这本书为他赢得了“怒吼”小说奖。在艾奥瓦大学获得研究生学位后，他回到了凯尼恩，作为《凯尼恩评论》的一名助理编辑与兰塞姆一道工作。1953 年 8 月，兰塞姆曾对一位朋友说，如果麦考利“不加入中央情报局的话，罗比被造就成一名大学者是大有希望的，而我却听说他即将接受那份工作。”[20] 科德·迈耶亲自出面为麦考利在国际组织处安排了一个职位。经过一个夏天的考虑，麦考利接受了这份工作。李·威廉姆斯回忆说：“科德把他招募进来，让他担任项目官员，与乔斯尔森共事，我想这是因为他们志同道合吧。”[21]

迈耶招募了约翰·“杰克”·汤普森，从而又为中央情报局网罗了一名兰塞姆的弟子。1956 年，汤普森成为法菲尔德基金会的执行董事。这个由中央情报局安排的职务，他担任了十余年之久。在离开凯尼恩之后，汤普森写了一些学术性论文，在纽约文学界产生相当大的影响。他的密友贾森·爱泼斯坦记得，“他先是被约翰·克劳·兰塞姆和那个‘避世群体’看中，后来又受到利昂内尔和戴安娜·特里林夫妇的青睐，那时他在哥伦比亚大学教英文。特里林夫妇是一对非常势利的人，他们对汤普森和他的妻子像着了迷一样。特里林夫妇提议让杰克担任法菲尔德基金会的董事，很可能是希望通过他为美国文化自由委员会争取到一些钱。”[22] 对汤普森来说，这一切似乎都是好的想法。他说：“克格勃成百万地花钱，但是我们也有自己的朋友。我们知道哪些人值得花钱，哪些人不值得，我们也知道什么货物是好的。我们不会按照那种标准的民主滥调行事，把钱给一个犹太人，一个黑人，一个妇女，一个南方人。我们的钱要花在朋友身上，帮助他们，帮助那些同我们的观点一致并正在做好事的人。”[23] 尽管他长期与中央情报局合作，但是当他被收入《美国教授人名录》时，在政治观点这一栏中仍被定为“激进派”。

从密苏里州的圣路易一所名不见经传的小型实验学校里，科德·迈耶物色到了年轻的小说家约翰·亨特（John Hunt）。这是他新近网罗的人员之一。亨特1925年生于俄克拉荷马州的马斯科吉，曾就读于新泽西州的劳伦斯维尔学院，1943年应征入海军陆战队，1946年退役，当时的军衔是少尉。退役后，获得哈佛大学奖学金。在哈佛求学时，他是《进步学生》的编辑，这是哈佛自由主义联合会的出版物。1948年，亨特以英国文学和希腊语两个主修专业毕业。那年秋季，亨特结婚，移居巴黎，在那里开始创作小说，同时在巴黎大学上课，这时他被海明威提出的“美国人在巴黎”概念迷住了。1949年7月，他的女儿出世后，他回到美国，加入艾奥瓦大学的“作家工作室”，同时在该校经典著作系授课。在那里他结识了罗比·麦考利。1951年他应聘到圣路易的托马斯·杰弗逊学院任教，直到1955年。那年，他在巴黎就开始创作的小说《几代人》（*Generations of Men*），被小布朗大西洋出版社接受。大约就在这时，他被迈耶招募为文化自由代表大会的项目官员。

乔斯尔森由于巨大的工作压力，再加上他喜欢绷得很紧的脾气，他的健康状况早就不佳，终于在1955年10月47岁的时候，他的心脏病第一次发作。为此，迈耶决定把亨特少尉派去，为他减轻一些工作负担。于是就演出了一场假戏真唱的表演：乔斯尔森要亲自对约翰·亨特进行面试。在此之前，乔斯尔森已经收到亨特的简历和一批充满溢美之词的推荐信。约翰·法勒（John Farrar）赞扬亨特有“很强的行政能力，缜密的头脑和对我们的信仰的使命感”。巴黎的时代-生活杂志助理编辑蒂莫西·富特（Timothy Foote）则表示“深信他不论在什么岗位上都是一个极好的帮手”，还说他“对美国在海外承担的责任坚信不疑，他认为美国不应为它在外国所作的努力和施加的影响感到内疚。”[24]1956年2月，亨特接受了乔斯尔森的面试，不久就被分派到代表大会秘书处工作。我们只能这样假设：亨特的简历和推荐信都是为他掩护身份的一个组成部分，将这些材料存入他的档案有助于使他的任命看上去完全是光明正大的。

对于亨特来说，代表大会就是“我的耶鲁和我的哈佛”，就像梅尔维尔，代表大会对于他就是他的海洋。虽然亨特不能像乔斯尔森那样经过多年的勤奋工作和悉心管理而享有崇高威信，但是代表大会还是因为注入了新鲜血液而获益匪浅。迈耶新招募来的人员来到代表大会，标志着代表大会与中央情报局的关系进入了一个新时代。派遣胜任的项目官员使人才枯竭的状况就此告终，而乔斯尔森也有了几个在知识上完全胜任的帮手，特别是乔斯尔森与麦考利相处得极好。他们带着妻子一道出去视察工作，有时亨特和他的妻子也参加。从他们一起拍的照片上可以看出他们的皮肤晒得黝黑，显得十分放松。麦考利和亨特留着挺帅气的运动员式平顶发式，身着丝光卡其布长裤，戴着黑边太阳镜，看上去一副典型的50年代美国人派头。回到工作岗位，他们一起拿中央情报局为他掏腰包开开玩笑。新来的中央情报局特工斯科特·查尔斯（Scott Charles）对他们说，他每天来办公室都走不同的路线，以防被人跟踪，乔斯尔森、麦考利和亨特都觉得这种神经质颇为滑稽。

戴安娜·乔斯尔森从1941年就与麦考利成为朋友。她说："罗比·麦考利同（中央情报局的）那些人的想法和行事方式都不一样。他不是那种玩世不恭或者聪明乖巧的张三李四式的人。他与迈克尔共事时只有一件事做得不对。当迈克尔在气头上问他什么事或向他解释什么事，他总是闷声不响，于是迈克尔就越说越生气，血压升高，还在不断地重复，而罗比则坐在那里仍是一语不发。有一次我对他讲，他用这种方式对待迈克尔不合适，他应该说点什么，别惹迈克尔火冒三丈。"[25]

迈耶招募人员的举动表明中央情报局对代表大会的工作加强了，但事实证明这种做法是喜忧参半。比如1954年沃伦·曼舍尔（Warren Manshel）被派来巴黎就让乔斯尔森生气。他觉得中央情报局派驻代表大会的人数比例过大。戴安娜·乔斯尔森说，曼舍尔"被派到代表大会来是执行监视任务的。他紧盯住迈克尔，而迈克尔还要为他找些掩护身份。他游离于代表大会直属的工作人员之外，迈克尔对此还不得不隐忍迁就。"[26] 他还不得不迁就斯科特·查尔斯。他被安置在代表大会巴黎办事处担任审计员。戴安娜说："我倒比较喜欢他。后来迈克尔去世之后，我还替他编写有关日内瓦的手册。"[27]

到了50年代中期，乔斯尔森主要为代表大会忠心耿耿地工作，他本能地将代表大会的需求置于中央情报局之上。他认为，代表大会之所以需要中央情报局就是为了钱（迈耶对他掌握的经费管得很紧），为此他还把中央情报局的会计肯·唐纳德森（Ken Donaldson）以驻伦敦的总审计官的身份派到代表大会来。乔斯尔森甚至试图让代表大会摆脱财政上对中央情报局的依赖，他曾向福特基金会提出过自己的建议。由于50年代中期，福特基金会已经为支持代表大会支出了好几百万美元，要它承担起全部财政负担，它要慎重考虑也是意料中的事。但是中央情报局是绝对不会放松对代表大会的控制的，所以乔斯尔森同福特基金会就财政问题进行的商讨从一开始就注定不会有结果的。

这个时期，中央情报局在文化生活中的存在是加强了，远谈不上放松对这一领域的控制。劳伦斯·德诺夫维尔从纽约写信给乔斯尔森，建议在《邂逅》杂志上开展讨论，题目之一是“个人的良知与统治集团的要求”，乔斯尔森立即向斯彭德和克里斯托尔推荐了这个主意。他们两个也许是不明白乔斯尔森为何对这样一个复杂的题目如此感兴趣。其他中央情报局的人倒是一听说要动手写文章，手就痒得难以抗拒。杰克·汤普森继续给《哈得逊评论》（*Hudson Review*）这样的学术刊物写文章，1961年他还出版了一本出色的评论英国诗歌的著作《英国格律的确立》（*The Founding of English Metre*）。罗比·麦考利为《凯尼恩评论》《新共和》《爱尔兰大学评论》《党派评论》和《纽约时报书评》撰文，在他为中央情报局工作期间，他还继续创作小说，著名的作品有《爱情的伪装》（*The Disguises of Love*，1954）和《怜悯的终结及其他短篇小说》（*The End of Pity and Other Stories*, 1958）。

伦敦的霍德与斯托顿（Hodder and Stoughton）出版公司出版了爱德华·S. 亨特（Edward S. Hunter）的一本关于阿富汗的著作。他是中央情报局的一名行动人员，以自由撰稿人为掩护，在中东地区转悠了多年。美国战后驻德国的军事占领政府的宣传部门官员弗雷德里克·普雷格（Fredrick Praeger）出版了20至25部著作，中央情报局对这些著作本身及其出版和发行都深感兴趣。普雷格说，他们不是直接为他支付出版费用，就是通过某个基金会保证购买若干册，至少使他感到出版这些书是值得的。

中央情报局隐蔽行动处的一位负责人写道："书籍同所有其他宣传媒体不同，因为一本书就可以使读者的态度和行为发生重大变化，这是其他任何单一媒体所不及的，所以要把书籍当作（长期）战略宣传最重要的武器。"[28] 据同一资料来源，中央情报局的秘密图书出版计划确定了以下这些目标："通过秘密资助外国出版社或图书销售商，在海外出版或发行书籍而不暴露美国插手其事。出版图书不应与美国政府有任何公开的联系以免受到'污染'，对于立场'敏感'的作品尤其要注意。出版图书是出于行动的需要，不要顾及商业上是否有利可图。提倡并资助当地的国家的或国际组织的图书出版或发行。鼓励不知名的外国作家撰写具有政治意义的书籍，其方式是，如果公开联系可行，可以直接资助作者，否则就通过文学经纪人或出版商间接资助。"[29]

1977 年，据《纽约时报》称，中央情报局插手的出版物至少有 1000 种。[30] 该局从来没有公布过其出版物书目，但是据悉由它插手出版的书籍中包括拉斯基的《匈牙利的革命》（*La Révolution Hongroise*）、T. S. 艾略特的《荒原》（*Waste Land*）和《四个四重奏》（*Four Quartets*）的译本，其中自然还包括文化自由代表大会及其附属机构出版的书籍，其中有诗集，赫伯特·吕蒂的《过去的现在：加尔文对卢梭思想的斗争》（*Passé Présent: Combats d'Idées de Calvin à Rousseau*）、帕特里夏·布莱克的《奔月途中：俄国新作》（*Half-Way to the Moon: New Writing from Russia*, 1964 年，《邂逅》）、马克斯·海沃德（Max Hayward）和利奥波尔德·拉贝兹（Leopold Labedz）合编的《苏俄的文学与革命》（*Literature and Revolution in Soviet Russia*，1963 年，牛津大学出版社）、科特·叶林斯基（Kot Jelenski）的《历史与希望：自由的进步》（*History and Hope: Progress in Freedom*）、伯特兰·德茹夫奈尔（Bertrand de Jouvenel）的《解读的艺术》（*The Art of Conjecture*）、罗德里克·麦克·法夸尔（Roderick MacFarquhar）

主编的《百花》（*The Hundred Flowers*）、*尼科洛·塔奇（Nicolo Tucci）的自传小说《在我以前的时代》（*Before My Time*）、巴尔兹尼（Barzini）的《意大利人》（*The Italians*）、帕斯捷尔纳克的《日瓦戈医生》（*Doctor Zhivago*）以及新版的马基雅维利的《王子》（*The Prince*）。契诃夫出版公司则翻译出版了大量契诃夫的作品，而该公司就是暗中接受中央情报局资助的。

约翰·亨特的第一个头衔是作家。除他之外，中央情报局还为它拥有其他一些活跃的小说家而自豪。耶鲁大学毕业的彼得·马西森（Peter Matthiessen）在巴黎创办了《巴黎评论》（*Paris Review*）并为之撰文，他后来以其小说《雪豹》（*Snow Leopard*）而闻名，在他为中央情报局工作期间，他还创作了小说《游击队员》**。另一名迈耶招募的作家叫查尔斯·麦卡里（Charles MaCarry），此人后来被誉为美国的约翰·勒卡雷***。此外还有詹姆斯·米切纳（James Michener）。他的作品曾风靡一时，但他的书名却并不起眼，如《波兰》《阿拉斯加》《得克萨斯》《空间》等等。在他长期的写作生涯中，不时得到中央情报局的帮助。米切纳在50年代中期以作家身份为掩护，搜寻并清剿渗入中央情报局亚洲行动的激进分子。为此，他被该局安置在中央情报局的亚洲基金会任职。后来他却说，“一个作家，无论是为了某种事业或为了某个人，永远都不要充当特工。”

再就是霍华德·亨特。他创作的小说有《告别东方》（*East of Farewell*），《黑暗的极限》（*Limit of Darkness*）和《城里的陌生人》（*Stranger in Town*），后者为他赢得了古根海姆奖金****。在为威斯纳的政策协调处（OPC）工作期间，他与福赛特（Fawcett）出版公司签约，组织创作了几本原文书籍，被命名为《金奖丛书》。在墨西哥，他负责

---

*《百花》全书名 *The Hundred Flowers Campaign and the Chinese Intellectuals*，20世纪60年代在纽约出版。

** 原文为 *partisans*，此词也有“党徒”的意思。1955年由纽约维京（Viking）出版集团出版。

*** 约翰·勒卡雷（John Le Carré，1931年生），英国小说家，以擅长写间谍小说著称。

**** 古根海姆奖金（Guggen Heim Fellowship），古根海姆为瑞士移民美国企业家，为美国采掘冶炼业的奠基人。捐款赞助的文化事业有古根海姆基金、古根海姆博物馆等。

当地的马克思主义知识分子兼作家埃尔·坎佩西诺（El Campesino）的一本书，书名是《苏联生死劫》（*Life and Death in USSR*），这是在拉丁美洲出版的第一本以个人经历揭露斯大林恐怖统治的著作。在中央情报局的帮助下，此书被译成多种语言出版，广为发行。他还交代另一名中央情报局项目官员威廉·巴克利（William Buckley）去帮助另一个知识分子、智利的马克思主义者尤多西奥·拉文内斯（Eudocio Ravines）完成一本具有同样影响力的著作《延安之路》（*Yan'an Way*）。

1961年底，霍华德·亨特加入了特蕾西·巴恩斯新建立的国内行动处。巴恩斯是心理战略委员会的副主任，坚决主张以文学为反共武器，殚精竭虑地加强中央情报局的出版计划。霍华德·亨特后来写道："这个新成立的处接受中央情报局内其他部门不想要的人和项目。所有安排给我的行动项目几乎全部与出版工作和出版物有关。我们为一些'重要'著述提供资助，例如米洛万·德热拉斯*的《新阶级》（*The New Class,* 这是一本对共产主义寡头统治的权威性研究著作），是弗雷德里克·A. 普雷格公司接受中央情报局资助的几种出版物之一。"[31]

哈里·哈伯德（Harry Hubbard）在梅勒（Mailer）的《哈洛特的幽灵》中写道："我用各种幽灵的名字帮助出版一些亲中央情报局的小说……也负责一些学术性著作。当然也少不了偶尔在杂志上抛出一篇文章，提醒人们警惕花样翻新的共产主义威胁。"甚至在旅行指南中也可以发现中央情报局特工的身影，有几个人利用著名的福多尔（Fodor）系列旅行指南为掩护在欧洲四处漫游。尤金·福多尔原为战略情报局少尉。后来他为这种做法辩解说，为中央情报局撰稿的人"都是十分专业的，作品的质量都很高。我们从来不让政治掺入这些书籍中。"[32] 莱曼·柯克帕特里克，中央情报局的执行助理，每年都为《大英百科全书》撰写"世界陆军"的稿件。《大英百科全书》的所有者，是原公共事务大臣威廉·本顿（William Benton）。有时，《纽约时报》或其他享有声望的报纸上

* 米洛万·德热拉斯（Milovan Djilas，1911—1995），又译为吉拉斯，南共政治局委员，曾任副总统和国民议会议长。因政见分歧而被撤销一切职务，后退党。著有多种表达其政见的著作，并因此而两次入狱。1966年始获大赦。

的书评也是由中央情报局的签约作家撰写的。中央情报局特工乔治·卡弗（George Carver）用自己的真名署名为《外交》（*Foreign Affairs*）杂志撰文（不过他没有提他的雇主是谁）。在英格兰，蒙蒂·伍德豪斯则为《邂逅》杂志和《泰晤士报》文学版撰稿。

作家当间谍，间谍当作家，这种现象一点也不新鲜。萨默塞特·毛姆（Somerset Maugham）在第一次世界大战中曾以作家身份为掩护为英国谍报机关工作。他后来出版的自传体小说集《阿申顿》（*Ashenden*）成为情报官员必读的经典之作。康普顿·麦肯齐（Compton Mackenzie）在30年代曾为英国军情五处工作，后来因为他在其著作《艾吉安》（*Aegean*）中泄露了秘密情报处（SIS）人员的名字而被女王政府处决。格雷厄姆·格林写小说的素材则取之于他在二战期间（据说也有二战以后）为军情五处充当间谍的经历。有一次他称军情五处是“世界上最好的旅行社”。

卡罗尔·布赖特曼评论说：“知识分子，或某种类型的知识分子，对于情报机构一直抱有一种神秘莫测的感觉。在大学里，比如耶鲁大学，学生们参加情报机构象征着某种年龄上的成熟经历。”[33] 在小说家理查德·埃尔曼（Richard Elman，请不要与《乔伊斯传》的作者 Richard Ellman 相混）看来，这些人有着某些美学上的共同点：“值得注意的是这些人有些什么共同点。他们都信奉权威和真理，从而使他们支持对共产主义和无神论的讨伐。T. S. 艾略特、庞德以及其他现代主义者对他们都具有极大的吸引力。中央情报局甚至出资翻译了艾略特的《四个四重奏》，并将书空投到俄国。这些人如同萧（Shaw）和韦尔斯（Wells），社会主义的‘平民世纪’对他们来说是难以接受的，他们需要的是‘不平凡的人’和‘高雅的文化’，所以，他们把钱花在文化上是有用意的，而不是一个愿意不愿意的问题。”[34]

艾伦·金斯伯格（Allen Ginsberg）* 甚至想入非非地想象，T. S. 艾略特就是他的朋友詹姆斯·安格尔顿的阴谋的一个组成部分。金斯伯

---

* 艾伦·金斯伯格，美国诗人，他的《嚎叫》（*Howl*）是“垮掉的一代”运动的重要作品，描写了同性恋、吸毒等社会现象。

格 1978 年写过一篇小品文，题目是《T. S. 艾略特入我梦来》（*T. S. Eliot Enters My Dream*），在文中，他想象，“在一艘驶向欧洲的航船船尾甲板上，艾略特与几个同行旅客斜倚在甲板座椅上，背后是飘浮着白云的蓝天，脚下却是钢铁制成的地板。我说：‘对于中央情报局统领诗歌界，你本人有何高见？安格尔顿毕竟是你的朋友，不是吗？他有没有告诉你，他打算使西方的思想恢复活力来反对所谓的斯大林主义者？’艾略特专心地听着——我没有想到他居然没有心不在焉的样子——‘是这样的，你听我说，世界上各种各样的人都在竞相争夺统治地位，政治的、文学的……比如说，你所崇拜的那些大人物，还有那些通神论者*、占卜者、辩证学家、空想理论家，不一而足。我想我在中年的时候大概也是其中之一。不过，是的，我确实知道安格尔顿在文学界搞的阴谋诡计。我认为他们是微不足道的，想法倒是好的，但毫无重要性可言。’我说：‘我倒认为他们还是不可忽视的，因为这种阴谋诡计通过向思想家们提供经济支援，培养出太多的传统型知识分子，而这些人又影响了西方的思想……总而言之，思想界的基调应该是革命的**，或者至少应该是激进的。他们要寻找忧虑、机械化、通过人为的垄断取得统治地位的根源……而政府却通过各种基金会支持学者们进行一场全面的战争……从财政上支持《邂逅》这样的杂志，这类杂志把艾略特风格当作测试雅俗与好坏的试金石。这种做法并未能创造出另一种可供选择的自由、充满生机、多元、有个性的文化。’”[35]

安格尔顿这样的人保卫高雅文化是出自一种本能。欧文·克里斯托尔曾说：“对于任何精英人物或高级事务，我们是从来不会加以谴责的，因为我们自己就是精英，是历史选择出来的幸运儿，要由这些人来引导其同类在尘世中找回自我。”[36] 由现代主义文化养育起来的这些精英们崇拜艾略特、叶芝、乔伊斯和普鲁斯特。他们认为“他们的使命不是去迁就公众的需求或公众自认为是他们的需求，而是要通过他们中间具有

* 通神论者（theosophists），源于西方神秘主义宗教哲学的通神论（theosophy），指通过冥想、祈祷等方式直接与神相通。
** 革命的（revolutionary），此词含有主张彻底变革、突发式的重大变革之意，与“渐变”或“渐进”（evolution）相对。

最高智慧的成员去赋予公众应该拥有的东西。”[37] 换句话说，高雅文化不仅对建立反共防线极为重要，而且还是防止大众社会变得单调统一的坚强堡垒，是防止德怀特·麦克唐纳深怀恐惧的“大众文化”得以“弥漫散布”的坚强堡垒。[38]

精神贵族们发起了保卫民主的运动，但是从本质上他们又对民主抱有深深的怀疑，这种自相矛盾的悖论是不容忽视的。这些人自认为是一批皇亲国戚般的精英，负有向野蛮开战的责任。同时，他们又是一批对现代性及其血染的潮流感到无比恐惧的现代主义者。1940年，罗伯特·洛厄尔在告别凯尼恩学院的致辞中，谈到了这批贵族内心深处的恐惧："你们都知道，正当市侩们和没有教养的人们以他们那种精神空虚的方式使文明解体时，他们自己也会来到学问的金色殿堂，他们最终将进入弥尔顿、格罗顿、圣保罗和圣马克这类贵族私立学校。这些学生既无能力，也没有高雅气质，甚至没有文化，却在这些学校里为所欲为。这些市侩和粗野的人将把那些可怜的雄蜂赶出蜂巢，新鲜血液由于失去肢体而无处可存。于是世界又无可改变地回到倒退——前进——周而复始的循环之中。”[39]

这批奥勒利安*们坚信他们应挺身而出担负起保卫者的责任，使文化免遭即将来临的灭顶之灾，于是1949年决定将博林根奖**授予庞德的《比萨诗章》（*Pisan Contos*）。有传闻说，慷慨大方的慈善家保罗·梅隆，有一天向艾伦·塔特和约翰·克劳·兰塞姆抱怨，这么多的作家竟然都是左倾分子。梅隆本人对艺术具有很高的鉴赏力，但在政治上却十分保守，几乎具备充当冷战天使的一切条件。塔特回答的大致内容是，作家们总是清贫的，梅隆为什么不拿出钱来设立一个奖励基金什么的，得到奖金，作家们会生活得好一些，就不那么倾向革命了。于是梅隆捐

* 奥勒利安（Aurelian，约215—275年），罗马皇帝，由于他使四分五裂的罗马帝国重新获得统一，使帝国免遭毁灭，赢得“世界光复者”称号。

** 博林根奖，全称为博林根诗歌奖（Bolingen Prizt for Poetry），奖金来自梅隆的捐款。埃兹拉·庞德在二战期间在意大利发表了无数反对美国参战的广播演讲，1945年以叛国罪被捕，后因医生证明他患有精神病而于1948年4月撤销对他的指控。该奖原由美国会图书馆颁发。但因庞德不光彩的经历，国会要求图书馆不要介入，于是改由耶鲁大学颁发。

款 2 万美元，设立了博林根奖，作为私人的奖项。

理查德·埃尔曼问道："他们为什么选中了庞德呢？大概是因为庞德代表了他们要维护和促进的达官贵人文化的顶峰吧。"[40] 这次授奖引起了轩然大波，这是因为提名时，庞德还被关押在患有精神病的罪犯的医院里，而且是美国战后被控犯有叛国罪的第一人。战时他发表的广播演讲支持墨索里尼反对"犹太先生"、富兰克林·罗斯福、"臭名昭著的罗森斯坦"、"犹太猪"、"犹太鬼"和"满身油渍的人"。他认为《我的奋斗》是一部深刻分析历史的著作，其作者希特勒是"圣贤和殉道者"。他说美国"遭到害虫的侵蚀"。《诗刊》（*Poetry*）编辑卡尔·夏皮罗（Karl Shapiro）写道：当时除了保罗·格林（Paul Green）投了弃权票外，他是"唯一对博林根奖授予庞德持异议的人。艾略特、奥登、塔特、洛厄尔都投票赞成。一群法西斯分子！"当威廉·巴雷特抨击评审委员会的决议时，艾伦·塔特居然向他提出挑战，要与他决斗。

20 世纪 30 年代曾发生过艺术与政治之争。将博林根奖授予庞德再次掀起了一场争论，这一争论似乎证实了许多左派的恐惧：一些自诩为自由主义者的人对于以往发生的历史性妥协采取了谅解的态度，至少也是熟视无睹。这一妥协使许多艺术家再次安然无事地在美国定居，用他们的创造才能讴歌法西斯主义。这件事就是这些人面目的大暴露。在艺术和艺术家高度政治化的时期，博林根奖评审委员会居然声称，"如果允许对诗歌的成就持不同见解的人改变委员会的决定，那就无异于否定了授奖的意义，从原则上否定了作为文明社会基础的客观价值观的有效性"，[41] 这样说也许分量还不够重。艺术怎么可能一方面是独立的，而另一方面又可以随意地将之纳入为政治服务的范畴呢？

第十六章 美国人

我的画无人可及！

——德库宁梦见杰克逊·波洛克说

杜鲁门总统在任期内喜欢早起到国立美术馆去看画。华盛顿这座城市还未醒来他就到了。他总是无言地向警卫点点头。这名警卫的职责就是为他打开门锁，让总统在用早餐前在美术馆走一走，看一看。杜鲁门觉得这样的参观玩味无穷，在他的日记里都要记上一笔。1948 年，在他对霍尔拜因和伦勃朗的各种不同画作凝视欣赏之后，在日记里写下以下的话："观赏这些完美的作品真是一种享受，不由得想起现代派那些偷懒和疯狂的画作。两者相对照就像把基督与列宁相比。"在公开场合，他也作出过相似的评价，说"荷兰的大师们让我们现代的蹩脚画家和令人失望的凡夫俗子汗颜。"

在杜鲁门对现代派画作的鄙视中，他说出了许多美国人的观点，把试验性的艺术，特别是抽象派艺术同堕落和颠覆的冲动联系在一起。那些欧洲的先锋派从法西斯的铁蹄下逃了出来，到了美国却发现现代主义又一次遭到攻击，对此他们不能不感到震惊。这无疑是与麦卡锡这类人物的文化宗教激进主义一脉相承的，也部分地反映了美国一方面在国外提倡言论自由而在国内却又对这种自由感到不快的矛盾。在国会的讲坛上，密苏里州的共和党议员乔治·唐德罗（George Dondero）带头发动了火药味十足的攻击。他声称现代主义显然是世界性阴谋的组成部分，其目的就是要瓦解美国的决心。他宣称，"所有现代艺术都是共产主义性质的"，然后他就对现代艺术的各种表现形式疯狂地进行攻击，不过他用以诠释的语言倒是颇有诗意的。“所有现代艺术都是破坏性的，只是方式不同而已。主体主义是有意制造混乱；未来主义用的是机器神话……达达主义用的是讽刺和讥笑；表现主义则是模拟原始和疯狂；抽象主义是制造精神失常……超现实主义是否定理性。”[1]

唐德罗神经质的评价却得到了一小撮公众人物的响应，他们尖厉的谴责声响彻了国会和一些保守派的报纸。在他们的攻击达到顶峰时，竟然宣称“超现代艺术家们都无意识地成了克里姆林宫的工具”，并断言有些抽象派画作实际上是一些秘密图纸，标出了美国的战略防御工事。[2]一位现代派艺术的反对者指责说：“如果你会读这些绘画，那么这些现代派画作就会暴露美国防御上的薄弱环节，比如博尔德水坝*这样的重要建设工程。”

对于现代主义者来说，这是一个不吉利的时期。最易受到唐德罗一伙攻击的是一批40年代涌现出来的号称抽象表现主义艺术家。其实这批人根本谈不上是一个组织，只不过是一批画家趣味相投，敢于创新，在美学上并没有多少共同点，可是他们为自己起了一个形同“异类”的名字。德库宁曾警告说：“为我们自己起了这么个名字无异于一场灾难。”但是，他们以往的相似经历把他们联系在一起了。他们中间大多数人都在罗斯福实行新政时期为“联邦艺术工程”工作过，接受政府补助，为政府创作作品，同时也卷入了左派政治之中，其中最重要的有杰克逊·波洛克，30年代他被卷入墨西哥壁画家大卫·阿尔法洛·西奎埃罗斯（David Alfalo Siquieros）的共产主义研讨班。阿道尔夫·戈特利布（Adolph Gottlieb）、威廉·巴齐奥特斯（William Baziotes）和另外几个抽象表现主义画家则曾经是共产主义积极分子。实际上他们同“左翼”并没有更深的学说上的从属关系，但是这一事实对于唐德罗及其同伙看来并不重要，他们分不清或不愿区别一个人的经历和他的作品的关系，他们把一个艺术家的政治记录和他的美学表现混为一谈，对两者都一概加以谴责。[3]

---

* 博尔德水坝（Boulder Dam），又称胡佛水坝，位于内华达州东南部。原来是1931年水坝初建时的工程人员居住区，后来扩建为博尔德城，现为美国水电资源局所在地。

尽管唐德罗把抽象表现主义视为共产主义阴谋的证据，美国的文化官员们却从中看出一种全然相反的优点：在他们看来，抽象表现主义恰恰是一种反共意识形态，一种自由的意识形态，反映了自由的创新精神。这种艺术既不影射什么，在政治上也不表态，恰恰与社会主义、现实主义背道而驰。这正好是苏联人仇视的艺术。而且尚不止于此。抽象表现主义的支持者声称，这明显是美国对经典现代主义的一种创新。早在1946年，评论家就为这种新的艺术喝彩，称它为“独立的、自主的艺术，真正体现了国家的意志、精神和性格。从美学特性上看，美国的艺术不再是反映欧洲影响的收藏馆，它不是外国各种‘学派’的混合体，那些混合体的水平虽有高下之分，但都是一种组装、汇集和扩散而已。”[4]

杰克逊·波洛克一跃而成为美国这一新发明的主要代表人物。他的一位艺术家同行说：“他必定是一个伟大的美国画家。如果你闭眼想象一下他是个怎样的人，首先他必定是一个真正的美国人，而不是来自欧洲的移民。他应当具有美国人独有的雄武的美德：他应该是一个美国莽汉，再理想一点就应该是沉默寡言的人，如果他是一个西部牛仔，那么这些特点就越显著越好。他肯定不是美国东部来的，不是进过哈佛的那种人。他不应该受到欧洲人的影响，他只能受到我们自己的影响，也就是墨西哥人、美国印第安人的影响。他应当是土生土长的，绝不是毕加索和马蒂斯培养出来的。而且他还应当具备伟大美国人的恶习，海明威式的恶劣，是个酒鬼。”[5]

一切有关波洛克的描述都是对的。他出生于怀俄明州科迪的一个牧羊场上。他语言粗野，喝得醉醺醺的，像个牛仔，从蛮荒的西部一路闯进了纽约。当然这只是神秘的过去。波洛克从来没有骑过马，离开怀俄明州时还是个孩子。但是，这个想象中的形象对他是如此的合适，那么有美国味儿，谁都不会怀疑的。威廉·德库宁曾对别人讲过他做的一个梦，他梦见波洛克猛地推开一家酒吧的门，就像银幕上的牛仔，一进门就高声大叫：“我的画无人可及！”他有着马龙·白兰度那种坚韧不拔的气质，詹姆斯·迪安那种压抑的反叛精神。马蒂斯这个欧洲的现代主义者垂垂老矣，几乎已经拿不动画笔，只好无力地妥协了。波洛克站在马蒂斯身边，活脱脱一个马蒂斯再世化身。他首创了一种所谓的“动作画派”（Action Painting）的技巧，把一张巨大的帆布在地上铺平，最好在室外，然后把颜料滴满画布。他把那些随意滴洒在画布上的点连成线，纵横于画布之上，他做这些动作时，就像在再次发现美洲新大陆一样。恣肆而豪放，酒后尤甚，现代主义在波洛克的画笔下达到了癫狂的状态。虽然有一个评论家说这种画法只不过是“熔化了的毕加索”，但是其他的人都争相恭维说他的画作是“美国绘画的胜利”，是美国的真实写照：生机勃勃，精力充沛，自由放任，庞大无比。它以孤独的声音捍卫了伟大的美国神话，捍卫了坚毅刚强的个人，这种传统在好莱坞的电影里，比如《史密斯先生去华盛顿》以及后来的《十二怒汉》，都曾加以颂扬（抽象表现主义者一度就标榜他们自己是“性格狂暴的人”）。

到了 1948 年，有这么一个评论家名叫克莱蒙特·格林伯格，这个人本身就是浑身长刺，嗜酒如命，像一个没有对手的拳击家。他夸大其词地为这种新美学说话：“当人们看到……在过去的 5 年里美国的艺术发展到如此高的水平，涌现出阿希尔·戈尔基（Arshile Gorky）、杰克逊·波洛克、大卫·史密斯（David Smith）这样新一辈天才，他们的画作表现出如此充沛的精力和丰富的内容……那么结论就自然产生了：我们自己都没有想到，西方艺术的主流终于也随着工业生产和政治权力重心的转移，移居到美国来了。”[6]换言之，美国再也不是艺术家觉得“非逃离不可的”地方了。过去，他们要想成熟起来，“那就一定要到欧洲去”。[7]后来，贾森·爱泼斯坦评论过这种观点，不过他并不同意这种看法。他说：“美国，特别是纽约，现在已成世界的政治和金融中心，当然它也成为文化的中心。是啊，一个伟大的强国怎么能没有与之相称的艺术呢？如果没有艺术与之相配，比如威尼斯没有丁托列托，佛罗伦萨没有乔托*，一个国家就不能称为伟大强国。”[8]抽象表现主义能够成为帝国的载体的观点由此确立。但是它恰恰出现在一个政治上和精神上

* 丁托列托（Tintoretto，1518—1594），文艺复兴后期威尼斯著名画家。因其父从事印染业，遂名丁托列托，意为“小染匠”。1527 年罗马遭洗劫，包括丁托列托在内的罗马画家移居威尼斯，从而丰富和发展了威尼斯艺术。乔托（Giotto，1266—1337），意大利画家，至今被尊为意大利第一艺术大师，活动于佛罗伦萨与那不勒斯。

充满仇恨的时期，这就使其倡导者陷入了进退维谷的境地。

尽管唐德罗的抗议明显地出于无知，但是在40年代后期，他还是成功地挫败了国务院利用美国艺术作为宣传武器的图谋。1947年，那些没有教养的市侩们开始还打了一场胜仗，他们强制国务院取消了一次所谓“前进中的美国艺术”展览。这次展览选择了79幅“进步”画作，其中包括乔治亚·奥基夫（Georgia O'Keeffe）、阿道尔夫·戈特利布和阿夏尔·戈尔吉的作品。这次展览原计划在欧洲和拉丁美洲巡回展出。先在巴黎展出，后移至布拉格，取得了巨大的成功，以致俄国人立即也举办一次展览来同这次展览唱对台戏。官方举办这次展览的用意是想在外国观众中“消除那种认为当代美国艺术不是学院派就是模仿的观念”。[9]“这次我们送到国外去展览的画作既不是装在仿制的法国白兰地酒瓶里的国产酒，也不是不合酒精的陈年葡萄汁，而是在树林中藏了多年的真正的波旁酒*，也许我们可以称之为美国的国酒。”[10]这是一位评论家对这次展览的溢美之词。

这次展览远谈不上什么美国艺术在“前进”，反而标志着美国艺术丢人的倒退。这次展览在国会里得到的是一片强烈的抗议声，被谴责为一次颠覆性的“非美”活动。一位发言者甚至还从中发现了一种险恶的用心，说是想通过展览“向外国人表明美国人情绪沮丧，一蹶不振，形象丑陋——美国人对自己的命运极为不满，一心想推翻政府。共产党人和他们那些推行新政的同情者选择了艺术来作为他们的宣传工具之一。”[11]另一位堪称杰西·赫尔姆斯的前辈的发言者大声说：“我只能算是一个愚蠢的美国人，居然为这样一堆垃圾纳税。”“如果国会竟然有人相信，这样的蠢事能增进外国对美国生活的了解，他也就该同画出这种作品的人一道被送到精神病院里去了。”[12]这次展览终于被取消，展品作为政府的剩余物资以九五折的价格卖掉了。参展的许多画家被指控为政治上左倾。国务院心虚了，为了对这种指控作出反应，下了一道指令：凡是属于共产党或其同路人的美国艺术家，其作品一律不得由政府出资参展。这样一来“先锋派艺术的‘非美’性质就被纳入了官方政策”。[13]

---

* 波旁酒（bourbon），一种用玉米酿制的威士忌酒，原产于美国肯塔基州的波旁（Bourbon），因此得名。这是一种地道的美国酒。

野蛮人本来只能站在高雅艺术殿堂的门外，现在他们的形象居然挤进了文化精英们的视野里。德怀特·麦克唐纳指责说，这种攻击反映了文化上的极端主义，强调说名义上似乎是为了捍卫美国的民主，实际上却是对艺术进行极权主义的攻击。苏联人，其实是大部分欧洲人，都说美国是一片文化荒漠，而美国国会议员的所作所为恰恰证实了这一点。美国的高级战略家们急于向全世界显示美国拥有与其伟大和自由相称的艺术，却又因国内的反对意见而不敢公开地表示支持这种艺术。那么怎么办呢？于是他们求助于中央情报局，就此展开了一场肯定抽象表现主义的优点、反对对它讥笑嘲讽的斗争。

布雷顿后来回忆说："我们同唐德罗议员发生了许多麻烦。他对现代艺术简直不能容忍。他认为这种艺术十分拙劣，他认为这简直是一种罪孽，他认为这种艺术丑陋不堪。他发动了一场对绘画的殊死斗争，结果使有些我们想做的事很难通过国会这一关，比如到国外举办艺术展，派交响乐团到国外演出，在国外出版杂志，诸如此类。这就是为什么要秘密进行的原因之一。必须暗中进行就是因为通过民主表决，就可能遭到否决。为了鼓励开放，我们却不得不秘密行事。"[14]这里又是文化冷战中美国战略一大自相矛盾之处：为了让人们接受产生于民主国家（同时也是民主的表现）的艺术，民主程序本身却因受阻而难以贯彻。

为了推进其目标，中央情报局再次求助于私有部门。在美国，大部分博物馆和艺术品收藏均为私人所有和接受私人的资助。至今还是如此。在当代先锋派艺术博物馆中，最有名的是纽约的现代艺术博物馆（MOMA）。40和50年代大部分时期，董事长一直是纳尔逊·洛克菲勒。这家博物馆是纳尔逊的母亲艾比·阿尔德里奇·洛克菲勒（Abby Aldrich Rockefeller）于1929年与别人联合建立的（纳尔逊把它叫作"妈妈的博物馆"）。纳尔逊是抽象表现主义的热心支持者，他将之称为"自由企业绘画"。经过多年的努力，仅他私人的藏品已多达2500件。另外还有数千件悬挂在大堂墙壁上的绘画也都属于洛克菲勒的曼哈顿大通银行所有。

洛克菲勒家族惯于支持左翼艺术家。艾比·奥尔德里奇曾决定推广墨西哥的革命者迪亚哥·里维拉（Diego Rivera，此人曾在美国大使馆门外高喊“去死吧，外国佬”）而遭到指责，她辩称，“如果我们能在艺术上使赤色分子认同”，那么赤色分子将不再是赤色分子。此后现代艺术博物馆为里维拉举办了个人画展，这是该博物馆第二次为他举行个人画展。1933 年，里维拉为新落成的洛克菲勒中心绘制壁画，纳尔逊·洛克菲勒亲任监督。有一天他去视察里维拉的工作进展情况，纳尔逊发现壁画上有一个人物的形象无疑是弗拉吉米尔·伊里奇·列宁。他有礼貌地请里维拉去掉这个形象，而里维拉也有礼貌地加以拒绝。根据纳尔逊的指示，这幅壁画被保卫人员团团围住，同时给里维拉签了一张 2.1 万美元的支票作为酬金（分文不少），并通知他，他的作画使命到此为止。1934 年 2 月，此画已接近完成，却遭斧凿之灾，全部被毁。

虽然这一次特定的赞助并不成功，但是指导这一行动的原则并未因此而放弃。社会名流仍然相信，支持左派艺术家是值得的。在这一过程中，他们希望看到，艺术家的政治呼声被淹没在赞助者金币的叮当声中。克莱蒙特·格林伯格在一篇有名的题为《先锋派与庸俗艺术》的文章中，提出了接受社会名流经济恩赐在意识形态上的意义。这位艺术评论家做了许多工作，提醒大家抽象表现主义不可小视。这篇文章于 1939 年发表在《党派评论》上，在表达精英分子的信念和反马克思主义者对于现代主义的看法方面，是具有决定性意义的。格林柏格写道：先锋派艺术“已被我们的统治阶级所摒弃，而实际上它是从属于这个阶级的”。在欧洲的传统中，支持总是“来自统治阶级中的精英……（先锋派）自认为已经切断了它与统治阶级的联系，但是它一直被一根金钱的脐带与统治阶级联系在一起。”[15] 他强调说，在美国，同样的机制也必然普遍采用。从这里可以看到抽象表现主义和文化冷战真正深刻的联系。中央情报局就是根据这一条原则和私营部门的资本家联手行动的。

格林柏格式的观点认为进步的艺术家们就像他们的文艺复兴时代先驱们一样，需要一个精英阶层资助他们。汤姆·布雷顿对这个观点尤其感兴趣。他说：“我已经不记得西斯廷教堂 * 是哪位主教管的，不过我

* 西斯廷教堂（Sistine Chapel），罗马梵蒂冈的教堂，教堂的顶画和壁画由文艺复兴时期的雕塑家和画家米开朗琪罗绘制。

想如果把教堂的装饰交付意大利人民去投票表决的话，一定会有许许多多负面的反应，比如说，‘怎么是裸体的呢？’‘这不是我想象中上帝的模样’，诸如此类，不一而足。如果当时意大利有一个议会的话，我想在议会里也是通不过的。这需要有一个主教或一位极富有的人对艺术表示认可并予支持才行。许多世纪过去之后，人们会说，‘瞧，这就是西斯廷教堂，世界上最美的艺术创造。’自从第一位艺术家得到家产数百万的富翁或者主教的支持以来，这一直是文明面临的一个问题；如果没有百万富翁们或主教们的支持，我们今天就不会有艺术了。”[16]按照布雷顿的说法，赞助还附带有指导和教育人民的任务，不是教育他们需要什么，或者认为他们需要什么，而是要教育他们接受他们应当拥有的东西。“人类必须同自己的无知作斗争，说得客气一点，就是同那些尚不能理解的人作斗争。”[17]

一位名叫菲利普·多德（Philip Dodd）的评论家说，“对这个问题有一种不合常理的看法，即中央情报局对待艺术是严肃的。当从政者涉及艺术时，艺术对他们有什么用处是他们首先要考虑的大事，法西斯分子或者苏联人或者中央情报局，均无例外。所以，可能真有一种背离常理的论点认为中央情报局是50年代美国最好的艺术评论家，因为他们对他们本该厌恶的作品——老左派的和欧洲超现实主义的作品——都要看，而且从中看出这种艺术具有潜在力量，并加以利用。你还真不能说当时许多艺术评论家做得到这一点。”[18]

一名中情局人员在冷静地说明中央情报局为何介入艺术之前就开玩笑地说：“说到抽象表现主义，我倒是希望我能这样说：它是中央情报局的发明创造，只要看一看纽约和后来索霍区（Soho）发生的情况，你就明白了。”[19]“我们认识到这种艺术与社会主义现实主义毫不相干，而它的存在却使社会主义现实主义显得更加程式化、更加刻板和封闭。这种对比关系就曾在某些展品中加以利用。当时，莫斯科对于任何不符合他们那种刻板形式的东西，都不遗余力地进行谴责。所以我们可以有足够的依据准确无误地推断，凡是他们着力大肆批判的东西，我们都值得以某种方式加以支持。当然，这类的事情只能通过与中央情报局保持距离的组织或行动机构来做，这样，使杰克逊·波洛克这类人通过政治审查就不会有什么问题，让这些人参加一个组织来做某件事也不成问题——只要把他们的名字添在末尾就行了。比如说，我就认为我们和罗伯特·马瑟韦尔（Robert Motherwell）之间并没有什么很深的关系。何况还不能太接近，也绝对不应该太接近。因为他们中间大部分人对政府尤其不尊重。对中央情报局就更无尊重可言了。这些自认为更接近莫斯科而不是华盛顿的人，如果你想利用他们，这样做也许是较为适宜的。”[20]

现代艺术博物馆就是同中央情报局保持相当距离而运作的，因此就为该局的意图提供了可信的掩护和伪装。对现代艺术博物馆的各委员会和理事会进行一番考察即可发现其中散布着与中央情报局的联系。首先最重要的人物是纳尔逊·洛克菲勒本人，他在战时曾经领导过一个面向拉丁美洲的政府情报组织，担任泛美事务协调员（Coordinator of Inter-American Affairs，简称 CIAA）。这个机构的各种活动之中就有赞助“当代美国绘画”巡回展览。有 19 个这样的展览会是与美国现代艺术博物馆签约的。纽约的一个思想库是洛克菲勒兄弟基金的托管单位，与政府签约研究外交事务，为美国的外交政策提出框架。因此，洛克菲勒手中掌握了一些当时影响力最大的专家。50 年代初期，艾伦·杜勒斯还向他通报中央情报局的隐蔽活动，布雷顿后来说：“我想纳尔逊对我们所做的一切非常了解。”这一估计是合乎情理的，因为 1954 年纳尔逊被任命为艾森豪威尔的冷战战略特别顾问（取代 C. D. 杰克逊），还担任了计划协调组的主席，这个计划协调组对国家安全委员会的所有决定负有监察之责，其中也包括中央情报局的秘密行动。

洛克菲勒的密友约翰·“乔克”·海·惠特尼（John “Jock” Hay Whitney）长期担任现代艺术博物馆的托管人，还担任过馆长和董事会主席。乔克家境殷实，就读于格罗顿、耶鲁和哈佛。他通过向一些羽毛未丰的公司提供资金，经营百老汇戏剧和好莱坞电影，将一笔可观遗产转化为巨大的财富。1940—1942 年，他在洛克菲勒领导的 CIAA 电影处任导演，负责制作过迪斯尼的《美洲，向你敬礼》（*Saludas Amigos*）这类的电影，宣扬泛美亲善。1943 年他加入战略情报局，1944 年 8 月在法国南部为德军所擒，被塞进一列往东开的火车，但他冒着生命危险逃脱了。战后，他创建了 J. H. 惠特尼公司，“作为合伙人向一些难以通过保守的渠道吸收资金的新成立的羽毛未丰、经受风险的自由企业提供资金。”[21] 其中一名重要的合伙人是威廉·H. 杰克逊（William H. Jackson），是乔克打马球的朋友，恰恰此人又是中央情报局的副局长。乔克在心理战略委员会担任一个职务，“为中央情报局找到了许多有用的关系”。[22]

另一个关系是威廉·伯登。他在 1940 年加入博物馆时，最初是担任博物馆的顾问委员会主席。伯登是范德比尔特“准将”的后裔，战时也曾为洛克菲勒的 CIAA 工作。他是冷战机器的集中体现。同样，他也拥有巨额个人财产，享有“第一流风险投资资本家”之称。他担任过无数准政府机构的主席，甚至还是中央情报局的法菲尔德基金会的总裁。看来他十分愿意充当出面人物。1947 年他被任命为博物馆藏品委员会主席，1956 年成为现代艺术博物馆馆长。

在伯登馆长的领导下，“有关博物馆各种行动的政策都是热内·达农考特（René d'Harnoncourt）制定的，虽说也经过协商，但都是橡皮图章而已。”[23] 这种地位使达农考特在现代艺术博物馆宫廷圈子里施展了类似沃尔西红衣主教 * 的才能。达农考特身高 6 英尺 5 英寸，体重 230 磅，出生于威尼斯，是一位了不起的人物。他是“中欧一大批贵族的直系或旁系后裔，他的祖先曾因为当过许多洛林 ** 公爵、卢森堡伯爵和哈普斯堡皇室 *** 的管家或皇帝侍从而显赫一时”。[24] 1932 年移民美国，战时曾在 CIAA 的艺术处工作。后来受纳尔逊招聘到博物馆任职，1949 年起担任主任。达农考特认为现代艺术的形式是无限广阔的，具有无穷的探索余地，是民主“最重要的象征”。在 50 年代，他公开地在国会进行游说活动，争取国会为反共文化运动提供经费。虽然布雷顿认为“现代艺术博

* 沃尔西红衣主教（Cardinal Wolsey，1475—1530），罗马教皇任命的英格兰红衣主教、政治家。1507 年任英王亨利七世的宫廷司铎，后又得宠于亨利八世。
** 洛林（Lorraine），现为法国南部城市，曾为罗马帝国的一部分，受封于洛林的公爵称洛林公爵，世代相袭。
*** 哈普斯堡皇室（Hapsburg），1438—1860 年为神圣罗马帝国皇室。

物馆的那批人喜欢自行其是”，但他断定热内·达农考特“很可能是中央情报局安插在博物馆一个关系”。毫无疑问，达农考特是同国家安全委员会的行动协调委员会（取代心理战略委员会）商量办事的。他还定时向国务院汇报工作。有人评论达农考特说，像他的祖先一样，达农考特“表现出他的才能，使他成为一系列（往往有重叠的）赞助不可缺少的人物”。[25]他与上述这些机构的联系又为这一评论增加了一些佐料。

现代艺术博物馆的管理班子成员中另一个与情报界关系密切的人物是威廉·佩利（William Paley），康格雷斯雪茄公司的继承人。佩利与艾伦·杜勒斯私交甚笃，他同意让他拥有的哥伦比亚广播公司网络为中央情报局人员提供掩护身份，这一安排与亨利·鲁斯让他的《时代－生活》王国提供掩护类似（鲁斯也是现代艺术博物馆的管理班子成员）。在这种关系最密切的时期，哥伦比亚广播公司的记者一年一度应邀参加中央情报局私下举行的宴请和情况介绍会，这些“既可谈话又可享用雪茄”的宴会一般都在杜勒斯的私宅或他的私人俱乐部——华盛顿的阿利比俱乐部（Alibi Club）举行。关于佩利卷入中央情报局事务的事，哥伦比亚广播公司的一名经理说，“这是他在回忆录中唯一没有提到的经历。”[26]

此外还可以举出一连串的名字，一连串的关系。例如约瑟夫·弗纳·里德，就是现代艺术博物馆、同时也是法菲尔德基金会的管理班子成员。还有加德纳·考尔斯，还有弗莱希曼，还有卡斯·坎菲尔德。现代艺术博物馆的一位创始人奥维塔·卡尔普·霍比是自由欧洲委员会的理事会成员，她让她的家族基金会充当中央情报局的一个渠道。当她在艾森豪威尔政府中担任卫生、教育和福利部长期间，她的一个助理名叫琼·布雷顿（Joan Braden），是汤姆·布雷顿的妻子。她以前曾为纳尔逊·洛克菲勒工作。汤姆在加入中央情报局之前，自 1949 年初至 1949 年底，曾担任现代艺术博物馆的执行秘书。

正如戈尔·维达尔有一次说的那样，“在我们这个詹姆斯时期*般的文艺界，每件事都有着千丝万缕的相互联系，因此，发生任何情况都

---

*詹姆斯时期（Jacobean），特指英国詹姆斯一世（James Ⅰ）统治时期（1603—1625），这时的文学艺术派别林立，风格各异。

不必大惊小怪。”当然也可以辩称，这种协调一致只不过是反映美国当时的权力特征罢了。仅仅因为这些人相互认识，仅仅因为他们社交性地（甚至正式地）与中央情报局有联系，并不说明他们在提倡美国新艺术方面是同谋。不过，他们这种相互投合的关系却使一种说法久盛不衰，即现代艺术博物馆以某种正式的途径与政府的秘密文化战计划联系在一起。首次对这种谣传进行考察的是1974年伊娃·科克罗夫特（Eva Cockroft）为《艺术论坛》（*Art forum*）写的一篇文章，题目是《抽象表现主义：冷战的武器》，文章的结论是“文化冷战政治和抽象表现主义的兴盛相互联系在一起并非偶然。当时一些有影响的大人物控制着博物馆的政策，主张采用冷战策略，目的是拉拢欧洲知识分子，于是他们就有意识地把两者联系在一起。”[27] 科克罗夫特还断言，“就文化宣传而言，中央情报局的文化机构和现代艺术博物馆的国际计划在功能上是相类似的，事实上也可以说是互补的。”[28]

劳伦斯·德诺夫维尔说：“我同推出波洛克或其他任何人毫无关系。我甚至不记得我是什么时候首次听说有这么一个人的。但是我确实记得，在国务院认输之后，我听说乔克·惠特尼和艾伦·杜勒斯一致认为他们在现代艺术方面必须有所作为。也许这就是将之界定为‘互补’关系的理由。”[29] 没有任何确凿的证据可以证明中央情报局和现代艺术博物馆之间达成过正式的协议。实际情况是他们之间根本不需要达成什么协议。

有一种说法，认为博物馆之所以支持抽象表现主义，不管怎么说，都是与通过隐蔽方式改善美国的国际形象联系在一起的。替现代艺术馆说话的人一直对这种说法加以抨击。令人意想不到的是，他们的论点之一是现代艺术博物馆在这场运动发起之初根本未加注意。迈克尔·基梅尔曼（Michael Kimmelman）写道：“抽象表现主义的现代画展主要是在国内举办，当然在国外也举办过，但是从总体上说，那是50年代后期的事了。当时这场运动的第一代人物已经被第二代接班了。”[30] 这篇批驳性文章是在现代艺术博物馆授意下写成的。硬说现代艺术博物馆对发生在它鼻子底下的事居然视而不见是不真诚的，忽略了一个基本事实，那就是从抽象表现主义的画作一出现，博物馆就坚持不懈地在收藏这些作品。从 1941 年起，现代艺术博物馆就购藏了阿希尔·戈尔吉、亚历山大·考尔德（Alexander Calder）、弗兰克·斯特拉（Frank Stella）、罗伯特·马瑟韦尔、杰克逊·波洛克、斯图尔特·戴维斯（Stuart Davis）和阿道夫·戈特利布等人的作品。1944 年 5 月，博物馆拍卖了“一些 19 世纪的画作为收购 20 世纪画作筹款”。虽然拍卖所得令人失望，但是所得的售款也足以购买“波洛克、马瑟韦尔以及马塔（Matta）的重要作品”。当然，作为一个现代艺术的博物馆，特别是一个“对活着的画家负有重大责任”的博物馆，这是无可厚非的，因为“这些画家的绘画生涯和命运会因为博物馆支持与否而受到重大影响”。[31] 于是，美国新一代的画家就此被集中在一起了。

购买这些画作在内部遇到了反对，这恰恰表明博物馆为了把抽象表现主义扶植到经典的地位并加以巩固是下了决心的。当时博物馆藏品委员会中一些成员受到报纸批评的影响，曾强烈质疑某些作品的收藏价值，其中包括所谓的“抽象表现主义画作”，[32] 但是他们的抗议没有产生任何作用。有一名成员提出辞职，以此表示他对购买罗思科的画作的抗议，竟没有人出面挽留。至于赴国外举行巡回展览，马瑟韦尔、马克·托比（Mark Tobey）、乔治·奥基夫和戈特利布的作品均入选参加了“美国 18 世纪以来绘画展”，展览会于 1946 年在伦敦拉开帷幕，嗣后移往欧洲各国首都展出。这是抽象表现主义作品在官方资助下参展的最早的展览会之一（经费由国务院和战时新闻办公室提供）。同年，现代艺术博物馆展出“十四个美国人”画作，其中有戈尔吉、马瑟韦尔、托比和西奥多·罗斯扎克（Theodore Roszak）的作品。到了 1948 年，过去曾积极支持现代艺术博物馆的林肯·柯尔斯坦（Lincoln Kirstein）在《哈泼斯》上哀叹道，博物馆在使自己跻身于“现代抽象派”行列方面，已经“做得有些过头了”。对于现代抽象派的要义，他界定为“以即兴创作为方法，以畸形作为表现程式，至于其绘事则被室内装饰匠和急功近利的推销商当成一种乐趣玩弄于股掌之间”。[33]1952 年，大约有 50 名美国艺术家，其中包括爱德华·霍珀（Edward Hopper）、查尔斯·伯奇菲尔德（Charles Burchfield）、国吉康雄（Yasuo Kuniyoshi）和杰克·莱文（Jack Levine），他们对现代艺术博物馆的抨击，被人称之为“真实宣言”。他们说该博物馆在公众眼中已“越来越同抽象的和非客观的艺术沆瀣一气”，他们觉得“信条”主要产生于现代博物馆和“它在全国不可动摇的影响力”。同年，共产党的《群众与主流》（*Masses and Mainstream*）月刊在一篇讽刺性长文《美元、美国人和死亡》（*Dollars, Doodles and Death*）中对抽象艺术和它的圣地现代艺术博物馆大肆讥讽，可怕的是这篇长文居然得到了应验。

真的可以认为现代艺术博物馆搭了一班晚车吗？当悉尼·贾尼斯（Sidney Janis）1951年携“美国先锋艺术巴黎展”来到巴黎美术馆举行展览时，就经历了一次彻底的失败。对于这次展览的评论充其量也只能说平平，大多数是毫不隐讳的敌视。画作一幅也没有卖出去。贾尼斯对此的结论是，“举行这样一次展览为时过早。”其他支持纽约画派的私家画廊业主无疑要感谢现代艺术博物馆，因为它很早就认可了这种艺术。库茨画廊的塞缪尔·库茨（Samuel Kootz）说：“我可以说现代博物馆是最早承认马瑟韦尔、戈特利布、巴兹奥特这样的画家的博物馆之一。阿尔弗雷德·巴尔对这三位特定的画家非常欣赏，同时他也把他的热情带给了伯登或者纳尔逊·洛克菲勒以及其他现代艺术的管理人员。”[34]

阿尔弗雷德·巴尔在领导时尚方面堪称权威，他提倡抽象表现主义是他取得成功的不可分割的组成部分。巴尔1902年出生于底特律，1918年入普林斯顿大学，在求学时期，对艺术、军事史和国际象棋（反映了他对战略战术的关注）发生了浓厚的兴趣，并以此崭露头角。1929年，应阿尔德里奇·洛克菲勒之邀，担任了现代艺术博物馆的第一任负责人，直到1943年热内·达农考特接任为止。此后巴尔在博物馆仍保留着他的办公室，1947年2月又被任命为博物馆藏品部主任。在《纽约客》的一篇人物介绍中，德怀特·麦克唐纳对他是这样描述的：“腼腆，柔弱，嗓音低沉，一副学者模样。一张长着鹰钩鼻子、戴着一副眼镜的脸上表情冷峻，只有偶然的神秘微笑使他的表情变得柔和一些，这种微笑常出现在古代希腊的雕塑或不露声色的心理分析家的脸上。”但是麦克唐纳在巴尔身上，“除了慈祥的、心不在焉的老教授的模样之外，还注意另外一些特点。在他安详、正直的外表中，他还有政客们所不及的东西……‘在他不露痕迹的操纵之下，他在博物馆内营造了某种充满阴谋诡计的气氛。’有一位大惑不解的艺术家曾把博物馆说成‘不是欢乐的殿堂而是一所充满神秘的所在’。不过那里的情况倒不一定达到了这种程度。”麦克唐纳接着引用了佩吉·古根海姆（她在谈到巴尔时曾说过她“讨厌巴尔那种狡诈的品质”）和当时一位艺术家的话，他们发现阿尔弗雷德身上“有某种耶稣会会士的品格。但是正如耶稣会会士为了‘上帝更大的荣誉’*而施行阴谋诡计一样，巴尔也是为了现代艺术和博物馆的荣誉而施展出种种手段和花招。”[35]

在这样一个高度政治化的时期，我们在现代艺术博物馆的战略中可以发现巴尔的巧妙运作手段。为了平息有些人对博物馆扶植抽象表现主义的抗议，他有意识地“奉行‘双管齐下’的政策，虽然没有公开承认过，但实际操作起来确实是一种左右逢源的政策，这一点在博物馆的展出计划中表现得尤为明显。”[36]于是，在博物馆的展品中不乏浪漫主义或反映客观现实的作品以适应当时的主流欣赏趣味，以致招来一位评论家指责博物馆不致力于反映“当今时代的艺术”而一心反映“我们祖父辈的艺术”；[37]但是与此同时，巴尔又在收购纽约画派的作品，而且审慎地进行游说以争取更广泛的支持。正是巴尔说服了时代－生活集团的亨利·鲁斯改变了对新艺术的编辑政策，在一封信中他对鲁斯说，新艺术应该受到特殊的保护，而不要让它像在苏联那样受到批评，因为这种艺术毕竟是一种“艺术上的自由企业”。[38]鲁斯总是把“美国思想界的健康”这句话挂在嘴边的。这样，鲁斯就被争取过来支持巴尔和现代艺术博物馆了。1949年8月，《生活》杂志把主要的篇幅用来报道杰克逊·波洛克，使这位艺术家和他的作品出现在美国所有的咖啡桌上。这样广泛的报道（是巴尔经过努力争来的）粉碎了对这种艺术的忽视。

但是，真正说明纽约画派的雄厚财力的是现代艺术博物馆向欧洲

---

*“为了上帝更大的荣誉”（ad majorem Die gloriam），原为拉丁文，是耶稣会会士的一句格言。这里的意思是，只要是为上帝争取更大的荣誉，一切阴谋诡计就都是正当的了。

输出其藏品。1952年，洛克菲勒兄弟基金会开始在5年内每年提供捐款12.5万美元，在这一基础上制订了国际展出计划。在国际展出计划的财政资助下，博物馆启动了抽象表现主义画作大规模出口的计划。巴尔称这一计划是“对外国知识界的慈善性宣传”。[39]（另一位现代艺术博物馆的积极分子则称这是争取外国了解美国的一笔巨大财富。）这项计划的主任是波特·麦克雷（Porter McCray），耶鲁大学毕业，纳尔逊·洛克菲勒的南美情报机构的一位退役老部下。1950年12月，麦克雷请了一年长假，离开了现代艺术博物馆巡回展览部主任的工作岗位，成了美国外交部的一名随员，被派往巴黎，在马歇尔计划的文化科工作。拉塞尔·莱因斯（Russel Lynes）在写现代艺术博物馆历史时提到了这一举措，他写道：“这家博物馆已将其影响扩大到全世界（至少是铁幕外的世界），为此，博物馆是非常高兴的。在这个世界上，信仰开始转向了。这次向外输出的是美国土生土长的宗教，而过去美国总是进口欧洲的信仰。”[40]在法国，麦克雷亲眼看到国务院排斥左倾艺术家所造成的负面影响，结果，就像一名美国大使馆官员所说，美国利益和活动中出现了一块空白，对于这种状态，非但欧洲人感到难以理解，而且还让共产党人钻了空子，让他们利用这一点来证明他们指责美国人不认同西方价值观是正确的。[41]麦克雷带着纠正这种印象的使命回到了现代艺术博物馆。在他的领导下，博物馆为举办巡回展览提供的借用画作急剧增加，甚至达到了“某种令人不安的程度”。据一份内部报告称，1955年，博物馆为此“取消了18个月的最佳美国画展”。到1956年为止，国际展览计划共举办了33个国际展览，包括美国参加威尼斯的双年展（the Venice Biennale）（美国是唯一以非官方机构参展的国家）。同时，借给美国驻各国大使馆和领事馆的画作数量也急剧上升。

“一系列的文章都把现代艺术博物馆的国际计划与文化宣传挂上钩，甚至把国际计划与中央情报局联系在一起。由于我这些年一直在那里工作，所以我敢说这完全是不真实的。”[42]麦克雷的助理沃尔多·拉斯马森（Waldo Rasmussen）说，“国际计划的主要重点是艺术，不是政治，也不是宣传。何况作为美国的一家博物馆，避免涉及文化宣传对它来说是至关重要的，同大使馆或美国政府人士搅在一起只能对它不利，因为这样一来，它举办的展览就不免有宣传之嫌，而事实上并非如此。”[43]

现代艺术博物馆免不了宣传，也摆脱不开政府人士。比如说，1952年现代艺术博物馆同意与文化自由代表大会签约，在巴黎举办“杰作”展，这次展览的主办人就完全知道中央情报局在这个组织中扮演什么角色。再说，展品监理詹姆斯·约翰逊·斯威尼（现代艺术博物馆顾问委员会委员，同时也是美国文化自由委员会成员）就公开赞扬这次展览的宣传价值。他宣称，“这次展出的杰作，在纳粹德国或今天的苏联及其卫星国的政权下是创作不出来的。也是不准许展出的。”[44]有一种观点认为，抽象艺术是民主的同义语，是属于“我们这一方的”，阿尔弗雷德·巴尔也强调这一论点，他还用冷战的陈词滥调声称，“现代艺术反对墨守成规，热爱自由，在铁板一块的专制统治下，是不能容忍的，现代艺术对于独裁者的宣传也是毫无用处的。”[45]

1953年至1954年，现代艺术博物馆第一次举办专门推介纽约画派的“当代十二位美国画家和雕塑家”展览，[46]其意义远远超过了纳勒科夫的杰作展。这次展览在巴黎的国立现代艺术博物馆举办，这是15年来第一次在法国举办重大的美国艺术展。当时法国有人指责这次展览是“文化侵略”的一柄长矛（这里，法国的文化沙文主义的作用不可低估）。为了先发制人，现代艺术博物馆宣称这次展览是应东道国博物馆之请而举办的，实际上却恰恰相反。根据美国驻巴黎大使馆的一份通报，“1953年2月初，（现代艺术）博物馆要求大使馆的文化处与巴黎的国立现代艺术博物馆馆长让·卡苏（Jean Cassou）商谈举办这次展览的可能性。卡苏先生已为该博物馆在1954年前的展览做了安排。不过，当他得悉可以举办这次展览后，他重新安排了展览计划，推迟举办已列入计划的比利时画家恩索（Ensor）的展览。”[47]这份通报还抱怨说，“由于没有任何美国政府主办艺术展览的计划，对于这一请求，大使馆无能为力。”但是通报接着说，“对于这次拟议中的美国艺术展终于因为纳尔逊·洛克菲勒基金采取了行动才得以打破僵局，这家基金会向纽约的现代艺术博物馆拨出资金用于在海外举办展览会。”[48]

在这次展览中，美国大使馆无法发挥其官方作用，只好悄无声息地在现代艺术馆和法国东道主之间充当联络人。法国的东道主中包括法国艺术行动协会。这个协会隶属于外交部，也隶属于国民教育部。该协会拿出一大笔款项，为这次展览印制了豪华的说明书和海报，并“为展览做了一切必要的宣传工作”。其中的关系很值得玩味：该协会也是自由文化代表大会的“捐款人”，而且据弗莱希曼说，协会主席菲利普·厄郎杰（Philippe Erlanger）“这个人，凡是与代表大会有关的难题，只要去找他，每次他都是愿意帮助和合作的。法国有这样一批人，他就是其中之一。”[49] 实际上，厄朗杰本人就是中央情报局安插在法国外交部的一名关系。文化自由代表大会（这一次是现代艺术博物馆）通过他这条可靠的渠道，为文化宣传活动获得法国官方的经费。热内·达农考特本人对这次展览十分重视，他不可能不知道这种关系。法国新闻界的人抓住了这次展览背后的政治把戏，把国立现代艺术博物馆揶揄为“美国领土”新建的前哨阵地，而这些参展的画家则被嘲讽为“福斯特·杜勒斯先生的十二使徒”。

正当“当代十二位美国画家和雕塑家”展览打点行装准备奔赴下一个展出地时（按计划将在苏黎世、杜塞尔多夫、斯德哥尔摩、奥斯陆和赫尔辛基展出），现代艺术博物馆已开始为参加另一次展览做准备了。这次展览将再次把它同文化自由代表大会直接联系在一起。现代艺术博物馆的展览与出版部主任门罗·惠勒（Monroe Wheeler）1954年4月9日致函纳勃科夫，向他确认“我们的协调委员会已同意在你们筹备的18—35岁画家展览会问题上与你们通力合作。我们在此建议本博物馆的绘画雕塑部主任安德鲁·卡恩多夫·里奇先生（Mr. Andrew Carnduff Ritchie）担任你会的国际顾问委员会委员。”[50]

这次合作的结果就是“青年画家”展。首展在罗马的国立美术馆举行。然后陆续在布鲁塞尔的美术馆、巴黎的国立现代艺术博物馆以及伦敦的当代艺术院（ICA）举行。展出的近170幅画作几乎都是抽象派作品。里奇认为，抽象派画家的画作是对大多数非共产党的具象绘画之无力乃至僵化所作的反应。他挑选了理查德·迪本柯恩（Richard

Diebenkorn)、西摩·德鲁姆莱维奇(Seymour Drumlevitch)、约瑟夫·格拉斯科(Joseph Glasco)、约翰·赫尔特伯格(John Hultberg)、欧文·克里斯伯格(Irving Kriesberg)和西奥多罗斯·斯塔莫斯(Theodoros Stamos)的作品。这样，当欧洲的观众正在了解第一浪潮的抽象表现主义画家时，里奇已经向他们推出了第二浪潮的画家了。

按惯例，文化自由代表大会筹集巨额现金作为奖金，奖给三幅最佳画作，赫尔特伯格同乔万尼·多瓦(Giovanni Dova)和艾伦·雷诺兹同获一等奖，每人得到1000瑞士法郎，相当于2000美元(这笔钱是弗莱希曼"捐赠"的)。组织这一次展览，在巡回展出的这一年中还要运展品、作宣传，这些经费都由法菲尔德基金会提供。现代艺术博物馆名义上负责展品来往于美国和欧洲之间的运费，用的却是洛克菲勒兄弟基金会的钱。在扩大展览的影响方面，代表大会的媒体网络也尽到了它们的责任。1956年10月份那一期《证言》杂志用一半篇幅来报道这一次展览，还就抽象艺术与具象艺术这一问题发表了对年轻艺术家的调查报告。[51] 乔斯尔森声称"有关现代绘画的种种问题正好也是我的业余爱好"，他把这份调查报告送给了纳尔逊·洛克菲勒，说"这份报告在目前巴黎讨论的各种问题当中名列前茅。"[52]

现代艺术博物馆与文化自由代表大会的合作使它能够接触到欧洲最权威的艺术机构。代表大会的艺术委员会中有布鲁塞尔的美术馆，瑞士的现代艺术博物馆，伦敦的当代艺术院，柏林的凯泽·弗里德里克博物馆，古根海姆博物馆(纽约和威尼斯)以及罗马的国立现代艺术馆。这个委员会，加上现代艺术博物馆的经济实力(幕后是法菲尔德基金会)，在广度上和规模上都可以影响全欧洲的美学鉴赏标准。一名"青年画家展"的评论者写道："这次展览会顺应各种抽象艺术潮流的审美情趣，没有给观众一种标新立异的感觉，这也许应归功于评选展品的评委会。评委会的成员几乎都是各博物馆主任级的人物，由这样的人来选展品是不会超越已确立的'最佳'这个标准的。"[53]

当时的主流正统观念之所以形成并不仅仅出于美学的需要，而是当时政治决定的，这一点是毫无疑问的。艾森豪威尔总统的政治考量和他的前任杜鲁门不同，他认识到现代艺术作为“自由的支柱”的价值。艾森豪威尔在一次讲话中明白无误地赞扬了现代艺术馆的工作，他宣称：“只要艺术家享有以个人强烈的感知去认识生活的自由，只要艺术家享有以自己的诚挚和信念去创作的自由，那么艺术就会进步，即使有分歧意见，那也是健康的……在暴政之下，情况是多么不同啊。艺术家一旦成为政权的奴隶和工具，一旦成为某种事业的主要宣传者，进步就遭到遏制，创造性和天才就都毁了。”[54]这些观点得到了现代艺术博物馆国际计划前主任奥古斯特·赫克舍（August Heckscher）的响应，他说博物馆的工作“是与当今时代的一场重大斗争，即自由对暴政的斗争相关联的。我们知道，凡是暴政存在的地方，不管是法西斯还是共产主义，现代艺术不是被摧毁便是遭到放逐。”[55]

乔治·坎南也同意这种“自由艺术”的思想，1955年他对一批现代艺术博物馆的积极分子说，“他们有责任去纠正一些印象，似乎我们的艺术享受只能受惠于外国，这种印象已经开始严重地影响我们的国际地位。”[56]坎南说，“这种负面印象”更多的是“与文化有关而不是政治”。他下面提出的一个论点语惊四座：“极权主义者认识到，他们只有在表面上显得赞赏艺术家们的信念和热情，他们才能理直气壮地声称他们已经创造一种充满希望的、值得信赖的文明……他们有这样的认识居然比我国许多人要早得多，对此我感到悲哀。”[57]坎南问道：“摆在我们面前的是一个什么性质的任务呢？我们必须向外部世界表明我们既有自己的文化生活，也关注这种文化生活。实际上我们已予以足够的关注，在国内鼓励并支持文化生活，了解世界其他地方相似的文化活动并以此来丰富我们自己的文化生活。如果我们采取强有力的行动把这种印象传达到外国并取得成功，那么，为了通过这种方式取得成果，我宁愿放弃剩下的这一点点政治宣传。”[58]

文化自由代表大会之所以支持实验性的绘画，主要是抽象派绘画，将之置于表现主义或现实主义美学之上，必须从这一大背景来观察。从汤姆·布雷顿和唐纳德·詹姆森的言论中可以看到，中央情报局显然认为它在鼓励人们接受这种新艺术方面是可以起作用的。法菲尔德基金会的案卷也反映了中央情报局在提供经费问题上所作的承诺。除了支持“青年画家”画展外，中央情报局还通过法菲尔德基金会向现代艺术博物馆提供了好几笔捐款，其中包括 1959 年向该博物馆的国际理事会捐赠 2000 美元，作为向波兰读者提供有关现代艺术的图书之用。

此外还有更多的确凿证据表明中央情报局在整个推广抽象表现主义的机器中是一个活跃的组成部分。1955 至 1965 年间举办的“青年画家”展览一结束，尼古拉·纳勃科夫就立即着手筹划后续行动。尽管这项计划开始时并不顺利，但终于在 1959 年初获得批准；弗莱希曼当时已担任文化自由代表大会的音乐艺术委员会主席，同时也是现代艺术博物馆国际艺术理事会理事（这是扩展了的国际计划），通过他，把这两个机构联系在一起。现代艺术博物馆决定再次参加这次后续性的展览，大部分参展画作是从已经运往欧洲参加巴黎双年展的作品中选出来的。1959 年年底，纳勃科夫的秘书已经可以向弗莱希曼报告说，有关这次筹划中的展览的消息已经“像一场旋风似的吹遍艺术界”了，“巴黎所有的青年画家，每一位美术馆的馆长，每一位艺术评论家都打来电报（给代表大会），要求了解一切有关这次展览的情况。这次展览将引起轰动。”[59]

展览最终于 1960 年 1 月在卢浮宫的装饰艺术馆开幕。展览原名为“当代绘画的诗意源泉”，后来为了使展览更具煽动性更名为“分庭抗礼”展。在画展中居主导地位的是马克·罗思科（当时他在巴黎）、萨姆·弗朗西斯（Sam Francis）、伊夫斯·克莱因（Yves Klein，这是他的画作首次在巴黎展出）、弗兰兹·克兰（Franz Kline）、路易丝·内维尔森（Louise Nevelson）、杰克·波洛克、马克·托比和琼·米切尔（Joan Mitchell）等人的作品。许多作品是从维也纳调过来的。代表大会曾将这些画作在维也纳展出，这是中央情报局策划的破坏共产党主办的世界青年联欢节的大活动中的一个组成部分。中央情报局为这次展览花费了 15365 美元，但是，为了加强它在巴黎扩展活动的内容，他们还必须增加投资，因此又通过霍布利泽尔（Hoblitzelle）基金会洗钱，追加了 10000 美元，还从法国行动艺术协会那里挖来 10000 美元。

虽然新闻界对这次展览大肆炒作，代表大会还是不得不承认，“从总体上看，口碑不佳”。尽管争取过来部分欧洲评论家，对这个“分庭抗礼”展览作出“巨大反响”，为这个“令人呼吸不畅、头晕目眩的”抽象表现主义作品展呈现出来的世界喝彩，但是，其他许多评论家却对它感到困惑或愤慨。在巴塞罗那，一位评论家获悉，那一年现代艺术博物馆举办的“美国新绘画”巡回展中，杰克·波洛克和格雷斯·哈蒂根的两幅油画硕大无比，在运进展厅时不得不将门的金属上框锯掉一截才搬了进去，对此感到十分惊讶。《自由比利时》报宣称，“这是世界上最大的油画”，该报担心画作“表现出来的那种完全随心所欲的强大力量似乎是一股真正危险的潮流。我们自己的抽象派画家（都是欧洲‘不登大雅之堂’的画家）在这些被解除枷锁的巨人那种令人担忧的气势面前显得十分渺小。”[60]在提到只有美国广袤而又无法无天的蛮荒西部才有的那种硕大而充满暴力的画作时，评论家们觉得“他们似乎拿错了说明书，以为这些画作是怀亚特·厄普或比利小子*所绘。”[61]

不仅是欧洲的艺术家在抽象表现主义面前相形见绌。亚当·戈普利克后来总结说，“巨幅水彩画（已经成为）美国博物馆的唯一风格，把两代现实主义画家逼进了地下室；而静物画则弃之如敝屣。”[62]约翰·卡纳德回忆道，到了1959年，“抽象表现主义盛行达到顶峰，以至一位不知名的画家想到纽约去展览作品，如果不按照纽约画派某位画家的模式作画，就找不到一家画廊愿意展出他的作品。”[63]卡纳德说，凡是批评抽象表现主义的评论家，比如说它滥用其取得的成功，对于这种一家独秀的狂热维持的时间已经过长，这些评论家的“日子都不会好过”（他自称他就因为不欣赏纽约画派曾受到威胁说要他的命）。[64]1959年佩吉·古根海姆在离开美国12个月之后回国时，发现“整个艺术界已成为获得暴利的一大商机，其吃惊程度不亚于五雷轰顶。”

一位评论家把现代艺术博物馆说成是一家“超速运作的卡特尔，专营现代主义艺术”。博物馆一心要在制造抽象表现主义历史中充当大老板的角色。原来抽象表现主义在艺术发展史上曾经是新奇而富于刺激性的一页，现在却人为地、系统地被降格为一种学派程式，一种被公认为

*Wyatt Earp和Billy the Kid，两位美国西部的传奇人物，这里代指举止粗鲁的地痞流氓。

过分怪异的风格，一种官方艺术。于是，抽象表现主义就被纳入了一种规范，其原有的最自由的艺术形式现在已无自由可言。越来越多的画家生产越来越多的画作，越来越大，内容也越来越空洞。抽象表现主义艺术听命于现代艺术博物馆并与更为广大的社会签订了契约（博物馆也是其中的一部分），在这种情况下，千篇一律的风格已将抽象表现主义引向了制造迎合低级趣味的拙劣作品的边缘。贾森·爱泼斯坦说，“它就像皇帝的新衣一样，在大街上招摇过市，声称‘这是伟大的艺术’，而站在街道两旁的人都点头称是。谁会站出来对克莱姆·格林伯格以及后来大批购买这种画作来装饰其银行大厅的洛克菲勒们说，‘这玩意儿糟透了’？”[65]德怀特·麦克唐纳曾说过，“没有几个美国人愿意同一千万美元来争一个是非曲直的。”[66]他的话也许是对的。

那么，画家们自己又如何呢？对于那些经常与他们的画展同时出现的冷战论调（彼得·富勒称之为洗脑筋），画家们是否反对过呢？美国绘画在文化冷战中扮演了一个特殊的角色，问题还不仅仅是绘画成为冷战事业的一部分，更重要的是这是一场运动，使慎重声明不关心政治的东西高度政治化了。艺术家保罗·柏林（Paul Burlin）曾说过，“现代绘画是保卫个人创造性表现的一道屏障，它使艺术创造远离政治上的左派以及他们的同胞兄弟政治上的右派。”[67]在评论家哈罗德·罗森堡看来，战后的艺术需要作出放弃政治的抉择。“但是，在政治上，艺术对政治的反应是敏锐的，而在艺术领域也明显地表现出不同的意识形态在对抗中都已两败俱伤，追随者也都分崩离析……新一代画家及其拥护者自然就完全介入了当代各种现实问题了。”[68]

那么，他们的创作是不是就完全背离他们应有的社会和政治功能呢？巴尼特·纽曼（Barnett Newman）在介绍1943年举办的《首届现代美国艺术家展览》时写道：“我们是作为美国现代艺术家而走到一起来的，因为我们认为我们应当作为一个艺术群体出现在公众面前，这个群体要充分反映一个正在崛起的美国，一个有望成为世界文化中心的美国。”[69]那么纽曼对于国家的大环境是否感到失望呢？威廉·德库宁

（Willem de Kooning）* 发现所谓的“美国精神”（American-ness）在某种程度上“变成了一种包袱”，他说，“如果你来自一个小国，你就不会背上这种包袱，我进了美术学院，我画的是裸体模特，我是在作画，但不是为荷兰作画。有时我觉得一个美国艺术家一定觉得自己像一个棒球运动员，是团队的一员，在为国家写历史。”[70] 不过，1963 年德库宁被授予总统奖章，他同样也为此感到自豪。杰克逊·波洛克说：“关于要创造一个独立的美国画派的说法，我觉得很荒唐，正如说我们要创造美国的数学或美国的物理学一样荒诞可笑。”[71] 不幸他死于他的老爷车方向盘前，没有来得及在是否接受这种荣誉时作出他的抉择。

罗伯特·起初对于在美国作画还是在其他国家作画的使命感是一视同仁的，他对于“商品比生产者更重要这一点有些想不通”，[72] 对抽象表现主义具有民族性的说法也是持否定态度的。20 世纪 70 年代，英国抽象派画家对于美国有权垄断文化的领导地位提出质疑，波洛克生前是支持这位名叫帕特里克·赫伦（Patrick Heron）的。对于赫伦敢于向“NY 帝国主义”** 挑战表示敬佩，马瑟韦尔写道，“你们在英国的同时代艺术家以大无畏的气概做出努力来超越绅士派艺术，但是在过去或现在都没有受到应有的重视，这是因为纽约对于英国的同代人缺乏宽宏的气度。”又补充说，他期待着现代艺术不再带有沙文主义色彩，最后他向赫伦保证说，“并非所有的美国人都是弱智者 ***。”[73]

马瑟韦尔是美国文化自由委员会的成员。巴齐奥特斯、考尔德和波洛克也是该委员会的成员，不过在波洛克加入时，他因酗酒过度，头脑已不清醒。现实主义画家本·沙恩（Ben Shahn）则拒绝加入该委员会，他把美国文化自由委员会蔑称为“ACCFuck”****。原为共产党同路人

* 德库宁（1904—1997）出生于荷兰鹿特丹。早年曾是学徒工，后在鹿特丹学习创作和实用艺术 8 年，早期作品介于具象与抽象之间，后来成为抽象表现主义代表性画家，对美国年轻画家影响极大。

** NY 帝国主义，这里 NY 指的是“纽约画派”的蛮横画风。

*** 弱智者，原文为 mongols，医学上称为唐氏综合征（Down’s syndrome）患者，即头颅扁平，双眼斜视的先天性白痴。

**** ACCFuck 为戏称。ACCF 为美国文化自由委员会（American Committee for Cultural Freedom）的缩写，后接 fuck 则成了粗话。

的马克·罗思科和阿道夫·戈特利布在冷战期间都成为坚定的反共分子。1940 年，他们帮助建立了“现代画家与雕塑家联合会”，这个联合会以谴责一切民族主义和反动的政治运动对文化的威胁起家。在成立后的几个月里，联合会就成为艺术界积极反共的机构。它致力于揭露共产党在各种组织中的影响。罗思科和戈特利布带头致力于清除共产党在艺术界的存在。他们两人过于热衷于这件事，以至 1953 年联合会经表决决定终止其政治性活动，导致他们辞职而去。

在众多抽象表现主义艺术家中，艾德·莱因哈特是唯一继续坚持其左倾观点的，正因为如此，他才在 60 年代以前一直受到官方艺术圈的冷遇。他的这种处境恰恰使他站在最有利的立场来揭示，他过去的这些朋友们在生活上和艺术上前后的天壤之别。原来他们只能在雪松酒馆里夜夜喝得烂醉，后来却居住在汉普顿、普罗维登斯和科德角*的豪宅里；在 1950 年他们所摄的集体照中，他们是一派“愤世嫉俗者”模样，现在他们的照片出现在《时尚》（*Vogue*）杂志上，这批“愤怒的青年”**看上去就像一些股票经纪人，杂志把他们归入了进行投机活动而暴富的画家之列，并报道说现在抽象表现主义在市场上行情大涨。莱因哈特毫不留情地谴责他的同行们屈从于贪婪和野心的诱惑。他把罗思科称为“出现在《时尚》杂志上的一个居住在没有水暖设施房子里的野兽”，把波洛克则称为“哈泼斯市场上的酒鬼”，巴尼特·纽曼是“先锋派沿街叫卖的手工艺匠人和教育界的商店售货员”，“一个御用的兴风作浪的辩护士和演艺人”（这种评论激怒了纽曼以致对他提出了诉讼）。莱因哈特并不罢休。他说，博物馆应当是“一座宝库和一座坟墓，而不应成为会计室或娱乐中心”。[74] 他把艺术批评比作“语言混乱的胡说八道”，并讥讽格林伯格是一个“专制独裁者”。莱因哈特是参加 1963 年为黑人争取平等权利“向华盛顿进军”行列中唯一的抽象表现主义艺术家。

---

* 汉普顿（Hampton），美弗吉尼亚州东南的一个独立市；普罗维登斯（Providence），美罗德岛的首府，曾早于美国两个月宣布独立；科德角（Capecod），美马萨诸塞州东南部的一个半岛。

** 愤怒的青年（angry young men），原指 20 世纪 50 年代英国文学界的新一代，多出生于较低的社会阶层，蔑视门第等级观念、英国国教和名牌大学培养出来的精神贵族，以自己下等阶层的癖性为荣。后引申为具有这种特点的青年知识分子。

一种论点说，抽象表现主义画家只是“由于历史的偶然才在冷战中作画，但不是为冷战作画”。[75]这种论点是站不住的。他们自称与意识形态无关，但是他们自己的言论，在某些情况下甚至是政治上的忠诚，就否定了他们的辩白。不过，抽象表现主义画家的作品也不能同他们所处的政治环境画上等号。抽象表现主义同爵士乐一样，过去是，现在还是作为一种独立的创造性现象而存在，并且取得了成功的。这与有人想在政治上利用它并无直接关系。菲利普·多德强调：“我们需要把一切艺术同时代联系起来，这样我们才能理解艺术，这一点是毫无疑问的。为了了解抽象表现主义，我们需要了解它为什么出现在欧洲和美国之间的关系十分特殊的时期。从政治上说，是历史推出了一代激进主义者；从国家的角度看，他们出现的时刻正是美国在战后成为唯一的文化上独霸天下的国家。我们必须了解这一切才能对抽象表现主义取得的成就作出评价。但是他们的艺术却又不能因为当时的状况而遭到贬低。不错，中央情报局确实插了手，我同其他任何人一样为此感到悲哀，但是这并不能解释抽象表现主义艺术为何如此有分量。这种艺术能够取得如此的成功必有艺术自身的因素。”[76]

杰克逊·波洛克1956年死于车祸，在此之前，阿希尔·戈尔吉也已自缢身亡。6年内，弗兰兹·克兰因酗酒过度而死。1965年，雕塑家大卫·史密斯也在车祸中丧生。1970年，马克·罗思科切脉，流血过多而死于画室的地板上。他的一些朋友认为他之所以自裁，部分原因是他处于深深的矛盾之中难以自拔，因为他的作品获得丰厚的物质报酬，其结果却是“把他的反对者推向了资产阶级的写实主义”。

《洪堡的礼物》中的讲述者说：“我们这个国家为它已经死去的诗人感到自豪。诗人们证实了我们美国如此坚强，如此辽阔，如此富有，如此强健。为此国家踌躇满志。说明美国现在是无比强大……但是精神力量却是虚弱的，表现为幼稚、疯狂、自我陶醉，以及殉道者们的绝望……所以诗人们受人钟爱，不过他们之所以受到钟爱是因为他们不能有所成就。他们的存在只是为了把极度混乱呈现给世人。”[77]

第十七章 复仇女神

1787 年，一位老人在穆兰附近的一家旅店里正处于弥留之际。他是狄德罗*的一个朋友，在思想上深受这位哲学家的影响。当地的牧师对他束手无策：这个好人拒绝牧师为他做临终祈祷，说他是个泛神论者。德罗勒朗先生恰巧路过此地。他是什么都不信的一个人。他同穆兰教区的司祭打赌，说他用不了两个小时就能使这位病人再度皈依基督教。牧师同意与他打赌，但他输了：凌晨三点交给德罗勒朗先生处理，五点时病人就忏悔了，七点与世长辞。牧师说："你一定是能言善辩，胜过我们这些人多矣！"德罗勒朗先生回答说："我并没有说服他，我只是让他对地狱产生恐惧而已。"

——让－保罗·萨特：《恶心》

正当抽象表现主义被用作冷战武器时，美国又发现另一种更加强大的武器，那就是上帝。道德律中的宗教信仰早已被供奉在 1789 年通过的美国宪法之中，但是直到冷战的高峰时期，美国才发现在祈祷时高声呼喊"和散那"** 竟是那样的有用。上帝无处不在：他在一万只气球里。1954 年执行过一个《圣经》气球计划，把《圣经》装进气球里，让它们飘向铁幕的后面。1954 年 6 月 14 日国会通过的一个法案打上了上帝的印戳，该法案规定在效忠宣誓的誓言中加上一句话："上帝之下只有一个国家。"据艾森豪威尔的解释，这句话再次确认"宗教信仰始终贯穿于美国的过去和将来；这样，我们将不断增强我们的精神武器，这种武器不论在和平时期还是战时，都将永远是我国最强大的力量。"[1]1956 年，国

* 狄德罗（Denis Diderot，1713—1784），法国文学家、哲学家，早年曾为耶稣会士，但他在 1746 年发表的第一部作品《哲学思想录》中对基督教却进行了无情的攻击。
** 和散那（hosanna），赞美上帝的用语。

会规定在美钞上印上“我们信仰上帝”字样，从此这句话成为这个国家官定的格言。

“既然上帝已经为我们准备好了现成的千年计划，我们为什么还要制定什么五年计划？”[2]一位美国历史学家提出了这样一个问题。按照这个逻辑，基督教服从上帝制定的律条是永恒的传统，政治品德也要服从这个传统。通过祈求至高无上的精神权威的保佑，美国的命运就此获得了上帝的认可。

美国人就像格罗顿学校里的孩子们一样，受到有关上帝的宠儿的教育，让他们懂得“在历史上，所有的宗教都对战胜敌人的人荣宠有加……《可兰经》《希腊神话》《旧约》……都说杀死敌人是天经地义的事。当然，有关杀死敌人的目的和手段还是有一些限制的。如果你追溯希腊文化，读一读修昔底德*的著作，就会发现你对其他与你同属一种文化的希腊人能做什么是有限制的，但是对于波斯人，就没有任何限制了，因为他是野蛮人。”[3]

宗教性的责任为艾伦·杜勒斯这样的冷战斗士提供了动力。艾伦·杜勒斯是在长老会传统中成长起来的，他就喜欢引用《圣经》作为其用间谍的依据（约书亚就曾派遣间谍进入杰里科**）。1961年中央情报局迁入位于弗吉尼亚州规模庞大的新址时，杜勒斯就让人在以天文学家兰利（Langley）命名的兰利大厅的墙上镌刻他喜爱的《圣经》引文：“你们必晓得真理，真理必叫你们得以自由。”（约翰福音：8.32）亨利·鲁斯是传教士的后代，他也喜欢从《圣经》的内容中汲取力量，“基督教伟大的前途就在于：探索，然后你就会发现……而这种前途和前提就是美国立国之本。”鲁斯很少星期日不上教堂或晚上睡觉前不跪下祷告。鲁斯的妻子克莱尔·布思·鲁斯在女儿1943年死于车祸之后改而皈依罗马天主教。她改变宗教信仰这件事当时是美国媒体上最大的新闻，以

---

* 修昔底德（Thucydides，约公元前460—前400年），希腊伟大的史学家，所著《伯罗奔尼撒战争史》全面论述了雅典与斯巴达之战。

** 约书亚（Joshua），以色列人领袖摩西亲自指定的继承人。以色列人出埃及渡过约旦河后，在约书亚率领下攻占迦南（巴勒斯坦），第一个攻打的城镇就是约旦的杰里科。迦南的占领通过渗透和同化，经几个世纪才最后完成。

致引起一些喜欢说三道四的人的嘲弄。有一则广为流传的笑话是这样的：鲁斯夫人在担任美国驻意大利大使期间，曾与教皇有一次有关教义的争论，教皇打断了她的话，提醒她说："不过，夫人，你知道我也是天主教徒。"她还夸耀说在1952年艾森豪威尔竞选总统时，她说服了他，使他成为长老会教友。[4]

一位早期的传记作者写道："鲁斯强烈地希望他能为提高国人的素质尽力，其动机无关利益和个人荣誉。他坚信他知道什么样的信仰对美国人有益，于是他就按照这种虔诚的信念行使自己的权力，尽管人们并不一致认为他的信念就是正确的。"[5]他坚信"美国之所以能够成功地同心协力，其直接原因就是这个国家的宪法中明确规定要依靠上帝"，他认为，"除了古代以色列之外，历史上还没有一个国家像美国那样按照上帝永恒的意旨行事。"[6]在鲁斯看来，冷战是一场圣战，在这场圣战中，时代公司应为在全世界击败共产主义这一压倒一切的目标和意图尽力。有一次他向时代公司的经理们发问："这是不是民间战争的宣战？如果是的话，那么这种民间的宣战是否可能不合法，而且有点疯狂呢？也许是吧，不过这样的非政府间的战争在历史上是有很好的先例的。"[7]除了十字军讨伐中的雇佣军和弗朗西斯·德雷克的私人船队外，还有什么可以引用来与之相比呢？

鲁斯最偏爱的神学家是担任文化自由代表大会荣誉赞助人的莱因霍尔德·尼布尔，此人在冷战问题上却是一名"实在论者"，他认为在政权机构中最重要的是有意识地保持权力平衡，外交政策则应由精英权力机构负责，他人不得插手。尼布尔本人当然是这个精英群体中的权威性人物。另一方面。马丁·路德·金却宣称从他那里领会了"罪恶的宿根"*。尼布尔在神学方面为《时代》和《生活》杂志的读者端出来的却是自由主义"大餐"，因而获得了悉尼·胡克的赞同。胡克赞成重新提出"原罪"的教义，以此作为政治工具，使"上帝成为国家政策的一种手段"。[8]随着宗教上的责任渗入冷战的每个重要领域，20世纪50年代整个美国的权力机构似乎只有一个一元的基本观点作为其政策基础：人类的未来将取

* 基督教神学理论认为，人性中潜藏着"罪恶的宿根"（poteatid for evils）。

决于“两大阵营之间的斗争，即否定上帝的一方和信奉上帝的一方之间的斗争。”[9] 杜鲁门总统曾警告说：“我们在当今世界面临的问题上一定要保持清醒的头脑。这是一个要暴政还是要自由的问题……而且更严重的是，共产主义是否认上帝的存在的。”[10] 这种观点把世界上各种复杂的关系简化为光明与黑暗两种势力的斗争。炮制出这种观点，意味着这种“非黑即白”的美国外交政策明显地拒绝逻辑思维和理性思考。1916年，乔治·桑塔亚那（George Santayana）* 在其著作中对这种主宰历史进程的曲解哲学化地描述为：“经久不变的想象被认为是知识，有条有理的幻想成了真理，自成系统的意志则被称为品德。”[11]

在年轻的传教士比利·格雷厄姆（Billy Graham）的理论中，那种光明与黑暗、信仰上帝与不信仰上帝的区分已经不见了，他把杜鲁门的警告又推进了一步，声称“共产主义……一定有撒旦在为它出谋划策……不然怎么每当关键时刻都能让我们受骗上当呢？一定是撒旦赋予了他们超自然的能力、智慧和知识，除此之外，我想不出还可能有别的原因。”[12] 诺曼·梅勒则作出了不同的判断：“美国在政治上最深层的病因就是她是一个自以为是的国家。”[13]

正是在这种宗教性的教条主义气氛下，麦卡锡参议员才能大行其道。在《严峻的考验》（*The Crucible*）一书中，亚瑟·米勒把二百年前发生在萨勒姆 ** 的搜捕巫师行动和麦长锡时代相提并论，以此说明虽然时隔两个世纪，“两者都犯有同样的过错，那就是只要对立面说这个世界是正常的朗朗乾坤，他们就会产生一种格格不入和敌对的情绪。如果不犯这样的过错，20 世纪 50 年代对赤色分子的政治迫害就不可能有那么大的能量。”[14] 这两次大审判的主要共同特点都是根据当众忏悔来定罪，不仅要求被告“供出他的同谋，并谴责指使他的魔鬼主人，而且还要用令人厌恶的过时的誓言来保证他已幡然悔悟、改过自新，这样他才能重新做人，加入由最清白的人构成的社会之中。”[15] 麦卡锡的非美活动调

---

* 桑塔亚那（1863—1952），西班牙著名哲学家、作家和学者。1918 年曾出版《美国人的哲学见解》。

** 萨勒姆（Salem），位于美国马萨诸塞州东北部，1630 年设镇。现为萨勒姆市，该市至今仍设有萨勒姆巫术博物馆。

查奇特之处在于他们对证据并不十分有兴趣，他们更感兴趣的是考验证人是否诚实。莱斯利·弗德勒同他的朋友欧文·托里斯托尔一样，早在50年代初就发现了这种宗教因素，他把这种过程描述为一种象征性的宗教仪式，他说："忏悔本身并无价值，但是如果没有这种忏悔，我们的自由主义就不能从只讲清白发展到还要承担责任。"[16]

文化自由代表大会充分利用了公开忏悔的象征意义。伊莱亚·卡赞*1952年在麦卡锡的非美活动审讯中供出了同谋，由此他获得了奖励，让他加入美国文化自由委员会，这个委员会愿意为他而进行战斗。卡赞的"演员工作室"受到奉行强硬路线的反共派的攻击，索尔·斯坦因（Sol Stein）便以耶稣会的精神站出来为他辩护，他强调说卡赞在戏剧界恰如其分地履行了其"反共的责任。戏剧界政治上落后，具有传教士的精神，他们更加重视同行的兄弟之情。他们用了很长时间才认识到，在我们的国土上为苏联的外围机构服务，实际上是增强了苏联这个庞然大物的力量。"[17]斯坦因分析说："我们本应让过去与共产党站在同一战线上的人，有机会把他们的精力转向真正的反共事业，如果这并不违背他们现在的信仰的话。"[18]他还说，应该让卡赞有足够的空间，让他给那些"政治上后进的人一些机会来弥补他们以往的过失，这样，他们才能在我们反对共同敌人的事业中发挥他们的才能。"[19]这样的分析并不足以使极端的反共压力集团"阿韦尔有限公司"（Aware，Inc.）满意，他们仍然抱怨说卡赞还在继续同那些"死不改悔分子"如马龙·白兰度、弗兰克·西尔弗拉、卢·吉尔伯特（Lou Gilbert）等人合作，居然没有聘用一个"积极反共的人物"。[20]

美国委员会还委任美国最有名的告密者惠特克·钱伯斯为执行委员。这位告密者的证词毁掉了阿尔杰·希斯的职业生涯**。惠特克将告密的技巧提升到一个新的高度，以致他在时代－生活集团的上级同事（钱伯斯当时是一名编辑）当着鲁斯的面对他说："我想你最喜欢看的一部电

* 伊莱亚·卡赞（Elia Kazan，1909—2003），希腊裔美国著名导演和剧作家，曾在百老汇导演过《欲望号街车》《推销员之死》等。麦卡锡时代，因在30年代的"非美活动"而受到审讯，此事在1952年成为人们议论的中心话题。
** 关于惠特克告密出卖联邦官员阿杰·希斯的案件，见第十二章。

影大概是《告密者》吧。”索尔·斯坦因激愤地写信给钱伯斯，告诉他，因为提名他为执行委员，“已经接到一些半夜以后打来的匿名电话，威胁说要把董事会的成员‘从地球上消灭掉’。”他在信的结尾处写道：“上帝啊，我想我们干的这件蠢事永远也抹不掉了。”[21]

钱伯斯在《目击者》上写道，他的自传提出了一个有争议的问题：“对于一个并不健全的社会，我们称之西方文明，一个人对它如此有信心，认为它如此伟大，乃至为了保卫这个社会甘愿牺牲人们珍视的一切，包括他的生命，这个社会还能苛求于他，对他进行责备吗？”[22] 钱伯斯把自己美化为大卫*式的人物，他却因为拿起投枪反对共产主义而从《星期六晚邮报》那里拿到了75000美元。这家报纸用了8个星期连载了他的这本书。安德烈·马尔罗在读了《目击者》后对钱伯斯说：“有些人不是空着手从地狱回到人间的，你就是其中之一。”[23]

美国的反共分子既有上帝又有金钱支持他们，他们就能够从中捞取好处，使反共事业成为一种兴旺发达的第二职业。在好莱坞，十字军把美国文化中一切不信奉上帝的异教徒清洗出去。两个通过报业辛迪加到处发表街谈巷议的专栏作家赫达·霍珀（Hedda Hopper）和罗薇拉·帕森斯（Louella Parsons）抓住这个机会，就像比顿太太清扫厨房一样，也做起精神卫生工作来了。她们拿着高薪，充当保卫者复仇女神**和警察局女监管理员的角色，其任务就是站在门口阻挡那些有原罪的人、不爱国的人和违反规则的人，因为这些人是没有资格同一批模范圣徒们呼吸同样的新鲜空气的。这些堪称楷模的人物有路易斯·B. 迈耶（Louis B. Mayer）、哈里·科恩（Harry Cohn）、杰克·沃纳（Jack Warner）、达瑞尔·扎努克、萨姆·戈尔德温（Sam Goldwyn）以及其他一小撮人。“这两位女士对共产主义的凶狠堪与共产主义自身的行径相匹敌。”[24]

霍珀和帕森斯自己可能没有想到，但她们确被称之为“战斗的自由主义者”。这个词是五角大楼、海军、国家安全委员会和行动协调委

---

* 大卫（David，公元前11世纪—前962年），古以色列国第二代国王，在以色列人心目中一直保持着爱国忠君的美好形象。

** 复仇女神（Fury），希腊罗马神话中的女神，据说她们共有3人，生活在阴间，专门来到世间追杀恶人。

员会用来特指一场绝密的运动，其目的是把“自由”这个主题贯穿于美国电影之中。1955 年 12 月 16 日，星期五，参谋长联席会议召开了一次秘密会议，讨论如何在好莱坞贯彻“战斗的自由”这个思想。根据一份绝密报告，“战斗的自由”旨在用“通俗易懂的语言”说明共产主义统治下的真实状况，阐明自由世界生活方式的基本原则，并“唤醒自由国家的人民，让他们看到自由世界面临的严重威胁，激发他们起来与这种威胁作斗争。”[25]文化历史学家克里斯托弗·辛普森（Christopher Simpson）解释说：“这样做是想提出一个口号，创造一个政治警语，让大多数人得到一个自发产生的印象，而实际上却是有意识地贯彻到文化之中的。在当时这是一个相当高明的宣传行动。”[26]“战斗的自由”作为说教运动的基础，是由最高领导层批准的。但是直到翌年，五角大楼才找到一个具体传达这个想法的方式。1956 年 6、7 月间，参谋长联席会议的代表在加利福尼亚召集了几次会议，有一批全力反共的好莱坞人士参加，其中有约翰·福特、梅里安·库珀、约翰·韦恩和沃德·邦德。

这些会议在约翰·福特的米高梅公司办公处举行，会议长达 6 小时之久。根据 1956 年 7 月 5 日的一份备忘录，“韦恩先生称，由他担任制片人的电影（由巴克杰克公司出品）中，他将用心地将（‘战斗的自由’）计划贯穿其中。”为了让大家了解如何才可能做到这一点，次日，韦恩把全体与会者请到他位于恩西诺的路易斯大街 4570 号寓所来看电影。“晚餐后，放映了《牺牲者》（*The Expendable*）和《沉默的人》（*The Quiet Man*），韦恩先生和福特先生研究了这两部电影是如何表现有利于海军和自由世界文化的内容的。”[27]

在另一次会议上，梅里安·库珀指出，科尼利厄斯·范德比尔特·惠特尼正在制作的一系列影片“缺乏主题……他希望惠特尼的电影中也体现这个主题（战斗的自由），并进而说明在其他影片中，他将注意反映这个主题。”[28]随即作出安排，向惠特尼通报这一情况。科尼利厄斯（桑尼）·范德比尔特·惠特尼是一位成功的实业家，惠特尼家族的巨大财富虽然交给他的堂兄弟乔克管理，但是他也有份。同乔克一样，他与中央情报局的关系也十分密切（他们两人的表姐妹就是特蕾西·巴恩斯），巴不得能为中央情报局效力。作为惠特尼信托公司的管理班子成员，他答应让中央情报局利用这家公司作为工作渠道。在发起建立国家安全情报局进行心理战的人员中，他也是小组成员之一。作为一个著名的制片人（1933 年他与大卫·塞尔兹尼克开始共同经商，他们合作拍摄了《一个明星的诞生》《蝴蝶梦》和《飘》）。1954 年他创办了 C. V. 惠特尼电影公司，并声称“我要摄制我将之命名为‘美国系列’的电影，让美国人看到我们的国家，而且还要让世界人民通过电影更多地了解我们。”[29] 美国系列的第一部影片是《搜索者》（*Searchers*），耗资 300 万美元，导演是约翰·福特。

在二战期间，约翰·福特曾任战略情报局战地摄影队队长，任务是拍摄游击队的活动及欧洲占领区的破坏活动和抵抗运动。他还接受一些特殊任务，包括拍摄只供政府领导人看的绝密影片。1946 年，他注册了自己的制片公司“阿尔戈西电影公司”（Argosy Pictures）。主要投资人除福特和梅里安·库珀外，全是从战略情报局出来的人：威廉·多诺万、奥利·多林（Ole Doering，多诺万设于华尔街的律师事务所的成员）、大卫·布鲁斯和威廉·范德比尔特。福特完全赞同政府情报机构为好莱坞电影的观众确定一些主题，他要求“给他留下 6 本‘战斗的自由’小册子，以后再给他送十几本来，以便他将这些小册子分送给他的电影脚本作者，这样他们就可以了解这个概念的一些用语。”他还要求派一名参谋长联席会议的代表到影片《雄鹰展翅》（*Eagles Wings*）的摄制现场佛罗里达州彭萨科拉（Pensacola）来，“协助他们把‘战斗的自由’的要素贯彻到影片中去。”[30]

帮助传达信息的是梅里安·库珀。他曾参加过第一次世界大战，是军用机飞行员；1918 年在法国上空被德国人击落。30 年代成为 RKO 公司的制片人，是他促成了弗雷德·阿斯泰尔和金格尔·罗杰斯两人的合作。《雄鹰展翅》剧组里还有沃德·邦德，他是电影界维护美国理想联合会的主席，这个机构的宗旨是要把共产党员清除出电影业，并为非美活动委员会效力。邦德的一位熟人说“他为了使自己显得重要，愿意不惜代价做任何事情，哪怕是踩着别人的身体，也在所不惜。”福特（他对于麦卡锡开列黑名单这样的事是十分厌恶的）常说：“我们只好实际一点。沃德·邦德是臭狗屎一堆。但是这堆狗屎对我们有用。”这就是行动中的好莱坞工作队，其成员都是一些相识几十年的熟人，他们为了接受任务，获得支持只好相互依赖。

“战斗的自由”之所以能够在美国产生是因为美国自觉地背着帝国的包袱。这些美国电影大声疾呼，要求人们为美国领导下的和平负起责任（也要作出牺牲），颂扬的是义不容辞地尽职尽责，团结协作，听从指挥，充满着男子汉孤胆英雄气概。约翰·韦恩曾千方百计地逃避在二战时期服兵役，而在现在这种环境下，却被认为是美国的模范战士，美国精神的化身。这位“首领”是一位拓荒者，正在征服世界。1979年，文化自由代表大会为他颁发了一枚奖章，上面镌刻的只有两个词：“约翰·韦恩，美国。”但是，他的美国是一个对赤色分子进行政治迫害的美国，是一个种族偏见盛行的美国。就像电影《大人物吉姆·麦克莱恩》（1952）真名实姓的主角一样，韦恩主演了一部最露骨的仇共电影，制作这部电影是向参议院非美活动委员会的献礼。

电影和宣传一样，靠的是杜撰，但杜撰得巧妙，人家就会信以为真。为了充分发挥电影的这种功能，好莱坞早已懂得它需要抛弃那种制造神话的形式，以适应当时普遍的政治和社会情绪。于是它不再拍摄二三十年代那种反布尔什维克的电影了，转而称颂俄国为战时盟友，当时摄制的电影如《北方的星》（*The North Star*）、《光荣的日子》（*Days of Glory*）、《俄国之歌》（*Song of Russia*）以及臭名昭著的《出使莫斯科》（*Mission to Moscow*），这些电影为莫斯科举行的那些审判开脱，反而赞扬俄国人是民主的捍卫者。到了50年代又制作大批的反共电影，如《赤色噩梦》（*The Red Nightmare*）、《红色的威胁》（*Red Menace*）、《侵略美国》（*Invasion America*）、《我是联邦调查局的一名共产党员》（*I Was a Communist for FBI*）、《红色火星》（*Red Planet Mars*）、《铁幕》（*Iron Curtain*）、《我的儿子约翰》（*My Son John*）、《盗墓者入侵》（*Invasion of the Body snatchers*）等等。由联邦调查局出资摄制的《在比肯大街上往东走》（*Walk Easton Beacon Street*）深受埃德加·胡佛的喜爱。

这些电影的片名和它们的内容一样都不足信，所有这些电影都显示出一种对“外来者”“陌生人”和“对方”的神经质的恐惧。美国电影对德国的态度发生了巨变，美国上尉不再与纳粹斗争而与共产党人作战了；这个战败的敌人现在被塑造成英勇的战士和不可轻视的对手（1952 年摄制的《沙漠上的狐狸》*The Desert Fox*，1955 年的《海上追踪》*The Sea Chase*，1957 年的《下面的敌人》*The Enemy Below*）。星期一还是敌人，到了星期二摇身一变成为朋友，好莱坞告诉我们，“把‘善良’与‘邪恶’的标签从这个国家身上撕下贴到另一个国家身上是多么地轻而易举。”[31]

美国国内的观众惯于夸大共产主义的威胁，对于这样的观众，此类影片颇受欢迎，因为大部分美国人现在都深信“俄国人要来了，不知哪天夜里炸弹就扔下来了。”[32]但是在国际市场上，这些影片的效果却不佳。欧洲对于法西斯主义仍然记忆犹新，好莱坞反共影片中表现出来的无端仇恨和语言暴力对他们毫无吸引力，他们倒是喜欢轻松的《罗马假日》（*Roman Holiday*）和《澳洲巫师》（*Wizard of Oz*）。但是欧洲也没有全被这些造作的理想乐园类型电影所迷惑。一系列贸易协定的条文中（由 1946 年的布鲁姆－拜恩斯协定开始），不显眼地含有这样的规定：保证美国电影在法国这样的国家放映的指标有所增加。这样的协议在法国知识界引起愤怒的批评，1948 年甚至还导致街头暴力冲突。

在欧洲，进口的好莱坞电影已达饱和状态，美国战略家们对于由此引起的不满反应惊人的迟钝。在 1951 年的戛纳电影节上，美国没有派出外交代表，也没有正式组织美国电影界头面人物、作家、技术人员和艺术家的代表团参加。相反，俄国人派出了电影部副部长，还有著名导演波多夫金（Poudovkine），并在电影节上对苏联的成就做了精彩的介绍。美国获悉，多篇报道称美国在戛纳显得“十分愚蠢”，此后美国才决心关注电影制片业。

1953 年 4 月 23 日，塞西尔·B. 德米尔在被任命为电影特别顾问后迈进了 C. D. 杰克逊的办公室，两个星期后，他写信给亨利·鲁斯说，“杰克逊十分支持我们，而且……他对美国电影在国外显示出的强大力量也获得了应有的深刻印象。他的理论是，最有效地利用美国电影，并不在于专门摄制一部影片去解决某个特定的问题，而是摄制一部‘正常的’电影，从侧面曲折地通过感官把正确路线传达给观众。这个论点我是完全赞同的。他对我说，我随时都可以向他反映某个国家或某个地区存在的特定问题，他会想办法通过一部影片来作出适当的处理。”[33]

德米勒同意担任电影服务处（Motion Picture Service）的顾问，对于政府的宣传家们无异于发生了一场政变。电影服务处通过美国新闻署驻 78 个国家的 135 个工作站，手中握有一个庞大的发行网。它依靠政府拨给的经费，实际上已成为“制片商”，拥有电影制片厂和一切必要的东西。它还雇有电影制片人和导演，这些人还要通过绝密的政治审查。“有的电影反映了美国希望达到的目标，而且也能让‘预定的观众’看到，作为电影业的中介机构，这些问题都是我们要管的。”[34] 凡是这样的电影制作任务，就交给这些制作人和导演去负责。MPS 为行动协调委员会这类秘密机构提出建议，哪些电影适合在国际上发行。1954 年 6 月，它列出了可供铁幕后放映的 37 部影片，其中包括：《彼得·潘》《乔尔森的故事》（*The Jolson Story*）、《格伦·米勒的故事》（*The Glenn Miller Story*）、《俄克拉荷马来的孩子》（*The Boy from Oklahoma*）、《走吧，伙计，走吧》（*GO, Man, Go*，这是一个哈勒姆区黑人闯天下的故事）、《艾丽丝漫游仙境》和《经理套房》（*Executive Suite*）等等。

MPS 还管理美国参加国外电影节的事宜，这样就弥补了 1951 年出现在电影节上的尴尬空白。当然它还尽力排斥那些“不支持美国政策的电影制片人和影片，在某些情况下，这样的人和影片出现在国际电影节上是有害的。”[35] 它确实推出了《鲍勃·马赛厄斯》（*Bob Mathias Story*，1954 年联艺出品）这样的电影，“几乎完美地塑造了美国生活最好的一面，讲的是一个来自小城镇的男孩儿和他的家庭、女朋友、职业生涯以及他对体育的热爱，这一切都帮助他两次在奥林匹克运动会上获奖牌，成为奥运史上杰出的运动员之一……如果这部影片还不足以反映我们所需表现的美国价值观，那么我们又必须着手寻找一系列新的题材来进行宣传。”[36]

要在好莱坞物色盟友，他们最了解美国在宣传中的问题，又能将需要传达的思想巧妙地贯彻于脚本和摄制中，C. D. 杰克逊通常感到为难。1954 年 1 月，他拟定了一张名单，他估计这些朋友能帮助政府做点事，他们是，20 世纪福克斯公司的塞西尔·B. 德米勒和达里尔·扎纳克，米高梅公司的总裁尼古拉斯·申克（Nicolas Schenk）和制片人多尔·沙里（Dore Schary），派拉蒙公司的总裁巴尼·巴拉班（Barney Balaban），哈里和杰克·华纳兄弟，RKO 公司的总裁詹姆斯·格兰杰（James Grainger），哥伦比亚公司的总裁哈里·科恩，环球公司的总裁弥尔顿·拉克米尔（Milton Rackmil），共和公司的赫伯特·耶茨（Herbert Yates），沃尔特和罗伊·迪斯尼以及电影界联合会的埃里克·约翰斯顿（Eric Johnston）。

不过，C. D. 杰克逊在好莱坞最宝贵的财富是中央情报局的特工卡尔顿·艾尔索普（Carleton Alsop）。艾尔索普以制片人和经纪人的掩护身份在派拉蒙公司工作，30 年代中期在米高梅公司工作，后来在 40 年代末和 50 年代初同朱迪·加兰合作，那时他已经参加了弗兰克·威斯纳的心理战工作组。50 年代初，他定期为中央情报局和心理战略委员会撰写“电影报告”。编写这些报告有两重目的：一是为了监控好莱坞的共产党员和共产党同路人；二是总结以卡尔顿·艾尔索普为首的一个秘密压力集团的得失成败。这个压力集团曾因把一些特定的主题贯彻于好莱坞电影而受到指责。

艾尔索普的秘密报告读来非比寻常。报告透露了中央情报局竟如此深入地渗入电影业之中，尽管该局一直否认企图对好莱坞施加影响。1953 年 1 月 24 日的一份报告集中谈到影片中黑人形象公式化问题。在这份标题为《电影中的黑人》的报告中，艾尔索普报告说，他已经同几个导演谈妥，他们同意“在以美国为背景的影片中安排一些衣着考究的黑人形象，但是不要太显眼或过于做作。正在摄制的《桑加里》（*Sangaree*）可惜无法安排，一是因为电影的档期，二是以南方为背景，表现的是种植园里的黑人。尽管如此，还是设法冲淡了一些不好的印象，办法是设计了一个长官家里的高贵黑人管家，并为这个角色设计了对话，表明他是一个自由人，可以做他喜欢做的工作。”[37] 艾尔索普还报告说，在喜剧电影《卡迪》（*Caddy*）的“群众场面里也安排了几个黑人”（这部影片由杰里·刘易斯主演）。当许多“黑人”有了选举权，而且有许多机会加入高尔夫球俱乐部，这种情形确实显得相当乐观的。[38]

在同一份报告中，艾尔索普还提到一部叫《箭头》（*Arrowhead*）的电影，第一次涉及阿巴契人*的待遇问题。艾尔索普写道：“这里提出了一个很严重的问题，”“可能被共产党所利用”。所幸的是他出主意对电影做了一点小小的修补，就是把那些让人看不过去的场景大部分都删除了或明显地冲淡了（比如军队无视阿巴契人的愿望，强行把整个一个部族的阿巴契人用船运往佛罗里达州，把他们当成牲口一样在身上打上印记等）。影片制作已经煞尾还修改了其中的对白。这部影片作为商业性和爱国主义的电影呈献给了观众，艾尔索普居然并没有遭到制片人纳特·霍尔特的反对。[39]

苏联人总是抓住一切时机利用美国在种族关系上名声不佳大做文章。1946 年，杜鲁门政府的国务卿詹姆斯·拜恩斯（James Byrnes）**企图对苏联不给巴尔干诸国人民选举权提出抗议，“受到抢白，并遭失败”，原因就是苏联不费吹灰之力地反驳说，“拜恩斯自己的那个南卡罗来纳州就剥夺过该州黑人的选举权”。[40]苏联人一直声称美国存在种族歧视，非洲裔美国人工资低，受到不公正待遇，还遭暴力威胁，而美国却一直在开展一场更为广泛的运动来否定苏联的指责，艾尔索普在好莱坞所作的努力就是这场运动的一个组成部分。以 C. D. 杰克逊所处的地位，他要求不要躲避这个问题，他主张“美国不必要做任何解释，说‘这是对我们的名誉的玷污’，而是要理直气壮地面对世界。”[41]为此，行动协调委员会的心理战专家们（在与国务院的密切合作下）建立了一个秘密的“文化展示委员会”（Cultural Presentation Committee），其任务是就组织美国黑人出访问题进行规划和协调。以后，利昂泰因·普赖斯、迪齐·吉莱斯皮（Dizzy Gillespie）、玛丽安·安德森、威廉·沃

* 阿巴契人（Apaches），美国西南部印第安部族的一支。

** 前文提到的布鲁姆 – 拜恩斯协定（Blum-Bymes accord），就是他与布鲁姆之间签订的。1946 年布鲁姆以法国特使的身份前往美国，与拜恩斯就法国需 13.7 亿美元贷款重新进行谈判。

菲尔德（William Warfield）、马撒·格雷厄姆舞蹈团以及一大批其他多种民族和黑人杰出人物出现在国际舞台上，就是这个秘密计划实施的组成部分。一位秘密行动战略家称为“伟大的黑人民间歌剧《波姬和贝斯》（*Porgy and Bess*）”曾走遍了西欧、南美，然后又赴苏联集团各国演出，巡演达 10 年之久，演员是 70 名非洲裔美国人，“他们活生生地表明黑人是美国文化生活不可分割的一部分”。[42]

奇怪的是，美国黑人奇才的崛起竟与曾为黑人在美国社会中的恶劣处境鸣不平的作家之衰落成正比。1955 年，苏联的《外国文学》（*Inostranaya Literatura*）杂志发表了厄斯金·考德威尔（Erskine Caldwell）的两篇小说，使美国的宣传家连早餐都吃不下了。美国新闻署（USIA）的约翰·波克尔（John Pauker）写道：“第一篇小说名为《疯狂的金钱》（*Crazy Money*，英文原作发表时用的标题是 *Windfall*，意为《横财》）倒是无关痛痒，但第二篇《男人群》（*Masses of Men*）却十分恶毒，讲的是公司的无赖行径、黑人的贫困和为了两角五分美元强暴一个 10 岁女童的故事。”[43] 美国新闻署对此事的关注导致美国文化自由委员会答应向考德威尔施加压力，让他自己出来否定这个故事。悉尼·胡克在 1949 年就曾抱怨说，“南方作家的小说尽写一些社会上的抗议活动”和“美国的堕落和愚蠢”，[44] 从而加深了对美国的消极看法。美国委员会对胡克的抱怨作出反应，决定“与南方作家小集团脱离接触。他们的作品，对于我国的行为方式和道德精神作了带有极端偏见和心理扭曲的描写。”[45] 这一评价绝不是孤立的，而是文化冷战斗士们作出的评价，其中包括埃里克·约翰斯顿，他在他设于好莱坞的办公室里领导了这场对南方作家的攻击：“我们再也不要《愤怒的葡萄》，我们再也不要《烟草路》*，我们再也不要表现美国阴暗面的电影。”[46] 从此，考德威尔、斯坦贝克、福克纳和理查德·赖特的作品销售量一落千丈。

让我们再回到好莱坞。卡尔顿·艾尔索普从来对描绘美国阴暗面十

---

*《烟草路》（*Tobacco Roads*，这个词的原意为美国南方烟草种植地）是考德威尔的成名之作，通过美国种植园工人的经历暴露美国社会的污秽的堕落，

分警觉。在一份报告中，对于“根据埃德娜·费伯（Edna Ferber）的小说《巨人》（*Giant*）改编的剧本”提出了警告，他说这个剧本“要注意，因为它存在以下三个问题：1. 对于富有的美国人（得克萨斯人）作了丑化描写，把他们塑造为既不文明又残酷无情的人。2. 对得克萨斯的墨西哥人有进行种族性污蔑之嫌。3. 暗示盎格鲁－得克萨斯人的财富来自对墨西哥劳工的剥削。”艾尔索普提出的解决办法很简单：“每当有人再次试图在派拉蒙公司开拍这部电影，我都将加以阻止。”[47]结果他只是成功了一半，因为派拉蒙遵命未拍，而华纳兄弟公司接了过去，由詹姆斯·迪安于1956年拍成他最后的一部影片。

艾尔索普的报告不断地对好莱坞的政治气候作出评估，据此来进行培养制片人和电影厂的复杂工作，让他们接受中央情报局设计的“好莱坞模式”。[48]结果是清除了具有负面影响的公式化表现形式，引进了反映一个健康的美国的人物塑造。艾尔索普宣称：“下列电影中，只要主角或重要角色是酗酒的美国人，都已删除成功：《霍迪尼》（*Houdini*）中一名美国记者是一个酒鬼，全部剪掉；这可能需要重拍才能改正过来。《英卡斯传奇》，剧本中主要角色的美国人豪饮场面一律删除。《大象的脚步》，只保留剧情需要的醉酒场面。《莱宁格和蚂蚁》，美国人重要角色豪饮内容在修改脚本时予以删除。”[49]

对于“攻击宗教的电影”，艾尔索普尤其敏感：一家电影制片公司与阿尔贝托·莫拉维亚合作，开始将丹农齐奥（D'Annunzio）的作品《伊奥里奥的女儿》（*Daughter of Iovio*）改编为电影剧本，艾尔索普确信这将是一部百分之百反宗教电影，他为这件事犯愁：“我们怎样才能不让他们搞？我想梵蒂冈应该采取一些措施吧。请不要误解我是倾向天主教的，这样理解可能会歪曲我的观点。在这场争取人的思想的斗争中，共产党走的第一步必然是攻击宗教。”[50]更麻烦的是罗贝托·罗塞里尼的《弗朗西斯科》（*Francesco*）中对圣方济各的处理*。艾尔索普写道：“这实

---

* 罗贝托·罗塞里尼（Roberto Rossellini，也译作罗伯托·罗西里尼，1906—1977），意大利著名导演，《罗马，不设防的城市》就是他的名作。这里提到的圣方济各，是天主教圣方济各会的创始人，但他并非神职人员，只因罗马教会内部十分腐化，众人从他修道。

在是件麻烦事。丑化宗教的电影莫过于此……对圣方济各和他的伙伴们的塑造过于简单化，以致人们会觉得这是一批十足的傻瓜，不仅精神上是笨蛋，而且他们中间有些人也许还是同性恋。”[51]

艾尔索普与菲尼斯·法尔（Finis Farr）同时加入威斯纳的政策协调处（OPC）。法尔是一个与好莱坞有交往的作家，曾与约翰·奥哈拉一道工作。艾尔索普和法尔被招募加入心理战工作组后，在霍华德·亨特手下工作。亨特原为战略情报局（OSS）人员，他热衷于所谓的黑色宣传工作，因而在中央情报局的政治和心理战中负责培训工作。

1950 年，乔治·奥威尔去世后不久，霍华德派艾尔索普和法尔同赴英国与作家的孀妻索妮亚见面。他们此去并不是为了安慰她，而是请她签署一份版权合约，同意将奥威尔的《动物农场》拍成电影。她答应了他们的要求，签署了合约。他们首先安排她与担任主角的克拉克·盖博见面。霍华德·亨特写道：“这次（访问）的结果是即将拍出一部奥威尔的《动物农场》的动画片，由中央情报局出资，在全世界发行。”[52]

拿到版权后，亨特立即着手物色一名愿为中央情报局效力的制片人。他选中了路易斯·德卢奇蒙（Louis de Rochemont）。德卢奇蒙在制作每月一部的系列纪录片《时代在前进》（*The March of Time*）时曾聘用过亨特，纪录片的“母公司”是时代有限公司。[53]

德卢奇蒙与亨特建立了联系，利用艾尔索普和法尔提供的中央情报局的资金，《动物农场》的制作于 1951 年 11 月 15 日启动。英国的哈拉斯和巴切勒（Halas and Batchelor）卡通电影有限公司被选中来制作这部当时最为雄心勃勃的动画片（80 名卡通画家，750 个场景，30 万张彩色动画）。匈牙利出生的约翰·哈拉斯，1936 年移居英国，他制作的《音乐人》，是英国第一部彩色动画片。他同他的妻子巴切勒一道为英国中央新闻局制作了 100 部官方影片，大多数是宣传马歇尔计划和北大西洋公约的内容。

《动物农场》的出版人弗雷德里克·沃伯格密切关注哈拉斯公司动画片的制作情况，并不断向他在文化自由代表大会的朋友们通报进展情况。1952 至 1953 年间，他几次来到制片厂看已制作出来的片段，并对剧本的修改提出建议。（也许就是沃伯格建议影片中的年老的革命预言家有着温斯顿·丘吉尔的嗓音和外貌？）同时他还监督着《动物农场》新版的出版事宜，新版由塞克－沃伯格公司出版，书中附有哈拉斯和巴切勒公司制作的动画插图。

电影剧本也经心理战略委员会审查。根据1952年1月23日的一份备忘录，该委员会的官员觉得剧本还不够有说服力，“动画样片的主题在某种程度上显得有些混乱，故事的冲击力还显得有些模糊。虽然影片的影射性是十分清楚的，但是它传达的含义却不太明晰。”[54]有意思的是，美国情报官员的批评竟同早先T. S. 艾略特和威廉·恩普森对该书的意见不谋而合。1944年，他们两人曾写信给奥威尔，指出《动物农场》这个寓言的中心主题尚有缺点，或者说前后还不太一致。

剧本存在的问题是通过修改结局来解决的。在原作中，猪和人是无法区分的，两者一道滚进了腐化的泥塘。在影片中，这种融合为一体被细心地删节掉了（原著中的两个主要角色皮尔金顿和弗雷德里克，奥威尔是用他们来影射英国和德国的统治阶级的），在电影里他们已经变得不显眼，在影片结尾时，干脆就消失了。在原书中，“身处兽园之外的动物从猪看到人，再从人看到猪，又从猪看到人，最后已经分不清哪个是猪哪个是人了。”但是电影观众看到的是一个完全不同的结局。结尾处，猪的出现使人看到动物们成功地发动了一场反革命，把兽园闹得天翻地覆。畜场的人不见了，只剩下猪在分享战利品。这样一来，原来的共产党的腐败和资本主义的腐朽融为一体的主题就被颠倒过来了。

当中央情报局把眼光投向奥威尔后来写的一部著作《1984》时，提出了更大的自由改编权。奥威尔去世前，版权落入谁手的问题并没有解决。到了1954年，版权最终被彼得·拉思冯（Peter Rathvon）拿到了。拉思冯是约翰·福特的好友，曾担任RKO公司的总裁，直到1949年被霍华德·休斯所取代。那年，他创办了电影投资公司（Motion Picture Capital Corporation），从事电影制作并为电影制作提供资金。这家公司以及拉思冯本人与美国政府关系密切，曾为电影服务处的影片提供资金。据劳伦斯·德诺夫维尔说，霍华德·亨特曾为奥威尔的经典著作改编成电影剧本向拉思冯寻求合作。通过拉思冯的公司，政府为摄制这部电影提供了资金。[55]这部电影于1956年上映，主演是埃德蒙·奥布赖恩、简·斯特林和迈克尔·雷德格雷夫。

在《1984》一书中，奥威尔看到的未来真如噩梦一般，各级文化战略家们对此倒是十分感兴趣。中央情报局和心理战略委员会的官员们（《1984》是他们的必读书）一把抓住书中对极权主义危险的考察不放，其实奥威尔痛斥的是一切政权——不管是右的还是左的——对其公民滥用权力。对于这一点，这些官员却视而不见。这本小说所指的对象虽然颇为复杂，但其总的含义还是明确的，那就是声讨政府的一切谎言和诡计。但是美国的宣传家们却立即把它确定为针对共产主义的，以致一位评论家认为，“且不论奥威尔写书时究竟指的是什么，反正他为冷战提供了一个强有力的神话……在20世纪50年代，这就是北大西洋公约组织惯用的‘新语言’。*”[56]从另一个层面上看，《1984》这本书中，作者充分表达了他对大众文化和由无知而产生的普遍奴性的不满（书中有一个普罗妇女**在晾衣服时用颤音哼唱流行歌曲，温斯顿对流行歌曲的反应就含有对“大众崇拜”以及那种催人欲睡的沉闷所怀有的恐惧）。在这个层面，其政治上的对象也不是特有所指，而是泛指，也就是滥用语言和逻辑，彼得·范西塔特（Peter Vansittart）称之为“政治正确性的卑劣威胁”，这里是既针对他们也针对我们而言的。在电影版本中，这种本来十分明确的概念却变得模糊了。

对奥威尔寓言式的作品进行巧妙的处理以适应电影制作者的偏见和假设，这当然是同文化冷战的偏见完全一致的。为片面理解奥威尔的著作提供架构最卖力的，是美国文化自由委员会主席索尔·斯坦因。拉思冯曾向他就剧本的编写征求过几次意见，而斯坦因也有许多意见可提。首先，电影剧本“应该同当今极权主义密切联系起来。譬如，‘老大哥’的招贴画应该用一张真人的照片而不是一张斯大林的漫画。换句话说，

---

* 原文为 newspeak，奥威尔在《1984》中生造的一个词，指官僚们惯用的含义模棱两可且词汇越来越少的语言。也译为“新语”或“新话”。

** 普罗妇女，原文是 prole woman。普罗为普罗利塔里亚（proletarian）的缩写，即无产阶级。我国曾有“普罗文学”的用法。

也就是要明确无误地同已经去世的斯大林联系起来，说明‘老大哥’确实存在。”[57] 电影里一切都不要漫画化，斯坦因接着说：“电影应该是我们今天能够直接看到的现象的延续。”譬如，反“性”联盟的成员应该胸前斜佩绶带，但是斯坦因担心，“据我们所知，这样的绶带同极权主义政权下的现实生活不符，这种绶带往往是外交官在礼节性场合佩带的。”[58] 因此，斯坦因建议改为佩带袖章。与此类似，奥威尔在小说中用了小号这种乐器，斯坦因建议电影中不用，因为对美国人来说，“小号是同盛装游行联系在一起的。”[59]

但是，最让斯坦因费心思的是影片的结尾部分。他对拉思冯说：“据我看，影片结尾的问题在于故事以一种绝望的调子告终。温斯顿·史密斯人性泯灭，向极权主义政权投降了。我看我们都会同意这样的结尾表现了一种无望的局面。可是实际上还是有点希望的，希望在于极权主义无法改变人性，即使老大哥着意侵犯人性，但是爱和人性是能够保存下来的。”[60] 斯坦因建议拉思冯抛弃奥威尔原作的结尾，改为如下的情景：“朱莉娅站起身离开了温斯顿。温斯顿是否可以也离开了咖啡馆，不过他没有跟随朱莉娅，而是向相反的方向走去？当他在街上垂头丧气地走着的时候，能不能让他看见一些孩子的脸庞，不是那个喋喋不休地向她父亲饶舌的孩子的脸，而是一些保存了某种纯真的脸庞？……于是他加快了步伐，此时音乐起，并逐渐变得有力起来，直到温斯顿再次走近他和朱莉娅为逃避极权主义曾经在那个与世隔绝的地方避难的所在。这时我们再次看到青青绿草，风从树丛中吹过，也许还可以通过温斯顿的眼睛，出现另一对男女紧紧地依偎在一起。正是这样的一些东西，对温斯顿也对我们，代表着老大哥毁灭不了的永恒的东西。然后，当温斯顿走出画面时，我们听到了他的心跳声和气喘声，表示他已意识到人性中有些东西是老大哥毁灭不了的，而人性中的这些东西与1984年的那个世界形成鲜明对照，和那个世界是相互冲突的。我们紧紧抓住这个观点，那么我们就能看到温斯顿瞧着他的两只手：左手的两根手指和右手的两根手指，他知道二加二等于四。当他认识到这一点时，我们再次听见他的心跳声，心跳声延续下去，声音更响了，这是人类的心脏在跳动，电影结束了。”[61]

实际情况是这部电影有两个不同的结局，一个是让美国观众看的，另一个则是给英国观众看的。两个不同的结尾都没有按照斯坦因的建议拍成甜蜜蜜的结局，虽然英国版本还是忠实于斯坦因关于结尾的想法，在温斯顿喊出了“打倒老大哥”之后被枪击中倒下了，紧接着是朱莉娅。小说与此形成鲜明对照，奥威尔明确地否定了人的精神有可能胜过老大哥的压力。温斯顿在小说中完全被压垮了，他的精神崩溃了。“斗争结束了。他战胜了自己。他热爱老大哥。”奥威尔曾明确指示，《1984》不得做任何改动，但是他的话根本没有人理睬。

1956年，《动物农场》和《1984》两部电影已摄制完毕可以发行了。索尔·斯坦因宣称，这两部电影“在意识形态上对于美国文化自由委员会十分重要”，他答应要尽力使电影“尽可能广泛地发行”。[62]同时，也采取了必要的措施来使这两部电影受到欢迎，包括“在纽约的各报上发表社论”，而且还分发了大量优惠价格的电影票。

有人会说，小说改编为电影，“造假”是不可避免的；这种电影本身的制作过程相当于翻译，甚至是再创作，但这不一定是有害的。艾萨克·多伊彻（Isaac Deutscher）写过一篇文章，评论奥威尔的《1984》，题目是《一个关于残忍的神话》；文章说，“《1984》的立意、故事情节、主要人物、象征手法和故事的氛围，都借自叶夫根尼·扎米亚京的《我们》*。”[63]多伊彻个人对奥威尔的印象是“他仔细地研究各种‘阴谋诡计’，他的政治理论给我的印象是弗洛伊德式的迫害狂的升华。”多伊彻觉得“奥威尔缺乏历史感，对政治生活也缺乏心理上的观察”，因此他提醒人们注意，“在西方，千百万人由于苦闷和恐惧，可能倾向于逃避他们对人类命运所承担的责任，把他们的愤怒和绝望发泄在那个巨大的‘害人魔王及其替罪羊’身上，而奥威尔在《1984》中把这种处境在这些人眼前

* 叶夫根尼·扎米亚京（Evgeny Zamyatin，1884—1937），俄国讽刺小说家、剧作家、反空想主义小说的始创者。这里提到的长篇小说《我们》（We）在苏联从未出版过，仅以手抄本流传，1924年在美国出版英译本，小说讲述一个独特的国家的生活，工人住在毫无隐私的玻璃房子里，没有姓名，只有号码，穿一律的制服，吃化学食品，享受配给的性生活，受一位他们选出的“大恩人”永久不变的统治。

表现得淋漓尽致……可怜的奥威尔，他可曾想到他的著作居然成为‘仇恨周’期间的一个重要节目？”[64]

不过，奥威尔本人在这类冷战行动中也难辞其咎。不管怎么说，他还是向（英国的）情报研究局提交了一份有嫌疑的追随者*、有嫌疑的出头者或同情者的名单，共35人，其中有金斯利·马丁（《新政治家和国家》的编辑，“蜕化变质的自由主义者，非常不诚实”）、保罗·罗伯逊（“极端仇视白人，华莱士的支持者”）、J. B. 普里斯特利（J. B. Priestley，“铁杆同情者，也许组织上也有联系。极为反美”）、迈克尔·雷德格雷夫（具有讽刺意味的是，此人后来居然出现在《1984》这部电影中）。[65]奥威尔几乎怀疑每个人，有好几年他手头总有一个四开的蓝色笔记簿，1949年时，本子上记下了125个人的名字，这已经成为奥威尔喜欢同凯斯特勒和里斯玩的一种“游戏”。在这场游戏中，凯斯特勒和里斯要不断判断“我们感兴趣的可怕人物在背叛国家方面到底走了多远”。[66]列入奥威尔名单的标准似乎十分广泛，比如斯蒂芬·斯彭德就是他的“同性恋倾向”。奥威尔认为这是值得注意的。他还说斯彭德“极不可靠，很容易受他人影响”。美国现实主义作家约翰·斯坦贝克也列入他的名单之中，仅仅因为他是一个“假作真诚而富有欺骗性的作家”，而厄普顿·辛克莱则赢得了一个“十分愚蠢”的评语。乔治·帕德莫尔（George Padmore）则仅仅被描绘成一个“黑人”，（也许是非洲裔？）因此，他是反白人的，很可能还是南希·丘纳德（Nancy Cunard）的情人。汤姆·德里伯格（Tom Driberg）吸引了奥威尔的火力是因为此人是他最害怕的“同性恋者”，“普遍认为他是反对现行体制的”，而且他还是一个“英籍犹太人”。[67]

虽说这似乎是一种游戏，但是，一旦奥威尔把他称之为“小小的名单”交给了外交部下设的秘密机构情报研究局（这一点奥威尔是知道的）时，性质就变得恶毒了。尽管情报研究局的亚当·沃森后来说，这份名单最直接的作用，是告诉我们这些人不应该为我们写书，但同时他又透露，“（这些人）同苏联支持的组织之间的联系将来有一天将予

* 原文为 vr，应为 fellow travellers（追随者）的缩写。

以揭露”。[68] 换句话说，一旦这份名单掌握在一个政府机构手里，而这个机构的活动又不能受到公开的监督，那么奥威尔的这份名单就不再是一份私人文件，因而他也就难辞其咎了。这份名单成了这些人的档案材料，极可能毁掉这些人的名声和他们的职业生涯。

50 年后，奥威尔授权的传记作者伯纳德·克里克（Bernard Crick）坚定地支持他的这一行动，声称“今天凡是负责任的公民对于他们认为是暗藏在他们中间的破坏分子向反恐怖机构报告是很正常的事，奥威尔的所作所为并无不妥之处。40 年代末危险四伏，更是无可厚非。”[69] 这一辩护受到一些人的响应。这些支持者一心一意地散布一种神话，说有些知识分子与莫斯科密切合作，他们联合起来，试图为在英国实行斯大林主义奠定基础。但是没有任何证据表明奥威尔列入名单中的人（已经公之于众者）参与了非法活动，也没有证据可以将他们与共和军的恐怖主义分子相提并论。“同性恋”可能具有犯罪的危险性，这是可以指控他们的唯一根据。但是这种说法并未能阻止奥威尔对这个词作出可怕的界定。按照英国法律，加入共产党或身为犹太人并不违法，情绪化或生来愚蠢更与法律的禁条无关。佩里格林·沃索恩写道：“在右派看来，奥威尔做的事是绝对不会错的。在这类事情上，他的判断是绝对可信的。所以，他认为在冷战期间，一个作家急于出卖另一个作家也一定是正确的。事情就是这样。争论结束，但是争论不该就此结束。一个不光彩的行为不能由于是乔治·奥威尔所为就变得光彩起来了。”[70]

这并不是说奥威尔关注他所谓的“俄国神话对英国知识界的毒害作用”[71] 也是错误的。在所有的人当中，他是懂得意识形态十分重要的一个人，他也知道有人以“自由主义者惧怕自由，知识分子自己往知识身上抹黑”[72] 为口实进行着种种歪曲。但是他的所作所为表明他混淆了知识分子和警察之间的不同作用。作为知识分子，奥威尔可以影响他的读者，公开地动员他们起来抨击英国的俄国化，并同他的对立面在《论坛》《论战》（*Polemic*）上以及其他报纸杂志上进行辩论。有些知识分子可能不真诚（只是怀疑而已），但是因而就以阴谋诡计来对付他们，这样做能推进自由事业吗？

奥威尔在《动物农场》的序言中写道："如果一定要我选用别人的话来证明自己是正确的，那么我愿意选用弥尔顿的一句话：遵循自古以来有关自由的众所周知的规则。"他解释说，这句话指的是他"对根深蒂固的思想自由传统"的坚定信念，"如果没有这种传统，我们独有的西方文化能否存在就值得怀疑了"。接着他又引用了伏尔泰的话："我鄙视你说的话，但是我要誓死捍卫你说话的权利。"[73] 在他去世前几个月，他似乎在说："我鄙视你说的话，但是我要誓死捍卫你说话的权利，不过还要视情况而定。"玛丽·麦卡锡在评论奥威尔如何向右转时，她说，奥威尔英年早逝，不过这是值得庆幸的。

第十八章　当虾米学会了吹口哨*

自由这个词已经成为毫无意义的套话。哼哼派**称："并非所有的自由社会都像它看上去那么自由。"怀疑派说："自由是看不见摸不着的东西。"

——德怀特·麦克唐纳，1956 年

"亲爱的听众们，请注意！请注意！现在播送匈牙利作家联合会告示……这里是匈牙利作家联合会。全世界的作家们，科学家们，所有的作家联合会，科学家协会，世界全体知识精英们，我们请求你们的帮助和支持。时间紧迫。这里发生的事情你们都了解，不必向你们提供专门的报告了。请帮助匈牙利。帮助匈牙利人民。帮助匈牙利作家、科学家、工人、农民以及我们的知识界。务必帮助，帮助，帮助。"

1956 年 11 月 4 日，星期日。上午八时零七分，布达佩斯电台播完这篇通告后沉寂无声了。苏联军队在夜幕掩护下开进了匈牙利首都，开始野蛮地镇压十月起义。当苏联的几个坦克师隆隆开过布达佩斯市中心大街时，苏联似乎在惩罚全世界，因为全世界传播了斯大林主义死亡的坏消息。斯大林主义真的死亡了吗？不。斯大林主义万岁。

整整 10 年，美国为"欧洲受奴役的国家"的解放进行谋划，分析，搜集情报，制定战略。到头来，在苏联显示力量时，美国现在却纹丝不动，显然是惊呆了。11 月 11 日，马奈·斯珀伯苦涩地写道："匈牙利

---

* 意为永远不可能的事，犹如我们说"太阳从西边出来"。

** 哼哼派（Huh-Huh），原意为鼻中发出含糊不清的声音，说不清是"是"或"否"。

的革命者带着绝望死去了。他们感到绝望是因为自由世界只愿同他们分享胜利的喜悦而不愿与他们共同战斗。”[1]但是就在那时，英、法、以色列入侵苏伊士，面对两次显然同样性质的帝国主义侵略，艾森豪威尔发现自己在道德上深深陷入了泥淖之中。

美国之所以瘫倒而动弹不得，不仅是苏伊士问题：多年来，美国的战略家和最高情报机构一直在为发生匈牙利事件这种起义进行谋划，但是一旦真的发生了，却如同一场梦，一次不真实的游戏，一切谋划在现实面前竟全无用处。中央情报局自以为自50年代初以来它就一直在密切观察匈牙利的局势，把匈牙利当作“行动重点”，结果还是稀里糊涂。劳伦斯·德诺夫维尔在1954年曾被派往自由欧洲电台工作。他还记得在他到任的第一个月，他曾向自由欧洲电台的人提过一个问题：“如果有一个穿着雨衣的人跑到这里来问我们：‘我们一直在收听你们的广播，现在我们准备发动一场革命，行吗？’在这种情况下该怎么办？他们在一次董事会的特别会议上讨论了这个问题，结果是不知道该怎么办。全是‘纸牌屋’*，我实话告诉了他们我的看法。他们只顾想他们是在做好事，但实际上根本没有进行实在的谋划。事到临头，结果是手足无措。”[2]

在十月起义期间，自由欧洲电台一再为起义打气。有人说，电台甚至答应给予武装支援，但是中央情报局过去和现在一直坚决否认。据德诺夫维尔说，中央情报局没有资格否定这样的事，因为，虽然难以置信，但它确实不知道电台的匈牙利文组究竟播送了一些什么内容。他解释说：“整个事情都是虚假的，全是靠不住的骗局。自由欧洲电台定期向华盛顿和慕尼黑呈报其工作指导原则，但这都是糊弄人的事。因为电台本身就不按自己制定的指导原则办事。再说，美国政府与英国政府一道作出过有关监听和翻译东欧广播的安排，但是不可思议的是竟然没有人翻译自由欧洲电台的广播内容，所以华盛顿根本就不知道他们自己的电台播送了什么内容。中央情报局本不该否认匈牙利语广播的内容，因为他们根本不知道实情。”[3]自由欧洲电台匈牙利语广播在1956年10月那些重大时刻的广播文字稿从来就没有找到过。

---

*原文为a house of cards，用纸牌堆砌的房子，喻意看上去很美，其实并不稳固，靠不住。

现实表明匈牙利十月革命已经失败，成千上万的匈牙利人为逃避苏联人暴力性的报复，纷纷逃往奥地利。在越过边境后，大多数人涌向维也纳。美国人再次对此毫无准备。乔斯尔森写信给福特基金会的谢泼德·斯通，警告说，“难民的状况似乎已经达到不可容忍的混乱状态。我们驻维也纳的办事处以及最近几天从那里回来的人都谈到，如果不立即采取重大措施，灾难已迫在眉睫。”[4] 弗兰克·威斯纳当时也在维也纳，他是从华盛顿及时赶到这里来亲眼看一看这次失败革命的残渣碎片的。威斯纳的情绪变得十分压抑，以致他狂饮不止。当他启程前往下一站罗马的时候，当地中央情报局的人不得不想方设法使他从宿醉中清醒过来。在雅典，他吃了些生蛤蜊，结果染上了肝炎，发高烧，说胡话。那年秋天，他一直情绪不稳，他的家属和朋友认为他之所以最终降为艾伦·杜勒斯的第一副手，原因就在于此。他变得越来越烦躁不安，越来越不理智。1958 年他的神经崩溃了，从杜勒斯的第一副手又降为一般的副职。[5]

梅尔文·拉斯基也很快赶到现场，来往奔波于维也纳和匈牙利边境之间，情绪十分激动。威斯纳在一个犹太人私人花园别墅里找到他时，他兴奋得满面红光，对于预言兑现感到十分满意。他后来愉快地回忆道：“是啊，匈牙利帮我们把事情办了。我的意思是你一文钱也不用花就成功了。匈牙利事件说明分析是正确的，不，应该说我们的分析是正确的，那就是极权主义不是别的，一场闹剧而已。它把自由——资产阶级的自由这个主题稳稳当当地放进了议事日程。”[6] 弗里德里克·托伯格也同他们一起干起来，他的《论坛》办公处成了文化自由代表大会匈牙利运动的总部，拉斯基成立了一个登记处，专门登记从匈牙利逃出来的知识分子和学生，为他们在欧洲各大学里找到安身之地（每天要安排 15 人）。他还开始编辑（在自由欧洲电台和美国之音的朋友协助下）一本文件汇编《匈牙利的革命》，这是一本白皮书，在英国由赛克－沃伯格出版社出版，在美国则是由普雷格出版社出版。

在巴黎，文化自由代表大会干得很出色，它在豪斯曼大街的办公处里挤满了人。约翰·亨特说：“这真是紧张而又充满激情的时刻。此情此景令人感到极为振奋。我们在那里就是应该做这样的事。”[7] 那时，亨特刚在几个月以前来到巴黎的代表大会工作。文化自由代表大会动员其广泛的关系和附属机构网络一起行动，由代表大会协调各种公开的抗议活动，地区十分广泛，从圣地亚哥到丹麦，从黎巴嫩到纽约，从孟买到汉堡，都举行了抗议活动。在瑞典，当地的委员会说服了 8 位诺贝尔奖获得者向布尔加宁元帅发了一份签名电报。美国委员会组织了一次群众聚会，凯斯特勒和西洛尼都参加了；他们想让海明威也参加，曾打电报给乔斯尔森，请他帮忙找到海明威的下落，乔斯尔森回电称“海明威也许在欧洲某地，地点不确。”到了 1957 年 1 月，巴黎已报告说“各全国委员会的行动从来没有像这次这样协调一致，这样强大有力。”[8]

匈牙利危机的另一个结果是成立了匈牙利爱乐乐团。这个乐团是乔斯尔森发起建立的，音乐总监是安塔尔·多拉蒂（Antal Dorati），指挥是佐尔坦·罗兹尼亚伊（Zoltan Rozsnyay）。苏联坦克开始炮击匈牙利首都时，罗兹尼亚伊就与上百名布达佩斯交响乐团的成员一起逃到了维也纳。这个乐团拿到的首笔捐款就达 70000 美元，后来成为文化冷战的一件强大武器，至今乐团尚举行巡回演出。

但是，最令乔斯尔森和他的“知识分子突击队”感到振奋的一件事也许是萨特公开抨击共产党，声称苏联领导集体“虽然谴责过斯大林主义，但与之相比，却有过之而无不及。”萨特于 1956 年 11 月 9 日在《快报》上撰文，谴责苏联自第二次世界大战以来的“12 年中执行的政策是恐怖和愚蠢的政策”，“无保留地谴责（苏联）对匈牙利的干预”。他把特别强烈的抨击留给了法国共产党，他宣称：“不可能而且永远不可能与那些现在领导法国共产党的人恢复关系。30 年来，这些人说的每句话，做的每件事都是彻头彻尾的谎言和僵化。他们的反应表明他们完全是一批不负责任的人。”[9]代表大会将萨特的声明印制了数千份，连同加缪的声明一起广为散发。加缪威胁说，如果联合国不通过决议，责令苏联军队立即撤离匈牙利，他将领导一场运动对联合国进行“杯葛”；如果联合国不答应这个要求，他将“公开谴责联合国的破产和失败”。乔斯尔森高兴地说：“看来法国知识分子转向了，先后次序是共产党员、同路人、进步分子、反共主义分子，现在轮到反共的共产主义分子了。”[10]共产党支持的路易斯·阿拉贡领导的“作家全国委员会（Comité National des Ecrivains）”终于垮台了，现在可以有把握地说，“共产党‘神话’已经破产了。”但是他也注意到，“法国社会党如果不是因为对埃及的干预中运气不好，本来是可以利用这一局势大捞一把的。”[11]

乔斯尔森从苏伊士冲突中又悟出另一条真理。有一次他对记者说：“如果欧洲不想屈服的话，那么它必须摆脱对中东石油资源的依赖。加强科学研究，以其他能源来取代石油，可能就是一种解决办法。”[12]具体地说，乔斯尔森指的是核能。试图让人们接受原子能，长期以来一直是美国外交政策的一个重点。1952 年，C. D. 杰克逊在他的工作档案里记下了以下的话：“《生活》杂志上戈登·迪恩（Gordon Dean）的一篇文章说，消除美国在投掷原子弹问题上复杂的犯罪感正在取得进展。”[13]C. D. 杰克逊也积极参与了艾森豪威尔 1953 年 12 月 8 日在联合国发表的著名演说“和平利用原子能”的起草工作。在这篇讲话中，总统建议单方面削减原子武器，并提出了将原子能从军用转为民用的途径。C. D. 杰克逊是从来不会错过宣传机会的。1954 年 2 月，他向弗兰克·威斯纳提交了一份备忘录，建议将艾森豪威尔的提议加以扩展，使之包括“宣布一项在柏林建造第一座原子反应堆的计划”。C. D. 杰克逊说，这样做“既有实际意义，也有宣传效果。柏林使用的燃料，无论是固体的还是液体的，每一盎司都必须经过苏联领土运来。虽然我们自己有一些能源储备，但是一旦发生封锁的情况，事情就严重了。”[14]他论证说，一座原子能发电厂“就能满足这座被围困城市的能源基本需求”。“在德国人和苏联人相互对立的情况下，其宣传价值也是不言而喻的”。实际上就宣传而言，甚至不必“真的作出决定并动手建设发电厂，只要把这个想法透露出去就可以了。也可以派一个考察组，在柏林到处走动，似乎在选择一个适当的厂址；可以把一块废地用围栏圈起来，立一些神秘的标志，并派警卫守护；至于该项目本身，则暂时可以停留在传闻阶段；就柏林居民和苏联观察家而言，这样做一下，同实际执行项目的效果是不相上下的。”[15]

乔斯尔森可不具备马基雅维利式的推论能力。他真的被艾森豪威尔的“铸核剑为犁”*[16]的论点打动了。他的动机是真诚的，也许还有一点天真。他在写给纳勃科夫的信中说，“原子能的利用将使人类和社会的命运和前途发生根本性的变化，这是显而易见的。我仍然坚信，这也将是马克思主义的天鹅之歌**，同时也为人类提供了一个新的哲学和社会学的基础，正如工业革命为马克思的理论奠定了基础一样。”[17]乔斯尔森对艾森豪威尔关于和平利用原子能的建议举双手赞成，把它奉为“天才的一笔”，所以他非常热心地通过代表大会的刊物推动这一理念的实现，但是他在一片冷漠中碰壁了。1954年1月他对德诺夫维尔说：“我为《证言》杂志组织一系列文章，竭尽全力来推动（艾森豪威尔的）这个倡议，以此来引导欧洲的其他刊物也来响应。唉，没有想到法国3位著名的非共产党科学家都以某种理由表示不赞成…… 一个好的想法通常都不能加以充分利用，仅仅因为人们太懒惰或太忙碌或者干脆对之嗤之以鼻。”[18]乔斯尔森在信的结尾写道：“但是对于某些相当绝望的欧洲人来说，倒是可以在他们身上注入一点新的希望和信心。如果你有什么看法，请不要放在自己肚子里不说出来。”[19]

接下来发生的这件事让我们可以看到文化自由代表大会背后的秘密机关是如何操作的。乔斯尔森的信被送交白宫的C. D. 杰克逊，杰克逊又将信转给中央情报局的特蕾西·巴恩斯，并建议请威廉·泰勒捉刀，“把这封信改为某个适当的大科学家的作品”。泰勒是美国驻巴黎大使馆的公共关系官员（他在使馆的许多职能表明他的公共关系官员身份只是一种掩护）。杰克逊说：“泰勒除了能用无懈可击的法文写学术文章外，他还有一个有利条件，因为他多次参加了这篇讲话稿的修改工作，所以他对这篇讲话的哲学思想是了如指掌的。”杰克逊让巴恩斯把这个想法“立即回告乔斯尔森，此事须作为急件处理，因为下一期的《证言》杂志截稿在即。”[20]

正当乔斯尔森在酝酿他的计划，打算把利用核能的欧洲在民主自由的背景下联合起来之时，德怀特·麦克唐纳刚被聘为《邂逅》杂志的编

* 铸剑为犁，《旧约》中的典故，指熔化武器制造农具。此处将武器引申为核武器。
** 天鹅之歌（swan song），西方古代传说天鹅临死时歌唱，通常比喻终曲、绝唱。

辑。受该杂志的派遣，他到了埃及，在那里他目睹了西方帝国的恶劣行径。据麦克唐纳的一位朋友说，他看上去就像一个疯狂的举着捕蝶网的教授；那时他处于事业的高峰，他刚完成了为《纽约客》撰写的关于福特基金会的长篇特写，又有机会为《邂逅》这样的高水平刊物工作。但是他在开罗却没有激起写作任何报道的冲动。当听到一颗炸弹就落在他的旅馆附近的一座建筑物上时，他就打点行装躲到郊区去了，在那里一连住了好几天，和《邂逅》办事处也没有进行任何联系。他在 1940 年曾因护卫苏联驻纽约领事馆而遭逮捕，他把这件事当成趣闻描述了一遍，可现在他已经没有胃口去冒险了，所以他从来也没有跑到开罗以外的地方去看一看战区的情况。拉斯基回忆说："我们为他花了一两百英镑买机票，住旅馆，指望他能写出苏伊士战争的分析报告，但是他写的东西根本无法用。在那里，他写不出东西来，后来他回来了，还是一连几个月坐在办公室里，写不出任何东西。"[21]

任命麦克唐纳为《邂逅》杂志编辑，从一开始就有争议。乔斯尔森对于克里斯托尔的编辑工作一直不满意，从一开始他们两人在这本刊物应该办成什么样子的问题上有矛盾。乔斯尔森认为克里斯托尔对冷战问题太不热心，所以他一直要求加强该杂志的政治内容。乔斯尔森有一次教训克里斯托尔说："我们办的不是普通的文化杂志，而是一种特殊的文化杂志。我对你总是抓不住这一要领感到不安。"[22]（有一位评论家曾批评《邂逅》杂志说，这是一本披着文化外衣的政治宣传品，乔斯尔森的这番话差不多证实了这种批评是有根据的。）拉斯基一贯是同乔斯尔森意见一致的，他说："50 年代中期，《邂逅》杂志对苏联和东欧集团事务关心不够，我们为此感到忧虑。但是克里斯托尔却不想这么办。他对意识形态方面的争论有着一种神经质的、不自主的恐惧。"[23]尽管乔斯尔森不断提醒克里斯托尔，要他同巴黎举行的一系列会议的精神保持一致，克里斯托尔总是置若罔闻。到了 1955 年初，乔斯尔森已愤怒到了忍无可忍的地步，他用一种暗藏杀机的语气给克里斯托尔写信说："至今《邂逅》杂志公开或阳奉阴违的抵制，从时间上说已经够长的了。你要记住，在我们的执行委员会上，每一位委员对此都已取得一致的看法。现在已到了采取进一步行动的时候了。”[24] 从克里斯托尔的回信中看不出有任何屈从的意思，他写道：“大体上说，我必须按我的方式行事……如果你们对我的行事方式还是觉得不满意的话，那么总是可以找到最后解决办法的。”[25]

正当克里斯托尔对他的去职表示无所谓的时候，乔斯尔森已经进一步采取行动了。他悄悄地指示纳勃科夫和拉斯基到处走一走，物色适宜的人选，请他们推荐一个人来取代原来的编辑。在这类事情上，他们总是征求艾赛亚·伯林的意见。艾赛亚·伯林推荐H. 斯图尔特·休斯（H. Stuart Hughes）。另一位是菲利普·霍尔顿（Philip Horton），此人为前战略情报局成员，1947 年又担任中央情报局巴黎站站长，现在《报道者》（*Reporter*）工作。此时，斯彭德正忙于把克里斯托尔撵走。“我想克里斯托尔这个人过于争强好胜，因此，每次作出决定，他都把它当成一次冲突来处理，在这种冲突中，他总想成为获胜的一方，其手段是不同别人商量，如果这个决定是由他的对手提议的，他就想方设法加以破坏。”[26] 斯彭德对乔斯尔森说上面这番话就是让他相信撵走克里斯托尔无疑是有好处的。他说：“如果欧文走了，我们就可以讨论那些立即可以作出决定的问题而不必像他在时成为无休无止的争论。”[27] 与此同时，纳勃科夫的脑子里也有另一名候选人。他写信给他值得信任的朋友亚瑟·施莱辛格，问他是否可能技巧地探一探德怀特·麦克唐纳的口气，看他是否有意担任此职。施莱辛格对此十分热心。马尔科姆·马格里奇也持同样的看法，他评论说，克里斯托尔“是个挺好的人，但是在这个岗位上却是个无用之人，他没有能力做好这件工作。”但是他没有说出拉斯基所说的克里斯托尔“天生的充满仇恨，他认为此人就像个没有开化的野蛮人。”[28]

乔斯尔森答应他在纽约同麦克唐纳商量，看他是否可能同意此议，1955 年 6 月他在纽约与麦克唐纳见了面。他们一起相处得很好，不过乔斯尔森担心麦克唐纳的火暴脾气在代表大会里待不住。乔斯尔森还说他就像“一匹孤僻的狼”。当悉尼·胡克风闻有关这次会晤的情况时，他威胁说，如果任命麦克唐纳为编辑的话，他要辞去执行委员的职务，说他会“把代表大会的老底端出来”。[29]在整个商谈过程中，克里斯托尔一直被蒙在鼓里，当他终于获悉正在考虑由麦克唐纳接替他的工作时，他简直不敢相信真有此事。他后来说：“这件事十分可笑，要知道麦克唐纳是一名无政府主义者，还是一个和平主义者！”[30]

1955年9月，代表大会组织的“自由之未来”讨论会在米兰召开时，这件事还没有一个结果。1955年9月中的那个星期，代表们在下榻的饭店里热火朝天地搞着阴谋诡计。斯图尔特·汉普夏尔回忆说，这次会议更多的是帷幕后面的政治活动，而不是公开的辩论。（据汉纳·阿伦特说，“辩论乏味透顶”。）当乔治·坎南在会上高唱“自由的战略”（这是典型的坎南观点，他认为自由如同外交政策，是需要作出战略性安排的）时，悉尼·胡克的客房里却成为反对任命麦克唐纳的中心。沿着过道很快就到了亚瑟·施莱辛格住的客房，那里是麦克唐纳的支持者集中的地方。汉普夏尔回忆说：“麦克唐纳的任命遭到否决，主要是悉尼·胡克在起作用。在那次会上，我明显地发现有一个无形的组织起着主导作用。德怀特·麦克唐纳无疑是一个没有准谱的人，你永远也不知道他下一步要做什么，说什么，他们可不想接受这么一个人。”[31]

但是施莱辛格坚持自己的立场：“我支持他，中央情报局也支持他。他们向乔斯尔森施加压力，要求他同意接受麦克唐纳，乔斯尔森只得勉强同意。”[32]最后作出某种妥协。麦克唐纳在《邂逅》杂志工作一年，职务是撰稿编辑，而克里斯托尔也继续留位。乔斯尔森致函马格里奇向他就这一安排做了解释。乔斯尔森说，他给克里斯托尔“下了一剂重药，言辞近于蛮横，估计他的态度会有所转变。”[33]但是几个月之内，这种期望就落空了。他对别人的攻击照旧，以致乔斯尔森怒气冲天地写信给他说：“你再不要把脖子伸出来，否则我就把你的头咬下来。我真弄不懂，你怎么就连对编辑的批评和原则问题都分不清呢？”[34]乔斯尔森私下里对丹尼尔·贝尔坦言：“我有时觉得只有当虾米学会吹口哨，欧文才会改变他的行事方式。”[35]

乔斯尔森本能地对麦克唐纳感到不放心。在他的任命被确认后不久（给他的薪金出手很大方，年薪1.2万美元外加各种必要的开支），德怀特·麦克唐纳就向《邂逅》杂志投了一篇稿件，题目是《米兰没有出现奇迹》，文中他提到代表们享受的奢侈待遇，而且会上的辩论显然不集中。这篇文章把斯彭德和克里斯托尔弄得慌作一团。麦克唐纳到达伦敦之前写信给斯彭德，说他听说代表大会对《邂逅》的态度，感到“如饮甘醇般的愉悦”，代表大会奉行的“放手政策听上去有如田园诗般的美好”。[36] 但是，与麦克纳唐的期望相反，在同纳勃科夫、邦迪、拉斯基和乔斯尔森商量之后，文章被退还给他，并附上了一长串的修改意见。1955 年 12 月文章终于发表了。不过在此前一个月，先发表了保守的社会学家爱德华·希尔斯（Edward Shils）的一篇充满敬意的文章。

紧接着 1956 年发生的动乱之后，文化自由代表大会的组织形式有一点变动。虽然代表大会并不认为它是一个专门从事意识形态斗争、揭露罪恶和谎言的好斗机构，但是这正是它力争做到的目标。1957 年 10 月，在拉斯基的主持下建立了代表大会下属的论坛服务公司，为全世界的订户提供“背景情况和分析”。[37] 这样，为上述这些活动所作的正式安排就宣告完成。其实，《论坛世界特刊》（这是后来改的名称）是中央情报局一次典型的秘密行动。约翰·海·惠特尼再次充当出面人物，以他的名义注册了一家公司叫作德拉华公司（Delaware Corporation），公司地点设在伦敦。到 20 世纪 60 年代，《论坛世界特刊》已成为中央情报局拥有的新闻机构中发行最广的一份出版物。

尽管如此，在乔斯尔森的悉心经营下，代表大会仍然被视为唯一的一个独立的国际组织，一贯提倡自由的价值。代表大会的一份声明称：“其任务是要开辟一块文化自由的天地，在这块天地里，追求的是文学、艺术和思想的自由。我们反对一个一切都要服务于政治的世界，对于我们来说，这样的世界是无法接受的，为此，有必要建立一个讲坛，在这个讲坛上，文化可以自由表达，不必顾及政治，也不与宣传相混淆；在这个讲坛上，关心的是思想和艺术作品本身。”[38] 代表大会的成败最终取决于这些标准是否得以维护。当然，代表大会背后的秘密天使们，是不会放弃宣传这个任务的。乔斯尔森的任务就是把宣传这项工作小心翼翼地掩盖起来，至少在当时，这件事看来是做得很好的，大批的人集中到了代表大会周围。如果说历史还曾经有过以反共为时尚的话，那么现在就是这样一个时期。

乔斯尔森个人为工作再次付出了高昂的代价。1957 年 8 月他动了一次令人揪心的手术，医生剥离并更换了他腿上的动脉。当他康复时，梅尔文·拉斯基带来了令他高兴的好消息。拉斯基告诉他，代表大会发动了一次"（针对）布莱希特（的）战役"，调动代表大会的火力猛攻那些这位"共产主义百万富翁的偶像崇拜者"。这次在柏林举行的大会在"柏林文化政统"中又打了一个胜仗。更令人鼓舞的消息是福特基金会已确认再向代表大会捐款 50 万美元，洛克菲勒基金会也继续慷慨解囊。

但是，那一年最后的彩头还是让苏联人拿走了。那年 10 月 4 日，苏联成功地发射了世界上第一颗人造地球卫星"斯普特尼克"（Sputnik，意思是同路人）1 号，在国际上引起巨大的震动。这颗卫星绕地球飞行，它发出"嘟嘟"的信号立即为美国政府带来了一片恐怖气氛。拉斯基对一名记者说："我估计艾克 * 在后世中的声誉从此葬送……艾克在战争中名列第一，赢得和平也是第一，高尔夫球场上也堪称第一，可是在通向月球的道路上只能屈居第二了。"[39] 一个月以后，美国也试图发射一颗卫星，重量要比 200 磅的"斯普特尼克"轻得多，但是在全世界新闻媒体的摄影机前坠毁在地球上，这次失败的滋味真是苦不堪言。

---

* 艾克（Ike）是艾森豪威尔的昵称。

第十九章 阿喀琉斯之踵*

中央情报局的第一大毛病就出在权力问题上。权力太大，而且权力也来得过于容易了。

——汤姆·布雷顿

20 世纪 50 年代末期，中央情报局已经把《邂逅》杂志视为它的一面旗帜，同乔斯尔森的评价一样，认为这份刊物是“我们最宝贵的一笔资产”。在中央情报局的语汇中，“资产”一词指的是任何中央情报局可以利用的资源，这种资源“既可独立行动也可以起协助作用”。[1] 由汤姆·布雷顿确立的中央情报局关于独立行动的原则规定，由中央情报局支持的各机构“不必在一切方面都支持美国官方的政策”。[2] 这就是说，像《邂逅》杂志这样的机构可以保持某种左倾色彩。尽管《邂逅》杂志“可以发表某些左倾观点，从这个意义上说可算属于左翼，但它根本不是一个自由论坛，并不像它所说的那样自由”。[3] 这番话是英国哲学家理查德·沃尔海姆（Richard Wollheim）说的。他还说：“我想这就给人一种印象，似乎这本杂志在所有领域都可以自由发表意见，其实在某一领域必然要受到限制，最明显的就是涉及美国外交政策的方方面面。这件事做得十分巧妙，杂志确实发表一些对美国的批评，但是从来都不是十分尖锐的。”[4] 而这一点，据汤姆·布雷顿说，正是他们希望《邂逅》杂志应起的作用：“杂志不会经常偏离国务院所称的美国外交政策，从这个含义上说，它就是宣传工具。”[5] 当布雷顿允许杂志享有一定程度的宽松时，他绝对不是说《邂逅》对美国官方政策的任何方面

---

* 阿喀琉斯之踵，出自希腊神话，喻意“致命弱点”。

或每一个方面都可以自由地加以谴责。1958年发生的事情正好说明《邂逅》杂志应当如何行事。

那年年初，德怀特·麦克唐纳在《邂逅》杂志的任期届满，他又在纽约重新露面。从英国返回美国途中，他在托斯卡纳*逗留了两个月。在那里，他充分感受到欧洲传统之深厚底蕴，并为之倾倒。回到纽约，这里的出租汽车司机满口骂人的脏话，公众的行为举止“粗俗不堪”，麦克唐纳不禁深深地感受到一种文化冲击。他坐下来写出他对这种天壤之别的感受，写美国的暴力、俗气、“不成体统”，这个国家没有自己的风格，无论对过去还是现在都缺乏时代感，一心想的做的都是怎样获得最大的利益。“这个国家的铭言不应该是‘合众为一’，**也不应该是‘我们信仰上帝’。”他愤怒地写道，“还不如改为‘我已经得到了我的，至于你，杰克，去你的吧’！”[6]

麦克唐纳看到他笔下的这个国家已经处于衰败之中，他写出的是对这个国家的长篇挽歌。正当如此众多的知识分子纷纷涌来拥抱“美国文化”的时候，德怀特这位持异见者又发现自己有一种冲动，想对美国表现出“反潮流”的姿态。他把他的想法写成一篇文章寄给了《邂逅》杂志，题目就是《美国啊，美国！》。斯彭德接下了这篇文章，不过他后来说他并没有仔细地阅读全文。欧文·克里斯托尔对此文却惊恐不已。他认为这篇文章“有着约翰·奥斯本***的味道”，不健康的“妄自菲薄”，文章结构也散乱无章。他说：“德怀特是一位出色的记者，但此人完全喜怒无常，有时显得十分呆傻。”[7]他又补充说，正因为德怀特出身名门望族，他对美国毫不了解，同样由于有着这个障碍，他也不了解英国，所以在他的文章中才将美国与英国作了十分不恰当的比较，使美国蒙羞。“他对英国一无所知。在英国时，他从来不去看足球赛，也从来不去看

---

* 托斯卡纳（Tuscany），意大利中部大区。在佛罗伦萨统治时期，为文艺复兴中心。19世纪前半叶，以政府进步和享有较多自由闻名。1861年正式并入意大利。

** “合众为一”（E Pluribus Unum），拉丁文，美国的铭言，既指合众国的要旨，又号召这个移民国家团结一致。

*** 约翰·奥斯本（John Osborne，1922—1994），英国剧作家，因所著《愤怒的回顾》使他成为第一个“愤怒青年”，即二战后英国文学界愤世嫉俗的知识分子的代表。其实他们鄙视的是传统门第、等级观念和知识精英，其立场与麦克唐纳恰恰相左。

英国的橄榄球赛。他对英国的了解都来自圣詹姆士区 * 的俱乐部。他是一个没有见过世面的乡巴佬，居然他还大谈什么‘格罗夫纳广场’，饶了我吧！”[8] 这番话出自一个头戴硬礼帽、手持雨伞去上班的人之口，分量是够重的。拉斯基同样认为这篇文章“写得很差”，同意克里斯托尔的意见，认为麦克唐纳出身耶鲁大学又住在格林威治村 **，这样一个人是不可能对真实的美国有所了解的，他所了解的只能是这样的一个美国。然后他来到英国，此时他仍然像马克·吐温式的美国人到了外国，观念十分陈腐。他热爱英国的一切。他喜欢英国的小酒馆，喜欢街道和广场的名称等等每样东西。我们感到十分难堪，原来美国人竟如此幼稚，水平如此之低。这真是一篇可怕的文章。当时我对迈克（乔斯尔森）说：“德怀特真是代表大会的阿喀琉斯之踵。”拉斯基不无得意地总结说：“我算是说对了。”[9]

但是，麦克唐纳的罪名远不止于把“格罗夫纳广场”念错了。作为当代美国的批评家，这篇文章肯定是有它的不足之处的。正如这篇文章带惊叹号的标题所显示的那样，他对美国价值观的抨击，与其说是严肃的论证，还不如说只是一些感性的直觉。文章将美国与英国和意大利所作的比较，犯了罗曼蒂克的错误，美化了外国的文化。尽管如此，这篇文章还是非常符合实际的，作者利用了翔实的资料和最新的研究成果，文章触及了美国生活的方方面面，而这些领域正是美国生活方式的宣传家所必须予以关注的。麦克唐纳动手鞭打每条神牛 *** 时，令人不可思议的是他好像从某处看到了一份详细列有美国消极面的单子，而这些消极的东西却正在被美国秘密干员们吹得天花乱坠。他谴责泛滥成灾的物质主义，而精神建设则相形见绌；他批评了暴力犯罪，铺天盖地的广告牌，文学批评缺乏鉴赏力，种族歧视盛行。他攻击约翰·福斯特·杜勒斯是一个“伪善的老油条”，是美国粗俗和虚伪的完美典型；亨利·鲁斯是一个强盗式的童子军；副总统尼克松在委内瑞拉的行为愚不可及

* 圣詹姆士区（St. James' area），伦敦圣詹姆士宫附近的一个富人豪华住宅区。

** 格林威治村（Greenwich Village），纽约一个作家和艺术家聚居地。“一战”后，一批从欧洲回来，充满幻灭感的知识分子在这个当时生活水平较低的地区定居下来。

*** 神牛（sacred cow），原指印度视牛为神，借指不可批评的事物。

（他为此而不断受到嘲弄并不为过）；总统艾森豪威尔是一个佩枪的反动派；福特汽车公司的副总裁乔治·沃克的行为像是一个“东方的君主”；美国的工会对公共关系的兴趣超过了对阶级斗争的兴趣，其领袖大卫·杜宾斯基和沃尔特·鲁瑟（Walter Reuther）这两个“该死的也太善良了”。[10] 麦克唐纳关于当代美国的罪恶还可以无限度地列举下去。他对美国腐朽的最高统治的敌视使他对这个国家的憎恶达到新的高度：“当有人听说欧洲人对欧洲的美国化啧有烦言时，他就希望这些人能到美国来逗留几个星期，体验一下这里的真实情况……即使是苏俄人，尽管他们残酷无情，也从不掩饰其意识形态，他们与别人的共同语言也比我们多。”[11]

克里斯托尔尽管觉得这篇文章“十分可笑”，但还是同意发表，因为斯蒂芬已经接下了稿子，他已经没有其他的选择。这边刚刚接下这篇稿件，巴黎办事处已经拿到了一份拷贝。巴黎方面立即要求斯彭德和克里斯托尔不要发表这篇文章，并且提出了警告，说弗莱希曼已经发话，认为这篇文章会伤害代表大会，以致影响代表大会对杂志的财政支持。克里斯托尔后来声称：“我很容易就同意不发表这篇文章，因为从一开始我就不喜欢这份稿件。但是斯蒂芬稍有抵制情绪。不过最后我们还是（对巴黎办事处）说，如果这篇文章真的会使你们为难，我们可以不发表。后来德怀特的文章在别的刊物发表了，他对这种所谓的文字审查颇有怨言。我这一辈子曾在多家杂志任编辑，退稿的事情多有发生，但我从来都不认为这是文字审查，退稿不等于文字审查。”[12]

要通知麦克唐纳，说明这篇文章如果不作相当大的修改，怕是不能发表，这件事落在斯彭德头上。于是斯彭德说，在重读这篇文章之后，他觉得文章内容是片面的，而且也过于尖锐。他又加了一句说，纳勃科夫读了这篇文章，“感到十分不安”。麦克唐纳听说“这位国际民主文化组织的秘书长和祖师爷尼古拉斯·纳勃科夫”对《邂逅》杂志的编辑们提出“忠告”，不禁怒火中烧，并建议“斯蒂芬欧文尼古拉斯迈克*

* 这里麦克唐纳造了一个词“Stephenirvingnicholasmike”，将有关的 4 个人的名字组合在一起，含有“……之流”的讽刺意思。

或任何有权作决定的人，最好从现在起，一接到‘有争议的手稿’就立即向巴黎办事处请示，这样就可以马上知道他们是怎么想的。”[13] 从这件事的实际情况看，这些编辑们正是这么干的。

由于麦克唐纳拒绝对文章作出任何修改，这篇文章终于被砍掉了。这篇文章经过了接受——拒发——再接受——再拒发的过程，对于这件事，斯彭德在他去世前不久接受采访时曾说：“我为这件事感到很难过。由于文化自由代表大会对我们施加压力，使稿件不能在《邂逅》杂志上发表，这是唯一的一次。这绝对是唯一的一篇文章。当这篇文章出现麻烦时，我确实认为这篇文章有点愚蠢。我还想，如果当时我仔细读一读这篇文章，我是会要求修改的，否则我就把稿件退回去。现在回过头来看，这确是一件我感到十分遗憾的事。因为我想，即使我仔细读了而我也确实不喜欢这篇文章，我仍然应当坚持发表这篇文章，理由就是我们已经接受了这篇稿件，而拒绝发表的原因仅仅是由于这篇文章是反美国精神的，否则，我可以此为由辞去编辑职务。”[14]

但是，对这件事进行干预的，不仅仅是巴黎办事处。据戴安娜·乔斯尔森（她认为这篇文章总体上是振聋发聩的）说，这是“中央情报局干预编辑事务唯一的一次，迈克尔为此作了顽强的斗争，但他失败了。”[15] 那么中央情报局是怎样事先知道有这么一篇文章的呢？如果按照与此事有关的人一贯的理解，代表大会的出版物是不经过中央情报局预先审查的。那么他们是怎样获悉麦克唐纳文章的消息的呢？乔斯尔森是收到过《证言》的样稿的，至于《邂逅》杂志，至少也要把目录送给他。但是可以肯定地说，他不会把这篇火药味很浓的稿件送给他的华盛顿上司。乔斯尔森一直是排除中央情报局的干扰、喜欢独立处理问题的。他对代表大会隶属于中央情报局这件事越来越感到气恼。尽管如此，《美国啊，美国！》这篇文章确实在华盛顿中央情报局的走廊里传来传去。最可能的是，该文是通过中央情报局驻代表大会的项目官员传过去的（当时，此人便是李·威廉姆斯）。

如果说，这篇文章仅仅错在它屈从于廉价的反美主义，那么为什么中央情报局还要竭力压制这篇文章，乃至不惜牺牲它称之为“最宝贵资产”

的《邂逅》杂志的声誉呢？无疑，这样做是利用一个天赐良机来考验一下《邂逅》杂志的忠诚，来消除有些认为这篇文章并非批评美国失败的观点。而且当时有些批评家说这本杂志唱的调子有点不对路，正好趁此机会纠正一下。是不是这样呢？说得更确切些，如果大家都说这篇文章的内容十分可笑，那么除了有损于作者之外，还会对谁造成损害呢？

事实同戴安娜·乔斯尔森的回忆恰恰相反，乔斯尔森就反对发表这篇冒犯美国的文章。他称这是“我读到过的文章中反美情绪最露骨的一篇”，说这篇文章“只适合发表在（苏联的）《文学报》上。”[16]他知道此举“很可能激怒麦克唐纳，以致他挥起大棒，公开地攻击我们，但是我已准备好对付他的攻击。”砍掉这篇文章的决定上到处留下了他的指纹。发表这篇文章会使《邂逅》杂志在华盛顿的名声受到相当大的损害，让人觉得乔斯尔森手下也不乏变节分子，这样一来他的信誉也有受损的危险。[17]

美国秘密机关中有那么一批强硬派，他们一直认为建立国际组织处是犯了一个“华而不实的错误”，对于支援并培植一批所谓的“朋友”或观点相同的个人和组织的想法，他们是嗤之以鼻的。对于这些强硬派来说，麦克唐纳这一巴掌正好拿来作为证据。威斯纳的副手、后来担任中央情报局局长的理查德·赫尔姆斯对此就持怀疑态度。有一次他曾对一个众议院的特别委员会说，“一个秘密行动指挥者……必须受过特殊训练，一定要认识到他手下的特工并非都是那么诚实可信，除非他把这些特工的肉体和灵魂都掌握他手中，他才能指望他们不折不扣执行指示，如实地向他汇报情况。”[18]中央情报局的雇员中的任何人想要驯服这个出了名的桀骜不驯的麦克唐纳，看来都会做出蠢事。

所有这些论点都构成了砍掉麦克唐纳文章的真正原因。反美情绪固然是原因之一，但是，如果仅限于此的话，本来也许可以用大事化小的方式予以容忍的。但麦克唐纳决定用一篇准确性很高的长文来结束他的攻击。这篇文章将一份有关朝鲜战争中美国战俘行为的报告内容作了一个总结，这一步他就走得太远了。这份报告是美国陆军呈送的。上年秋季，尤金·金基德（Eugene Kinkead）在《纽约客》上发表过这份报告的摘要。报告是对美国战俘的行为作出的致命判决：战俘们“经常变得无法管理。他们拒绝服从命令，他们咒骂、有时甚至殴打企图执行命令的军官……在寒冷的冬夜，因患痢疾全身无力的兵士被自己人扔到茅草屋外，让他在外面冻死。”一个普通的士兵一旦“没有药吃，没有锃亮的恭桶，似乎就不知所措了。”[19]最要命的是这份报告表明是在高层合作下为了灌输某种思想而撰写的。陆军居然把这份报告公之于众，从而使政府的宣传家们经历了一场噩梦，实在不可思议。[20]

麦克唐纳的文章中列举了这类资料，在《邂逅》杂志上发表遭到官方的否决是在意想之中的。正是最后的这一部分引起了麻烦。然而，多年以后，当时直接与砍掉麦克唐纳文章有关的人当中，没有一个能想起金基德的问题。欧文·克里斯托尔说：“我不知道在朝鲜战争后期美国士兵的士气是否崩溃了。而且，如果真的士气丧尽，德怀特也不会知道。他对朝鲜战争了解多少？他一直坐在纽约为《纽约客》写文章，他对朝鲜战争一无所知，他也从来没有去过朝鲜。我想他也从来没有到美军的一个团去访问过。关于美军下层中的不满情绪，我什么都不知道。我也不记得德怀特的文章中谈到过这个问题。”[21]

同样，当梅尔文·拉斯基被问及此事时也说什么也不记得了。斯蒂芬·斯彭德也不记得。戴安娜·乔斯尔森同样也不记得。这件事只能被列入历史谜团之中了。克里斯托尔的失忆特别值得注意：当克里斯托尔1958年10月写信询问乔斯尔森时（此时，这篇臭名昭著的文章已在比《党派评论》更左的刊物《歧见》*Dissent* 上发表了），克里斯托尔已经离开伦敦到纽约为《报道者》工作了，他说，“至于那篇暴露狂写的文章，你和斯蒂芬接下了稿子，从一开始就犯了错误。你可能还想得起来，你曾让他改写，把已经发表在《纽约客》上有关朝鲜的那一部分删掉。他没有照你说的做。”[22]1959年，克里斯托尔仍然没有从金基德引起的这一场争议中摆脱出来，在一次电视辩论中，他对金基德本人当面进行了抨击，[23]此举受到乔斯尔森（难得的）赞扬，而乔斯尔森也因此成了《报道者》的一名新的热心读者。

本来是说中央情报局支持而不操纵，但是由于砍掉了麦克唐纳的文章（由于此文此前已经在其他刊物上发表过了，后来再发表在《当代》上作为弥补也为时已晚），这种说法的可信度就成问题了。驻代表大会的项目官员李·威廉姆斯声称：“我们支持该刊，是想提供一个载体，借以弘扬西方价值观，并在刊物上进行自由而公开的辩论。我们并没有指挥他们做这做那。那样做是违背美国传统的。不过这并不是说讨论的问题中没有我们感兴趣的题目，但是我们并未授意……我们没有把我们的意思强加于任何人。我们认为应该让事实说话，让对话继续进行下去，让不同的意见有一个地方可以自由表达。从来没有说过‘你应该这样想’，‘你应该删去这句话’，或者‘你应该发表这篇文章’。这完全不是我们的作风。”[24] 威廉·科尔比也强烈地否认他们想把《邂逅》杂志变成中央情报局“用美元做成的传声筒”。他说：“中央情报局没有强行控制的意思。我们给予支持，但不发号施令让他们做什么。你可以坐下来，像好朋友似的讨论某句特定的话能不能说明问题。如此而已。华盛顿不发话。莫斯科才这样做。华盛顿不做这样的事。”[25]

中央情报局和受其资助的知识分子都尽力为这种利他主义的神话进行辩解。但是麦克唐纳事件却说明真实情况并非如此。贾森·爱泼斯坦说：“中央情报局声称它资助的是言论自由。这当然不是真话。当德怀特·麦克唐纳为《邂逅》撰写了那篇文章时，该刊的编辑根据他们所知的（代表大会的）立场拒绝发表这篇文章。这件事与促进言论自由是背道而驰的。（中央情报局）推动的是一项政策和一条政治路线。这就是它花钱的用意，也是它想从中得到的东西。自由言论与此毫不相干。”[26] 麦克唐纳本人则将纳勃科夫和乔斯尔森比作“梅特涅*式的出面人物”。他用冷冰冰的语气说：“你会认为美国就是委内瑞拉，还将此视为国家的骄傲。一个号称文化自由的‘代表大会’居然进行文字审查，更是妙不可言！”[27] 美国社会学家诺曼·伯恩鲍姆（Norman Birnbaum）趁此给代表大会写了一封公开信，认为代表大会向《邂逅》杂志下指示撤销

---

* 梅特涅（Metternichs，1733—1859），奥地利政治家，曾任奥驻德大使和奥地利首相。他鼓吹消灭流传于德意志的进步思想，惯于将个人意志强加于人，成为压迫与反动的象征性人物。

麦克唐纳的文章是一种“专横的行为”，充分表明代表大会言行不一：“文化自由代表大会几年来一直在使教育知识界要认识到自由的不可分割性。说得对，自由是不可分割的，不管大事小事，都要为争取自由而奋斗。延伸开来就要同无数的教条主义和小暴君作斗争，显然其中也包括代表大会自封的一批斗士们。”[28]伯恩鲍姆进而指责代表大会将“自由”屈从于美国的重大外交政策：“在某种程度上，代表大会似乎赞成斯大林主义对真理的观点，那就是真理必须服务于党的利益。”[29]

代表大会受到指责，说它玷污了它扬言要捍卫的事业，这个打击是很沉重的。乔斯尔森深感痛苦，但仍坚信手段必须服从目的。对于有人指责说代表大会听从约翰·福斯特·杜勒斯和艾伦·韦尔什·杜勒斯的敕令，他却感到不知所措。1958 年 4 月他写了一封信向麦克唐纳解释整个事情的经过，他完全回避了这一指责。这是一封避重就轻毫无说服力的信，信中说：“你必须明白，欧文和斯蒂芬也要吃饭的，正如你写文章也要拿稿费一样。《邂逅》杂志要以最合适的身份说它该说的话，这样才能不致自毁前程。”[30]麦克唐纳在回信中是这样说的：“只要是对美国生活方式表现出大不敬的文字，一概从《邂逅》杂志上撤下来，这是因为一些身穿灰色法兰绒套装的麦迪逊大街上的慈善家为此可能不再供养。这也未免太可怜了。”[31]

尼古拉·恰罗蒙特在《邂逅》杂志第二期中宣称：“知识分子不可推卸的责任就是不要降低自己的品格，勇于揭露虚假的东西，拒绝将‘有用的谎言’称为真理。”一方面，对于揭露共产党政权为维护其政权而散布的谎言，《邂逅》杂志是从不动摇的；而另一方面，在“意识形态的牢笼中”，它又从来不是自由的，它不得不服从变态的冷战心理，那就是“为真理而撒谎”。[32]《邂逅》杂志在众多有争议的热点问题上保持沉默，使用过多的外交辞令，对于伪劣产品采取三缄其口的态度。这样，《邂逅》杂志就抛弃了西方哲学中最宝贵的东西——自由思想和独立行动，结果只能是见风使舵。

有人说，“一篇杂志的文章说了什么就说了，任何人都会自己去研究它的论点并表示不同意见，这不是什么暗箱操作的事。”[33]可是《邂逅》杂志反常地保持沉默，小心翼翼地把底细掩盖起来，而且把一切不利于其幕后支持者的材料一律排斥在外，恰恰表明真实情况与上述的说法正相反。一位历史学家说：“关于《邂逅》杂志独立性的关键问题不在于华盛顿是否通过电报向编辑发指示，首先在于编辑是由谁挑选的，由谁来为‘负责的言论’划定明确的界线，在这个范围之内哪些不同意见可以探讨而不犯禁令。”[34]贾森·爱泼斯坦同意这一论点，他解释说：“问题不在于收买或排斥个别作家和学者，而是专断、人为地确立一种价值体系，根据这种价值体系推出一批学术界人士，任命一批杂志编辑，向一批学者发放津贴、发表他们的著作而无视他们在学术上是否真有成就（这种情况是有的），唯一的根据就是看他们是否顺从而忠诚。”[35]

乔斯尔森对于《邂逅》杂志一直是事必躬亲的。最初的封面是由他选定的，他审阅并修订了最初几期杂志内容的目录，并从编辑那里收到杂志内容的预报。当杂志的水平有所下降时，他要责备编辑们，不断地引导他们考虑发表哪些文章或哪些问题需要加以讨论。有时他似乎是在下命令，比如，他附上一篇关于代表大会1955年1月在仰光举行的亚洲会议的新闻报道，直截了当地告诉克里斯托尔：“《邂逅》要报道这次会议，切记。”[36]有时则有点开玩笑的味道，比如，“致以新年祝愿，希望《邂逅》对和平共处这个问题开展一次真正一流的讨论。我们的许多朋友，包括马格里奇和欧文·布朗，均有同样的祝愿。”[37]或者敦促斯蒂芬为新一代美国作家如索尔·贝洛、J. D. 塞林格（Salinger）、杜鲁门·卡波特（Truman Capote）、雪莉·安·格劳（Shirley Ann Grau）等开辟文学专页。或者建议克里斯托尔发表一篇书评，评论乔治·帕德莫尔的《泛美主义还是共产主义》（“我想《邂逅》发表一篇由‘我们的’人撰写的这本书的评论至关重要。”）[38]对于《证言》杂志，乔斯尔森也如法炮制，以致经常让编辑弗朗索瓦·邦迪感到光火。1952年6月，实际上邦迪已经以辞职相威胁。如果执行委员会在他缺席的情况下继续讨论有关《证言》的政策，甚至声称执行委员会有权向杂志就编辑工作发指示的话，他就辞职不干了。

同样，乔斯尔森也竭力保护各家杂志，使之免遭中央情报局的干预。

但是要说砍掉麦克唐纳的文章是《邂逅》杂志历史上唯一的一次也是站不住的。如果真是这样，那么就可以推断《邂逅》杂志的内容都是符合中央情报局需要的，由此也可以推断它并无使用否决权的必要。一位评论家把这种情况称之为“雇主与雇员之间不可避免的关系，这种关系使雇主的意图在雇员的行动中并不明显地体现出来。”[39] 但据汤姆·布雷顿提供的情况，此前中央情报局至少有一次搅进了有关稿件的麻烦。他说：“我们同《邂逅》杂志之间不时要出现一些麻烦。我当时经常说，‘他们要发表什么文章，我们不要去管他们。’但是有一次却是事关外交政策。拉里（德诺夫维尔）送来一篇有争议的稿件，我们不得不加以否决。我想这篇文章大概与美国对华政策有关吧。《邂逅》原定要发表一篇批评美国外交政策的文章，为此我们在办公室里发生了一场激烈的争论，于是我们上楼去找艾伦·杜勒斯，他不想介入此事，简单说了声‘你们看着办’，一推了之。我们终于砍掉了这篇文章，对于这件事我深感内疚。”[40]

当时负责与德诺夫维尔联络的是蒙蒂·伍德豪斯，他对“文化自由代表大会砍掉稿件是一清二楚的，但我从不知道有什么指导原则白纸黑字地写入规定之中。”[41] 伍德豪斯不记得莱斯利·菲德勒关于罗森堡夫妇的文章在发表前是否经情报机关审阅，但是看来，凡是涉及美国外交政策至关重要的领域发生了争议，势必会引起中央情报局的重视。

布雷顿提到的那篇文章 1954 年 7 月 28 日由斯彭德从伦敦送到了乔斯尔森的办公桌上。这篇文章的作者是埃米莉·哈恩（Emily Hahn）。她是《纽约客》的一个很特殊的撰稿人，无可争议的中国问题专家（她在 30 年代和 40 年代曾住在香港，约瑟夫·艾尔索普 1941 年访问香港时，她一定要带艾尔索普去一个鸦片烟馆。1942 年日本人侵占香港后，他们两人被拘禁在同一个集中营里）。乔斯尔森回信说他“觉得此文实在骇人听闻，肯定会得罪英国人。我现在就将此文送交尼古拉斯和弗朗索瓦，在此件寄到之前就打电话给你或欧文。”[42] 两天后，纳勃科夫写信给克里斯托尔和斯彭德：“在谈埃米莉·哈恩女士这篇文章的事之前，我想先重申一下我们在创办《邂逅》杂志时在商谈中取得共识的一些原则，此后我们在不同的会议上也同意过这些原则。我们同意所有事关有争议问题的文章在发表前不得让任何外面的人看到。我们同意《邂逅》杂志的基本政策之一是努力增进英国和美国之间的了解，所有政治问题都应该经过尽可能高的层次讨论，以便一旦发生争议不至于伤害大洋两岸的民族感情。我们都看了哈恩女士的文章……我们大家都作出了否定的反应。我们觉得哈恩女士在阐述美国对中国的看法时，其观点是错误的、表面的，而且也是草率的。我们觉得哈恩女士的文章无论在风格上、语气上和内容上均有攻击之嫌。”[43] 邦迪同意纳勃科夫的意见，说这篇文章中充斥着“歇斯底里的谩骂”。

纳勃科夫在指出这些歇斯底里的谩骂之处后，问道：“那么下一步怎么走呢？……我们建议你们设法让哈恩女士保证将文章进行改写，改写后应当完全改变文章的调子，把那些最伤人的段落全部删除。除了哈恩女士之外，你们还要约定另一篇文章来论述美国在中国问题上的观点，这篇文章要站得高，具有权威性，文字要简练。如果这一点做不到，我们认为应该撤掉哈恩女士的文章，以后再提到这个重大问题时，那时要请几位更负责任的人来写文章，要代表美国的观点。”[44]

这一忠告也许还不够分量，为了有备无患，8 月 18 日，新任代表大会副秘书长的中央情报局特工沃伦·曼舍尔亲自出面，提出了一长串此文的修改方案。他写道：“我们这里的人一致同意发表此文是不明智的。如果你们已作出的承诺不可改变，因而这篇文章不得不发表的话，那么下列各节必须改写，这是发表这篇文章的最低条件。”[45] 下面便是一长串的必须修改的段落，曼舍尔还亲笔写下了详细的说明。但是，他还叮嘱编辑们再斟酌一下，提醒他们，“这位哈恩女士很可能彻底毁掉我们”。这篇文章再也没有在杂志上发表。撤掉哈恩文章的理由是什么，《邂逅》的读者和撰稿人都是不知道的，但是后来却成为指责《邂逅》杂志一个凭证，认为在这本杂志上，“凡是对苏联不利的东西就充分渲染，而对美国不利的内容就尽量冲淡”。[46]

第二十章 文化的北大西洋公约组织

叶尔米洛夫先生，你死了也别想安生，因为你拿了中央情报局的钱。

——尼古拉斯·纳勃科夫

麦克唐纳这场风暴过去后不久，梅尔文·拉斯基应邀来接替克里斯托尔在《邂逅》的工作。乔斯尔森要换掉克里斯托尔的决心从未动摇过，现在拉斯基同意到伦敦任职，使他非常高兴。克里斯托尔卷起铺盖走了，乔斯尔森终于觉得这本刊物在政治上有一个合适的人把关了。从今以后，中央情报局再没有借口也没有必要从上面来进行干预了。拉斯基刚坐上编辑这把交椅就接到弗雷德里克·沃伯格的通知，说斯彭德的薪金是由英国文化自由学会支付的，虽然这个机构并不存在。[1]当初创建这个英国学会，《邂逅》就是为其宗旨服务的，但是学会早就停止运作了。对于英国军情六处来说，这个学会是它出资资助的一个有用的外围机构，现在资助的渠道主要是维克多·罗斯柴尔德。罗斯柴尔德、沃伯格和马格里奇之间来往的信件表明，这笔钱（每季度750英镑）首先进入威斯敏斯特银行的贝里圣埃蒙兹分行罗斯柴尔德的账户，然后转入塞克和沃伯格的私人账户，然后又转入英国学会在巴克利银行开设的账户，由英国学会将同一数额的款项“捐赠”给《邂逅》杂志。1960年7月，弗雷德里克觉得这种转账“手续有点像神经错乱，转来转去竟转到了一个仅有马格里奇和沃伯格两名成员的虚设学会手上实在毫无道理”，于是他建议改为“罗斯柴尔德公司和潘顿公司之间直接支付（《邂逅》杂志就设在潘顿公司大楼里）。”[2]

在斯彭德为《邂逅》杂志工作的这些年，他的年薪始终定为2500英镑，一直没有增加，实在不可思议。娜塔莎·斯彭德回忆说："他的工资在这段时间里始终未变，正因为这个缘故，他才不得不接受美国方面提供的所有工作。"

斯彭德微薄的薪金造成的结果之一就是他不得不寻找其他途径来增加一点收入，主要是参加国际巡回讲课项目。这意味着他会长期离开《邂逅》。这对拉斯基太合适了，他可以有足够空间来使杂志的政治刀刃更加锋利而不受干扰。拉斯基的主要目标似乎使杂志更靠近工党的思想家和政治家。秘密工作的战略家长期以来就认识到，工党这批人"终于发现在美国实行社会主义的可能性要比在工党内部大得多，前提是社会主义被界定为个人福利而不是阶级战争，而总的来说美国工人的生活要比英国工人好得多，而且也更为自由。换句话说，（他们）正处于发现美国存在着富有活力的民主资本主义过程之中。"[3]

在第二次世界大战结束时，英国工党的威信达到了顶峰，在1945年的大选中取得压倒性的胜利，在这次大选中，丘吉尔下台。但是，到了1947年那个痛苦的冬天，对工党的热情开始冷下来了，冷战之风也强劲地吹进了工党。左翼分成两派，一派反对斯大林主义，另一派同情苏联；而右翼则一心一意要击败共产主义。工党中的右翼聚集在《社会主义评论》（*Socialist Commentary*）周围，其中最重要的成员有丹尼斯·希利、安东尼·克罗斯兰（Anthony Crosland）、丽塔·欣登（Rita Hinden）和休·盖茨克尔（Hugh Gaitskell），人称"修正主义派"。这是因为他们力主工党现代化，包括废除著名的有关国有化的第四条款。这批右翼分子成了中央情报局的钓鱼钩，拉动钓线便能控制并利用英国的政治思想，使之服务于中央情报局设计的欧洲模式，反映在美国一系列政策文件中，就是巩固大西洋同盟和欧洲防务集团，并创建一个共同市场。所有这些目标都要求欧洲国家为了集体安全牺牲一些国家的权利。但是，华盛顿的战略家们都十分清楚，英国尤其坚定地维护国家主权。正如国务院的一份报告不高兴地得出结论："除非客观环境迫使联合王国作出一些牺牲，否则这个国家是不愿牺牲主权的。"[4]

极力推动与美国合作的欧洲联合的压力集团主要是“欧洲运动”（European Movement）。这是一个无所不包的伞形组织，涵盖了多方面的活动，旨在促进欧洲政治、军事、经济和文化的一体化。这个运动由温斯顿·丘吉尔、埃夫里尔·哈里曼和保罗－亨利·斯巴克*指导，并受美国情报机构的严密监督，所有的经费几乎都由中央情报局通过一个名叫“欧洲联合美国委员会”的外围组织提供，而这个委员会的首席执行秘书就是汤姆·布雷顿。欧洲运动的文化部门是欧洲文化中心，主任由丹尼斯·德卢奇芒担任。此外，布雷顿于1950年启动了一个资助学生联合会和青年联合会的计划，其中有欧洲青年运动（European Youth Campaign，简称EYC）。根据中央情报局的指示，这些组织是充当宣传和渗透的急先锋，其任务是拔掉左翼运动身上的蜇人毒刺，让他们接受温和的社会主义。至于那些主张根据欧洲内部原则进行联合的自由派国际主义者，华盛顿方面认为他们与“中间路线派”是一丘之貉。中央情报局和心理战略委员会明确指示，要引导新闻媒体并实施一些计划，来摧毁这个异端派别。

整个行动的核心人物是欧文·布朗的上司杰伊·洛夫斯通。从1955年起接受詹姆斯·杰塞斯·安格尔顿指挥。洛夫斯通的主要任务是渗入欧洲工会组织，清除可疑分子，扶植华盛顿可以接受的领导人。在此期间，洛夫斯通在其美国职工大会和工党中的关系协助下，编写了大量的内部报告呈送安格尔顿。安格尔顿允许他的英国情报机构同行们（几位他信任的人）阅读这些“内部消息”。在50年代末，这些洛夫斯通派人物（即便他们自己并不承认这一点）在英国劳工圈里呈上升趋势。中央情报局为了尽快渗入这个群体，充分利用了文化自由代表大会。盖茨克尔用中央情报局的钱访问新德里、罗德岛和柏林，并参加了在米兰举行的“自由之未来”大会（这次大会也吸引了丽塔·欣登和丹尼斯·希利参加）。安东尼·克罗斯兰（他那部影响深远的著作《社会主义的前

---

*保罗－亨利·斯巴克（Paul-Henri Spark，1899–1972），比利时政治家，社会党人，欧洲合作的主要倡导者，曾任比利时首相。在他的推动下，1948年建立英、法、比、荷、卢防御联盟，1949年又促成上述5国与美国结盟，建立了北大西洋公约组织，嗣后又建立共同市场。

途》*Future of Socialism* 读来就像为英国的美国化画了一张蓝图）[5]1955年失去了议会中的席位后，接受了乔斯尔森的聘请，在丹尼尔·贝尔的领导下协助筹划“代表大会的国际研讨会”。贝尔是专门从美国请来做这件事的。60年代初，克罗斯兰挤进了代表大会的国际委员会。丽塔·欣登是伦敦大学的一位南非学者，被乔斯尔森称为“我们的人”，60年代中期，通过她的关系，从乔斯尔森处为费边社*的《企业》（*Venture*）杂志弄到了一笔捐款。这家刊物力主建立一个强大的联合起来的欧洲，其主张成为盖茨克尔思想的同义语。丹尼斯·希利是一个老资格的大西洋主义者，他们这种资历使他同美国的非共产党左翼建立了密切的关系（他是《新领袖》杂志驻伦敦的记者），从而成为代表大会、特别是《邂逅》杂志的坚定盟友。希利还是情报研究局编写的材料的传阅人之一，同时他也将有关工党党员和工会运动领导人的情况源源不断地提供给情报研究局。[6]

在这些人当中，休·盖茨克尔是一个重要人物。有那么一小批知识分子聚集在盖茨克尔位于汉普斯泰德的弗罗格诺尔花园住宅中，拉斯基抵达伦敦后不久即与这批知识分子建立了联系。盖茨克尔在战时曾专门为特别行动执行处做宣传工作，与情报研究局的关系也很密切。这样一个人对于《邂逅》杂志的组织关系不可能毫不知情。所以，当他在工党1960年的斯卡伯勒会议上向同路人左派发动有名的攻击时，有人就不禁要问盖茨克尔同谁走在同一条路上了。在那次会议之后，拉斯基给乔斯尔森写了一份报告，说盖茨克尔当面向他致谢，感谢《邂逅》杂志支持他的政策。拉斯基还说，会议上进行辩论时，有人在发言中引用了《邂逅》杂志上的论点，说明杂志享有“很高的声誉”。[7]1964年，工党在哈罗德·威尔逊的领导下在大选中击败了保守党。乔斯尔森写信给丹尼尔·贝尔：“我们有这么多朋友进入新政府，真令人高兴。”（威尔逊内阁中竟有6名阁僚是《邂逅》杂志人的撰稿人。）[8]拉斯基使《邂逅》

---

* 费边社（Fabian Society），19世纪末在伦敦成立的一个主张通过渐进而不是革命的过程在英国建立社会主义的团体，隶属于工党，议会中不少工党议员和工党的许多领袖人物都是费边社员，影响颇大。

杂志与其后台老板的政治谋略关系更紧密了。但是，根据沃尔海姆的说法，为此付出的代价也是很高的：“这反映了对英国文化生活的入侵。许多英国知识分子之所以洋洋得意，以及工党在越战中的立场，《邂逅》杂志的政治化都有不可推卸的责任。”[9]

能继续吸引质量最高的稿件，还在于杂志的文化方面（高稿酬当然也是一种吸引力），做到这一点，中央情报局应该感谢斯彭德。斯图尔特·汉普夏尔说：“如果不是斯蒂芬在那里，根本就不会有人向《邂逅》杂志投稿。拉斯基常常称之为‘伊丽莎白·鲍恩*之流的狗屎堆’的那批好作家都是应斯蒂芬之请才写文章的。是他让杂志受到人们的尊重。”[10]这本刊物作为一个机构为代表大会维护了声誉，无疑是因为杂志把重点放在文化上而不是因为它的政治内容。

文化和政治本来是可以分开的。但是冷战却经常把两者混为一谈。文化界还活着，而且还活得不错，1960 年夏天文化自由代表大会纪念托尔斯泰逝世 50 周年就是一个例证。美国情报机构早就对托尔斯泰感兴趣，把他视为“个人自由观念”的象征。情报机构和托尔斯泰联系在一起早在战略情报局时代就开始了，那时，移居美国的这位伟大小说家的孙子伊利亚·托尔斯泰，就是战略情报局的一名军官。在 20 世纪 50 年代初期，托尔斯泰家族的其他成员就与心理战略委员会保持着经常的联系。托尔斯泰家的后代成立了一个托尔斯泰基金会，总部设在慕尼黑，他们就从中央情报局那里得到资金。1953 年，C. D. 杰克逊在他的工作档案中，记下了他曾经答应一个前来乞求赞助的人给弗兰克·林赛（原来是威斯纳的副手，后到福特基金会任职）打电话，请他资助托尔斯泰基金会。

1958 年 12 月，卡斯·坎菲尔德告诉纳勃科夫说，法菲尔德基金会有意出资“在西方举办一次纪念托尔斯泰的活动”，因为苏联在筹备举办托尔斯泰节，他正确地预言，苏联将把这位伟大的作者捧为布尔什维克主义的前驱。“这次纪念活动要办得让任何独立思考的人一眼就能看

* 伊丽莎白·鲍恩（Elizabeth Bowen，1899—1973），英国女小说家，上流社会出身。二战时在英国新闻部门工作，其重要作品均描写战争题材。

出两者形成鲜明对照，这应是我们进行宣传的绝好机会。”[11] 这次“理直气壮的对抗共产党宣传”的任务落到了纳勃科夫身上。纪念活动 1960 年 6、7 月间在圣乔治的威尼斯岛上举行，出手大方，办得极其盛大豪华。参加活动的有数十名知名作家和学者，其中有阿尔贝托・莫拉维亚、弗朗哥・文图里（Franco Venturi）、赫伯特・里德、艾里斯・默多克（Iris Murdoch）、乔治・坎南、贾拉普拉卡什・纳拉扬和约翰・多斯・帕索斯。16 名苏联学者受到邀请，但均未出席，倒是派来了 4 个“傀儡”。

纳勃科夫后来写道：“回想起来甚是有趣。比如说，两个俄国人的形象，一个高瘦，一个矮壮。这个瘦高个子是苏联作家联合会的秘书长，那个矮个子则是一个令人生厌的小党棍，名叫叶尔米洛夫。这两个人都排队站着从我的秘书（或者说是文化自由代表大会的行政秘书）手里领取每日生活费和福利补贴。他们到这里来，或者说被派来参加纪念托尔斯泰逝世 50 周年大会。”纳勃科夫有点幸灾乐祸地结束了他的回忆：“叶尔米洛夫先生，你死了也别想安生，因为你拿了中央情报局的钱！”[12]

V. S. 普里切特（Pritchett）曾说：“开销，在现代英语中是个最美妙不过的词了。如果我们出卖灵魂的话，那就应该卖个好价钱。”那些没有机会在威尼斯排队领取每日开销的人，还可以在柏林排一次队，那就是 6 月份代表大会在柏林举行的“自由进步”大会。玛丽・麦卡锡写信给汉纳・阿伦特，绘声绘色地描绘了这次会议占主导地位的个人之间的冲突和思想的混乱。她写道：“会上发生的一件主要的事，说它是丑闻也不为过。希尔斯先生和威廉（菲利普斯）之间发生了一系列的冲突，起因当然是大众文化的问题。我敢发誓说，希尔斯简直是潘格洛斯博士（Dr. Pangloss）再世，不过缺少了潘格洛斯博士的魅力和单纯。我在会上就是这样说的，几乎原话就是如此。于是我自己也卷入了这场战斗。代表大会的另一位人物是（罗伯特）奥本海默，他约我出去吃饭，我发现此人简直就是个疯子，而且是个危险的疯子。偏执狂加上自大狂，他觉得自己是在替神执行使命……（奥本海默）求助于尼古拉斯・纳勃科夫……说代表大会在管理上‘缺少爱’。在他把这句话重复说了好几遍后，我发言了。我说，我看‘爱’这个词还是留给两性之间去用吧……乔治・坎南也参加了会议，而且还发表了一篇非常好、非常感动人的闭幕词（这篇讲话应该可以彻底粉碎希尔斯先生和他那帮路济弗尔派*小团伙了），不过有传闻说希尔斯是疯子，虽然不是全疯。”[13] 除了上面提到的以及其他的“当众出丑”外，玛丽·麦卡锡还报告说，“代表大会十分有趣，我喜欢有机会与老朋友相聚，也结识新朋友，这种聚会有一种千载难逢的味道，包括在会上还可以把绵羊和山羊区分开**来。”[14]

中央情报局慷慨解囊，从中受益的还有一批刊物。文化自由代表大会就好像是一个信息交流中心，一些刊物应邀到这里来，这个交流中心就为他们提供“一个有效而系统的途径，将一些现在读者已经很少的优秀作品展示给广大的国际公众。”[15] 同样，代表大会自己的出版物也利用这个交流中心找到不同的出口。代表大会在世界范围内拥有的“杂志家族”中的其他文化刊物也就有了一个发行点。这些刊物包括《党派评论》《凯尼恩评论》《哈得孙评论》《西威尼评论》（*Sewanee Review*）、《诗刊》《思想与代达罗斯***历史学报》（*Journal of the History of Ideas and Daedalus*，美国艺术和科学研究院的学报）。这些刊物都属于“文学杂志理事会”，它们也都接受法菲尔德基金会的赞助以扩大其国外发行量。此外代表大会还同文学杂志理事会一道，每年拨出5000美元奖励一位美国作家。那么谁被指定来管理这一奖项呢？自然是非罗比·麦考利莫属了。1959年7月，麦考利接替克劳·兰森任《凯尼恩评论》的编辑。[16] 在《评论》与代表大会建立联系后的这些年中，麦考利使刊物的发行量从2000册增至6000册。他常夸口说他“找到了兰塞姆先生想都想不到的赚钱路子”。[17] 但从另一面看，在麦考利主持编辑工作下，《凯尼恩评论》也遭受了损失。他长时期不在岗，又受雇于中央情报局，再加上

* 路济弗尔（Lucifel，？—约370年），撒丁地区基督教的一名主教，深深地卷入了罗马皇帝康斯坦提乌斯时期围绕支持与反对阿里乌主义的教派斗争。路济弗尔认为罗马皇帝召集的几次会议所作决议不公，拒绝签字，遭流放。回撒丁后成立路济弗尔派，拥护者甚少。

** 把绵羊和山羊区分开（separation of the sheep from the goats）西方谚语，意思是“分清好人和坏人”。

*** 代达罗斯（Daedalus），希腊神话中建筑师、雕塑家，以建造克里特王的迷宫闻名，后成为雕塑的代名词。

他的独断作风（1963年，他突然取消了编辑顾问委员会），这些都对杂志产生了严重的消极影响，而代表大会却从中受益匪浅。代表大会通过与一些威信很高的美国刊物建立正式关系，现在可以夸口说它已经建立了一个出版业的联合企业，其范围之广，影响之大，无有可与之匹敌者，成为名副其实的一个出思想的“时代－生活股份有限公司”。

约翰·亨特解释说，“我们不是在卖名牌，所以我们并不坚持一定要亮出代表大会的牌子。”[18]因此，许多代表大会的杂志并没有立即按照这种方式改组，其中之一就是1962年10月创刊的代表大会的阿拉伯文杂志《希瓦尔》（*Hiwar*）。创刊号上刊载了一篇T. S. 艾略特的访问记，一篇西洛尼的文章，呼吁作家要独立，艺术要自主。本来是要设法掩盖这家杂志是代表大会办的，但并不成功，立即遭到攻击，说这本刊物是一匹“特洛伊木马”。一家穆斯林报纸声称代表大会“到处散发美元、创办引人入胜的杂志、举行盛大的招待会和会议，用这种手段来宣传它邪恶的理论”，并号召人们起来“揭露和抵制代表大会”。[19]

60年代代表大会创办的刊物还有乌干达的《转变》（*Transition*）。这本刊物吸引了众多的作家，比如保罗·瑟罗（Paul Theroux），发行12000册，发行量令人称羡，直到1968年杂志的办公处遭袭，编辑们被囚禁。在伦敦，《审查》（*Censorship*）于1964年创刊，编辑是折中派人物默里·明德林（Murray Mindlin），他曾将乔伊斯的《尤利西斯》译成希伯来文。编辑顾问有丹尼尔·贝尔、瑞士的阿曼德加斯帕德（Armand Gaspard）、安东尼·哈特利、理查德·霍加特（Richard Hoggart）和伊格拉齐奥·西洛尼。代表大会每年为这本刊物花费35000美元，亏损相当可观。1967年停刊时，《新政治家》声称，“对各地的作家、出版商和艺术家，这都是一个坏消息。”乔斯尔森一直同默里·明德林相处得不好，他倒不为这件事唱哀歌（他曾说这本刊物相对来说还算成功，部分原因是它不时要讨论有关性的问题）。《审查》杂志是1972年斯蒂芬·斯彭德创办的《审查一览》（*Index on Censorship*）模仿的样板，福特基金会给了这本刊物一笔为数可观的赞助。

在所有与代表大会有联系的杂志中，最令人难以捉摸的是《党派评论》。1956 年，莱斯利·菲德勒不解地写道："《党派评论》实在是一个谜。在我看来，根本问题是，这么小而特殊的群体的喉舌，怎么会办成美国最有名的严肃刊物和最有名的思想性刊物，而且在欧洲还享有最广大的读者群。"[20] 这个谜的谜底在于谁在为它提供经费。正如菲德勒所暗示的，"如果对这本刊物盈亏不定的经济状况作一详细调查研究，就能写出一篇有头有尾的长文来。"[21] 从 1937 至 1943 年，这份杂志主要受抽象派画家乔治·莫里斯（George Morris）的资助；1948 年以后，其主要财政来源是阿伦·B．道林（Allan B．Dowling）。在 1951 年前，他"一手支撑着这家刊物，至今仍是出版这本杂志的基金会的董事长和主要捐款人。"[22] 菲德勒没有提到亨利·鲁斯，他在 1952 年曾捐助巨款这件事一直是保密的。但是菲德勒注意到，《党派评论》发行量之大可与《生活》《时代》以及其他大刊物并驾齐驱，可以有把握地说，"此刊在其庞大的读者中会引起其应有的反响。"[23]

这里确实没有提到中央情报局。但是据称中央情报局曾介入美国最有影响的知识分子刊物，这个问题对历史学家们始终是一个谜团。据悉，1953 年初，《党派评论》曾接受过法菲尔德基金会的钱（通过美国文化自由委员会），此事是在科德·迈耶的怂恿下办成的。60 年代初，法菲尔德基金会也曾捐款"供杂志日常开支之用"。[24] 但是，杂志自创刊之时起发生过多次财政危机，与此相比，这些捐款微不足道。1957 年，国内税务局再次提出《党派评论》的免税资格问题：杂志不仅面临丧失免税待遇，而且还谈到该刊 1954 年及其以后的年份中所获的捐赠都可以追缴税款。C．D．杰克逊写信给科德·迈耶说，"我认为这件事实在令人气愤。"[25]

C. D. 杰克逊与迈耶携起手来支持《党派评论》。他们先在国内税务局的减免税处为这家刊物说了一些好话。结果威廉·菲利普斯就向 C. D. 报告说，国内税务局的初步反应令人鼓舞。然后，C. D. 直接求助于艾伦·杜勒斯。1957 年 12 月 12 日，C. D. 给丹尼尔·贝尔发的一份机密备忘录重申了中央情报局在这个问题上的立场："他们同《党派评论》并没有经济上和行动上的直接利害关系。不过，现任编辑是支持文化自由代表大会的，并与之合作。财政困难也许会导致《党派评论》在管理上发生一些变化，这种变化（对中央情报局）可能是不利的。因此，他们间接地关注该刊物提出的免税请求能否予以照顾。”[26]

1956年4月间，在行动协调委员会的一次会议上也讨论了《党派评论》的各种难题。会后行动协调委员会向美国新闻署的政策与规划处发了一份备忘录，要求该处采取行动，协助《党派评论》改善其财政状况。《党派评论》曾就改善财政状况提出过一项建议，行动协调委员会的代表全文引用了这项建议的内容，但是没有提到是谁提出这项建议的（很可能是悉尼·胡克，他是《党派评论》出版和顾问委员会成员，据菲德勒说他还是该杂志的“正式发言人”）。这项建议一开头是这样写的：“正如你所知，长期以来我一直在抱怨基金会和其他赞助者经常把钱用来资助一些新创办的杂志，而反共战场上那些原有的帮手和脚踏实地苦干的杂志如《新领袖》和《党派评论》却得不到帮助，或者得不到应有的帮助。”[27]建议者继续写道，“在与威廉·菲利普斯数次商谈后，最理想的情况是，美国文化自由委员会也许可以充当桥梁，通过它，把《党派评论》这样的杂志的订单作为礼物送给外国最需要读到它们的知识分子。我想到的不仅是那些坚定地站在我们这一边的知识分子……而且还包括那些尚未投靠共产主义的广大知识分子，即使他们把美国同样视为帝国主义的、物质主义的、没有文化的半开化的国家也不要紧。”[28]报告最后说：“我认为这个建议很有价值，如果美国的意图不甚明显，又可以达到意识形态的目标，其价值就更大了。”[29]不到一个月，《党派评论》就能够慷慨地给伊丽莎白·毕晓普一笔2700美元的赠款。这笔钱来自洛克菲勒基金会，每年提供4000美元，为期3年，作为文学奖金之用。这也许只是偶合，但是奇怪的是尽管该杂志不断要求财政支持，洛克菲勒基金会在过去的10年中，对该杂志的编辑们提出的每个要求，都予以拒绝。

1958年初，威廉·菲利普斯来到巴黎会见乔斯尔森，同他讨论了“《党派评论》的前途”问题。1958年3月28日，菲利普斯写信询问乔斯尔森是否已经考虑成熟，“关于我们谈过的那些事是否可以做了”。[30] 本来在 1957 年 1 月份，美国文化自由委员会事实上已经不光彩地停止活动，那时起，已销声匿迹了，但是几个月之后又复苏了，不过这一次美国委员会仅仅是作为《党派评论》的正式出版者而存在的，这种状况在此后的 10 年中一直如此。在谈到这一安排时，胡克对乔斯尔森说，要不是为了给《党派评论》提供一个归宿，本来是“无意让美国委员会继续存在下去的……菲利普斯将不遗余力地利用美国委员会为杂志谋利益”。[31] 乔斯尔森本人后来也回忆说，“要不是在最后一刻委员会决定让《党派评论》的编辑们享受免税待遇，委员会就会从此完全消失了。从那时起，委员会唯一的‘活动’就是摆出一副《党派评论》的主办者的样子”。[32] 根据上述的说法，美国委员会根本没有资助《党派评论》，只不过为这家刊物提供一个逃税的空子而已。

但是据丹尼尔·贝尔说，“《党派评论》有好几年都从文化自由代表大会得到财政支持，采用的形式就是让国外的个人订阅刊物，其实他们收到的杂志都是免费的。据我所知，这种资助也是保密的。”[33] 从此《党派评论》在经济上就同代表大会紧紧联系在一起了。从 1960 年起，该杂志的每年销量达到 3000 册，由代表大会在美国以外的地区发行。与此同时，代表大会还以类似的方式，帮助长期以来属于它的其他高水平文化杂志：《凯尼恩评论》（1500 份）、《哈得孙评论》（1500 份）、《西威尼评论》（1000 份）、《诗刊》（750 份）、《代达洛斯》（500 份）以及《思想史学报》（500 份）。购买这些杂志每年要支出 20000 美元。原计划要维持 3 年，为此代表大会为要这些杂志支出 6 万美元，外加 5000 美元的管理费。弗雷德里克·沃伯格与代表大会签约，负责在英国发行《党派评论》。[34] 沃伯格还是第一个获得发行一本《党派评论》文集的优先选择权的人。这本文集题为《文学与现代性》，编辑是菲利普斯和菲利普·拉夫，撰稿人都是一度与代表大会有关系的作家，其中包括凯斯特勒、恰罗蒙特、玛丽·麦卡锡和阿尔费雷德·卡津（Alfred Kazin）。

《党派评论》的财政状况继续得到改善。1960 年 3 月，克里斯托尔写信给乔斯尔森：“不久前的一个夜晚，我见到了威廉·菲利普斯。

他神秘地告诉我，《党派评论》的一切困难问题已全部解决，但他没有细说……他甚至还说他们现在拥有的钱超过他们的需要！”[35] 但是菲利普斯贪心不足。一年后他曾问乔斯尔森：“今年6月我有点公事要到欧洲走一趟。我想代表大会大概不会以资助的方式为我支付旅费吧？”[36] 尽管这么说，菲利普斯还是要求给予补助，虽然他后来说，出于某种本能，他“对（代表大会的）组织机构和谁在上面暗中控制这个机构抱有怀疑”。1990年，他不无自豪地写道，“拉夫和我都被认为在人品上和政治上都不够可靠”，所以1950年成立代表大会时，“我们两人都没有接到邀请”。他把代表大会的人描绘成一批“傲慢的、没有根基的、随心所欲的、在反共立场上听命于组织的人”。[37] 后来，拉斯基把菲利普斯对代表大会成员的侮辱回敬给了他，说菲利普斯本人就是这样一个人。“他到处招摇撞骗。天晓得为什么把他派到巴黎来。他整天泡在‘两个丑八怪’* 里无所事事。”[38]

威廉·菲利普斯后来仍坚持说，他并不欠代表大会任何人情债。他也承认他在这场“全球性的宣传战中是沾边的”，但在他的文字中，他将此归之于他是美国委员会执行委员的必然结果，据他说，他并没参与“美国委员会的内部运作、谋划和财务”。菲利普斯还声称，对于整个行动中一副暴发户气派、代表大会官员们的豪华寓所、似乎永不枯竭差旅费用、高水平的开销以及其他通常只有大公司经理才能享受的各种待遇，他“感到震惊，或许还有点羡慕”，“总之，《党派评论》一直在为收支平衡而奋斗，而我本人的经历让我认识到，清贫是严肃的政治组织和文学杂志的正常现象。”他接着说：“至于说到秘密经费来源，我认为这同自由思想的事业在性质上是背道而驰的，特别是这种经费来自一个组织严密的政府机构，更不用说这个机构还负有特殊的政治任务了。”[39]

关于秘密经费问题，其他的人自有不同的看法。正当《党派评论》从它与美国文化自由委员会的交易中获得好处时，《新领袖》杂志也从其幕后支持者那里重新获得慷慨的财政援助。1956年2月，C. D. 杰克逊致函艾伦·杜勒斯，信中建议要为索尔·莱维塔斯的杂志筹款。自

*“两个丑八怪”，巴黎一家著名咖啡馆，前已注。

1953年起，时代公司曾每年补助《新领袖》5000美元，交换条件是杂志为它“提供有关全世界共产党的战术和人物的情况，特别是共产党在劳工运动中的活动情况。”[40] 但是，这样一个数额要用来维持杂志不过是杯水车薪。据C. D. 杰克逊估计，要使杂志不出现赤字，至少需要5万美元。他对杜勒斯说：“莱维塔斯能用其特有的语言对国内和国外的特殊人群说话，可称独一无二，其重要性也是独一无二的。如果资本主义企业家有足够的头脑，能懂得这一点，也只不过拿出数千美元来支持这样重要的想法。所以我希望你能同意我提出的建议。这是我能想出来的能留住莱维塔斯、让他也有饭吃的最佳方案。”[41] 杜勒斯像往常一样，很容易就被说服了，他让中央情报局为《新领袖》筹款，“鉴于该杂志的潜在贡献很大，这样做是完全正确的。”到了1956年夏天，“挽救新领袖运动”已经为该杂志筹集到了5万美元。美国新闻署答应拿出1万美元，福特基金会、H. J. 海因茨先生*、时代公司各出1万美元，剩下的1万美元，由《华盛顿邮报》出版人菲利普·格雷厄姆（Philip Graham）承担5000美元，另外5000美元则干脆列为“来自不可预见的来源”。[42]

在为《党派评论》和《新领袖》作出新安排时，文化自由代表大会一如既往，也介入了此事。同代表大会合作有多种形式，如联合出版，达成正式的联营协议，信息交流等等，这种合作同样为这两家杂志带来实实在在的好处。代表大会在那些年进行的富有成果的活动使之成为西方文化生活中一个耀眼的亮点。通过参加代表大会组织的各种会议和研讨，发表一系列学术性评论文章，知识分子、艺术家、作家、诗人和历史学家使他们的受众了解他们的观点，能与这样一个组织相匹敌的也只有共产党情报局了。代表大会的巴黎办事处就像一块磁石，吸引了来自全世界的访问者，即使在1962年一枚炸弹在办事处的门厅里爆炸，也没有影响源源不断的来访者（一位代表大会的成员甚至还为这次事件欢呼雀跃，称这是一次伟大光荣的事件，是代表大会期待已久的应得的荣

---

* 海因茨（Henry John Heinz，1844—1919），美国著名食品工业企业家，其产品以其广告词“57个花色品种”（57 Varieties）而闻名。这里指的是海因茨公司。

誉，在代表大会的历史上是一个值得纪念的日子）。[43] 对第二代、第三代的海明威们而言，代表大会是巴黎文学界充满罗曼蒂克神话的所在，于是他们成群结队地前来造访这个宝库。[44]

不过代表大会树大招风，也引来了一些人对它进行令人不愉快的别有用心的考察。1962 年它出现在肯尼斯·泰南（Kenneth Tynan）收视率极高的模仿秀和他主持的美国广播公司的《一周回顾》节目中。一则讽刺性报道是这样开始的："请看文化冷战战场上传来的最新消息。图表所示为苏联的文化工事。表上的每一个点表示一个战略文化火力点：戏剧据点，电影制作中心，舞蹈演出公司，制造虽然不精，却造出许多洲际弹道导弹，出版公司则为千百万受奴役的读者提供范围广泛的经典著作。不管你怎么看，看到的都是庞大的文化大军正在集结。那么我们西方又如何呢？在一次全方位的文化战中，我们是否具备有效的反击力量呢？"报道接着说，我们有反击力量。有一个出色的文化自由代表大会，"在美国的金钱支持下，它在欧洲和其他地方建立了一些前哨阵地充当文化报复行动的矛头。这些基地伪装成各种杂志，各自有秘密代号，比如说《邂逅》就是'反击战略'的隐语*。"一位"代表大会的发言人"于是被介绍给观众。他夸口说，大量的杂志聚集在一起就是某种"文化上的北大西洋公约组织"，其任务就是实行"文化遏制，或者像有些人喜欢说的，对一批粉红色人物，形成一个包围圈。实际上，我们并没有什么目标。我想说的是我们负有一个历史使命。全世界的读者群……不过，不管发生什么事，我们代表大会的人觉得有责任使我们所有的基地保持 24 小时的戒备状态——眼睛都不眨一下地注视着对方的行动，而不要把宝贵的时间浪费在翻来覆去地审视我们自己。"[45]

讽刺十分尖锐而所做的调查研究又是无懈可击。正当代表大会的"发言人"谴责苏联文化部部长庸俗之时，泰南却又让他揭示了代表大会的赞助人是谁：辛辛那提的迈阿密地区基金、得克萨斯州的霍布利泽尔基金会以及瑞士的匈牙利爱国者后援委员会。而且泰南这样做的时候丝毫

---

*《邂逅》的英文是 *Encounter*，而"反击战略"的英文是 Encounter force Strategy，也含有 encounter 这个词。

不含讽刺的味道。

就这样提到了代表大会的财政来源，虽然还没有指出财政来源的总根子，这已经使乔斯尔森彻夜难眠了，而且证实了他担心代表大会真正的阿喀琉斯之踵立于中央情报局是完全正确的。自从1957年初美国文化自由委员会垮台以来，乔斯尔森同他的中央情报局上司之间的紧张关系日益加剧。按照乔斯尔森的脾气，他养的猴子是不会跟着别人的手风琴耍把戏的。现在他发现自己同科德·迈耶是越来越格格不入了。迈耶一直拒绝放松他对代表大会的控制。迈耶在1953年麦卡锡时期曾受到过异教徒的对待，他一直摆脱不了这种阴影，加上他个人生活中发生的悲剧，他变得越来越阴郁，难以同别人和睦相处。迈耶曾短暂地经历过战争，在关岛海岸又受过重伤，险些使他丧命，这些生活中的“黑色浪潮”也增强他后来生活中的悲剧色彩。1956年，他9岁的儿子在一辆高速飞驰的汽车轮下丧生，此后不到一年又与他的妻子玛丽·平肖·迈耶（Mary Pinchot Meyer）离异。[46]

迈耶变得越来越冷酷无情，不通情理，固执己见。谁要是不同意他的意见，他就不信任这个人，这种情况似乎已经达到偏执狂的程度。他说话的腔调说好听些是振振有词，说得不好听就是装腔作势，甚至是蛮不讲理。汤姆·布雷顿说：“科德加入中央情报局时是一个理想主义者，后来成为安格尔顿手中的一件驯服工具。安格尔顿堪称是个魔术大师。全城的事，包括我在内，没有一件他偷听不到的。”[47] 亚瑟·施莱辛格是迈耶的一个老朋友，连他都发现，在同这个由理想主义者转变为暴躁的知识分子宪兵交往时，连他居然也成为受害人：“他变得那么刻板，那么不通人情。我记得他打电话给我，建议我们见见面，一起喝一杯。所以我就请他过来，在我家楼上，我们喝酒、聊天。几年之后，我要求中央情报局把我的档案还给我，档案中最后一个文件居然是科德·迈耶写的有关我的报告！在我的家里，一起喝酒，他居然打我的报告，简直难以置信。”[48] 迈耶和安格尔顿最后的结局同希区柯克的电影《后窗》里的詹姆斯·斯图尔特一样，结束了对他们要监视的离经叛道者的偷窥。

1960年10月，乔斯尔森在华盛顿的一家饭店里会见了科德·迈耶和一批国际组织处的人。据一位目击者说，当时发生了一场激烈的争论，他的中央情报局同事们居然教训起乔斯尔森这个内行。戴安娜·乔斯尔森形容她丈夫是个“血性男子”，此时他顿时觉得血压升高，太阳穴处咚咚作响，后来就一头栽倒在地上。约翰·汤普森说：“他是个控制不住情绪的人。在进行激烈争论时会晕倒，会发作心脏病的。他真是个典型的欧洲人。”[49]这次心脏病发作十分严重。巴黎时间清晨两点，戴安娜被巴黎站站长卢·莱瑟姆（Lou Latham，事发时他正在华盛顿）叫醒，告诉她迈克尔心脏病发作被紧急送往医院。戴安娜带着4岁的杰妮弗登上了早晨第一班巴黎飞往华盛顿的班机。在一家饭店里作了短暂停留，把孩子交给她的母亲照顾，戴安娜就奔赴乔治·华盛顿大学医院。到了医院，她看到迈克尔被安置在一个氧舱里。此后的几个星期，她一直守在他身边。慢慢地他活过来了。就在这种状态中，他还惦记着他的一些紧急任务。戴安娜记得，“在迈克尔住院期间，他总是‘口头对我讲情况’，我做笔记，然后由我到病房门口向李（威廉姆斯）或其他在门口的无赖们‘转达’。现在我们反过来向他们发号施令，实在有趣得很。”[50]

乔斯尔森躺在病床上戴着氧气罩，迈耶手下的副处长比尔·德尔基（Bill Durkee）同李·威廉姆斯则走在华盛顿的一条街上，德尔基转过脸对威廉姆斯说：“好了，现在我们已经把他送到我们想让他去的地方了。”[51]在回忆这些年发生的事情时，戴安娜总结说，一方面中央情报局很重视迈克尔正在做的工作，“同时他也一定是扎在他们身上的一根刺，因为他总是我行我素，当他们想强加控制时，他就坚决抵制。迈克尔总是让他们知道不同的炉子做什么菜，而且总是避免贬低他们，以致使他们感到自己无足轻重，通过这种办法让他们心满意足。他同他们是朋友，同他们谈家庭，谈事业，我一直觉得他们对他十分敬佩，后来这种念头已经动摇了。现在我终于明白了，德尔基的那句话是很多人都想说的。我想他们一定对这些知识分子、这些外国人从骨子里就不信任，觉得把那么多钱、那么大的属于美国的权力交给他们，总是不放心……再说，迈克尔不属于耶鲁帮，他实际上是个俄国人，而且是个犹太人，然而同名人密切交往的是他，不是他们。”[52]

另外，乔斯尔森的健康状况显然已不允许他在代表大会的工作上花费这么多的精力。大家都同意他应该永久性地调到日内瓦去，在那里他还可以继续为代表大会工作，但不直接参与。约翰·亨特将接过巴黎办事处的工作，包括与中央情报局打交道。当亨特1956年来到代表大会工作时，按他后来所言，最初的两年，他就像"一个清洁工，什么话都不说，只是专心地观察、学习。"[53]一步步地成为他所说的"行动人员"，帮助迈克尔"执行任务"。从本质上看，在代表大会存在期间，这种工作关系始终未变。现在乔斯尔森已经迁居到日内瓦，在一名秘书的帮助下工作，亨特就完全从行政上控制了巴黎总部。

第二十一章 阿根廷的恺撒大帝

我从来没有要求你离家，
去到莫斯科或罗马；
放弃那辛苦的劳作吧，
去把缪斯们请回家。

——W. B. 叶芝：《雕像》

约翰·亨特是在一个可以大展宏图的好时候接管巴黎的文化自由代表大会的。“艾森豪威尔炫耀艺术”的时代刚过去，接着又是肯尼迪宣称他的政府要同艺术家建立“富有成果的关系”。肯尼迪邀请了156位名人，其中包括亚瑟·米勒、安德鲁·韦恩、欧内斯特·海明威、密斯·范·德·罗厄*、阿奇博尔德·麦克利什、罗伯特·洛厄尔、伊戈尔·斯特拉文斯基、皮埃尔·蒙特、罗保·欣德密斯和斯图尔特·戴维斯来参加他的就职典礼，他把这件事当成一件大事来做。伊丽莎白·毕晓普写信给洛厄尔称：“就职典礼一定十分有趣。我在电视新闻中看到了一再播放的片段。但是我不喜欢那种罗马帝国式盛大场面，比如那种观众的看台，看上去有点像欢庆凯旋的模样。”[1] 但是对于许多冷战斗士们来说，这种帝国气派是激动人心的，正如1961年初一位崇拜者对肯尼迪所说：“在古代，一个罗马人，不管他到哪里去，都能骄傲地宣称‘我是罗马帝国的臣民。’今天，相似的情况出现了，我们不论走到哪里，我们也能昂首挺胸骄傲地宣称：‘我们是美国公民。’”[2]

---

*密斯·范·德·罗厄（Mies Van der Rohe，1886—1969），20世纪杰出建筑师之一，生于德国，1937年移居美国。纽约的西格拉姆大厦为其代表作。

1962年5月11日，罗伯特·洛厄尔再次应邀来到白宫，这次来是参加欢迎法国文化部部长安德烈·马尔罗的招待会。肯尼迪在招待会上开玩笑地说，白宫正在成为“知识分子的咖啡馆”。但是洛厄尔对此表示怀疑，后来关于这次宴请，他写道：“第二天早晨你看报时，就读到了第七舰队被派到亚洲某地的消息，你会有一种滑稽的感觉，其实艺术家是如此的无足轻重，白宫里的这一场面只不过是商店橱窗里的摆设，真正的政府是在某个另外的地方，真正管理这个国家的机构是在邻近五角大楼的地方……我感到我们这些知识分子只是在扮演一个徒有虚名却又自命不凡的角色——我们应当是真正的橱窗，而不应当充当橱窗里的摆设。”[3]

在有些知识分子中间，对政府的乐善好施逐渐产生了怀疑，尽管很少公开表露出来。但是，腐败问题并没有引起中央情报局的担心，在它的主持下，照样还在广施恩惠。唐纳德·詹姆森说：“有时你可能经不起诱惑。我估计代表大会中所有身居要职的人几乎都明白钱是通过这种或那种途径从某个地方来的。如果你朝四周看一看，最终只能作出一个合乎逻辑的选择。这些人就是幕后决策者。大多数学者和作家关心的主要是为你干活，就要得到报酬。我想，一般来说，只要我们给钱，他们就笑纳了，至于钱来自何处，他们是不管的。代表大会或别的同类机构，无论是东方的还是西方的，都像是乳汁充盈的乳房，他们饿了就来猛嘬一顿，然后就走开去干他们的事了。我认为这就是代表大会取得成就的主要原因之一：它既能让你跻身于知识分子行列，又让你有饭吃。采取这种做法的，除了我们也只有共产党了。”[4]

不管他们喜欢不喜欢，也不管他们知道不知道，许多西方知识分子都被中央情报局用一根绳子拴住了，“这根绳子不是《圣经》而是金钱”。如果克罗斯曼在写他的《上帝的失败》时还能说“物质享受对于知识分子并不那么重要，他们最看重的是精神上的自由”，那么现在看起来，知识分子对于伸手就能大捞油水已难以抗拒了。代表大会主办的一些会议“主要是作秀，与会者倒让我想起那些聪明人，他们夏天去避暑，冬天去避寒。”这番话是苏联问题专家沃尔特·拉奎尔说的，他本人就经常参加这些会议。他还说，“这里面有一种习气，既自命不凡又趋炎附势，这种习气在英国尤甚。表面上装得温文儒雅，机智幽默而又老练成熟，其实是一些绣花枕头，腹中空空。他们在学院的餐桌上夸夸其谈，在皇家咖啡馆里传播流言蜚语。”[5]贾森·爱泼斯坦则说：“对有些人来说，拿着政府的钱，享受着奢侈气派的旅行，是一种极大的愉悦。不仅是愉悦，还能体会一下权力的味道。当那些知识分子来纽约访问时，他们被邀请去参加盛大的聚会，到处可以享受昂贵的餐饮，还有侍者伺候，天晓得还有什么别的。这样的享受，要知识分子自己掏腰包是绝对负担不起的。如果你在政治上正确，又能为你采取的政治立场得到丰厚的报酬，这样的事谁不愿意干呢？于是腐败就接踵而来了。”[6]

那些不在纽约领取日常开支的人则可以充分利用意大利北部贝拉齐奥的塞贝洛尼山庄。这处山庄位于莱科和科莫北部湖泊之间的一个悬崖上，是托雷·伊·塔索公主（Principessa della Torre e Tasso，通常名叫埃拉·沃克，Ella Walker）遗赠给福特基金会的。福特基金会让这处别墅可用来作为代表大会名声较高的成员非正式的休养地，使这些文化界的头面人物在那里养精蓄锐。到那里暂住的作家、艺术家和音乐家抵达时，会有身穿衣襟上缀有 V.S. 字样的蓝色制服的司机来接。这里的客人不享受“赠款”待遇，但是在那里的食宿都是免费的，免费项目包括所有的旅费，餐饮，使用网球场和游泳池。汉纳·阿伦特在别墅提供的精美信笺上写信给玛丽·麦卡锡：“你会感觉霎时间你住进凡尔赛宫。这个地方有 53 名仆人，包括专职的花匠……这些服务人员全部由一名管家之类的人管理，这种管理办法是从‘公主’时代一直延续下来的。无论是他的相貌还是举止，都有一种 15 世纪佛罗伦萨绅士的气派。”[7]麦卡锡回信说，她觉得奢侈豪华的环境不适合于勤奋的工作。1965 年 6 月，代表大会举办了“世界秩序的状况”研讨会，这处别墅也是这次会议合适的会址。这次研讨会是代表大会同《代达罗斯》杂志和美国艺术与科学研究院联合举办的。

少数几个受宠的人物还可能应汉西·兰伯特（Hansi Lambert，代表大会的一位百万富婆朋友，她也在她的格施塔德*避暑胜地招待宾客）

* 格施塔德（Gstaad），瑞士伯尔尼州阿尔卑斯山村，避暑胜地和冬季运动中心。

或弗莱希曼之邀，乘他们的游艇在地中海作海上游。斯彭德夫妇两人都是受邀请的客人。当斯彭德告诉厄恩斯特·罗伯特·库尔提乌斯（Ernst Robert Curtius）说，他1955年8月曾从科孚*到伊斯基亚**乘游艇作海上游，这个德国人只是说："你是个共产主义者，现在却乘游艇游弋在地中海上。好啊，好啊。"[8]对于那些喜欢陆地的人，代表大会则为他们安排了欧洲享有盛名的所在：在伦敦住康诺特饭店；在罗马住英格都尔特拉和大费拉饭店；在巴黎，欧文·布朗则继续在他的家外之家巴尔的摩饭店里的皇家套房里招待客人。

尽管罗伯特·洛厄尔对于接受政府的庇护持保留态度，但是，1962年5月他却无保留地接受了文化自由代表大会为他提供的一张赴南美的头等舱机票。他的密友伊丽莎白·毕晓普住在里约热内卢。她曾好几年催请他来此相聚，现在代表大会为他出资，他立刻就成行了。毕晓普欣喜万分。她写道："国务院驻巴西的人员行事愚蠢之极，还十分粗鲁，他们通常派一些不重要的而且枯燥无味的作家和教授到这里来。"[9]洛厄尔的访问要有意思得多。

代表大会用了好几年时间试图扩大其在南美的影响。代表大会在南美的杂志名叫《纪事》（*Cuadernos*），编辑是朱利安·戈尔金。戈尔金曾于1921年建立巴伦西亚***共产党组织，并为共产国际的地下工作网络工作过，在这段时间里，他学会了做好些工作，包括制作假护照。1929年他与莫斯科决裂，据他说原因是苏联人曾试图说服他充当杀手。在西班牙内战即将结束时，他逃亡墨西哥。墨西哥是逃亡的布尔什维克传统的栖身之处。戈尔金5次逃过了被暗杀的命运，但仍然逃不过在他的头骨上留下了一个子弹洞。作为《纪事》的编辑，他的任务是渗入拉丁美洲"最不受信任的"人当中。他曾开玩笑说，在这个地区，要想扩大影响，唯一的途径是不断攻击美国，高唱萨特和聂鲁达的颂歌。美国

---

* 科孚（Corfu），伊奥尼亚海中的希腊岛屿，风景秀丽，为希腊天主教大主教的驻地，也是旅游胜地。

** 伊斯基亚（Ischia），即伊斯基亚岛（The Island of Ischia），意大利火山岩岛屿，以气候温和，风景秀丽，以及众多的温泉和著名的葡萄酒产地而闻名，是世界上有名的度假胜地。

*** 此处指西班牙的有巴伦西亚（Valencia）。

在危地马拉支持政变（1953 年），1958 年古巴发生革命，这些都没有帮戈尔金的忙。紧跟着美国对这个地区进行干预，迎来了一个“拉美共产党人及其盟友的乌托邦”时期，[10] 但是，戈尔金反其道而行之，在一个充满敌意的环境中为代表大会创建了一个重要立足点。

1962 年 6 月的第一个星期，洛厄尔同他的妻子伊丽莎白·哈德威克和 5 岁的女儿哈里特抵达里约热内卢。纳勃科夫也在那里。他同伊丽莎白·毕晓普一道去机场接他们。在洛厄尔一家于 9 月 1 日乘船返回纽约之前，一切都顺利。到了纽约之后，洛厄尔将接着访问巴拉圭和阿根廷。陪同他的是代表大会的“专职南美巡视员”基思·博茨福德（Keith Botsford），他是约翰·亨特“硬安插”进来的，为的是对这位诗人进行监视（用中央情报局的行话说，博茨福德是洛厄尔的“leash”*）。在布宜诺斯艾利斯时出问题了。洛厄尔患有狂躁型抑郁症。他把医生开给他的对症药品氯普鲁马嗪扔掉了，在总统宫举行的一次招待会上又喝了好多杯双份马丁尼鸡尾酒，他的病发作了。他声称他是“阿根廷的恺撒大帝”，博茨福德是他的“副官”。他发表了一篇希特勒式的讲话，在讲话中称颂这位元首和他的超人理论，[11] 然后他脱光了衣服，一丝不挂地骑上了布宜诺斯艾利斯一个主要广场上的骑马塑像。这种状况持续了好几天，洛厄尔的狂躁终于达到难以控制的程度，按博茨福德的命令，把他塞进一件长外衣里，送到贝思勒海姆医院。在给他注射大剂量的氯普鲁马嗪时，不得不将他的四肢用皮带捆住。处于普罗米修斯状态 ** 中的洛厄尔还让博茨福德用口哨吹《花花公子美国佬》和《共和国战歌》的曲子。尽管如此，博茨福德蒙受羞辱的日子总算结束了。[12]

九月里稍后的一天，纳勃科夫给玛丽·麦卡锡打电话。他用颤抖和疲倦的声音告诉她，洛厄尔“正在布宜诺斯艾利斯的精神病病房里，玛莉莲·梦露因为白宫出面干预她与博比·肯尼迪 *** 的暧昧关系而自杀身

---

* Leash（或 lead），原意为系狗用的绳子，转为控制某人。
** 普罗米修斯（Prometheus）曾因窃取天火给凡人而被宙斯锁在山崖上让鹰啄食他的肝脏。这里指洛厄尔被捆绑。
*** 博比·肯尼迪（Bobby Kennedy），指担任过美国司法部长的肯尼迪总统的兄弟罗伯特·肯尼迪。博比为罗伯特的昵称。

亡。”[13] 玛丽·麦卡锡与纳勃科夫同样感到厌恶。她总结道：“我们这个时代开始有点儿像场面恢宏的讲述罗马皇帝和他们的妻子*的电影了。博比·肯尼迪家的游泳池就是罗马皇宫里的驴奶浴池。”[14]

洛厄尔事件是一场十足的灾难。代表大会选中了洛厄尔，本来是让他作为一名杰出的美国人，来与聂鲁达抗衡，[15] 结果却是一个超量使用氯普鲁马嗪的间谍。他把自己代表的一方的面子丢尽（反过来本人也被博茨福德弄得声名狼藉）。令人惊讶的是，亨特和乔斯尔森都没有解聘博茨福德，而是继续用他充当驻拉丁美洲的“代表”。更令人惊讶的是，事件发生后不到一年，他们又考虑派洛厄尔作为代表大会的代表赴墨西哥参加会议。但是乔斯尔森有些犹豫，担心洛厄尔会同上次一样“不听从他的心理医生的医嘱，根本无法保证他不会再次发表疯狂的拥护希特勒的讲话。”[16] 博茨福德可不想再重复上次的事情，所以他就反对派洛厄尔，最后大家同意派罗伯特·佩恩·沃伦和诺曼·波德霍雷兹（Norman Podhoretz）到玉米幕**后面去更为可靠。

虽然乔斯尔森并不那么信任博茨福德（“我甚至不敢肯定他是否能够把真实情况说清楚”）[17]，但是在代表大会里，亨特对他仍百般提携。[18] 乔斯尔森此时告诉亨特，巴西的知识分子已经把代表大会视为美国的出面机构，建议代表大会要更加谨慎，不要那么张扬，做事要更加隐蔽一些，只支持那些在当地有雄厚群众基础的项目。但是亨特不听，对他说，在反对共产主义的斗争中，世界上任何一个地区都不应忽视。[19] 在这种情绪支配下，亨特和博茨福德掀起了一场强大的搞垮诗人聂鲁达的运动。

1963 年初，亨特接到警报，说聂鲁达是 1964 年诺贝尔文学奖的候选人。这种内部消息是极为罕见的，因为诺贝尔奖委员会内部的考虑是极端保密的。但是，到了 1963 年 12 月，还是吹起了一股反对聂鲁达的风。欧文·克里斯托尔向亨特打听，问他有关聂鲁达的这股风是不是代表大会吹起来的，为了掩盖代表大会在其中的作用，亨特用开玩笑的口气回

* “罗马皇帝的妻子”是骄奢淫逸、阴险毒辣的代称。当年克劳狄皇帝的第三个妻子梅萨利纳就以淫乱和阴险闻名。

** 玉米幕（tortilla curtain），原意为玉米面饼，是拉美，特别是墨西哥的常用食品。此处犹如讲苏联为铁幕。

答说，提名这位诗人为诺贝尔文学奖的候选人引起非议是不可避免的。[20]

实际上从1963年2月份起，亨特一直在组织对聂鲁达发动攻击。此前，朱利安·戈尔金曾写信给一位在斯德哥尔摩的朋友，谈到了有关聂鲁达的事，后来戈尔金告诉亨特，“此人准备出版一本瑞典文的小册子《聂鲁达其人其事》。”[21] 但是亨特对这样一本书是否有用表示怀疑。他对代表大会的积极分子热内·塔弗尼埃说，应该用英、法两种文字撰写一份资料翔实的报告，散发给某些人。[22] 亨特强调，如果想要阻止聂鲁达获得诺贝尔奖的丑闻成为现实，时间已经很紧迫了，他请塔弗尼埃与朱利安·戈尔金和他的那位瑞典“朋友”合作来组织这份报告的写作。[23]

塔弗尼埃的这份报告重点是聂鲁达的政治倾向问题，该报告强调，“作为艺术家的聂鲁达和作为政治宣传工具的聂鲁达是不可能分开的。”[24] 报告指控聂鲁达作为智利共产党中央委员会委员，利用他的诗歌作为工具，参与了彻头彻尾的极权主义政治活动；这就是一个“好斗的、训练有素的”斯大林主义者的手法。1953年聂鲁达曾向斯大林献诗而获斯大林奖，塔弗尼埃称之为“奴性诗歌”。[25] 报告利用这件事大做了一番文章。

6月底，塔弗尼埃将报告的清样送给了亨特。亨特决定加大这份报告的力度，他让作者将重点集中在聂鲁达参与政治活动的性质上，着重讨论他那种已经不合时宜的斯大林主义立场，因为这种立场同当今苏联较为宽容的气氛已显得不协调了。亨特最后以某种相当专业的语气告诉塔弗尼埃，他要在几天之内看到修改后的报告清样。[26]

戴安娜·乔斯尔森说：“他们显然是要发动一场运动来阻止聂鲁达获得诺贝尔奖。这是理所当然的事。”[27] 为此，乔斯尔森也曾写信给代表大会的荣誉赞助人、哲学家萨尔瓦多·德马达里亚加，请他出面干预。但是德马达里亚加却十分自信，他认为“斯德哥尔摩很容易作出答复，而且这个答复名正言顺：诺贝尔奖已经授予过智利女诗人加布里埃拉·米斯特拉尔*。只有这一条理由，没有别的。政治与此毫不相干。”[28] 其实，

* 加布里埃尔·米斯特拉尔（Gabriela Mistral，1889—1957），拉丁美洲第一位诺贝尔奖获得者（1946年）。

一切当然都离不开政治。

帕布洛·聂鲁达并没有获得1964年的诺贝尔文学奖。不过，当获奖者的名字公布之后，代表大会的办事处里也没有什么理由举行什么庆祝活动，因为获奖者是让-保罗·萨特。萨特拒绝接受奖金，此事轰动一时。聂鲁达直到1971年才获得瑞典科学院授予的这项殊荣，不过那时他已经是智利驻法国的大使了，代表的是民主选举出来的他的朋友阿连德的政府。（在中央情报局的遥控下，这位民选总统于1973年被不民主地赶下台并遭谋杀。）

1962年，在筑起柏林墙几个月后，西柏林市长威利·勃兰特邀请尼古拉斯·纳勃科夫担任柏林参议院的国际文化事务顾问。这一任命加深了旧有的友情，同时也把纳勃科夫带到了他最感亲切的城市。斯图尔特·汉普夏尔回忆道："勃兰特和纳勃科夫相处得很融洽。勃兰特是接受美国资助的，柏林的文化计划也是如此。勃兰特对此心安理得，一点也没有因此感到困扰。尼古拉斯十分老练，又认识所有他所需要的人，因此，由他来处理柏林的文化事务是再恰当不过了。"[29]在纳勃科夫看来，柏林已经丧失了一些"国际大都市的风采"，看来在"文化游戏"中重新注入资金正是时候。据约翰·亨特看，纳勃科夫"从来都不是按照自己的信念来处理世界事务的"，现在他似乎已经厌倦了陈旧的冷战模式，他为柏林（这个城市已被一道钢筋混凝土的大墙一分为二了）制订的计划、提出的建议中，陈旧的冷战高调已无踪影。他以对缓和的饱满热情写道："这场游戏应该得到苏联和社会主义集团的学者和艺术家的支持和参与，这一点在我看来是显而易见的。"[30]为此目的，他以朋友的态度对待苏联驻东柏林的大使波奥特·安德烈耶维奇·阿伯拉西莫夫（Pyotr Andreyetvitch Abrassimov）。他们两人在苏联大使馆里一谈就是几个小时，阿勃拉西莫夫终于接受了纳勃科夫的热情邀请，同意派遣苏联艺术家参加由纳勃科夫任总监的柏林艺术节。对于阿勃拉西莫夫而言，这是一个大胆的决定，因为苏联的情报部门正密切注意纳勃科夫这个人。克格勃就有一个间谍在勃兰特身边为他当顾问，所以，俄国人对于纳勃科夫属于中央情报局支持的代表大会这一点，了解得一清二楚。

据戴安娜说，乔斯尔森对于纳勃科夫的新任命并不十分高兴，“但是他没有说出来”。现在纳勃科夫待在柏林的时间越来越长，似乎正在逐渐地离开代表大会了，但是代表大会还在负担他的开支。乔斯尔森历来主张节俭，但是他无法节制尼古拉斯·纳勃科夫与生俱来的奢侈浪费。斯图尔特·汉普夏尔说：“他的喜好都是耗资巨大的，而这种支出都是要为他支付的。”[31] 经代表大会与勃兰特办公室协商后双方同意代表大会可以派出代表参加柏林艺术节。1964 年，由代表大会出资，使以下人物有机会来到柏林，他们是：根特·格拉斯（Günter Grass）、W. H. 奥登，基思·博茨福德、克林思·布鲁克斯（Cleanth Brooks）、兰斯顿·休斯、罗比·麦考利、罗伯特·佩恩·沃伦、詹姆斯·梅里尔（James Merrill）、约翰·汤普森、特德·休斯（Ted Hughes）、赫伯特·里德、彼得·拉塞尔（Peter Russell）、斯蒂芬·斯彭德、罗杰·凯卢瓦、皮埃尔·伊曼纽尔（Pierre Emmanuel）、德雷克·沃尔科特（Derek Walcott）、豪尔赫·路易斯·博尔格斯和沃尔·索因卡（Wole Soyinka），约翰·亨特和弗朗索瓦·邦迪以监察员身份参加。

乔斯尔森认为纳勃科夫是弃他而去，他咽不下这口气。汉普夏尔说：“他这是出于嫉妒。他总是满口的‘我那帮知识分子’，他对这批人慕维有加，指望他们忠诚于他。纳勃科夫就是这一帮中的一个，结果他却热衷于其他的事情，所以乔斯尔森生气了，感到自己受到了伤害。”[32] 到了 1964 年底，乔斯尔森开始觉得忍无可忍了，用挖苦的语气写了一封信给纳勃科夫，问他说，这次他到伦敦去显然是为柏林效劳，为什么他认为代表大会理所当然地要为他负担一切开销。由于纳勃科夫还在代表大会领取一笔丰厚的薪金（在 4 年中，乔斯尔森从法菲尔德基金会支取了将近 30000 美元作为纳勃科夫的活动经费，其中 24000 美元是他的工资），乔斯尔森问他说，难道他就不能从柏林纳税人支付给他的 5 万德国马克中支付他的开销？纳勃科夫到苏占区去会见阿勃拉西莫夫，阿勃拉西莫夫带着罗斯特罗波维奇（Rostropovich）到纳勃科夫家来看他，这些事纳勃科夫都没有告诉乔斯尔森，使他十分恼怒，于是他生气地对纳勃科夫说：“你在做什么，我不想再过问了……在 5 月 1 日（他们原定在那一天见面）以前，让我们暂时切断正式关系，但愿你所做的一切不会破坏我们之间的友谊。”[33]最后乔斯尔森还是忍不住要得罪一下纳勃科夫，说他希望圣诞节假期间，纳勃科夫可以“有个机会好好地反思一下，作一点曲，不要再到处跑，天知道你会不会因此身临险境。”[34]

纳勃科夫和乔斯尔森的关系正面临一场危机。当乔斯尔森获悉纳勃科夫正准备同阿勃拉西莫夫一道前往莫斯科落实苏联艺术家到柏林参加艺术节的事时，他立即写信给纳勃科夫，要他取消这次访问。直到临行前的一刻纳勃科夫才决定不去，但是他要求乔斯尔森对此作出解释。解释倒是现成的，不过极其神秘：“我一点也不为你的安全担心，也不担心你与代表大会的关系会带来什么后果。请你相信，我是为你担忧，怕你将会因此而处于十分尴尬的境地，倒不是说这种情况立即就会出现，也许是从现在起的一两年之内吧。我不想在信上说明，但是我可以肯定地告诉你，我想到的事绝非空穴来风……另外，请你记住，在柏林你有许多敌人，他们正等着有机会捅你一刀；为了你好，你最好切断同他们的关系，以免传播种种恶毒的流言蜚语。”[35]乔斯尔森反对他的朋友新从事的工作，不仅是因为他本人受到伤害，而且因为他感到纳勃科夫已对安全构成威胁。“你可能还蒙在鼓里就成了苏联在德国推行其政策的工具。你已经朝这个方向迈出了第一步。”[36]这就是乔斯尔森向纳勃科夫提出的警告。

1964 年 8 月，在寄出这封信以后不久，令人担忧的情况就发生了。在众议员赖特·帕特曼（Wright Patman）主持下，国会对美国私人基金会的免税资格进行调查，在此过程中发现的一个漏洞，证实了有 8 家基金会是中央情报局的出面机构（号称“帕特曼 8 家”），它们是：戈萨姆基金会（the Gotham Foundation）、密歇根基金（the Michigan Fund）、普赖斯基金（the Price Fund）、埃德塞尔基金（the Edsel Fund）、安德鲁·汉密尔顿基金（the Andrew Hamilton Fund）、博登信托基金（the Borden Trust）、比肯基金（the Beacon Fund）和肯菲尔德基金（the Kenfield Fund）。调查揭露了这些基金会实际上只是一个“邮件地址”，除了一个地址以外什么都没有；建立这些基金会的目的就是让中央情报局把钱汇入，然后以完全合法的方式转到别处去。在资金汇入这个“邮件地址”后，就有了“第二次转手”或“经手汇出”：这个出面机构把一笔“捐款”赠予一个进行合法活动的著名基金会，这些著名的基金会就把这些“赠款”列入其年度990-A表，提交国内税务局备案。所有享有免税待遇的非营利机构都必须呈送这种表格。这样一来，这种转手过程就经不起检查了。唐纳德·詹姆森说：“也许除此之外别无他途。这些基金会必须呈报各种他们编制的税务文件，即使形式有所不同。这就意味着只要有人揭发，就可以去查阅税务纪录，由A到B到C，顺藤摸瓜一直从来源查到钱的去向。这实在是很不幸的事。”[37]

“第三次转手”是这样的：由中央情报局指定一个接受赠款单位，合法的基金会就把相应数额的赠款提供这个机构。《休斯敦邮报》的总裁、霍比基金会（the Hobby Foundation）的托管人威廉·霍比（William Hobby）解释过这种系统的运作方式：“我们接到通知……我们将从中央情报局接到一些资金。然后我又收到某某机构申请经费的函件。我们就把钱拨给他们。”不提任何问题。“我们相信中央情报局自有其意图。”[38]

另外4个基金会的990-A报表也显示了这种“转手运作”：它们是休斯敦的M. D. 安德森基金会（the M. D. Anderson Foundation）、达拉斯的霍布利泽尔基金会、纽约的约瑟芬和温菲尔德·贝尔德基金会（Josephine and Winfield Baird Foundation）、纽约的J. M. 卡普兰基金会（the J. M. Kaplan Foundation）。这4个基金会都是中情局国际组织处的“资产”。从1958年到1964年，安德森基金会通过博登信托基金和比肯基金这类假基金会收到来自中央情报局的65.5万美元，然后将同等数额的资金转给中央情报局支持的美国自由法学家基金（法人组织），该机构设在纽约，后改名为国际法学家委员会美国理事会。经贝尔德基金会从1961年到1963年转手的资金共计45.68万美元，用于中央情报局在中东和非洲的项目。以赞助“公园里的莎士比亚”演出季闻名的卡普兰基金会在1961年到1963年之间向纽约的国际劳工研究所（法人组织）提供了近100万美元。该研究所的研究重点是中央情报局在拉丁美洲的项目，其中包括一个培养民主政治领袖的机构叫作“政治教育学院”，地点在哥斯达黎加，由诺曼·托马斯和何塞·菲格雷斯（Jose Figueres）主管。经费来自中央情报局，通过指定的经手基金会转入卡普兰基金，这些经手的基金会包括了“帕特曼8家”中的6家，它们是戈瑟姆、密歇根、安德鲁·汉密尔顿、博登、普赖斯和肯菲尔德6家基金会。卡普兰基金会的董事长兼司库是雅各布·M. 卡普兰（Jacob M. Kaplan），请不要忘记，此人于1956年就为艾伦·杜勒斯效力。从1959至1965年间，霍布利泽尔基金会从中央情报局收到数额大体相当的款项。这一大笔资金（43.07万美元）直接转给文化自由代表大会。

帕特曼的调查把中央情报局操作秘密资助的机关打开了一个口子，尽管为时不长，但是，国内税务局的资料是可以随时查阅的，这两者结合起来，有些富有想象力的记者就能把一块块的拼图板拼起来了。1964年9月，纽约的左派周刊《国家》就问道：“中央情报局为伦敦的，也有纽约的杂志提供经费，而这些杂志还标榜为‘反映舆论的刊物’，而且同独立的杂志竞争，能允许中央情报局这样做吗？中央情报局支持的杂志为东欧和苏联诗人支付高额稿酬，哪怕是一首小诗也是如此，通过这种变相的贿赂鼓动他们叛变，这样的做法正当吗？中央情报局间接地出资赞助各种讨论‘文化自由’或类似问题的代表大会、专业大会、群众集会，这是它的‘合法’职能吗？”[39]

科德·迈耶记得“这篇报道还刊载在《纽约时报》最后的一版上，当时引起了少许轰动，而在中央情报内部却使我们这些人感到必须检讨并改进我们提供资金的机制。”[40]李·威廉姆斯说：“在中央情报局，我们经常要自问，如果有人把收音机的后盖打开，开始查看各条线路都通向何处，会产生什么后果。你知道吗，如果有人跑到国内税务局去查，发现某个基金会的一笔赠款的数目并不相符，那该怎么办？当传闻越来越广时，上面讲的这种情况确实使我们感到忧虑。我们商量对策，企图找到一种办法来保护那些可能会暴露的人和机构。”[41]

这件事发生的时候，亨特和乔斯尔森都在伦敦，不过并不住在一起，乔斯尔森住在斯塔福德饭店，亨特则住在公爵饭店，两人都无处藏身。乔斯尔森在电话里直截了当地对亨特说：“我们有麻烦了。”

帕特曼调查揭开盖子之前，乔斯尔森对这种危险一直十分警惕。人们开始在鸡尾酒会上嘀嘀咕咕地谈论，戴安娜·乔斯尔森说："问题多半出在华盛顿的那些人管不住他们的嘴巴。"早在1962年保罗·古德曼（Paul Goodman）在《歧见》杂志上撰文，暗示"所谓的文化自由和《邂逅》杂志上的观点都是中央情报局的工具"，已经具有爆炸性了。对于帕特曼两年后的发现，乔斯尔森早就事先提出过警告，这是毫无疑问的。正因为如此，他才在1964年6月给纳勃科夫写了那封神秘的信。

乔斯尔森为代表大会的掩护不保险而担忧，1961年他说服了科德·迈耶，他们应该物色一些新的"赞助人"。戴安娜·乔斯尔森回忆道："作为对迈克尔和中央情报局担心的回应，他们很聪明地想出要使资金来源多元化，他们也这样做了。"[42]1961年2月，纳勃科夫到纽约去找基金会的领导人谈话。奇怪的是他接触的基金会中没有一个被认可。看来纳勃科夫此行只是一个烟幕，目的是让人觉得代表大会在积极而公开地寻找财政合伙人，其实中央情报局同其他一些基金会之间早就做成了幕后交易。到了1963年，代表大会接受赠款的公告上出现了一批崭新的"捐款人"名单。这些新出现的捐款人是科尔特、弗罗伦萨（Florence）、卢休斯·N. 利塔沃（Lucius N. Littauer）、容瑟林慈善信托（Ronthelym Charitable Trust）、谢尔特·罗克，其捐款人是法菲尔德基金会的董事唐纳德·斯特拉勒姆、索纳本德（Sonnabend）和森南（Sunnen）等基金会。

至于法菲尔德基金会，它作为一"独立的"基金会的声誉越来越站不住了。劳伦斯·德诺夫维尔曾说："本来是想用它作掩护，但实际上它已经是透明的了。我们都讥笑它，把它称为'法菲奇特'基金会*。谁都知道它的背景。实在可笑。"[43]弗莱希曼本人传奇性的吝啬闻名遐迩，似乎也证实了流传于华盛顿和纽约社交界的说法，即他并不是文化自由代表大会真正的"天使"。纳勃科夫后来对乔斯尔森说："强基**是我认识的阔佬中最吝啬的一个。"[44]娜塔莎·斯彭德的看法也是这样，她

---

* 法菲尔德基金会的原文 Farfield，意译应为"远方的田野"，而戏称为法菲奇特基金会 Farfetched，则为"从远方拿来"之意，讥讽其资金来自中情局。

** 强基（JunKie），弗莱希曼的绰号，同时也有吸食海洛因者的意思。

回忆道："强基的小气是出了名的。有一次在辛辛那提的一家餐馆里同强基和其他一些人吃晚饭，我为了打电话迫不得已向他借了一个 10 美分的硬币。在回家的出租车上，斯蒂芬对我说：'明天一早把钱送还。'我原以为他是在开玩笑，但他是当真的。所以我就真的把一个硬币送回去还给他了。"[45]

事情发展到这个地步，据推测，如果法菲尔德基金会还为美国的以及国际的项目提供经费，那么中央情报局的意愿由于夹杂其中，就会变得不那么显眼。戴安娜·乔斯尔森解释说："法菲尔德基金会也介入其他的活动，因为它必须掩护好自己，以备有人追究它究竟在干些什么。"[46] 法菲尔德基金会关于 1961 年 1 月 1 日至 1963 年 12 月 31 日期间的工作报告中列举了在此期间资助的几百个项目中的一些项目。接受赞助的有美国学术团体理事会，美国艺术和科学研究院，现代语言协会，舞蹈者工作室，在意大利的斯波莱托举行的"两个世界"节（捐款用于美国学生与会费用和一般开支以及诗人特德·休斯的费用），戏剧艺术高级研究所，纽约的"活的戏剧"，"纽约职业音乐家"，美国文学杂志协会，《党派评论》，马德里的国际研究所（赠款用于保存几个私人图书馆）。根据"旅行与研究"项目，法菲尔德基金会授予数十名个人奖学金，其中包括玛丽·麦卡锡（编写"欧洲新作文集"），智利画家维克多·桑切斯·奥加兹（Victor Sanchez Ogaz），诗人德雷克·沃尔科特（访美），帕特里夏·布莱克，玛格丽塔·布伯－纽曼（Margerita Buber-Neumman），利奥奈尔·特里林（赴波兰、罗马、雅典和柏林旅行）以及《观察家》的撰稿人阿尔弗雷德·舍尔曼（Alfred Sherman）赴古巴旅行。

具有讽刺意味的是，尽管法菲尔德基金会捐赠的范围和规模特别容易让人发现破绽，帕特曼调查的结果公布之后，居然没有某个柯南·道尔*就此推论出这个基金会的后台是谁。令人惊奇的是，甚至没有一个记者寻根究底。中央情报局确实"认真考虑过提供资助的技术问题"，但是，后来当这个特别调查委员会深入调查此事时，意想不到地发现中

* 柯南·道尔（Conan Doyle），《福尔摩斯探案集》的作者，擅长推理。

央情报局“并不认为利用美国各基金会的独立性作为向秘密行动项目提供经费的管道有什么不适当的地方”。[47] 这正是促使帕特曼公布调查结果的原因。秘密行动项目与评估小组的负责人由此推论：“帕特曼的打击给我们的教训，并不是提醒我们不要再利用基金会作为提供经费的管道，我们需要做的是使这种做法更专业化，并扩大其范围。”[48]

正如此后发生的事情所表明的，这种想法也是极其错误的。乔斯尔森肯定不会同意这种想法。他知道目前这种提供经费的机制是不堪一击的，他乘坐的这条船的船底已经漏了。戴安娜·乔斯尔森说：“海上的风浪越来越大，航行越来越困难。但他们仍在海上航行，只不过百倍警惕就是了。”[49] 从 1964 年底开始，乔斯尔森就竭尽全力使文化自由代表大会免遭近在眼前的暴露及其带来的破坏。他曾经考虑过改名。他也曾再次设法切断代表大会与中央情报局在经济上的联系，改为由福特基金会承担全部经费。最主要的是他企图使代表大会摆脱冷战观念，使其美国政府冷战工具的形象淡化到最低限度。10 月，他在伦敦的代表大会执行委员会会议上说：“坦率地说，我不希望看到代表大会为冷战而存在。我有一种感觉，代表大会就是因为冷战的需要而存在的。坦白地说，我讨厌这种情况。”[50]

第二十二章 笔友

新一类人出现了
他们的到来是为了结束
骨肉相残的冷战
这也是他们自己的天祸

——艾伦·金斯堡

1964 年，冷战斗士们流年不利。他们赖以生存的神话一个个破灭了。首先是《柏林谍影》的出版。这是一名英国驻波恩大使馆的下级外交官用约翰·勒卡雷*的笔名花了 5 个月时间写出来的，在美国售出了 23 万册，1965 年派拉蒙公司将其摄成电影后，又卖出 200 万册平装本。勒卡雷的小说源于他本人“在东西方意识形态死结中的痛苦经历”。当时中央情报局负责秘密行动的理查德·赫尔姆斯对这本书十分嫌恶。现在勒卡雷已与格雷厄姆·格林齐名（他于 1955 年出版的小说《沉静的美国人》曾大大震动了美国秘密情报界），因此这两位作家都是中央情报局十分憎恨的。弗兰克·威斯纳说：“他们都上当受骗了。他们是那类存心不良，用意歹毒的人。”

接着是斯坦利·库勃里克（Stanley Kubrick）的电影《怪癖博士》（*Dr. Strangelove*），该片对冷战思维的疯狂性进行讽刺挖苦。刘易斯·芒福德（Lewis Mumford）发表在《纽约时报》的一封信中称，“多年来我国一直患有神经紧张症，这部作品第一次让我们从神态昏迷中清醒过

* 勒卡雷 1960—1964 年曾在英国驻德使馆任职。小说原文名为 *The spy who came in from the cold*，也译为《冷战谍影》。

来……看到我们这个所谓的既有道德又有民主的国家确实病了，病因就是这个国家居然允许政策的制定和执行不经过公开辩论，哪怕是假装的辩论也没有。”[1]

再后来就是1964年9月18日美国最有势力的冷战斗士C. D. 杰克逊在纽约的一家医院里死了。前些天，艾森豪威尔特地飞来宾夕法尼亚州的葛底斯堡探望重病中的杰克逊。波士顿交响乐团为他举行了纪念音乐会，独奏家维加·沃伦斯基（Vitya Vronsky）和维克多·巴宾（Victor Babin）在音乐会上演奏了莫扎特的作品，这是因为该乐团之所以誉满全球要归功于杰克逊的支持。后来该团的暑期学校坦格伍德学校设立了C. D. 杰克逊大师奖并颁发奖金，赞助这个奖项的，多是C. D. 杰克逊支持过的冷战时期的这所学校的校友。

到了1964年的时候，这批人虽然都还活着，也已经是行将就木了。他们是社会上正在消失的人群，尽管不能说彻底消亡，但是由于出现了一股剧变浪潮，以及对他们代表的价值观的反抗，其消亡已是确定无疑的了。他们就像是一种“无常鸟”*，这是纽约的一位知识分子生造出来的词，指的是一种神话般的怪鸟，“这种鸟倒退着盘旋飞行，越飞越低，最后蜷缩进自己的屁眼儿里，然后灭绝。”[2]随着新左派和颓废派的兴起，本来处于美国社会边缘地带的文化绿林好汉们现在进入主流了。随他们而来的是对威廉·巴勒斯（William Burroughs）所称“假装可怜相又不肯说真话的官僚、社会工作者、心理医生和工会官员构成的暴政的蔑视。”[3]约瑟夫·赫勒（Joseph Heller）在《22条军规》中写道：美国心目中的神经健全实际上是疯狂。诗人艾伦·金斯伯格在他1956年出版的《嚎叫》中为蹉跎岁月哀叹：“我目睹我这一代最有头脑的人在疯狂中毁灭了。”诗人现在主张离群索居，公然从同性恋和服用迷幻药中追求享乐。颓废派口嚼LSD**，唱起歌来浑身像通了电似的颤抖，朗诵诗歌时脱得一丝不挂。他们像在麻醉药、兴奋剂的茫茫大海中航行。颓

* 原文为whifflebirds，以whiffle有无足轻重、反复无常等义项，whiffler指犹豫多变（不靠谱）的人，姑译为“无常鸟”。

** LSD，lysergicaciddiethvlamide的缩写，中文学名为麦角酰二乙基酸胺，是一种药力极强的麻醉药。

废派甚至把沃尔特•惠特曼*从坟墓中拉出来，尊奉他为颓废派的祖师爷。他们是邋遢的反叛者，同《邂逅》这样的杂志刻意追求公式化截然相反，他们要用混乱代替秩序。

悉尼·胡克对这些现象极感愤怒，1964 年 4 月 20 日他给乔斯尔森写信："在欧洲有荒诞戏剧，在存在主义中有荒诞的哲学，在美国，知识分子中间有一种新趋势，叫作'荒诞的政治'，其口号是'打倒美利坚合众国''美国臭不可闻''性万岁'，等等。梅勒，波德·霍雷兹，真是有趣，他们还有一个新的狂热信徒，那就是杰克·汤普森。他的判断力不比他的智力强多少。"[4] 汤普森的判断还足以使他认识到勇气有其好的一面，所以他就继续留在法菲尔德基金会担任执行董事。

1964 年是《纽约书评》创刊第一个周年。在贾森·爱泼斯坦和罗伯特·西弗尔的领导下，《书评》立即取得成功，这一事实表明并不是所有的美国知识分子都支持冷战，跟着它的指挥棒围着国家安全转。占统治地位的一致意见开始分化了，《书评》就标志着一个新的敢于批评的知识阶层的诞生，他们敢于就一些敏感问题发表意见，而《邂逅》这类杂志由于受到统一意志的束缚，在这些问题上是三缄其口的。如果说过去人们的印象是纽约知识分子在某种反面的催化剂作用下使自己从激进派转化为中央情报局和其他冷战机器的一支力量，那么现在有证据表明他们正在向相反的方向转化。他们不再为美国追求权力进行辩解，这些善于思考的人聚集在《书评》周围，开始谴责帝国主义，与他们谴责共产主义别无二致。《书评》成为知识界反对越南战争的一艘旗舰，这不能不使中央情报局感到惊恐。李·威廉姆斯回忆道："纽约《书评》这一伙人的阴阳八卦**确是我们面对的一个大问题，特别是当他们变得如此强烈地反对越战，变得那么'左'，问题就更大了。"[5] 不过这一次他并没有直截了当地主张采取措施，对《书评》进行反击，只是说"现

---

* 沃尔特·惠特曼（Walt Whitman，1819—1892），美国著名诗人，代表作为《草叶集》。主张美国人成为政治上解放、身心健全的新民族；同时他也宣扬肉体和性爱的美妙。他的作品毫不掩饰地表现了"自我的个性"。

** 原文就是"yin and yang"。在西方，阴阳已成为玄妙哲学的同义语，这里似指这批知识分子的特有的哲学。

在的形势还不是打击——反打击的问题”。[6]

迈克尔·乔斯尔森面对这种新形势不可能无动于衷。虽然他尽力掩饰他对“美国主场”越来越强烈的幻灭感，但是在私下里他还是承认新动向来势之猛令他震惊。数年后他写出了以下这番话：“为‘外围组织’工作多年的经历使我感受到真正的痛苦……在50年代，美国对世界的承诺是我们工作动力的支柱……而到了60年代后半叶，美国对越南的干预以及一系列毫无道理的政策销蚀了我们个人的价值观和理想。”[7]所谓的“导弹差距”*、注定要失败的U-2飞机的侦察飞行、猪湾事件、古巴导弹危机，这一切帝国主义的政策失误，使乔斯尔森对所谓的“美国世纪”丧失了信心，同时也对负此重任的各政府机构失去了信心，甚至对1947年建立中央情报局的杜鲁门政府，他现在也说他“看到了中央情报局的运作方式在美国的历史使命上投下了阴影，我认为我们需要加以纠正。”[8]在一个接受了“缓和”这一概念的时代里，乔斯尔森希望代表大会也能摆脱冷战中历来的互不来往的习惯，转而采取与东方对话的方针，为此，代表大会通过它与国际笔会（PEN）**的关系，一厢情愿地摆出了这种愿与东方接触的姿态。

国际笔会作为联合国教科文组织正式建立的机构，20世纪60年代中期在55个国家设有76个中心，是世界上代表性最为广泛的作家组织，其任务是由该组织的性质决定的，其中包括在任何情况下都避免卷入国家或党派政治。这个组织拒不屈从于任何偏见或成见，再加上它极力保护言论自由，这就保证了它即使在冷战时期也能在世界范围不断扩展壮大，但是中央情报局却竭力试图使之服务于美国利益，文化自由代表大会就是中央情报局用来达到这一目的的一个工具。

长期以来，代表大会就对国际笔会感兴趣。尽管亚瑟·凯斯特勒长

---

* 此处似指1957年10月4日苏联成功地发射了人造卫星，使美国感到其导弹技术已落后于苏联，即所谓“导弹差距”。此事影响深远。美国为此加强情报机构，通过了国防教育法，加强地区（特别是对共产党国家）的研究和人才培养等，其结果自然是冷战升级。

** PEN的全文是国际诗人、剧作家、编辑、散文家和小说家协会，International Association of “Poets, Playwrights, Editors. Essayists and Novelists”。PEN为这些词的共同起首字母的缩写。本章的标题即为Pen Friends，故以双关译为笔友。

篇大论地讲出他的看法，说经营国际笔会的这批人都是“混蛋”，他们就怕文化自由运动“会为冷战煽风点火”。[9]起初，代表大会力图把东欧集团的代表排斥在外，因为他们害怕共产党趁此渗入笔会，对笔会讨论的问题施加影响。1956年纳勃科夫写信给理查德·克罗斯曼说：“我们准备与俄国的作家、艺术家和科学家对话，但是我们不想见到苏联的官僚或苏联官员，也不想与他们交谈，不幸的是……我们恰恰经常遇到这批俯首帖耳、满脑袋政治的苏联官僚（他们神情木然，耸肩缩背，一式的蓝毛哔叽套装，裤子肥大）。我们可不想同这样的人接触。”[10]代表大会不想让这些冒牌货挤进来是对的。代表大会富有成效地与国际笔会的书记大卫·卡弗（David Carver）建立了联系。1956年乔斯尔森听到消息说，在翌年日本举行的国际笔会会议上，共产党人打算“发动强大攻势”，他轻易地说服了卡弗，代表大会要派出“顶尖炮手”（名单上有“西洛尼、凯斯特勒、斯彭德、米洛齐等人”）到会进行反击。

约翰·亨特在1956年发表他第一部小说《几代人》之后也成为国际笔会的成员，同大卫·卡弗建立了“友好关系”，卡弗作为《邂逅》杂志非正式的代理人，负责在国际笔会的会议上散发这本杂志。1964年，亨特决定，卡弗的工作负担过重，需要帮手。于是代表大会提出要派基思·博茨福德去为他当助手。博茨福德在南美洛厄尔事件中栽了跟头之后，一度赋闲，后来才回到美国同索尔·贝洛一道担任文学杂志《高贵的野蛮人》（*The Noble Savage*）的联合编辑。现在他再次成为他的朋友亨特的现成帮手，于是在1964年的秋天，他名正言顺地出现在设在伦敦的国际笔会办公处。一位国际笔会的积极分子说：“对于博茨福德以这种方式突然出现，我从来没有起过疑心，现在想想，这件事确实有点奇怪。”[11]

国际笔会在法国的中心闻知博茨福德的任命，异常光火，气恼地写信给卡弗要求他作出解释。卡弗为这一任命辩解说，他曾与博茨福德一道工作过一段时间，“与他相处融洽，合作得很好……他担任此职的理由十分简单，一点也不复杂。英国的执行委员会已任命他为我的助手和副手，而且，由于我已将英国中心的秘书长办公室和国际秘书处办公室合而为一，我自然希望他全面协助我工作。”[12]法国人为此担忧是有充分理由的。他们对博茨福德与代表大会之间关系的性质有怀疑，对代表大会本身的背景也有怀疑，觉得代表大会与美国政府有牵连，因此他们担心美国人企图控制国际笔会。他们的担心是对的。

正是这个博茨福德1965年打电话给亚瑟·米勒，说他想同大卫·卡弗一道来见他。米勒当时正在巴黎。由于米勒曾给《高贵的野蛮人》投过两篇短篇小说，从那里对博茨福特有一点肤浅的了解。米勒回忆道："这次他提到了国际笔会的事，对于这个组织我只是大略听说过一点儿情况。”第二天，博茨福德与卡弗一起来到巴黎，他们邀请米勒担任下一届国际笔会的主席。米勒后来写道：“问题在于他们现在已别无选择。新近出现的缓和要求我们容忍东西方之间的分歧，而国际笔会那时在这一方面还没有经验。现在笔会要有一个新的开端，于是他们选中了我。”[13]但是，米勒说：“我怀疑我是不是在被别人利用，我突然想到，我们的国务院、中央情报局或者英国的某些同类机构可不可能在后面操纵。我决定把这些问题弄个水落石出……不久我就发现，国际笔会已经陷于传统的冷战立场动弹不得。在这个当口，笔会也想同西方各国政府一样，试图松动一下，承认东欧各国的社会业已稳固，应该允许这些国家的作家同西方建立新的联系。”米勒对一位历史学家说：“我的脑子里闪过这样一个念头：政府让我担任国际笔会的主席很可能是因为除此之外，没有别的办法进入苏联。他们设想由我打头阵，他们的人跟在我身后也就进去了。我想他们料想我会同意的。最早就国际笔会的事与我接触的那个人，我已经不记得他的名字了，但是后来有人谈起他时说，‘这个家伙一直是一个特工。’我没有证据证明这一点，这只不过是街谈巷议而已。”[14]

美国方面要一个美国人去担任国际笔会的主席，而且他们即将达到目的了。卡弗其实曾经全力争取约翰·斯坦贝克（1962年诺贝尔文学奖得主）来担任此职，但未能成功，米勒是第二选择。在法国人看来，这两位候选人都不合适。他们不惜一切代价要把美国人排除在外。当他们一听到卡弗想物色一个美国候选人的消息，法国的国际笔会立即提出了他们自己的人选米居埃尔·昂格勒·阿斯图里亚斯（Miguel Angle Asturias），他是伟大的拉美小说家，法国国际笔会中心的成员。乔斯尔森提到他时用厌恶的语气说这个尼加拉瓜的老家伙只不过是“同情共产党的一匹战马”，[15]并紧急致函马奈·斯珀伯（当时他正在巴黎），要求他求助于代表大会的老友——戴高乐政府的文化部部长安德烈·马尔罗，请他出面阻止阿斯图里亚斯被提名为候选人。斯珀伯很犹豫，回信说文化部与一个独立的机构国际笔会是不相干的。但是乔斯尔森固执己见，告诉斯珀伯说，这件事与法国的威信有关，法国政府理应关注此事。乔斯尔森宣称，如果阿斯图里亚斯当选，“那将是一场灾难”，因为这意味着我们的朋友卡弗的“末日到了”。[16]

卡弗在其美国朋友的大力支持下，继续为他推举的候选人卖力，为此他于 1965 年 4 月给国际笔会的成员写了一封长达 8 页的信，对法国笔会提出的候选人的合法性提出责难，指责法国中心捏造事实来证明阿斯图里亚斯缺乏担任国际笔会主席职务的一切条件。美国笔会的执行委员、老资格的冷战斗士刘易斯·加兰蒂埃（Lewis Galantière）收到卡弗的信后，向他的同僚们提出了警告，说“法国在主席人选问题上发难，不仅是想阻止美国人当选国际笔会的主席，而且还想控制国际秘书处……我认为法国这一举动（因为我坚信这是得到凯道赛街*的批准的）反映法国官僚难以自已的傲慢态度。”[17]

国际笔会美国中心的执行委员会中，除加兰蒂埃之外，还有几个代表大会的朋友。在美国中心的信笺上列出的委员名单中突出的一位是罗比·麦考利。有麦考利在，中央情报局在美国中心里就有了一个掌握行政权力的人。这就是说，科德·迈耶将麦考利以国际组织处驻国际笔会项目官员的身份派往伦敦，麦考利就可以在国际笔会的各种活动中完全不露痕迹地贯彻他的意图。尽管如此，为了确保麦考利的掩护更加严密，他还身兼了古根海姆博物馆的学术委员，后来又作为富布赖特项目的研究员在英格兰工作两年。在伦敦安插了博茨福德和麦考利，再加上卡弗从代表大会领取经费（更直接地说是从法菲尔德基金会领取经费），这

* 凯道赛街（Quai d’Orsay），法国外交部所在地。

样，中央情报局就出色地完成了向国际笔会的渗透。

正当争夺主席职务的斗争紧锣密鼓地进行之时，卡弗和博茨福德已经开始筹备国际笔会的下一届代表大会了。这次代表大会预定于1965年7月的第一周在南斯拉夫的布莱德（Bled）举行。约翰·亨特同意出资派遣一批美国作家与会，并责成中央情报局驻伦敦的“总审计官”肯尼思·唐纳森从文化自由代表大会的账户上安排这笔开支。预定的代表名单是约翰·亨特制定的，他严格地规定，“万一其中有人不克赴会，国际笔会秘书处要另派他人时，则必须得到代表大会巴黎办事处的同意，才能动用这笔费用。”[18] 亨特的名单中包括大卫·鲁塞、赫尔穆特·杰里克（Helmut Jaesrich，接替拉斯基任《月刊》编辑）、马克斯·海沃德、斯彭德、恰罗蒙特和西洛尼。法菲尔德基金会另外还拿出一笔钱来为卡洛斯·富恩特斯（Carlos Fuentes）和沃尔·索因卡支付旅费。[19] 这些人同其他代表一起，选举亚瑟·米勒当上了国际笔会的主席。

在布莱德代表大会上获胜之后，亨特开始为来年6月在纽约举行的国际笔会下一次秘密会议*作准备。这是22年来国际笔会美国中心第一次为国际笔会代表大会做东道主。由于这次会议的成败关系甚大，中央情报局决定调动全部秘密武器。其中之一的文化自由代表大会内定要起重大作用（代表大会1965年6月为组织纽约“行动”已经给了卡弗1000英镑作为启动费，这一安排是在布朗普顿路上的钱特雷尔餐馆亨特同卡弗一起吃午饭时敲定的）。1966年1月福特基金会及时地介入，赠予美国笔会一笔丰厚的赠款（7.5万美元），洛克菲勒基金会也不太情愿地掏出了25000美元。中央情报局也通过亚洲基金会和自由欧洲委员会的管道提供了经费。由于赌注下得很大，约翰·亨特于1966年2月写信给大卫·卡弗说，他认为有必要明确责任。[20]

亨特建议，一定要确保由文化自由代表大会来主持讨论会，在会议前和会议期间，玛丽恩·比伯（Marion Bieber）要镇守在卡弗的办事处或纽约，为时3周，费用由代表大会负责。精通多种语言的比伯当时在伦敦的当代历史研究所工作，50年代曾任代表大会的副常务秘书，在

* 原文为conclave，此处按原文含义译出。

组织这类运动方面是一名老手。在英国或美国的国际笔会中心的心脏部门安插了这样的“顶尖高手”之后，亨特在确保其利益方面可以高枕无忧了。

同时，亨特也写信给美国笔会的现任主席刘易斯·加兰蒂埃，提出了相似的建议。罗比·麦考利新近回到了华盛顿，他的掩护身份是《凯尼恩评论》的编辑，有了这样的身份，谁还能像他那样不引起怀疑呢？结果麦考利成了美国笔会雇用的管修理的勤杂工了。[21] 此外，亨特还同意为（他自己选择的）西方著名知识分子参加会议提供旅费。

第 34 届国际笔会代表大会于 1966 年 6 月 12—28 日举行。美国有足够威望能够主办这次代表大会意味着“美国记录上的污点终于被抹去了”，关于这次大会的一份报告兴高采烈地称，“这次大会能在纽约市举行，这一事实本身就证实了美国在当代文明中处于领先地位。”前台的和后台的会议组织者都为他们取得的成功而庆贺。这次代表大会的中心主题是“作家的独立精神”，“集中讨论作家在社会中的作用，作为艺术家，他关心的应该是提高国家的声誉。”[22]

不过，并非所有的观察家都作出同样的评价。在国际笔会代表大会召开的前夕，康纳·克鲁斯·奥布赖恩在纽约大学发表了一篇演讲，狠狠地批评了所谓的独立精神。他说：“（笔会）代表大会的主题‘作家的独立精神’有点像杰基尔医生*……存在着变成海德先生的危险，即转为‘社会公众人物’。”虽然过去作家们被指责为“缺乏政治热情”（朱利安·本达语），而现在他却要因为“受政治热情的诱惑而堕落、而受到惩罚”。[23] 布赖恩接着归纳了《邂逅》杂志新近发表的一篇文章的内容，在这篇文章中，丹尼斯·布罗根（Denis Brogan）赞扬这本刊物对“文人失节”行为所作的斗争。布罗根曾用“文人失节”这个词攻击一些有才华的作家沦为政治的代言人或宣传家。一份忠于现行权力结构的刊物上发表这样的观点令奥布赖恩吃惊。奥布赖恩认为，“《邂逅》杂志远

* 杰基尔医生（Dr. Jekyll），英国小说家斯蒂文森创造的一个人物，他服用自己配制的药物，使自己时而变为恶人，时而变为善人，即有时是杰基尔医生，有时却是海德先生（Mr. Hind），引申为两面人，或正反两种结果。更常见的表述是 Jekyll and Haid。

非不谈政治，不仅如此，而且它还紧跟一条政治路线，其中重要的一点就是向英国灌输一种态度，要英国人支持美国的政治和做法。”[24]

《纽约时报》报道了奥布赖恩的这些结论，以致这些结论一直笼罩着国际笔会的代表大会，同时也标志着文化自由代表大会开始走向穷途末路。

第二十三章 文学领域的猪湾事件

请记住马克思为我们勾勒出的形象——那些19世纪40年代的资产阶级政客，也包括本世纪48年以后的资产阶级政客，排出一行，后面的一个牵着前面一个的燕尾服的尾摆，同时伸腿踢牵着他的上衣后摆的那一个。就这样，在不久的将来，许多燕尾服的后摆将被扯破。我真担心在这牵扯、蹬踢过程中，也许有几个人的睾丸会被踢破。

——詹姆斯·法雷尔

正当美国士兵在越南丧命的时候，康纳尔·克鲁斯·奥布赖恩又指责西方知识分子在为“权力机构”效力，无疑是雪上加霜。许多聚集在文化自由代表大会周围专门从事反共事业的人，现在发觉，他们已经掉进他们自己的信念设下的陷阱难以脱身了。[1]作为“美国世纪”的守护神，他们同保守的专栏作家约瑟夫·艾尔索普一样，坚信越南战争是战后美国的信念和使命的必然延伸，因而是正义的。[2]贾森·爱泼斯坦宣称：“越南战争发生了，我们的反斯大林主义者出于习惯也站出来为我们的侵略辩护。这些人现在已陷入困境，就像有人还没有来得及把裤子提上来就被人逮住了。他们不得不为越南战争辩护，因为他们长期以来一直紧跟反共路线，一旦倒戈，他们将一无所有。越南战争之所以可能发生，美国之所以能够奉行这样的对华政策，麦卡锡这类集中体现残暴的反斯大林主义的人物之所以能够出现，美国的思想文化之所以停滞不前，他们都是有份的。”[3]

艾尔索普兄弟的传记作者罗伯特·默里（Robert Merry）也得出了

同样的结论。他写道："多年以后，大家都会认为这场战争是一次政策失误，是美国的一场悲剧，只要美国的领导人能够清醒地认识到美国不必担起全部责任，这场悲剧本来是可以避免的。但是，如果这样认识，那么就会忽略美国介入越南的真正原因，那就是美国在二战刚结束时就确定了一条全球政策，因此越南战争就是这一政策必然的因而也是不可避免的延伸。"[4]

威廉·富布赖特参议员写道："这座城市真正地陷入一片疯狂的气氛之中。我实在找不到合适的词来形容我们正在做的蠢事。"[5]从冷战理论家到直言不讳的持不同政见者，这位参议员走过了一段极不寻常的道路。他猛烈抨击"美国统治下的和平"*和美国完全缺乏理性的外交政策，虽然他从来没有正式地属于新左派，现在他却带领着新左派向采取默许态度的美国最高权力机构发起猛攻："在我国政府的行政系统和国会里，几乎听不到有人说苏联的欧洲政策很可能是出于他们病态地担心苏联的安全受到威胁，其目的并不是想征服全世界。实际上，掌权人物中没有一个人同意以下这个前提：苏联摆出一副好斗的姿态，反映的是它的脆弱而不是强大。1919 年西方大国对苏联进行干预，尽管不是全力以赴，但其意图还是想把这个布尔什维克怪物扼杀于摇篮之中。想起这样的事，自然就更加强了它的好斗姿态。我们制定政策时就没有从这种反面意见中获益。"[6]

诺曼·梅勒也持同样的看法，他强调，美国在越南进行的这场战争是"一系列事件发展的最高峰，这些事件虽然没有一件件地记录下来，却是从第二次世界大战结束时就开始了的。美国最有势力的一批中老年（WASP）——政治家、公司经理、陆海军上将、报纸编辑和国会议员——曾经发过誓：共产主义是基督教文化的死敌。这种誓言可与中世纪的骑士们的誓言表达的信仰相类比。他们认为，战争结束后，如果不抵制共产主义，那么基督教自身就会消亡。"[7]

正是在这种尖锐的不同意见的背景下，《纽约时报》开始注意美国

* 美国统治下的和平（pax Americana），源于拉丁文 pax Romana，即罗马帝国统治下的和平，大英帝国也曾用过 pax Britannica，意为强加于被征服民族的所谓"和平"。

政府最深、最阴暗的密室里究竟藏了些什么。“中央情报局在国内和国外活动的衍生物似乎无穷无尽，”《纽约时报》有篇文章写道，“许多间谍要做的单调枯燥的工作已经由卫星、电子仪器和其他一些叫不出名字的设备来承担了，但是人力仍然是非参与不可的。由于人的介入，中央情报局就卷入了一些令人尴尬的事件之中，从而引起许多有关政策和道德的问题。这就是为什么许多人相信中央情报局是一个难以驾驭的法兰肯斯坦怪物*……在世界上‘人迹罕至的小胡同’里搞‘黑色行动’、玩弄‘肮脏的阴谋诡计’以及其他种种见不得人的非法活动，一个由充满自豪感、有尊严的人物构成的政府能过分依赖这些行为吗？以火对火、以武力对武力、以颠覆对颠覆、以犯罪对犯罪，这种以牙还牙的观点变得如此盛行，大家都接受，以致荣誉和骄傲与可怕的不共戴天的敌对之间已无是非可分，这种道理能站得住吗？美国人民完全有理由也有必要提出这些问题。”[8]

1966 年 4 月 27 日的一篇文章重新提到了康纳尔 • 克鲁斯 • 奥布赖恩的说法（现在已是家喻户晓的了），认定《邂逅》杂志曾经拿过中央情报局的钱。这件事本来也许可以到此为止了，不幸的是拉斯基此时又采取了一个鲁莽行动，他刊载了戈伦韦 • 里斯（Goronwy Rees）的一篇文章惹了祸。里斯这个人后来被人说成是个“可笑的人物，因为在冷战的混水中摸鱼而名誉扫地”。[9]如果这篇文章仅仅是反驳奥布赖恩的指控也就罢了，没想到他竟不无诽谤之嫌地对奥布赖恩几年前作为美国驻刚果代表时的行为提出了疑问。奥布赖恩立即一纸诉状，状告《邂逅》杂志对他进行了诽谤。当时拉斯基恰巧不在（他那时到南美去了），斯彭德又在美国，只好由担任《邂逅》杂志联合编辑的弗兰克•克莫德（Frank Kermode，里斯文章在发表前并未经他过目）代人受过来应诉了。

一年前的 5 月份，斯彭德曾给乔斯尔森写信，告诉乔斯尔森他已被任命为国会图书馆的顾问诗人；在美国，这一称号相当于“桂冠诗人”；在他以前享此殊荣的有弗罗斯特和洛厄尔，不过斯彭德是第一个获得这

* 法兰肯斯坦怪物（Frankenstein，monster），法兰肯斯坦是英国女作家玛丽 · W. 谢利小说中的主人公，物理学家，他制造了一个怪物，后来他自己为怪物所毁灭。

个荣誉称号的非美籍诗人。起初，乔斯尔森对此非常恼火，6 月份他写信给马格里奇，说斯彭德“经不起塞壬女妖*的引诱”。[10] 大家一致同意斯彭德在离任的一年中不应在《邂逅》杂志领取薪金，但乔斯尔森想从财政上继续控制斯彭德，决定“继续给予”相当丰厚的财政上的照顾。[11] 他对马格里奇说，这一安排要“严格保密”。此时，斯彭德就推荐弗兰克·克莫德接替他担任联合编辑，至少在他离任的一年里由克莫德来接替这份工作。

拉斯基对这件事感到十分高兴。他与斯彭德（据克莫德说，拉斯基常故意把斯彭德的名字叫错或拼错，把 Stephen 按美国方式拼作 Steefen）的关系一直非常紧张，现在已经到了破裂的程度。拉斯基曾向乔斯尔森抱怨：“过去这些年，工作繁重而成效甚微，最糟糕的是我的办公室隔壁就是斯蒂芬。每次听到他将有一段时间不在，我是多么的高兴，那时一切将那样平静（去年和 5 年前都有过这样的时期），有人来接替他，我真感到松了一口气。但是，有时我不禁陷入一种可怕的想象之中，如果在今后的几年里他老在我身边转，我的日子将怎么过……他这个人出于自身摆脱不了的良心上的罪恶感，总是不断地抱怨，他总是想在工作上以最小的付出获得最多的荣誉，他其实一直忙着自己写书，写剧本，编文集，写文章、评论和广播稿……生活中有这样一个人真令人绝望。我并不在乎多做工作，实际上我爱多做工作。我受不了的是他的不真诚……他真能为他的所得问心无愧吗？我们就只能在他的不真诚和平庸的阴影笼罩下过日子吗？”[12] 乔斯尔森终于倾向于同意拉斯基的看法了，他也认为“斯彭德留在伦敦的时间越长，发生冲突的可能性就越大，何况斯彭德在伦敦也使他有更多的机会向他那些圈外的朋友不断地发牢骚，说闲话。”[13]

但是，最接近乔斯尔森的那些人却对克莫德不太信任。虽然他们还没有人像菲利普·拉金（Philip Larkin）那样把他描绘得那么不堪（拉

* 塞壬（Siren），传说中半人半鸟的海中女妖，常用美妙的歌声引诱过路的航海者，使他的航船触礁，航海者则因此身亡。

金曾称他是一个“突然发迹的、嗜书如命的吃软饭的家伙”*，还写过打油诗嘲笑他，诗云：“我背转身来 / 把我的屁股对着克莫德”），但他们对克莫德都是名褒实贬。爱德华·希尔斯鄙视地称他为“一个平庸的小教授”。[14]罗比·麦考利告诉乔斯尔森，从人格上讲他不喜欢克莫德，对他的作品倒还是欣赏的。乔斯尔森对麦考利说：“感谢你告诉我你对克莫德的评价。我也欣赏他的作品，不过我还没有与他见面。从你对他的人格所作的评价来看，我可以推断将来少不了麻烦……同时，如果克莫德能表明他有能力，那么他能为杂志作出不小的贡献，因为这本刊物毕竟在文学这部分，包括评论在内，是太薄弱了一些。”[15]在同一封信中，乔斯尔森意想不到地坦陈：“在《邂逅》杂志上，我遇到不少难题，我开始对这本刊物有些腻烦了。这一点我没有对任何人讲过，只有戴安娜知道，她同我的看法是一样的。我发现《纽约书评》更有意思，我甚至对《评论》也更满意一些。”[16]

尽管在乔斯尔森的圈子里对克莫德有所保留，但是1965年夏天他还是正式应邀与拉斯基一起担任《邂逅》杂志的联合编辑。克莫德很清楚他是来主管杂志的文学部分，拉斯基仍然是无可争议的第一把手，但是他对拉斯基为什么没有聘请一位比他更合格的人，至少请一位住在伦敦的人（克莫德当时住在格洛斯特郡，在布里斯托尔市**有一个教席），觉得有些奇怪。其实克莫德每天从住地到杂志所在地的路程恰恰使他成为合适的候选人。“我原以为这是一个难以克服的缺陷，其实恰恰是我的主要长处。在我的脑子里，或者说在我的心里，既有虚荣心作怪，同时……我也不愿走错了路，我知道这一切都是安排好了的。”[17]尽管如此，克莫德还是接受了这份工作。他立刻就发现“《邂逅》杂志整个运作有点神秘”。他无法知道刊物的发行情况，也不知道其财政究竟来自何处。在杂志的组织机构中他的发言权很小。不久他就得出了结论：“即使我根本没有出现在那里，情况也会一如既往，没有什么两样。”[18]

---

*“吃软饭的家伙”，原文为 ponce，按英国用法解，原意为“与妓女一起生活并靠她赚的钱维持生活的人”。

** 格洛斯特郡（Cloucestershire）在英格兰的西南部，布里斯托尔（Bristol）为该郡的一个港口城市，而伦敦却在东南部。

克莫德同所有人一样，也曾风闻《邂逅》杂志与中央情报局有关联。斯彭德告诉他，他也曾为这些传闻感到窘困，但是乔斯尔森和法菲尔德基金会都加以否认，当他们的否认被证实恰恰相反时，他反倒对此感到满意。[19]

实际上当克莫德上了这条船的时候，《邂逅》杂志已经不再接受文化自由代表大会的资助了，而改为由塞西尔·金（Cecil King）的《每日镜报》集团出版了。这样说吧，至少名义上是这种情况。这次同塞西尔·金做这笔交易是因为对《邂逅》杂志有一大堆尖锐的评论，其中包括《星期日电讯报》（*Sunday Telegraph*）上的一篇社论提到《邂逅》定期地从外交部领取秘密津贴，所以从 1964 年初开始就物色私人的财源。那一年 7 月，《邂逅》杂志就宣布从今以后该刊的财政和业务均由塞西尔·金的国际出版公司负责。作为这笔交易中的一项，又建立了一个信托基金会，其成员包括维克多·罗斯柴尔德、迈克尔·乔斯尔森和亚瑟·施莱辛格。对于施莱辛格的任命，希尔斯曾提出过警告，他说，在斯彭德的任命问题上已经有过这种不顺的关系，现在又可能发生在施莱辛格身上，而且还会由此扩及“纽约帮”，时间可能还要快。[20] 乔斯尔森没有听从希尔斯的劝告，而是采取了更为放手的态度，他的理由是“肯尼迪总统在任期中遭暗杀使施莱辛格在某种程度上已无事可做……我想这一安排也算是我们这方面的一种姿态，至少每年可以保证他去欧洲走一趟，要他自己花钱，他是负担不起的。”[21]

马尔科姆对这一新的安排也不以为然。他写信给乔斯尔森说：“现在我认识到，金担负起财政上的责任实际上是无济于事，情况不会发生任何变化。除了由他（或国内税务局*）掏腰包之外，一切依然如故……创办《邂逅》杂志，我是有份的，因此我后来也不时出点力让它维持下去……（它是成功的，但是）由于创办时的环境，也存在着一些危险因素，比如说介入冷战的时间过晚，与文化自由代表大会的关系过于公开和密切。前者已经过去，后者虽然是刊物创办时的条件使然，现在却也

* 国内税务局（Inland Revenue）指的是英国的税务机构，美国的国内税务局（署）的英文名称是 Internal Revenue Service。

变得不太方便也没有必要了。我原来希望改变财政来源在某种程度上可以使杂志有机会摆脱这些危险因素。现在看来我错了。”[22]

马格里奇十分清楚，虽然同塞西尔·金做成了这笔交易，《邂逅》杂志基本上还是控制在情报机构手中，从一开始就与公开的说法相反，文化自由代表大会从来就没有放松对杂志的编辑事务和财务的控制，后来乔斯尔森在一封信件中说得很明白：“为我们的杂志安排出版商的问题中重要的一点，就是我们必须找到可以依靠的出版者，这个出版者对杂志的内容，或刊物的总路线，都不得进行干扰，也不能撤换我们选定的编辑。在这方面，我们有幸找到了英国的塞西尔·金和德国的费希尔·维拉格（Fischer Verlag，他接管了《月刊》的出版工作），这样的人或出版社是难得找到的。”[23] 实际上，在与金达成的协议具体规定，“两名高级联合编辑的薪金和一名助理编辑的部分补贴”继续由代表大会支付。乔斯尔森声明：“这部分钱过去从来不属于《邂逅》杂志的直接开支，今后还是分别开支。”[24] 乔斯尔森还说，其余代表大会给《邂逅》杂志每年 1.5 万美元的固定补贴将采取新的形式支付，将钱作为赠款直接付给邂逅图书公司。同费希尔·维拉格所作的安排完全一样：表面上国际图书出版公司接手出版《月刊》，但是实际上代表大会给予该公司一笔“特别捐款”1 万美元，买下了这家公司 65% 的股份，所以《月刊》仍归代表大会所有。这些股份的持股人“是受代表大会委托的一个中介机构”。[25] 通过这样的安排，文化自由代表大会仍然是这两家杂志编辑业务上的仲裁者，同时又可掩盖它对两家杂志的影响力和财政上的义务。

再说，由于维克多·罗斯柴尔德、威廉·海特爵士，后来在 1966 年又有安德鲁·舍恩菲尔德加入董事会（马格里奇称之为“可怕的三人小组”），《邂逅》杂志还是同以往一样，紧密地与英国情报机关联系在一起。海特在担任新学院院长之前曾任驻莫斯科大使，后来又担任外交部副次官*。在此之前，他还担任过服务联络司（Service Liaison Department）司长和英国联合情报委员会主席。由于他担任了这种职务，

* 副次官（deputy under secretary of state），其上为外交大臣和次官，分政务次官和常务次官，其下为助理次官。

他就可以同参谋长委员会下面的联合策划人员一起处理有关情报工作的各种问题，并赴海外视察英国的各情报站。值得注意的是，1948 年建议成立进行冷战的心理战机构的文件就是海特起草的，这份建议书说服了艾德礼内阁建立了情报研究局，海特也因此密切地介入了该局的工作。在温彻斯特*，他与理查德·克罗斯曼同事，在新学院则有休·盖茨克尔。同他们一样，海特也是一名社会民主党人，同情工党的政策，而这也是拉斯基领导下的《邂逅》杂志所着意培植的。皇家国际问题研究所所长安德鲁·舍恩菲尔德也是情报界熟悉的人物。罗斯柴尔德当然也是外交部派往该研究所的外围人物。这个网络中的成员同塞西尔·金都十分熟悉。据彼得·赖特（Peter Wright）在其《间谍搜捕者》（*Spycatcher*）中说，塞西尔·金就是军情五处的一名"长期关系"，这一经历自然使他非常支持中央情报局的隐蔽文化行动。

乔斯尔森一直想消除那些影响代表大会声誉的传闻，但是他的一切努力都是注定要失败的。现在船上已经到处是漏洞了。如果说原来还只是在伦敦、巴黎和纽约的酒会上流传一些谣言，那么现在这些谣言已经开始成为事实了。玛丽·麦卡锡后来告诉她的传记作者卡罗尔·布赖特曼，1964 年前后，她曾给《纽约时报》写过一封信，断言代表大会的那些杂志是独立的。但是乔斯尔森截留了这封信，"因为他知道情况并不是像我说的那样。他对我说：'亲爱的，放在一边吧。别再去想它了。'"代表大会完全可以照顾自己，那么中央情报局为什么就不能卷起铺盖走人，让代表大会自己去办事呢？乔斯尔森本人一直在请求让代表大会独立，那么是什么样的傲慢或者虚荣让中央情报局紧紧抓住它不放呢？戴安娜·乔斯尔森解释说："我想大概是因为代表大会是他们的成就之一吧。其实，如果他们真的关心代表大会真诚而正直的品格，他们本来是应该放手不管的。"[26] 但是秘密行动是官僚机构在后面推动的，这种势头是很难阻止的。20 年来，中央情报局官员的工作一直是以项目制度为基础的，这种制度只会鼓励他们不断扩张而不能收缩。中央情报局不

* 温彻斯特（Winchester），根据上下文推测，此处可能是指温彻斯特学院（Winchester College），为英国最早建立的独立管理的学校。

恰当地过于重视它在世界范围内的秘密“基础设施”的庞大规模，因此他们就看不到这样做暴露的危险系数是按指数增长的。汤姆·布雷顿后来评论说：“有些事情是先小而后才能精的，世界上只有我们美国认识不到这一点。”[27]

贾森·爱泼斯坦说：“不言而喻，谁都不应该知道文化自由代表大会的经费来自何处，但是到了60年代中期，只有傻瓜才不知道真相。法菲尔德基金会董事（杰克·汤普森）那时是我的一个非常要好的朋友，在这一点上我会顶撞他，对他说‘好了，杰克，这样的假装还有什么意义？’这时他会说：‘不，不，不是这样的，完全不是这样。我们是一个独立的机构，与中央情报局毫无关系。”[28]有一天，爱泼斯坦和斯彭德一起吃午饭，爱泼斯坦对他说：“你听着，斯蒂芬，我想这个机构的经费全部来自中央情报局。他们没有告诉你真相，现在你就应该去问个明白，到底是怎么回事。”斯彭德回答说：“好的，我这就去问问杰克·汤普森，马上就去弄清楚你说的是不是都是真的。”过了一会儿，斯蒂芬打电话给爱泼斯坦说：“我确实已经问过杰克了，他说这不是真的，所以我想这不是真的。”爱泼斯坦后来评论说：“情况就是这样：谁都不愿意承认经费的真正来源是哪里。不过我认为没有人不知道，但是谁都不想说出来。”[29]

斯彭德至少在1964年曾经就这些传闻做过一点调查，证据是约翰·汤普森*给斯彭德的一封信，日期是1964年5月25日，即帕特曼揭露真相的3个月之前，在信中，汤普森声称，认为法菲尔德基金是美国政府的一个出面机构的说法是十分可笑的。[30]两年以后，斯彭德写信给强基·弗莱希曼，就经费问题提出了同样的询问。中央情报局特工、法菲尔德基金会董事弗兰克·普拉特把斯彭德的信转给了乔斯尔森，附了一张字条说：“很抱歉这封给强基的信耽误这么久才转给你，不过大家都传阅过了。”这封信经过中央情报局看过之后，弗莱希曼才回信给斯彭德，由他坚决予以否认，回信中说，“就法菲尔德基金会而言，我

* 约翰·汤普森，即前面提到的杰克·汤普森（Jack Thompson），在熟人之间，约翰被叫作杰克。

们从来没有接受过任何政府机构的钱”。[31] 这当然是十足的欺人之谈。

据玛丽·麦卡锡讲，斯彭德竟意想不到地成为尼古拉斯·纳勃科夫吐露真情的一个对象。麦卡锡称，斯彭德有一次告诉她，有一天他同纳勃科夫同乘一辆出租汽车，突然间纳勃科夫转过头来，竹筒倒豆子似的把一切都告诉了他，然后立即跳下车走了。麦卡锡的传记作者卡罗尔·布赖特曼承认“这只是一个二手故事，是玛丽告诉我的。”“但是你可以想象它确实发生过。你可以想象出来，这类事曾经一而再再而三地发生过多次。不过，这一定是一个笑话。”[32] 娜塔莎·斯彭德后来说：“我想纳勃科夫从一开始就欺骗了斯蒂芬。”[33] 根据沃尔海姆讲的情况，毫无疑问，从 1964 年起，甚至早于 1964 年，斯彭德就知道这些谣传了。

尽管如此，斯彭德还是在克里斯托尔和拉斯基 1966 年 5 月 10 日写给《纽约时报》的一封信签上了自己的名字，这封信声称，“我们从来没有听说过有什么‘间接的’捐赠……我们完全是自主的，从来不为他人做宣传。”并为文化自由代表大会辩护，说代表大会“在保护东、西方作家和艺术家、反对包括美国政府在内的一切政府的不轨行为方面一直是独立的。”[34] 但是在私下里，斯彭德丝毫不敢肯定这是真实的。后来乔斯尔森不得不写信给他说：“我从各方面听到反映，说你在全世界到处与别人谈论，对此我感到不悦。最近这段时间，你似乎很喜欢谈论《纽约时报》上所讲的事，而且无论你同什么人谈话，总免不了要谈论这个话题，更严重的是你似乎自觉地同意那些没有根据的说法（关于中央情报局支持《邂逅》杂志）。”[35]

在克里斯托尔、拉斯基和斯彭德三人的联名信见报前一周，约翰·亨特从巴黎飞来纽约。他直接去了普林斯顿，在那里他同罗伯特·奥本海姆见面，商谈有关《纽约时报》揭发出来的事，并问他有无可能由他和其他一些人共同签署一封信件来证明代表大会的独立性。奥本海姆立即欣然同意。斯图尔特·汉普夏尔当时也在普林斯顿，他后来回忆说，“当时我很惊讶，但是奥本海姆却对我的惊讶表示惊讶，而且我对《纽约时报》上的披露感到不安也使他惊讶。是的，我确实感到不安。有些人陷入了可怕的境地。奥本海姆并不感到惊讶，因为他就是整个机器中的一部分。他对一切了如指掌。如果你像当时的美国人一样满脑子的帝国思想，你就不会去想什么是对什么是错。19世纪的大英帝国的人就是这样。你做就是了。”[36]

这封信是5月4日寄到《纽约时报》的，5月9日见报，恰恰是斯彭德-拉斯基-克里斯托尔信件的前一天。这封由肯尼思•加尔布雷斯、乔治•坎南、罗伯特•奥本海姆和亚瑟•施莱辛格签署的信件声称，“代表大会……一直是一个自由的组织，它只反映其成员和合作者的意愿，一切决定都是其执行委员会作出的。”[37]但是信上并没有明确否认它与中央情报局的关系，以致德怀特•麦克唐纳评论说，这封信“只是回避，没有说谎，不过也算不上是回答了问题。”[38]施莱辛格后来说写这封信是他的主意，是他同奥本海姆等人联系并请他们合作的。不过按时间推算，信的内容一定是在亨特离开奥本海姆之前征得了他的同意的。

虽然为数不多，但还是有人透过这种谋略看到了更本质的东西。霍华德•法斯特作品的出版社利特尔-布朗的编辑安古斯•卡麦隆（Angus Carmeron，当这家出版公司1949年拒绝出版法斯特的《斯巴达克斯》*Spartacus*时，他辞去了编辑职务以示抗议）评论说：“一般来说，我认为自由主义对统治机器来说是小骂大帮忙，当关键时刻来到时，他们就是政府可以依赖的支持者。小瑟亚•施莱辛格就是一个典型。”[39]施莱辛格本人的档案文件就证实了这一点。他是弗兰克•威斯纳、艾伦•杜勒斯和科德•迈耶的消息来源、顾问（但愿不是拿报酬的）、朋友和可以信赖的同事。他和这些人保持通信联系长达20年以上，信的内容涉及美国文化自由委员会、《邂逅》杂志、接受帕斯捷尔纳克的《日瓦戈医生》，等等。他甚至为中央情报局想要公之于众的题目安排版面，有一次，他根据科德•迈耶的意见，“建议一家意大利刊物的编辑发表系列文章，专门评论苏联内部公民自由权利问题，同时刊载有关美国国内公民自由权利享有的地位的文章，将两者进行对比。”[40]谁还能怀疑施莱辛格作为肯尼迪的厨房内阁*成员的忠诚呢？

---

* 厨房内阁（Kitchen Cabinet），指总统的私人顾问团或智囊团，始于美国第七任总统杰克逊，沿用至今。

就在这些谋略正在进行之中，弗兰克·克莫德却不得不为奥布赖恩以诽谤罪状告《邂逅》杂志的事去向一位高级皇家律师请教。这位律师建议依据一种叫作“有限特权”的神秘兮兮的原则进行辩护。但是一个克莫德和奥布赖恩双方的朋友却劝说克莫德不要应诉。克莫德动摇了。后来，乔斯尔森请他在加里克俱乐部共进午餐，在饭桌上乔斯尔森向他郑重保证，奥布赖恩的指责没有一句是真的。乔斯尔森对他说：“按我的年龄，我都可以当你的父亲了。我不会对你撒谎，就像我不会对我的儿子撒谎一样。”乔斯尔森当然是在撒谎。戴安娜·乔斯尔森后来说：“迈克尔决心要保护代表大会不受那些指责的伤害，我也会这样做的。为此说谎话，我不在乎。我们是在做一种双重的工作。”[41] 汤姆·布雷顿后来写道：“中央情报局学会了对局外人说谎，有意识地自觉地说谎而丝毫不感到内疚，别的人可办不到。”[42]

除了请克莫德在加里克俱乐部用餐外，乔斯尔森还做了些什么？一次对《邂逅》杂志的诉讼案件会导致披露一些证据，这些证据会涉及不太正常的经费来源和出版工作，在官方一再否认的情况下，这些证据特别使人难堪。但是奇怪的是乔斯尔森未能确保这次诉讼在庭外私了，相反，他允许克莫德将这场官司继续打下去。奥布赖恩已经表示，只要书面公开向他道歉，他可以撤诉。在这种情况下，了结此事完全在乔斯尔森的权力范围之内，但是他没有这样做。

此时，康纳尔·克鲁斯·奥布赖恩选定都柏林法院来审理这件诽谤案。克莫德吃了一惊，因为他听说在爱尔兰是不承认“有限特权”原则的。《邂逅》杂志的法律顾问们于是建议，杂志根本不去理睬它，因为《邂逅》杂志在爱尔兰没有资产。但是，克莫德还没有来得及考虑这一建议，他就被其他的事件缠住了。这些事件的发生使《邂逅》杂志为自己辩护已经变得多此一举了。

第二十四章 从“堡垒”看到的景色

弗吉尼亚州诺福克市有一位姑娘控告一名男子涉嫌强奸。法官问她：“这次强奸发生在什么时候？”姑娘反问：“法官大人，你是问这次强奸发生的时间？”“怎么回事，真见鬼，整整一个夏天，到处都是强奸，强奸，还是强奸。”

——迈克尔·乔斯尔森

1966 年初，中央情报局获悉，加利福尼亚州的《堡垒》（*Ramparts*）杂志在追查该局外围杂志网络的线索。中央情报局负责策划的副局长理查德·赫尔姆斯立即指定一名助理搜集“有关《堡垒》杂志的情况，包括进行颠覆活动的证据，并为中央情报局采取反击行动提出建议。”[1] 到 1966 年 5 月，赫尔姆斯向白宫提交了一份有关《堡垒》杂志的“内部消息”，这是一场诽谤该杂志的运动的一个组成部分，诽谤的对象还包括该杂志的编辑和撰稿人。赫尔姆斯提供的消息大部分是从中情局的档案中搜罗来的，外加联邦调查局出于友情合作而提供的秘密情报。[2]

赫尔姆斯坚信《堡垒》杂志是苏联正在利用的一个工具，他下令对该杂志的财政来源进行全面的调查，但是结果并未发现任何有外国插手的证据。总统助理彼得·杰塞普（Peter Jessup）在读了关于《堡垒》的案卷后起草了一份内部备忘录，标题可圈可点：《从右边的十字架到左边的寺庙》*。备忘录称：“鉴于《堡垒》杂志专门为行政当局抹黑，而且其赞助人的背景暧昧，人们可能会猜想某个政府的机关在插手追查线索。”[3] 一个星期

---

* 此备忘录的标题的原文为“*A Right Cross to the Left Temple*”，似含有政治上从右向左转的倾向之意。

以后，《人类大事》（*Human Events*）杂志发表了一篇题为“《堡垒》杂志内幕”的诽谤性文章。这家杂志的记者被认为是一些“窥密者”“心态反常者”“唱双簧艺人”，是一批怀有“撤出越南”情结的浑身长刺的时髦新左派，为此，这批记者竟遭解聘。这篇文章的作者名叫M. M. 莫顿（Morton），是一个国内安全问题专家的笔名，文章明显地带有中央情报局这个厂家的标识。《每周新闻》（*News-Weekly*）同一周也发表了一篇文章，题目是“《堡垒》杂志的人员是谁安排的？”，《华盛顿之星》（*Washington Star*）上也有一篇文章，两文均对《堡垒》杂志是否忠诚提出严重的怀疑，这本杂志被称为“不仅专门揭短，而且居心不良”。

在一年多的时间里，中央情报局为了搞垮《堡垒》杂志真可谓无所不用其极。副总监察长埃德加·阿普尔顿后来坦言：“我使尽了一切见不得人的手段来破坏该刊的发行及其财源。《堡垒》的那些人是经不起讹诈的，而我们手里掌握着许多材料，这些我们都用上了……本来中央情报局在美国国内安全方面是没有任务的，但是我们一点也不受它的限制。”[4]

尽管中央情报局用心险恶，但是想不到《堡垒》杂志竟然没有被整垮，而且还接着讲他们的“故事”。《堡垒》发表了他们对中央情报局秘密行动的调查结果。1967年4月发表的调查结果很快被一些全国性的报纸转载，紧接着就掀起了一场“揭发大潮”，以致一位评论家写道，“用不了多少时间，美国每一个政治社团、慈善信托基金、大学生联谊会、棒球队都将被指认为中央情报局的外围组织。”[5]当然，被揭露出来不仅是美国国内的外围组织。由于中情局资助文化自由代表大会及其主办的杂志的细节均被揭露，奥布赖恩关于《邂逅》杂志所说的一切看来也都是确有其事了。事情发生时，斯彭德还在美国，此时他不禁头脑发热，茫然不知所措了。乔斯尔森和拉斯基急于把斯彭德稳住，他们不得不求助于艾赛亚·伯林，因为他们知道伯林“对斯彭德的脾气能够起到稳定的作用”。4月8日，乔斯尔森给正在纽约市立大学执教的伯林写信：“亲爱的艾赛亚·孟德烈维奇，我想与他商量的事在电话里是办不成的。我非常担心斯蒂芬和《邂逅》杂志最终会成为目前这种混乱局面的牺牲品，如果斯蒂芬（还有在伦敦的娜塔莎）继续在火上浇油的话。我真诚地爱惜他们夫妻两人，所以我关心他们。我知道，如果还有人能够影响斯蒂芬的话，这个人就是你；情况非常严重，在压力下采取激烈的举措肯定解决不了《邂逅》杂志的未来前途问题。”[6]

伯林的回信是这样写的：“斯蒂芬和《邂逅》杂志确实遇到问题了。亚瑟（施莱辛格）刚通知拉斯基说这里的事已经过去，不必再到伦敦去开会讨论了。依我看，他是有点过于乐观了。且不管这里的反应如何，但是在伦敦还是很可能酿成轩然大波的，据说斯蒂芬和克莫德已经遇到麻烦，这就是证明。依我看，不管《邂逅》杂志的前景如何……似乎还有必要发表一个类似声明的东西，向读者说明《邂逅》杂志的编辑们对文化自由代表大会的（原文如此）经费是从哪里来的并不知情，不管怎么说，就大多数编辑人员来说，实际情况也确实如此；至于拉斯基知道与否，究竟了解到什么程度，我也说不准……总之，我认为你也许应该建议有关各方在伦敦开一个会，以便解决这个问题。打越洋电话给在芝加哥的斯蒂芬、其他在伦敦的人、在纽约的亚瑟以及在日内瓦的你本人等等是不够的。除非召集一次会议，从精神上、思想上和组织上解决《邂逅》杂志的前景问题，否则很难看清问题的全局。”[7]

这时，克莫德在伦敦为诽谤案打官司的行动已无可挽回地失败了。再说，克莫德本人也深信，尽管新近将《邂逅》杂志的赞助人改为西塞尔·金，财政来源已经“完全合法”，但是中央情报局仍然通过迂回曲折的途径（无论多么巧妙）控制着这家杂志。克莫德写信给拉斯基，详细说明了他的不满，并对拉斯基说，“如果不向我作出令人信服的解释，我就无法继续和他一起工作。他不给我回信，却跑到格洛斯特郡来同我当面谈清楚。我们绕着公园和驯马场边走边谈，一连谈了几个小时，他原原本本地把他同代表大会的关系和《邂逅》杂志的来龙去脉都对我讲了。”[8]这一回拉斯基自称是把一切都坦白了：他向克莫德承认好几年以前他已经知道中央情报局在支持*，但是他不可能公开说出来。

*这里虽未说明支持什么，但从上下文看，应为中情局支持文化自由代表大会和《邂逅》杂志。

不久，在艾赛亚·伯林的促请下，《邂逅》杂志的领导层举行了一次紧急会议，参加会议的有拉斯基、克莫德、斯彭德（从纽约飞回来参加会议）、爱德华、希尔斯、安德鲁、舍恩菲尔德和威廉·海特。会议在离《邂逅》杂志社数步之遥的海马克特街斯各特餐馆的一个包房里举行。希尔斯和舍恩菲尔德为中央情报局的行动辩护，但是克莫德和斯彭德宣布了他们的辞职意向。拉斯基拒绝辞职，并猛烈攻击斯彭德，骂他是伪君子。之后他扔了一颗重磅炸弹。在批评中央情报局提供经费的问题上，斯彭德应该放下他那副假清高的架子，好好地考虑一下：这些年来他的薪金都是从外交部的补贴中支付的。克莫德后来回忆说："斯彭德变得非常激动，站起来宣布他要到国家美术馆去看看画展，使自己冷静下来。"[9]

据娜塔莎说，斯彭德回到圣约翰伍德的家中时，"激动而又愤怒。显然梅尔文对他讲了有关他的薪金的事。斯蒂芬对于自己的薪金来源毫不知情。"[10] 斯彭德决定打电话给马格里奇，想彻底把问题弄清楚。"马尔科姆实际上在这段时间里一直是斯蒂芬的雇主。接电话的是基蒂*，她说马尔科姆现在无法接电话，因为他正在苏格兰。此时，马尔科姆正全身伏在苏格兰西多会修道院的圣坛上，让英国广播公司拍摄一个叫作《硬床》（*A Hard Bed to Lie On*）的电视节目。一小时以后，马尔科姆终于回电话了。接电话时，斯蒂芬正怒火中烧，我在另一部电话上听着，所以我能听到他的话。斯蒂芬说：'马尔科姆，你可是一直对我说我的薪金来自《每日电讯报》和亚历山大·科尔达。'马尔科姆回答说：'老伙计，我是这样说的，但是你总不能穷根究底，非弄清钱的真正来源不可吧。'你大概看过《三十九级台阶》中的一个场面吧，记得那人在寻找一个缺少一根手指的人吧？当他发现这人是谁时，犹如五雷轰顶。当马格里奇终于承认（他的工资来自外交部）时，我们当时就是这种感觉。"[11] 埃里克·本特利后来告诉斯彭德，在保守秘密这件事当中，拉斯基也有份。"梅尔文对我说那些谣言（好几年前我就听说过这些谣传了）完全没有根据。可是一年前传言再起时，我要求他白纸黑字地写封

---

* 基蒂（Kitty）为凯瑟琳（Katherine）的昵称，马尔科姆之妻。

信来再说一遍‘完全没有根据’……结果是石沉大海。那时我的态度是：梅尔文可以把冷战继续打下去。”[12]拉斯基控制不住自己，对斯彭德大发脾气，又失言讲出了斯彭德薪金的真实来源，在此之后拉斯基的地位就岌岌可危了。

拉斯基已经稳稳地获得了西塞尔·金的支持（他拒绝接受拉斯基的辞职要求，说“谁会愚蠢到这种程度，以致把孩子和洗澡水一起泼掉”），[13]现在他又求助于艾赛亚·伯林了。4月13日，他低声下气地给伯林写信说，他希望这封信没有给伯林添麻烦，但是“你在我们的经历中，无论是辉煌时期还是，唉，遭难的时刻，一直占有重要的地位，所以我觉得我应该毫无保留地把一切都告诉你。”[14]拉斯基说，大家都同意“不失尊严地发表一篇声明来了结这件事，同时也了结奥布赖恩这件公案……如果可能的话，干脆立刻同意奥布赖恩提出的条件，发表一份十来行长短的致歉信。为什么不呢？感情用事可能坏事，但是理智总会占上风的。”在信的结尾处，拉斯基请求这位伟大的哲学家“不吝赐教，您的想法和建议，您知道，对我来说是弥足珍贵的。”[15]

许多人曾将拉斯基尊奉为“哲人”，而拉斯基私下里却鄙视这些人，说他们是“成事不足之徒”和“风吹两边倒的人物”。[16]对于这样一个人来说，写出这样一封信来，实可谓极尽恭维谄媚之能事了。拉斯基曾说，伯林的弱点在于“他不像一个十字军战士。不过十字军战士中也会有人相信‘要鬼抓不到，抢在人前逃’*，也有生性谨慎的人。在战斗正酣时，你会感到孤立无援，那时你会像亨利第四那样问道：‘那时你在哪里？’”[17]但是，伯林却是哪儿也没有去，自从提出要争取非共产党左派的想法以来，这些年他一直是华盛顿的精英前来求助的智者。他怎么会不知道中央情报局与此有关呢？各种逸闻证明他是了解底细的，虽然他不愿在其中扮演一个活跃的角色。斯图尔特·汉普夏尔记得情报界的人不断来找他：“他们不断地要求伯林更深入地参与其事。我记得他们跑到科罗拉多州的阿斯本来找他，这是中央情报局一手安排的。他

* 原文为“devil take the hind most”，直译应为“魔鬼专抓落在后面的人”，意为“保住自己要紧，且休管他人安危”。

们认为伯林是一个领导某个组织最理想的自由派人物。但是他却说他对此事没有兴趣，不过他还是推荐了一个（别的什么人）。”[18] 另外还有个故事，说的是“一个美国的大基金会想在哲学领域‘露一手’，就跑来找伯林，问他‘我们能为你做点什么吗？实用主义曾作出重大贡献，但是现在已经过时了；那么存在主义如何？’伯林脑子里闪过一个念头，可以让中央情报局出钱在巴黎开一家咖啡馆，但是他的回答是他只需要纸张和一支笔，偶尔参加一个研讨会。”[19]

拉斯基在他致伯林的信中附上了董事们起草的编辑部声明文本，预定在下一期《邂逅》杂志上发表。该声明称：“关于近期报章上报道的一些美国基金会利用中央情报局的经费支持文化和教育机构一事，我们愿作如下声明。我们对美国的基金会利用转手的政府秘密补贴在全世界范围内支持美国慈善事业感到痛心。这种做法是不明智的、错误的，理应受到指责。我们痛心地获悉，过去我们接受的来自设于巴黎的文化自由代表大会的赠款也来自此类经费，其来源甚为可疑。同巴黎的代表大会有联系的知名学者已经负责任地澄清，已知的或无名的捐款人从未对其政策进行干预。《邂逅》杂志从创办之时起就一直是一个独立的、完全自由的刊物，其业务从未受到干预。本刊编辑对其发表的内容负全部责任，代表大会在任何情况下或通过任何方式，对本刊的编辑政策均无发言权……《邂逅》杂志将继续行使其自由权利，自行决定其所发表的任何内容。”[20] 这篇声明一直没有发表。[21]

拉斯基并没有像他在不久前对克莫德那样把一切实情告诉伯林，因此那时伯林并不知道拉斯基在《邂逅》的背后还有什么秘密勾结，于是在4月18日给拉斯基写了回信。他赞成在庭外解决奥布莱恩的诉讼纠纷，接着运用了伟大的实用主义武器，为拉斯基指点迷津，帮他摆脱困境：“你完全可以说，你去找了文化自由代表大会，这与其他需要财政支持的机构的做法没有什么两样；他们也都是去找表面上看起来是受人尊重的基金会；接受财政资助的机构习惯上是不追究这些可尊敬的基金会背后的经费来源的；但是，既然幕后情况披露出来，接受资助的单位自然感到十分尴尬，也不再愿意接受这样的钱了。这种辩解多多少少有点像亚洲基金会所作的解释，依我看这也就够了……至于《邂逅》杂志扮演什么角色，只要说它这样做了完全是出于无知……你间接利用中央情报局的钱却办了一家诚实可信的刊物，最多不过是让你处于其他许多机构同样的地位。谁又能指望每个接受单位都了解其经费的源头或别的什么情况呢？通情达理和心地善良的人对此是会谅解的，如果他不是这样的人，那么无论你怎么说，他还是要继续攻击你的。”[22] 如果说伯林在写这番话时对于自己的欺骗行为尚感到良心自责的话，那么在信里他却一点都没有表露出来。也许他只是模仿了一个开放社会经常使用的办法，即用一套冠冕堂皇的话掩盖一个暗箱操作的社会的真相。

不久，艾赛亚·柏林在公开场合就采取了截然不同的策略。当《邂逅》杂志与中央情报局的关系被揭露出来时，他轻蔑地把《邂逅》杂志一脚踢开，并抨击乔斯尔森和拉斯基，说他们使“一批清白无辜的人铸成大错，从而伤害了他们。”他的传记作者迈克尔·伊格纳杰夫（Michael Ignatieff）断言，伯林同其他任何人一样，对这种秘密关系感到震惊，而他“确实与英国情报机关或中央情报局没有任何官方的或私人的关系”。[23] 克里斯托弗·希钦斯（Christopher Hitchens）读了伊格纳杰夫的书后不禁哑然失笑，他写道：“伯林居然相信了《邂逅》杂志的否认，只能证明他反常地缺乏好奇心，或者说比我们想象的要迟钝得多，也可以说他在华盛顿这些年是白活了。”伯林这种两面派立场来自他对“英美两国超国家的‘理解’的忠诚”，希钦斯写道，“而这种理解却经常带有现实政治和权衡利害的烙印。”[24]

在斯各特餐厅举行的董事会没有解决任何问题，于是又于4月21日的一个周末举行了一次董事会紧急会议。这一次亚瑟·施莱辛格专程从纽约飞来参加会议。据娜塔莎说，这次会议决定让拉斯基辞职，他也同意辞职。这一决定将在《邂逅》杂志上发表的董事会声明中宣布。据娜塔莎回忆，会议一开始，拉斯基就“对斯蒂芬进行了猛烈的人身攻击，说他肯定知道正在发生的一切情况。其他董事对拉斯基说，由于这完全不符合程序，他的发言将不载入记录。”[25] 爱德华·希尔斯说，他将为拉斯基在芝加哥谋一份差事，第二个星期希尔斯脑子装着这件事飞回芝加哥。但是会议结束后的第二天，拉斯基就改变了主意，说他无意辞职，而且也不同意董事会的声明。

在这次会议举行的前几天，娜塔莎接到乔斯尔森从日内瓦打来的电话："他让我不要兴风作浪翻了船*，接着又喋喋不休地说他如何想方设法保护斯蒂芬。我想我是这样回答他的：'你说的是谁的船？我想斯蒂芬和梅尔文不一样，他同弗兰克并不在同一条船上。'"[26]

乔斯尔森在电话里未能使娜塔莎和斯蒂芬平静下来，于是他又改变战术，他想让他们夫妇俩从这种紧张关系中撤出，就向弗莱希曼暗示斯彭德夫妇需要休假。但是此举没有奏效。娜塔莎怒气冲天，"在这种紧要关头，强基居然打来电报问我们是否愿意到他的游艇上去休息一周，我真的对他发火了。我们没有好气地回绝了他，就此了结。从那以后，我再也没有见过他。"[27]

强基的建议毫无效果，所以乔斯尔森只好直接写信给斯彭德。首先他说，拉斯基在董事会上讲的有关外交部津贴问题，由于混淆而被误解了，他指的是他一直为之深深感到不安的一个谣传。"我恐怕梅尔文是被谣传激怒了，以致在董事会上做出那种事。我曾尽力阻止这样的事发生，所以我请求你和娜塔莎不要再添乱，而且向你们保证，我为的是保护你们每个人。当我听布里奇特·拉斯基说，在最近一次聚会上娜塔莎不理睬她，我感到特别吃惊。"乔斯尔森接着提到娜塔莎公开地尖刻批评拉斯基。乔斯尔森写道："鉴于她最近遭遇的这些事，她所做的一切我都原谅她。但是我这次同她谈话使我深信，这不光是她不喜欢梅尔文的问题，简直就是一种病态的——请原谅我用这个词——仇恨。"[28] 乔斯尔森接着又为拉斯基对斯彭德发火进行辩解，"梅尔文一直对我说，他对自己失去控制是多么的抱歉"，并劝斯彭德不要辞职。"我仍然相信，《邂逅》杂志是当之无愧的一项出色成就，我实在不愿看到它一蹶不振，更不愿看到它在蒙羞的情况下一蹶不振。你们三个人——我说三个人是因为梅尔文也要辞职——应该冷静地、泰然地看待已经发生的情

---

* 原文为"don't rock the boat"，意为"不要晃动船"，使船失去平衡，即不要节外生枝把事情弄糟。

况才好。”[29] 乔斯尔森提出了一个缓冲的解决办法：他相当明确地暗示，拉斯基到时候一定会换一个工作（“我想他应该到学术界去换一个新环境”），1968 年将是他任《邂逅》杂志编辑的 10 周年，“从心理上说”，这是他离任的“好时机”。乔斯尔森还透露，他对整个这件事“曾经反复地陷入一种绝望的心境，不过这是因为还有一个更为严重的问题，作为一个美国公民，我也面对着一个越南战争的前景问题。”最后他说，他之所以为经费来源保守秘密并非出自什么不可告人的动机，“以我所处的地位，我必须帮助遍布全世界的千百个人，让他们做他们想做的事，写书，画画，研究，编刊物，根据他们自己选择的时间和地点去旅行……我能做这些事，我感到心满意足。如果你们认为中央情报局做错了什么事，请你们相信我，那是好事变成了坏事。”[30]

1967 年 5 月 8 日，《纽约时报》头版上发表了一篇报道，标题是“斯蒂芬·斯彭德《邂逅》离任”。报道中引用斯彭德的话说，几年来我一直风闻这家刊物受到中央情报局的财政资助，“但是我一直未能证实这一点，直到一个月以前。鉴于以往《邂逅》杂志的财政来源已经披露，大概还会因此受到指责，我觉得作为该刊的编辑，不管他知情还是不知情，都应该辞职。所以我就这样做了。”[31] 克莫德也辞职了，只留下了拉斯基一人掌舵。尽管有人要求他辞职，他仍坚守阵地。但是乔斯尔森知道，事已至此，无可挽回。为此他惊恐万状。那天下午，西塞尔·金发表了一篇声明：“我们认为，《邂逅》杂志没有拉斯基先生，犹如《哈姆雷特》一剧中没有王子，不过仍不失为一本饶有兴味的刊物。”

斯图尔特·汉普夏尔回忆道：“整个事情爆发之时，我正同艾赛亚和其他几个朋友在菲诺港*。我记得我们 6 人打电报支持在伦敦的斯蒂芬。但是玛丽·麦卡锡拒绝在电报上签名，她说，‘哦，你们这样做岂不是给我们的小个子纽约小伙子** 当头一棒吗？’斯蒂芬心烦意乱，娜塔莎更是如此。当然特别烦恼的还是拉斯基。这些人为什么对他的行为

---

* 菲诺港（Portofino），位于意大利热那亚省一个风景如画的小渔村，是地中海最美丽的港口之一。

** “小个子纽约小伙子”指的是拉斯基，按前文所述，拉斯基身材矮小，又出身于纽约学院，属于所谓的“纽约帮”，故有此谓。

如此不理解呢？他们为什么都指望他辞职呢？我的意思是，他本不应该这样做的，当然不应该。”[32] 几天后，马格里奇写信给斯彭德说，他觉得“梅尔文不顾一切地留在岗位上，真是荒谬绝伦。”[33]

斯彭德辞职后几天，娜塔莎在一位朋友的陪同下到《邂逅》的办公处去清理他的东西。她发现斯彭德“上了锁的橱柜门被撬开了，她大吃一惊，而拉斯基的秘书却告诉她说，‘上个星期发生了入室盗窃的事。’”[34] 斯图尔特过去曾让斯彭德“把一切都记录并保存起来，留作个人档案”，当他听说这件事时，一点不觉得意外，他说，“这是显而易见的事。”[35]

第二十五章 不祥的预兆

你觉得是你在推，
但是被推的
却正是你自己。

——歌德：《浮士德》

5 月 13 日，斯彭德和克莫德辞职后的第 5 天，迈克尔·乔斯尔森和约翰·亨特坐在豪斯曼大街乔斯尔森过去在二楼的办公室里。乔斯尔森在妻子戴安娜和女儿詹妮弗的陪同下，从日内瓦来到巴黎。在过去的一周里，他在日内瓦为了防止最后散摊子进行了不知疲倦的斗争。在豪斯曼大街这幢房子楼下的街道上，人们涌进明媚的春日阳光下，咖啡馆正在打开店门迎接星期六的顾客。在人群中，戴安娜正带着詹妮弗选购学校期末芭蕾舞演出用的服装。但是戴安娜却心不在焉，穿过人群走向拉斐特百货商场时，心里有一种奇怪的没有着落的感觉。

在乔斯尔森和亨特相对而坐的办公室隔壁房间里，文化自由代表大会正关着门开会。会议主席是米努·马萨尼（Minoo Masani，印度的反对派领袖），参加会议的有雷蒙德·阿隆、丹尼尔·贝尔、皮埃尔·伊曼纽尔、路易斯·费希尔、安东尼·哈特利、K. A. B. 琼斯-夸特（Jones-Quartey）、伊齐基尔·姆发利利（Ezekiel Mphahlele）、尼古拉斯·纳勃科夫、汉斯·奥普雷希特（Hans Oprecht）、迈克尔·波拉尼和丹尼斯·德卢奇芒、関吉彦（Yoshihiko Seki）、伊格纳齐奥·西洛尼和马奈·斯珀伯。这些人从世界各地飞到这里来是为了完成一项必须完成的任务，那就是通过一项有关乔斯尔森和亨特辞职的裁决，并就文化自由代表大会的命运作出决定。现在，他们两人的辞呈就放在他们面前。他们就像不受他人左右的国王一样坐在那里，知道他们发的话就是金科玉律，不容更改。

约翰•亨特回忆道："我和迈克在会议室隔壁的房间几乎坐了一整天。我们孤单单地坐在那里。旁边的屋子里就坐着陪审团，这种时刻你能做什么呢？"[1]迈克尔坐在那里一语不发，他那纤细的、指甲精心修剪的手指敲击着桌面。他看上去很疲倦，这是等候一个上午的疲劳，也是过去20年拼命工作后的疲劳。他留着偏分头，头发通过头顶向两旁梳开，露出高高的前额，两只不大的眼睛，却有着巨大的黑色瞳孔。

这时，"陪审团"正在围绕着证据展开辩论。20年中，迈克尔·乔斯尔森撒了一个弥天大谎，而他的从犯约翰·亨特只有一半时间参与了这场骗局。隐瞒的严重性在于直接受害者多达数百人。除此之外还有一个道德上的进退维谷、永远难以解决的问题。两人都说明了他们同中央情报局的关系，也讲清了中央情报局与代表大会的关系。乔斯尔森始终认为他是出于需要才不说真话，而且要对此承担全部责任。这次全会的名誉根本无法保证不受伤害。斯珀伯、波拉尼和西洛尼为乔斯尔森和亨特说话，要求全体会议采取"战斗的姿态"。斯珀伯发言大意是说，"让所有这一切都见鬼去吧，我们才不在乎《纽约时报》说了些什么！我们出力办起了这个机关，经营了15年，在我们的政治生涯中，什么棘手的事没有经历过？如果大家都赞成的话，那就让我们一如既往不去理睬它。"[2]但是情况并非如此。尤其是阿隆和伊曼纽尔，他们的看法必然稍有不同。他们是法国人，参加了一个设在巴黎的组织，而这个组织却因与中央情报局的瓜葛，名誉受到玷污，从而使他们自己的名声也处于岌岌可危的境地。亨特后来说："他们的风险太大了。"[3]实际上，阿隆被摆在他面前这个问题惹火了，他怒气冲冲地退出了会议，在离开会议室时，"嘭"的一声重重地把门在他身后关上了。

到了午饭时间，仍然没有达成一致意见，在马萨尼的建议下，会议休会。下午会议继续举行，一直拖到6点才终于结束。纳勃科夫和德卢奇芒手拿全体会议草拟的声明稿来到乔斯尔森和亨特面前。当时戴安娜已经把詹妮弗和她的一个朋友留下一起欣赏她新买的芭蕾短裙，来到她丈夫的身边支持他。她回忆说："他们向迈克尔、我和亨特宣读了这份声明稿。真是可耻啊！声明只字未提迈克尔和亨特所做的贡献，迈克尔和约翰听罢脸色发白，走出了房间。尼古拉斯和丹尼斯问我：'你觉得怎样？'我说：'我觉得它很臭。'我想我当时哭了。"[4] 戴安娜噙着泪水问道，迈克尔一心扑在代表大会上，他毫不动摇地致力于文化自由事业，对这些在声明中为何一字不提？没有迈克尔，当然还包括约翰，就没有代表大会，对这一事实为什么视而不见？难道这些知识分子就这样回报他们应该感谢的人？为什么一出现麻烦的苗头就都逃之夭夭？难道就没有一个人打算站起来进行抗争？

一贯善于夸张表演的纳勃科夫此时双手捂住胸口，心脏难受（也许是装出来的）。于是赶紧派人去拿水和阿司匹林。他当时不知所措该是真的，因为动感情而昏厥则另当别论。迈克尔还能期待什么呢？这些人都是他的朋友，而这些年他把他们引上了歧途。他向他们隐瞒了他是中央情报局的人，文化自由代表大会则是中央情报局秘密行动的产物。现在他表现出因受到伤害而感到愤怒，他不是钢铁铸就的人哪！他真的会相信自己罪孽深重而不是别人加罪于他？纳勃科夫的命运一直是和乔斯尔森联系在一起的，此时他突然好像明白多了。这就是迈克尔的宿命，他的信念。这就是他的一切，除此之外他一无所有。

纳勃科夫和德卢奇芒对他们竟如此无情无义连他们自己也感到吃惊，于是他们答应戴安娜他们要去说服全体会议重新草拟声明。此时戴安娜已经平静了下来，她走出去找迈克尔和约翰。过了不久，他们又听到了向他们宣读经过修改的公告。第二天，这篇声明就在全世界报纸上公布了。

"消息传来，证实了代表大会曾使用过中央情报局提供的经费……而执行董事认为有必要在其他同事都不知情的情况下接受资助，对此全体会议深表遗憾。全体会议对代表大会1950年成立以来所取得的成就感到自豪并予以肯定。会议愿趁此机会表示，代表大会的一切活动都是自主的，没有受到资助者的任何影响或压力，并对与之合作的人所具有的独立性和高尚品格深信不疑。全体会议声明，这一行动的结果无异于井中投毒，败坏了代表大会的思想和言论。全体会议无保留地批判在思想界使用这种方法……全体会议注意到（迈克尔·乔斯尔森和约翰·亨特）递交的辞呈。会议再次向他们表示感谢，尽管代表大会接受财政资助的方式为其活动带来了许多困难，但是他们还是保持了这个组织的独立性和思想品格，因此会议请求他们留任，继续履行他们的职责。”[5]

这份声明的文字在许多方面都是不真诚的。首先，全体会议接受了乔斯尔森的辞职请求。戴安娜和约翰·亨特后来都确认了这一事实。戴安娜说：“我清楚地记得，不管会议记录上是怎么写的，实际上是告诉迈克不能再留任。在他们看来，我是属于另一类，这一决定不适用于我。”[6]第二点，也是更重要的一点，声明说乔斯尔森接受中央情报局的资助这一事实，他的“所有同事全不知情”，是与事实不符的。亨特后来透露：“我可以明确地告诉你，代表大会中几个最重要的人物是知道真相的，因为他们的政府对他们讲过。阿隆是被告知的。马尔罗显然也是知道的，此外还有马格里奇和沃伯格，因为两国情报机构就创办《邂逅》杂志达成协议后，军情六处就对他们讲过。”[7]

劳伦斯·德诺夫维尔说：“我倒想知道谁不知道此事。这基本上是公开的秘密。”[8]知情者或自以为知情者可以列出长长的一份名单：斯图尔特·汉普夏尔、亚瑟·施莱辛格、爱德华·希尔斯（他曾坦白地告诉过娜塔莎·斯彭德，从1955年起他就知道）、丹尼斯·德卢奇芒、丹尼尔·贝尔、路易斯·费希尔、乔治·坎南、亚瑟·凯斯特勒、强基·弗莱希曼、弗朗索瓦·邦迪、詹姆斯·伯纳姆、威利·勃兰特、悉尼·胡克、梅尔文·拉斯基、贾森·爱泼斯坦、玛丽·麦卡锡、皮埃尔·伊曼纽尔、利奥内尔·特里林、戴安娜·特里林、索尔·莱维塔斯、罗伯特·奥本海姆、索尔·斯坦因和德怀特·麦克唐纳。并非所有的人都“明知”他们都在积极参与一场骗局。但是他们都是*知道的*，而且知道此事已经有一段时间了。批评他们的人说，如果他们不知情，那么他们有意识地装作无知，就凭这一点，这些人也难辞其咎。亨特称，“迈克尔确实想对一些人明说，但是他们声称他们不想知道。他们是知道的，但是他们只愿意知道他们想知道的那么一点点；如果他们知道得太多，他们明白他们会因此不得不离开代表大会，所以他们拒绝了解详情。”[9]《象限》杂志的第一任编辑、澳大利亚诗人詹姆斯·麦考利作为观察员列席了会议。他注意到与会者有两点是矛盾的，“一方面从友情上说他们是支持迈克尔的，因为，说实在话，他们中间没有一个是真正受了骗的；另一方面他们又采取了当时公众所持的立场，表现出一种无辜者受骗的愤怒。”[10]亨特的妻子查达尔（Chantal）就对这种暧昧态度嗤之以鼻。她曾在法国文化部工作过，也为代表大会工作过一段时间，她就说：“在法国，每个人，至少是我的圈子里的每个人，都知道代表大会的后台是谁。他们也都谈论这件事，他们会问：‘你为什么要到那个地方去工作？那是中央情报局。’谁都知道，反倒是那些为之工作的人蒙在鼓里。你说是不是怪事？我就一直是这样想的。”[11]戴安娜·乔斯尔森说：“他们大都声称他们什么都不知道。他们甘当说谎的无耻小人。”[12]

那么尼古拉斯·纳勃科夫又是怎么回事？从代表大会在柏林初创到巴黎受到令人痛心的谴责，他可是自始至终同乔斯尔森一起走过来的呀。他一直愤怒地反驳关于中央情报局介入代表大会的指控，他说：“我断然否认一切指责。文化自由代表大会……自始至终同中央情报局没有任何关系，无论是直接的还是间接的……整个事情都是苏联人捏造出来的。”[13]他真的相信自己说的话吗？所有的人都相信这么多年来他真的什么也不知道吗？他自己就意识不到“背后有一片‘弗吉尼亚树林’*”？（这是引用他自己说过的话）玛丽·麦卡锡曾提到，在伦敦的出租汽车里，纳勃科夫显然是把真实情况告诉过斯彭德。按她所说，纳勃科夫没有说真话。据查达尔·亨特回忆，“在一次吃午餐的时候，纳勃科夫在饭桌上神秘兮兮地悄声”告诉她，他是了解真实情况的。斯图尔特·汉普夏尔后来不无嘲讽地说，纳勃科夫“对真相被揭露出来并未感到特别吃惊”。[14]5月13日那个令人痛心的日子，纳勃科夫站在乔斯尔森面前，对他扬着一纸决议，谴责他欺骗了他的同事们，这时，看来他头脑里并没有闪过一个念头，觉得他自己显然不是向乔斯尔森宣布全体会议决定

* 弗吉尼亚树林（Virginian Woods），指中央情报局的新址。

的合适人选。

纳勃科夫认为，“在决定由中央情报局向各种文化机构提供经费之前，早就存在着一种极端错误的、也是毫无必要的思想方法，或者说根本没有思想。”[15] 他还认为，“人们说冷战是自19世纪初以来最艰巨、最复杂的意识形态斗争，而这种不正当的行为又发生在一个有着百年传统的国家（加缪将这一传统称为‘政治思想的道德表现形式’），在这种情况下，这种不正当行为就更加不容忽视了。”纳勃科夫在他的回忆录中对这种不正当行为痛加鞭挞。他说，“想起这种不道德行为给人们留下的遍体伤痕，想起我们这个由智慧超群、信仰崇高而且永不腐败的男女自由思想家创建的社会竟然被人拖入泥淖之中而遭灭顶之灾，至今尚令我感到痛心。究其原因却仅仅是由于一种古老的、最顽固的傲慢才导致了这种毫无道理的行动。”[16] 但是，在私下里，纳勃科夫却丝毫没有表现出这种义愤。他曾对一名记者说：“我认为谁都不必为代表大会拿了中央情报局的钱认错。我们中间有许多人对经费的某种来源有过怀疑，不过这只是在欧洲、亚洲、拉丁美洲和非洲的一些首都的‘传言’而已。问题不在经费来自何处，我们要看代表大会究竟做了些什么事。”[17]

乔斯尔森觉得自己就像当代的约伯*，一个“完美而正直”的人却为他的品德而深感困惑，他就是带着这种心情离开巴黎的。临行前，他先去看望了为他治病的几位医生，然后又会见了麦乔治·邦迪，也许是同他讨论中央情报局的问题被揭露出来后所产生的影响（根据《华盛顿邮报》，麦乔治·邦迪是肯尼迪政府和约翰逊政府中负责监管中央情报局行动的人）。回到日内瓦后，行囊还没有来得及打开，火山又爆发了。全体大会承认中央情报局曾资助代表大会的事一经公布，全世界的报纸立即忙碌了起来，就像过节一样。乔斯尔森崩溃了，只能让戴安娜去接那些充满愤怒的电话。她在致斯彭德夫妇的信中说，乔斯尔森“经常疲惫不堪，却仍夜以继日地尽其所能为挽救代表大会不断进行战斗，使我

* 约伯（Job），《圣经》中的一个人物，源于《圣经·旧约·约伯记》。约伯是一个“完美而正直”“敬重神、远离恶事”的人。但他以清白之身遭受了许多磨难，于是他坚忍苦难，不断地追究自身所受苦难的根源。

处于没有尽头的忧虑之中……麻烦仍然层出不穷，就像海德拉蛇妖*一样。”[18] 在极端沮丧中，她宣称，“我真想彻底摆脱这一切，开始过一种新的生活，除了几个以友谊为基础的朋友之外，再也不想同其他人打交道了。”[19]

但是，友谊这个问题本身现在已经变得混乱不堪了。娜塔莎在信中写道：“我亲爱的迈克尔，最令人苦恼的是人的问题。根据现在的认识来回顾过去，我觉得每个人都在某种程度上以某种方式陷入了人际关系的纠缠而不得自由。你对人是如此仁慈关爱，却又不得不去欺骗你的这些朋友，对你来说必定是非常痛苦的。但是我敢肯定，谁要是指望中央情报局也是如此，那他就错了。个人所受的折磨在人与人之间的关系中是无穷无尽的，如果一个人看重这些，那么看到相互之间的信任无可挽回地破灭了，他一定十分伤心……所以回过头来看，如果一个同事将真实情况隐瞒起来，那么他就剥夺他的同事们的自由权利和人格，反过来又破坏朋友们对他们的信任，最终使太多的人受到损害……中央情报局强迫你保持沉默（在他们看来必须这样做），那就等于要求你采取共产党的伦理观来对待你的朋友，结果就使西方的方法在某种意义上同东方的方法别无二致。”[20]

这场“揭发风暴”（乔斯尔森后来提到它时就是这样说的）继续袭来，风力猛烈如前。不可思议的是，现在是汤姆·布雷顿出面点起了一把大火。他写了一篇文章，发表在5月20日那一期的《星期六晚邮报》（*Saturday Evening Post*）上，标题是“我为中央情报局的不道德感到高兴”。布雷顿说，他写这篇文章是为了纠正报纸上一连串由于错误的消息而引起的蠢话。但是布雷顿远不止于纠正那些不准确的话：他主动地提供了其他方式都永远无法提供的秘密情况，都是一些实实在在的证据，因此许多模棱两可的说法都得到了澄清（同时再也不可能予以否认）。他在说明50年代的欧洲“只有左派才反对同共产主义作斗争”时，[21] 详尽地讲述了国际组织处是如何设法拉拢这些左派人物的。他描

* 海德拉（Hydra），希腊神话中的多头蛇妖，据说蛇妖长着许多头，而且斩去一个头又会生出一个头来。

述了国际组织处与美国劳工组织官员的关系，甚至还指责维克多·鲁瑟（Victor Reuther）花的是中央情报局的钱，“做起事情来却不够聪明”。他证实中央情报局出钱出版《邂逅》杂志，并进而承认“担任该杂志编辑的是一名特工”。他补充说，把中央情报局的特工安插到这种岗位上，“不仅能够向这些机构的正式官员提出反共计划，而且还能以各种不同的方式方法解决必须面对的预算问题。那么为什么不考虑用‘美国的基金会’来为这些机构提供经费呢？特工们都知道，一旦涉及国家利益问题，由中央情报局提供资金的基金会一向都是出手大方的。”[22] 在列举了一长串国际组织处部署的外国组织之后，布雷顿说，“到了1953年，我们已经操纵或影响了涉及所有领域的国际组织了。”[23] 为什么他要用“操纵”和“影响”这样的词？他完全可以换一种提法，写成“支持”或“提出友好的建议”。毕竟中央情报局的官方路线一直就是这样做的。

布雷顿的文章实际上就是要彻底断绝中央情报局同非共产党左派的联系。那么他为什么要这样做呢？根据他自己的解释是这样的：他的老朋友斯图尔特·艾尔索普打电话到加利福尼亚来，请他为《星期六晚邮报》写一篇文章把一切都讲清楚。布雷顿说，“我认为这是一件顺应历史潮流的事。我是从一开始就介入其中的，现在已经过去20年了，但这样的事还在进行着，我认为这是十分荒唐的。现在是结束这种不光彩把戏的时候了。”[24] 布雷顿从3月初就动手写这篇文章，到见报时有将近3个月时间，这么长的时间足够让他仔细推敲文字了。在此期间，他还数次与艾尔索普通电话进行商讨，布雷顿曾数易其稿，但每次送来的稿件一篇比一篇揭露得更为彻底。

布雷顿自己宣称，他写作此文的目的是要“把事实讲清楚，纠正种种不正确的说法”。但是在他的文章里却又有意地掩饰特工们曾用过的假名，他自己的假名本来是霍默·D. 霍斯金斯（Homer D. Hoskins），在他的文章中却成了沃伦·G. 哈斯金斯（Warren G. Haskins）。他的揭露是爆炸性的，既然这样做了，他为什么还要费这份心思去掩饰这些假名字呢？他是不是想到了每个进入中央情报局的特工都必须立下誓言，在此过程中要签署一份保密协议书呢？当有人向他问到保密协议书的问题时，他的回答真是离奇得很："本来我可能会想起我签署那份保密协议的事，但是我不记得我签过这样一份协议书了。我肯定签过，但是我不记得了。如果我记得，我就不会忽略这件事了。"[25]"如果布雷顿作为中央情报局的一名退休人员，那么他就应该按规定办事，把这样的事都公之于众就必须获得批准。我想他没有按规定办事。"劳伦斯·德诺夫维尔是这样说的。[26]

另外还可以设想一种情况，后来有几个特工，甚至包括布雷顿本人都可能与这种假设有牵连。约翰·亨特说："汤姆是正规部队的一员，但不是高层人物。一切有关保密协议的事，他自然是了解的。如果布雷顿真的不是在他人指使下写这样的文章，他本来是没有什么可害怕的，完全可以不必顾忌保密的事。我相信上面一定有人想除掉这批非共产党左派。布雷顿不过是下面的一个工具而已。独行杀手是没有的，就像说暗杀肯尼迪的枪手毫无背景一样，是没有人会相信的。一件事总是同许多方面有着利害关系的。布雷顿知道的仅仅是上面的某一条线，也许只是（理查德）赫尔姆斯打个电话给他，对他说'我这里有件事要你去做。'我确信上层曾就一项行动作出过决定，那就是要把代表大会和其他一些计划暴露在光天化日之下。我曾与迈克尔议论过布雷顿写文章的事，我们两人都估计这是一个经过协调和授权的行动，目的是终止中央情报局同非共产党左派的联系。不过我们未能摸到这件事的根子在哪里。"[27]

杰克·汤普森的猜测有着同样的思路："当你打算终止一项行动计划时，历来采用的手段就是将其公之于众。我想象出这样一个情景：约翰逊总统在他椭圆形办公室里坐在办公桌前翻阅一些文件，他翻到一份《邂逅》杂志。他问道：'嗨，这是什么玩意儿？'有人告诉他：'这是您办的一份杂志，总统先生。'他惊讶地说：'什么？我办的杂志？这居然是我办的杂志！这些家伙认为我打的这场战争是一个错误，居然还在我办的杂志上写出来？'情况就是这样。"[28]

这一情景是汤普森杜撰出来的，却值得我们去探究一番。林登·约翰逊是30年代的人物，原来只是得克萨斯州的一个贫苦孩子，后来混迹于东部那些老谋深算的人中间。他与知识界毫无瓜葛，也没有约翰·肯尼迪周围那种雅典式*引人入胜氛围的意识。约翰逊心目中的文化节之类的活动只不过是“讨女士们的欢心”而已。在布雷顿发表文章两年前的 1965 年 6 月，白宫主办过一次艺术节，约翰逊的顾问们原想借此平息一下人们的反战情绪，不料想 6 月 15 日美国的知识分子却把这次艺术节变成了愤怒反对越南战争的讲坛。罗伯特·洛厄尔拒不接受邀请（联邦调查局将此记录在案），埃德蒙德·威尔逊（Edmund Wilson）采取了同样的行动，其用语之粗暴无理使艺术节的组织者埃里克·戈德曼（Eric Goldman）惊愕得目瞪口呆。德怀特·麦克唐纳倒是参加了，不过他带来的是一份请愿书，支持洛厄尔对美国政策的谴责，在请愿书上签名的有汉纳阿伦特、利莲·赫尔曼、阿尔弗雷德·卡津、拉里·里弗斯（Larry Rivers）、菲利普·罗思、马克·罗思科（Mark Rothko）、威廉·斯蒂伦（William Styron）和玛丽·麦卡锡（属于未被邀请者）。在晚宴上，麦克唐纳又征得了 9 人的签名，都是来同查尔顿·赫斯顿（Charlton Heston）开战的。赫斯顿指责麦克唐纳连“起码的礼貌”都不懂，还责问他，“你真的惯于在主人的家里征集签名，向主人递交请愿书吗？”[29] 约翰逊事后觉得白宫被“一帮叛徒”占领了。[30]

这一事件简直就是一场灾难。据埃里克·戈德曼说，“总统和这一批人之间本来就有隔阂”，“总统对这件事的反应无疑又加高了他们之间的这道墙。幸亏大部分实情不为外界所知，但是泄露出去的情况已足以使这道墙变得如同柏林的钢筋水泥墙一样地不可逾越了。”[31] 据后来引用约翰逊的话说，“这些人”搞了一次阴谋，目的就是侮辱他和他担任的总统职务，在危机时刻“伤害了国家”。[32] 他们都是“狗娘养的”，“笨蛋”，“叛徒”，这些人把一件微不足道的事“扩展成影响重大的事”。总统对他的两名助手理查德·古德温（Richard Goodwin）和比尔·莫耶斯（Bill Moyers）说，他“再也不想同这些自由主义者打交道了。他们也再别想同我打交道。他们走的就是共产党的路线，自由主义者，知

---

* 雅典式（Athenian），雅典被认为是西方文明的摇篮，建筑、雕塑精美绝伦，柏拉图、亚里斯多德曾在此进行学术活动，哲学研究盛行，是西方文化、学术、艺术的代表。肯尼迪具有这种背景，而约翰逊则是与文化学术无缘的粗人。

识分子，共产党，都是一丘之貉。”[33]

在文化自由代表大会成立之初，是詹姆斯·伯纳姆出力将代表大会拉到中央情报局麾下的，不过，他这样做是为保守派的现实政治利益服务的。现在他从这一片混乱中找到了证据，证明中央情报局思维中有一“根本性的缺陷”，而这一点他是早就提出过警告的。他写道：“中央情报局的大多数活动都是着眼于非共产党左派的。根据中央情报局的判断，如果说非共产党左派现在还没有达到亲西方或亲美国的程度，至少他们也不反对西方，不反对美国，这批人只要行动起来，将是一股可靠的反共力量。这一判断在政治上是错误的。非共产党左派并不可靠。在美国，在其他国家也一样，其中一大部分转向了反美立场，几乎所有的非共产党左派对共产主义和共产党国家的态度都变得温和起来了，政治上的错误导致了组织上的崩溃。所谓政治上的错误就是信奉全球的反共斗争必须依靠非共产党左派，这条信念是艾伦·杜勒斯带进中央情报局的，但是，古巴、多米尼加共和国，最突出的是越南所发生的一切使中央情报局这条信念经历了严峻的考验。中央情报局按照非共产党左派这张‘处方’，扶植起一大批组织和个人，最终却是消磨了国家的意志，损害或破坏了国家的安全。”[34] 这一观点引起了约翰逊的关注，不难想象，正是因为约翰逊重视这一观点才导致中央情报局有意切断它与非共产党左派的关系。

在实际发生的情况中，还有一条最令人感兴趣的线索，那就是布雷顿的保密协议问题。1967 年 4 月 19 日，星期三，下午两点钟，约翰逊的特别顾问沃尔特·罗斯托打印了一份“秘密备忘录”呈交总统，内容十分简单：“我想您已了解《星期六晚邮报》即将发表布雷顿有关中央情报局的文章。谨附上狄克·赫尔姆斯关于此事的报告。”布雷顿的文章在 1967 年 5 月 20 日那一期的《邮报》上刊载，距罗斯托将此事报告总统整整一个月之久。理查德·赫尔姆斯当时已担任中央情报局局长。根据罗斯托的备忘录，赫尔姆斯应该是知道这件事的，甚至也了解文章的内容。中央情报局完全有充裕的时间要求布雷顿履行保密协议，从而阻止他发表此文。

罗斯托对此事的记忆是模糊的。他说："我只是社交性地认识布雷顿，只觉得同他谈话时'这个人很随和'。我不记得有什么备忘录的事了，我也不记得他写的那篇文章。我想赫尔姆斯对我提起过，我想我是报告了总统的。不过这并不是一件了不起的事，当时并没有留下什么深刻的印象。"[35] 既然如此，罗斯托为什么还要费这份心思拟定一份备忘录呈交总统呢？对这个问题，罗斯托是这样回答的："任何可能引起政治问题的事都会影响到总统，我必须让他了解情况。"[36] 他的回答有点自相矛盾。

实际上，罗斯托和赫尔姆斯要让总统了解情况有的是机会。根据罗斯托的建议，狄克·赫尔姆斯被邀参加星期二的午餐会。这个例行午餐会是约翰逊执政时期最重要的高层国家安全会议。"因为我想总统应该有一个情报部门的人在场，以便向他提出咨询。"[37]1967 年前后，在这个每周一次的午餐会上讨论的问题几乎无例外地是讨论越南问题。

此外还有一个问题：中央情报局为什么对于《堡垒》杂志所作的披露如此关注，以致兴师动众地采取了全面的情报行动，而在布雷顿的问题上却没有采取任何措施去阻止他？布雷顿得出的结论是，"我想他们很可能急于想把一些东西甩掉。斯图尔特（艾尔索普）可能了解这一点。我一直在猜想，当时中央情报局内部有人想把那些已经暴露的东西一劳永逸地甩掉。谁都知道，像斯图尔特这样的人当然肯定知道，这些东西就是中央情报局的外围组织。在我脑子里一直有一种预感，他们想把这些机构清除掉，只不过我无法证实而已。"[38]

据中央情报局的一位高级官员说，斯图尔特·艾尔索普是"中央情报局的一名特工"。其他消息来源则说，在与外国政府官员讨论问题，提出中央情报局正在寻求答案的问题，向外国政府提供有利于美国的假信息，就中央情报局有无机会招募一些身居合适岗位的外国人提出评估等方面，艾尔索普对中央情报局十分有用。斯图尔特的兄弟约瑟夫则"断然否认"斯图尔特是中央情报局特工的说法，他声称，"斯图与中央情报局确实关系密切，但我与他们的关系更为密切。"[39] 他接着又说："我敢这么说，他确实执行过一些任务，他为美国做了他该做的事……（中央情报局的）元老们都是我们的朋友……我们为它工作完全是尽义务，我从未拿过他们一美元，我也从来没有签署过什么保密协议。我不必这样做……只要我认为是正确的事，我就为他们工作。我把这叫作尽一个美国公民的义务……中央情报局对于他们不信任的人，是绝对不会向他们敞开大门的，而斯图和我是他们信任的人，我为此感到自豪。”斯图尔特称杜勒斯和他那一伙人是“勇敢的东部人”，并为自己能成为这个“严密机构”的一部分而感到鼓舞。[40]

在一个重要的方面，布雷顿的文章并没有产生预期的结果。他声称中央情报局安插了一名特工在《邂逅》杂志任编辑，只能是想把这个人暴露出来，促使他突然辞职。布雷顿后来进一步说明道，此人“是我们的一个特工，有着杰出的学识上的成就和写作能力，由我们支付他的薪金。”[41] 此时，欧文·克里斯托尔正与丹尼尔·贝尔一起担任一本叫作《公众利益》（*Public Interest*）的刊物的联合编辑（这本刊物的创办从乔斯尔森那里获得一笔数额达 1 万美元的慷慨赠款）。布雷顿的文章使他首当其冲地陷入尴尬境地。他后来说：“汤姆·布雷顿发表的文章中说《邂逅》杂志中有一名中央情报局特工，我非常恼怒，因为我知道我从来没有充当过中央情报局特工，而且我敢肯定斯蒂芬·斯彭德也从来没有充当过特工。我真不知道布雷顿先生在写这篇文章时究竟是怎样想的。”[42] 斯彭德从来就不在圈子内，他说：“我根本不相信此人就是克里斯托尔，我真的不相信。我知道这不是我。”[43]

于是就剩下拉斯基了。几年之后，不出所料，拉斯基对布雷顿所言根本不屑一顾，把他叫作“老傻瓜”。他彻底否认有这种事，说这完全是詹姆斯·邦德式的故事，集“间谍－鼹鼠网”情节之大成。他说：“我从来没有编辑过中央情报局的杂志，过去没有，将来也不会干这样的事。”[44] 那么究竟谁是中央情报局特工？“是你？是我？某个人？”拉斯基回答说：“听明白了，我们做的一切都是明摆着的。不，不，不，这完全是无中生有，绝对不能当真，历史学家更不能把它当成真的。”[45] 但是 30 年后*，一切都证明布雷顿没有说瞎话。这里面没有异想天开的故事。

---

* 按规定，文件的保密期为 30 年，30 年后即解密。

布雷顿的出卖行为使乔斯尔森既震惊又痛心。戴安娜写道："那为时6天的自行车比赛，还有许多事情，都在我的脑子里留下了对你的美好回忆，对你工作上的业绩怀有的尊崇就更不必提了，正因为如此，你在文章中出卖了迈克尔和他的朋友们使我感到格外痛心。你在文章里明显地暗示那个人是欧文·克里斯托尔，完全是不真实的，你显然忘记了他根本不了解底细……尽管你可能意识到这是对一份优秀刊物的致命打击，但是我相信你大概想象不到，你的文章造成了多么严重的混乱，使多少人遭受苦难……这些年来，从心力交瘁的亲身经历中我体会到。而汤姆，我想你心中也一定有数，如果真有一个不受约束的特工的话，那么此人就是迈克尔，而他却只是凭他的良知在做事的。"[46]戴安娜最后要求布雷顿公开致歉，撤回他所说的乔斯尔森是中央情报局安插在代表大会的。她的这封信犹如石沉大海，始终没有回应。

奇怪的是，这件事从表面上看，无疑是对中央情报局的"当头一棒"，但是对这件"至少并不令人愉快的事"却很少有人表示关切。[47]汤姆·布雷顿安然过关，没有受到官方任何严厉的责备；至于那些与被揭发出来的"非共产党左派计划"密切相关的特工，他们在其职业生涯中也没有受到任何歧视。科德·迈耶同他那一伙人很快就飞黄腾达起来（迈耶迁升为中央情报局伦敦站站长，负责该局在西欧的一切行动）。只有那些从非共产党左派中招募来的人现在被认为不可用了。据戴安娜·乔斯尔森说，罗比·麦考利留用了很短一段时间，"最后被挤了出来"。他离开了中央情报局和《凯尼恩评论》，到《花花公子》杂志去担任了一名小说编辑。约翰·汤普森是在60年代中期开始与新左派调情的，现在也被人家从他称之为"安全岛"的地方撵了出来。1968年他在写有关美国的作品时曾告诉乔斯尔森夫妇说，在这里，除了越南问题之外，谈论的每件事都与非洲裔美国人有关（他在描述美国黑人时用的语言显然都带有殖民主义色彩）。[48]

尽管乔斯尔森在5月13日召开全体会议之前他已经辞去中央情报局的工作，（据戴安娜说，"他这样做主要为了保护代表大会，因为如果有人问起来，他就可以说他已经不在中央情报局了。"）[49]他还是无可挽回地铸成大错。他的退休金少得可怜，根本不能反映他所做的巨大贡献。1965 年，乔斯尔森受聘于法菲尔德基金会，担任国际部主任，任期两年，年薪 2.1 万美元，分 12 次付清。至此，至少从原则上讲，中央情报局与乔斯尔森之间已经没有财务上的关系。但是弗兰克·普拉特（Frank Platt）和约翰·汤普森觉得他的处境困难，因此为他作了到期退休的安排，年退休金 3 万美元，从法菲尔德基金会的基本储备金中支出。据汤普森说，这笔储备金总额 100 万美元。由于某种原因，这笔资金已无法退还捐款人，因此汤普森建议这笔钱可以立即使用。[50] 乔斯尔森握手告别，拿到的不是黄金而是黄铜，所得只不过是法菲尔德基金会“最后余款”中的一部分。至于其他的人是如何支付的，则无案可查。

在《堡垒》杂志揭露事件发生之前，迈克·曼斯菲尔德（Mike Mansfield）参议员就已经要求国会对中央情报局秘密提供经费的问题进行范围广泛的调查了。约翰逊却只任命了一个三人特别委员会来进行调查。其成员是副国务卿尼古拉斯·卡曾巴赫（Nicholas Katzenbach）、卫生教育福利部部长约翰·加德纳（John Gardner）和中央情报局局长赫尔姆斯。1967 年 3 月 29 日卡曾巴赫委员会提出了最后调查报告，其结论是，“美国政府的政策是，任何联邦机构均不得提供直接或间接的秘密经费，来帮助或支持任何国家教育机构或私人自发组织。”[51] 报告将 1967 年 12 月 31 日确定为终止一切此类秘密资助的限期。这样就让中央情报局有机会向该局的许多行动计划提供最后一次数额可观的赠款（技术上称之为“一次性经费”，以自由欧洲电台为例，这笔赠款足以使它在两整年内维持其各种行动计划）。

在提到卡曾巴赫报告时，人们普遍认为这是政府强行禁止中央情报局进行此类活动的手段。但是中央情报局却对报告出台之后它还能做些什么另有自己的不同解释。在“1967 年特别委员会关于政府情报活动的报告”提出之后，中央情报局负责计划的副局长德斯蒙德·菲茨杰拉尔德（Desmond Fitzgerald）根据报告的内容向所有第一线的官员发出了如下指示：“一、并不，重复一遍，并不禁止与商业性的美国机构建立秘密关系；二、向设在国外的国际组织提供经费是允许的。”[52]

换句话说，在国际秘密活动领域中，一切照旧。因此，当中央情报局在 1967 年以后继续资助“世界形势论坛”（文化自由代表大会的派生组织）时，它丝毫没有受到阻力。虽然约翰逊接受了这份报告，并将其定为政府的官方政策，但是这份文件并没有作为行政命令颁布，也没有使之成为一项法规，因此并不具有牢固的法律地位。《国家》杂志发表的一篇社论认为，从字里行间来读这份报告（还说它没有一个明确的结论），这份报告“看来有用，实际上却是虚套子”，而且“在下定义方面采取了规避的做法”，从而得出结论说，这份报告只不过是“约翰逊先生有关所谓的‘伟大社会’的响亮口号开始变得像波旁王朝的君主们落下笑柄的言论。”[53]

10 年后，一份政府调查报告批评说，中央情报局面对 1967 年发生的各种事件“曾提出过一些限制措施，现在看来只不过是采取了一些安全措施，其目的是防止中央情报局的活动被进一步揭露出来，以致使其敏感的秘密行动计划遭到破坏。这些限制措施并不说明中央情报局认真地进行了反思，从而划定一个自由社会不应逾越的界限。”[54]

第二十六章 得不偿失的交易

在这个丑恶的世界上，一切善恶是非，都要看你透过什么颜色的玻璃去看它。

——卡尔德隆·德·拉·巴尔卡*

自1967年发生这一系列事件后直到1968年，乔斯尔森一直处于心力交瘁的状态，每天都经受着他以往所做的一切给他带来的迷惘和痛苦的折磨。印度文化自由代表主席贾拉普拉卡什·纳拉扬写道："我总弄不明白，一个信仰自由的人，生活在开放的社会中，讲究的是方法和目的的一致，怎么会认为接受一个国际间谍机关的钱是正当的。仅仅从代表大会一直是在独立运作这一点来评价它是不够的……中央情报局一定认为它所做的一切对它来说是必要的。"[1] K. K. 辛哈（Sinha）在他的辞职信中说："如果我早知道……巴黎总部里藏着一颗定时炸弹的话，我根本不会碰代表大会的。"[2] 对有些人来说，他们要同真的炸弹打交道：在日本，一名代表大会的积极分子的房子被炸了，他不得不向警方寻求保护。在乌干达，《转变》杂志的编辑拉贾特·尼奥基（Rajat Neogy）刚想到他的刊物"说不定"会遭到破坏，他就被捕入狱了。

戴安娜·乔斯尔森说："有人成了真正的牺牲品，迈克尔为此感到痛苦，悔恨，有时竟怀疑他参与这些事是否正确。耶稣会的教义是'只要目的正确，达到目的的手段也就是正确的'。我们对这一信条曾产生

* 卡尔德隆·德·拉·巴尔卡（Calderon de la Barca，1600—1681），西班牙著名剧作家、诗人。

过动摇，但是最后我们还是都认为我们是正确的。但是有些人的名誉受到损害还是让他深感痛心。”[3]约翰·亨特说：“由于我、迈克尔以及其他人的主张具有强大的说服力，在印度、黎巴嫩，在亚洲和非洲，许多男男女女投身于代表大会并与之共命运。当时，这批人都发现自己被卷入了漩涡之中。我也知道其中有许多人因此而蒙遭不幸，而且任何高明的策略和辩解都无法弥补他们所受到的损害。他们把自己的名誉和身家性命都搭上了，这一点我是永远不会忘记的。这种精神上的尴尬境地，不是用一句‘生活原本如此’‘历史在捉弄我们’之类的话就能消解的。但是，如果有可能的话，我还愿意从头再来一次。一个人的一生可能有遗憾，但是这一切都是值得的。”[4]

在欧洲和美国，情况却不是K. K. 辛哈所说的那样，是一片威胁即将来临的喧嚣，那里的反映却是多种多样的。迈克尔·波拉尼觉得揭露中央情报局的喧嚣是“可鄙的”，他说，“在战后这些年里，如果我知道有中央情报局这样一个机构的话，我会愿意为之效力，而且是心甘情愿的。”[5]凯斯特勒则干脆称之为“茶杯里的风暴”，小小的波澜很快就会平静下来的。耶胡迪·梅纽因则说，中央情报局居然乐见“同我们这些人交往，我对它的评价反倒更高了。”[6]不出所料，乔治·坎南理直气壮地为中央情报局辩护，他说，“就因为中央情报局给了钱而对它发动攻击是站不住的，攻击带来的痛苦超出了其应有的范围。对这件事我从来没有受到良心上的责备。我们这个国家没有设立文化部，中央情报局不得不尽其所能来弥补这一缺陷，它这样做应受到赞扬而不是批评。”[7]

中央情报局介入西方的文化生活只不过是民主的一个消极面而已，是不可缺少的，因而它的存在也是合理的。对于这种说法，拥护者是越来越少了。安德鲁·科普凯因德（Andrew Kopkind）在写到“精神上更深层的幻灭感”时强调：“空谈开放社会，实际上却加强控制，这两者之间距离之大超出了任何人的想象……每一个代表美国的某个组织出访外国时，尽管方式不同，却都能亲身体验到一种盛行的理论，即世界已被分割为共产主义和民主制度两大阵营，任何介乎两者之间的行为都意味着背叛。人们有一种幻觉，认为不论什么人都可以持有不同意见，你看，中央情报局支持的既有社会主义的冷战斗士，也有法西斯的冷战斗士，既有白种的也有黑种的冷战斗士。中央情报局的行动具有很大的包容性和灵活性，这正是它的一大长处。但这只不过是一种虚假的多元性，而且有着极大的腐蚀作用。”[8]这种观点不断地被人们引用，其所以具有吸引力是因为它在道德问题上的立论简单明了，实际上却失之于简单化了。真正的问题并不在于人们持不同政见的可能性遭到难以弥补的损害（科普凯因德自己的言论就是一个例证），也不在于知识分子受到了压制和腐蚀，而是进行理性思考本身所必备的过程受到外力的干扰。贾森·爱泼斯坦写道：“最令我们感到不快的是，政府似乎在开着一列地下火车，坐头等车厢的却不是第一流的乘客。中央情报局和福特基金会这类的机构出钱建立了一个知识分子的组织，其成员是由他们挑选出来的，挑选的标准就是这些知识分子必须具有他们认为正确的冷战立场。本来自由思想就像一个大自由市场，较少考虑意识形态的问题，更加注重个人的才能和成就，在这个市场上，各种思考都有一个共同的前提，那就是对一切占统治地位的正统观点提出怀疑……事实终于明确无误地告诉我们，知识分子做的这笔交易是多么得不偿失。这笔交易永远不可能有利于艺术和文学的发展、任何形式的严肃思考乃至人类自身的进步，交易的结果只能使知识分子为国家的意志服务。”[9]

1967年3月，德怀特·麦克唐纳一腔激愤地责问乔斯尔森：“如果当时我就知道《邂逅》杂志后面有美国政府的秘密经费在支撑着，你想我在1956至1957年间会从这家刊物领取薪金吗？如果你认为我会，那么我们从此分道扬镳。要知道，即使为一家政府主办的公开刊物工作，有人还会踌躇再三……我想我是被人当作傻瓜耍了。”[10]傻瓜还是伪君子？他只是在1958年因为他的一篇文章被砍掉偶然同设在梅涅特大街的办事处打过交道，尽管如此，1964年他还是毫不犹豫地问乔斯尔森可否雇用他的儿子一个夏季，而那时大家至少都已风闻代表大会与中央情报局有关系了。那么斯彭德又如何呢？1967年夏天，在芝加哥的埃文斯顿饭店举行的一次聚会上，与斯彭德同赴聚会的客人不留情面地问到他声称自己清白无辜的事，他竟然泪流满面。其中有一位不甚知名的客人回忆道："丹尼尔·贝尔和他的妻子珀尔·卡津·贝尔、理查德·埃尔曼、汉纳·阿伦特、斯蒂芬·斯彭德、托尼·坦纳、索尔·贝洛、哈罗德·罗森堡和波拉尼夫人这些人都在场，就像是大卫·莱文的一幅漫画。这群人多多少少都与代表大会有牵连。吃罢意大利面条之后，他们就开始彼此指责对方太天真，竟然不知道背后的支持者是谁，而知情者也不把情况告诉别人。汉纳·阿伦特说：'我从来就不信任欧文。'她还说她不信任梅尔文·拉斯基。丹尼尔·贝尔则忙替他的这两个朋友辩解。争论越来越激烈。这时斯彭德哭了起来，说他被利用了，上了当，他是什么也不知道，从来就被蒙在鼓里。有些人说斯彭德'太天真'，另一些则似乎认为他只是在'假装天真'。"[11]

斯图尔特·汉普夏尔说："斯蒂芬感到很难过。人们对他相当刻薄，说他一定了解实情。我倒不认为他知道实情，也许他没有认真去了解真实情况，但是他确实不知道背后是政府或情报机构。"[12]不过劳伦斯·德诺夫维尔却有不同看法："我知道有些人心里明白自己是知情的，但口头上否认，你也不能责备他，因为我们对于做过的事有时不得不加以否认，所以他也可以理直气壮地加以否认。斯彭德确曾被告知实情，这一点乔斯尔森是清楚的，他对我说起过这件事。"[13]汤姆·布雷顿说："我听说了关于斯彭德的事，也知道在事情被曝光后他在感情上受到了伤害。我的看法是他必定知情，我想他是知道的。"[14]娜塔莎·斯彭德一直坚持说她的丈夫是清白无辜的，她伤心地得出一个结论，说斯彭德就像《白痴》里的米什金亲王*。

傻瓜还是伪君子？1967年夏，《党派评论》上发表了一篇由威廉·菲利普执笔的著名声明，题目是《关于中央情报局的声明》。有人把它拿给汤姆·布雷顿看时，他放声大笑。声明写道："我们公开反对中央情报局秘密资助文学性和思想性的出版物和杂志。我们坚信，中央情报局经常性地资助会使这些出版物和出版机构失去信誉。对于据说曾接受中央情报局资助的杂志，我们是不信任的，而且我们认为他们没有对提出

* 米什金亲王（Prince Mishkin），俄国作家陀思妥耶夫斯基小说《白痴》中的人物，善良热情，却又天真而轻信他人，因此经常受到伤害，是一个无辜的受害者。

的问题作出适当的反应。”[15]签名者共17人，其中有汉纳·阿伦特、保罗·古德曼、斯图尔特·汉普夏尔、德怀特·麦克唐纳、威廉·菲利普、理查德·波里埃、菲利普·拉夫、威廉·斯蒂伦和安格斯·威尔逊。布雷顿看到这些人名时只是说：“他们当然都是了解真情的。”[16]詹姆斯·法雷尔则说：“《党派评论》那些人害怕曝光就像魔鬼惧怕圣水一样。”[17]他的话也许是对的。

日内瓦的香培尔高地住宅区是安静的，只有每周一次的蔬菜集市才打破那里的静谧。身居此地的乔斯尔森只能怀着苦涩的心情注视着代表大会在新领导人谢泼德·斯通主持下继续维持下去。此时它已更名为“国际文化自由协会”了，在领导人的名单中也不再有乔斯尔森。更名后的第一年，约翰·亨特应斯通之邀继续留在那里帮助做预算的工作。起初，乔斯尔森还每天打电话给他的前副手。亨特回忆道：“在电话里，他总是说‘让我们做这’，‘让我们做那’，而我总是提醒他：‘听着，迈克尔，现在是谢波德管事了。’确实令人心酸。迈克尔还是一如既往地工作着，好像什么事也没有发生过。”[18]谢泼德·斯通说：“乔斯尔森是个悲剧性人物。我觉得他有点像一个驻外大使，在另一个国家待的时间太长久了，以致忘记了他应该代表他的派遣者，反而觉得他是代表驻在国的人民。正因为可能发生这种易位情况，大使们从来都不准在一个国家驻留过长的时间。我想在乔斯尔森身上就发生了这种错位的情形。如果你把这一切看成一次行动，那么乔斯尔森就是这一行动的灵魂。他关爱我们所有的人，而且他本人就非常有教养。他对文学、音乐等等非常关心，但他也是一个十分霸道专横的人，他太看重自己身负的责任了，从来不敢掉以轻心。当整个事情暴露后，我想他一定伤心透了。”[19]

谢泼德·斯通原是福特基金会的执行董事，曾替代表大会经营过几百万美元的慈善基金。乔斯尔森曾提名让他接替自己的职务，但是据戴安娜说，“迈克尔很快就意识到这是一个错误。迈克尔继续担任顾问。代表大会就是他的生命，他写过许多内部备忘录，但没有一件得到过答复。谢泼德也有他的难处。他不想当迈克尔的小伙计，他不想当傀儡。但他的行事方式不够漂亮。迈克尔不同意他的一些做法，比如他把一些他不感兴趣的国家和地区的分支机构全部撤销了，例如印度、澳大利亚，只要不是欧洲的，他全不感兴趣。谢泼德对这些地区没有感情，也没有去过这些地方，所以那些地方的人都被撵走了。他不十分了解知识分子。每年为了向福特基金会要经费，都要向基金会递交工作报告，谢泼德就会让迈克尔来做这件事，因为他写不出来。”[20]

改组后的代表大会现已完全由福特基金会出资，显然已获得了乔斯尔森多年求之未得的独立性了。但是，据约翰·亨特讲，1976 年夏，英国人、法国人和美国人为争夺代表大会的领导权在幕后进行了激烈的斗争。他解释说：“欧洲人担心，这样一个组织如果从一开始就让美国人介入的话，那么美国就会通过其善意的服务把这个组织掌握在手中。当时欧洲人的如意算盘是让乳臭未干、不太聪明又不爱说话的美国人出钱，我们欧洲人出脑子，那样就能把事情办得完美无缺。”[21] 争夺的结果是每家都分得一杯羹。美国人担任了主席和首席执行官（谢泼德·斯通的整个职业生涯，从驻德国高级专员公署到福特基金会直到现在的代表大会，从来没有与情报机构脱离过关系。一位东德同情者马库斯·沃尔夫，Markus Wolf，在回忆录中说，斯通是中央情报局的一名项目官员）；法国人安排了皮埃尔·伊曼纽尔担任总干事，有传闻说此人属于十二局*；稍后，英国人派来一人担任联合总干事，此人名叫亚当·沃森，50 年代曾任英国秘密情报局（SIS）和中央情报局之间的联络官，还是一个心理战专家，曾负责协调情报研究局与文化自由代表大会之间的秘密关系。表面上似乎一切都改变了，其实却是换汤不换药。

真正发生了变化的，是乔斯尔森多年来与之斗争的敌人以及他力图缓和的紧张关系。在这两个方面，乔斯尔森的成绩足以使他感到自豪。凡是知识分子集中的地方，历来就有一股互不相容和易于分裂的坏习气。现在的国际文化自由协会也不免为这种习气所笼罩。冷战时期的文化自由代表大会占统治地位的是充沛的活力和明确的目的性，此时却已荡然无存。乔斯尔森身在日内瓦，眼看着这个新改组的代表大会走上穷途末路而又无能为力。纳勃科夫偶尔写信来报告一点消息，在信中他称这个

---

* 十二局（Deuxième Bureau），法国对外情报机构。

新组织的领导班子是“一伙串通一气的骗子”。爱德华·希尔斯同样对这个组织表示蔑视，终于在1970年拂袖而去。他说，这个机构已经名誉扫地，成了一批酒足饭饱、自鸣得意的知识分子闲聊的场所。[22]在另一封写给乔斯尔森的信中说，他没有听到任何关于代表大会的消息，不过他接到了一份请柬，请他去同一些“非犹太名人”见面，他断然予以拒绝。[23]他与悉尼·胡克一样，对斯通的印象是“一头官气十足的公驴”，“一个十足的笨蛋，却享有不应有的地位和待遇”。[24]斯通对于世界事务的了解就是知道怎么花钱。他说，有一件事他百思不得其解，那就是有些共产党员尽管做了许多坏事，他们的人怎么就能够始终保持着精神上的优势。[25]

国际文化自由协会已经无法按原来那一套说法举办任何活动，它的支持者也对它失去了兴趣，最终于1979年通过自身投票表决解散了。

1959年，乔治·坎南曾致函纳勃科夫说，在他的印象中，“过去多年在把世界拧成一股绳的事业中，谁都比不上你和你的同事们所做的贡献，尤其在我国，却几乎没有人能看到你们所取得的成就范围之广泛和意义之重大。”[26]几十年来，坎南一直坚信他通过写文章帮助建立“美国统治下的和平”是正确的。但是到了1993年，他却谴责他曾赖以生存的一元论信条，他说：“我应当明确表态，关于美国在世界上的作用，我绝对强烈反对那种救世主的论点，这就是说我反对美国人充当全人类的导师和救星，反对说我们具有独一无二的优秀品质，也不赞成喋喋不休地空谈什么‘命运宣言’或‘美国世纪’之类的废话。”[27]

冷战理论的命根子就是一个神话，说什么在20世纪，美国承担起了取代衰败的、失去信心的欧洲的历史使命。但是到头来却证明这只是一个错误的构想。哈罗德·罗森堡于1962年写道：“冷战是两种实在的利益之间进行的一场虚幻的战争。可笑的是，冷战中相互敌对的双方都认为各自的理论如能付诸实施都将是势不可挡的……西方的目的是要扩展自由主义，直到它完全符合私有制和获取利润的需要，而苏联人则要扩展其社会主义，直到它完全符合其建立共产党专制统治的需要……（实际上）20世纪的种种革命就是为了建立自由制度或社会主义制度……对政治必须采取现实主义态度，这一点极为重要，也就是必须彻底摒弃那种自由主义和社会主义水火不相容的政治。”[28]罗森堡用这番话来批驳摩尼教式的二元论，“按照这种二元论，双方将永远纠缠在一场双人舞之中解脱不开，都要争夺霸主地位来统治世界。”

米兰·昆德拉曾批评过所谓“有信念的人”，他问道：“什么是信念，信念就是……一种思想的僵化……正因为如此，小说家必须要有意识地打破他们固定的思维模式，打破他们为自己筑起的思想藩篱。”昆德拉说，只有如此，才能产生“不确定性的智慧”。1967年的大曝光留给后人的正是一种“不确定性”，不过并未产生昆德拉所说的“智慧”。这种“不确定性”被利用去掩盖已经发生的事，并力图将其影响降低到最低程度。小说家理查德·埃尔曼看到知识分子缺乏责任感，因而助长了中央情报局对文化的操纵，对此他感到十分厌恶。他从中发现一种“假装出来的厌倦情绪，认为凡事都差不多，一切都不必太认真，正如人们所预料的，见利忘义和腐败也就成了‘天经地义的行为’了。在这些人看来，世间事从本质上讲就是使人感到乏味和腻烦……世上没有任何事值得你去认真分辨是非善恶，世上也没有真正诚实的人。”[29]瑞纳塔·艾德勒（Renata Adler）的影射小说《快艇》（*roman à clef, Speedboat*）就抓住了这种道德上的是非不明：“聪明人做错了事，一旦被人抓住就矢口否认。面对确凿证据证明他做了错事，他们就改口说他们确实做过，但他并没有说谎，只是不记得了。如果他做了又说了谎，那么他又说他之所以这样做，之所以说了错话，都是为了某种更高的利益，这样一来，他所做的错事和所说的谎言的性质也就改变了。”[30]

普里默·莱维（Primo Levi）在其《淹死的与获救的》（*The Drowned and The Saved*）中提出了相似的看法，不过在心理分析上更为老到。他说：“有人故意撒谎，脸不红心不跳地歪曲事实。但是更多的人从说谎开始发轫，暂时或永久地驶离他的记忆，并为自己捏造出一个有利的幻境……不动声色地从说谎变成狡诈的欺骗是很实用的：具有某种信念的谎言会使他的处境较好一些，他能够更好地念他的台词，而他所说的也更容易被人相信。”[31]

如果说那些加入文化冷战的人真的相信他们所做的一切是正确的，那么就不能说他们有意识地欺骗了别人。即使说这里面有虚构的、捏造出来的事实，那也无损于其真实性。有人曾打过一个比喻说，如果有一条狗在巴黎圣母院的墙脚撒了一泡尿，这并不意味这座教堂有什么过错。但是还有纳勃科夫喜欢引用的谚语："如果你跳进湖里，你就不可能干着身子走上岸来。"西方的文化冷战斗士们纷纷用所谓的民主程序来做挡箭牌，使他们的所作所为合法化，但是由于他们不诚实，连带着民主程序也受到了玷污。他们贩卖的自由同与之相抵触的"必要的谎言"达成了妥协，从某种意义上说，自由结果变成了"不自由"。按照文化自由代表大会中更好斗的知识分子的说法，在冷战中你所做的一切完全是忠诚于某种理想。那么只要目的是正确的，手段自然也就无可非议了，即使其手段中包括（直接或间接地）欺骗他们的同事；伦理要服从政治嘛！他们扮演了错误的角色；他们用左右他人的思想来达到自己的目的，为了达到某种目标，他们不惜对事物进行这样或那样的歪曲。知识分子的任务，本来应该是用事实来揭露政客们说假话、掩盖真相以及他们因循守旧不图变革的本质。

他们信奉"绝对自由"的理论，结果却提出了另一个理论，即"自由至上主义"，或者说陷入"对自由的自恋"之中。他们更重视教条，使之凌驾于容忍不同观点之上。正如安东尼在《加沙的盲点》中所说："不言而喻，'真正的自由'这个词比'简单化的自由'要好些。真理这个词像是魔咒，一旦同'自由'这个东西结合在一起，其结果是十分可怕的。富有好奇心的人是不谈什么真正的真理的。我觉得这听起来有点怪异。真正的真理，真正的真理，哦，显然不行，有点像脚气病，或者哇里哇啦什么的。"[32]

后记

有些人的思想僵化了。

——大卫·布鲁斯

1967年多灾多难的夏天过去之后，尼古拉斯·纳勃科夫从法菲尔德基金会收到了一笔数额为34000美元慷慨的财政结算款，移居纽约。在亚瑟·施莱辛格的帮助下，在市立大学谋得一个教席，讲授《不同社会环境下的艺术》课程。纳勃科夫和斯蒂芬·斯彭德之间有时说些闲话，谈到他们以往的一些同僚，开玩笑说要写一本“果戈理式的滑稽小说，讲一讲某个人，且不管他做了些什么，他的老板是谁，总之，他发现一直是中央情报局在给他钱。”[1] 1972年，他们之间发生了一次小小的口角。艾赛亚·伯林劝纳勃科夫不要计较，说“让他去吧”。1976年，这位作曲家半开玩笑半威胁性地说他要写一本书，书名就叫“中央情报局的黄金时代”。柏林让他小心，劝说纳勃科夫不要发表他的有关代表大会的回忆录：“如果你是当真的，那么我就要严肃地劝你别做这件事。一个人的记忆并不可靠，况且这个题目至少也可以说是敏感的。我想你大概不愿意让你的后半生成为无休止争议的焦点吧……所以我郑重地劝你不要去闯这个地雷阵。”[2]

许多人都不愿检讨过去。斯彭德与纳勃科夫1972年发生争吵，后来两人言归于好，在斯彭德的日记中有所记载。1976年3月，他参加了法国驻纽约领事馆授予纳勃科夫勋级会*勋章的授勋仪式，他写道：

---

* 勋级会（Légion d'Honneur），法国有勋人员的荣誉团体，1802年拿破仑为表彰立有功勋者而建立的机构。

“法国领事发表了讲话，对纳勃科夫生平的叙述充满了喜剧性。在整篇讲话中，他始终把纳勃科夫的‘创作生涯’和‘职业生涯’分得很清楚。尽管在讲话中也提到了他操办的那些艺术节，但是文化自由代表大会却被巧妙地回避了。在这种场合，法国人惯于讲一些辞藻华丽的空话，但这次讲话却如此清晰精致，还真需要有点真诚才能办到哩。”[3]

此后的年代里，纳勃科夫继续教书和作曲。他最后一部重要作品是为巴兰钦的舞剧《堂·吉诃德》谱曲，由纽约芭蕾舞团公演。安德鲁·波特（Andrew Porter）为《纽约客》撰写的评论写道：“尼古拉斯·纳勃科夫谱写的曲子真是糟糕透顶，使那天晚上的演出走了味。乐曲听起来像是喘息，又不断重复，他想用小号独奏和一记锣鸣来制造一种轻快活泼的效果，却又显得苍白无力。”[4]据一位朋友说，纳勃科夫的人生格言可能是“怎么合适怎么过”。这也许是从他的父亲那里继承下来的。在二战后的柏林，一名年轻的情报官员在一次聚会上遇见了纳勃科夫 90 岁的老父亲。“这个老头儿同所有纳勃科夫家族成员一样，是沙俄帝国的自由派人物。我看到他走向一些苏联的高级官员，对他们说：‘你们知道吗，我是一直站在人民这一边的。’然后又踱向房间另一头的主人，脸上挂着同样的谄笑，对他说：‘我同你的祖父亚历山大·米哈伊洛维奇大公爵亲王很熟悉。’我真搞不懂，一个年逾九旬的老人还需要那样虚伪吗？”[5]

纳勃科夫于 1978 年去世。据约翰·亨特说：“他的葬礼堪称奇观。他的 5 位妻子全部到场，帕特里夏·布莱克鲁在滑雪时一次意外事故中受伤，她拄着双拐，嘴里不停地说‘我总觉得我还是他的妻子。’玛丽·克莱尔在教堂里坐在首席座位上，俨然是正妻的模样。他去世时的合法妻子多米尼克说，她当时觉得自己似乎并不存在。在 5 人中，她是唯一一位靠后站的妻子。另一位前妻则俯身到棺材上想亲吻死者的嘴唇。”[6]一个一辈子浮华虚夸的人最后这样离开人世真是再合适不过了。

约翰·亨特按既定安排于 1968 年底离开国际文化自由协会。在塞纳河上一艘家用游艇上举行了秘密仪式，中央情报局为他的出色服务授予他奖章。后来他到加利福尼亚的索尔克研究所担任常务副所长。在越战问题上，他坚定地站在反胡志明立场上。他痛苦地看到美国在这场战争中分崩离析。他对乔斯尔森说，在他自己的国家，他似乎同其他人形同陌路。[7]同罗比·麦考利一起在《花花公子》玩了一阵子以后，亨特又担任了宾夕法尼亚大学的常务副校长。1976年他写了一部关于阿尔杰·希斯的剧本，在纽约的肯尼迪中心上演过。退休后住在法国南部。

欧文·克里斯托尔和丹尼尔·贝尔共同创办了《公共利益》，1969年任纽约大学“亨利·鲁斯讲座”教授，讲授“城市价值观”课程。当时他已自称是“新保守派”，他给新保守派下的定义是“受到现实打击的自由派”。他投身于美国企业研究所和《华尔街日报》，为公司的人讲课，领取丰厚的课酬，被人称为“新右派的守护神”。他的著作表明这位年轻的激进分子随着年龄的增长已经变成一个牢骚满腹的反动分子，同他周围的世界格格不入。他反对现实中的性放纵、多元化主义、靠福利过日子的母亲和叛逆的学生。同拉斯基和其他许多人一样，他已变成了亚瑟·凯斯特勒所说的“20世纪的人”，一个“政治精神病患者，在他的头脑里为自己筑起了一道铁幕”。[8]1981年，他给五角大楼写了一封信，指责美国士兵在奏国歌时连立正的动作都做不正确，他呼吁“整顿阅兵式，因为只有出色的阅兵式才能赢得民众对军方的尊重”。[9]在回顾中央情报局干预文化政治时，他说，“中央情报局是一个秘密工作机构，它的成员都是一些不可救药的饶舌者。除此之外，我觉得它也就同邮政局*差不多。我对它的评价也只能如此了。”[10]关于《邂逅》杂志，他的结论是：“在一段时间里，这是英国刊物中唯一值得一读的杂志，却是由中央情报局出钱办的，英国人为此应该感恩戴德才是。”[11]

梅尔文·拉斯基一直担任《邂逅》的编辑，直到该杂志1990年停刊。当时没有人愿意给它一个肯定的定评。《邂逅》杂志在最后的几年里“似乎摆脱不了过去的形象，总是被认为是在贩卖冷战货色，不断地警告人们，核裁军是危险的。”[12]《泰晤士报文学增刊》的保守派编辑费迪南

* 邮政局（the post office），美国少有的国有公用事业部门，属总统辖下的独立机构联邦邮政管理局管辖，联邦级的邮政管理局局长职务往往由新任总统留给在大选中有特殊贡献的人来担任，即所谓的“恩赐”（patronage）职务，邮政局一般效率低下，是美国人多有抱怨而又看不起的机构。

德·蒙特（Ferdinand Mount）确实为《邂逅》杂志写了一篇“告别辞”，赞扬了杂志取得的成就，而且还称赞梅尔文·拉斯基是“唯一没有在他的第二祖国获得荣誉的先知哲人”。[13] 有些人认为拉斯基也许本来应该待在他自己的国家里。蒙特的赞扬无人响应，也没有影响这些人的看法。

中央情报局停止赞助后，《邂逅》杂志经受了一次又一次的财政危机。在最后这几年中，拉斯基把大部分时间都用在了寻找新赞助人上了。1976年，弗兰克·普拉特（当时他还留在中央情报局）写信给乔斯尔森，提到，“拉斯基回到美国后立即跑到丹佛去同极端右翼分子、库尔斯啤酒王国的首脑谈赞助问题。他想把杂志据为己有。在整个会晤中，这位库尔斯公司的老板始终身上挂着枪套，插着一支科尔特45手枪！我的天，谢谢你啦，你的钱我不要了”。[14] 正当拉斯基跑到远离大都市的地方去找青草吃的时候，普拉特请求威廉·惠特尼基金会拿出些钱来，这样也算他尽到了答应帮忙的责任。后来，《邂逅》杂志遇到了接受中央情报局的财政支持的问题，拉斯基进行了反击：“好吧，谁来出钱呢？艾奥瓦州德杜克的那个穿帆布鞋的小老太婆会给你100万美元？我是说，别做梦了。你说能从哪里弄到钱？”[15]

所有同拉斯基一道担任过联合编辑的英国人（斯彭德、克莫德、奈杰尔·丹尼斯 Nigel Denis、D. J. 恩赖特 Enright）都辞职而去，唯一没有辞职的就剩下最后一位联合编辑安东尼·哈特利。1992年，拉斯基费了好大力气把剩下的一批老人召集在一起，在柏林组织了一次“最后的邂逅”聚会，欢庆冷战结束，由拉斯基主持，“他蓄的胡须之尖利，可以扎死所有的同路人”。[16] 参加那次聚会的文化界老人有欧文·克里斯托尔和他的妻子、保守的历史学家格特鲁德·希梅尔法布，爱德华·希尔斯，弗朗索瓦·邦迪，罗伯特·康奎斯特（Robert Conquest），利奥·拉贝兹、彼得·科尔曼（Peter Coleman），还有自由电台和自由欧洲电台的男男女女。有些人已经老态龙钟了，但火气不减当年。按伯纳德·莱文的说法，“这是一支由形形色色的人组成的大军，他们为了坚持真理反对谎言，忠于现实反对幻想，坚贞不屈反对投降，保护文明反对野蛮，主张平和语言反对粗暴打击，要理直气壮的勇敢不要寻找借口的怯懦，总之一句话，为争取民主反对暴政而斗争过。而且我们是正确的，我们的正确性是彻底的，可以证实的，是愉快的、耐心的、真正的正确。”[17]这支“为真理而斗争的队伍”由于有些人已经去世遭到削弱，比如胡克、凯斯特勒、阿隆、马尔罗、纳勃科夫、斯珀伯，而且由于拉斯基的缘故进一步遭到削弱，因为他没有邀请长期与《邂逅》杂志共命运的马戈特•沃姆斯利、戴安娜·乔斯尔森和斯彭德。在这次聚会中，一次也没有提到乔斯尔森的名字。

拉斯基这支“形形色色的大军”没有为苏联的最终解体而伤心落泪，但是乔治·厄本的发言却反映了所有与会者的心声。他说他“感到一种难以言状的失落感。在拳击场上有一个对手使我感到满足，现在对手毫无战绩地败落了。在山那边有一个敌人，虽然只闻其声不见其形，却能使人感到充实。听上去似乎自相矛盾，但事实确是如此。有一个强大的敌人就如同有一个好朋友，有时甚至胜似一个好朋友，尤其是在我们自己的队伍里出现离心离德现象的时候。朋友只是朋友而已，而一个势均力敌的敌人却能让人有一种使命感。当然也可能有人不同意这种看法。有时我不禁怀疑自己是否由于长期迷恋于这种‘辩证法’而影响了我的观点，以致我觉得没有对手反而使我感到生活失去了意义。”[18]

柏林墙被推倒之后，一个前克格勃的官员来找乔治·厄本。他声称自己曾主管克里姆林宫的宣传教育工作。厄本问他：“我们在《邂逅》杂志上发表的文章是否有助于你们了解‘敌方’在搞什么名堂？”回答是：“有用，太有用了。我觉得这些文章太引人入胜了，以致使我逐渐背离了我的誓言和我的意识形态，终于成为一名持不同政见者。”厄本把这件事告诉了拉斯基：“你知道吗，《邂逅》杂志的内容就像一本教科书，具有强大的说服力，起初它使人产生怀疑，继而不时有所违抗，最终使一个间谍大师的脑子开了窍，成为一名持不同政见者！”[19]当拉斯基听说敌方曾仔细研读《邂逅》杂志，他欣喜若狂，“真让我高兴得不知说什么好。克格勃居然也研究这本杂志，我真感到受宠若惊。当时我们觉得我们这些冷战斗士设计的这个意识形态的矛头竟刺中了目标，结果表明我们是做对了。”[20]娜塔莎·斯彭德说：“拉斯基这类人的想法与俄国人没有什么两样，对他们来说，这只是一场战略游戏。”[21]

弗兰克·普拉特继续留任法菲尔德基金会董事直到1969年（这时该基金会还在继续支付1967年以前的基金）。1976年9月，普拉特发挥着国际笔会设于伦敦的作家监狱委员会*信息交流站的作用，并充当联络员。两个月后，他告诉乔斯尔森：“库尔特（冯尼格特，Kurt Vonnegut）、杰克·马克（Jack Mac），即迈克尔·斯卡梅尔（Michael Scammell）和其他人问我是否愿意担任国际笔会作家监狱（委员会）的工作，就《（文字审查）索引》的编写工作与在伦敦的斯卡梅尔保持联系。当时他正为国际笔会做这件事。我的身份类似协调员。我说可以。工作很有意思，而且还可以到处走走。”[22]

同时，普拉特还经常为乔斯尔森提供一些有关中央情报局的小消息。1975年，科德·迈耶的中央情报局伦敦站站长的身份暴露后（当时有34名工党议员要求将他驱逐出境），普拉特开玩笑地写道：“在‘盲人国’里也许只有那个还有一只眼的人看见了墙上写着的字。谁知道是不是这样呢？据我所知，中央情报局现在已乱成一团，真是活该！”[23]不久后，一位记者在乔治敦的一次聚会上不无惊恐地看到，迈耶在问一位年长的加拿大外交官关于分裂主义的问题**，使这位外交官非常尴尬。这位外交官患有严重的心脏病，可以看得出当时他感到十分痛苦，但迈耶穷追不舍。他是那样粗鲁、笨拙，而且毫无怜悯之心。这位记者写这番话的时候当然不会想到10年之后乔斯尔森正是在这种情况下因反应强烈导致心脏病发作。正如另一位观察家所言，“迈耶这一代出身于这个阶级的人，用克伦威尔的话来说，从来不会以耶稣基督的悯人之心来反省一下自己可能是做过错事的。”[24]

1983年2月23日，詹姆斯·伯纳姆从罗纳德·里根手中接受了总统自由奖章。伯纳姆的从政生涯就是在自由十字军这面大旗下开始的。

* 国际笔会作家监狱委员会（PEN's Writers Prison Committee）未查到出处，据上下文，似为各国实行文字审查制度致使有些作家获罪入狱，国际笔会设有专门委员会关注这些作家的情况。此处所说“交流信息站”原文为“clearing house”，意为银行票据交换所，也是银行间交流信息、讨论共同感兴趣的问题的场所。

** 这里所说“分裂主义的问题”，可能指加拿大的魁北克省要从加拿大分裂出去，争取独立的问题。

总统奖的证书上是这样写的："从 20 世纪 30 年代起，伯纳姆先生影响了世界各国领导人的思想。他的言论改变了社会，他的写作成为人类追求真理的指路明灯。在本世纪中，詹姆斯·伯纳姆是罕见的为自由、理性和正直而战的斗士。"[25] 一周以后，亚瑟·凯斯特勒服安眠药加酒精在伦敦的寓所中自杀身亡，与他同归于尽的是他的第三任妻子辛西娅·杰弗里斯。当时凯斯特勒 77 岁，妻子比他年轻 20 岁。1998 年，传记作家大卫·塞萨拉尼（David Cesarani）揭露凯斯特勒是一个暴力强奸者，于是凯斯特勒在爱丁堡大学的半身铜像就从基座上消失了。一位评论家在读了塞萨拉尼的著作后写道："凯斯特勒一生卷入了自古以来就存在的冲突之中，作品多产但并不出色，而且一生行为不端。他的时代就此一去不复返了。"[26] 伯纳姆死于 1987 年，但他的精神却留在了威廉·巴克利心中。伯纳姆曾为他的《国民评论》担任过编辑。1990 年，巴克利宣称，"美国长期坚持反对共产主义的斗争确实是我国崇高历史的一部分。"[27]

汤姆·布雷顿继续通过报业辛迪加为多家报纸的专栏撰稿，又与有线新闻网（CNN）联合主持电视评论节目《交锋》（*Crossfire*），颇为得志。1975 年，一个政府委员会全面审查美国的情报活动，于是布雷顿就撰文攻击中央情报局是集权力、傲慢和谎言之大成，他写道："中央情报局的所作所为令人感到羞耻。它本来能够集中数百名学者从事情报分析，数百名间谍担任重大职务，数百名行动人员随时准备执行罕见的英勇任务，但是它反而成为一个庞大的怪物，在全世界拥有资产，经营飞机、报纸、电台和银行，甚至拥有陆军和海军，它给历任国务卿和至少一位总统（尼克松）出了一个极富诱惑力的好主意：既然世上有欺骗这个手段，那么为什么不利用呢？"[28] 布雷顿的结论是解散中央情报局，把它的职能（即少数剩下的尚能说得过去的职能）移交给别的部门。"我会把心理战专家和宣传家移交给'美国之音'。心理战战士和宣传能手很可能从来就不该属于一个秘密机构。"[29] 他还写过题为《八人足矣》（*Eight is Enough*）的系列文章，讲的是一个全是白人的美国家庭，后来被改编为电视节目，再后来的《布雷迪一家》就是从这里得到启发的。他退休后住在弗吉尼亚州的伍德布里奇，有两条德国种大狼狗看家护院。

劳伦斯·德诺夫维尔在1956年匈牙利事件后不久就离开了中央情报局。此后他做过各色各样的工作，最后成为一名证券经纪人。他一直是乔斯尔森的忠实朋友，是乔斯尔森在柏林的那几年把他招募进来的。本书作者为了写这本书，在他康涅狄格州哈特莱的家中采访了他。对于他之后可能会暴露的想法，他觉得很有趣。他开玩笑说，“我估计在这个城市里的老朋友中间会引起一点小小的轰动。”[30] 可是他没有等看到朋友们的反应就去世了。

威廉·科尔比继续参与策划在越南的“凤凰行动”。在这个行动中有两万多名越共分子惨遭拷打和杀害。1973至1976年，他是中央情报局局长，他当然要为清除詹姆斯·杰赛斯·安格尔顿的事情负责。在他任局长期间，中央情报局在公共关系方面步履维艰，一个接一个地遭到挫折。退休后，随着苏联的解体，他又为东欧情报机构充当顾问，继续从他的间谍生涯中捞取好处。1996年4月，他一头栽进波托马克河的漩涡中一命呜呼。

退出《邂逅》杂志后，斯蒂芬·斯彭德皈依了新左派，再度焕发了革命热情。1968年6月，玛丽·麦卡锡在巴黎大学一次叛逆学生的会议上邂逅斯彭德。她告诉汉纳·阿伦特说：“斯蒂芬·斯彭德过得很好。我想他是在为他在中央情报局的这段经历赎罪。”[31] 有意思的是，他的道德问题竟转嫁到他在普罗文斯购买的那所房子上。在他购买这所房子时，几乎是买了一片废墟。他用讲授有关美国的课程辛辛苦苦赚来的钱一点一点地装修起来，起初，他作了一个决定：“这所房子不是属于他个人的，如果革命需要它，那就拿走好了。每当他同某个满怀激愤的学生谈话时，他就对他说：‘对，对，你可以拿走我的房子。’那时在大学的各系都有一些抵制服兵役的美国学生，他们待在宿舍里，与其他学生没有来往，斯彭德想这些学生有一天终归会饿死的，于是他就给他们发钱。”[32]1972年，他从福利基金会争取到一笔赠款，创办了《文字审查索引》。1983年，他作为共和国伟大文化人被封为爵士。后来的这些年，他承认有人告诉过他《邂逅》杂志多年来一直与中央情报局有瓜葛，但是他说，“这就像有人跑来对你说，你的妻子对你不忠实，然后你就去问她本人有没有这回事，如果她一口否认，那么你也就满意了。”[33] 斯彭德后来再也没有读过或买过一本《邂逅》杂志。他在1995年去世，从此以后，最早的一批与30年代联系在一起的老人也就断线了。他的孀妻娜塔莎痛苦地回忆说：“斯蒂芬与文化自由代表大会联系在一起的那些年都白白浪费了。除了争论、烦恼，还剩下什么呢？这些年对斯蒂芬的影响真是可怕。他对那些吵吵闹闹厌烦透了。他根本没有时间写诗，而写诗是他最想做的事。”[34]

迈克尔·乔斯尔森于1978年去世。尽管他曾费尽力气找工作，但最终都遭到他以往的合作者的回绝。1972年他想在美国学术团体理事会争取一份研究员的工作，但遭到拒绝。谢泼德·斯通写信给大英百科全书的出版人威廉·本顿，向他推荐乔斯尔森，也没有结果。甚至乔斯尔森过去的一家公司金贝尔-萨克斯（Gimbel-Saks）也无法为他提供一份工作。时代公司告诉他，虽然他的“资历证明非常过硬”，但也没有合适的职位可提供。1973年，他也没有获得古根海姆研究员的提名。“胡佛战争、革命与和平研究所”也回绝了他的求职申请。

在他去世前8年，他坐下来与他的妻子戴安娜合作撰写巴克利·德托利将军的传记。1812年与拿破仑作战中，这位将军的指挥官地位被陆军元帅库图佐夫所取代。他的直系后裔尼古拉斯·德托利少校曾在美国驻德军事政府供职，那时，乔斯尔森可能与他见过面，这位伟大的爱沙尼亚指挥官的经历也许感动过他。关于这位将军，普希金写过这样的诗句：

一切已付之东流！
你一生思想崇高，但你的胜利
却被敌手夺走。
而你，却被遗忘、受冷落。
盛宴的主人是你。
你却停止了呼吸。
在你离开人世之际
一定带着对我们的鄙弃。

乔斯尔森的葬礼于1978年1月举行，这是一个冷冷清清的葬礼。拉斯基在致胡克的信中说："如果他在14年前做心脏手术时死去，那么葬礼一定是欧洲式和西方式的隆重仪式，上千人都会来与他告别的。"[35]据戴安娜说，拉斯基本人出现在葬礼上，他是借此"出风头"来的。[36]参加葬礼的还有一名中央情报局的代表，他利用这个机会向戴安娜送上了为表彰乔斯尔森的服务而颁发的奖章。"这种做法实在恶劣，似乎他们在说，你所做的一切就值这么一枚奖章，这与事实相去何止十万八千里。"[37]戴安娜拒绝接受这枚奖章。乔斯尔森去世后，戴安娜继续住在原来的那套公寓里。屋子里满是文化自由代表大会全盛时期的各种纪念品和照片。当时的代表大会对于她来说，就像法国大革命、牛津运动或肯尼迪执政前一百天那样重要和光彩。她说："迈克尔是为代表大会而生，也是为代表大会而死的。那些日子是多么丰富多彩啊！"[38]

那么，那个"寿命更长也更爱国的"内部小圈子里的人物怎么样了呢？这一小批人知道别人应该知道却又并不了解的一切底细，在新启蒙时代来临之际，他们又是如何在暗中作出判断的呢？一名退休的中央情报局工作人员说："他们要把这个新时代变成一种两面性的东西，一面同魔鬼一起鬼鬼祟祟地在暗中行走，另一面又要行走在光天化日之下。"[39]对许多人来说，这种反差太大了。支持冷战的人在某种意义上说也是受害者，在这场"伟大的游戏"中，道德上的是非不明把这些人毁掉了。

约翰·克劳·兰森是负责指导SS *Farfield*（这是中央情报局为法菲尔德基金会取的绰号）工作的，而杰克·汤普森则是兰森的保护人。在代表大会的最后几年中，据贾森·谢泼德说，汤普森"热衷于从苏联人手下拯救非洲人"的工作，"为此曾多次前往非洲。他授予非洲学者和知识分子奖学金，他们的政府却愿意放他们出去，前提是他们不要再回到非洲来（这些政府巴不得能把他们撵走），所以，也许杰克不知道，他为这些人所做的一切实际上是把他们流放了。如果你只是从字面上去理解你的国家所说的话，那么你可能会把事情弄糟的。"[40]弗兰克·威斯纳于1965年自杀身亡。匈牙利事件后他的精神崩溃了，后来一直也没有康复。其他用自杀结束生命的人还有罗亚尔·泰勒，他是艾伦·杜勒斯早期最忠实的合作者，1953年自杀。还有詹姆斯·福里斯托尔（James Forrestal），二战后的国防部长，美国政府中秘密工作部门的设计师之一。《华盛顿邮报》的发行人菲利普·格雷厄姆于1963年用一支猎枪对自己开了一枪，命赴黄泉。约瑟夫·艾尔索普对艾赛亚·伯林说："他一生全力以赴，以求取得正常事业上的成功。他在范围广泛的领域内都事业有成。可是最后却是一声枪响，一切成就都在他的嘴里化为灰烟。"[41] 这番话可以成为所有这些自杀身亡者的墓志铭。

"回顾美国情报工作的'黄金时代'，"其背后却隐藏着一个更为可怕的事实：这些人阅读过但丁*的著作，就读于耶鲁大学，受过公民道德教育，同是这批人，他们却网罗法西斯分子，操纵他国民主选举的结果，供给不知情者金钱，私拆成千上万美国公民的邮件，策划暗杀，制造猪湾事件的灾难。一位评论家问道："他们为的是什么？不是为了民主国家的优点而是为了一个帝国。"[42]

---

*但丁（Dante，1265—1321），意大利诗人，文艺复兴运动的先驱者，其著作具有人文主义思想。

部分资料来源

以下为作者参阅的存世档案资料。

AB/MoMA	阿尔弗雷德·H. 巴尔文件，现代艺术博物馆，纽约
ACCF/NYU	美国文化自由委员会文件，塔米蒙特图书馆，纽约大学，纽约州
AWD/PU	艾伦·韦尔什·杜勒斯文件，西利·马德手稿图书馆（Seeley Mudd Manuscript Library），普林斯顿大学
BC/FO924/PRO	英国文化委员会（British Council）档案资料，公共档案局（Public Records Office），伦敦
BCCB/FO924/PRO	英国驻柏林军管会，公共档案局，伦敦
CCF/CHI	文化自由代表大会文件，约瑟夫·里根斯坦图书馆（Joseph Regenstein Library），芝加哥大学，伊利诺伊州
CDJ/DDE	C. D. 杰克逊文件与档案，德怀特·D. 艾森豪威尔图书馆，阿比林，堪萨斯州
CIA.HSC/G263/NARA	中央情报局历史资料收藏，国家档案资料管理局，华盛顿特区
DM/STER	德怀特·麦克唐纳文件，斯特林纪念图书馆（Sterling Memorial Library），耶鲁大学

FA/COL	弗兰克·阿特休尔文件，巴特勒图书馆（Butler Library），哥伦比亚大学，纽约
GG/DDE	戈登·格雷文件，德怀特·D. 艾森豪威尔图书馆，阿比林，堪萨斯州
GO/UCL	乔治·奥威尔文件，大学学院（University College），伦敦
HL/COL	赫伯特·莱曼文件，巴特勒图书馆，哥伦比亚大学，纽约
IB/GMC	欧文·布朗文件，美国劳工联合会－产业工人联合会（American Federation ot Labour-Congress of Industrial Relations*），乔治·米尼中心，华盛顿特区
IRD/FO1110/PRO	情报研究局，公共档案局，伦敦
MJ/HRC	迈克尔·乔斯尔森文件，哈里·兰塞姆人文研究中心，奥斯丁，得克萨斯州
MS/COL	迈耶·夏皮罗文件，巴特勒图书馆，哥伦比亚大学，纽约
NN/HRC	尼古拉斯·纳勃科夫文件，哈里·兰塞姆人文学科研究中心，奥斯丁，得克萨斯州
NSF/LBJ	国家安全档案，林登·贝恩斯·约翰逊图书馆，奥斯丁，得克萨斯州
NSF/JFK	国家安全档案，约翰·F. 肯尼迪图书馆，波士顿大学

* 此处 Relations 疑有误，应为 Organizations，即美国劳联－产联。

OCB/Cen/DDE	行动协调局，档案系列（Central File Series），德怀特•D. 艾森豪威尔图书馆，阿比林，堪萨斯州
OMGUS/RG260/	美国军事政府办公室（Office of Military Government United States），国家档案馆及国家档案资料管理局，华盛顿特区
PEN/HRC	国际笔会文件，哈里·兰塞姆人文研究中心，奥斯丁，得克萨斯州
SD.PPW/RG59/NARA	国务院，政治和心理战，国家档案资料管理局，华盛顿特区
PSB/DDE	心理战略局资料，德怀特·D. 艾森豪威尔图书馆，阿比林，堪萨斯州
PSB/HT	心理战略局资料，哈里·S. 杜鲁门图书馆，独立城，密苏里州
RH/COL	兰登书屋（Random House）文件，巴特勒图书馆，哥伦比亚大学，纽约
SCHLES/JFK	小亚瑟·M. 施莱辛格文件，约翰·F. 肯尼迪图书馆，波士顿
SD.CA/RG59/	国务院，文化事务局，国家档案资料管理局，华盛顿特区
ENC/S&W/RU	《邂逅》杂志文件，塞克-沃伯格（Secker & Warburg），MS1090, 里丁大学，里丁
WHO/DDE	白宫办公厅秘书处，1952—1961 年档案资料 / 内阁系列，德怀特·D. 艾森豪威尔图书馆，堪萨斯州

WHO/NSC/DDE	白宫办公厅，国家安全委员会文件（1948—1961），德怀特·D. 艾森豪威尔图书馆，堪萨斯州

所有采访，除特别注明的以外，均为作者本人进行的。

注释

前言

1. Arthur Koestler, in Richard Crossman (ed.), *The God That Failed: Six Studies in Communism*, (London: Hamish Hamilton, 1950).

2. Saul Bellow, *Humboldt's Gift* (New York: Viking, 1975).

3. Arthur M. Schlesinger, Jr., *A Thousand Days: John F. Kennedy in the White House* (London: André Deutsch, 1965).

4. 同上。

5. 国家安全委员会指令，1950 年 7 月 10 日，引自《审查政府有关情报活动行为的最后报告》(Washington: United States Government Printing Office, 1976)。

6. 同上（着重号系作家所加）。

7. 阿奇博尔德・麦克利什，《纽约时报》，1967 年 1 月 21 日。

8. Tzvetan Todorov, "The Communist Archives", *Salmagundi*, Summer 1997.

第一章

1. 威利・勃兰特，引自"The Big Chill",《星期日泰晤士报》, 1997年1月5日。

2. Clarissa Churchill, "Berlin Letter", *Horizon*, vol.13/75, March 1946.

3. Susan Mary Alsop, *To Marietta from Paris 1945–1960* (New York:

Doubleday, 1975). See also Antony Beevor and Artemis Cooper, *Paris After the Liberation, 1944–1949* (London: Hamish Hamilton, 1994).

4. Nicolas Nabokov, *Old Friends and New Music* (London: Hamish Hamilton, 1951).

5. James Burnham, quoted in Peter Coleman, *The Liberal Conspiracy: The Congress for Cultural Freedom and the Struggle for the Mind of Postwar Europe* (New York: The Free Press, 1989).

6. Michael Josselson, “The Prelude to My Joining The ‘Outfit’” (MJ/HRC).

7. 同上。

8. 斯图尔特·汉普夏尔，1997 年 12 月在牛津的采访记录。

9. 见前引迈克尔·乔斯尔森文件（MJ/HRC）。

10.Nicolas Nabokov, *Bagázh: Memoirs of a Russian Cosmopolitan* (London: Secker & Warburg, 1975).

11. Benno D. Frank（美国军事管制政府教育和文化关系处，主管戏剧和音乐的负责人），1973 年 6 月 30 日，“Cancellation of Registration for German Artists”，引自 OMGUS/RG260/NARA。

12. 同注 4。

13. 同上。

14. 梅尔文·拉斯基，1997 年 8 月在伦敦的采访记录。

15. 见前引迈克尔·乔斯尔森文件。

16. 尼古拉斯·纳勃科夫致乔斯尔森函，1997 年 10 月 28 日（MJ/HRC）。

17. “教育部组成的关于审查艺术家、歌唱家、音乐家、指挥家以及独立的或等待联邦剧院聘用的制作人的政治立场审查委员会”，1946 年 3 月 25 日在维也纳举行会议，会议一致同意，“由于第一流指挥家奇缺，而邀请 4 名世界闻名的指挥家（托斯卡尼尼、布鲁诺·沃尔特、比彻姆爵士和埃里克·克莱伯）又遭到拒绝，让卡拉扬重新在奥地利音乐界工作，特别是让他参加 1946 年的萨尔斯堡音乐节就更有必要了。无疑，卡拉扬应享有欧洲第一指挥家的地位。”（NN/HRC）

18. William Donovan, quoted in R. Harris Smith, *OSS: The Secret History of*

America's First Central Intelligence Agency (Los Angeles: University of California Press, 1972).

19. Arthur Miller, *Timebends: A Life* (London: Methuen, 1987).

20. 格雷戈里·贝特森呈多诺万将军的战略情报局研究与分析，1945 年 8 月 18 日（CIA.HSC/RG263/NARA）。

21. Richard Mayne, *Postwar: The Dawn of Today's Europe* (London: Thames & Hudson, 1983). Mayne 的这部著作生动地描绘了法西斯垮台后欧洲的物质和心理状况。我从“盟军占领下的柏林”一章中受益匪浅。

22. R. E. Colby，英国驻柏林军管会，1947 年 3 月 19 日致 Montague Pollock（BCCB/FO924/PRO）。

23. Alonzo Grace，教育与文化关系处处长，“Out of the Rubble: An Address on the Reorientation of the German People”，Berchtesgaden，未注明日期（OMGUS/RG260/NARA）。

24. W. G. Headrick，美国军事占领政府新闻管制处，“Facts About the US Information Centers in Germany”，1946 年 8 月 19 日（OMGUS/RG260/NARA）。

25. *Amerika-Haus Review*, July 1950 (OMGUS/RG260/NARA).

26. 美国军事占领政府教育与文化关系处戏剧音乐科的“Periodic Report”，1947 年 3 月（OMGUS/ RG260/NARA）。

27. Lionel Royce，美国军事占领政府教育与文化关系处戏剧音乐科，致 Hans Speier，战时新闻署（Office of War Information），华盛顿，1945 年 5 月 12 日（OMGUS/ RG260/NARA）。

28. Douglas Waples，美国军事占领政府新闻管制处出版科，“Publications for Germany: Agenda for Pyschological Warfare Division and Office of War Information Conference”，1945 年 4 月 14 日（OMGUS/RG260/NARA）。

29. Ula Moeser，美国军事占领政府新闻管制处，“Political Education Program”，未注明日期（OMGUS/RG260/NARA）。

30. 同注 25。

31. 同上。

32. Ralph Burns，美国军事占领政府文化部部长，“Review of Activities”，1949 年 7 月（OMGUS/RG260/NARA）。

33. 同上。

34. 乔治·马歇尔在哈佛大学学位授予典礼上的讲话，1947 年 6 月 5 日，载于 *Foreign Relations of the United States*, vol.3, 1947 (Washington: United States Government Printing Office, 1947)。

35. John Crowe Ransom, “Address to the Scholars of New England” (Harvard Phi Beta Kappa Poem), 23 June 1939, *Selected Poems* (New York: Knopf, 1964).

36. Harry S. Truman, Address to Congress, 12 March 1947, printed in Harry S. Truman, *Memoirs: Year of Decisions* (New York: Doubleday, 1955).

37. Dean Acheson, quoted in Joseph Jones, *Fifteen Weeks* (New York: Viking, 1955).

38. 约瑟夫·琼斯，同上。

39.《真理报》，1947 年 6 月 17 日。

40. George Kennan, quoted in Walter L. Hixson, *George F. Kennan: Cold War Iconoclast* (New York: Columbia University Press, 1989).

41. Walter L. Hixson，同上。

42. 丹尼斯·费兹杰拉尔德，同上。

43. Richard Bissell, *Reflections of a Cold Warrior: From Yalta to the Bay of Pigs* (New Haven: Yale University Press, 1996).

44. 引自美国争取思想自由组织（Americans for Intellectual Freedom）的联合声明，“Joint Statement on the Cultural and Scientific Conference for World Peace”, 1949 年 3 月（ACCF/NYU）。

45. Andrei Zhdanov, “Report on the International Situation”, *Politics and Ideology* (Moscow: 1949).

46. 同上。

47. 梅尔文·拉斯基致德怀特·麦克唐纳的信件，1947 年 10 月 10 日（DM/STER）。

48. Melvin Lasky, “The Need for a New, Overt Publication”, 7 December

1947 (OMGUS/RG260/NARA).

49. 同上。

50. 同上。

51. Melvin Lasky, "Towards a Prospectus for the 'American Review'", 9 December 1947 (OMGUS/RG260/NARA).

52. Jean Cocteau, quoted in Serge Guilbaut, "Postwar Painting Games", *Reconstructing Modernism* (Cambridge: MIT Press, 1990).

第二章

1.《审查政府有关情报活动行为的最后报告》（Washington: United States Government Printing Office, 1976）。此报告以下简称"1976 年丘奇委员会最后报告"。该委员会主席为弗兰克·丘奇参议员。

2. Norman Mailer, *Harlot's Ghost* (London: Michael Joseph, 1991).

3. 引自《纽约时报》，1966 年 4 月 25 日。

4. William Colby, *Honorable Men: My Life in the CIA* (New York: Simon & Schuster, 1978).

5. Drew Pearson, quoted in R. Harris Smith, *OSS*.

6. 汤姆·布雷顿，1996 年 7 月在弗吉尼亚的采访记录。

7. 引自 R. Harris Smith，同注 5。

8. 同上。

9. 同上。

10. Nicolas Nabokov, *Bagázh*.

11. George Kennan, quoted in Walter L. Hixson, *George F. Kennan*.

12. George Kennan (writing as "X"), "The Sources of Soviet Conduct", *Foreign Affairs*, vol.26, July 1947.

13. 乔治·坎南，1947 年 12 月在国家战争学院（National War College）的演讲，引自《国际先驱论坛报》，1997 年 5 月 28 日。

14. Deborah Larson, *The Origins of Containment: A Psychological*

Explanation (New Jersey: Princeton University Press, 1985).

15. 国家安全委员会指令 10/2，引自 1976 年丘奇委员会最后报告。

16. 同上。

17. 同上。

18. 同上。

19. Harry Rositzke, quoted in Evan Thomas, *The Very Best Men: The Early Years of the CIA* (New York: Touchstone, 1996).

20. 艾伦・杜勒斯，引自 Evan Thomas，同上。

21. 汤姆・布雷顿，1996 年 8 月在弗吉尼亚州的采访记录。

22. Harrison E. Salisbury, *Without Fear or Favor: The New York Times and its Times* (New York: Ballantine, 1980).

23. 埃德加・艾普尔怀特，引自 Evan Thomas，同注 19。

24.1976 年丘奇委员会最后报告。"在威斯纳的办公室里，赢家是提出项目最多的人。他借用的是律师事务所的范例：客户越多，案子就越多，报酬就越多。"见 Evan Thomas，同注 19。

25. 威廉・科尔比，同注 4。

26. Michael Josselson, "The Prelude to My Joining The 'Outfit'" (MJ/HRC).

27. 劳伦斯・德诺夫维尔，1997 年 2 月电话采访记录。

28. 乔治・坎南致尼古拉斯・纳勃科夫函，1948 年 7 月 14 日（NN/HRC）。

第三章

1. Arthur Miller, *Timebends*. 关于沃尔多夫・阿斯托里亚饭店的会议，亦见卡罗尔・布赖特曼，*Writing Dangerously: Mary McCarthy and Her World* (New York: Lime Tree, 1993)，以及尼古拉斯・纳勃科夫的绚丽却未必可靠的故事 *Bagázh: Memoirs of a Russian Cosmopolitan*。

2. Lionel Abel, quoted in Leonard Wallock (ed.), *New York 1940–1965* (New York: Rizzoli, 1988).

3. 贾森・爱泼斯坦，1994 年 6 月在纽约的采访记录。

4. 亚瑟・米勒，同注 1。

5. 尼古拉斯・纳勃科夫，同注 1。

6. 亚瑟・米勒，同前注。

7. Dmitri Shostakovich, *Testimony: The Memoirs of Dmitri Shostakovich*, Solomon Volkov (ed.) (New York: Harper & Row, 1979). 肖斯塔科维奇回忆录的“真实性”尚有某些疑问。鉴于此书出版于“公开性”时期之前，有人怀疑这些回忆录是苏联用来做宣传的。但是，且不管是否为宣传品，肖斯塔科维奇还是代表了东方集团中一批艺术家，他们对美国的反共分子头脑简单是感到愤怒的。

8. 诺曼・梅勒，引自卡罗尔・布赖特曼，同前注。

9. 亚瑟・米勒，同前注。

10. 尽管并非不可能，胡佛不一定读过《斯巴达克斯》的手稿。在联邦调查局迫害美国作家的行动中，作品的内容问题同作者的身份相比，总是处于次要地位。就霍华德・法斯特一案而言，他是记录在案的共产党员，又参加沃尔多夫饭店会议，仅此两点，已足以引起胡佛的愤怒了。见 Natalie Robins, *Alien Ink: The FBI's War on Freedom of Expression* (New York: William Morrow, 1992)。

11. Peter Coleman, *The Liberal Conspiracy*.

12. 尼古拉斯・纳勃科夫，见前注。

13. 梅尔文・拉斯基，1997 年 8 月在纽约的采访记录。

14. 尼古拉・恰罗蒙特，引自卡罗尔・布赖特曼，同前注。

15. 亚瑟・米勒，同前注。

16. 唐纳德・詹姆森，1994 年 6 月在纽约的采访记录。

第四章

1. Carol Brightman, *Writing Dangerously: Mary McCarthy and Her World* (New York: Lime Tree, 1993).

2. Ernest Bevin, “Top Secret Cabinet Paper on Future Foreign Publicity

Policy", 4 January 1948 (IRD/FO1110/PRO).

3. Robert Bruce Lockhart, *The Diaries of Robert Bruce Lockhart, 1939–1965*, Kenneth Young (ed.) (London: Macmillan, 1980).

4. 亚当·沃森，1998 年 8 月电话采访记录。

5. 拉尔夫·默里爵士致国防部参谋长信函，1948 年 6 月（IRD/FO1110/PRO）。

6. 亚当·沃森，1998 年 8 月电话采访记录。

7. 同注 2。

8. Mamaine Koestler, *Living with Koestler: Mamaine Koestler's Letters 1945–1951*, Celia Goodman (ed.) (London: Weidenfeld & Nicolson, 1985).

9. "正如辛克莱·刘易斯 1922 年的杰出小说中的主人公乔治·巴比特，中年时发生危机，一时受到波希米亚生活方式和浅薄的激进主义的美国价值观的影响。"见大卫·塞萨拉尼，*Arthur Koestler: The Homeless Mind* (London: William Heinemann, 1998)。塞萨拉尼的出色的传记详尽地叙述了 1948 年的美国之行。

10. Arthur Koestler, quoted in Iain Hamilton, *Koestler: A Biography* (London: Secker & Warburg, 1982).

11. Jean-Paul Sartre, *Les Temps modernes*, October 1954.

12. Michael Warner, "Origins of the Congress for Cultural Freedom", *Studies in Intelligence* vol.38/5, Summer 1995。沃纳作为中央情报局史写作班子的历史学家，可以接触到其他学者无从获得的机密材料。因此这篇文章极有价值，但其中也有几处错误以及一些故意省略之处，读时应记住这一点。

13. Arthur M. Schlesinger, Jr., *The Vital Center: A Fighting Faith* (Cambridge: Riverside Press, 1949).

14. 亚瑟·施莱辛格，1996 年 8 月在纽约的采访记录。

15. 卡罗尔·布赖特曼，1994 年 6 月在纽约的采访记录。

16. 罗伯特·布鲁斯·洛克哈特，见前注。

17. 同上。

18. 理查德·克罗斯曼致 C. D. 杰克逊信函，1948 年 8 月 27 日（CDJ/

DDE）。

19. HICOG 法兰克福，《评价报告》，1950 年（SD.CA/RG59/ NARA）。

20. Richard Crossman (ed.), *The God That Failed*.

21. Ignazio Silone, *Emergency Exit* (London: Gollancz, 1969).

22. 李・威廉姆斯，1994 年 6 月在华盛顿的采访记录。

23. IRD, Top Secret Cypher, 24 March 1949 (IRD/FO1110/PRO).

24. 同上。

25. Anthony Carew, “The American Labor Movement in Fizzland: The Free Trade Union Committee and the CIA”, Labor History, vol.39/1, February 1998.

26. 转引自 Michael Warner，见注 12。

27. 罗伯特・布鲁斯・洛克哈特，见前注。

28. 悉尼・胡克，引自彼得・科尔曼，*The Liberal Conspiracy*。

29. Sidney Hook, “Report on the International Day of Resistance to Dictatorship and War”, *Partisan Review*, vol.16/7, Fall 1949.

30. 同上。

31. Michael Warner，见注 12。

32. Sidney Hook，见注 29，着重号是胡克本人所加。

33. Arthur Miller, *Timebends*.

34. 弗兰克・威斯纳，引自 Michael Warner, 见注 12。

35. 露丝・费希尔，引自 Michael Warner, 见注 12。

36. 劳伦斯・德诺夫维尔，1997 年 2 月电话采访记录。

37. Michael Warner, 见注 12。

38. 同上。

39. 同上。

第五章

1. 亚瑟・施莱辛格，1996 年 4 月 30 日在纽约的采访记录。

2. Sidney Hook, *Politics*, Winter 1949.

3. Sidney Hook, "The Berlin Congress for Cultural Freedom", *Partisan Review*, vol.17/7, 1950.

4. Nicolas Nabokov, *Bagázh*.

5. Ignazio Silone, quoted in Celia Goodman (ed.), *Living with Koestler*.

6. 伊格纳齐奥・西洛尼，1930 年 4 月 3 日，载于 *La Stampa*，1996 年 4 月 30 日。

7. 伊格纳齐奥・西洛尼，引自彼得・科尔曼，*The Liberal Conspiracy*。

8. 亚瑟・凯斯特勒，引自彼得・科尔曼，同上。

9. 厄恩斯特・路透，引自文化自由代表宣传手册，未注明日期（CCF/CHI）。

10. 劳伦斯・德诺夫维尔，1997 年 2 月电话采访记录。

11. Mamaine Koestler, in Celia Goodman (ed.)，同注 5。

12. James Burnham, "Rhetoric and Peace", *Partisan Review*, vol.17/8, 1950.

13. 悉尼・胡克，见前注。

14. 詹姆斯・伯纳姆，见前注。

15. 休・特雷弗－罗珀，1994 年 7 月在伦敦的采访记录。

16. André Philip, "Summary of Proceedings", Berlin 1950 (CCF/CHI).

17. 梅尔文・拉斯基，1994 年在伦敦的采访记录。

18. 休・特雷弗－罗珀，见注 15。

19. 悉尼・胡克，见前注。

20. Arthur Koestler, quoted in Iain Hamilton, *Koestler*.

21. Edward Barrett, *Truth is our Weapon* (New York: Funk & Wagnalls, 1953)。其他许多人都与巴雷特有着同样的情绪。亚瑟・凯斯特勒有一次遇见一名美国记者。这名记者对他说："那些曾经是共产党员的人应该闭上嘴，隐居到一个修道院里去或一座荒岛上去，别再到处教训别人了。"巴雷特・迈里提到这些前共产党员充当通风报信者或线人还是有用的，这倒是很有意思的，这表明美国政府团结非共产党左派的秘密战略很快就要确定下来了。

22. 梅尔文・拉斯基，引自 *Boston Globe*，1950 年 6 月 24 日。

23. 劳伦斯・德诺夫维尔，1997 年 2 月电话采访记录。

24. 休・特雷弗－罗珀，见注 15。

25. 汤姆・布雷顿，1994 年 6 月在弗吉尼亚州的采访记录。

26. Mamaine Koestler, in Celia Goodman (ed.)，同注 5。

27. 《文化自由代表会宣言》，1950 年 7 月（CCF/CHI）。

28. 同上。

29. Quoted in Michael Warner, "Origins of the Congress for Cultural Freedom", *Studies in Intelligence* vol.38/5, Summer 1995.

第六章

1. Frank Wisner, "Berlin Congress for Cultural Freedom: Activities of Melvin Lasky", in Michael Warner, "Origins of the Congress for Cultural Freedom", *Studies in Intelligence* vol.38/5, Summer 1995.

2. Michael Warner，同上。并见 Evan Thomas, *The Very Best Men: The Early Years of the CIA*（New York: Touchstone, 1996），第 263 页脚注。

3. Edward Shils, "Remembering the Congress for Cultural Freedom", 1990（未发表的清样）。

4. 娜塔莎・斯彭德，1997 年 7 月在 Maussane 的采访记录。

5. 梅尔文・拉斯基，1997 年 8 月在伦敦的采访记录。

6. "为安全起见，所有中央情报局行动名称前都冠以由两个字母组成的秘密代号。"Evan Thomas，见前注。

7. 乔治・坝南致罗伯特・洛维特函，1948 年 6 月 30 日（SD.PPW/RG59/NARA）。

8. 汤姆・布雷顿，1996 年 7 月在弗吉尼亚州的采访记录。

9. E. Howard Hunt, *Undercover: Memoirs of an American Secret Agent* (California: Berkeley Publishing Corporation, 1974).

10. Miles Copeland, *National Review*, 11 September 1987.

11. C. D. 杰克逊致艾博特・沃什伯恩函，1953 年 2 月 2 日（CDJ/DDE）。

12. 詹姆斯・法雷尔致迈耶・夏皮罗函，1941 年 9 月 11 日（MS/COL）。

13. 卡罗尔・布赖特曼，1994 年 6 月在纽约的采访记录。

14. Arthur Koestler, "Immediate Tasks for the Transition Period", 4 July 1950 (IB/GMC).

15. 唐纳德・詹姆森，1994 年 6 月在华盛顿的采访记录。

16.《文化自由代表大会宣言》，1950 年 7 月（CCF/CHI）。

17. 亚瑟・施莱辛格致欧文・布朗函，1950 年 7 月 18 日（IB/GMC）。

18. 亚瑟・施莱辛格，1996 年 8 月在纽约的采访记录。

19. 同上。

20. Peter Vansittart, *In the Fifties* (London: John Murray, 1995).

21. Robert Bruce Lockhart, *The Diaries of Robert Bruce Lockhart, 1939–1965*.

22. James Simmons, "The Ballad of Bertrand Russell", *Judy Garland and the Cold War* (Belfast: Blackstaff Press, 1976).

23. Giles Scott-Smith, *The Politics of Apolitical Culture: The Congress for Cultural Freedom and the Cultural Identity of Post-War American Hegemony 1945–1960* (unpublished Ph.D thesis, Lancaster University, 1998).

24. 劳伦斯・德诺夫维尔，1997 年 2 月电话采访记录。

25. 尼古拉斯・纳勃科夫，1950 年 7 月在柏林文化自由代表大会上的讲话（CCF/CHI）。

26.C. D. 杰克逊致泰勒・波特函，1950 年 3 月 8 日（CDJ/DDE）。

27. 尼古拉斯・纳勃科夫致欧文・布朗函，1950 年 12 月 6 日（IB/GMC）。

28. 尼古拉斯・纳勃科夫致欧文・布朗函，1951 年 1 月 17 日（IB/GMC）。这笔额外的酬金究竟来自何处仍然不明。不过，此后不久，纳勃科夫的薪金补助即列入美国文化自由委员会的开支中，即由中央情报局的外围组织法菲尔德基金会的赠款中支付。

29. Tom Braden, "I'm Glad the CIA is 'Immoral'", *Saturday Evening Post*, 20 May 1967.

30. 威廉・科尔比，1994 年 6 月在华盛顿的采访记录。

31. 汤姆・布雷顿，同注 29。

32. 汤姆・布雷顿，1996 年 7 月在弗吉尼亚州的采访记录。

33. 同上。

34. 同上。

35. 国家安全委员会指令，1950 年 3 月， 转引自 Scott Lucas, “The Psychological Strategy Board”, *International History Review*, vol.18/2, May 1996。并见 Trevor Barnes, “The Secret Cold War: The CIA and American Foreign Policy in Europe 1946–56, part II”, *The Historical Journal*, vol. 25/3, September 1982。巴恩斯透露，关于克里姆林宫的全球霸权总体计划，中央情报局一批分析家有些怀疑。1949 年底制定的“拼图计划”（Project Jigsaw）对于世界共产主义提出了属于绝密的看法，该计划认为并不存在所谓的总体计划，即使克里姆林宫企图操纵其他国家的共产党的话。“拼图计划”之所以制定很可能是受到坎南的影响。当时他正在重新考虑他对苏联的看法。“拼图计划”得出的结论是如此离经叛道，以致还没有出中央情报局就夭折了。

36. Edward Barrett, *Truth is our Weapon*.

37. 汤姆·布雷顿，1994 年 6 月在弗古尼亚州的采访记录。布雷顿用了另一种说法，叫作“为从思想上争取毕加索而战”。从字面即可看到，这一任务是徒劳的。在巴黎光复后，一位在美军中服役的美国年轻画家为执行这项任务走进了毕加索的画室。当时已是上午很晚的时候，但毕加索刚刚起床，身上只穿着一条内裤，站在床边，一手举着一份法共报纸《人道报》，一只胳膊扬起，让他雇用的杂工 Jaime Sabartès 将其穿进衬衫的袖子里，然后倒过手来再穿进另一只袖子。这时毕加索正打算加入共产党，他向全世界宣告，“加入共产党犹如走进一汪清泉”。这一场景，在 Antony Beevor 和 Artemis Cooper 所著 *Paris After the Liberation, 1944–1949* 中也有相应的描述。

38. 同注 29。

39. 亚瑟·凯斯特勒致伯特兰·罗素函，1950 年，转引自彼得·科尔曼，*The Liberal Conspiracy*。

40. 布雷顿还建立其他一大批属于国际组织处的外围机构，任命了一批负责人，以此同苏联抗衡。共产党有国际民主律师协会，他就建立了国际法学家委员会；以此类推，以争取自由欧洲委员会对世界和平理事会，以国际妇女委员会对付共产党情报局支持的国际妇女民主联合会，以中央情报局渗入其中的全国学生协会对付国际学生联合会，以世界青年大会对付世界民主青年联合会，以国际自由记者联合会对付国际新闻工作者组织，以国际自由工会联合会对付世界工会联合会。

41. 劳伦斯・德诺夫维尔，1997 年 2 月电话采访记录。

42. Nicolas Nabokov, *Bagázh*.

43. 纳勃科夫致伯纳姆函，1951 年 6 月 6 日（CCF/CHI）。

44. 卡罗尔・布赖特曼，1994 年 6 月在纽约的采访记录。

45. 戴安娜・乔斯尔森，1997 年 3 月在日内瓦的采访记录。

46. 纳勃科夫致伯纳姆函，1951 年 6 月 27 日（CCF/CHI）。

47. 彼得・科尔曼，见前注。

48. 弗朗索瓦・邦迪和乔治・奥尔特曼致迈克尔·乔斯尔森函，1950 年 10 月（IB/GMC）。

49. 纳勃科夫致欧文・布朗函，1951 年 9 月 3 日（IB/GMC）。

50. 当时有充分的理由要将意大利分支机构的反教权主义的喧嚣平静下去。中央情报局正在利用全欧洲的天主教工会组织来对付共产党占主导地位的劳工组织，作为这一计划的一个组成部分，劳伦斯・德诺夫维尔正在同梵蒂冈举行高度敏感的商谈。中央情报局自己的组织公开批评教廷可能使它陷入困境。

51. 纳勃科夫致伯纳姆函，1951 年 6 月 6 日（CCF/CHI）。

52. 同上。

第七章

1. 汤姆・布雷顿，1996 年 7 月在弗吉尼亚州的采访记录。

2. 劳伦斯・德诺夫维尔，1997 年 2 月电话采访记录。

3. Richard Bissell, *Reflections of a Cold Warrior*.

4. 劳伦斯・德诺夫维尔，同注 2。

5. 唐纳德・詹姆森，1994 年 6 月在华盛顿的采访记录。

6. 同上。

7. 劳伦斯・德诺夫维尔，同注 2。

8. 汤姆・布雷顿，1994 年 6 月在弗吉尼亚州的采访记录。

9. 约翰・亨特，1997 年在 Uzés 的采访记录。

10. Walter Laqueur, “Anti-Communism Abroad: A Memoir of the Congress for Cultural Freedom”, *Partisan Review*, Spring 1996.

11. 本・索南伯格，1997 年 2 月在纽约的采访记录。1952 年底，在贾斯珀・里德利被任命为英国文化自由学会书记之后，他被召到巴黎，要他解释他为什么要隐瞒他参加过共产党的事实。据戴安娜・乔斯尔森说，她的丈夫奉中央情报局之命必须对代表大会的聘用人员进行审查，任何这方面的失察都会使他在华盛顿那方面显得“非常愚蠢”。据里德利讲，随之而来的审查令人毛骨悚然：“纳勃科夫盘问我，但他的问题和我的回答常常被乔斯尔森打断，他在房间里走来走去，咆吼着提问或插话……我觉得他好像是个演员，扮演一个盛气凌人、蛮横粗暴的苏联党政官员。”摘自 1997 年 8 月对里德利的电话采访记录。

12. 迈克尔・古德温致尼古拉斯・纳勃科夫函，1952 年 1 月 15 日（CCF/CHI）。

13. 戴安娜・乔斯尔森，1997 年 3 月在日内瓦的采访记录。

14. 尼古拉斯・纳勃科夫致迈克尔・古德温函，1951 年 12 月 19 日（CCF/CHI）。

15. 迈克尔・古德温致尼古拉斯・纳勃科夫函，1951 年 12 月 31 日（CCF/CHI）。

16. 根据贾斯珀・里德利回忆，斯彭德会毫不掩饰以敌对态度对待别人。大约就在此时，里德利到他家去商讨一些有关英国文化自由学会的事，发现斯彭德铁青着脸，情绪极坏。他的妻子娜塔莎“更甚，她接着弹她的钢琴，也不同我打招呼，甚至不回头看我一眼”。根据 1997 年 8 月对里德利的电话采访记录。

17. 约翰・克鲁斯致尼古斯拉斯・纳勃科夫函，1952 年 6 月 27 日（CCF/CHI）。

18. 贾斯珀・里德利，1997 年 8 月电话采访记录。

第八章

1. 尼古拉斯·纳勃科夫致欧文·布朗函（未注明日期），1951 年（IB/GMC）。

2. 梅尔文·拉斯基，1997 年在伦敦的采访记录。

3. 尼古拉斯·纳勃科夫致欧文·布朗函（未注明日期），1951 年（IB/GMC）。

4. 汤姆·布雷顿，1996 年 7 月在弗吉尼亚州的采访记录。

5. Thomas Jennings,，美国驻马赛领事馆公共事务官员，致国务院的报告：《关于史密斯学院室内歌唱家在法国南部举行音乐会的报告》，1952 年 8 月 11 日（SD.CA/RG59/NARA）。

6. 汤姆·布雷顿，同注 4。

7. Susan Sontag, “Pilgrimage”, *The New Yorker*, 21 December 1987.

8. 尼古拉斯·纳勃科夫致欧文·布朗函（无日期），1951 年（IB/GMC）。

9. 艾尔伯特·唐纳利致朱利叶斯·弗莱希曼函，1951 年 11 月（ACCF/NYU）。美国并不阻拦那些“合适的”非洲裔美国人出国，但显然不包括危及美国利益的非裔美国人。当著名的众议院议员、前哈莱姆区的牧师亚当·克莱顿·鲍威尔牧师（the Reverend Adam Clayton Powell）于 1955 年宣布他将参加万隆会议时，C. D. 杰克逊企图说服纳尔逊·洛克菲勒拒发签证，理由是“不久前（鲍威尔）讨好共产党的行为令人吃惊”。见 C. D. 杰克逊致纳尔逊·洛克菲勒函，1955 年 3 月 28 日（CDI/DDE）。

10. 詹姆斯·约翰逊·斯威尼 1952 年 4 月 18 日举行的新闻发布会（ACCF/NYU）。

11. 转引自美国驻巴黎大使馆致国务院的报告“当地报纸对文化自由代表大会的反应”，1952 年 5 月 9 日（SD.CA/RG59/NARA）。

12. Janet Flanner, “Letter from Paris”, *The New Yorker*, 20 May 1952.

13. Janet Flanner, “Festival of Free World Arts”, *Freedom and Union*, September 1952.

14. 盖伊·杜慕，《战斗报》，转引自美国驻巴黎大使馆致国务院的报告“当地报纸对文化自由代表大会的反应”，1952 年 5 月 9 日。

15. 《战斗报》，同上。

16. 瑟奇・利法，同上。

17. 《义勇军》，同上。

18. 《人道报》，同上。

19. C. D. 杰克逊致克劳斯・多恩函，1956 年 8 月 16 日（CD/DDE）。

20. 珍妮特・弗兰纳，同注 13。

21. 劳伦斯・德诺夫维尔，1997 年 2 月电话采访记录。

22. 梅尔文・拉斯基，1997 年 8 月在伦敦的采访记录。

23. 戴安娜・乔斯尔森，1997 年 5 月在日内瓦的采访记录。

24. C. D. 杰克逊致弗朗西斯・哈奇函，1952 年 9 月 5 日（CDJ/DDE）。

25. 汤姆・布雷顿，1994 年 6 月在弗吉尼亚州的采访记录。

26. 法菲尔德基金会的宣传手册（CCF/CHI）。

27. 汤姆・布雷顿，1996 年 8 月在弗吉尼亚州的采访记录。

28. 汤姆・布雷顿，1997 年 10 月电话采访记录。

29. 汤姆・布雷顿，1994 年 6 月在弗吉尼亚州的采访记录。

30. 戴安娜・乔斯尔森，1997 年 3 月在日内瓦的采访记录。

31. 同上。

32. Nicolas Nabokov, *Bagázh*.

33. Graham Greene, *The Quiet American* (London: Bodley Head, 1955).

第九章

1. 自由欧洲委员会（法人团体）注册证书（1949 年 5 月 11 日）（CDJ/DDE）。

2. Dean Acheson, quoted in G. J. A. O'Toole, *Honorable Treachery: A History of U. S. Intelligence, Espionage, and Covert Action from the American Revolution to the CIA* (New York: Atlantic Monthly Press, 1991）.

3. 自由欧洲委员会（法人团体）注册证书（同注 1）。根据该委员会的

《友好电台的秘密报告》（Confidential Report on Friendship Stations），委员会的主要任务之一"加强瓦解苏联权力中心的心理压力，并为进攻性冷战制造心理武器"。该报告还强调，"宣传与行动脱钩最终会使使用者受害"，从 1956 年匈牙利事件看，这一警告应当说是非常及时的（见第十八章）。

4. Blanche Wiesen Cook, *The Declassified Eisenhower: A Divided Legacy of Peace and Political Warfare* (New York: Doubleday, 1981).

5. Harrison E. Salisbury, *Without Fear or Favor*.

6. 唐纳德·詹姆森，1994 年 6 月在华盛顿的采访记录。

7. 自由欧洲全国委员会，"向委员会成员的报告"，1951 年 1 月 5 日（CDJ/DDE）。

8. 菲利普·巴伯，自由欧洲电台委员会，致弗兰克·阿特休的研究部报告（Report from Research Department），1950 年 3 月 23 日（FA/COL）。

9. Henry Kissinger, *The White House Years* (London: Weidenfeld & Nicolson, 1979).

10. 珍妮特·巴恩斯，引自 Evan Thomas, *The Very Best Men*。为托马斯写这本书，中央情报局史无前例地为他提供了方便，书名中"最杰出的人"的家庭也予以配合。作为历史研究和人物集体传记，该书都是迄今最可靠的资料，对我的写作帮助很大。

11. 威廉·科尔比，1994 年 6 月在华盛顿的采访记录。

12. 李·威廉姆斯，1994 年 6 月在华盛顿的采访记录。

13. J. M. 卡普兰致艾伦·杜勒斯函，1956 年 8 月 10 日（CDJ/DDE）。

14. 考克斯委员会的最后报告，1952 年，转引自 René Wormser, *Foundations: Their Power and Influence* (New York: Devin-Adair, 1958)。

15. 丘奇委员会的最后报告，1976 年。

16. 同上。

17. 汤姆·布雷顿，1994 年 6 月在弗吉尼亚州的采访记录。

18. Cord Meyer, *Facing Reality: From World Federalism to the CIA* (Maryland: University Press of America, 1980).

19. Richard Bissell, *Reflections of a Cold Warrior*.

20. James Laughlin, quoted in Kathleen D. McCarthy, "From Cold War to Cultural Development: The International Cultural Activities of the Ford Foundation 1950–1980", *Daedalus*, vol.116/1, Winter 1987.

21. 引自 Kathleen D. McCarthy，同上。

22. 欧文·克里斯托尔致斯蒂芬·斯彭德函，1953 年 3 月 25 日（CCF/CHI）。

23. 凯·伯德，1994 年 6 月在华盛顿的采访记录。

24. 约翰·亨特，1997 年 7 月在 Uzés 的采访记录。

25. 汤姆·布雷顿，1996 年 8 月在弗吉尼亚州的采访记录。

26. Neil Berry, "Encounter", *London Magazine*, February–March 1995.

第十章

1. 沃尔特·罗斯托，1997 年 7 月电话采访记录。

2. C. D. Jackson, "Notes of meeting", 28 April 1952 (CDJ/DDE).

3. Dwight D. Eisenhower, quoted in Blanche Wiesen Cook, *The Declassified Eisenhower*.

4. 查尔斯·伯顿·马歇尔致沃尔特·斯托塞尔函，1953 年 5 月 18 日（CDJ/DDE）。

5. 同上。

6. 同上。

7. 唐纳德·詹姆森，1994 年在华盛顿的采访记录。"根据（中央情报局的）的看法，其形象就像是一条用很长的绳子牵着的狗。有些知识分子据说是致力于自由和独立事业。中央情报局在他们身上取得成功，重要的一点就是应该让他们处于'不知情状态'，因为当他们好像都'不知情'，他们就能同中央情报局的政治保持一致，甚至与之合作，因而也就能发挥更大的作用。"见理查德·埃尔曼，*The Aesthetics of the CIA*（未发表的手稿）。

8. Raymond Allen, quoted in Scott Lucas, "The Psychological Strategy Board", *International History Review*, vol.18/2, May 1996.

9. Psychological Strategy Board, "US Doctrinal Program", 29 June 1953 (PSB/DDE).

10. Scott Lucas，见注 8。

11. C. D. Jackson, Log Files (CDJ/DDE).

12. 同上。

13. C. D. 杰克逊致亨利·鲁斯函，1958 年 4 月 28 日（CDJ/DDE）。

14. C. D. 杰克逊致艾博特·沃什伯恩函，1953 年 2 月 2 日（CDJ/DDE）。

15. 劳伦斯·德诺夫维尔，1997 年 4 月电话采访记录。

16. 戴安娜·乔斯尔森，1997 年 3 月在日内瓦的采访记录。

17. 同上。

18. 同上。

19. 同上。欧文·布朗有着许多关系，三教九流无所不包。由于他手头有巨额现金可支配，所以与他交往的人中间不乏危险人物。新近发现的文件表明，联邦毒品局在 20 世纪 60 年代中期曾跟踪过他，怀疑他有贩毒嫌疑（或将贩毒所得转移到美国，进行洗钱活动）。这些文件将布朗与法国犯罪团伙的头目联系在一起，并且与意大利黑手党同伙也联系起来。见联邦毒品局备忘录，1965 年 10 月。托尼·卡鲁给我看过这些文件，在此谨向他致谢。

20. 汤姆·布雷顿，1966 年 7 月在弗吉尼亚州的采访记录。

21. 戴安娜·乔斯尔森，1997 年 3 月在日内瓦的采访记录。

第十一章

1. 贾森·爱泼斯坦，1996 年 7 月在华盛顿的采访记录。

2. 欧文·克里斯托尔，1996 年 7 月在华盛顿的采访记录。

3. 约翰·亨特，1997 年 7 月在 Uzes 的采访记录。

4. 戈登·格雷 1951 年 10 月 4 日致胡克的一封信函中提到悉尼·胡克与中央情报局和心理战略委员会的关系（GG/DDE）。据劳伦斯·德诺夫维尔说，胡克是“中央情报局在共同感兴趣的问题上的正式顾问”。1955 年，胡克在中央情报局直接与艾伦·杜勒斯和科德·迈耶商谈有关美国文化自由委员会的经费得到确定的保障的问题。

5. Sidney Hook, "To Counter the Big Lie – A Basic Strategy", *New York Times Magazine*, 11 March 1951.

6. Elliot Cohen, quoted in Peter Coleman, *The Liberal Conspiracy*.

7. Norbert Muhlen, quoted in Peter Coleman，同上。

8. "Our Country and Our Culture", *Partisan Review*, May–June 1952.

9. Norman Podhoretz, *Making It* (London: Jonathan Cape, 1968).

10. William Phillips, quoted in Leonard Wallock (ed.), New York.

11. Lionel Trilling, quoted in Leonard Wallock, 同上。

12. 卡罗尔·布赖特曼，1994 年 6 月在纽约的采访记录。

13. 引自 Leonard Wallock，同注 10。

14. Dwight Macdonald, "Politics Past", *Encounter*, March 1957.

15. Michael Wreszin, *A Rebel in Defense of Tradition: The Life and Politics of Dwight Macdonald* (New York: Basic Books, 1994).

16. Philip Rahv, quoted in Hugh Wilford, *The New York Intellectuals* (Manchester: Manchester University Press, 1995).

17. 丹尼尔·贝尔致约翰·利奥纳德（《星期日泰晤士报报书评》编辑）的信函，1972 年 10 月 16 日（MJ/HRC）。

18. 贾森·爱泼斯坦，1994 年 6 月在纽约的采访记录。

19. 悉尼·胡克致欧文·布朗函，1951 年 10 月 31 日（IB/GMC）。

20. 汤姆·布雷顿，1996 年 8 月在弗吉尼亚州的采访记录。

21. C. D. 杰克逊致艾博特·沃什伯恩函，1953 年 2 月 2 日（CDJ/DDE）。

22. Richard Fletcher, "How CIA Money Took the Teeth out of British Socialism", in Philip Agee and Louis Wolf, *Dirty Work: The CIA in Western Europe* (New York: Dorset Press, 1978).

23. 汤姆·布雷顿，1998 年 6 月电话采访记录。

第十二章

1. 贾斯珀•里德利，1997年8月电话采访记录。1952年1月15日，麦克尔•古德温对尼古拉斯·纳勃科夫说：“我完全同意将《新政治家》作为重大目标，必须对之采取有步骤的措施。”（CCF/CHI）古德温付出的努力还不足以使他的秘密后台老板满意。后来由美国文化自由委员会接手来实施华盛顿感兴趣的破坏《新政治家》影响力的计划。华盛顿对于这本刊物对共产主义采取的调和态度思想上懈怠十分不满，建议“公布一份‘《新政治家与国家》的清单’，揭露该刊对极权主义的妥协路线，向全世界能阅读英语的知识分子发行。”美国文化自由委员会备忘录，1955 年 1 月 6 日（ACCF/NYU）。

2. Malcolm Muggeridge, *Like It Was* (London: Collins, 1981).

3. 托斯科·法夫尔致欧文·布朗函，1951 年 8 月 4 日（IB/GMC）。

4. C. D. 杰克逊致威廉·格里芬函，1953 年 5 月 11 日（CDJ/DDE）。

5. Kim Philby, *My Silent War* (New York: Grove Press, 1968).

6. 同上。

7. Christopher Montague Woodhouse, *Something Ventured* (London: Granada, 1982).

8. 同上。

9. 金·罗斯福 1958 年离开中央情报局，接着成为华盛顿一家公关公司的合伙人，他代表的国际客户中包括伊朗政府。

10. Stephen Spender, “My Parents”, in *Collected Poems, 1928–1985* (London: Faber & Faber, 1985).

11. Stephen Spender, *Journals, 1939–1983* (London: Faber & Faber, 1985).

12. 安尼塔·克莫德，1997 年 7 月在德文的采访记录。

13. Stephen Spender, “We Can Win the Battle for the Mind of Europe”, *New York Times Magazine*, 25 April 1948.

14. 同上。

15. Raymond Aron, “Does Europe Welcome American Leadership?”, *Saturday Review*, 13 January 1951.

16. 斯图尔特・汉普夏尔，1997 年 12 月在牛津的采访记录。

17. 娜塔莎・斯彭德，1997 年 8 月电话采访记录。

18. 欧文•克里斯托尔致弗雷德里克•沃伯格函，1953 年 2 月 26 日（ACCF/NYU）。

19. 迈克尔・乔斯尔森致斯蒂芬・斯彭德函，1953 年 5 月 27 日（CCF/CHI）。

20. 克里斯托弗・蒙蒂・伍德豪斯，1997 年 7 月电话采访记录。

21. 劳伦斯・德诺夫维尔，1997 年 4 月电话采访记录。

22. Malcolm Muggeridge, “An Anatomy of Neutralism”, *Time*, 2 November 1953.

23. Malcolm Muggeridge, *Chronicles of Wasted Time: The Infernal Grove* (London: Collins, 1973).

24. 贾斯帕・里德利致本书作者函，1997 年 10 月 31 日。

25. 迈克尔・乔斯尔森致斯蒂芬・斯彭德函，1953 年 3 月 5 日（MT/HRC）。

26. 斯蒂芬・斯彭德致欧文・克里斯托尔函，无日期（ACCF/NYU）。

27. 欧文•克里斯托尔致斯蒂芬•斯彭德，1953 年 3 月 26 日（ACCF/NYU）。

28. 克里斯托弗・蒙蒂・伍德豪斯，1997 年 7 月电话采访记录。

29. 欧文・克里斯托尔，1994 年 6 月在华盛顿的采访记录。

30. 斯蒂芬・斯彭德，1994 年 7 月在伦敦的采访记录。

31. Philip Larkin, in *Selected Letters of Philip Larkin, 1940–1985* (London: Faber & Faber, 1992).

32. 约翰・汤普森，1996 年 8 月的电话采访记录。

33. 娜塔莎・斯彭德，1997 年 9 月在 Maussane 的采访记录。

34. 欧文・克里斯托尔致迈克尔・乔斯尔森函，1953 年 9 月 15 日（CCF/CHI）。

35. 欧文・克里斯托尔致迈克尔・乔斯尔森函，1953 年 9 月 16 日（CCF/CHI）。

36. Judge Irving Kaufman, quoted in *New York Times*, 5 April 1951.

37. Jean-Paul Sartre, quoted in Stephen J. Whitfield, *The Culture of the Cold War* (Baltimore: Johns Hopkins University Press, 1991).

38. Ben Bradlee, *A Good Life: Newspapering and Other Adventures* (London: Simon & Schuster, 1995).

39. 梅尔文・拉斯基，1997 年 8 月在伦敦的采访记录。

40. 道格拉斯・狄龙致国务院，1953 年 5 月 15 日（CJD/DDE）。

41. 鲍恩•埃文斯，情报研究室（Office of Intelligence Research），致杰西•麦克奈特，心理战略委员会函，1953 年 1 月 14 日（PSB/DDE）。

42. 道格拉斯・狄龙致国务院，1953 年 5 月 15 日（CJD/DDE）。

43. 查尔斯・塔奎致 C．E．约翰逊（心理战略委员会）函，1953 年 3 月 29 日（CJD/DDE）。

44. C. D. 杰克逊致赫伯特・布劳内尔函，1953 年 2 月 23 日（CJD/DDE）。

45. C. D. 杰克逊，存档备忘录，1953 年 5 月 27 日（CJD/DDE）。

46. 内阁会议的手写笔记，1953 年 6 月 19 日（WHO/DDE）。

47. 同上。

48. 同上。

49. 戴安娜・乔斯尔森，1997 年 3 月在日内瓦的采访记录。

50. 美国文化自由委员会致艾森豪威尔总统，1953 年 6 月 13 日（CCF/CHI）。

51. 戴安娜・乔斯尔森，1997 年 3 月在日内瓦的采访记录。

52. Quoted in Hugh Wilford, *The New York Intellectuals*.

53. Leslie Fiedler, “A Postscript to the Rosenberg Case”, *Encounter*, October 1953.

54. 阿尔杰・希斯本来是一名很有前途的外交官，但在 1949 年因涉嫌为苏联充当间谍丢掉了在国务院的锦绣前程。联邦法院认定他犯有作伪证罪，一时间关于他的新闻充斥美国报纸，从而损害了美国作为一个国家的声誉。最后，虽然没有以间谍罪论处，还是被判处犯有伪证罪，1950 年 1 月被判处 5 年监禁，锒铛入狱。

55. 同注 53。

56. 詹姆斯・T. 法雷尔致迈耶・夏皮罗函，1940 年 9 月 4 日（MS/COL）。

57. 悉尼・胡克，引自欧文・克里斯托尔致迈克尔・乔斯尔森函，1953 年 8 月 4 日（CCF/CHI）。

58. E. M. 福斯特，引自斯蒂芬・斯彭德致迈克尔・乔斯尔森函，1953 年 10 月 22 日（MS/COL）。

59. 斯蒂芬・斯彭德致迈克尔・乔斯尔森函，同上。

60. 同上。

61. 娜塔莎・斯彭德，1997 年 5 月电话采访记录。

62. 克里斯托弗・蒙蒂・伍德豪斯，1997 年 12 月电话采访记录。伍德豪斯偶尔在社交场合遇见斯彭德。他也是《邂逅》杂志的撰稿人，不过他十分谨慎地掩盖了他与军情六处的从属关系，杂志的编辑和读者自然也就不了解他的底细了。

63. 斯蒂芬・斯彭德致迈克尔・乔斯尔森函，1953 年 10 月 22 日（CCF/CHI）。

64. Anthony Hartley, the *Spectator*, 9 October 1953。这时，如果说哈特利心怀疑虑的话，那么他一定是认为自己犯了错误了。1962 年，他担任了《旁观者》杂志的外聘编辑，他一半的工资是由《邂逅》杂志支付，这一安排最终使他与梅尔文・拉斯基一道担任了该杂志的联合编辑。这是某种转化工作的方式。无论是《邂逅》杂志还是代表大会，迈克尔・乔斯尔森都注意跟踪那些批评意见，然后费尽心计把这些批评者“争取过来”。1955 年《新政治家与国家》表示对《邂逅》杂志不甚信任，因为这一刊物明显地是接受补贴的，人们想知道究竟是什么人在出钱，是什么人在为杂志制定办创“路线”，乔斯尔森就此事打了报告，几个月之后，大卫・戴希斯作为《邂逅》杂志的撰稿人就发动了运动，规模虽然不大，其意义却是重大。尼尔・贝里将这场运动称之为《邂逅》杂志发动的“打破《新政治家》在意识形态上的霸权地位的战役”。Neil Berry, “Encounter”, *London Magazine*, February–March 1995.

65. 格雷厄姆・霍夫，BBC 第三台广播稿，1954 年 5 月（CCF/CHI）。

66. A. J. P. Taylor, *Listener*, 8 October 1953.

67. 玛丽・麦卡锡致汉纳・阿伦德函，收于卡罗尔・布赖特曼所编 *Between Friends: The Correspondence of Hannah Arendt and Mary McCarthy 1949–1975* (London: Secker & Warburg, 1995)。

68. 理查德・沃尔海姆，1997 年 12 月电话采访记录。

69. 斯蒂芬・斯彭德致欧文・克里斯托尔函，1954 年 4 月 24 日（CCF/CHI）。

70. 迈克尔・乔斯尔森致欧文・克里斯托尔函，1954 年 10 月 4 日（CCF/CHI）。

71. 斯蒂芬・斯彭德致迈克尔・乔斯尔森函，1955 年 7 月 10 日（CCF/CHI）。

第十三章

1. Susan Mary Alsop, *To Marietta from Paris*.

2. Richard Rovere, quoted in Stephen Whitfield, *The Culture of the Cold War*.

3. Arthur Miller, *Timebends*.

4. 威廉・科尔比 , 1994 年 6 月在华盛顿的采访记录。

5. Howard Fast, quoted in Natalie Robins, *Alien Ink*.

6. Quoted in Stephen Whitfield，同注 2。

7. Stephen Whitfield，同注 2。

8. Quoted in Taylor D. Littleton and Maltby Sykes, *Advancing American Art: Painting, Politics and Cultural Confrontation* (Alabama: University of Alabama Press, 1989).

9. 国务院与美国新闻署间来往电报，1953 年 4—7 月（SD.CA/RG59/NARA）。

10. 美国驻巴黎大使馆致国务院报告，1953 年 4 月 20 日（SD.CA/RG59/NARA）。

11. 汤姆・布雷顿听到托马斯・曼“倒戈”回到欧洲的消息十分震惊，

而曼也确实于 1952 年回到欧洲，再也没有回来。

12. Stephen Whitfield，同注 2。

13. Natalie Robins，同注 5。

14. 同上。

15. 亚瑟·米勒，同注 3。

16. 默里·肯普顿，引自 Natalie Robins，同注 5。

17. 内阁会议手写记录，1953 年 7 月 10 日（WHO/DDE）。

18. Robert W. Merry, *Taking on the World: Joseph and Stewart Alsop, Guardians of the American Century* (New York: Viking Penguin, 1996).

19. Lyman Kirkpatrick, *The Real CIA* (New York: Macmillan, 1968).

20. 同上。

21. Roy Cohn, *McCarthy* (New York: New American Library, 1968).

22. 亚瑟·施莱辛格，1994 年 6 月在纽约的采访记录。

23. 约翰·亨特，1997 年 7 月在 Uzés 的采访记录。

24. 凯·伯德，1994 年 6 月在华盛顿的采访记录。

25. 詹姆斯·T. 法雷尔，引自美国文化自由委员会的“计划会议记录”，1952 年 3 月 1 日（IB/GMC）。

26. 德怀特·麦克唐纳，同上。

27. 伯特伦·沃尔夫，同上。

28. Boris Shub，同上。

29. 理查德·罗维尔，同上。

30. 玛丽·麦卡锡致汉纳·阿伦特函，1952 年 3 月 14 日，转引自卡罗尔·布赖特曼所编 *Between Friends*。

31. 同上。

32. 同上。

33. Max Eastman, “Who Threatens Cultural Freedom in America?”, 29 March 1952 (ACCF/NYU).

34. 同上。

35. Richard Rovere, “Communists in a Free Society”, 29 March 1952

(ACCF/NYU).

36. 亚瑟·施莱辛格，1996 年 8 月在纽约的采访记录。

37. 弗兰克·威斯纳，中央情报局副局长，致政策协调局助理副局长，转引自 Michael Warner (ed.) *Cold War Records: The CIA Under Harry Truman* (Washington: Center for the Study of Intelligence, CIA, 1994)。

38. 同上。

39. 亚瑟·施莱辛格致尼古拉斯·纳勃科夫函，1951 年 6 月 18 日（NN/HRC）。

40. 根据 1976 年丘奇委员会的最后报告，所谓的“后援”，是中央情报局的用语，指的是“中央情报局的特工或掩护机构在受到盘问以证实其掩护身的可信性时，后援组织可以提供必要的证明或支持”。

41. 汤姆·布雷顿，1997 年 10 月电话采访记录。

42. 贾斯珀·里德利致作者函，1997 年 10 月 31 日。

43. T. R. Fyvel, “The Broken Dialogue”, *Encounter*, April 1954.

44. Leslie Fiedler, “McCarthy”, *Encounter*, August 1954.

45. Peregrine Worsthorne, “America – Conscience or Shield?”, *Encounter*, November 1954.

46. 这种“把麦卡锡视为一个个人而不是一场运动”的观点同中央情报局对这个问题的看法是一致的。有理由认为纳勃科夫是在重复威斯纳在这个问题上采取的路线。莱斯利·费德勒在《邂逅》杂志上发表的文章（见注 44）也是这样。这篇文章强调麦卡锡就像“一个有生命的奇形怪状的雕像，他那瘫痪的头颅不断地颤动”。

47. 尼古拉斯·纳勃科夫致亚瑟·施莱辛格函，1952 年 4 月 21 日（ACCF/NYU）。

48. 李·威廉姆斯，1996 年 7 月在华盛顿的采访记录。

49. John Steinbeck, quoted in Peter Vansittart, *In the Fifties*.

50. John Henry Faulk, quoted in Peter Vansittart，同上。

51. Joseph and Stewart Alsop, “Why Has Washington Gone Crazy?”, *Saturday Evening Post*, 29 July 1950.

52. 同上。

53. Sidney Hook, “To Counter the Big Lie – A Basic Strategy”, *New York Times Magazine*, 11 March 1951.

54. 欧文•克里斯托尔致《纽约时报》函，1952 年8月10日（ACCF/NYU）。

55. 斯蒂芬 • 斯彭德致切斯劳 • 莫利茨函，1953 年 10 月 12 日（CCF/CHI）。

56. 汤姆 • 布雷顿，1996 年 7 月在弗吉尼亚州的采访记录。

57. 梅尔文 • 拉斯基，1997 年 8 月在伦敦的采访记录。

58. 迈克尔 • 乔斯尔森致夏泼德 • 斯通函，1968 年 1 月 12 日（MJ/HRC）。

59. 玛丽•麦卡锡致汉纳•阿伦特函，1952 年 12 月 2 日，收入卡罗尔•布赖特曼所编 *Between Friends*。

60. 罗伊 • 科恩，同注 21。

61. 汤姆 • 布雷顿，1996 年 7 月在弗吉尼亚州的采访记录。

62. R. Harris Smith, *OSS*.

63. 同上。

64. Cord Meyer, *Facing Reality*.

65. 同上。

66. Dwight Macdonald, quoted in Michael Wreszin, *A Rebel in Defense of Tradition*.

67. 同注 8。

68. William Fulbright, “In Thrall to Fear”, *The New Yorker*, 8 January 1972.

69. Richard Bissell, *Reflections of a Cold Warrior*.

70. Tom Braden, “What’s Wrong with the CIA?”, *Saturday Review*, 5 April 1975.

第十四章

1.1961 年，乔斯尔森决定停办《科学与自由》。金斯利 • 马丁声称，这一决定是出于冷战病的发作，因为科学与自由委员在筹划召开一次有关核能政治的公开研讨会，而乔斯尔森是原子弹的狂热的拥护者。他可能对波拉尼的意图有所保留。此时一切迹象表明波拉尼患有精神病，也许是一种精神崩溃吧，所以一切都难以预料。乔斯尔森决定赞助创办一家新的更学术性的季刊叫作米涅瓦（Minerva）*，由爱德华·希尔斯担任编辑。

2. Peter Coleman, *The Liberal Conspiracy*.

3. 同上。

4. 迈克尔·乔斯尔森致沃尔特·拉奎尔函，1955年4月1日（CCF/CHI）。

5. 彼得·科尔曼，同注2。

6. 詹姆斯·麦考利，在澳大利亚创办杂志的建议，无日期（IB/GMC）。詹姆斯·麦考利是彼得·科尔曼的继任者，科尔曼于1989年出版了 *The Liberal Conspiracy*。作者称他的这一著作将完整地讲述文化自由代表大会的来龙去脉。但是科尔曼也承认，关于中央情报局介入代表大会究竟有多深，他“没有能从官方资料中获得重要信息”。由于缺乏这种信息，于是他就认定，“谁出钱，谁接受钱，如何支付这些钱，为什么要给钱这类大鳖加匕首的问题”并不重要，可以略而不谈。他作为这个组织的前活动分子，尽管他带有派性，由他这个代表大会的官方历史学家来写这个组织的事，其可信度应该是无可指责的，所以他写的这本 *The Liberal Conspiracy* 是极有价值的资料来源。

7. 彼得·科尔曼，同注2。

8. 约翰·汤普森，1996年8月电话采访记录。

9. 戴安娜·乔斯尔森，1997年3月在日内瓦的采访记录。

10. Melvin Lasky, “Some Notes on Preuves, Encounter and Der Monat”, April 1956 (CCF/CHI).

11. 同上。

12. 同上。

13. Robert Silvers, quoted in Carol Brightman, *Writing Dangerously*.

14. Al Alvarez, *New Statesman*, 29 December 1961.

15. Conor Cruise O’Brien, *New Statesman*, 20 December 1962.

---

* 米涅瓦为掌管智慧、学问、战争等的女神。

16. 贾森·爱泼斯坦，1994 年 6 月在纽约的采访记录。

17. Malcolm Muggeridge, *New Statesman*, 19 May 1967.

18. Malcolm Muggeridge, *Esquire*, January 1973.

19. Herbert Read, "Masterpieces of the Twentieth Century" address, Paris, April 1952 (ACCF/NYU).

20. Nicolas Nabokov, *New York Herald Tribune*, 8 February 1953.

21. 尼古拉斯·纳勃科夫致朱利叶斯·弗莱希曼函，1953 年 2 月 8 日（ACCF/NYU）。

22. *Musical America*, May 1954.

23. Susan Sontag, "Pilgrimage", *The New Yorker*, 21 December 1987.

24. 皮埃尔·布勒致尼古拉斯·纳勃科夫函（无日期）1954（CCF/CHI）。

25. 尼古拉斯·纳勃科夫致朱利叶斯·弗莱希曼函，1954 年 9 月 7 日（CCF/CHI）。

26. 埃内斯库曾表示他要安葬在他的祖国罗马尼亚。但是据戴安娜·乔斯尔森说，当埃内斯库在 1955 年 5 月去世时，纳勃科夫和乔斯尔森都遇到了阻力，不让埃内斯库的尸体离开法国，结果埃内斯库只能葬在巴黎的拉谢斯神父公墓（Père Lachaise cemetery）里。

27. C. D. 杰克逊致塞西尔·摩根函，1957 年 3 月 26 日（CDJ/DDE）。

28. C. D. 杰克逊致美国新闻署（USIA）西奥多·斯特赖伯特函，1955 年 7 月 28 日（CDJ/DDE）。

29. C. D. 杰克逊致艾伦·杜勒斯函，1953 年 5 月 20 日（CDJ/DDE）。

30. 朱利叶斯·弗莱希曼致 C. D. 杰克逊函，1953 年 2 月 17 日（CDJ/DDE）。

31. C. D. 杰克逊致乔治·斯隆函，1953 年 3 月 17 日（CDJ/DDE）。

32. 美国自由委员会致美国音乐家协会艾尔·马努蒂函，1951 年 2 月 21 日（ACCF/NYU）。

33. 美国文化自由委员会，原则声明，1953 年（IB/GMC）。

34. George F. Kennan, "International Exchange in the Arts", printed in

Perspectives, Summer 1956.

35. 1956年，拉斯基在为写有关匈牙利的白皮书《匈牙利革命》时发现的研究助理是一个臭名昭著的纳粹分子，他的第一反应是十分实用主义的："我的天哪，这一来他们要把一本书撕得粉碎了。它将因此人参与其事而遭到谴责。"但是拉斯基认为最好是一声不响，"我把一切担心都放在我肚子里，还让他继续承担这个项目"。梅尔文·拉斯基，1997年8月在伦敦的采访记录。

36. 李·威廉姆斯，1994年6月在华盛顿的采访记录。

37. 詹姆斯·法雷尔致迈耶·夏皮罗函，1942年7月25日（MS/COL）。

38. 亚瑟·施莱辛格致詹姆斯·法雷尔函，1955年3月16日（ACCF/NYU）。

39. 克林顿·罗西特致索尔·斯坦因函，1955年11月10日（ACCF/NYU）。

40. 贾森·爱泼斯坦，1996年8月在纽约的采访记录。

41. 汉纳·阿伦特曾将那些前共产党员称之为"颠倒过来的"共产党人。她和乔治·厄本的意思是，冷战是一项有争议的事业，正因为如此它就要借助于许多知识分子摆出来的激进形象。"对立这个语汇丝毫未变，仍然保留着一种好斗的批评精神，尽管其目标已从资本主义转化为共产主义了。"见 Andrew Ross, *No Respect: Intellectuals and Popular Culture* (London: Routledge, 1989)。

42. George Urban, *Radio Free Europe and the Pursuit of Democracy: My War Within the Cold War* (New York: Yale University Press, 1997).

43. 迈克尔·乔斯尔森致悉尼·胡克函，1955年11月23日（CCF/CHI）。

44. 索尔·斯坦因致诺曼·托马斯函，1955年4月27日（ACCF/NYU）。

45. 诺曼·托马斯致索尔·斯坦因函，1955年4月28日（ACCF/NYU）。

46. 科德·迈耶致亚瑟·施莱辛格函，1955年5月16日（SCHLES/BU）。虽然施莱辛格回忆说，那些年他与中央情报局的关系只是一些社交性来往，但是他存在波士顿的约翰·F. 肯尼迪图书馆的文件却表明他介入得颇深。看来施莱辛格是为科德·迈耶起着穿针引线的作用，把他的路线贯彻于美国文化自由委员会，还把该委员会的执行委员会议的记录送交迈耶，让他了解该委员会的内部动态。这安排正式到什么程度不得而知，但是施莱辛格后来在一份呈送肯尼迪总统的备忘录中承认，第二次世界大战以来，他“定期地担任中央情报局的顾问”。见 Arthur Schlesinger, “Subject: CIA Reorganization”, 30 June 1961 （NSF/JFK）。

47. 迈克尔·乔斯尔森致欧文·克里斯托尔，1956 年 4 月 7 日（CCF/CHI）。罗素绝对不到年老体衰的程度，但是他一直表示“要活到 90 岁，那时我说什么错话都不要紧了”。在乔斯尔森看来，罗素再也说不出什么正确的话了，到了 1963 年他居然希望这个“老杂种”能不能行行好“早点死了算了”。见迈克尔·乔斯尔森致爱德华·希尔斯函，1963 年 4 月 10 日（MJ/HRC）。

48. 美国文化自由委员会致罗素的公开信，《纽约时报》，1956 年 4 月 6 日（ACCF/NYU）。

49. 文化自由代表大会执行委员会致美国文化自由委员会函，1956 年 4 月 22 日（IB/GMC）。

50. 詹姆斯·T. 法雷尔致迈耶·夏布罗，1941 年 8 月 5 日（MS/COL）。

51. 詹姆斯·T. 法雷尔致诺曼·雅各布斯的挂号信，1956 年 8 月 28 日（MS/COL）。

52. 迈克尔·乔斯尔森致诺曼·托马斯，1956 年 9 月 27 日（MS/COL）。

第十五章

1. 根据有关中央情报局的神话，说“退休”就是用词不当。“一旦进入中央情报局，就永远是中央情报局的人。”咒语就是这样说的。一个人进入中央情报局直到他离开该局，始终都要忠诚于组织，退休后也要继续保持忠诚（而且还要有用），这一整个过程就像一头羊经过洗羊液消了毒似的。不过，后来许多人都说布雷顿是个例外，实际上他后来成为揭露秘密者。

2. 丘奇委员会最后报告，1976 年。

3. 杜利特尔外国情报研究组，转引自 Stephen Whitfield, *The Culture of*

the Cold War。

4. 汤姆·布雷顿，1996 年 8 月在弗吉尼亚州的采访记录。

5. 李·威廉姆斯，1996 年 7 月在华盛顿的采访记录。

6. 戴安娜·乔斯尔森，1996 年 5 月在日内瓦的采访记录。

7. 戴安娜·乔斯尔森，1997 年 3 月在日内瓦的采访记录。

8. 唐纳德·詹姆森，1994 年 6 月在华盛顿的采访记录。

9. 劳伦斯·德诺夫维尔，1997 年 2 月的电话采访记录。

10. 李·威廉姆斯，1996 年 7 月在华盛顿的采访记录。

11. Cord Meyer, *Facing Reality*.

12. William Sloane Coffin, quoted in Jessica Mitford, *The Trial of Dr Spock, the Rev. William Sloane Coffin, Jr., Michael Ferber, Mitchell Goodman and Marcus Raskin* (London: Macdonald, 1969)。科芬后来恢复了原来的神职工作，成为耶鲁大学教堂的牧师。

13. William Corson, *The Armies of Ignorance: The Rise of the American Intelligence Empire* (New York: Dial Press, 1997).

14. Doug Henwood, "Spooks in Blue", *Grand Street*, vol.7/3, Spring 1998.

15. 同上。

16. Tom Mangold, *Cold Warrior: James Jesus Angleton, The CIA's Master Spy Hunter* (New York: Simon & Schuster, 1991).

17. 同上。

18. Clare Booth Luce, quoted in Tom Mangold，同注 16。

19. Ian Hamilton, *Robert Lowell: A Biography* (New York: Random House, 1982).

20. 约翰·克劳·兰塞姆致大卫·麦克道尔，1953 年 8 月 11 日（RH/COL）。兰塞姆听说中央情报局为他提供一个职务时一副漫不经心的样子，这表明他很可能是迈耶手下正式的一名与凯尼恩之间“非正式的联系人”。

21. 李·威廉姆斯，1996 年 7 月在华盛顿的采访记录。

22. 贾森·爱泼斯坦，1994 年 6 月在纽约的采访记录。

23. John Thompson, quoted in Richard Elman, *The Aesthetics of the CIA*

(unpublished manuscript).

24. 蒂莫西·富特致迈克尔·乔斯尔森函，1956年3月5日（CCF/CHI）。

25. 戴安娜·乔斯尔森，1997年3月在日内瓦的采访记录。

26. 同上。

27. 同上。

28. 中央情报局秘密行动处处长，引自1976年丘奇委员会的最后报告。

29. 同上。

30. *New York Times*, 25 December 1977.

31. E. Howard Hunt, *Undercover: Memoirs of an American Secret Agent*.（《新阶级》一书是在与文化自由代表大会的合作下出版的）。

32. 尤金·福多尔，引自《纽约时报》，1997年12月25日。

33. 卡罗尔·布赖特曼，1994年6月在纽约的采访记录。

34. 理查德·埃尔曼，1994年6月在纽约的采访记录。理查德·埃尔曼也认为，“中央情报局对富有想象力的文学以及其创作者和出版感到兴趣一直被说成是一种受到误导的仁慈，或者被说成一场以西方价值观和自由权利来对付极权主义思想的运动，但是从深层次上来分析，这也是中央情报局的‘肮脏把戏’，是一种影响人的思想的手段，用中央情报局的行话说，叫作‘先发制人’。”Richard Elman, *The Aesthetics of the CIA*。并参阅 Jason Epstein, “The CIA and the Intellectuals”, *New York Review of Books*,1967年4月20日，他在文中称，“中央情报局和它的盟友并不是出于对其有才智者的无私之爱，也不是出于它在美学上的信念，他们感兴趣的是维护并扩大美国的权力。”

35. Allen Ginsberg, “T. S. Eliot Entered My Dreams”, *City Lights Journal*, Spring 1978.

36. Irving Kristol, quoted in Peter Steinfels, *The Neoconservatives: The Men Who Are Changing American Politics* (New York: Simon & Schuster, 1979)。正如克里斯托弗·拉什指出的，那些曾被列宁主义所吸引的知识分子的精英论并不显得自相矛盾，“即使在他们已背离（列宁主义的）唯物论也没有什么矛盾，他们一贯认为知识分子是历史的先锋”。见 Christopher Lasch, “The Cultural Cold War”, *The Nation*, 11 September 1967。

37. Allen Tate, quoted in Marian Janssen, *The Kenyon Review 1939–1970* (Mijmegen: M. Janssen, 1987).

38. 德怀特·麦克唐纳，引自 Andrew Ross, *No Respect*，亚历山大·索尔仁尼琴用了一个相似的更为形象的比喻，他把美国的大众文化比做从门缝底下流出的粪水。

39. 罗伯特·洛厄尔，在凯尼恩学院的告别辞，1940 年，引自伊恩·汉密尔顿，见前注。

40. 理查德·埃尔曼，1994 年 6 月在纽约的采访记录。

41. 博林根奖的评委们（Bollingen judges），引自 William Barrett, "A Prize for Ezra Pound", *Partisan Review*, vol.16/4, 1949。

第十六章

1. George Dondero, quoted in William Hauptman, "The Suppression of Art in the McCarthy Decade", *Artforum*, October 1973。1957 年，乔治·唐德罗"因在国会揭露艺术中的共产主义而获美国艺术家职业同盟（AAPL）的金质荣誉奖章"，见 AAPL 新闻简报，1957 年 3 月 30 日。

2. Harold Harby, quoted in William Hauptman，同注 1。

3. 这些艺术家的共产党组织关系在非美活动委员会的档案中均详细纪录。1947 年 5 月的国会纪录中引用了这些材料。黑名单中列举了 40 多人的名字，其中包括威廉·巴齐奥特斯、斯图尔特·戴维斯、Arthur Dove、Adolph Gottlieb、Philip Guston 和 John Marin。见 House Congressional Record，1947 年 5 月 13 日。

4. Frederic Taubes, *Encyclopaedia Britannica*, 1946.

5. Budd Hopkins, quoted in Frances Stonor Saunders, *Hidden Hands: A Different History of Modernism* (London: Channel 4 Television, 1995).

6. Clement Greenberg, "The Decline of Cubism", *Partisan Review*, March 1948.

7. Robert Hughes, *American Visions: The Epic History of Art in America*

(New York: Knopf, 1997).

8. 贾森·爱泼斯坦，1994 年 6 月在纽约的采访记录。

9. Taylor D. Littleton and Maltby Sykes, *Advancing American Art*. "' 前进中的美国艺术 ' 是文化外交的广阔背景下形成的，被视为美国的自信、稳定和开明在国际上的象征之一"。

10. Alfred M. Frankfurter, quoted in Taylor D. Littleton and Maltby Sykes，同上。

11. Quoted in Taylor D. Littleton and Maltby Sykes，同上。

12. 布朗参议员，众议院国会纪录，1947 年 5 月 14 日。

13. Jane De Hart Mathews, "Art and Politics in Cold War America", *American Historical Review*, vol.81/4, October 1976.

14. 汤姆·布雷顿，1994 年 6 月在弗吉尼亚州的采访纪录。

15. Clement Greenberg, "Avant-Garde and Kitsch", *Partisan Review*, Fall 1939.

16. 汤姆·布雷顿，同注 14。

17. 汤姆·布雷顿，同注 14。

18. 菲利普·多德，1994 年 7 月在伦敦的采访记录。

19. 唐纳德·詹姆森，1994 年 6 月在华盛顿的采访记录。

20. 同上。

21. E. J. Kahn, "Man of Means", *The New Yorker*, 11 August 1951.

22. David Wise and Thomas B. Ross, *The Espionage Establishment* (New York: Random House, 1967).

23. Russell Lynes, *Good Old Modern: An Intimate Portrait of the Museum of Modern Art* (New York: Atheneum, 1973).

24. G. Hellman, "The Imperturbable Noble", *The New Yorker*, 7 May 1960.

25. 同上。

26. Quoted in Carl Bernstein, "The CIA and the Media", *Rolling Stone*, 20 October 1977.

27. Eva Cockroft, "Abstract Expressionism: Weapon of the Cold War",

Artforum, vol.12/10, June 1974.

28. 同上。

29. 劳伦斯・德诺夫维尔，1997 年 4 月电话采访记录。

30. Michael Kimmelman, "Revisiting the Revisionists: the Modern, its Critics, and the Cold War", *Studies in Modern Art 4* (New York: Museum of Modern Art, 1994).

31. 纽约现代艺术馆理事会报告，1945 年。引自 Alfred Barr, *Painting and Sculpture in the Museum of Modern Art 1929-1967: An Illustrated Catalogue and Chronicle* (New York: Museum of Modern Art, 1977)。

32. 同上。

33. Lincoln Kirstein, *Harper's Magazine*, October 1948.

34. Samuel Kootz, quoted in Lynn Zelevansky, "Dorothy Miller's 'Americans' 1942–1963", *Studies in Modern Art 4* (New York: Museum of Modern Art, 1994).

35. Dwight Macdonald, "Action on West 53rd Street", *The New Yorker*, 12 and 19 December 1953.

36. Lynn Zelevansky，同注 34。

37. 在回顾 1943 年举办的"美国浪漫主义绘画"展（其中包括 Bingham，Burchfield，Eakins，Homer 和 Watkin）时，格林伯格以为这些作品只不过代表了绘画史上的一个时期，"在这期间，创造性已枯竭，只好将枯骨垂敷肉身，将尸体复活，将幻想唤醒，"因此格林伯格对浪漫主义绘画展作了否定的评价。Clement Greenberg, "Art", *The Nation*, 1 January 1944。

38. 阿弗雷德・巴尔致亨利・鲁斯函，1949 年 3 月 24 日（AB/MoMA）。

39. 阿弗雷德・巴尔为 *The New American Painting* catalogue 所写的前言，1958 年。这本附有丰富插图的目录的出版得到"两笔丰厚的赠款，一笔来自一位不愿透露姓名的英国捐款人，另一笔则来自美国新闻署（USIA）"。

40. 拉塞尔・莱因斯，同注 23。

41. 美国驻巴黎大使馆致国务院报告，1953 年 6 月 11 日（SD.CA/RG59/NARA）。

42. 沃尔多·拉斯马森，1994 年 6 月在纽约的采访记录。

43. 同上。

44. 詹姆斯·约翰逊·斯威尼，新闻稿，1952 年 4 月 18 日（ACCF/NYU）。

45. Alfred Barr, "Is Modern Art Communistic?", *New York Times Magazine*, 14 December 1952.

46. 这 12 名画家是 Jackson Pollock, Arshile Gorky, John Kane, David Smith, Ben Shahn, Alexander Calder, John Marin, Morris Graves, Stuart Davis, Edward Hopper, Ivan Albright, and Theodore Roszak。

47. 美国驻巴黎大使馆致国务院报告，1953 年 6 月 11 日（NA, RG59）。让·卡苏是纽约和巴黎艺术机构之间的一位重要联络人。一首小诗曾被用来指导国立现代艺术博物馆的管理，以纪念他在抵抗运动中做出的贡献。他是一位高级官员，对于艺术了解不多，却更懂得如何参与政治上重要的组织，尤其是文化自由代表大会。

48. 美国驻巴黎大使馆致国务院报告，同上。

49. 朱利叶斯·弗莱希曼致鲍勃·塞耶函，1960 年 2 月 25 日（CCF/CHI）。

50. 门罗·惠勒致尼古拉斯·纳勃科夫函，1954 年 4 月 9 日（CCF/CHI）。

51. 代表大会所办的杂志是发表有利于这种新艺术的评论的大本营。迈克尔·乔斯尔森十分赞赏抽象派艺术的重大政治意义，他认为这种艺术是民主制度对社会主义现实主义的回答。1954 年初在这个问题上有一场公开争论，此后，据说阿尔贝托·莫拉维亚对于社会主义现实主义的观点站到了共产党这一边，乔斯尔森对此十分恼怒。他立即写信给正在罗马的尼古拉斯·纳勃科夫，指示他组织一次会议，把莫拉维亚的观点搞臭，而莫拉维亚本人则被丑化为"伪君子"。见迈克尔·乔斯尔森致尼古拉斯·纳勃科夫函，1954 年 1 月 22 日（CCF/CHI）。翌年，梅尔文·拉斯基谈了《新政治家》上发表的约翰·伯杰的一篇美术评论，这篇文章批评在伦敦举办的意大利画家作品展中没有收入 Renato Guttuso 这样的现实主义画家的作品（伯杰写道，收入他们的画家"并不意味着西欧的画家用他的一只手画莫斯科的老派学院派画作，用另一只手来画纽约现代艺术博物馆的作品。"读后，梅尔文·拉斯基写信给乔斯尔森："《新政治家与国家》的宣传小册子上居然刊载了它的评论员约翰·伯杰的主张（载于 1955 年 2 月 5 日那一期的第 180 页上）。看看吧，真令人怒发冲冠。"梅尔文·拉斯基致迈克尔·乔斯尔森函，1955 年 2 月 7 日（CCF/CHI）。

52. 迈克尔·乔斯尔森致波特·麦克雷，1956 年 10 月 8 日（CCF/CHI）。

53. 剪报（资料来源不明），1955 年夏（CCF/CHI）。

54. Dwight D. Eisenhower, "Freedom in the Arts"，在纽约现代艺术博物馆成立 25 周年纪念会上的讲话，1954 年 10 月 19 日，载于 *Museum of Modern Art Bulletin*，1954 年。

55. 奥古斯特·赫克舍，现代艺术博物馆成立 25 周年纪念会上的讲话，同上。赫克舍在《纽约先驱论坛报》工作，这是惠特尼集团的出版物，一贯支持抽象表现主义画家。

56. George Kennan, "International Exchange in the Arts"，在现代艺术博物馆理事会上的讲话，载于 *Perspectives*，1956 年夏。

57. 同上。

58. 同上（着重号为作者所加）。

59. 鲁比·达肖特致朱利叶斯·弗莱希曼函，1959 年 10 月 28 日（CCF/CHI）。

60. Quoted in Clifford Ross, *Abstract Expressionism: Creators and Critics* (New York: Abrams, 1990).

61. 同上。

62. Adam Gopnik, "The Power Critic", *The New Yorker*, 16 March 1998.

63. John Canaday, *New York Times*, 8 August 1976.

64. 同上。

65. 贾森·爱泼斯坦，1994 年 6 月在纽约的采访记录。

66. 德怀特·麦克唐纳，见前注。

67. Paul Burlin, quoted in Serge Guilbaut, *How New York Stole the Idea of Modern Art* (Chicago: University of Chicago Press, 1983).

68. Alan Filreis, "Beyond the Rhetorician's Touch: Stevens's Painterly

Abstractions", *American Literary History*, spring 1992.

69. 巴尼特·纽曼，“第一届现代美国艺术家画展”目录前言，Riverside Museum，1943 年 1 月。

70. Willem de Kooning, quoted in Clifford Ross，见前注。

71. Jackson Pollock, quoted in Clifford Ross，见前注。

72. Robert Motherwell, quoted in Clifford Ross，见前注。

73. 罗伯特·马瑟韦尔致帕特里克·赫伦函，1975 年 9 月 2 日。帕特里克·赫克向我出示了作家的函，不胜感激。

74. Ad Reinhardt, quoted in Annette Cox, *Art-as-Politics: The Abstract Expressionist Avant-Garde and Society* (UMI Research Press, 1982).

75. Giles Scott-Smith, *The Politics of Apolitical Culture: The Congress for Cultural Freedom and the Cultural Identity of Post-War American Hegemony, 1945–1960* (unpublished Ph.D thesis, Lancaster University, 1998).

76. 菲利普·多德，1994 年 7 月在伦敦的采访记录。

77. Saul Bellow, *Humboldt's Gift*.

第十七章

1. Dwight D. Eisenhower, quoted in Stephen Whitfield, *The Culture of the Cold War*。正当艾森豪威尔政府的宣传家们热衷于谈论利用精神武器之时，国防部却在实施一项储备核武器和常规武器的计划，在不到 6 年的时间里，耗资达 3540 亿美元之巨。

2. Daniel Boorstin, quoted in Taylor D. Littleton and Maltby Sykes, *Advancing American Art*.

3. Paul Nitze, quoted in Evan Thomas, *The Very Best Men*.

4. 艾森豪威尔的祖上是门诺宗*，但当他们定居于得克萨斯州时，当地

---

* 门诺宗（Mennonites），基督教的一个宗派，由门诺·西门（1496—1561）所创。教徒集中在美国和加拿大。教徒自古饱经磨难，因而坚信教会与世俗互不相关，安于默默无闻的生活。

没有门诺会，于是他们就只好读《圣经》了。

5. John Kobler, *Henry Luce: His Time, Life and Fortune* (London: Macdonald, 1968).

6. 同上。

7. 同上。

8. Sidney Hook, “The New Failure of Nerve”, *Partisan Review*, January 1953。1951 年 12 月，心理战略局局长向中央情报局的特蕾西・巴恩斯推荐了尼布尔，说可以同他接触，请他担任心理战略“顾问”。见戈登・格雷致特蕾西・巴恩斯函，1951 年 12 月 21 日（GG/DDE）。这件事连同尼布尔任职于政治计划顾问委员会（主管中央情报局的创建工作）一事，充分说明这位神学家取得一个理想的地位，可以“使上帝成为制定国家政策的工具”了。

9. Whittaker Chambers, *Witness* (Chicago: Regnery, 1952).

10. Harry S. Truman, Address to Congress, 12 March 1947, printed in Harry S. Truman, *Memoirs: Year of Decisions*.

11. George Santayana, quoted in Gore Vidal, *Palimpsest* (London: André Deutsch, 1995).

12. Billy Graham, quoted in Stephen Whitfield，见注 1。

13. Norman Mailer, *Armies of the Night* (New York: New American Library, 1968).

14. Arthur Miller, *Timebends*.

15. 同上。

16. Leslie Fiedler, quoted in Taylor D. Littleton and Maltby Sykes，见前注。

17. 索尔・斯坦因致 Aware, Inc.，1955 年 1 月 28 日（ACCF/NYU）。

18. 同上。

19. 同上。

20. Aware, Inc. 致索尔・斯坦因，1955 年 2 月 26 日（ACCF/NYU）。

21. 索尔・斯坦因致惠特克・钱伯斯函，1954 年 12 月 20 日（ACCF/NYU）。

22. Whittaker Chambers，同注 9。

23. 安德烈・马尔罗，引自 Stephen Whitfield, 见前注。

24. 亚瑟・米勒，同注 14。

25. 参谋长联席会议，“Presentation of ‘Militant Liberty’ to Chief of Naval Operations”,1955 年 12 月 16 日（PSB/HT）。

26. 克里斯托弗・辛普森，1994 年 6 月在华盛顿的采访记录。

27. 参谋长联席会议，“Report of Conference in California in Connection with Cornelius Vanderbilt Whitney's ‘American Film Series’ and ‘Militant Liberty’”，1956 年 7 月 5 日（PSB/HT）。

28. 同上。

29. 科尼利厄斯・范德比尔特・惠特尼，引文同上。

30. 参谋长联席会议，同上。

31. 亚瑟・米勒，同注 14。

32. 戈尔・维达尔，引文同注 11。

33. C. D. 杰克逊致亨利・鲁斯，1953 年 5 月 19 日（CDJ/DDE）。

34. 电影局的特纳・谢尔顿致塞西尔・B. 德米尔，1953 年 5 月 11 日（CDJ/DDE）。

35. 杰弗里・舒洛克致电影局安德鲁・史密斯，1954 年 9 月 28 日（WHO/NSC/DDE）。

36. 同上。

37. 卡尔顿・艾尔索普，好莱坞报告，1953 年（CDJ/DDE）。

38. 同上。尽管全国有色人种协进会（NAACP）反对电影中“千篇一律地将黑人描绘成既笨拙又可笑的人物”，好莱坞在银幕上塑造非洲裔美国人的形象却毫无改进。1945 至 1957 年间，黑人电影的演员从 500 人减少至 125 人，在 1953 年摄制的电影《哦呵，裙子》（*Skirts Ahoy*）中，黑人音乐家比利・埃克斯坦被禁止在表演中观看任何一个白人女演员。

39. 同上。

40. Walter L. Hixson, *Parting the Curtain: Propaganda, Culture and the Cold War, 1945–1961* (New York: Macmillan, 1997).

41. C. D. 杰克逊致阿博特・沃什伯恩函，1956 年 1 月 30 日（CDJ/DDE）。

42. C. D. 杰克逊致纳尔逊·洛克菲勒函，1955 年 4 月 14 日（CDJ/DDE）。在同一信中，杰克逊警告他的中央情报局同事们不要异想天开地想利用这些艺术作为情报来源，“我认为，从气质上讲，这些人不善于扮演两面角色”。不过确实同意“在这些艺术家回国之后，当然可以要求他们提供情况。”

43. 美国新闻署的约翰·波克尔致索尔·斯坦因，1955 年 10 月 20 日（ACCF/NYU）。

44. Sidney Hook, “Report on the International Day Against Dictatorship and War”, *Partisan Review*, vol.16/7, Fall 1949.

45. T. S. 科拉汉致索尔·斯坦因，1955 年 10 月（ACCF/NYU）。

46. 埃里克·约翰斯顿，引自 Walter L. Hixson，同注 40。美国政府的宣传家们都一致对斯坦贝克怀有戒心，并怀疑整个文学界掌握一些不利的社会资料。1955 年 7 月，一位心理战专家敦促政府撤销它对现代艺术博物馆的摄影展“人类的大家庭”（The Family of Man），理由是这个展览会用类似《愤怒的葡萄》的方式来塑造美国的社会形象，重点是展示美国老派的富有中产阶级，给人的印象是“所有美国劳动者都在受蹂躏或受剥削”，而这种形象“恰恰是共产党宣传家们梦寐以求的。”见 P. J. Corso，行动协调委员会，1955 年 7 月（OCB.Cen/DDE）。一位评论家从中嗅到了一股“偏执的消除污染”的空气。Tom Hayden，引自 Andrew Ross, *No Respect*。

47. 卡尔顿·艾尔索普，引文同注 37。

48. 关于中央情报局的“好莱坞公式”，C. D. 杰克逊 1953 年 5 月 15 日的工作日志提到这件事。虽然政府的密级分类专家的检查十分严格，还是找到了中央情报局官方的打入电影制片业战略的唯一一件文献性的证据。根据杰克逊的工作日志，那一天他会见了特蕾西·巴恩斯的副手约翰·贝克（德诺夫维尔就是他招募进来的），同他讨论了中央情报局的“好莱坞公式”，看来，贝克·巴恩斯和威斯纳以及他们在西海岸的代表艾尔索普都关心这件事。

49. 卡尔顿·艾尔索普，引文同注 37。

50. 同上。

51. 同上。

52. E. Howard Hunt, *Undercover: Memoirs of an American Secret Agent*

(California: Berkeley Publishing Corporation, 1974).

53. 德·罗奇蒙特作为独立制片人摄制了《九十二街上的房子》（*House on 92nd Street*），并因此而获得青睐。在这部影片中，联邦调查局的特工确实同德国间谍进行了斗争。影片之所以获得好评是因为它很真实，德·罗奇蒙特称之为“纪实”电影，它把 J. 埃德加·胡佛的档案中的一件真实案子再现于银幕。据一位历史学家称，德·罗奇蒙特在“他长期的从业生涯中一直着迷于间谍”，这是他后来同好几个间谍合作最有利的资历。劳伦斯·德诺夫维尔在摄制《动物农场》过程中曾在英格兰与他见面。他回忆说，德·罗奇蒙特“同中央情报局的人在一起厮混显得十分兴奋，似乎他就是他自己摄制的那些电影中的人物”。劳伦斯·德诺夫维尔，1997 年 4 月电话采访记录。

54. 心理战略委员会的理查德·赫什致特蕾西·巴恩斯，“关于《动物农场》脚本的意见”，1952 年 1 月 23 日（PSB/HT）。

55. 1948 年官方提供的经费中包括美国新闻署的 10 万美元补贴，用于“那部当时最反共的电影的摄制工作”。Tony Shaw, *The British Cinema, Consensus and the Cold War 1917–1967*（未发表的手稿）。

56. Alan Sinfield, *Literature, Politics and Culture in Postwar Britain* (London: Athlone Press, 1997).

57. 同上。

58. 同上。

59. 同上。

60. 同上。

61. 同上。

62. 索尔·斯坦因致美国文化自由委员会备忘录，1955 年 1 月 11 日（ACCF/NYU）。

63. Isaac Deutscher, “The Mysticism of Cruelty”, quoted in Alexander Cockburn, *Corruptions of Empire* (London: Verso, 1987).

64. 同上。

65. George Orwell, in Peter Davison (ed.), *The Complete Works of George Orwell* (London: Secker & Warburg, 1998).

66. Richard Rees, quoted in Michael Sheldon, *Orwell: The Authorised Biography* (London: Heinemann, 1991).

67. 乔治・奥威尔，引自 Peter Davison，引文同注 65。奥威尔强烈反对犹太复国主义，他认为“世界各地的犹太复国主义者都仇恨我们，把英国视为唯一的敌人，甚至超过了德国”。为此，他建议情报研究局，“讨好敌人的政策是错误的，不要认为在反俄宣传中，反‘反犹太主义’是一张大牌。”见奥威尔致西莉亚・柯万函，1949 年 4 月 6 日（IRD/F01110/PRO）。

68. 亚当・沃森，1998 年 8 月电话采访记汞（着重号为作者所加）。

69. Bernard Crick, *Evening Standard*, 11 July 1996.

70. Peregrine Worsthorne, *The Spectator*, 29 July 1996.

71. George Orwell, “The Prevention of Literature”, *Polemic*, no. 2, 1945.

72. George Orwell, “The Freedom of the Press”, 1944, printed in *New Statesman*, 18 August 1995.

73. 同上。

第十八章

1. 马奈・斯珀伯，1956 年 11 月 11 日，引自迈克尔・乔斯尔森致谢泼德・斯通函，无日期（CCF/CHI）。

2. 劳伦斯・德诺夫维尔，1997 年 4 月电话采访记录。

3. 同上。

4. 迈克尔・乔斯尔森致谢泼德・斯通函，无日期（CCF/CHI）。

5. Evan Thomas, *The Very Best Men*.

6. 梅尔文・拉斯基，1997 年 8 月在伦敦的采访记录。

7. 约翰・亨特，1997 年 7 月在 Uzés 的采访记录

8. 引自彼得・科尔曼，*The Liberal Conspiracy*.

9. Jean-Paul Satre, *L’Express*, 9 November 1956.

10. 迈克尔・乔斯尔森致谢泼德・斯通，无日期（CCF/CHI）。

11. 同上。

12. 同上。

13. C. D. 杰克逊工作日志档案（CDJ/DDE）。

14. C. D. 杰克逊致弗兰克·威斯纳函，1954 年 2 月 27 日（CDJ/DDE）。

15. 同上。

16. Richard Crockatt, *The Fifty Years War: The United States and the Soviet Union in World Politics 1941–1991* (London: Routledge, 1995).

17. 迈克尔·乔斯尔森致尼古拉斯·纳勃科夫，1954 年 1 月 23 日（CCF/CHI）。

18. 艾森豪威尔后来声称这些建议是革命性的，但是奇怪的是，他本人并没有为他的讲话做多少后续工作。这些建议被苏联人粗暴地拒绝了。

19. 迈克尔·乔斯尔森致劳伦斯·德诺夫维尔函，无日期（CDJ/DDE）。

20. C. D. 杰克逊致特蕾西·巴恩斯函，1954 年 1 月 5 日（CDJ/DDE）。

21. 梅尔文·拉斯基，1997 年 8 月在伦敦的采访记录。

22. 迈克尔·乔斯尔森致欧文·克里斯托尔函，1955 年 12 月 1 日（CCF/CHI）。

23. 梅尔文·拉斯基，同注 21。

24. 迈克尔·乔斯尔森致欧文·克里斯托尔函，引自彼得·科尔曼，同注 8。

25. 同上。

26. 斯蒂芬·斯彭德致迈克尔·乔斯尔森，1955 年 7 月 10 日（CCF/CHI）。

27. 同上。

28. 梅尔文·拉斯基，同注 21。

29. 胡克威胁说要揭露代表大会，迈克尔·乔斯尔森为此感到吃惊是不足为怪的。但乔斯尔森并未动摇，仍然决定任命麦克唐纳接替克里斯托尔的工作，理由是他“在两年多的时间，想尽办法来安抚他，仍无效果，完全有理由对欧文表示不满”。迈克尔·乔斯尔森致悉尼·胡克函，1955 年 8 月

18 日（CCF/CHI）。

30. 欧文・克里斯托尔，1996 年 7 月在华盛顿的采访记录。

31. 斯图尔特・汉普夏尔，1997 年在牛津的采访记录。

32. 亚瑟・施莱辛格，1997 年 2 月在纽约的采访记录。

33. 迈克尔・乔斯尔森致马尔科姆・马格里奇函，1955 年 9 月 19 日（CCF/CHI）。

34. 迈克尔・乔斯尔森致欧文・克里斯托尔，1955 年 12 月 10 日（CCF/CHI）。

35. 迈克尔・乔斯尔森致丹尼尔・贝尔，1955 年 10 月 29 日（CCF/CHlI）。尼基塔・赫鲁晓夫曾悲观地说，要等到虾米学会吹口哨冷战才会结束。这里是借用了赫鲁晓夫的话。

36. 德怀特・麦克唐纳致斯蒂芬・斯彭德，1955 年 6 月 2 日（CCF/CHI）。

37. 文化自由代表大会宣传手册，无日期（CCF/CHI）。

38. 同上。

39. 梅尔文・拉斯基致鲍里斯・舒布，1957 年 11 月 6 日（CCF/CHI）。

第十九章

1. 丘奇委员会的最后报告，1976 年。

2. Tom Braden, “I’m Glad the CIA is ‘Immoral’”, *Saturday Evening Post*, 20 May 1967.

3. 理查德・沃尔海姆，1997 年 12 月电话采访记录。

4. 同上。

5. 汤姆・布雷顿，1994 年 6 月在弗吉尼亚州的采访记录。

6. Dwight Macdonald, “America! America!”, *Dissent*, Fall 1958.

7. 欧文・克里斯托尔，1994 年 6 月在华盛顿采访的记录。

8. 同上。

9. 梅尔文・拉斯基，1997 年 8 月在伦敦的采访记录。

10. 麦克唐纳对美国劳工领袖的攻击可以追溯到20世纪30年代，那时他就鄙视这些人，称他们“从坐着不动的罢工者转变为资产阶级的实用主义者”，说他们完全融入了资本主义制度和消费者文化。在他自己办的杂志《政治》上，他嘲讽沃尔特·鲁瑟，说他就像一个“童子军劳工托钵僧”（boyscout labor fakir）。

11. 德怀特·麦克唐纳，同注6。

12. 欧文·克里斯托尔，1994年6月在华盛顿的采访记录。

13. 德怀特·麦克唐纳，写给“斯蒂芬欧文尼古拉斯迈克”（Stephenirvingnicholasmike）的信，1958年4月16日（DM/STER）。

14. 斯蒂芬·斯彭德，1994年7月在伦敦的采访记录。

15. 戴安娜·乔斯尔森，1997年3月在日内瓦的采访记录。

16. 迈克尔·乔斯尔森致约翰·亨特函，1958年5月27日（MJ/HRC）。

17. 虽然乔斯尔森对麦克唐纳这个人还是喜欢的，但是一直对他那种唯恐天下不乱的倾向深怀戒心。1956年，斯彭德打算委托麦克唐纳写一篇有关欧洲煤钢联营的文章，乔斯尔森就告诫斯彭德“要慎重一些。这本来是个好主意，只要他不拿出一篇只能起破坏作用的文章就行”。结果斯彭德就打消了这个念头。

18. 理查德·赫尔姆斯，引自丘奇委员会的最后报告，1976年。

19. 德怀特·麦克唐纳，同注6。

20. 对美国战俘应遭谴责的行为，政府官员早有所闻，但一直极力要隐瞒事实，不让广大的读者知道。1953年4月23日，C. D. 杰克逊在他的日志中有如此记载：“今天有关被人家洗了脑筋的朝鲜战俘将被遣送回国。电话里的麻烦不断。已征得杜勒斯和（沃尔特·比德尔）史密斯的同意，要五角大楼千万注意，把受到思想灌输的战俘集中在一个地方并且……发一篇报道，免得这些家伙掉转枪口对着我们。”C. D. 杰克逊的工作日志档案（CDJ/DDE）。

21. 欧文·克里斯托尔，1994年6月在华盛顿采访的记录。克里斯托尔显然已经忘记他给麦克唐纳的信中写了些什么。他在信中写道：“我希望你重新考虑朝鲜的故事。”欧文·克里斯托尔致德怀特·麦克唐纳函，1958年5月19日（DM/STER）。

22. 迈克尔·乔斯尔森致欧文·克里斯托尔函，1958 年 10 月 31 日（MJ/HRC）。

23. 30 年后，克里斯托尔承认二战后美国驻德士兵的行为恶劣，不遵守军事法规。当问到他当时会不会把他的疑虑说出来时，他的回答是："当然不会。出于忠诚，我不会这样做。我是美国人。我是一个爱国主义者。"

24. 李·威廉姆斯，1994 年 6 月在华盛顿的采访记录。

25. 威廉·科尔比，1994 年 6 月在华盛顿的采访记录。

26. 贾森·爱泼斯坦，1994 年 6 月在纽约的采访记录。

27. 德怀特·麦克唐纳，引自 Hugh Wilford, *The New York Intellectuals*。

28. 诺曼·伯恩鲍姆，致文化代表大会的公开信，发表于 *Universities and Left Review*，1958 年 12 月（MJ/HRC）。

29. 同上。伯恩鲍姆很难相信"保卫西方的重任落在一批纽约的犹太人身上会靠得住。这些人对美国缺乏忠诚，犹如他们显然缺乏美国人的品德一样，即使加上英国庞大的情报机构也不行，我怕这些英国人都是从寄宿学校出身的，他们连美式橄榄球也踢不好"。引自 Hugh Wilford，引文同注 28。

30. 迈克尔·乔斯尔森致德怀特·麦克唐纳函，1958 年 4 月 28 日（DM/STER）。

31. 德怀特·麦克唐纳致 *Universities and Left Review* 编辑的函，1958 年 12 月 16 日（DM/STER）。

32. 德怀特·麦克唐纳，引自 Michael Wreszin, *A Rebel in Defense of Tradition*。

33. Derwent May, *The Times*, 2 July 1996.

34. Peter Steinfels, *The Neoconservatives*.

35. Jason Epstein, "The CIA and the Intellectuals", *New York Review of Books*, 20 April 1967.

36. 迈克尔·乔斯尔森致欧文·克里斯托尔函，1954 年 12 月 6 日（CCF/CHI）。

37. 迈克尔·乔斯尔森致欧文·克里斯托尔函，1954 年 12 月 23 日（CCF/CHI）。

38. 迈克尔・乔斯尔森致欧文・托里斯托尔函，1956 年 8 月 9 日（CCF/CHI）。

39. 贾森・爱泼斯坦，同注 35。

40. 汤姆・布雷顿，1996 年 7 月在弗吉尼亚州的采访记录。

41. 克里斯托弗・蒙蒂・伍德豪斯，1997 年 12 月电话采访记录。

42. 迈克尔・乔斯尔森致斯蒂芬・斯彭德函，1954 年 7 月 28 日（CCF/CHI）。

43. 尼古拉斯・纳勃科夫致欧文・克里斯托尔和斯蒂芬・斯彭德函，1954 年 7 月 30 日（CCF/CHI），着重号为作者所加。

44. 同上。

45. 沃伦・D. 曼舍尔致欧文・克里斯托尔，1954 年 8 月 19 日（CCF/CHI）。

46. Conor Cruise O'Brien, "Journal de Combat", *New Statesman*, 20 December 1963.

第二十章

1. 弗雷德里克・沃伯格致梅尔文・拉斯基函，1958 年 10 月 8 日（ENC/S&W/RU）。

2. 关于罗斯柴尔德向《邂逅》杂志"捐款"问题的通信是在 1958 年 6 月至 1960 年 10 月之间进行的。

3. C.D. 杰克逊致纳尔逊・洛克菲勒函，1954 年 11 月 18 日（CDJ/DDE）。

4. 美国驻伦敦大使馆的 Herbert F. Propps 给国务院的报告，《关于联合王国是否愿意为集体安全的利益牺牲其主权问题缺乏公开出版的书面材料》，1952 年 12 月 9 日（SD.CA/RG59/NARA）。

5. Neil Berry, "Encounter", *London Magazine*, February–March 1995.

6. 1948 年时，丹尼斯・希利作为工党的国际部部长，曾帮忙散发情报研究局的材料。他还定期向该局提供有关欧洲工会运动中共产党活动的报告。他后来成为向情报研究局引见有用的东欧移民的中介人（IRD/FO1110/PRO）。

7. 梅尔文・拉斯基致约翰・亨特函，1960 年 10 月 11 日（CCF/CHI）。

8. 迈克尔・乔斯尔森致丹尼尔・贝尔函，1964 年 10 月 28 日（MJ/HRC）。

9. 理查德・沃尔海姆，引自 Neil Berry，引文同注 5。

10. 斯图尔特・汉普夏尔，1997 年 12 月在牛津的采访记录。与此相似，艾赛亚・伯林也说"斯彭德的作用是为《邂逅》杂志增了光彩，从而使英国知识界也受到了尊重"。

11. 卡斯・坎菲尔德致尼古拉斯・纳勃科夫函，1958 年 12 月 23 日（CCF/CHI）。那些年，苏联人和美国人都在为争夺许多受人尊重的文化名人而战。1952 年，苏联人企图借纪念维克多・雨果和利奥纳多・达・芬奇之机，把他们说成是"同情苏维埃生活方式的"，美国人将此称为"精神的糟蹋"，于是美国文化自由委员会就说雨果和达・芬奇是自由文化的拥护者，他们对于苏联模式是"厌恶的"。

12. Nicolas Nabokov, *Bagázh*.

13. 玛丽・麦卡锡致汉纳・阿伦特，1960 年 6 月 20 日，引自卡罗尔・布赖特曼所编 *Between Friends*。

14. 同上。

15. 文化自由代表大会新闻简报，1959 年 7 月 1 日（CCF/CHI）。

16. 当时麦考利还是负责代表大会的项目官员，所以他无法分身担任凯尼恩的工作。当他接受兰塞姆的邀聘时，他刚刚接受了凯尼恩的小说奖，并且已作出安排要在国外工作一年。到了 1959 年秋天，他还没有回到凯尼恩，以致兰塞姆因工作负担过重而"疲劳不堪"，"在我退休后的 7 个星期中，为了等罗比回来，不得不在家中操持炊务"。约翰・克劳・兰塞姆，转引自 Marian Janssen, *The Kenyon Review*。

17. 约翰・亨特，1997 年 7 月在 Uzés 的采访记录。

18. 同上。

19. 引自彼得・科尔曼，*The Liberal Conspiracy*。

20. Leslie Fiedler, "Partisan Review: Phoenix or Dodo?", *Perspectives*, Spring 1956.

21. 同上。

22. 同上。

23. 同上。

24. 法菲尔德基金会年度报告（1962—1963）（CCF/CHI）。

25. C. D. 杰克逊致科德·迈耶函，1957 年 11 月 1 日（CDJ/DDE）。

26. C. D. 杰克逊致丹尼尔·贝尔和艾伦·格罗弗函，1957 年 11 月 12 日（CDJ/DDE）。

27. 引自行动协调委员会的 Edward Lilly 致美国新闻署的 Arthur Vogel 函，1956 年 4 月 9 日（WHO/NSC/DDE）。

28. 同上。

29. 同上。

30. 威廉·菲利普斯致迈克尔·乔斯尔森函，1958 年 3 月 28 日（CCF/CHI）。

31. 悉尼·胡克致迈克尔·乔斯尔森函，1959 年 12 月 8 日（MJ/HRC）。

32. 迈克尔·乔斯尔森致谢泼德·斯通函，1968 年 1 月 12 日（MJ/HRC）。

33. 丹尼尔·贝尔致 *Sunday Times Book Review* 编辑约翰·利奥纳德函，1972 年 10 月 16 日（MJ/HRC）。

34. 沃伯格对于充当《党派评论》的英国发行人似乎不太卖力气以致出版人罗杰·斯特劳斯（Roger Straus，"正式"身份是该刊物的顾问）怀疑"你们这些家伙是怎么做发行工作的。这件工作我是同你们的同僚们讨论过的"。见斯特劳斯致沃伯格函，1959 年 6 月 30 日（ENC/S&W/RU）。

35. 欧文·克里斯托尔致乔斯尔森函，1960 年。

36. 威廉·菲利普斯致乔斯尔森函，1961 年 5 月 10 日（MJ/HRC）。

37. William Phillips, "The Liberal Conspiracy", *Partisan Review*, Winter 1990.

38. 梅尔文·拉斯基，1997 年 8 月在伦敦的采访记录。

39. 同注 37。

40. 时代公司－新领袖杂志合同，1964 年 5 月 14 日（CDJ/DDE）。这份合同是参照 1953 年签订的那份合同的模式签订的。

41. C. D. 杰克逊致艾伦·杜勒斯函，1956 年 2 月 21 日（CDJ/DDE）。

42. 威廉·弗思致亨利·鲁斯与 C. D. 杰克逊函，其标题是“有关新领袖的机密备忘录”，1956 年 7 月 24 日。奉命组织这次活动的是老牌冷战斗士弗兰克·林赛，他原先是中央情报局政策协调处的副处长，后来是福特基金会的执行董事，现在是麦肯锡公司的管理顾问。

43. 赫伯特·吕蒂致乔斯尔森函，1962 年 2 月 19 日（MJ/HRC）。

44. 有些人是通过《巴黎评论》这条途径来的。这本刊物是乔治·普林顿和中央情报局特工彼得·马西森于 1953 年创办的。纳尔逊·奥尔德里奇在转到代表大会来之前是该刊的助理编辑。中央情报局负责反卡斯特罗行动处处长的女儿弗朗西丝·费茨·杰拉尔德在 1962 年夏天与威尔纳一家在坦吉尔一起度假之后也在该刊工作，那时她刚毕业，在代表大会找到了一份工作。乔治·普林顿后来强调说，“《巴黎评论》从来没有从代表大会或其他此类机构接受过财政资助，虽然彼得（马西森）作为该刊的编辑有某种倾向性，但杂志却从来不带任何政治的或社会学的倾向。我必须坦白地说，我个人是欢迎代表大会给我们一些经费，使杂志可以维持下去。《邂逅》《证据》以及其他代表大会支持的刊物都办得很出色，据我看，在杂志的内容上并没有人在后面牵线控制。后来那些日子却给这刊物抹了黑，真是耻辱啊，就因为有这么一些联系，名誉就遭到玷污。我觉得我们还是幸运的。”乔治·普林顿给作者的来信，1997 年 8 月 27 日。

45. Kenneth Tynan, “Congress for Cultural Freedom”, *That Was The Week That Was*, 1962.

46. 1964 年，玛丽·平肖·迈耶被人发现死于华盛顿一条运河的纤道上，显然是遭到无动机攻击的谋害。她与约翰·F. 肯尼迪有暧昧关系，这在她的日记中有所记载。她死后的第二天，中央情报局惯搞肮脏勾当的詹姆斯·杰塞斯·安格尔顿入室（用铁丝打开了门锁）把日记偷了出来。

47. 汤姆·布雷顿，1996 年 7 月在弗吉尼亚州的采访记录。

48. 亚瑟·施莱辛格，1996年8月在纽约的采访记录。

49. 约翰·汤普森，1996年8月电话采访记录。

50. 戴安娜·乔斯尔森，1997年3月在日内瓦的采访记录。

51. 李·威廉姆斯，1996年7月在华盛顿的采访记录。

52. 戴安娜·乔斯尔森致本书作者函，1997年4月4日。

53. 约翰·亨特，1997年7月在Uzés的采访记录。

第二十一章

1. 伊丽莎白·毕晓普致罗伯特·洛厄尔函，1961年3月1日，引自Ian Hamilton, *Robert Lowell: A Biography*。

2. 弗兰克·阿特休尔致约翰·F. 肯尼迪函，1961年1月30日（FA/COL）。

3. 罗伯特·洛厄尔致埃德蒙德·威尔逊函，1962年5月30日，引文来源同注1。

4. 唐纳德·詹姆森，1994年6月在华盛顿的采访记录。

5. Walter Laqueur, "Anti-Communism Abroad: A Memoir of the Congress for Cultural Freedom", *Partisan Review*, Spring 1996.

6. 贾森·爱泼斯坦，1994年6月在纽约的采访记录。

7. 汉娜·阿伦特致玛丽·麦卡锡函，1972年8月22日，引自卡罗尔·布赖特曼所编 *Between Friends*。

8. 厄恩斯特·罗伯特·库尔提乌斯，引自Stephen Spender, *Journals*。迈克尔·乔斯尔森曾抱怨说很难见到斯彭德，因为他"不是在四处遨游就是在某地讲课"。

9. 伊丽莎白·毕晓普致玛丽安娜·穆尔函，1954年8月17日。引自伊恩·汉密尔顿，同注1。

10. John Mander, quoted in Peter Coleman, *The Liberal Conspiracy*.

11. 洛厄尔对希特勒有着一种迷恋，甚至是病态的兴趣。乔纳森·米勒50年代末期曾在纽约与洛厄尔住在一起，记得他发现洛厄尔有一本Les Fleurs

du Mal（封面的书名，而且厚得令人起疑），里面却藏着一本已经翻阅得很旧的《我的奋斗》。

12. 伊恩·汉密尔顿，引文同注 1。

13. 玛丽·麦卡锡致汉纳·阿伦特函，1962 年 9 月 28 日，引自卡罗尔·布赖特曼所编 *Between Friends*。

14. 同上。

15. 基思·博茨福德，引自伊恩·汉密尔顿，引文同注 1。

16. 乔斯尔森致约翰·汤普森函，1963 年 9 月 4 日（MJ/HRC）。

17. 乔斯尔森致约翰·汤普森函，1964 年 7 月 10 日（MJ/HRC）。

18. 博茨福德为代表大会做过形形色色的工作，其中包括监视一个叫作 Colombianum 的机构，这是一个耶稣会组织，目的是在拉丁美洲培养左倾知识分子，负责人是一个名叫 Padre Arpa 的牧师，乔斯尔森称他为“穿 Dior 名牌服装、搞同性恋的耶稣会共产党人”。

19. 约翰·亨特致基思·博茨福德函，1963 年 3 月 29 日（CCF/CHI）。

20. 约翰·亨特致欧文·克里斯托尔函，1963 年 12 月 23 日（CCF/CHI）。

21. 热内·塔弗尼埃致约翰·亨特函，1963 年 2 月 28 日（CCF/CHI）。

22. 约翰·亨特致热内·塔弗尼埃函，1963 年 7 月 1 日（CCF/CHI）。

23. 同上。

24. René Tavernier, “Pablo Neruda”, June 1963 (CCF/CHI).

25. 同上。

26. 约翰·亨特致热内·塔弗尼埃函，1963 年 7 月 1 日（CCF/CHI）。

27. 戴安娜·乔斯尔森，1997 年 3 月在日内瓦的采访记录。1963 年，中央情报局花了 300 万美元来影响智利大选，相当于每张选票 1 美元，是 1964 年戈德华特和约翰逊在美国总统选举中的一倍。见 Evan Thomas, *The Very Best Men*。

28. 萨尔瓦多·德马达里亚加致乔斯尔森函，1963 年 1 月 1 日（MJ/HRC）。

29. 斯图尔特·汉普夏尔，1997 年 12 月在牛津的采访记录。

30. Nicolas Nabokov, *Bagázh*.

31. 同注 29。

32. 同上。

33. 乔斯尔森致纳勃科夫函，1964 年 12 月 10 日（MJ/HRC）。

34. 同上。

35. 乔斯尔森致纳勃科夫函，1964 年 6 月 29 日（MJ/HRC）。

36. 同上。

37. 唐纳德・詹姆森，1994 年 6 月在华盛顿的采访记录。

38. 威廉・霍比，引自 *Newsweek*，1967 年 3 月 6 日。

39. 社论，《国家》，1964 年 9 月 14 日。

40. Cord Meyer, *Facing Reality*.

41. 李・威廉姆斯，1994 年 6 月在华盛顿的采访记录。

42. 戴安娜・乔斯尔森，1997 年 3 月在日内瓦的采访记录。

43. 劳伦斯・德诺夫维尔，1997 年 2 月电话采访记录。

44. 纳勃科夫致乔斯尔森函，1977 年 3 月 19 日（NN/HRC）。

45. 娜塔莎・斯彭德，1997 年 5 月电话采访记录。

46. 戴安娜・乔斯尔森，1997 年 3 月在日内瓦的采访记录。

47. 丘奇委员会的最后报告，1976 年。

48. 引文同上。

49. 戴安娜・乔斯尔森，同注 46。

50. 迈克尔・乔斯尔森，引自文化自由代表大会的“执行委员会会议记录”，伦敦，1964 年 10 月（CCF/CHI）。

第二十二章

1. 刘易斯・芒福德，引自 Stephen Whitfield, *The Culture of the Cold War*。

2. Gwynne Nettler, quoted in Michael Wreszin, *A Rebel in Defense of Tradition*.

3. 威廉・巴勒斯，引自 Taylor D. Littleton and Maltby Sykes, *Advancing American Art*。

4. 悉尼·胡克致乔斯尔森函，1964年4月20日（MJ/HRC）。其实胡克是不对的，他把诺曼·波德霍雷兹也列入其中肯定是不对的。波德霍雷兹嘲讽“避世运动”（the Beat rebellion）*，说这是“精神境界低下和灵魂扭曲的反叛运动”。

5. 李·威廉姆斯，1996年7月在华盛顿的采访记录。

6. 同上。

7. Michael Josselson, “The Story Behind the Congress for Cultural Freedom”, unpublished manuscript (MJ/HRC).

8. Harry S. Truman, 1963, quoted in *New York Times*, 25 April 1966.

9. 亚瑟·凯斯特勒致乔斯尔森函，1963年7月23日（MJ/HRC）。

10. 纳勃科夫致理查德·克罗斯曼函，1956年11月（CCF/CHI）。

11. Elizabeth Paterson，1997年7月在伦敦的采访记录。

12. 大卫·卡弗致法国国际笔会秘书长让·德比埃函，1965年3月10日（PEN/HRC）。

13. Arthur Miller, *Timebends*.

14. Arthur Miller, quoted in Natalie Robins, *Alien Ink*。1986年米勒终于拿到了他在联邦调查局的档案，这才知道选中他的原因，正如他所料，他被认为是东西方都可以接受的人物，在这个组织的存在引起人们重大怀疑的时候，他就是最合适不过的人选了。

15. 阿斯图里亚斯其实是危地马拉人，他是代表大会，尤其是博茨福德的一个心直口快的敌人。博茨福德在南美洲的那套“把戏”为大家所不耻。

16. 乔斯尔森致马奈·斯佩伯函，1964年11月24日（MJ/HRC）。

17. 刘易斯·加兰蒂埃致美国国际笔会的执行委员函，1965年4月26日（PEN/HRC）。

18. 蒂姆·富特致肯尼思·唐纳森函，1965年4月28日（CCF/CHI）。

19. 根据国际笔会有关布莱德会议的报告，中央情报局的自由欧洲委员会（刘易斯·加兰蒂埃是其中的活跃人物）也是出了钱的。这笔赠款很可能是

---

* “避世运动”为美国的文学和社会运动，始于20世纪50年代，盛行于一批玩世不恭的艺术家团体中。追随者提倡吸毒、爵士乐、性放纵或禅宗，以期达到个性解放、净化灵魂的目的。自称避世派，也称为“垮掉的一代”。

艾伦·杜勒斯安排的。杜勒斯虽然已从中央情报局退休，但仍然在他自己建立起来的冷战机器中起着积极作用。再说，杜勒斯本人也是新当选的国际笔会成员。

20. 约翰·亨特致大卫·卡弗函，1966 年 2 月 9 日（CCF/CHI）。

21. 约翰·亨特致刘易斯·加兰蒂埃函，1966 年 3 月 4 日（CCF/CHI）。

22. 国际笔会报告，1966 年 6 月（PEN/HRC）。

23. Conor Cruise O'Brien, "Politics and the Writer", 19 May 1966, printed in Donald H. Akenson (ed.), *Conor: A Biography of Conor Cruise O'Brien* (Montreal: McGill-Queen's University Press, 1994).

24. 同上。

第二十三章

1. Robert W. Merry, *Taking on the World*.

2. 同上。

3. 贾森·爱泼斯坦，1994 年 6 月在纽约的采访记录。

4. Robert W. Merry，同注 1。

5. William Fulbright, "In Thrall to Fear", *The New Yorker*, 8 January 1972.

6. 同上。

7. Norman Mailer, *Armies of the Night*.

8. *New York Times*, 27 and 29 April 1966.

9. Karl Miller, *Dark Horses: An Experience of Literary Journalism* (London: Picador, 1998).

10. 乔斯尔森致马尔科姆·马格里奇函，1965 年 6 月 25 日（MJ/HRC）。

11. 同上。后来娜塔莎·斯彭德对于乔斯尔森提到这些财务安排感到困惑不解，据她说这些安排从未付诸实施。

12. 梅尔文·拉斯基致乔斯尔森，无日期（MJ/HRC）。

13. Michael Josselson, "Memo for the Record: Talks with Muggeridge,

London 25 and 28 February 1964", 3 March 1964 (MJ/HRC).

14. 爱德华・希尔斯致乔斯尔森函，1967 年 11 月 2 日（MJ/HRC）。

15. 乔斯尔森致罗比・麦考利函，1965 年 12 月 30 日（MJ/HRC）。

16. 同上。

17. Frank Kermode, *Not Entitled: A Memoir* (London: Harper Collins, 1996).

18. 同上。

19. 理查德・沃尔海姆记得，当拉斯基和斯彭德邀请他加入《邂逅》杂志时，在几年前流传的流言问题与他们两人有点冲突。“我们在一个俱乐部的饭桌上讨论这件事，我要求他们对有关中央情报局的那些传闻作一个明确的答复。拉斯基说：‘这太容易了。你可以查账，自己看好了。’闻听此言，斯蒂芬看上去是大大松了一口气，说，‘看见了吧，这些传闻都不是真的。’可是拉斯基又补充说：‘当然，我们是不会那么做的。我们不该把账本随便给别人看，什么张三、李四、王五都来把那些毫无根据的谣言追个水落石出，难道我们都让他们来查账？’听他这样说，斯蒂芬的脸色突然变了。此后，在整个这一顿饭席上，他始终一语不发。沃尔海姆最终还是拒绝加入《邂逅》杂志。”理查德・沃尔海姆，1997 年 12 月电话采访记录。

20. 爱德华・希尔斯致乔斯尔森函，1964 年 2 月 28 日（MJ/HRC）。

21. 乔斯尔森致马尔科姆・马格里奇函，1964 年 4 月 27 日（MJ/HRC）。

22. 马尔科姆・马格里奇致乔斯尔森函，1964 年 6 月 9 日（MJ/HRC）。

23. 乔斯尔森致詹姆斯・珀金斯函，1966 年 7 月 20 日（MJ/HRC）。

24. 乔斯尔森致塞西尔・金函，1964 年 5 月 10 日（MJ/HRC）。

25. 乔斯尔森致乌尔里克・比尔函，1964 年 5 月 14 日（MJ/HRC）。

26. 戴安娜・乔斯尔森，1996 年 5 月在日内瓦的采访记录。

27. Tom Braden, "What's Wrong with the CIA?", *Saturday Review*, 5 April 1975.

28. 贾森・爱泼斯坦，1994 年 6 月在纽约的采访记录。

29. 同上。

30. 约翰・汤普森致斯蒂芬・斯彭德函，1964 年 5 月 25 日（MJ/HRC）。

31. 朱利叶斯・弗莱希曼致斯蒂芬・斯彭德函，1966 年 9 月 16 日（MJ/

HRC）。

32. 卡罗尔·布赖特曼，1994 年 6 月在纽约的采访记录。

33. 娜塔莎·斯彭德，1997 年 7 月在 Maussane 的采访记录。

34. 拉斯基、克里斯托尔、斯彭德联名致《纽约时报》函，1966 年 5 月 10 日。

35. 乔斯尔森致斯彭德函，1966 年 10 月 2 日（MJ/HRC）。

36. 斯图尔特·汉普夏尔，1997 年 12 月在牛津的采访记录。

37. 肯尼思·加尔布雷思、乔治·坎南、罗伯特·奥本海姆、亚瑟·施莱辛格联名致《纽约时报》函，1966 年 5 月 9 日。

38. 德怀特·麦克唐纳致乔斯尔森函，1967 年 3 月 30 日（MJ/HRC）。

39. 安古斯·卡麦隆，引自 Natalie Robins, *Alien Ink*。

40. 科德·迈耶致亚瑟·施莱辛格函，1954 年 2 月 1 日（SCHLES/JFK）。

41. 戴安娜·乔斯尔森，1996 年 5 月在日内瓦的采访记录。

42. Tom Braden，同注 27。科德·迈耶集中体现了这种乐观的、充满希望的态度。他在回忆录中写道："如果要在西欧让自由的、多元的社会继续生存下去，美国对各民主政党和组织进行援助看来是至关重要的。我们的援助必须是秘密的。对于这一点，我觉得并没有什么不妥。欧洲的政治和文化领袖们正在同接受苏联津贴的机构进行一场力量对比悬殊的斗争，他们要求美国给予援助。在这一情况下，我们的援助就不能公开，因为共产党的宣传机器会利用美国官方支持的证据来证明欧洲人只是美帝国主义者的傀儡。如果我们不想让我们的援助反过来打击我们自己的话，那么谨慎而秘密地进行就是必要的了。Cord Meyer, *Facing Reality*.

第二十四章

1. 丘奇委员会的最后报告，1976 年。

2.《堡垒》，此刊像一切"颠覆性"文学一样，在联邦调查局总部有着热心的读者。一份 25 页的联邦调查局的备忘录分析了这本杂志讨论的"各种问题和主题"，其目的也许是为了制定计划进行骚扰。备忘录中附有中央情报局的一份报告，报告的结论是《堡垒》附表中列举的大多数作者都"经常在他们发表的文章中以高度的热情表达了共产主义的主题。"

3. 彼得・杰塞普致沃尔特・罗斯托函，1967 年 4 月 4 日（NSF/LBJ）。

4. 埃德加・艾普尔怀特，引自 Evan Thomas，*The Very Best Men*。

5. Andrew Kopkind, “CIA: The Great Corrupter”, *New Statesman*, 24 February 1967.

6. 乔斯尔森致艾赛亚・伯林函，1967 年 4 月 8 日（MJ/HRC）。

7. 艾赛亚・伯林致乔斯尔森函，1967 年 4 月 16 日（MJ/HRC）。

8. Frank Kermode, *Not Entitled*.

9. 同上。

10. 娜塔莎・斯彭德，1997 年 5 月电话采访记录。

11. 同上。

12. 埃里克・本特利致斯蒂芬・斯彭德函，无日期，娜塔莎・斯彭德将此信示我，谨表谢意。

13. 塞西尔・金致乔斯尔森函，1967 年 4 月 28 日（CCF/CHI）。

14. 梅尔文・拉斯基致艾赛亚・伯林函，1967 年 4 月 13 日。亨利・哈迪博士示我此信，谨表谢意。

15. 同上。

16. 梅尔文・拉斯基，1997 年 8 月在伦敦的采访记录。

17. 同上。

18. 斯图尔特・汉普夏尔，1997 年 12 月在牛津的采访记录。

19. Ben Whitaker, *The Foundations: An Anatomy of Philanthropy and Society* (London: Eyre & Methuen, 1974)。伯林也许由于出身和性情，变为一个机智而又训练有素的“权力的奴才”，惯于趋炎附势，但是在他身上又有另一种素质，使他认识到这是可鄙的、没有出息的表现，所以在他有足够胆量的时候，也会抵制这种充当“权力的奴才”的念头。Christopher Hitchens, “Moderation or Death”, *London Review of Books*, 26 November 1998.

20. 梅尔文・拉斯基致艾赛亚・伯林函，1967 年 4 月 13 日。

21. 1967 年 7 月份那一期《邂逅》杂志的封底上，刊登了该杂志改组编辑部的声明，由董事们签署，其中没有提到中央情报局。

22. 艾赛亚・伯林致乔斯尔森函，1967 年 4 月 18 日（MJ/HRC）。

23. Michael Ignatieff, *Isaiah Berlin: A Life* (London: Chatto, 1998).

24. Christopher Hitchens，同前注。艾赛亚·伯林与英国和美国的情报机构的关系究竟属于什么性质，可能永远无法弄清楚了。英国间谍罗伯特·布鲁斯·洛克哈特曾记载他在战时曾与年轻的伯林有过几次会晤。根据洛克希特的印象，伯林当时在为心理战执行机构工作，但是伯林圈子里那批人一直坚决予以驳斥。又有一种说法：战时，伯林的名字曾列入秘密情报局的秘密名单"特别花名册"中，这表明他过去就为这个机构工作，战时就同意加入了这个机构。弗雷亚·斯塔克、格雷厄姆·格林、休·格林和马尔科姆·马格里奇据说也在名单上。至于说美国的情报机构，至少可以说伯林喜欢同中央情报局发展某种非正式的关系，中情局人员会毫不犹豫地去找这位哲学家，争取他的支持，据斯图尔特·汉普夏尔和劳伦斯·德诺夫维尔回忆，中央情报局介入文化自由代表大会的情况是告诉过伯林的。这些都不能证明伯林参与了秘密行动，但至少说明这并非空穴来风，这件事本身和与此有关的问题都值得进一步研究。

25. 娜塔莎·斯彭德，1997 年 5 月电话采访记录。

26. 同上。

27. 同上。

28. 乔斯尔森致斯彭德函，1967 年 4 月 26 日（MJ/HRC）。

29. 同上。

30. 同上。

31. 斯蒂芬·斯彭德，引自《纽约时报》，1967 年 5 月 8 日。

32. 斯图尔特·汉普夏尔，1997 年 12 月在牛津的采访记录。

33. 马尔科姆·马格里奇致斯蒂芬·斯彭德函，1967 年 5 月 22 日（MJ/HRC）。

34. 娜塔莎·斯彭德，1997 年 8 月电话采访记录。

35. 斯图尔特·汉普夏尔，同注 32。

第二十五章

1. 约翰·亨特，1997 年 7 月在 Uzés 的采访记录。

2. 马奈·斯珀伯，引自约翰·亨特，同上。

3. 约翰 · 亨特，同上。

4. 戴安娜 · 乔斯尔森，1997 年 3 月在日内瓦的采访记录。

5. 文化自由代表大会全体会议新闻公报，1967 年 5 月 13 日（CCF/CHI）。

6. 约翰 · 亨特，同注 1。

7. 同上。

8. 劳伦斯 · 德诺夫维尔，1997 年 2 月电话采访记录。

9. 约翰 · 亨特，同注 1。

10. 詹姆斯 · 麦考利，引自彼得 · 科尔曼，*The Liberal Conspiracy*.

11. 查达尔 · 亨特，1997 年 7 月在 Uzés 的采访记录。

12. 戴安娜 · 乔斯尔森，1996 年 5 月在日内瓦的采访记录。

13. 尼古拉斯 · 纳勃科夫，1966 年 7 月，无法甄别的剪报。

14. 斯图尔特 · 汉普夏尔，1997 年 12 月在牛津的采访记录。

15. Nicolas Nabokov, *Bagázh*.

16. 同上。

17. 纳勃科夫致 J. E. 斯莱特函，1971 年 8 月 11 日（MJ/HRC）。

18. 戴安娜 · 乔斯尔森致斯彭德夫妇函，1967 年 5 月 18 日（MJ/HRC）。

19. 戴安娜 · 乔斯尔森致斯蒂芬 · 斯彭德函，1967 年 5 月 26 日（MJ/HRC）。

20. 娜塔莎 · 斯彭德致乔斯尔森函，无日期（MJ/HRC）。

21. Tom Braden, “I’m Glad the CIA is ‘Immoral’”, *Saturday Evening Post*, 20 May 1967.

22. 同上。

23. 同上。

24. 汤姆 · 布雷顿，1996 年 8 月在弗吉尼亚州的采访记录。

25. 汤姆 · 布雷顿，1997 年 10 月电话采访记录。

26. 劳伦斯 · 德诺夫维尔，1991 年 4 月电话采访记录。

27. 约翰 · 亨特，1997 年 7 月在 Uz6s 的采访记录。

28. 约翰 · 汤普森，1996 年 8 月电话采访记录。

29. 查尔顿・赫斯顿，引自 Ian Hamilton, *Robert Lowell: A Biography*。

30. Carol Brightman, *Writing Dangerously*.

31. 埃里克・戈德曼，引自 Ian Hamilton，同注 29。

32. 同上。

33. Lyndon B. Johnson, quoted in Stephen Whitfield, *The Culture of the Cold War*.

34. James Burnham, “Notes on the CIA Shambles”, *National Review*, 21 March 1967.

35. 沃尔特・罗斯托，1997 年 7 月电话采访记录。

36. 同上。

37. 同上。

38. 汤姆・布雷顿，1997 年 10 月电话采访记录。

39. Joseph Alsop, quoted in Carl Bernstein, “The CIA and the Media”, *Rolling Stone*, 20 October 1977.

40. 同上。

41. Tom Braden，同注 21。

42. 欧文・克里斯托尔，1994 年 6 月在华盛顿的采访记录。

43. 斯蒂芬・斯彭德，1994 年 7 月在伦敦的采访记录。

44. 梅尔文・拉斯基，1994 年 7 月在伦敦的采访记录。

45. 同上。

46. 戴安娜・乔斯尔森致汤姆・布雷顿函，1967 年 5 月 5 日（MJ/HRC）。

47. 李・威廉姆斯，1994 年 6 月在华盛顿的采访记录。

48. 约翰・汤普森致乔斯尔森函，1968 年 7 月 7 日（MJ/HRC）。

49. 戴安娜・乔斯尔森，1997 年 3 月在日内瓦的采访记录。

50. 约翰・汤普森致乔斯尔森函，1967 年 10 月 28 日（MJ/HRC）。

51.《卡曾巴赫委员会的最后报告》，引自白宫新闻简报，1967 年 4 月 10 日（NSF/LBJ）。

52. 德斯蒙德・菲茨杰拉尔德，引自《丘奇委员会的最后报告》，1976 年。

53. 社论，《国家》，1967 年 4 月 10 日。

54. 丘奇委员会的最后报告，1976.

第二十六章

1. 贾亚普拉卡什·纳拉扬致雷蒙德·阿伦函，1967 年 6 月 22 日（CCF/CHI）。

2. K. K. 辛哈致约翰·亨特函，1967 年 6 月 1 日（CCF/CHI）。

3. 戴安娜·乔斯尔森，1997 年 3 月在日内瓦的采访记录。

4. 约翰·亨特，1997 年 7 月在 Uzés 的采访记录。

5. 迈克尔·波拉尼，引自彼得·科尔曼，*The Liberal Conspiracy*.

6. 耶胡迪·梅纽因致尼古拉斯·纳勃科夫函，1966 年 5 月 14 日（CCF/CHI）。

7. 乔治·坎南致谢泼德·斯通函，1967 年 11 月 9 日（CCF/CHI）。

8. Andrew Kopkind, "CIA: The Great Corrupter", *New Statesman*, 24 February 1967.

9. Jason Epstein, "The CIA and the Intellectuals", *New York Review of Books*, 20 April 1967。爱泼斯坦关于二等旅客乘坐头等车厢的观点，早先康纳尔·克鲁斯·奥布赖恩就提出过。奥布赖恩认为，创办《邂逅》杂志这类行动之所以取得成功是因为这种刊物吸引了一批严肃的作家，利用他们来掩护一些“才干平庸而野心不小的作家”，其实他们只是一匹特洛伊木马，“为了华盛顿权力结构的利益进行着持久而不懈的活动”。Conor Cruise O'Brien, "Politics and the Writer", 19 May 1966, printed in Donald H. Akenson (ed.), *Conor: A Biography of Conor Cruise O'Brien*.

10. 德怀特·麦克唐纳致乔斯尔森，1967 年 3 月 30 日（CCF/CHI）。

11. 理查德·埃尔曼，1994 年 6 月在纽约的采访记录。

12. 斯图尔特·汉普夏尔，1997 年 12 月在牛津的采访记录。

13. 劳伦斯·德诺夫维尔，1997 年 2 月电话采访记录。

14. 汤姆·布雷顿，1996 年 7 月在弗吉尼亚州的采访记录。

15. "Statement on the CIA", *Partisan Review*, vol.34/3, Summer 1967.

16. 汤姆·布雷顿，同注 14。

17. 詹姆斯·法雷尔致迈耶·夏皮罗函，1942 年 7 月 27 日（MS/COL）。

18. 约翰·亨特，1997 年 7 月在 Uzés 的采访记录。

19. 斯蒂芬·斯彭德，1994 年 7 月在伦敦的采访记录。

20. 戴安娜·乔斯尔森，1997 年 3 月在日内瓦的采访记录。

21. 约翰·亨特，同注 18。

22. 爱德华·希尔斯致乔斯尔森函，1975 年 11 月 11 日（MJ/HRC）。

23. 爱德华·希尔斯致乔斯尔森函，1975 年 12 月 11 日（MJ/HRC）。

24. 悉尼·胡克致乔斯尔森函，1973 年 9 月 23 日和 1972 年 11 月 2 日（MJ/HRC）。

25. 爱德华·希尔斯致乔斯尔森函，1967 年 2 月 10 日（MJ/HRC）。

26. 乔治·坎南致纳勃科夫函，1959 年 6 月 19 日，引自彼得·科尔曼，*The Liberal Conspiracy*。

27. George Kennan, *Around the Cragged Hill: A Personal and Political Philosophy* (New York: Norton, 1993).

28. Harold Rosenberg, "The Cold War", in *Discovering the Present: Three Decades in Art, Culture and Politics* (Chicago: University of Chicago Press, 1973).

29. Richard Elman, *The Aesthetics of the CIA* (unpublished manuscript).

30. 同上。

31. Primo Levi, *The Drowned and the Saved* (London: Michael Joseph,1988).

32. Aldous Huxley, *Eyeless in Gaza* (London: Chatto & Windus, 1936).

后记

1. 斯蒂芬·斯彭德致尼古拉斯·纳勃科夫函，1970 年 8 月 20 日（NN/HRC）。

2. 艾赛亚·伯林致尼古拉斯·纳勃科夫，1972 年 12 月 18 日，1976 年 12 月 21 日（NN/HRC）。

3. Stephen Spender, *Journals*.

4. Andrew Porter, *The New Yorker*, 17 February 1973.

5. David Chavchavadze, *Crowns and Trenchcoats: A Russian Prince in the

CIA (New York: Atlantic International, 1990).

6. 约翰·亨特，1997 年 7 月在 Uzés 的采访记录。

7. 约翰·亨特致乔斯尔森，1969 年（无日期）（MJ/HRC）。

8. Arthur Koestler, "A Guide to Political Neuroses", *Encounter*, November 1953.

9. Irving Kristol, quoted in Hugh Wilford, *The New York Intellectuals*.

10. Irving Kristol, *Neo-Conservatism: The Autobiography of an Idea, Selected Essays 1949–1995* (New York: The Free Press, 1995).

11. 欧文·克里斯托尔，1994 年 6 月在华盛顿的采访记录。

12. Neil Berry, "Encounter", *London Magazine*, February–March 1995.

13. 费迪南德·蒙特，引文同上。

14. 弗兰克·普拉特致乔斯尔森函，1976 年 10 月 13 日（MJ/HRC）。

15. 梅尔文·拉斯基，1994 年 7 月在伦敦的采访记录。

16. Bernard Levin, *The Times*, 15 October 1992.

17. 同上。

18. George Urban, *Radio Free Europe*.

19. 同上。

20. 梅尔文·拉斯基，1997 年 8 月在伦敦的采访记录。

21. 娜塔莎·斯彭德，1997 年 7 月在 Maussane 的采访记录。

22. 弗兰克·普拉特致乔斯尔森函。1976 年 11 月 11 日（MJ/HRC）。

23. 弗兰克·普拉特致乔斯尔森函，1976 年 12 月 15 日（MJ/HRC）。

24. Godfrey Hodgson, "Superspook", *Sunday Times Magazine*, 15 June 1975.

25. 未能查明来源的剪报，1983 年 1 月 23 日（MJ/HRC）。

26. Michael Hofmann, *Guardian*, 23 January 1998.

27. William Buckley, quoted in Gore Vidal, *Palimpsest*.

28. Tom Braden, "What's Wrong with the CIA?", *Saturday Review*, 5 April 1975.

29. 同上。

30. 劳伦斯·德诺夫维尔，1997 年 4 月电话采访记录。

31. 玛丽·麦考利的结论与尼古拉·恰罗蒙特的结论基本相同。1969 年 5 月 22 日，她写道：“与中央情报局有关的这一段经历使他深深地受到伤害，甚至一蹶不振，可怜的人，从此他所想所写的一切在某种意义上都是为了‘自圆其说’。一而再，再而三，无休无止。”恰罗蒙特 1972 年 1 月 18 日在意大利广播电台播音讲话后死于电梯中。

32. 玛丽・麦卡锡致汉纳・阿伦特，1968 年 6 月 18 日，引自卡罗尔・布赖特曼所编 *Between Friends*。

33. 斯蒂芬・斯彭德，1994 年 7 月在伦敦的采访记录。

34. 娜塔莎・斯彭德，1997 年 8 月在 Maussane 的电话采访记录。

35. 梅尔文・拉斯基致悉尼・胡克，引自彼得・科尔曼，*The Liberal Conspiracy*。

36. 戴安娜・乔斯尔森，1996 年 5 月在日内瓦的采访记录。

37. 同上。

38. 戴安娜・乔斯尔森，1997 年 3 月在日内瓦的采访记录。

39. 埃德加・艾普尔怀特，引自理查德・埃尔曼，1994 年 6 月在纽约的采访记录。

40. 贾森・爱泼斯坦，1994 年 6 月在纽约的采访记录。

41. 约瑟夫・艾尔索普致艾赛亚・伯林函，引自 Robert Merry, *Taking on the World*。

42. Doug Henwood, “Spooks in Blue”, *Grand Street*, vol.7/3, Spring 1998.